Der bayerische Jugendstrafvollzug in Theorie und Praxis

Würzburger Schriften zur Kriminalwissenschaft

Herausgegeben von Klaus Laubenthal

Band 31

PETER LANG

Frankfurt am Main · Berlin · Bern · Bruxelles · New York · Oxford · Wien

Simona Markert

Der bayerische Jugendstrafvollzug in Theorie und Praxis

Betrachtet vor dem Hintergrund der Entscheidung des Bundesverfassungsgerichts vom 31.5.2006

PETER LANG
Internationaler Verlag der Wissenschaften

Bibliografische Information der Deutschen Nationalbibliothek
Die Deutsche Nationalbibliothek verzeichnet diese Publikation in der Deutschen Nationalbibliografie; detaillierte bibliografische Daten sind im Internet über http://dnb.d-nb.de abrufbar.

Zugl.: Würzburg, Univ., Diss., 2011

D 20
ISSN 1618-078X
ISBN 978-3-631-63287-1

www.peterlang.de

Meinen Eltern

Vorwort

Die vorliegende Arbeit hat im Jahr 2011 der Juristischen Fakultät der Bayerischen Julius-Maximilian-Universität Würzburg als Dissertation vorgelegen. Rechtsprechung und Literatur konnten bis Anfang 2011 berücksichtigt werden.

Mein besonderer Dank gilt meinem Doktorvater Herrn Prof. Dr. Klaus Laubenthal für die Unterstützung und die mir gewährte Freiheit während der Anfertigung dieser Arbeit. Herrn PD. Dr. Brian Valerius danke ich für die Erstellung des Zweitgutachtens. Ganz herzlich möchte ich mich auch bei Frau Dr. Nina Nestler für die Betreuung und wertvolle Unterstützung bedanken. Ebenso danke ich den Leitern der Bayerischen Jugendstrafvollzugsanstalten für die freundliche Beantwortung meiner zahlreichen Fragen.

Besonders hervorzuheben sind schließlich meine Eltern und mein Freund, die durch ihre fortwährende Unterstützung die Entstehung dieser Arbeit erst ermöglicht haben. Ihnen ist diese Arbeit von ganzem Herzen gewidmet!

Nürnberg, im Mai 2012 Simona Markert

Inhaltsverzeichnis

Abkürzungen

a.A.	andere Ansicht
a.F.	alte Fassung
Abs.	Absatz
ÄndG	Änderungsgesetz
AG	Amtsgericht
AK	Alternativkommentar
Alt.	Alternative
Art.	Artikel
ATB	Arbeitstherapiebetrieb
ATP	Arbeitstherapie
Az.	Aktenzeichen
BAG	Bundesarbeitsgericht
BayEUG	Bayerisches Gesetz über das Erziehungs- und Unterrichtswesen
BayGVBl.	Bayerisches Gesetz- und Verordnungsblatt
BayStVollzG	Bayerisches Strafvollzugsgesetz
BayVVJug	Bayerische Verwaltungsvorschriften zum Jugendstrafvollzug
BayVVStVollzG	Bayerische Verwaltungsvorschriften zum Strafvollzug
BbgJStVollzG	Brandenburgisches Jugendstrafvollzugsgesetz
BBiG	Berufsbildungsgesetz
BewäHi	Bewährungshilfe
BGB	Bürgerliches Gesetzbuch
BGBl.	Bundesgesetzblatt
BGH	Bundesgerichtshof
BGHSt	Entscheidungen des Bundesgerichtshofs in Strafsachen
BMJ	Bundesministerium der Justiz
BRD	Bundesrepublik Deutschland
BR-Drucks.	Drucksache des Deutschen Bundesrates
BremJStVollzG	Bremisches Jugendstrafvollzugsgesetz
BT-Drucks.	Drucksache des Deutschen Bundestages
BtM	Betäubungsmittel

BV	Bayerische Verfassung
BVerfG	Bundesverfassungsgericht
BVerfGE	Bundesverfassungsgerichtsentscheidung
BVerfGG	Bundesverfassungsgerichtsgesetz
bzgl.	bezüglich
BZRG	Gesetz über das Zentralregister und das Erziehungsregister
bzw.	beziehungsweise
ca.	circa
CAD	Computer-aeded-design
CDU	Christlich-Demokratische Union (Deutschlands)
CSU	Christliche-Soziale Union
CTP	Committee for the Prevention of Torture and Inhuman or Degrading Treatment or Punishment
d.h.	das heißt
DJT	Deutscher Juristentag
DRiZ	Deutsche Richterzeitung
Drucks.	Drucksache
Dt.	Deutscher
DVJJ	Deutsche Vereinigung für Jugendgerichte und Jugendgerichtshilfen eV München
DVJJ-J	DVJJ-Journal
e.V.	eingetragener Verein
EGGVG	Einführungsgesetz zum Gerichtsverfassungsgesetz
EGStPO	Einführungsgesetz zur Strafprozessordnung
EPR	European Prison Rules
EU	Europäische Union
evtl.	eventuell
f.	folgende
FestS	Festschrift

ff.	fortfolgende
Fn	Fußnote
FS	Forum Strafvollzug
GA	Goltdammer`s Archiv für Strafrecht
GG	Grundgesetz
GJVollz-E	Referentenentwurf des Bundesjustizministeriums zum Jugendstrafvollzugsgesetz
GL	Grundlehrgang
Grdl.	Grundlagen
GVBl. LSA	Gesetz- und Verordnungsblatt des Landes Sachsen-Anhalt
h.M.	herrschende Meinung
HandwO	Handwerksordnung
HessJStVollzG	Hessisches Jugendstrafvollzugsgesetz
HmbGVBl.	Hamburgisches Gesetz- und Verordnungsblatt
HmbStVollzG	Hamburgisches Strafvollzugsgesetz
Hrsg.	Herausgeber
Hs.	Halbsatz
i.d.R.	in der Regel
i.S.	im Sinn
i.S.d.	im Sinne des
i.S.v.	im Sinne von
i.V.m.	in Verbindung mit
JGG	Jugendgerichtsgesetz
JGH	Jugendgerichtshilfe
JstVollzG	Jugendstrafvollzugsgesetz
JStVollzG Bln. u.a.	Jugendstrafvollzugsgesetz Berlin und andere
JStVollzG LSA	Jugendstrafvollzugsgesetz des Landes Sachsen-Anhalt
JStVollzG M-V	Jugendstrafvollzugsgesetz Mecklenburg-Vorpommern
JStVollzG Nds.	Niedersächsisches Justizvollzugsgesetz

JStVollzG S-H	Jugendstrafvollzugsgesetz Schleswig-Holstein
JStVollzG B-W	Jugendstrafvollzugsgesetz Baden-Württemberg
JStVollzG NRW	Jugendstrafvollzugsgesetz Nordrhein-Westfalen
JuS	Juristische Schulung
JVA	Justizvollzugsanstalt
JZ	Juristen Zeitschrift
KG	Kammergericht
KRK	Kinderrechtskonvention
LG	Landgericht
LJStVollzG RLP	Landesjugendstrafvollzugsgesetz Rheinland-Pfalz
Lt-Drucks.	Drucksache des Bayerischen Landtages
m.E.	meines Erachtens
m.w.N.	mit weiteren Nachweisen
mind.	mindestens
MRK	Konvention zum Schutze der Menschenrechte und Grundfreiheiten
MSchrKrim	Monatsschrift für Kriminologie und Strafrechtsreform
n.F.	neue Fassung
NK	Neue Kriminalpolitik
Nds.	Niedersachsen
NJVollzG	Niedersächsisches Justizvollzugsgesetz
NJW	Neue Juristische Wochenschrift
NK	Neue Kriminalpolitik
NRW	Nordrhein-Westfalen
Nr.	Nummer
NStZ	Neue Zeitschrift für Strafrecht
o.g.	oben genannten
OK	Organisierte Kriminalität
OLG	Oberlandesgericht
PKS	Polizeiliche Kriminalitätsstatistik

PSG	Pflichtschulgruppe
R.	Rule
RegE	Regierungsentwurf
RJGG	Reichsjugendgerichtsgesetz
Rn.	Randnummer
RStGB	Reichsstrafgesetzbuch
S.	Seite
SächsGVBl	Sächsisches Gesetz- und Verwaltungsblatt
SächsJStVollzG	Sächsisches Jugendstrafvollzugsgesetz
SGB	Sozialgesetzbuch
SJStVollzG	Saarländisches Jugendstrafvollzugsgesetz
sog.	sogenannte
SoThA	Sozialtherapeutische Abteilung
Sp.	Spalte
SPD	Sozialdemokratische Partei Deutschlands
St.	Sankt
StGB	Strafgesetzbuch
StPO	Strafprozessordnung
StraFo	Strafverteidiger Forum
StV	Strafverteidiger
StVollStrO	Strafvollstreckungsordnung
StVollzG	Strafvollzugsgesetz
ThürJStVollzG	Thüringer Jugendstrafvollzugsgesetz
u.a.	unter anderem
U-Haft	Untersuchungshaft
U-Haftvollzug	Untersuchungshaftvollzug
UN	United Nation
UNO	United Nation Organisation
usw.	und so weiter

u.U.	unter Umständen
UVollzG	Untersuchungshaftvollzugsgesetz
UVollzO	Untersuchungshaftvollzugsordnung
v.	vom/von
v.a.	vor allem
vgl.	vergleiche
VHS	Volkshochschule
VV	Verwaltungsvorschrift
VVBayStVollzG	Verwaltungsvorschriften zum Bayerischen Strafvollzugsgesetz
VVJug	Verwaltungsvorschriften zum Jugendstrafvollzug
VVStVollzG	Verwaltungsvorschriften zum Strafvollzugsgesetz
VwGO	Verwaltungsgerichtsordnung
WaffG	Waffengesetz
WG	Wohngemeinschaft
WStG	Wehrstrafgesetz
z.B.	zum Beispiel
z.T.	zum Teil
ZfJ	siehe ZKJ
ZfStrVo	Zeitschrift für Strafvollzug und Straffälligenhilfe
ZJJ	Zeitschrift für Jugendkriminalrecht und Jugendhilfe
ZKJ	Zeitschrift für Kindschaftsrecht und Jugendhilfe (vormals Zbl, sodann ZfJ)
ZPO	Zivilprozessordnung
ZRP	Zeitschrift für Rechtspolitik

Abbildungsverzeichnis

Tabellenverzeichnis

A. Einleitung

I. Aufbruch im Jugendstrafvollzug

„Wo ein Gericht ein Strafverfahren mit Verhängung einer Haftstrafe beendet, da beginnt – zumal im Jugendstrafvollzug – die Arbeit auf einem überaus problematischen Feld: Jemand, der es nicht geschafft hat, soll auf ein sozialverantwortliches Leben in Freiheit vorbereitet und zu einem rechtschaffenen und verantwortungsbewussten Lebenswandel (§ 91 JGG a.F.[1]) erzogen werden, und das unter Verlust oder Beschneidung der normalen Lebensbezüge.“[2]

Die gesetzliche Regelung des Jugendstrafvollzugs war lange Zeit ein dringendes politisches Anliegen, dessen Bemühungen schon auf die 70er Jahre des vergangenen Jahrhunderts zurückgingen.[3] Ausgangspunkt bildete die grundlegende Entscheidung des BVerfG vom 14.3.1972,[4] in der die Karlsruher Richter feststellten, dass das von der h.M. in Anspruch genommene „besondere Gewaltverhältnis“ keine Legitimation für Grundrechtseinschränkungen liefert und auch Verwaltungsvorschriften keine grundrechtseinschränkenden Maßnahmen im Strafvollzug legitimieren. Im Anschluss daran beschloss der Gesetzgeber im Jahr 1976 zwar das Strafvollzugsgesetzbuch für den Erwachsenenvollzug, welches am 1.1.1977 in Kraft trat,[5] der Jugendstrafvollzug blieb allerdings weiterhin ohne gesetzliche Grundlage.

Nachdem über 30 Jahre lang gesetzgeberische Aktivitäten sowie Vorschläge der Wissenschaft und Praxis zu einer gesetzlichen Normierung des Jugendstrafvollzugs keinen Erfolg hatten[6] und es viele Jahre und Jahrzehnte keine grundlegenden Änderungen für derzeit über 6000 Jugendliche und Heranwachsende[7] in den deutschen Jugendstrafvollzugsanstalten gegeben hat, brachten zwei Ereignisse im Jahr 2006 innerhalb kürzester Zeit tiefgreifende Veränderungen mit sich:

Am 31.5.2006 erklärte das BVerfG in einer lang ersehnten Entscheidung den derzeitigen Jugendstrafvollzug aufgrund der für die mit dem Vollzug verbundenen Grundrechtseinschrän-

1 Jetzt für Bayern: Art. 121 S. 2 BayStVollzG.
2 Elbing u.a., 1993, 7.
3 Vgl. zusammenfassend Dünkel,1990; vgl. auch Punkt C.I.3. und 4.
4 BVerfGE 33, 1 = NJW 1972, 811.
5 Preusker, ZfStrVo 4/2005, 195.
6 Vgl. Punkt C.I.3. und 4.
7 Vgl. Tabelle 1, S. 28.

kungen fehlenden gesetzlichen Grundlagen für verfassungswidrig:[8] *„Für Maßnahmen, die in Grundrechte eingreifen, ist auch im Jugendstrafvollzug eine gesetzliche Grundlage erforderlich. Diese besteht bislang weder für die Kontrolle der Gefangenenpost noch für die Anordnung von Disziplinarmaßnahmen."*[9] Zugleich gab das Gericht dem Gesetzgeber zur Umsetzung eines Jugendstrafvollzugsgesetzes eine kurze Frist bis zum 31.12.2007 und formulierte selbst einige Mindestvorgaben für die zukünftigen Regelungen. Durch diese Entscheidung setzte das BVerfG ein deutliches Zeichen und betonte zugleich die sich vom Erwachsenenvollzug grundlegend unterscheidende Situation Jugendlicher und Heranwachsender im Hinblick auf das Vollzugsziel einer möglichst straffreien Zukunft. Selbst wenn also das StVollzG von 1977 eine ausdrückliche Anwendung auf den Jugendstrafvollzug vorgesehen hätte, entspräche es nach Meinung des BVerfG nicht den verfassungsrechtlichen Anforderungen an eine gesetzliche Grundlage für den Jugendstrafvollzug. Dies bedeutet zugleich, dass ein Jugendstrafvollzugsgesetz ein Reformgesetz sein muss, das noch über die Reformansätze des StVollzG hinausgeht.[10]

Die Entscheidung vom 31.5.2006 brachte endlich den entscheidenden Aufbruch für den Jugendstrafvollzug. Gesetzliche Grundlagen mussten innerhalb einer vorgegebenen Zeitspanne geschaffen werden, die sich zum einen auf den Bereich unmittelbar eingreifender Maßnahmen, zum anderen auch auf die Ausgestaltung des gerichtlichen Rechtsschutzes, dessen Verortung in §§ 23 ff. EGGVG den verfassungsrechtlichen Anforderungen nicht gerecht wurde, beziehen.[11]

Auswirkungen hatte das Urteil des BVerfG schließlich einerseits auf die Gefangenen und das Personal des Jugendstrafvollzugs, weil nun in einem speziellen Jugendstrafvollzugsgesetz die Rechte und Pflichten der Gefangenen und der Bediensteten entsprechend ihren Bedürfnissen umfassend festgeschrieben werden mussten. Andererseits dient es den Schutzinteressen der Bürger, da die Resozialisierung[12] verbindlich gemacht wurde. Darüber hinaus wird es dem Rechts- und Sozialstaatsprinzip gerecht.[13]

---

8 BVerfG, NJW 2006, 2093 ff; ausführliche Darstellung des Urteils unter Punkt C. II.

9 BVerfG, NJW 2006, 2094.

10 Sonnen, FS 2/2007, 81.

11 Laubenthal, 2011, Rn. 862; BVerfG, NJW 2006, 2096.

12 Vgl. ausführlich zum Begriff der Resozialisierung Cornel, 2001, 13 ff.

13 Ostendorf, NJW 2006, 2073 f.

Nur wenige Wochen später übertrug der Bundesgesetzgeber im Zuge der sog. „Föderalismusreform" die Kompetenz für die gesetzliche Regelung des Strafvollzugs auf die Bundesländer, so dass bereits am 1.9.2006 die beschlossenen Verfassungsänderungen in Kraft traten.[14] Für die Umsetzung der Vorgaben des BVerfG und der Schaffung eines Jugendstrafvollzugsgesetzes waren somit fortan die Länder zuständig. Dies hatte zur Folge, dass es nun Aufgabe der 16 Bundesländer war, ein eigenes Jugendstrafvollzugsgesetz zu schaffen.

Im Jahr 2006 wurde der Strafvollzug allerdings auch durch die Tötung eines jungen Strafgefangenen durch seine drei Zellengenossen in der JVA Siegburg in ein negatives Licht gerückt. In der Nacht vom 11. auf den 12. November 2006 ist dort ein 20-jähriger Gefangener in einer Vier-Mann-Zelle von seinen Mithäftlingen über Stunden gequält, geschlagen, getreten, sexuell missbraucht und anschließend gezwungen worden, sich selbst zu erhängen. Nach den Aussagen der Täter wollten sie „einfach einen Menschen sterben sehen".[15] Dem Opfer gelang es zwar einmal den Rufknopf der Sprechanlage zu betätigen, die Vollzugsbeamten gaben sich allerdings mit der Erklärung der Zellengenossen zufrieden, dass es sich nur um ein Versehen gehandelt habe.[16] Auch dieser „Foltermord" und der Häftlingsmord drei Jahr zuvor in Ichtershausen verdeutlichen, dass die bisherigen Vorschriften und deren praktische Umsetzung nicht ausreichten, um junge Gefangene im Strafvollzug auf ein zukünftiges straffreies Leben vorzubereiten.[17]

Der damalige Jugendstrafvollzug entsprach weder dem Schutzbedürfnis der Gesellschaft, noch wurde er der staatlichen Fürsorgepflicht gegenüber den Gefangenen gerecht.[18] Vielmehr zeigte der Vollzug die Aktualität humaner Strafvollzugsstandards auf: Kriminalität lässt sich nicht einfach wegschließen.[19] Dennoch kann nicht akzeptiert werden, dass die staatlich angeordnete Freiheitsentziehung für die Gefangenen zur tödlichen Gefahr wird.[20] Das BVerfG betonte in seiner Entscheidung vom 31.5.2006 auch, dass die jungen Gefangenen vor wechselseitiger Gewalt geschützt werden müssen.[21] Darauf hatten die Landesgesetzgeber angesichts der grausamen Tötung eines Häftlings in der JVA Siegburg besondere Sorgfalt bei der

14 Vgl. ausführlich Punkt C.IV.
15 Sonnen, ZJJ 4/2006, 236.
16 Sonnen, 4/ZJJ 2006, 236; Walkenhorst, FS 2/2007, 82 f.
17 Köhne, ZRP 2007, 109; Walter, ZJJ 1/2007, 72 ff.
18 Walter u.a., NK 4/2006, 123.
19 Sonnen, ZJJ 4/2006, 236.
20 Walter u.a., NK 4/2006, 123.
21 BVerfG, NJW 2006, 2096.

Gestaltung ihrer Gesetze zu legen. In diesem Zusammenhang soll die Bundesverfassungsrichterin *Lübbe-Wolff* zitiert werden, die als Mitglied des Zweiten Senats am Urteil vom 31.5.2006 beteiligt war: *„Es ist eine perverse Situation, dass der Staat ausgerechnet da, wo er die dichteste Kontrolle ausübt, am wenigsten seine elementarsten Aufgaben erfüllt: Menschen vor gegenseitiger Gewalt zu schützen. Wir müssen aufpassen, dass die Gefangenen nicht brutalisiert statt resozialisiert herauskommen".*[22]

Bei der Ausgestaltung der gesetzlichen Grundlagen musste ebenfalls berücksichtigt werden, dass der Jugendstrafvollzug einem stetigen Wandel der Gefangenenstruktur unterliegt, es sich letztlich jedoch immer um erziehungsbedürftige Jugendliche und Heranwachsende handelt. Ziel eines Jugendstrafvollzugs musste es also sein, ein Gesetz zu schaffen, das auf unterschiedliche Situationen im Vollzug reagieren kann, ohne jedoch die gesetzlich garantierten Mindeststandards außer Acht zu lassen.

Zum 1.1.2008 sind gemäß der Entscheidung des BVerfG vom 31.5.2006 und der Föderalismusreform in allen 16 Bundesländern eigenständige Gesetze über den Vollzug der Jugendstrafe in Kraft getreten. Neun Länder (Berlin, Brandenburg, Bremen, Mecklenburg-Vorpommern, Rheinland-Pfalz, Saarland, Sachsen-Anhalt, Schleswig-Holstein und Thüringen) haben sich auf weitgehend ähnliche Gesetze aufgrund eines Musterentwurfs verständigt. Sachsen hat diesen weitestgehend übernommen. Die Landesgesetzgeber von Baden-Württemberg, Hessen und Nordrhein-Westfalen haben eigenständige Gesetze erlassen.[23] In den Länder Bayern und Hamburg wurden Gesetze verabschiedet, die den Erwachsenenvollzug und den Jugendstrafvollzug regeln. Niedersachsen normierte darüber hinaus den Vollzug der Untersuchungshaft.[24]

II. Gegenstand der Arbeit

Vorrangiges Ziel der Arbeit ist es, die Konsequenzen des Urteils des BVerfG vom 31.5.2006 für den bayerischen Jugendstrafvollzug aufzuzeigen und diese zugleich einer kritischen Wertung zu unterziehen. Dabei wird den Neuregelungen zum Jugendstrafvollzug im BayStVollzG besonderes Augenmerk gewidmet, wobei die zentrale Frage, ob es dem Bayerischen Gesetzgeber gelungen ist, den verfassungsrechtlichen Vorgaben Folge zu leisten, indem er die Rege-

---

22 Focus Nr. 11 vom 12.3.2007.

23 Arloth, 2008a, 3.

24 Laubenthal, 2011, Rn. 133.

lungen zum Jugendstrafvollzug mit dem Erwachsenenvollzug zu einem einheitlichen Gesetz zusammenfasste, im Vordergrund steht. Zudem wird aufgezeigt, welche Veränderungen mit dem BayStVollzG in der vollzuglichen Praxis einhergingen. Maßstab für die kritische Überprüfung sind die hohen Anforderungen, die das BVerfG an ein Jugendstrafvollzugsgesetz gestellt hat.[25]

Die Arbeit basiert nicht nur auf der Auswertung wissenschaftlicher Literatur zu diesem Themenkomplex. Die Befragung der bayerischen Anstaltsleiter und die Berücksichtigung von Erfahrungen aus den Besichtigungen zweier Jugendstrafvollzugsanstalten wurden in die Ausführungen eingearbeitet und stellen den praktischen Vollzug her.

Im Einzelnen ist die Arbeit folgendermaßen aufgebaut:

Während im ersten Abschnitt eine Eingrenzung des umfassenden Themas des Jugendstrafvollzugs stattfindet (Punkt A.) und im darauffolgenden Teil einige allgemeine Vorbemerkungen zum Jugendstrafvollzug abgehandelt werden (Punkt B.), befasst sich die Arbeit anschließend mit dem zentralen Thema der rechtlichen Grundlagen (Punkt C.). Um aufzuzeigen, auf welcher dünnen „Grundlage" Grundrechtseingriffe über Jahrzehnte im Jugendstrafvollzug vollzogen wurden, war es zunächst ein Anliegen, einen kurzen Rückblick auf die bis zum 31.12.2007 geltenden Regelungen zu werfen, ehe im Anschluss die grundlegende Entscheidung des BVerfG zur Notwendigkeit der gesetzlichen Normierung des Jugendstrafvollzugs vom 31.5.2006 dargestellt wird sowie die Anforderungen des Bundesverfassungsgerichts an eine gesetzliche Ausgestaltung aufgezeigt werden. Da das BVerfG völkerrechtliche Vorgaben und internationale Standards, wie sie im Rahmen der Vereinten Nationen oder von Organen des Europarates beschlossenen einschlägigen Richtlinien und Empfehlungen enthalten sind, zum Indizmaßstab für eine ausreichende Berücksichtigung vorhandener Erkenntnisse und Belange der Inhaftierten gemacht hat, folgen – auch aufgrund der zunehmenden Internationalisierung des Rechts – die Darstellungen übergeordneter Belange. Obwohl die Kompetenzübertragung der Regelung des Strafvollzugs auf die Länder im Zuge der sog. Föderalismusreform absehbar war, brachte das Bundesministerium der Justiz mit dem GJVollz-E 2006 einen bundeseinheitlichen Regelungsvorschlag hervor. Dieser findet sich in groben Zügen wieder, da er neben den VVJug dem bayerischen Gesetzgeber als Vorlage für sein Gesetz diente. So-

25 BVerfG, NJW 2006, 2093 ff.

dann werden die Auswirkungen der Föderalismusreform auf den Strafvollzug untersucht und kritisch bewertet.

Daran anschließend folgt der Hauptkomplex dieser Arbeit: Die Darstellung und Bewertung der Umsetzung der verfassungsrechtlichen Vorgaben seitens des Bayerischen Gesetzgebers anhand des BayStVollzG. Darin fließen nicht nur die wissenschaftlichen Anmerkungen ein, sondern auch die Handhabung in der vollzuglichen Praxis, welche einerseits durch persönliche Befragungen, andererseits durch schriftliche Beantwortung versandter Fragebogen durch die jeweilige Anstaltsleitung gewonnen werden konnte. Um den Rahmen dieser Arbeit jedoch nicht zu sprengen, kann allerdings nicht jeder einzelne Artikel des Abschnitts über den bayerischen Jugendstrafvollzug Erwähnung finden. Daher werden ausgewählte Bereiche, die in der Diskussion um die Gesetze von besonderer Bedeutung waren und/oder als Rahmenbedingung besonders wichtig erscheinen ausführlich dargestellt und anschließend analysiert.

Schließlich finden sich in den darauffolgenden Ausführungen die aktuellen Situationen in den bayerischen Jugendstrafvollzugsanstalten (Punkt D.). Zunächst werden die vollzuglichen Rahmenbedingungen analysiert, welche auf der Befragung der bayerischen Anstaltsleiter des Jugendstrafvollzugs basieren. Hintergrund dieser Fragen war ebenfalls die Entscheidung des BVerfG vom 31.5.2006, in der die Karlsruher Richter den Staat verpflichteten, für allgemein als erfolgsnotwendig anerkannte Vollzugsbedingungen und Maßnahmen Sorge zu tragen.[26] Dazu gehören u.a. auch die kontinuierliche Sicherung der Ausstattung mit personellen und finanziellen Mitteln, eine ausreichende pädagogische und therapeutische Betreuung, sowie Formen der Unterbringung, die soziales Lernen in Gemeinschaft, zugleich aber auch den Schutz der Inhaftierten vor wechselseitiger Gewalt ermöglichen.[27] Im Anschluss daran werden in einem letzten Abschnitt die drei bayerischen Jugendstrafvollzugsanstalten und die Jugendabteilung der JVA Aichach in groben Zügen dargestellt, um einen umfassenden Einblick in die praktische Vollzugsgestaltung zu erhalten.

Nachdem der bayerische Jugendstrafvollzug in Theorie und Praxis vor dem Hintergrund der Entscheidung des BVerfG dargestellt worden ist, werden in einem Schlussfazit (Punkt E) die eingangs gestellten Fragen wieder aufgegriffen und beantwortet. Darin ging es im Einzelnen um Folgendes:

---

26 BVerfG, NJW 2006, 2096.

27 BVerfG, NJW 2006, 2096.

- Ist es dem Bayerischen Gesetzgeber gelungen, die verfassungsrechtlichen Vorgaben in seinem Gesetz zum Jugendstrafvollzug umzusetzen?
- Wird dem Erziehungsgedanken des Jugendstrafvollzugs – trotz Zusammenfassung mit dem Erwachsenenvollzug – genügend Beachtung geschenkt?
- Konnte trotz der sog. Föderalismusreform ein einheitlicher Standard nach Vorgaben des BVerfG gewährleistet werden?
- Welche Neuerungen brachte das BayStVollzG und gab es Änderungen in der praktischen Vollzugsgestaltung?

III. Eingrenzung des Untersuchungsgegenstandes

Diese Arbeit konzentriert sich im Wesentlichen auf den Vollzug der Jugendstrafe in Jugendstrafvollzugsanstalten. Es können daher nicht alle speziellen jugendstrafrechtlichen Sanktionen, welche eine jugendadäquate Reaktion ermöglichen sollen, behandelt werden. Dennoch finden sich der Übersichtlichkeit halber alle jugendstrafrechtlichen Sanktionsmöglichkeiten zusammengefasst in einem Schaubild im Anhang.[28]

Folgende komplexe Punkte, die selbst ausreichend Material für eine wissenschaftliche Arbeit bieten, müssen aus der vorliegenden Untersuchung ausgeklammert werden:

1. Maßregeln der Besserung und Sicherung

Als Bereich, der ebenso zum allgemeinen Vollzug zählt,[29] muss die weitreichende Materie der Maßregeln der Besserung und Sicherung außer Betracht bleiben. Für diejenigen Maßregeln, welche stationär vollzogen werden, sind zum einen eigens hierfür zuständige Anstalten (psychiatrisches Krankenhaus, Entziehungsanstalt) vorgesehen, zum anderen ergeben sich auch andere Herausforderungen bei der Umsetzung der Vorgaben des BVerfG vom 31.5.2006. An dieser Stelle soll nur ein kurzer Einstieg genügen, um auf aktuelle Problempunkte dieses Gebiets hinzuweisen.

---

28 Siehe Anhang 1: Jugendstrafrechtliche Sanktionen.

29 Siehe Definition des Strafvollzugs unter Punkt B.I.1.a.

Die Maßregeln der Besserung und Sicherung finden sich in § 7 JGG, § 61 StGB.[30] Allerdings sind im Jugendstrafrecht nur die Unterbringung in einem psychiatrischen Krankenhaus (§ 61 Nr. 1 StGB), die Unterbringung in einer Entziehungsanstalt (§ 61 Nr. 2 StGB), die Führungsaufsicht (§ 61 Nr. 4 StGB) und die Entziehung der Fahrerlaubnis (§ 61 Nr. 5 StGB) zulässig, wobei die beiden letzteren als nicht stationäre Maßregeln ohnehin nicht von der Entscheidung des BVerfG umfasst sind. Die Sicherungsverwahrung (§ 61 Nr. 3 StGB) und das Berufsverbot (§ 61 Nr. 6 StGB) dürfen in der Erstverurteilung nicht angeordnet werden. Möglich ist allerdings die Anordnung der nachträglichen Sicherungsverwahrung unter bestimmten Voraussetzungen (§§ 7 Abs. 1 – 4 JGG),[31] vgl. Punkt A.III.2.

Regelungen, die ausdrücklich den Vollzug in einem psychiatrischen Krankenhaus und in einer Entziehungsanstalt betreffen, finden sich nur in den §§ 136-138 StGB. Im Übrigen richtet sich der Vollzug gemäß § 138 StVollzG nach Landesrecht. Einige Bundesländer (Bremen, Hamburg, Hessen, Niedersachsen, Nordrhein-Westfalen, Rheinland-Pfalz, Saarland, Sachsen-Anhalt) haben daher ein eigenes Maßregelvollzugsgesetz erlassen. Neben den übrigen Ländern (Baden-Württemberg, Berlin, Brandenburg, Mecklenburg-Vorpommern, Sachsen, Schleswig-Holstein und Thüringen) hat auch Bayern einige Regelungen des Vollzugs der Maßregeln in das Unterbringungsgesetz aufgenommen.[32]

Es fehlt daher in diesen Bundesländern (Baden-Württemberg, Berlin, Brandenburg, Mecklenburg-Vorpommern, Sachsen, Schleswig-Holstein, Thüringen und Bayern) an einer umfassenden gesetzlichen Grundlage für den Maßregelvollzug. Spätestens seit der Entscheidung des BVerfG (BVerfGE 33, 1), in der klargestellt wurde, dass das besondere Gewaltverhältnis keine rechtliche Grundlage für Einschränkungen der Grundrechte bietet, ist diese Problematik offenkundig und rechtlich äußerst bedenklich. Gerade im Hinblick auf die speziellen Anforderungen, welche an die Unterbringung von Jugendlichen und Heranwachsenden gestellt werden müssen, ist es dringend verfassungsrechtlich geboten, ein eigenes Jugendmaßregelvollzugsgesetz zu erlassen. Da auch erhebliche Unterschiede in der Ausgestaltung der vollzugsrechtlichen Aspekte zwischen den Ländern bestehen, wäre es zudem angezeigt, ein bundeseinheitliches Maßregelvollzugsgesetz zu schaffen. Schließlich könnte mit einer ausreichenden gesetzlichen Grundlage den zum Teil schlechten Zuständen in den Anstalten des Maßregel-

30 Zu den Anwendungsvoraussetzungen siehe Ostendorf, 2009, § 7 Rn. 2, 5.

31 Ostendorf, 2009, § 7 Rn. 2.

32 Laubenthal, 2011, Rn. 906.

vollzugs entgegengewirkt werden. Die Schäden der Hospitalisierung sind hier oft größer als der Schaden bei der Einweisung.[33]

2. Sicherungsverwahrung

Als weiterer Problempunkt wird kurz auf die Entwicklung der Regelungen zur Sicherungsverwahrung eingegangen, welche schließlich am 4. Mai 2011 vom BVerfG als verfassungswidrig erklärt wurden. [34]

Im Jahr 2003 wurde erstmals die vorbehaltende Sicherungsverwahrung bei Heranwachsenden, die nach Erwachsenenstrafrecht abgeurteilt wurden, zugelassen, § 106 Abs. 3, 4 JGG.[35] Anschließend folgte im Jahr 2004 mit der Einführung des § 66 b StGB die nachträgliche Sicherungsverwahrung gemäß § 106 Abs. 5, 6 JGG.[36] Seit dem 12.7.2008 durfte die Maßregel der nachträglichen Sicherungsverwahrung im Jugendstrafrecht unter bestimmten Voraussetzungen angeordnet werden.[37]

§ 7 Abs. 2 JGG, der auf den Referentenentwurf der Bundesregierung vom 10.4.2007[38] zurückgeht, ermöglicht in Fällen von Verbrechen gegen das Leben, die körperliche Unversehrtheit oder die sexuelle Selbstbestimmung sowie bei Raub- oder Erpressungstaten mit Todesfolge, die nachträgliche Anordnung der Sicherungsverwahrung, wenn die Tat mit einer schweren seelischen oder körperlichen Schädigung bzw. Gefährdung des Opfers verbunden war, eine Jugendstrafe von mindestens sieben Jahren verhängt wurde und wenn sich im Jugendstrafvollzug Tatsachen ergeben, die den Betroffenen hochgefährlich für die Allgemeinheit erscheinen lassen. § 7 Abs. 4 JGG sieht im Fall der nachträglichen Anordnung der Sicherungsverwahrung jährlich eine erneute Nachprüfung vor.[39]

---

33 BT-Drucks. 7/4200, 281 f.

34 2 BvR 2365; 2 BvR 740/10; 2 BvR 233/08; 2 BvR 571/10; 2 BvR 1152/10.

35 Brettel, ZJJ 4/2009, 332; Flaig, 2009, 177 ff.; Goerdeler, ZJJ 2/2004, 191.

36 BGBl. 2003 I, 3007 f., BGBl. 2004, 1838 f.

37 Nach § 7 JGG a.F. war im Jugendstrafrecht jede Form der Sicherungsverwahrung bei jugendlichen Straftätern zwischen 14 und 17 Jahren ausgeschlossen. Gleiches galt für Heranwachsende zwischen 18 und 21 Jahren, sofern auf sie Jugendstrafrecht angewendet wurde; Vgl. hierzu aber die Entscheidung des BVerfG vom 4. Mai 2011 - 2 BvR 2365; 2 BvR 740/10; 2 BvR 233/08; 2 BvR 571/10; 2 BvR 1152/10.

38 BT-Drucks 16/6562.

39 Erstmalig wurde am 22.6.2009 gegen einen Straftäter nach Verbüßung seiner Jugendstrafe von zehn Jahren vom Landgericht Regensburg die nachträgliche Sicherungsverwahrung angeord-

Mit der Einführung der nachträglichen Sicherungsverwahrung auch bei Jugendlichen und Heranwachsenden, soweit auf diese Jugendstrafrecht angewandt wird, gingen allerdings grundlegende Bedenken einher.[40]

Dennoch bestätigte der BGH in einem wegweisenden Urteil vom 9.3.2010 erstmals die Zulässigkeit der nachträglichen Sicherungsverwahrung.[41] Der BGH urteilte, das im Jahr 2008 in Kraft getretene Gesetz verstoße nicht gegen verfassungsrechtliche Vorschriften oder gegen die Menschenrechte. Außerdem wies das Gericht die Forderung zurück, den Fall wegen eines (zum damaligen Zeitpunkt) noch nicht rechtskräftigen Urteils des Europäischen Gerichtshofs für Menschenrechte auszusetzen. Das Straßburger Gericht beanstandete die rückwirkende Verlängerung der Sicherungsverwahrung von ursprünglich zehn Jahren für Erwachsene.[42] Die

---

net. Das Gericht stellte fest, dass von dem Täter, der 1997 im Alter von 19 Jahren eine Joggerin im Wald ermordet und sich danach sexuell an ihr vergangen hat, noch immer eine erhebliche Gefahr ausgehe und er daher nicht freigelassen werden könne. Das Gesetz, das nun auch die nachträgliche Sicherungsverwahrung bei Jugendlichen und ihnen gleichgestellten Heranwachsenden zulässt, wurde ein Jahr zuvor eigens für diesen Fall vom Bundestag und Bundesrat eingeführt. Die Staatsanwaltschaft führte in ihrem Plädoyer aus, dass der Täter weiterhin „mittel bis sehr gefährlich" sei. Auf dem Weg einer Therapie sei er nur die „ersten Schritte gegangen" und nach einer Entlassung würden weitere Probleme folgen. Er habe keine sozialen Kontakte, außer zu seiner Kernfamilie, einen Beruf, den er nicht wolle, erhebliche Schulden und keine gefestigte Beziehung zu einem Therapeuten. Es sei daher verhältnismäßig in diesem Fall erstmals die nachträgliche Sicherungsverwahrung anzuordnen. Ihm werde dadurch die Chance gegeben, neue therapeutische Maßnahmen anzunehmen, die die Möglichkeit einer späteren Entlassung bieten. Er werde daher eben nicht für immer weggesperrt (www.spiegel.de vom 22.6.2009, abrufbar unter: http://www.spiegel.de/panorama/justiz/0,1518,631843,00.html, letzer Aufruf: 15.5.2010).

40 Eisenberg, 2007, § 106 Rn. 4, 4a; Graebsch, Zeitschrift für Jugendkriminalrecht und Jugendhilfe 2008, 284 ff,; Kinzig, Zeitschrift für Jugendkriminalrecht und Jugendhilfe 2008, 245 ff.; Laubenthal/Baier/Nestler, 2010, Rn. 454 ff.;
Nestler/Wolf, NK 4/2008, 153 ff.; Ostendorf/Bochmann, ZRP 2007, 146 ff.; Ostendorf NStZ 2006, 326; Ullenbruch, NJW 2008, 2609ff; BVerfG, NJW, 2006, 2097: „Auf einen den grundrechtlichen Anforderungen nicht genügende Berücksichtigung vorhandener Erkenntnisse oder auf eine den grundrechtlichen Anforderungen nicht entsprechende Gewichtung der Belange der Inhaftierten kann es hindeuten, wenn völkerrechtliche Vorgaben oder internationale Standards mit Menschenrechtsbezug, wie sie in den im Rahmen der Vereinen Nationen oder von Organen des Europarates beschlossenen einschlägigen Richtlinien und Empfehlungen enthalten sind."; BVerfG, NStZ 2007, 41; Ostendorf/Bochmann, ZRP 2007, 147; Ostendorf/Bochmann, ZRP 2007, 147; Nestler/Wolf, NK 4/2008, 158; Ostendorf/Bochmann, ZRP 2007, 146. 147 m. w. N.; Zieschang, 2003.

41 Siehe auch Fn. 38.

42 Urteil des EGMR vom 17.12.2009; 19359/04.

Sicherungsverwahrung sei letztlich auch eine Strafe, welche nicht rückwirkend verhängt werden dürfe, wenn es das Gesetz zum Zeitpunkt der Erstverurteilung noch nicht gab.[43] Laut BGH ließ sich dies allerdings nicht mit der Maßregel für Jugendliche vergleichen.[44]

Die im Jahre 2004 eingeführte Möglichkeit einer nachträglichen Anordnung der Sicherungsverwahrung ist schließlich am 13. Januar 2011 vom Europäischen Gerichtshof für Menschenrechte für menschenrechtswidrig erklärt worden.[45] Der Bundestag hatte allerdings schon im Dezember 2010 eine Neuregelung des Rechts der Sicherungsverwahrung beschlossen, in der auf die Verhängung der nachträglichen Sicherungsverwahrung bei Erwachsenen für die Zukunft verzichtet wird.[46] Die nachträgliche Sicherungsverwahrung ist daraufhin allerdings nicht gänzlich entfallen: Erstens durften nach wie vor Personen, die nach § 63 StGB im Maßregelvollzug (Psychiatrisches Krankenhaus) untergebracht wurden, nachträglich in Sicherungsverwahrung verlegt werden, wenn die psychiatrische Maßregel für erledigt erklärt worden ist (§ 66b StGB, früher § 66b Abs. 3 StGB). Zweitens galt die Neuregelung gemäß Art. 316e EGStGB nicht für Altfälle, d.h. für vor dem 1. Januar 2011 begangene Taten, wegen der Sicherungsverwahrung angeordnet werden soll, war die alte Rechtslage maßgeblich. Drittens sind die Regelungen zur nachträglichen Sicherungsverwahrung bei Heranwachsenden und Jugendlichen unangetastet geblieben.

Schließlich hat das Bundesverfassungsgericht am 4. Mai 2011[47] entschieden, dass alle Vorschriften des Strafgesetzbuches und des Jugendgerichtsgesetzes über die Anordnung und Dauer der Sicherungsverwahrung mit dem Freiheitsgrundrecht der Untergebrachten aus Art. 2 Abs. 2 S. 2 i.V.m. Art. 104 Abs. 1 GG nicht vereinbar sind, weil sie den Anforderungen des verfassungsrechtlichen Abstandsgebots[48] nicht genügen. Überdies verletzen die Vorschriften

---

43 Vgl. dazu: http://www.fr-online.de/_em_cms/_globals, letzter Aufruf: 16.6.2010; http://www.focus.de/ politik/deutschland/deutschland-mitleid-mit-den-taetern_aid_508437, letzter Aufruf: 16.6.2010.

44 Vgl. www.welt.de vom 9.3.2010, abrufbar unter: http://www.welt.de/politik/deutschland/article6704262/ Gericht- bestaetigt-unbegrenzte -Haft-fuer-Jugendstraftaeter.html, letzter Aufruf: 15.5.2010; www.spiegel.de vom 9.3.201, abrufbar unter: http://www.spiegel.de/panorama/gesellschaft/0,1518,682586,00.html, letzter Aufruf: 15.5.2010.

45 Frankfurter Allgemeine Zeitung vom 13. Januar 2011; Urteil des EuGH vom. 13.1.2011 – Az.: 17792/07.

46 BGBl I 2010, 2300.

47 2 BvR 2365; 2 BvR 740/10; 2 BvR 233/08; 2 BvR 571/10; 2 BvR 1152/10.

48 Die grundlegend unterschiedlichen verfassungsrechtlichen Legitimationsgrundlagen und Zwecksetzungen von Freiheitsstrafe und Sicherungsverwahrung erfordern einen deutlichen

zur nachträglichen Verlängerung der Sicherungsverwahrung über die frühere Zehnjahreshöchstfrist hinaus und zur nachträglichen Anordnung der Sicherungsverwahrung im Erwachsenen- und Jugendstrafrecht das rechtsstaatliche Vertrauensschutzgebot aus Art. 2 Abs. 2 S. 2 i.V.m. Art. 20 Abs. 3 GG. Dem Gesetzgeber wurde nun in einer zweijährigen Übergangsfrist, längstens bis zum 31. Mai 2013, aufgegeben, neue Regelungen zu erlassen.[49] Während dieser Zeit hat das Bundesverfassungsgericht Übergangsregelungen getroffen, die die Wahrung der verfassungsrechtlichen Mindestanforderungen sicherstellen sollen.[50]

3. Alternative Sanktionen im Jugendstrafrecht

Zur weiteren Eingrenzung des Untersuchungsgegenstandes sollen alle weiteren Alternativen der jugendrechtlichen Sanktionspraxis außer Betracht bleiben. Das bedeutet, dass beispielsweise Erziehungsmaßregeln, Zuchtmittel, die Nebenfolgen der Einziehung und des Verfalls sowie das Fahrverbot als Nebenstrafe keine Erwähnung finden.[51]

Eine Einbeziehung dieses Themenkomplexes in die Untersuchung wäre zudem nicht angebracht gewesen, da sich zum einen die Entscheidung des BVerfG vom 31.5.2006[52] nur auf stationäre Maßnahmen bezieht und zum anderen die alternativen Möglichkeiten bei der Gruppe der Jugendlichen und Heranwachsenden, die zu einer Jugendstrafe verurteilt werden, nicht mehr ausreichend sind. Die Klientel, die sich im Jugendstrafvollzug befindet, eignet sich in der Regel für keine Behandlungsalternative.

Abstand des Freiheitsentzugs durch Sicherungsverwahrung zum Strafvollzug (sog. Abstandsgebot).

49 Vgl. NStZ 2011, 450.

50 In Fällen, in denen die Unterbringung in der Sicherungsverwahrung über die Zehnjahresfrist fortdauert und in Fällen der nachträglichen Sicherungsverwahrung darf die Unterbringung nur noch angeordnet werden, wenn eine hochgradige Gefahr schwerster Gewalt- oder Sexualstraftaten aus konkreten Umständen in der Person oder dem Verhalten abzuleiten ist und dieser an einer psychischen Störung leidet. Im Übrigen muss während der Übergangszeit eine strikte Prüfung der Verhältnismäßigkeit angewandt werden, die in der Regel nur gewahrt ist, wenn die Gefahr künftiger schwerer Gewalt- und Sexualstraftaten besteht.

51 Vgl. zu diesem Themenkomplex auch: Ostendorf, 2009, Grdl. zu §§ 5-8.; § 10; Grdl. zu §§ 13-16 JGG. Zudem zum Themenkomplex der ambulanten Alternativen vgl.: Maelicke, 1998; Dölling, 2001, 187 ff.

52 BVerfG, NJW 2006, 2069.

4. Untersuchungshaftvollzug

Der Vollzug der Untersuchungshaft ist eng mit dem Vollzug der Strafhaft verknüpft, weil die Untersuchungshaft noch heute überwiegend in Justizvollzugsanstalten vollzogen wird. Aufgrund der Aktualität der Thematik soll deshalb auch ein Blick auf den derzeitigen Stand bzgl. der Regelungen des Untersuchungshaftvollzugs geworfen werden.[53]

So wie es über Jahrzehnte hinweg bis zum 1.1.2008 Gewohnheit im Jugendstrafvollzug war, fand man auch im Untersuchungshaftvollzug jahrzehntelang nur ungenügende gesetzliche Regelungen vor. Dies galt für den Vollzug der Untersuchungshaft an Jugendlichen sowie an Erwachsenen gleichermaßen. Obwohl der Vollzug der Untersuchungshaft in Grundrechte der Untersuchungshaftgefangenen eingreift und daher unter dem Vorbehalt des Gesetzes steht,[54] begnügte man sich über Jahre hinweg mit wenigen Einzelbestimmungen in der Strafprozessordnung (§ 119 StPO a.F.) und im Jugendgerichtsgesetz (§ 93 JGG).[55] Einschränkungen der Grundrechte der Gefangenen, die über den Entzug der Freiheit hinausgingen, wurden auf die Generalklausel des § 119 Abs. 3 StPO a.F. i.V.m. der Untersuchungshaftvollzugsordnung (UVollzO)[56] vom 12.2.1953 in der Fassung vom 10.10.2001 gestützt, einer von den Ländern einheitlich erlassenen Verwaltungsvorschrift,[57] wonach dem Verhafteten nur solche Beschränkungen auferlegt werden durften, die der Zweck der Untersuchungshaft oder die Ordnung in der Vollzugsanstalt erforderte. Innerhalb der UVollzO finden sich besondere Bestimmungen zur Regelung der U-Haft bei Jugendlichen und Heranwachsenden (Nr. 1 Abs. 4, Nr. 77-85). Für die Haftgestaltung ist das Gericht zuständig.[58]

Seit dem 1.9.2006 liegt auch die Zuständigkeit für den Vollzug der Untersuchungshaft aufgrund der Föderalismusreform bei den Ländern, Art. 74 Abs. 1 Nr. 1 GG. Verblieben ist dem Bund die Zuständigkeit für das gerichtliche Verfahren. Aufgrund dessen wurde § 119 StPO

53 Vgl. ausführlich zur Thematik: Dörlemann in Berseswill/Höynck, 87 ff; Schaffstein/Beulke, 2002, 248; vgl. auch Dringlichkeitsantrag der Abgeordneten Aiwanger, Schweiger, Streibl und Fraktion vom 3.2.2010, Bayerischer Landtag, Drucks. 16/3428; Ostendorf, ZJJ 4/2009b, 341 ff.

54 Baumann, JZ 1990, 107 f.

55 Ostendorf, 2007a, Rn. 127; Hintz, 2004, 39 ff.

56 Abgedruckt in: Münchhalffen/Gatzweiler, 2009, Anhang II.

57 Bayerischer Landtag, Drucks. 16/1319.

58 Baumann, JZ 1990, 107,109;

zum 1.1.2010 neu gefasst.[59] Gestrichen wurden jene Passagen, die zukünftig landesgesetzlich zu normieren sind. Diejenigen Regelungen der UVollzO, die weiterhin in Bundeszuständigkeit liegen wurden durch Übernahme in die StPO Gesetz. Der Rechtsschutz befindet sich nun in den neugefassten §§ 119 Abs. 5, 126 StPO sowie dem neu eingefügten § 119 a StPO, was zwar nicht unbedingt zu mehr Übersichtlichkeit führt, aber immerhin den unzulänglichen Rechtsweg über die §§ 23 ff. EGGVG beseitigt.[60]

Niedersachsen regelte bereits im Zusammenhang mit dem Erlass des Strafvollzugsgesetzes den gesamten Justizvollzug in einem Gesetz und schuf in den §§ 133 bis 169 NJVollzG eine gesetzliche Grundlage für die Durchführung des Vollzugs der Untersuchungshaft.[61] Seit dem 1.1.2010 gilt in Berlin, Brandenburg, Mecklenburg-Vorpommern, Nordrhein-Westfalen, Rheinland-Pfalz, Saarland und Thüringen eine landesgesetzliche Regelung zum Vollzug der Untersuchungshaft. Die Bayerische Staatsregierung beteiligte sich nicht an den Arbeiten für einen gemeinsamen Entwurf und legte auch keinen Gesetzesentwurf für ein Bayerisches Untersuchungshaftvollzugsgesetz vor.[62] Ein Entwurf ist bis zum jetzigen Zeitpunkt noch nicht eingereicht worden, obwohl ein solcher bereits seit April 2009 existiert.[63] So gilt in Bayern nun nach § 13 EGStPO bis zum Inkrafttreten einer landesgesetzlichen Regelung zum Vollzug der Untersuchungshaft, längstens jedoch bis zum 31.12.2011, § 119 StPO in der bis zum 31.12.2009 geltenden Fassung, soweit dort der Vollzug der Untersuchungshaft geregelt ist, neben der ab dem 1.1.2010 geltenden Fassung fort.[64]

---

59 Weider, StV 2010, 102 ff.

60 Goerdeler/Pollähne, in: Goerdeler/Walkenhorst, 2007, 64 ff.

61 Kamann, 2009a, 225; Winzer/Hupka, DRiZ 2008, 146 ff.

62 Vgl. Bayerischer Landtag, Drucks. 16/1319, 9; Protokollauszug 30. Plenum 14.10.2009; abrufbar unter http://www.bayern.landtag.de/cps/rde/papp/SID-0A033D45-FB58DE65/ Vorgangsmappe/ www/servlet/Vorgangsmappe?wp=16&typ=V&drsnr=1319&intranet=, letzter Aufruf: 15.5.2010.

63 Bayerischer Landtag, Drucks. 16/3428.

64 Weider, StV 2010, 107.

B. Vorbemerkungen

I. Begriff und Bedeutung des Jugendstrafvollzugs

1. Begriff

Untersuchungsgegenstand der Arbeit ist der Jugendstrafvollzug. Für das weitere Verständnis ist es demzufolge unerlässlich, diesen zentralen Begriff zu erläutern.

a) Strafvollzug

Da der Jugendstrafvollzug Teil des Strafvollzugs ist,[65] wird im Folgenden zunächst der Begriff des Strafvollzugs definiert. Strafvollzug bedeutet die Art und Weise der praktischen Durchführung von freiheitsentziehenden Kriminalsanktionen in einer Straf- oder Verwahranstalt.[66] Das Strafvollzugsrecht gehört zum öffentlichen Recht im weiteren Sinne[67] und betrifft die eingriffsintensivste strafrechtliche Sozialkontrolle. Der stationäre Vollzug, welcher die Freiheit eines Straftäters am stärksten beschränkt, stellt daher auch die „ultima ratio" dar.[68] Neben dem Vollzug der Jugendstrafe zählen die gegen Erwachsene verhängte Freiheitsstrafe (§ 38 StGB), die Verhängung der Maßregeln der Besserung und Sicherung (§§ 63, 64, 66 StGB) und der militärische Strafarrest (§ 9 WStG) zum Strafvollzug.[69] Der Untersuchungshaftvollzug wird nach einer engeren Auslegung des Begriffes nicht erfasst, da dieser nicht auf einem Urteil, sondern auf einem Haftbefehl beruht und somit keine Kriminalsanktion darstellt.[70]

b) Strafvollstreckung

Die Verwirklichung der angeordneten Strafe gliedert sich bei den freiheitsentziehenden Kriminalsanktionen in die Strafvollstreckung und den Strafvollzug.[71] Deshalb ist es sinnvoll,

---

65 Ostendorf, 2009b, 100.

66 Tierel, 2008, 10.

67 Laubenthal, 2011, Rn. 9.

68 Walter, 1999, 19.

69 Tierel, 2008, 10.

70 Zur breiteren Auslegung des Begriffes und Begründung siehe Bruns, 56 und Kaiser/Kerner/Schöch, 1-3. Nach deren Definition umfasst der Strafvollzug alle mit Freiheitsentzug verbundenen Sanktionen, d. h. auch die Untersuchungshaft und den Jugendarrest.

71 Laubenthal, 2011, Rn 10 m.w.N.

daneben auf die Strafvollstreckung in Abgrenzung zum Strafvollzug in gebotener Kürze einzugehen.

Regelungen zur Strafvollstreckung finden sich in den §§ 449-463 StPO, ergänzt durch die bundeseinheitlichen Verwaltungsvorschriften der Strafvollstreckungsordnung (StVollStrO).[72] Bereits die Verortung im Gesetz verdeutlicht, dass es sich bei der Strafvollstreckung um den letzten Teil des Strafverfahrens handelt. Der Strafvollzug hingegen liegt außerhalb des Strafprozesses. Er regelt eine eigenständige Rechtsmaterie neben dem materiellen und formellen Strafrecht.[73] Der Vollzug betrifft das Leben innerhalb der Anstalt. Er regelt somit das „Wie". Bei der Strafvollstreckung geht es jedoch vor allem um das „Ob" der Sanktionsverwirklichung. Erfasst werden alle Maßnahmen, die zur Durchführung des Urteils und zur generellen Überwachung der Strafe notwendig sind.[74] Dieser Grundsatz ist uneingeschränkt auch auf den Jugendstrafvollzug übertragbar.

c) Jugendstrafvollzug

Anknüpfend an die Jugendstrafe nach § 17 JGG definiert sich der Jugendstrafvollzug als Vollzug dieser einzigen „echten" Kriminalsanktion im Jugendstrafrecht. Denn abweichend vom allgemeinen Sprachgebrauch wird gem. § 17 Abs. 1 JGG der Begriff der Jugendstrafe auf die Freiheitsstrafe als Freiheitsentzug in einer Jugendstrafanstalt begrenzt.[75] Jugendstrafe bezeichnet die zwangsweise Unterbringung eines rechtskräftig verurteilten jungen Straftäters.[76] Der Strafcharakter der Jugendstrafe wird auch daran ersichtlich, dass mit Verhängung von Jugendstrafe eine Eintragung in das Zentralregister einhergeht, vgl. § 4 Nr. 1 BZRG.[77] Zur Verbüßung der Jugendstrafe in einer Jugendstrafanstalt kommt es schließlich, wenn der Jugendrichter als Vollstreckungsleiter den Verurteilten bei Nichtaussetzung der Jugendstrafe zur Bewährung (§§ 21 ff. JGG) bzw. bei Widerruf der Strafaussetzung (§ 26 JGG) oder einer Strafrestaussetzung (§§ 88 Abs. 6 S. 1 i.V.m. § 26 JGG) und dem Fehlen von Strafauf-

72 Vereinbarung des Bundesministeriums der Justiz und der Landesjustizverwaltungen, für den Bund einheitlich bekannt gemacht in: Banz. Nr. 87/1956.

73 Laubenthal, 2011, Rn. 12 m.w.N.

74 Laubenthal, 2011, Rn. 10 mit einer Aufzählung der Maßnahmen; beispielhaft genannt seien: das Vorgehen von der Rechtskraft des Urteils bis zum Strafantritt (§§ 449, 451 StPO), nachträgliche Entscheidung über Strafausset-zung zur Bewährung (§ 453 StPO), Überwachung der Bewährung (§ 453 b StPO).

75 Ostendorf, 2009, § 17 Rn. 2.

76 http://www.bpb.de/publikationen/0BCN67.html, letzter Aufruf: 28.3.2011.

77 Ostendorf, 2009, Grdl. zu §§ 17 und 18 Rn. 1.

schubgründen lädt.[78] Vollzogen wird die Jugendstrafe entweder in „geschlossenen“ oder für geeignete Inhaftierte in „offenen“ Anstalten.[79] Die Anstalten werden von einem Anstaltsleiter (Juristen, Psychologen oder Pädagogen) geleitet.[80]

2. Kriminalpolitische Bedeutung

Um sich der Bedeutung des Strafvollzugs für Jugendliche und Heranwachsende bewusst zu werden, folgt an dieser Stelle eine Darstellung der Gefangenenzahlen, die sich derzeit in den deutschen Jugendstrafvollzugsanstalten befinden.[81]

Zum Stichtag 31.3.2010 verbüßten 6008 Jugendliche und Heranwachsende im gesamten Bundesgebiet Jugendstrafe in einer Jugendstrafvollzugsanstalt (geschlossener und offener Vollzug).[82] Im Vergleich zu den Gefangenenzahlen seit 1993 ist festzustellen, dass die Insassen in den deutschen Jugendstrafvollzugsanstalten insgesamt stark angestiegen sind. 1993 betrug die Zahl der zu Jugendstrafe ohne Bewährung Verurteilten noch 4284.[83] Jedoch ist seit dem Höchststand im Jahre 2001 von 7482 Insassen deutschlandweit ein fortlaufender Rückgang zu verzeichnen. Auch in Bayern sind die Zahlen wieder leicht rückläufig. So betrug die Zahl der Inhaftierten jungen Gefangenen in den bayerischen Jugendstrafvollzugsanstalten zum 31.3.2009 insgesamt 683 (davon 654 männlich und 39 weiblich) im Vergleich zu noch 744 Insassen zum 31.1.2006.[84]

Tabelle 1: Inhaftierte im Vollzug der Jugendstrafe von 1993-2010 jeweils am 31.3. deutschlandweit[85]

Jahr	**Inhaftierte**	**männlich**	**weiblich**
1993	4284	4165	119

78 Laubenthal/Baier/Nestler, 2010, Rn. 920.

79 Zur Definition siehe Punkt C.VI.2.b.bb.(1).

80 http://www.bpb.de/publikationen/0BCN67.html, letzter Aufruf: 28.3.2011.

81 ausführliche Darstellung der bayerischen Gefangenenraten und Belegungssituation unter Punkt D.II.2. und 3.

82 http://www.destatis.de/jetspeed/portal/cms/Sites/destatis/Internet/DE/Content/Publikationen/Fachveroeffentlichungen/Rechtspflege/Bestand/Gefangene,proberty=file.pdf; letzter Aufruf: 23.1.2011.

83 www.destatis.de in Anlehnung an Laubenthal, 2011, Rn. 857.

84 http://www. justizvollzug-bayern.de/JV/Aufgaben/Behandlung/Jugendstrafvollzug, letzter Aufruf: 23.1.2011.

85 www.destatis.de in Anlehnung an Laubenthal, 2011, Rn. 857

1994	4757	4622	135
1995	4980	4851	129
1996	5253	5142	111
1997	5724	5592	132
1998	6438	6247	191
1999	7150	6953	197
2000	7396	7192	204
2001	7482	7250	232
2002	7455	7178	277
2003	7276	7010	266
2004	7304	7000	304
2005	7061	6797	264
2006	6995	6705	290
2007	6984	6689	295
2008	6557	6293	264
2009	6344	6107	237
2010	6008	5807	201

Quelle: Statistisches Bundesamt, Strafvollzug-Demographische und kriminologische Merkmale der Strafgefangenen am 31.3.2010, Reihe 4.1, S. 16.

Auch wenn die quantitative Anwendung der Jugendstrafe im Vergleich zu den anderen jugendstrafrechtlichen Rechtsfolgen mit etwa elf Prozent zurückbleibt, kommt ihr doch als ultima ratio ein nicht zu unterschätzendes Gewicht zu.[86] Der Jugendstrafvollzug stellt oft das letzte Mittel für junge Intensivtäter dar, bei denen in der Regel die übrigen erzieherischen Maßnahmen erfolglos geblieben sind und schneidet am intensivsten in ihr weiteres Leben ein, das sich gerade in der Entwicklung befindet.

86 Schaffstein/Beulke, 2002, 288.

Tabelle 2: Jugendstrafe im Vergleich zu den anderen Sanktionen nach dem JGG[87]

Jahr	Sanktionen insgesamt	Erziehungs-maßregeln	Prozent	Zucht-mittel	Prozent	Jugend-strafe	Prozent
1970	125 901	13 153	10,4	101 061	80,3	11 687	9,3
1980	186 409	41 312	22,2	127 115	68,2	17 982	9,6
1990	108 471	32 861	30,3	63 507	58,5	12 103	11,2
1995	107 243	15 045	14,0	78 318	73,0	13 880	13,0
2000	136 576	19 026	13,9	99 797	73,1	17 753	13,0
2003	148 998	22 411	15,0	109 299	73,4	17 288	11,6
2006	160 036	25 740	16,1	117 410	73,3	16 886	10,6

Quelle: Statistisches Bundesamt, Strafverfolgung, Ausgewählte Zahlen für die Rechtspflege, Fachserie 10 Reihe 2 - 2009.

Betrachtet man nun die beachtliche Anzahl der jungen Gefangenen, die sich zum 30.11.2010 deutschlandweit auf insgesamt 5782 belief, vor dem Hintergrund, dass Jugendstrafe die härteste freiheitsentziehende Reaktionsmöglichkeit innerhalb des Jugendstrafrechts darstellt, ist es kaum verständlich, warum der Vollzug der Jugendstrafe so lange Zeit ohne gesetzliche Grundlage war. Diese jungen Menschen hatten über Jahre hinweg so gut wie keine „Lobby", in einem Land, das aufgrund des demographischen Wandels ohnehin überaltert ist und das es sich eigentlich nicht leisten kann, diese jungen Menschen „aufzugeben".[88]

87 Siehe auch Ostendorf, 2009, Grdl. zu §§ 5-8, Rn. 4.

88 Walter, NK 1/2005, 18.

II. Anwendungsbereich

1. Sachlicher Anwendungsbereich

Der Jugendstrafvollzug in Bayern ist nun seit dem 1.1.2008 in einem gesonderten dritten Teil im einheitlichen Bayerischen Strafvollzugsgesetz geregelt. Dieser dritte Abschnitt (Art. 121-158 BayStVollzG) enthält allein Vorschriften für den Vollzug der Jugendstrafe. Für die freiheitsentziehenden Maßregeln der Besserung und Sicherung (Unterbringung in einem psychiatrischen Krankenhaus, Unterbringung in einer Entziehungsanstalt) gilt in Bayern weiterhin das Unterbringungsgesetz vom 20.4.1982 in der Bekanntmachung vom 5.4.1992, welches allerdings nur einige Vorschriften für den Maßregelvollzug enthält.[89]

Auch der Untersuchungshaftvollzug findet sich nicht im Bayerischen Strafvollzugsgesetz. Vielmehr mangelt es noch immer an einer gesetzlichen Grundlage. Es bleibt abzuwarten, wie lange der bayerische Landesgesetzgeber diesen „gesetzlosen“ Zustand weiter aufrechterhält.

Einzug gehalten hat jedoch der Vollzug der Sicherungsverwahrung: Für Bayern gelten nun die Art. 159-164 des vierten Teils des BayStVollzG, welche die alten Regelungen in §§ 129 ff. StVollzG ersetzen.

2. Persönlicher Anwendungsbereich

Der Abschnitt über den Jugendstrafvollzug gilt für alle, die nach § 17 JGG rechtskräftig zu einer Jugendstrafe verurteilt wurden.[90] Jugendstrafe wird gemäß § 17 Abs. 2 JGG verhängt, wenn aufgrund der schädlichen Neigungen des Jugendlichen, die in der Tat hervorgetreten sind, Erziehungsmaßregeln oder Zuchtmittel nicht ausreichen oder wenn wegen der Schwere der Schuld Strafe erforderlich ist.[91] Aufgrund der direkten Verbindung zum JGG, welches die Altersgrenzen der Gefangenen in den Jugendanstalten festlegt, hat sich der persönliche Anwendungsbereich des Jugendstrafvollzugs an den Regelungen des Jugendgerichtsgesetzes zu orientieren.

§ 1 Abs. 1 JGG begrenzt den persönlichen Anwendungsbereich auf Jugendliche und Heranwachsende. In § 1 Abs. 2 JGG findet sich sogleich eine strafrechtliche Definition dieser bei-

---

89 Ostendorf, 2009a, 101; Ostendorf, 2009, § 7 Rn. 9.

90 Ostendorf, 2009a, 101.

91 Zur näheren Erläuterung der Begriffe schädliche Neigungen und schwere der Schuld sei auf Ostendorf, 2009, § 17 Rn. 3, 4 verwiesen.

den Begriffe. Mit Vollendung des 14. Lebensjahres sind Jugendliche strafrechtlich verantwortlich, wenn sie zur Zeit der Tat nach ihrer sittlichen und geistigen Entwicklung reif genug sind, das Unrecht der Tat einzusehen und nach dieser Einsicht zu handeln, § 3 JGG. Liegt Verantwortungsreife bei einem Jugendlichen vor, so ist auf diesen stets Jugendstrafrecht anzuwenden. Mit Vollendung des 18. Lebensjahres endet die Phase der Jugend und die Phase des Heranwachsenden beginnt. Ab diesem Zeitpunkt gilt die volle Strafmündigkeit, wobei auf einen Heranwachsenden (bis zur Vollendung des 21. Lebensjahres) Jugendstrafrecht angewendet wird, wenn er entweder nach seiner sittlichen und geistigen Entwicklung einem Jugendlichen gleichsteht oder aber wenn es sich um eine Jugendverfehlung handelt, § 105 JGG.[92] Kinder unter 14 Jahren sind strafunmündig und nicht schuldfähig, § 1 Abs. 2 JGG, § 19 StGB.[93] Ist ein Eingreifen dennoch erforderlich, gebührt es allein den Erziehungsinstanzen.[94] Kinder können daher Adressaten von Maßnahmen der Kinder- und Jugendhilfe sein.[95]

Entscheidend ist dabei nicht das Alter bei Eintritt des Taterfolges oder Strafantritt, sondern maßgebend ist das Alter zum Zeitpunkt der Tat.[96] Aufgrund der Unverjährbarkeit eines im Jugendalter begangenen Mordes kann es daher auch vorkommen, dass auch erwachsene Menschen nach dem JGG abgeurteilt werden. Allerdings ist es möglich, die Jugendstrafe an einem Verurteilten, der das 18. Lebensjahr vollendet hat und sich nicht für den Jugendstrafvollzug eignet, nach den Vorschriften für den Strafvollzug für Erwachsene zu vollziehen, § 89b JGG. Hierbei handelt es sich um eine Ermessensentscheidung. Hat der Verurteilte das 24. Lebensjahr vollendet, so spricht die Vorschrift des § 89b JGG eine Präferenz für den Erwachsenenvollzug aus.[97]

Die Entscheidung über die Ausnahme vom Jugendstrafvollzug obliegt allein dem Jugendrichter als Vollstreckungsleiter, §§ 89b, 83 Abs. 1 JGG.[98] Insoweit ist er von Justizbehörden weisungsunabhängig. Umgekehrt können nach § 114 JGG auch Freiheitsstrafen in einer Jugend-

---

92 Schulz, 2007, 17.

93 Ostendorf, 2009, § 1 Rn, 1.

94 Vgl. Einzelheiten bei Ostendorf, 2009, § 1 Rn 1-9; Diemer/Schoreit/Sonnen, 2002, § 1 Rn. 20-23.

95 Das Kinder- und Jugendhilfegesetz findet sich im Sozialgesetzbuch als SGB VIII.

96 Diemer/Schoreit/Sonnen 2002, § 1 Rn. 19.

97 Ostendorf, 2009, § 91 Rn. 1.

98 Tierel, 2008, 11.

strafanstalt vollzogen werden, wenn der Verurteilte das 24. Lebensjahr noch nicht vollendet hat und sich für den Jugendstrafvollzug eignet.[99]

a) Diskussion um die Altersgrenzen im Jugendstrafrecht

Angesichts der ständigen Diskussionen[100] um die Einteilung der verschiedenen Altersgruppen im deutschen Strafrecht, sollen an dieser Stelle die aktuellen Standpunkte der Jugendkriminalpolitik zumindest ansatzweise dargestellt werden.[101] Eine abschließende Auseinandersetzung mit dieser Thematik kann aus Platzgründen jedoch nicht erfolgen. Dennoch spielt die Problematik der Behandlung der Heranwachsenden sowie die Debatte der Strafmündigkeit für die Vollzugsgestaltung und folglich für das Gesetz über den bayerischen Jugendstrafvollzugs eine entscheidende Rolle.

aa) Strafmündigkeitsgrenze

Die Problematik der Strafmündigkeitsgrenze existiert in Deutschland bereits seit über 40 Jahren. Einerseits wird über die Absenkung der Strafmündigkeitsgrenze auf 12 Jahre, andererseits über deren Anhebung auf 16 Jahre diskutiert.

---

99 Ostendorf, 2009a, 101.

100 Vgl. 64. DJT; Die letzten Diskussionen um dieses Thema wurden nach dem „S-Bahn-Mord" von München laut: Am 12.9.2009 hatte sich ein 50-jähriger Mann schützend vor vier Kinder gestellt, die von einem Jugendlichen und einem Heranwachsenden geschlagen wurden. Als er mit den Kindern in Solln aus der S-Bahn ausstieg, wurde er von den zwei Jugendlichen totgeprügelt. Einer der Täter war zuvor bereits schon einmal zu vier Wochen Arrest verurteilt worden. Nach dieser schrecklichen Gewalttat reagierte die CSU und forderte ein schärferes Jugendstrafrecht. Die bayerische Justizministerin Beate Merk sprach sich für eine frühere Anwendung des Erwachsenenstrafrechts und höhere Strafen für jugendliche Täter aus, wohl wissend, dass höhere Strafen zwar weitere Straftaten nicht verhindern, aber aus Gründen der Sühne eingeführt werden müssen (www.welt.de vom 13.9.2009, abrufbar unter: http://www.welt.de/vermischtes/article4523464/Staatsanwalt-wirft-S-Bahn-Schlaegern-Mord-vor.html, letzter Aufruf: 15.5.2010). Die Bundesjustizministerin Brigitte Zypries (SPD) sprach sich allerdings gegen eine Verschärfung des Jugendstrafrechts aus. Eine Verschärfung sei bei den Tätern, die schon vorher mit Gewaltdelikten aufgefallen sind nicht sinnvoll. Vielmehr müsse man sich fragen, wie man die fehlende Erziehung dieser Straftäter nachholen könne. Das Jugendstrafrecht biete hierfür verschiedene Sanktionen, welche gute Möglichkeiten bieten, schmerzhaft aber zugleich erzieherisch auf die Jugendlichen einzuwirken. Auch wies sie sie Forderung zurück, für Heranwachsende generell Erwachsenenstrafrecht anzuwenden, was auch das BMJ schon in der vorletzten Legislaturperiode verworfen hat. Dieses Thema wollten die Parteien aber vor der Bundestagswahl nicht zum Wahlkampfthema machen und sich lieber nach der Wahl damit auseinandersetzen.

101 Ausführliche Behandlung der Altersgrenzen der Strafbarkeit bei Ackermann, 2008.

Den Standpunkt, die Strafmündigkeitsgrenze abzusenken, vertritt allerdings nur eine Minderheit.[102] Die Befürworter einer Herabsenkung auf 12 Jahre verweisen auf einen bedeutsamen Anstieg der Kinderdelinquenz. Sie versprechen sich davon, dass sich diese Gruppe von delinquenten Kindern *„durch konsequente erzieherische Einwirkung noch leiten und im Sinne unserer Werteordnung prägen lassen"*.[103] Hier sei oft nur eine strafrechtliche Sanktion hilfreich, da das Jugendhilferecht in §§ 27 ff. SGB VIII nur Angebotscharakter habe und von der Mitwirkung der Erziehungsberechtigten abhänge, denen nicht selten das Verhalten ihrer Kinder gleichgültig sei.[104]

Die Bundesregierung wies allerdings die Forderung in der öffentlichen Diskussion, das Strafmündigkeitsalter von 14 Jahren abzusenken mit der Begründung zurück, dass es gegenwärtig keinen gesetzgeberischen Bedarf gebe. Stattdessen wird auf die Angebote des SGB VIII sowie auf die Eingriffsmöglichkeiten des § 1666 BGB verwiesen.[105]

Die andere Ansicht, welche in erster Linie von Kriminologen vertreten wird, plädiert für eine Anhebung der Strafbarkeitsgrenze.[106] Der Grund für Jugenddelinquenz liege nach deren Meinung überwiegend in sozialer Benachteiligung und familiären Defiziten. Deshalb sei staatliche Strafe auch keine geeignete Reaktion. Vielmehr müsse eine Verbesserung der sozialen Situation und eine pädagogische Erziehung angestrebt werden.[107] Dieser Ansicht dient auch § 4 Abs. 2 Nr. 2 des österreichischen JGG von 1988 als Vorlage: *„Ein Jugendlicher, der eine mit Strafe bedrohte Handlung begeht, ist nicht strafbar, wenn er vor Vollendung des 16. Lebensjahres eine Vergehen begeht, ihn kein schweres Verschulden trifft und nicht aus besonderen Gründen die Anwendung des Jugendstrafrechts geboten ist, um den Jugendlichen von strafbaren Handlungen abzuhalten"*. Zumindest sollte nach deren Standpunkt auf Jugendliche zwischen 14 und 16 Jahren keine Jugendstrafe verhängt werden, sondern mit anderen Maßnahmen auf delinquentes Verhalten reagiert werden.[108]

---

102 Hinz, ZRP 2000, 107ff.

103 Hinz, ZRP 2000, 112.

104 Momsen, ZJJ 2/2005, 179 f.

105 Ostendorf, ZJJ 4/2009, 348.

106 Vgl. Ostendorf, 2009, Grdl. zu §§ 1 und 2, Rn. 9.

107 Berckhauer/Steinhilper, ZRP 1981, S. 265.

108 Zweite Jugendstrafrechtsreformkommission der DVJJ, 2002, S. 65.

bb) Problematik der strafrechtlichen Behandlung Heranwachsender

Ein weiterer mindestens ebenso gewichtiger Diskussionspunkt ist die Problematik der strafrechtlichen Behandlung von Heranwachsenden (18-20 Jahre). Gerade aufgrund der schrecklichen Gewalttaten von Heranwachsenden und der recht hohen Kriminalitätsbelastung dieser Altersgruppe hat das Thema in letzter Zeit an Aktualität erfahren.[109] Auch aufgrund der Tatsache, dass der Jugendstrafvollzug hauptsächlich einen Heranwachsendenvollzug darstellt,[110] ist deren Behandlung von großem Interesse für die Ausgestaltung des Strafvollzugs. Im Wesentlichen lassen sich hier zwei gegensätzliche Auffassungen vertreten.

Die eine Ansicht spricht sich für die generelle Einbeziehung der Heranwachsenden in das Jugendstrafrecht aus,[111] während die andere Meinung, insbesondere CDU/CSU, vor dem Hintergrund von Gewalt und Extremismus, Heranwachsende generell nach Erwachsenenstrafrecht verurteilen bzw. die Einbeziehung nur in Ausnahmefällen nach § 105 JGG zulassen will.[112] Außerdem wird der generellen Einbeziehung der Heranwachsenden in das Jugendstrafrecht entgegengehalten, dass ein Heranwachsender schließlich voll geschäftsfähig und wahlberechtigt sei und deshalb auch für seine Straftaten volle Verantwortung tragen müsse.[113]

Dem wird wiederum widersprochen, dass gerade der Freiheitsentzug für junge Menschen, die sich noch in einer Entwicklungsphase befinden, besonders einschneidend ist. Junge Menschen, die noch das „ganze" Leben vor sich haben, hätten auch ein anderes Zeitempfinden als Ältere.[114] Zwar setze der biologische Reifeprozess heutzutage in Europa früher ein, der soziale Reifeprozess verschiebe sich jedoch aufgrund von längeren Ausbildungszeiten, einer späteren Integration in das Berufs- und das eigene Familienleben, erheblich.[115] So könne das Jugendstrafrecht in diesen Fällen flexibler reagieren,[116] sei entwicklungspsychologisch ange-

---

109 Vgl. Fn. 95 zum „S-Bahn-Mord" in München.

110 Vgl. hierzu Punkt D.I.7.

111 Vgl. Ostendorf, 2009, Grdl. zu §§ 105-106 Rn. 10 m.w.N.; Diemer/Schoreit/Sonnen, 2002, § 105 Rn. 10.

112 Vgl. Albrecht, Gutachten 64. DJT 2002; vgl. auch die aktuelle Diskussion zum „S-Bahn-Mord" in München.

113 DVJJ-J 1993, 103.

114 Tierel, 2008, 113.

115 Goerdeler, ZJJ 2/2003, 189.

116 Gehb/Drange, ZJJ 3/2004, 259, 263; das Erwachsenenstrafrecht kenne nur Freiheitsstrafe und Geldstrafe.

zeigt und kriminalpolitisch zur Abkürzung der Verfahren und Kosteneinsparung notwendig.[117]

b) Bewertung

Was die Problematik der Strafmündigkeitsgrenze anbelangt, so ist weder eine Absenkung noch eine Anhebung angezeigt. Vielmehr sollte die bewährte Strafmündigkeitsgrenze von 14 Jahren beibehalten werden.

Zum einen hätte die strafrechtliche Erfassung von bereits 12-jährigen Kindern keinen großen Einfluss auf den Jugendstrafvollzug, da nicht damit zu rechnen ist, dass in Zukunft eine größere Anzahl von 12-13-jährigen eine Jugendstrafe im Strafvollzug zu verbüßen hat.[118] Die Anzahl kindlicher Intensivtäter ist äußerst gering, was aus der Polizeilichen Kriminalitätsstatistik 2009 (PKS) hervorgeht.[119] Der Anteil der tatverdächtigen Kinder betrug 2009 3,5 Prozent. Zu beachten ist zudem, dass es sich hierbei um Ermittlungsverfahren gegen Kinder von 0-14 Jahren handelt und alle Delikte erfasst sind. Selbst Kleinkinder geraten somit in die Tatverdächtigenstatistik. Die neuesten polizeilichen Zahlen über Kinderkriminalität lassen zudem einen Rückgang seit 2000 erkennen.[120] Diese Zahlen sind jedoch auch zu hinterfragen. Es stellt sich zum einen die Frage, wie kindliches Verhalten überhaupt bewertet werden kann. Wie also diesem Verhalten der Bedeutungsgehalt von Erwachsenenstraftaten zukommen kann. Zum anderen sollte der Rückgang der Zahlen nicht überbewertet werden, da von einer großen Dunkelziffer ausgegangen werden muss. Überwiegend handelt es sich um Ladendiebstahl, dessen Verfolgung von der Anzeigebereitschaft der Betroffenen abhängt. Die Anzeigebereitschaft ist hier im Fall der kindlichen Täter besonders gering. Auf der anderen Seite muss beachtet werden, dass es sich bei Kinderkriminalität in der Regel um Bagatellkriminalität handelt, die ohnehin nur sekundäre Bedeutung für den Jugendstrafvollzug hat.[121]

Eine Herabsenkung der Strafmündigkeitsgrenze hätte zudem eine Rückkehr zu den Zeiten vor dem Inkrafttreten des ersten Jugendgerichtsgesetzes von 1923 zur Folge.

---

117 Dünkel, DVJJ-J 2003, 21.

118 Paul, ZRP 2003, 204,205; Ostendorf, ZJJ 4/2009, 248.

119 PKS 2009, S. 102 ff.; www.bka.de, letzter Aufruf: 23.1.2011; vgl. auch Ostendorf, 2009, Grdl. zu §§ 1 und 2; Bindel-Kögel/Heßler, ZfJ 2003, 335.

120 PKS 2007, S. 72, 74, 99.

121 Paul, ZRP 2003, 204.

Außerdem gelangen neuere kriminologische Erkenntnisse dazu, dass die negativen Folgen eines Strafverfahrens höher einzuschätzen sind, als die positiven Wirkungen.[122] Auch im Hinblick auf die Entscheidung des BVerfG vom 31.5.2006 sollte dieser Punkt beachtet werden. Denn gerade in einem solch sensiblen Bereich, dem eine große Bedeutung für das weitere Verfahren zukommt, ist es nach BVerfG unabkömmlich, dass *„die gesetzlichen Vorgaben für die Ausgestaltung des Vollzugs auf sorgfältig ermittelten Annahmen und Prognosen über die Wirksamkeit unterschiedlicher Vollzugsgestaltungen und Behandlungsmaßnahmen beruhen. Der Gesetzgeber muss vorhandene Erkenntnisquellen, zu denen auch das in der Vollzugspraxis verfügbare Erfahrungswissen gehört, ausschöpfen und sich am Stand der wissenschaftlichen Erkenntnisse orientieren.“*[123]

Vergleicht man schließlich die Altersgrenzen strafrechtlicher Verantwortlichkeit in Europa, so stellt man fest, dass sich die deutsche Regelung nicht abhebt. Zwar setzen einige Länder die Strafmündigkeitsgrenze tatsächlich bereits ab 12 Jahren an, belassen es jedoch innerhalb dieser Altersgruppe mit erzieherischen Strafen als Reaktionsmöglichkeit.[124]

Insgesamt ist an der strafrechtlichen Ausklammerung der 12-13-jährigen weiterhin festzuhalten, was auch nicht mit der Einführung einer faktischen Sanktionskompetenz für das Familiengericht unterlaufen werden darf.[125]

Es macht allerdings Sinn, die wenigen kindlichen Intensivtäter in (geschlossenen) Erziehungsheimen unterzubringen. Die Ausgestaltung der Heime obliegt gemäß §§ 34 SGB VIII, §§ 12, 71 JGG den Trägern der Jugendhilfe. Dieser Ansatz ist auch befriedigender, als die Kinder einfach „laufen zu lassen“.[126] Dabei soll aber nicht der Schutz der Gesellschaft vor dem straffälligem Kind, sondern eine positive Einwirkung auf die Erziehung im Mittelpunkt stehen.

Ebenso sprechen keine triftigen Gründe für eine Anhebung der Strafmündigkeitsgrenze auf 16 Jahre. Es gibt keine Alternativen zur Inhaftierung im Jugendstrafvollzug.[127] Vielmehr steht

---

122 Ostendorf, ZJJ 4/2009b, 348.

123 BVerfG, NJW 2006, 2093f.

124 Vgl. Ostendorf, 2009 JGG, Grdl. zu §§ 1-2, Rn. 9.

125 So der Gesetzesentwurf des Freistaates Bayern (BR-Drucks. 645/98) und der Vorschlag der CDU/CSU-Fraktion im Bundestag (BT-Drucks. 14/3189).

126 Momsen, ZJJ 2/2005, 179, 184.

127 Tierel, 2008, 123.

mit der Regelung des § 3 JGG eine Möglichkeit der Prüfung der strafrechtlichen Verantwortlichkeit im Einzelfall bereit.[128]

Auch bzgl. der Problematik der Behandlung Heranwachsender sollten ebenfalls die derzeitigen Regelungen beibehalten werden.

Zwar kann durch eine exakte Begrenzung in Altersgruppen, der Anwendungsbereich der jugendrechtliche Sanktionen leicht und valide bestimmt werden, jedoch würden durch diese zu einfache Handhabung die bestehenden Probleme nicht beseitigt. Vielmehr ist aufgrund wissenschaftlicher Studien davon auszugehen, dass die Entwicklung von Heranwachsenden angesichts verlängerter Schul- und Ausbildungszeiten und demzufolge einer später einsetzenden Selbstständigkeit vielfach gerade noch nicht mit Eintritt der Volljährigkeit abgeschlossen ist.[129] Es werden hohe Anforderungen an junge Menschen gestellt, auf die sie flexibel zu reagieren haben. Folglich sollte auch flexibel mit Regelungen auf Straftaten der jungen Menschen reagiert werden, die den Entwicklungsstand berücksichtigen können. Der Zustand der Volljährigkeit, der nur eine politische Festlegung ist, muss getrennt von der geistigen Reife betrachtet werden, was durch eine Anwendung des § 105 JGG gut geschehen kann.

Auch ein Vergleich mit anderen Rechtsbereichen gebietet keine generelle Ausnahme der Heranwachsenden. So können nach § 41 Abs. 2 SGB VIII auch junge Volljährige bis einschließlich 26 Jahren im begründeten Einzelfall auf jugendhilferechtliche Leistungen zurückgreifen.[130] Ein weiteres Beispiel, das zeigt, dass die *„Erziehung zur Schuldfähigkeit“*[131] nicht mit Eintritt der Volljährigkeit abgeschlossen ist, ist die Heraufsetzung des Mindestalters von 18 auf 21 Jahre für den Erwerb von Sportschusswaffen, vgl. § 14 Abs. 1 S. 1 WaffG.

Aufgrund der bereits angesprochenen individuellen Entwicklung junger Menschen ist eine ausnahmslose Einbeziehung Heranwachsender in das Jugendstrafrecht jedoch genauso abzulehnen. Vielmehr sollte die Reaktionsbeweglichkeit beibehalten werden. Da die Ausnahmeregelung des § 105 JGG jedoch in der Praxis „auf den Kopf gestellt wird“[132] und der Großteil

---

128 Laubenthal, JZ 2002, 812.

129 Ostendorf, 2009, Grdl. zu §§ 105 und 106 Rn. 13; Riekenbrauk, ZJJ 2/2007, 159.

130 Vgl. Tierel, 2008, 115; Riekenbrauk, ZJJ 2/2007, 160.

131 Momsen, ZJJ 2/2005, 179, 184.

132 Nach neueren Untersuchungen werden deutschlandweit ca. 2/3 aller Heranwachsenden nach Jugendstrafrecht verurteilt; 2. Jugendstrafrechtsreform-Kommission 2002. Die regionalen Unterschiede in der Anwendung des § 105 JGG sind jedoch erheblich. So wurden 2001 in Bayern

der Heranwachsenden nach Jugendstrafrecht verurteilt wird, ist es sinnvoll, das gesetzgeberisch intendierte Regel-Ausnahme-Verhältnis bei jeder einzelnen Entscheidung, vor allem vor dem Hintergrund zu beachten, dass Heranwachsende rechtlich betrachtet eigenverantwortliche, selbstständige Menschen sind.[133] Die Anwendung des allgemeinen Strafrechts sollte daher bei Heranwachsenden die Regel darstellen.

Nach alledem ist es begrüßenswert, dass auch mit Inkrafttreten des BayStVollzG an den bestehenden Regelungen bzgl. der Altersgrenzen festgehalten wird.[134]

III. Geschichtlicher Abriss des Jugendstrafvollzugs in Deutschland

Erst im 20. Jahrhundert entwickelte sich die Behandlung jugendlicher Straftäter zu einem eigenständigen Bereich, der sich vom Erwachsenenvollzug unterschied. So wurde seit den Anfängen der Freiheitsstrafe[135] die Trennung der Gefangenen nach Alter und oft auch nach Geschlecht außer Acht gelassen.[136] Obgleich das Strafgesetzbuch für das Deutsche Reich von 1871 in § 57 Abs. 2 RStGB die Trennung der jugendlichen von erwachsenen Straftätern als

---

60,5 Prozent der Heranwachsenden nach Jugendstrafrecht verurteilt; in Schleswig-Holstein hingegen 90 Prozent. Dies beruht nicht auf einer unterschiedlichen Entwicklung der Heranwachsenden, sondern auf einer ungleichmäßigen Rechtsanwendung. Es müssen daher einheitliche Merkmale zur Bestimmung der Persönlichkeitsentwicklung festgelegt werden, um die Unterschiede einzudämmen; vgl. Riekenbrauk, ZJJ 2/2007, 159 ff.

133 BR-Drucks. 276/05, S. 8, 14 ff., Br-Drucks. 888/05, Br-Drucks. 50/06.

134 Auch die nach dem „S-Bahn-Mord“ von München laut werdenden Forderungen nach höheren Strafen müssen abgelehnt werden. Derzeit regelt § 18 Abs. 1 JGG das Höchstmaß der Jugendstrafe von zehn Jahren bei Straftaten, für die nach dem allgemeinen Strafrecht eine Höchststrafe von mehr als zehn Jahren angedroht wird. Diese Höchststrafe wird von den Gerichten nur äußerst selten verhängt, so dass nicht die Forderung nach höheren Strafen Sinn macht, sondern eine bessere und intensivere Ausnutzung des Strafrahmens durch die Richter erfolgen muss. Zudem schrecken hohe Strafen die jungen Täter nicht vor Begehung weitere Straftaten ab, da die meisten nicht einmal wissen, wie hoch der Strafrahmen ist, der sie erwarten könnte. Viel effektiver wirkt die Möglichkeit der Entdeckung, die durch vermehrte Videoüberwachung und Überwachung durch Polizei und Justiz erhöht wird, vgl. auch Furcht vor Entdeckung wirkt abschreckend: Kriminologe Klaus Laubenthal im Interview vom 14.9.2009, abrufbar unter http://www.mainpost.de/regional/bayern/Furcht-vor-Entdeckung-wirkt-abschreckend;art16683,5289156, letzter Aufruf: 19.9.2011.

135 Die Anfänge der Freiheitsstrafe in ihrer modernen Ausprägung beginnen nach allgemeiner Auffassung in der zweiten Hälfte des 16. Jahrhunderts, vgl. Laubenthal, 2011, Rn. 85 m.w.N.

136 Bruns, 1986, 57.

Sollvorschrift vorsah, wurde dieser Grundsatz nur inkonsequent beachtet.[137] Speziell bei der Verbüßung von kurzen Freiheitsstrafen wurden regelmäßig alle Gefangenen gemeinsam, oft sogar in derselben Zelle oder in einem Schlafsaal, untergebracht.[138] Nach heutigen Erkenntnissen ist es logische Schlussfolgerung, dass die gemeinsame Unterbringung von Jung und Alt optimalen Nährboden für wachsende Kriminalität bot.[139] Ebenso mangelte es an einer jugendspezifischen Betreuung, welche diese schlechten Einflüsse hätte verhindern können.[140]

Erst Ende des 19. Jahrhunderts mit Beginn der Jugendbewegung unter Franz von Liszt (1851-1919) und der Erforschung des Begriffs des Jugendlichen kamen die entscheidenden Bestrebungen nach einer Trennung der jugendlichen von den erwachsenen Gefangenen auf. So wurde erstmals im Jahr 1908 in Frankfurt ein besonderes Jugendgericht mit speziell pädagogisch und psychologisch ausgebildeten Richtern eingerichtet. Im Jahre 1909 fand sodann der erste deutsche Jugendgerichtstag statt.[141] Dank der Jugendgerichtsbewegung konnte 1912 das erste deutsche Jugendgefängnis noch vor Inkrafttreten des Jugendgerichtsgesetzes 1923 in einem ehemaligen Frauengefängnis in Wittlich an der Mosel nach amerikanischem Vorbild verwirklicht werden.[142] Die Vollzugsformen glichen allerdings weitgehend dem Erwachsenenstrafvollzug. Außerdem wurden nur männliche Straftäter zwischen 18 und 21 Jahren aufgenommen. Ferner wurde mit militärischem Drill und Exerzierunterricht erzogen.[143]

Der Trennungsgrundsatz wurde erstmals im Reichsjugendgerichtsgesetz von 1923 unter der Federführung des damaligen Reichsjustizministers Gustav Radbruch festgeschrieben.[144] § 16 dieses Jugendgerichtsgesetzes enthielt darüber hinaus noch weitere allgemeine Grundsätze für

---

137 Schaffstein/Beulke, 2002, 32.

138 Schaffstein/Beulke, 2002, 32.

139 Schaffstein/Beulke, 2002, 32.

140 Schaffstein/Beulke, 2002, 32.

141 Ostendorf, 2009a, 45.

142 Schaffstein/Beulke, 2002, 32; In der Beschreibung einer amerikanischen Anstalt und ihres Konzepts hieß es, dass die größte Sorgfalt auf die körperliche Pflege und die Verbesserung des körperlichen und gesundheitlichen Zustandes verwendet werde, wobei militärischer Drill, ernst und hart nach den Vorschriften der Armee der Vereinigten Staaten, Turnen, Bäder, Massage und reichliche Kost diesem Zweck dienten; Cornel, 1984, 86; vgl. zur Geschichte der Wittlicher Anstalt und ihrer Einbettung in die Gesamtentwicklung: Cornel, 1984, 97-102 sowie Dörner, 1991, 53-57.

143 Cornel, 1984, 101.

144 Cornel, 1984, 103.

den Jugendstrafvollzug. So war dieser entsprechend des Erziehungszwecks auszugestalten.[145] Außerdem enthielt das Reichsjugendgerichtsgesetz neben den allgemeinen Sanktionen des Erwachsenenstrafrechts einen Katalog aus erzieherischen Auflagen, Weisungen und Kontrollen, wobei das Gericht von der Strafe absah, wenn eine dieser Erziehungsmaßregeln ausreichend war.[146] Zum ersten Mal wurde auch die Mitwirkung des Jugendamtes beim Strafvollzug geregelt, die durch das Reichsgesetz zur Jugendwohlfahrt ermöglicht wurde.[147] Ebenso wurde die noch heute geltende Strafmündigkeitsgrenze auf 14 Jahre angehoben.[148]

Bezüglich der weiteren Ausgestaltung des Vollzugs sollte ein Vollzugsgesetz geschaffen werden. Da dies aber in Zukunft nicht in Sicht war, einigten sich die Länderregierungen ebenfalls noch im Jahr 1923 auf die „Grundsätze über den Vollzug von Freiheitsstrafen",[149] welche gleichfalls auch auf Erwachsene Anwendung fanden, jedoch mit Sonderbestimmungen für jugendliche und minderjährige Gefangene (vgl. §§ 196-212 der Grundsätze über den Vollzug von Freiheitsstrafen). [150]

In der Praxis fanden die Regelungen des JGG von 1923 jedoch nur zögerliche Umsetzung. Bis zum Jahr 1928 wurden neben Wittlich nur vier weitere Anstalten errichtet: in Bayern (Niederschönenfeld), Thüringen (Eisenach), Hamburg (Hahnöfersand) und Schlesien, von denen sich lediglich Hahnöfersand und Eisenach aufgrund der fachlichen Leitung durch Sozialpädagogen hervorhoben.[151] So basierte der Vollzug in Eisenach *„auf sorgsamer psychologischer Beobachtung beruhenden pädagogischen Behandlung ..., die auf eine Erziehung zu reifer Persönlichkeit und fruchtbarer Gemeinschaft hinzielte"*.[152] Auf der Elbinsel Hahnöfersand versuchten Curt Bondy und Walter Herrmann einen durch freiere Formen und freundschaftlichere Beziehungen zwischen den Gefangenen und den Anstaltspersonen pädagogisierten Vollzug zu errichten.[153]

---

145 Kaiser, 1955, 59; Cornel 1984, 103.
146 Weber, 1990, 6 ff.
147 Cornel, 1984, 103.
148 Butz, 2004, 6.
149 Krause, 1999, m.w.N.
150 Ostendorf, 2009a, 47.
151 Cornel, 1984, 104.
152 Zirker, 1924, 67.
153 Zirker, 1924, 67; Cornel, 1984, 104.

Mit der Machtergreifung der Nationalsozialisten wurde der Jugendstrafvollzug von der NS-Ideologie geprägt, so dass alle Bemühungen um einen fortschrittlichen Vollzug unterbrochen wurden. Stattdessen sollten die jugendlichen Gefangenen im Sinne des Nationalsozialismus erzogen werden.[154] Der Strafvollzug wurde zu dieser Zeit von dem Satz bestimmt: *„Der nationalsozialistische Staat verhandelt mit den Verbrechern nicht, er schlägt sie nieder"*.[155] Auch das nachfolgende Zitat Hitlers veranschaulicht den faschistischen „Unterdrückungsapparat", der sich im Strafvollzug niederschlug und welches die faschistische Willkür ideologisch rechtfertigen sollte: *„Der geborene Verbrecher wird Verbrecher sein und bleiben, aber zahlreiche Menschen, bei denen bloß eine gewisse Hinneigung zum Verbrecherischen vorhanden ist, können durch richtige Erziehung noch zu wertvollen Gliedern der Volksgemeinschaft werden, während umgekehrt durch schlechte Erziehung aus schwankenden Charakteren wirklich schlechte Elemente wachsen können."*[156] Im Zusammenhang mit diesem Zitat ist zudem der damalige Grundsatz zu sehen, dass das „Individuum" nichts, die Volksgemeinschaft aber alles sei, was brutal nach der faschistischen Kriminalpolitik durchgesetzt wurde.[157]

Das Reichsjugendgerichtsgesetz von 1943 regelte den Jugendstrafvollzug lediglich in den §§ 64 und 65 RJGG. Darin waren Bestimmungen über die Aufgabe des Jugendstrafvollzugs sowie die Einrichtung von Jugendgefängnissen normiert, welche Grundlage für die bis zum 1.1.2007 geltenden §§ 91 und 92 JGG waren. Weitere Einzelheiten waren in der Jugendstrafvollzugsordnung von 1944 geregelt.[158]

Im Jahre 1953 wurde das Jugendgerichtsgesetz von 1943 weiterentwickelt, nachdem man die Verschärfungen aus der NS-Zeit gestrichen hatte. Darüber hinaus ist als Neuerung lediglich die Einführung des offenen und halboffenen Vollzugs, § 91 Abs. 3, sowie die Ermächtigung der Bundesregierung zu erwähnen, eine Rechtsverordnung über die Durchführung des Jugendstrafvollzugs zu erlassen, § 115.[159]

Die Zeit wurde geprägt durch die große Rechtsunsicherheit der unzureichend ausgebildeten Vollzugsbeamten im Bereich des Jugendstrafvollzugs, so dass erst das BVerfG mit seiner

154 Bruns, 1986, 59.
155 Frank, 1935, 192.
156 Cornel, 1984, 106.
157 Vgl. Cornel, 1984, 106.
158 Ostendorf, 2009a, 49.
159 Cornel, 1984, 109.

Entscheidung (BVerfG 33, 1) diesen Zustand der Unsicherheit bzgl. der Rechtsgrundlagen rügen musste.[160] Erst durch das Gesetz über den Vollzug der Freiheitsstrafe und der freiheitsentziehenden Maßnahmen der Besserung und Sicherung (StVollzG) von 1976, in Kraft seit dem 1.1.1977, wurde eine Rechtsgrundlage für den Freiheitsentzug an Erwachsenen geschaffen.[161] Für den Vollzug der Jugendstrafe begnügte man sich wiederum bis zu einer Entscheidung des BVerfG[162] mit Verwaltungsvorschriften für den Jugendstrafvollzug von 1977 (VVJug).[163]

160 Cornel, 1984, 110.

161 Cornel, 1984, 110.

162 Ausführliche Behandlung unter Punkt C.II.

163 Vgl. dazu Punkt C.I. 1.b.

C. Rechtliche Grundlagen

I. Geltende Rechtslage bis zum 31.12.2007

Die über 30-jährige Phase des gesetzgeberischen Bemühens um die Beseitigung des „gesetzlosen“ Zustandes des Jugendstrafvollzugs ist nun zwar – dank der Entscheidung des BVerfG vom 31.5.2006[164] – endlich zu Ende. Um aufzuzeigen, auf welcher gesetzlichen Grundlage Grundrechtseingriffe über Jahrzehnte im Jugendstrafvollzug vollzogen wurden, soll an dieser Stelle ein kurzer Rückblick auf die bis zum 31.12.2007 geltenden Regelungen geworfen werden.

1. Rechtfertigung der Grundrechtseingriffe durch rudimentäre Regelungen

Die gesetzlichen Regelungen des Jugendstrafvollzugs deutschlandweit waren lediglich rudimentär in den §§ 91, 92, 110, 115 JGG, §§ 176, 178 StVollzG und den bundeseinheitlichen Verwaltungsvorschriften zum Jugendstrafvollzug (VVJug) geregelt. Außerdem bestand für junge Gefangene die Möglichkeit, sich gemäß §§ 23, 25 EGGVG gegen Maßnahmen der Strafvollzugsbehörde an den Strafsenat des Oberlandesgerichts wenden.[165] Eine dem Erwachsenenstrafvollzug entsprechende gesetzliche Normierung von Ermächtigungen von Grundrechtseingriffen fehlte hingegen.

a) Die Regelungen im Jugendgerichtsgesetz (JGG)

aa) Die §§ 91, 92 JGG a.F.

Die wesentlichen Regelungen fanden sich im Jugendgerichtsgesetz, §§ 91 und 92 JGG a.F. § 110 Abs. 1 JGG erklärt diese Vorschriften für Heranwachsende, die nach Jugendstrafrecht zu einer Jugendstrafe verurteilt wurden, für entsprechend anwendbar.

(1) Die allgemeine Rahmenvorschrift des § 91 JGG a.F.

„§ 91 Aufgabe des Jugendstrafvollzugs a.F.

> *(1) Durch den Vollzug der Jugendstrafe soll der Verurteilte dazu erzogen werden, künftig einen rechtschaffenen und verantwortungsbewussten Lebenswandel zu führen.*

---

164 Vgl. dazu Punkt C.II.

165 Vgl. Schaffstein/Beulke, 2002, 35.

(2) [1]*Ordnung, Arbeit, Unterricht, Leibesübungen und sinnvolle Beschäftigung in der freien Zeit sind die Grundlage dieser Erziehung.* [2]*Die beruflichen Leistungen des Verurteilten sind zu fördern.* [3]*Ausbildungsstätten sind einzurichten.* [4]*Die seelsorgerische Betreuung wird gewährleistet.*

(3) *Um das angestrebte Erziehungsziel zu erreichen, kann der Vollzug aufgelockert und in geeigneten Fällen weitgehend in freien Formen durchgeführt werden.*

(4) *Die Beamten müssen für die Erziehungsaufgabe des Vollzugs geeignet und ausgebildet sein.*"

§ 91 JGG a.F. enthielt nur eine allgemeine Rahmenvorschrift für den Jugendstrafvollzug, welcher die Aufgaben und Grundlagen des Jugendstrafvollzugs umschrieb.[166] Die Vorschrift galt seit 1953. Vorläufer war § 64 RJGG 1943:

„§ 64 RJGG 1943 Aufgabe des Jugendstrafvollzugs

(1) *Durch den Vollzug der Jugendgefängnisstrafe soll der Verurteilte dazu erzogen werden, sich verantwortungsbewusst in die Volksgemeinschaft einzuordnen.*

(2) [1]*Zucht und Ordnung, Arbeit, Unterricht, Leibesübungen und sinnvolle Gestaltung der freien Zeit sind die Grundlagen dieser Erziehung.* [2]*Wenn möglich, wird der Verurteilte für einen Beruf ausgebildet.*

(3) *Die Beamten müssen für die Erziehungsaufgabe des Vollzugs geeignet sein.*"

Vergleicht man diese Fassung mit dem bis zum 31.12.2007 geltenden § 91 JGG a.F., fällt auf, dass sie größtenteils, nach Bereinigung des nationalsozialistischen Vokabulars, übereinstimmten. Aus der „Jugendgefängnisstrafe" wurde „Jugendstrafe". Die Erziehungsgrundlagen wurden um die Möglichkeit der „seelsorgerischen Betreuung" erweitert. Eine echte Neuerung war lediglich die in § 91 Abs. 3 JGG a.F. geregelte Öffnung des Vollzugs.[167]

Im Gegensatz dazu war die Zielbestimmung in § 16 Abs. 1 des ersten Jugendgerichtsgesetzes von 1923 ausschließlich auf Erziehung gerichtet.[168] Damals hieß es noch: *„Der Strafvollzug gegen einen Jugendlichen ist so zu bewirken, dass seine Erziehung gefördert wird."*

In § 91 Abs. 1 JGG a.F. war bislang das Erziehungsziel ausformuliert. Der Erziehung und dem durch Art. 1 Abs. 1 GG garantierten Vollzugsziel einer „sozialen Integration" kam und kommt im Jugendstrafvollzug aufgrund der verfassungsrechtlichen Verankerung Vorrang vor

166 Schaffstein/Beulke, 2002, 37.

167 Grosch, 1995, 45.

168 Ostendorf, in: Goerdeler/Walkenhorst, 2007, 100.

einem repressiven Verwahrvollzug zu.[169] Aufgrund des Subsidiaritätsprinzips darf die Einwirkung auf den jungen Rechtsverbrecher im Vollzug jedoch nicht weiter gehen, als dies ein Leben ohne deliktische Handlungen erfordert.[170] Mindestvoraussetzungen für die Erziehungskriterien und für die Erreichung des Erziehungsziels waren allerdings nicht verbindlich festgelegt. § 91 JGG a.F. nannte als Vollzugsziel einen *„rechtschaffenen und verantwortungsbewussten Lebenswandel des Verurteilten"*. Diese unbestimmten Rechtsbegriffe lösten im Schrifttum Meinungsverschiedenheiten aus,[171] nach welchen Wert- und Interesseninhalten welcher gesellschaftlichen Gruppe sie auszufüllen seien. Einigkeit bestand lediglich dahingehend, dass der Jugendstrafvollzug den jungen Gefangenen zu einem künftigen Legalverhalten befähigen sollte.[172]

§ 91 Abs. 2 JGG a.F. bezeichnete – recht summarisch – die wichtigsten Erziehungsmittel, speziell Ordnung, Arbeit, Unterricht, Leibesübungen, sinnvolle Freizeitbeschäftigung und Förderung der beruflichen Leistung. Problematisch an dieser Aufzählung war die angeordnete Reihenfolge, soweit ihr eine Rangordnung zukommen sollte, denn nach heutigem Verständnis gehören erst die in Satz 2 bis 4 genannten Erziehungsaufgaben an die erste Stelle. Zu Recht wurde eine sinnvolle Freizeitbeschäftigung genannt, da die meisten jungen Straftäter in ihrer Freizeit straffällig werden.[173] Daneben schrieb das Gesetz die Einrichtung von Ausbildungsstätten und die Gewährleistung der seelsorgerischen Betreuung vor.

Zur Erreichung des Vollzugsziels sah § 91 Abs. 3 JGG a.F. noch mehr als im Erwachsenenvollzug aufgelockerte und freiere Vollzugsformen vor. Auf diese Weise sollten negative subkulturelle Einflüsse der totalen Institution Strafvollzug vermindert und soziale Kontakte aufrechterhalten werden. Auch die Fähigkeit des Gefangenen, eigene Verantwortung zu übernehmen, sollte gefördert werden.[174]

Abs. 4 a.F. verlangte zwingend eine besondere Eignung und Ausbildung der Bediensteten, um einen reibungslosen Vollzugsablauf gewähren zu können. Es gibt aber leider bis heute keine

169 Eisenberg, 2007, § 91 Rn. 22.
170 Laubenthal/Baier/Nestler, 2010, Rn. 930.
171 Darstellung einiger Ansichten bei Butz 2004, 28.
172 Vgl. Diemer/Schoreit/Sonnen, 2002, § 91 Rn. 19.
173 Schaffstein/Beulke, Jugendstrafrecht 2002, 46.
174 Diemer/Schoreit/Sonnen, 2002, § 91 Rn. 35.

spezielle jugendtypische Ausbildung für die Ausbildungsbeamten und das übrige Personal, so dass die gesetzliche Forderung nur unzureichend erfüllt wurde.[175]

Zusammenfassend kann festgehalten werden, dass § 91 JGG a.F. zwar allgemeine Grundsätze für den Jugendstrafvollzug aufstellte, aber als bloße Aufgabenzuweisung keine hinreichende gesetzliche Grundlage für Eingriffe in die Grundrechte der Verurteilten bot.[176] Dies zeigt sich besonders daran, dass § 91 JGG a.F. keinen konkreten Bezug auf Grundrechte nahm. Ebenso waren in § 91 JGG a.F. zwar einige Regelungsbereiche aufgezählt, geregelt wurden sie aber dennoch nicht. Vielmehr verließ man sich auf die Verwaltungsvorschriften zum Jugendstrafvollzug.[177]

(2) Die Jugendstrafanstalten nach § 92 JGG a.F.

„§ 92 Jugendstrafanstalten a.F.

> *(1) Die Jugendstrafe wird in Jugendstrafanstalten vollzogen.*
>
> *(2) [1]An einem Verurteilten, der das achtzehnte Lebensjahr vollendet hat und sich nicht für den Jugendstrafvollzug eignet, braucht die Strafe nicht in der Jugendstrafanstalt vollzogen werden. Jugendstrafe, die nicht in der Jugendstrafanstalt vollzogen wird, wird nach den Vorschriften des Strafvollzugs für Erwachsene vollzogen. [2]Hat der Verurteilte das vierundzwanzigste Lebensjahr vollendet, so soll Jugendstrafe nach den Vorschriften des Strafvollzugs für Erwachsene vollzogen werden.*
>
> *(3) Über die Ausnahme vom Jugendstrafvollzug entscheidet der Vollstreckungsleiter."*

Der Vollzug der Jugendstrafe in einer Jugendstrafvollzugsanstalt ist Sondervollzug.[178] § 92 Abs. 1 JGG a. F. enthielt die klare gesetzlich angeordnete Trennung der von den Vorschriften über den Jugendstrafvollzug erfassten jungen Gefangenen von den dem allgemeinen Strafvollzugsrecht unterliegenden Gefangenen (sogenanntes Trennungsprinzip). Dadurch sollte die Einhaltung der rechtlichen Unterscheidung zwischen Jugendstrafe und Freiheitsstrafe ermöglicht werden.[179]

Ausnahmen von dem Trennungsprinzip des § 92 Abs. 1 JGG a.F. enthielten § 92 Abs. 2 und 3 JGG a.F.[180] Die Gesetzgebungskompetenz für diese vollstreckungsrechtlichen Regelungen ist

175 Eisenberg, 2007, § 91 Rn. 154.

176 BVerfG, Urteil vom 31.5.2006

177 Vgl. dazu Punkt C.I.1.b.

178 Brunner/Dölling, 2002, § 92 Rn. 1.

179 Brunner/Dölling, 2002, § 92 Rn. 1.

180 Laubenthal/Baier, 2006, Rn. 854, zur alten Rechtslage.

auch nach der Föderalismusreform der Kompetenz des Bundes verblieben.[181] Faktisch durchbrochen wird das Trennungsprinzip durch die Unterbringung von zu Jugendstrafe verurteilten weiblichen Personen in Abteilungen innerhalb allgemeiner Strafvollzugsanstalten für Frauen, da der Trennungsgrundsatz die getrennte Unterbringung in getrennten Anstalten und nicht nur in getrennten Abteilungen vorschreibt.[182] Grund hierfür ist die zu geringe Anzahl der verurteilten jungen Frauen für Sonderanstalten.[183]

Hinsichtlich der verfassungsrechtlichen Anforderungen an § 92 JGG a.F. als Grundrechtsschranke ist insgesamt auf die Ausführungen zu § 91 a.F. zu verweisen, der ebenfalls keine Ermächtigungsgrundlage für grundrechtseinschränkende Maßnahmen der Vollzugsbehörden bot. Eine konkrete gesetzliche Festschreibung der Pflichten sowie der Rechte der jungen Gefangenen war darin nicht enthalten.

bb) Die Verordnungsermächtigung nach § 115 JGG a.F.

§ 115 Rechtsvorschriften der Bundesregierung über den Vollzug a.F.

(1) Die Bundesregierung wird ermächtigt, durch Rechtsverordnung mit Zustimmung des Bundesrates für den Vollzug der Jugendstrafe, des Jugendarrestes und der Untersuchungshaft Vorschriften zu erlassen über die Art der Unterbringung, die Behandlung, die Lebenshaltung, die erzieherische, seelsorgerische und berufliche Betreuung, die Arbeit, den Unterricht, die Gesundheitspflege und körperliche Ertüchtigung, die Freizeit, den Verkehr mit der Außenwelt, die Ordnung und Sicherheit in der Vollzugsanstalt und die Ahndung von Verstößen hiergegen, die Aufnahme und die Entlassung sowie das Zusammenwirken mit den der Jugendpflege und Jugendfürsorge dienenden Behörden und Stellen.

(2) [1]Die Rechtsverordnungen der Bundesregierung dürfen für die Ahndung von Verstößen gegen die Ordnung oder Sicherheit der Anstalt nur Hausstrafen vorsehen, die der Vollzugsleiter oder bei Untersuchungshaft der Richter verhängt. [2]Die schwersten Hausstrafen sind die Beschränkung des Verkehrs mit der Außenwelt auf dringende Fälle bis zu drei Monaten und Arrest bis zu zwei Wochen. [3]Mildere Hausstrafen sind zulässig. [4]Dunkelhaft ist verboten.

(3) Die Bundesregierung wird ermächtigt, durch Rechtsverordnung mit Zustimmung des Bundesrates zur Durchführung des § 112 b Abs. 2 Vorschriften über Art, Umfang und Dauer der Pflichten und Beschränkungen zu erlassen, die dem Jugendlichen oder Heranwachsenden hinsichtlich des Dienstes, der Freizeit, des Urlaubs und der Auszahlung der Besoldung auferlegt werden oder durch den nächsten Disziplinarvorgesetzten auferlegt werden können.

---

181 Vgl. dazu Kapitel B.II.2.

182 Eisenberg, 2010, § 92 Rn. 4.

183 Zu den aktuellen bayerischen Zahlen vgl. Punkt D.II.2.

Da der Vollzug der Jugendstrafe, wie bereits dargelegt, vor Inkrafttreten des Bayerischen Strafvollzugsgesetztes (BayStVollzG) nur fragmentarisch gesetzlich geregelt war, sollte mit § 115 Abs. 1 und 2 JGG a.F. aus dem Jahr 1953 formal der Bundesregierung die Ermächtigung eingeräumt werden, diese Lücken mit Rechtsverordnungen zu schließen.[184]

Auf § 115 JGG ließ sich aber ebenfalls keine Ermächtigungsgrundlage für Grundrechtseingriffe der Verwaltung stützen. Die Bundesregierung hat zum einen von dieser Verordnungsermächtigung keinerlei Gebrauch gemacht.[185] Zum anderen durfte sie streng genommen, unter Beachtung der Wesentlichkeitstheorie, davon überhaupt keinen Gebrauch machen. Lediglich einen Entwurf einer Jugendstrafvollzugsordnung brachte die Bundesregierung 1954 hervor, welcher aber wegen verfassungsrechtlicher Bedenken gegen § 115 JGG a.F. keine Gesetzeskraft erlangte.

Nach der Theorie vom Vorbehalt des Gesetzes des BVerfG von 1972 wurde diese Sichtweise im Verfassungsrecht durch die Wesentlichkeitstheorie erweitert.[186] Das bedeutet im vorliegenden Fall, dass für alle wesentlichen Eingriffe in Grundrechte seitens des Vollzugs der parlamentarische Gesetzgeber zu entscheiden hat. Das Parlament muss folglich bei Delegation nicht nur die Verordnungsermächtigung inhaltlich begrenzen, sondern ist darüberhinaus aufgrund des Rechtsstaats- und Demokratieprinzips verpflichtet, alle wesentlichen Entscheidungen selbst zu treffen. Eine Abgabe an den Verordnungsgeber ist somit nicht zulässig.[187] Zwar ist umstritten, was unter „wesentlich“ zu verstehen ist. Das BVerfG stellt aber darauf ab, ob eine Frage *„wesentlich für die Verwirklichung der Grundrechte ist“*.[188] An der Grundrechtssensibilität der Eingriffe im Jugendstrafvollzug bestehen insoweit freilich keine Bedenken, so dass dieser Bereich vom Parlament geregelt werden musste.

Ebenso wurden die Anforderungen des Art. 80 GG an eine Ermächtigungsgrundlage für eine Rechtsverordnung durch § 115 JGG a.F. nicht eingehalten, so dass § 115 JGG a.F. auch keine gesetzliche Grundlage für Eingriffe in Grundrechte von Gefangenen darstellte.[189]

---

184 Ostendorf, 2009, § 115 Rn. 1.
185 Sonnen, 2002, 59; Kreideweiß, 1.
186 BVerfG 34, S. 165 ff.; BVerfG 45, S. 400 ff.
187 Laubenthal/Baier, 2006, Rn. 869, zur alten Rechtslage.
188 BVerfG 47, S. 46 ff; BVerfG 58, S. 257 ff.
189 Ostendorf, 2009, § 115 Rn. 1.

§ 115 JGG a.F. zeigt selbst, dass das Jugendgerichtsgesetz keine ausreichenden Regelungen für den Vollzug lieferte. Denn gerade in Kenntnis der unzureichenden gesetzlichen Regelungen hat der Gesetzgeber eine Verordnungsermächtigung nach § 115 JGG a.F. erlassen, um eine entsprechende Regelung durch die Bundesregierung zu ermöglichen.[190]

b) Verwaltungsvorschriften zum Jugendstrafvollzug

Wesentliche Bedeutung für den Vollzug der Jugendstrafe kam den bundeseinheitlichen Verwaltungsvorschriften zum Jugendstrafvollzug (VVJug) zu.[191] Diese wurden im Jahre 1977 eigentlich nur als „Übergangslösung" bis zum Erlass eines Jugendstrafvollzugsgesetzes zwischen den Landesjustizministern gleichlautend vereinbart und erlassen, was bereits an der Präambel zu den VVJug deutlich wird: *„Ihre Geltungsdauer ist zeitlich begrenzt; sie sollen lediglich die Übergangszeit bis zum Erlass umfassender gesetzlicher Regelungen überbrücken."*[192] Inhaltlich wurden die Regelungen des StVollzG und die hierzu ergangenen Verwaltungsvorschriften (VVStVollzG) herangezogen und teilweise wörtlich übernommen,[193] was von Anfang an kritisiert wurde.[194] Einige Vorschriften des VVJug waren zwar eindeutig am Erziehungsziel ausgerichtet,[195] in den weit überwiegenden Vorschriften handelt es sich jedoch lediglich um eine Angleichung an den Erziehungsgedanken. Die Regelung des Urlaubs aus der Haft in VVJug Nr. 8 Abs. 9 beispielsweise ist wortgleich mit VV Nr. 4 Abs. 1 zu § 13 StVollzG, wobei das „Vollzugsziel" nur in „Erziehungsziel" umbenannt wurde.

Ergänzend zu den bundeseinheitlichen Verwaltungsvorschriften zum Jugendstrafvollzug hat das Bayerische Staatsministerium der Justiz am 18.12.1979 bayerische Verwaltungsvorschriften zum Jugendstrafvollzug (BayVVJug) erlassen. Ziffer 1 dieser BayVVJug besagte, dass die bayerischen Verwaltungsvorschriften zum Strafvollzugsgesetz (BayVVStVollzG) im Jugendstrafvollzug entsprechend gelten, soweit die ihnen zugrunde liegenden Bestimmungen in die

---

190 Walter/Neubacher, ZfJ 2003, 3.

191 Abgedruckt bei Eisenberg, 2004, Anhang 6.

192 Grosch, 1995, 56.

193 Vgl. dazu im Einzelnen die Ausführungen zum BayStVollzG (Punkt C.V.2.), in denen jeweils auf die bislang geltenden Regelungen in den VVJug sowie auf Ähnlichkeiten mit Normen des StVollzG verwiesen wird.

194 Pollähne, 2004, 45 ff.

195 So z.B. die Einbindung der Erziehungsberechtigten in die Vollzugsgestaltung oder die häufige Betonung des Erziehungsbegriffs.

bundeseinheitlichen Verwaltungsvorschriften zum Jugendstrafvollzug aufgenommen sind.[196] Unabhängig von den VVJug setzten die Bundesländer für ihren Wirkungsbereich Allgemeinverfügungen in Kraft.[197]

Auf diese Weise wurde der Jugendstrafvollzug seit 1977 größtenteils nach Regelungen des Freiheitsstrafvollzugs geregelt.[198] Bei den VVJug und BayVVJug handelt es sich ihrer Rechtsnatur nach aber um kein Gesetz, sondern um verwaltungsinterne Regelungen, die weder Gerichte unmittelbar binden können, noch dem Vorbehaltsgrundsatz und der Wesentlichkeitstheorie gerecht werden.[199] Es versteht sich daher von selbst, dass diese Verwaltungsvorschriften keine Grundlage für Grundrechtseingriffe bilden konnten.[200]

c) Das Strafvollzugsgesetz von 1977 (StVollzG)

Gemäß dem Wortlaut des § 1 StVollzG bezieht sich der Anwendungsbereich des Strafvollzugsgesetzes auf den Vollzug der Freiheitsstrafe in Justizvollzugsanstalten und die freiheitsentziehenden Maßregeln der Besserung und Sicherung. Ferner findet es Anwendung auf den Vollzug des Strafarrests in Justizvollzugsanstalten (§§ 167 ff. StVollzG) und auf den Vollzug der Ordnungs-, Sicherungs-, Zwangs- und Erzwingungshaft (§§ 171 ff. StVollzG). Allein die Regelungen zum Arbeitsentgelt (§ 176 i.V.m. §§ 43 f., 49-52 und den Übergangsvorschriften der §§ 198 Abs. 3, 199 Abs. 2 Nr. 3, 5 StVollzG) und zum unmittelbaren Zwang (§ 178 i.V.m. §§ 94-101 StVollzG) galten auch für den Vollzug der Jugendstrafe. Damit sollte eine ungerechtfertigte Benachteiligung junger Gefangener in diesen Bereichen vermieden werden. Aus § 1 StVollzG, der gerade nicht den Jugendstrafvollzug erwähnt, ergibt sich aber, dass es nicht dem Willen des Gesetzgebers entsprechen konnte, dass sich die VVJug größtenteils am StVollzG anglichen.[201]

---

196 Eine Ausnahme galt für die VV zu § 38 StVollzG. Diese war im Jugendstrafvollzug nicht anzuwenden.

197 Eisenberg, 2007, § 91 Rn. 6.

198 Grosch, 1995, 56.

199 Laubenthal/Baier, 2006, Rn. 851, zur alten Rechtslage.

200 A.A. aber OLG Celle (NStZ 2000, S. 167), welches die Verwaltungsvorschriften, ohne genauere Begründung, als rechtlich nicht zu beanstandende Grundlage für die Gestaltung des Jugendstrafvollzugs ansah. Dabei überging es jedoch völlig die Grundrechtsproblematik.

201 Vgl. Laubenthal/Baier/Nestler, 2010, Rn. 857.

aa) Das Arbeitsentgelt nach § 176 StVollzG

§ 176 StVollzG betrifft das Arbeitsentgelt der Gefangenen in einer Jugendstrafanstalt, die eine zugewiesene Arbeit bzw. sonstige zugewiesene Beschäftigung oder Hilfstätigkeit ausüben. Diese Regelung ist im StVollzG systemfremd, da der Vollzug der Jugendstrafe – wie bereits geschildert – ja gerade nicht im StVollzG geregelt werden sollte.[202] Bis zum Erlass des Jugendstrafvollzugsgesetzes wurden junge Gefangene den Erwachsenen hinsichtlich des Arbeitsentgeltes gleichgestellt. So erhielten die arbeitenden Jugendlichen bzw. Heranwachsenden nach § 43 Abs. 2 und 3 StVollzG i.V.m. § 200 StVollzG Arbeitsentlohnung von lediglich neun Prozent[203] des durchschnittlichen Arbeitsentgeltes der Sozialversicherten.[204] Zu beachten waren jedoch die Jugendarbeitsschutzbestimmungen im Hinblick auf das Verbot der Akkord- und Fließarbeit. So musste z.B. der Arbeitslohn eines noch nicht 18-jährigen Gefangenen in Form des Zeitlohns ermittelt werden. Alle sonstigen Verpflichtungen aus dem Jugendarbeitsschutzgesetz waren selbstverständlich ebenfalls zu befolgen.[205] Weiterhin sollte der zentralen Bedeutung der Ausbildung im Jugendstrafvollzug dadurch Rechnung getragen werden, dass die Bezahlung an der in Freiheit üblichen Ausbildungsvergütung orientiert wird.[206]

Nach § 176 Abs. 1 S. 3 StVollzG galten auch die Regelungen über die Freistellungstage nach § 43 Abs. 5 bis 11 StVollzG entsprechend.

Ferner gewährte § 176 Abs. 3 StVollzG dem unverschuldet beschäftigungslosen jungen Gefangenen bei Bedürftigkeit ein angemessenes Taschengeld, um diesen jungen Inhaftierten eine finanzielle Grundausstattung zu gewähren.[207]

Nach § 176 Abs. 4 StVollzG wurden die Regelungen über die Ausbildungsbeihilfe (§ 44 StVollzG), den Haftkostenbeitrag (§ 50 StVollzG), das Überbrückungsgeld (§ 51 StVollzG) und das Eigengeld (§ 52 StVollzG) für entsprechend anwendbar erklärt.

---

202 Vgl. AK-Feest, 2006, § 176 Rn. 2.

203 Die langjährige Eckvergütung von fünf Prozent, die auch auf junge Gefangene Anwendung fand, wurde in einer der wichtigsten Entscheidungen des BVerfG vom 1.7.1998, im Hinblick auf das Resozialisierungsgebot, für verfassungswidrig erklärt. Die 80-prozentige Erhöhung auf neun Prozent am 1.1.2001 genügten aber den verfassungsrechtlichen Anforderungen der BVerfGE 98, 169, vgl. BVerfG, NJW 2002, 2032; vgl. Lohmann, 125 ff.

204 Laubenthal/Baier, 2006, Rn. 858, zur alten Rechtslage.

205 Arloth/Lückemann, 2004, § 176 Rn. 2, zur alten Rechtslage.

206 AK-Feest, 2006, § 176 Rn. 4.

207 Laubenthal/Baier, 2006, Rn. 858, zur alten Rechtslage.

bb) Die Anwendung des unmittelbaren Zwangs nach § 178 StVollzG

Nach § 178 StVollzG galten die §§ 94-101 StVollzG über den unmittelbaren Zwang u.a. auch für Justizvollzugsbedienstete, die Maßnahmen gegenüber Jugendlichen bzw. Heranwachsenden in Jugendstrafanstalten ergreifen mussten und eigentlich vom Anwendungsbereich des § 1 StVollzG nicht erfasst waren. Damit wurde den Justizvollzugsbediensteten in Jugendstrafanstalten zur Ausübung unmittelbaren Zwangs, d.h. Einwirkung auf Personen durch körperliche Gewalt, Hilfsmittel oder Waffen, eine Rechtsgrundlage gegeben.[208] Beachtet werden mussten allerdings das Subsidiaritätsprinzip (§ 94 Abs. 1 StVollzG) und der Verhältnismäßigkeitsgrundsatz (§ 96 StVollzG) des Erwachsenenvollzugs. Ferner galten gemäß §§ 99 und 100 StVollzG die allgemeinen und besonderen Voraussetzungen für den Schusswaffengebrauch. Zwar kann das Landesrecht nach § 178 Abs. 4 StVollzG, namentlich beim Vollzug der Jugendstrafe, weitere Einschränkungen des Rechts zum Schusswaffengebrauch vorsehen. Die Länder haben davon aber keinen Gebrauch gemacht, sodass auch der Einsatz von Schusswaffen grundsätzlich zulässig war.[209] Zudem galten nach § 101 StVollzG die Regelungen über Zwangsmaßnahmen auf dem Gebiet der Gesundheitsfürsorge.

d) Ergebnis

Nach Darstellung der vormals geltenden Vorschriften des StVollzG für den Jugendstrafvollzug ist ersichtlich, dass diese wenigen Einzelbestimmungen keine Grundlage für einen umfassenden Grundrechtseingriff auf dem Gebiet des Jugendstrafvollzugs bieten konnten. Es fehlten konkrete Regelungen der grundlegenden Bereiche im Vollzug, wie beispielsweise dem Vollzugsziel, der Stellung der Gefangenen sowie zu den praxis- und grundrechtsrelevanten Regelungsbereichen wie der Erstellung eines Vollzugsplanes, der Verlegung in den offenen oder geschlossenen Vollzug, der Gewährung von Lockerungen oder von Urlaub, der Unterbringung, dem Verkehr mit der Außenwelt, der Aus- und Weiterbildung und des Erlasses von Disziplinarmaßnahmen, obwohl in all diesen Bereichen vielfach in die Grundrechte der jungen Gefangenen eingegriffen wird.[210] Darüber hinaus kann das StVollzG nicht auch für den Vollzug der Jugendstrafe gelten. Dies ist zum einen bereits aus § 1 StVollzG zu erkennen, der den Anwendungsbereich des StVollzG bestimmt und zum anderen aus § 178 Abs. 1 i.V.m. Abs. 4 StVollzG, welcher den Vollzug der Jugendstrafe ausdrücklich außerhalb des Anwen-

---

208 Vgl. Arloth/Lückemann, 2004, § 178 Rn. 1, zur alten Rechtslage.

209 Vgl. Arloth/Lückemann, 2004, § 178 Rn. 3, zur alten Rechtslage.

210 Wölfl, 77 f.

dungsbereichs des Strafvollzugsgesetzes ansiedelt. Aussagen zu den genannten Einzelfragen enthalten lediglich die VVJug, welche allerdings mangels Gesetzesqualität ebenfalls keine Grundlage für Grundrechtseingriffe im Jugendstrafvollzug darstellten.

e) Entsprechende Anwendung von Vorschriften des StVollzG im Jugendstrafvollzug

Auch ein generalisierender Rückgriff auf die Vorschriften des StVollzG im Sinne einer entsprechenden Anwendung kam aus verschiedenen Gründen nicht in Betracht:

Zum einen standen sich unterschiedliche Vollzugsziele gegenüber: Der Jugendstrafvollzug ist vom Leitgedanken der Erziehung geprägt, während im Erwachsenenstrafvollzug das Ziel der Resozialisierung im Vordergrund steht. Erziehung im Jugendstrafvollzug und Behandlung im Erwachsenenstrafvollzug decken sich gerade nicht, denn unter Erziehung versteht man ausschließlich spezialpräventive Maßnahmen pädagogischer, seelsorgerischer und anderer helfender Art im Gegensatz zum Allgemeinen Strafvollzug, der auch generalpräventive Gesichtspunkte verfolgt.[211]

Zum anderen fehlte es an einer planwidrigen Regelungslücke, da der Gesetzgeber mit §§ 176 und 178 StVollzG ausdrücklich nur einzelne Vorschriften für den Jugendvollzug geregelt hat. Zudem ist § 176 StVollzG als einzige Vorschrift mit „Jugendstrafanstalten" überschrieben. Wäre das StVollzG auch für den Vollzug der Jugendstrafe anwendbar gewesen, so hätte es dieser Überschrift und auch der nachfolgenden Regelungen nicht bedurft.

Auch aus den ständigen Bestrebungen und Anläufen zur Realisierung eines eigenen Jugendstrafvollzugsgesetzes[212] lässt sich schlussfolgern, dass schon vor der Entscheidung des BVerfG vom 31.5.2006 feststand, dass eine entsprechende Anwendung der Regelungen des StVollzG nicht in Betracht kommt.

All dies erkannte auch das BVerfG in seiner Entscheidung vom 31.5.2006 und setzte dem Gesetzgeber eine Frist zur Realisierung eines Jugendstrafvollzugsgesetzes bis zum 1.1.2008.

---

211 Vgl. Butz, 2004, S. 33.

212 Siehe ausführlich unter Punkt C.I.3.

2. Rechtsschutz nach alter Rechtslage

Da der Rechtsschutz, insbesondere das gerichtliche Kontrollverfahren, aufgrund der Vorgaben des BVerfG vom 31.5.2006[213] ebenfalls neu gestaltet werden musste,[214] soll hier kurz aufgezeigt werden, wie sich Jugendliche und Heranwachsende, die eine Jugendstrafe verbüßten und sich gegen eine vollzugliche Gestaltungsmaßnahme oder das Unterlassen einer Entscheidung wenden wollten, nach alter Rechtslage wehren konnten. Die Möglichkeit, diese Rechte wahrzunehmen, diente oftmals argumentativ im Streit um die Verfassungswidrigkeit des Jugendstrafvollzugs dazu, die Diskussion zu entschärfen.[215]

Grundsätzlich stehen dem Gefangenen vollzugsinterne Überprüfungsmöglichkeiten sowie ein gerichtliches Kontrollverfahren zur Wahl.[216]

Es machte jedoch einen Unterschied, ob der nach Jugendstrafrecht Verurteilte seine Strafe in einer Jugendstrafvollzugsanstalt oder einer Anstalt für Erwachsene nach § 92 Abs. 2 JGG a.F. (jetzt: § 91 Abs. 1 JGG n.F.) zu verbüßen hatte.

a) Rechtsschutz für Insassen in Jugendstrafvollzugsanstalten

aa) Vollzugsinterne Beschwerdemöglichkeiten

Dem Gefangenen im Jugendstrafvollzug stand als vollzugsinterne Beschwerdemöglichkeit ein Beschwerderecht nach Nr. 92 Abs. 1 VVJug[217] zur Seite. So erhielt er das Recht, sich in ihn betreffenden Angelegenheiten mit Anregungen und Beschwerden an den Leiter der Jugendstrafanstalt zu wenden. Regelmäßige Sprechstunden hierfür waren einzurichten. Nr. 92 Abs. 2 VVJug gestattete zudem, sich mit seinem Begehren an einen Vertreter der Aufsichtsbehörde zu wenden, wenn dieser die Anstalt besichtigte. Daneben war es möglich, den Rechtsbehelf der Dienstaufsichtsbehörde zu beschreiten (Nr. 92 Abs. 3 VVJug). Hinzu kam, dass sich der Betroffene nach Nr. 92 Abs. 4 VVJug jederzeit schriftlich an den Anstaltsleiter wenden konnte. Das Beschwerderecht begründete gleichzeitig einen Anspruch auf abschließende Beschei-

---

213 BVerfG, NJW 2006, 2093; Zu den verfassungsrechtlichen Anforderungen siehe Punkt C.II.3.d).

214 Ausführungen zur jetzigen Rechtslage siehe Punkt C.V.2.h).

215 Walter, DVJJ-J 2002, S. 350.

216 Vgl. Laubenthal, 2011, Rn. 896.

217 Die VVJug befinden sich z.B. im Anhang Nr. 6 zu Eisenberg, 2004.

dung des vorgetragenen Bedürfnisses.[218] Die Möglichkeiten des vollzugsinternen Beschwerderechts nach Nr. 92 VVJug lehnten sich an das Beschwerderecht nach § 108 StVollzG im Erwachsenenvollzug an.

bb) Antrag auf gerichtliche Entscheidung nach den §§ 23 ff. EGGVG

Wollte sich der junge Gefangene allerdings gegen eine Maßnahme gerichtlich zur Wehr setzten, so konnte er bis zum Ablauf des Jahres 2007 gegen Entscheidungen der Vollzugsbehörde subsidiär (§ 23 Abs. 3 EGGVG) gerichtliche Entscheidung nach §§ 23 ff. EGGVG durch den Strafsenat des OLG beantragen. Im Unterschied zum gerichtlichen Verfahren für den Erwachsenenvollzug nach §§ 109 ff. StVollzG, waren unmittelbar zunächst nur Entscheidungen des Anstaltsleiters selbst und nicht der nachgeordneten Bediensteten angreifbar. Maßnahmen der nachgeordneten Bediensteten waren erst nach Bestätigung durch den Anstaltsleiter im Rahmen einer Dienstaufsichtsbeschwerde überprüfbar.[219]

Dadurch entstand eine wesentliche Benachteiligung der Jugendstrafgefangenen im Vergleich zu Gefangenen des Freiheitsstrafvollzugs, weil ihnen, im Unterschied zu §§ 109, 116 ff. StVollzG, keine „zweite Instanz“ gewährt wurde. Die Entscheidung des Oberlandesgerichts war vielmehr nach § 29 EGGVG abschließend und unanfechtbar. Damit wurde gegen das Verbot der Schlechterstellung Jugendlicher gegenüber Erwachsener in vergleichbarer Verfahrenssituation verstoßen.[220]

Zudem machten Jugendliche weit seltener von der Möglichkeit nach §§ 23 ff. EGGVG Gebrauch als Erwachsene von den §§ 109, 116 StVollzG, obwohl sie die gegen sie verhängten Maßnahmen als ungerecht empfanden.[221] Dies hing wohl damit zusammen, dass Jugendliche im Umgang mit einem gerichtlichen Verfahren ungeübt und unsicher sind und deswegen eher zurückhaltend von der Möglichkeit des gerichtlichen Kontrollverfahrens Gebrauch machten.[222] In diesem Zusammenhang ist das Ergebnis von *Feest/Lesting/Selling* interessant, welche der Frage nach der Effektivität des gerichtlichen Rechtsschutzes nachgingen und ursprünglich auch die Anzahl der Verfahren von Jugendgefangenen nach §§ 23 ff. EGGVG in ihre Untersuchung aufnehmen wollten. Sie mussten schließlich feststellen, dass sich nicht

---

218 Laubenthal/Baier/Nestler 2010, Rn. 862.

219 Vgl. Eisenberg, 2004, § 91 Rn. 39.

220 Eisenberg, 2004, § 91 Rn. 40, zur alten Rechtslage.

221 Eisenberg, 2004, § 91 Rn. 41, zur alten Rechtslage.

222 Vgl. auch BVerfG, NJW 2006, 2096.

genügend Verfahren ermitteln lassen konnten, schon gar nicht solche, die von Jugendlichen gewonnen worden wären und mussten deshalb diesen Punkt aus ihrer Untersuchung ausnehmen.[223] Auch die Befragung der Anstaltsleitung der JVA Ebrach zu diesem Punkt ergab, dass in der Zeit vom 15.9.2004 bis zum 1.1.2008 – und damit in 3 ¼ Jahren – nur ein Gefangener einen Antrag gemäß §§ 23 ff. EGGVG an das OLG Bamberg stellte.[224]

b) Rechtsschutz für aus dem Jugendstrafvollzug ausgenommene Verurteilte

Für den nach § 92 Abs. 2 JGG a.F. bzw. § 91 Abs. 1 JGG n.F. aus dem Jugendstrafvollzug ausgenommenen Verurteilten galten bzw. gelten die Kontrollmöglichkeiten, die für den Erwachsenenvollzug einschlägig waren bzw. sind (§ 108 StVollzG und §§ 109, 116 StVollzG), wonach gemäß §§ 109 ff. StVollzG über den Antrag auf gerichtliche Entscheidung die Strafvollstreckungskammer zu entscheiden hatte.[225]

Auch diese für Gefangene in Jugendstrafanstalten unbefriedigende Situation hat das BVerfG in seiner Entscheidung vom 31.5.2006 erkannt, und den Gesetzgeber zur Vereinfachung des gerichtlichen Rechtsschutzes aufgerufen.[226]

3. Analyse der alten Rechtslage

Die Darstellung der rechtlichen Grundlagen bis zum 31.12.2007 im vorangegangenen Punkt macht deutlich, dass der Jugendstrafvollzug auf Gesetzesebene lediglich ansatzweise geregelt und die Rechtsstellung der jungen Gefangenen folglich nur vage umschrieben war.

a) Grundrechtseingriff

Während des Vollzugs der Jugendstrafe wird in zahlreiche Grundrechte des Gefangenen eingegriffen. Vordergründig erfolgt ein Eingriff in das Freiheitsgrundrecht aus Art. 2 Abs. 2 S. 2 GG, wonach die Freiheit der Person unverletzlich ist. Dieser Eingriff stellt die schwerste Form der Freiheitsbeschränkung dar und basiert auf der Verhängung der Jugendstrafe Er ist gerechtfertigt durch §§ 17 i.V.m. 5 Abs. 2 JGG und genügt somit dem Vorbehalt des Gesetzes aus Art. 104 Abs. 1 GG.

---

223 Feest/Lesting/Selling, 1997.

224 Siehe Fragebogen JVA Ebrach im Anhang.

225 Vgl. nun § 92 Abs. 6 JGG.

226 Vgl. BVerfG, NJW 2006, 2096.

Die Freiheit ist jedoch verständlicherweise nicht das einzige Grundrecht, das durch den Vollzug berührt wird. Es folgen tagtäglich weitere Grundrechtseinschränkungen. Im Grunde genommen wird durch die gesamte Vollzugsregelung in die durch Art. 2 Abs. 1 GG geschützte allgemeine Handlungsfreiheit eingegriffen. Zu erwähnen ist einerseits das Recht auf körperliche Unversehrtheit nach Art. 2 Abs. 2 S. 1, 2. Alt. GG, das durch ärztliche Zwangsbehandlungen oder Zwangsernährung verletzt wird[227] oder die Beschränkung der Verfügung über das Eigentum (Art. 14 Abs. 1 GG). Zudem kommen Eingriffe in das geschützte Brief- und Postgeheimnis durch Post- und Briefkontrollen (Art. 10 Abs. 1 GG) und Einschränkungen der ungestörten Religionsausübung (Art. 4 Abs. 2 GG), welche insbesondere bei ausländischen Gefangenen anderer Glaubensrichtung (überwiegend Muslime) ein Problem sein kann, Eingriffe in Art. 6 GG (Schutz von Ehe und Familie) sowie das durch Art. 5 Abs. 1 GG garantierte Informationsrecht durch Regelungen und Beschränkungen von Fernseh- und Radiosendungen.

Von großer Bedeutung ist auch der Eingriff in das Gleichheitsgrundrecht nach Art. 3 Abs. 1 GG, das speziell bei der Entscheidung berührt wird, in welcher Anstalt der Verurteilte seine Strafe verbüßen soll.[228] Es stellt z.B. einen erheblichen Unterschied für den Gefangenen dar, ob er seine Strafe in einer überalterten Haftanstalt wie Herford oder Siegburg oder aber in einer neueren Haftanstalt wie Neuburg-Herrenwörth zu verbüßen hat.[229]

b) Rechtfertigung

Eingriffe in grundrechtlich geschützte Rechtspositionen bedürfen einer ausreichend bestimmten rechtsstaatlichen Rechtfertigung, denn Art. 19 Abs. 1 GG besagt, dass ein Grundrecht des Bürgers nur durch oder aufgrund eines formellen Gesetzes eingeschränkt werden darf, wobei das Gesetz auch das einzuschränkende Grundrecht unter Angabe des Artikels nennen muss.[230]

aa) Vorbehalt des Gesetzes

Von zentraler Bedeutung in diesem Zusammenhang ist der Grundsatz des Vorbehalts des Gesetzes. Der Grundsatz des Vorbehalts des Gesetzes, der sich nicht unmittelbar aus der Verfas-

227 Im Einzelnen dazu AG Herford Beschluss vom 3.12.1990 in NStZ 1991, 255.

228 Vgl. Butz, 2004, 22.

229 Diemer/Schoreit/Sonnen, 2002, § 91 Rn. 10.

230 Vgl. AG Rinteln, Beschluss vom 18.10./25.10.2001 in DVJJ-J 2002, 343.

sung ergibt, wird verschiedentlich aus Art. 20 Abs. 3 GG abgeleitet.[231] Dieser besagt, dass bestimmte Maßnahmen einer gesetzlichen Grundlage bedürfen.[232] Die Verwaltung darf demzufolge nur tätig werden, wenn sie dazu durch Gesetz ermächtigt worden ist. Handelt die Verwaltung demzufolge ohne eine gesetzliche Ermächtigung, so ist ihr Handeln rechtswidrig. Seit der Entscheidung des BVerfG vom 14.3.1972[233] gilt dieser Grundsatz nun auch im Verhältnis „Strafgefangener-Staat". Erst dadurch hat die Geltung der Grundrechte im Strafvollzug grundlegenden rechtlichen Wandel erfahren. Zuvor war die Beschränkbarkeit von Grundrechten Strafgefangener durch das „besondere Gewaltverhältnis"[234] geprägt und legitimiert.[235]

Die Reichweite des Gesetzesvorbehalts, d.h. welche Sachgebiete und Angelegenheiten erfasst werden und was der Gesetzgeber selbst regeln muss oder dem Verordnungsgeber delegieren kann, wird dadurch aber noch nicht festgelegt.[236]

bb) Wesentlichkeitstheorie

Das BVerfG hat daher im Anschluss an den Grundsatz des Vorbehalts des Gesetzes aus dem Demokratie- und Rechtsstaatsprinzip, ergänzend zum Vorbehalt des Gesetzes, die Wesentlichkeitstheorie entwickelt.[237] Der Gesetzgeber muss danach alle wesentlichen Entscheidungen, d.h. alles was für die Grundrechtsverwirklichung wesentlich ist, selbst regeln. Dabei stellt das Kriterium der Wesentlichkeit nicht auf das Wesen der Sache ab, sondern darauf, wie grundlegend und wichtig eine Regelung für den betroffenen Bürger als auch für die Allgemeinheit ist.[238]

---

231 So auch BVerfGE 40, 237, 248; 77, 170, 230; anders Maurer, 2002, 113.

232 Vgl. Maurer, 2002, 113.

233 BVerfGE 33,1.

234 Unter dem besonderen Gewaltverhältnis verstand man das enge personale Kontaktverhältnis zwischen Gefangenen und Vollzugsbehörden, das ein vom allgemeinen staatsbürgerlichen Status der Person des Strafgefangenen zu differenzierendes Abhängigkeitsverhältnis vom Staat und dessen justizvollzugsrechtlicher Organisation als strafrechtlicher Sanktionsinstanz charakterisiert, vgl. Hoffmeyer, 1978, 5 f.

235 Dies wurde damit begründet, dass den Grundrechten im besonderen Gewaltverhältnis keinerlei Rechtswirkung zukomme, da es sich bei der Regelung derartiger Verhältnisse um personenbezogene verwaltungsinterne Angelegenheiten handele; vgl. Rupp, JuS 1975, S. 611.

236 Vgl. Maurer, 2002, 116.

237 BVerfG 49, 89, 126; 61, 260, 275.

238 Maurer, 2002, 117.

c) Ergebnis

Ohne Zweifel stellen Grundrechtseinschränkungen innerhalb des Vollzugs einen wesentlichen Eingriff in die Grundrechte dar, was auch das BVerfG in seiner Entscheidung im Jahr 1972 zur Notwendigkeit einer gesetzlichen Grundlage für den Erwachsenenvollzug deutlich hervorhob. Spätestens seit dieser grundlegenden Entscheidung stand auch für den Jugendstrafvollzug fest, dass eine gesetzliche Grundlage geschaffen werden muss und die bestehenden rudimentären Regelungen verfassungsrechtlich nicht ausreichend für Grundrechtseingriffe innerhalb des Vollzugs sind. Gerade innerhalb der Eingriffsverwaltung müssen allerdings Regelungen geschaffen werden, die nach Inhalt, Gegenstand, Zweck und Ausmaß hinreichend bestimmt und begrenzt sind, so dass die Beschränkungen für den Betroffenen voraussehbar sind.[239]

4. Nicht realisierte Gesetzesentwürfe

Die Geschichte der Bemühungen, ein Jugendstrafvollzugsgesetz zu schaffen, ist lang. Über die Notwendigkeit der gesetzlichen Ausgestaltung des Jugendstrafvollzugs war man sich zwar weitgehend einig, doch auch bewusst, dass zur Umsetzung eines jugendspezifischen Gesetzes ein erheblicher politischer Kraftakt und vor allem Überzeugung der Länder notwendig war.[240] Der Entscheidung des BVerfG vom 31.5.2006[241] zur Notwendigkeit eines speziellen Jugendstrafvollzugsgesetzes gingen zahlreiche Entwürfe zur Schaffung eines Jugendstrafvollzugsgesetzes seitens des Gesetzgebers einerseits und der Wissenschaft und Praxis andererseits bereits seit Ende der siebziger Jahre voraus.[242] Ausgangspunkt für die Wiederaufnahme der Gesetzesarbeit nach der Neugestaltung der §§ 91, 92 JGG a.F. im Jahre 1953 waren die Entscheidungen des BVerfG von 1972[243] und 1975[244], in denen das BVerfG die Schaffung einer gesetzlichen Grundlage für erwachsene Strafgefangene forderte. Diese Entscheidungen hatten

239 Maurer, 2002, 119.
240 Lehmann in Bereswill/Höynck, 2002, 79.
241 BVerfG, NJW 2006, 2093.
242 Vgl. Laubenthal, 2011, Rn. 860.
243 BVerfGE 33, 1 ff.
244 BVerfGE 40, 276 ff.

zwar für den Jugendstrafvollzug keine Bindungswirkung i.S.v. § 31 BVerfGG[245], wurden aber dennoch als Anlass zur Schaffung eines eigenen Jugendstrafvollzugsgesetzes gesehen.[246]

Daraufhin berief der damalige Bundesjustizminister am 29.9.1976 eine Jugendstrafvollzugskommission unter dem Vorsitz von Prof. Dr. Alexander Böhm ein, welche Vorarbeiten für ein Jugendstrafvollzugsgesetz leisten sollte.[247] Die Kommission erarbeitete ein umfassendes Reformkonzept für den Jugendstrafvollzug und vereinbarte darüberhinaus die Jugend- und Sozialhilfe mit der Jugendkriminalrechtspflege. Erziehung, Behandlung und das soziale Training sollten im Mittelpunkt stehen.[248] Da die Kommission der Meinung war, die Zusammenfassung ihrer Grundsatzvorstellungen in einem Gesetzestext sollte besser den qualifizierten Beamten der Gesetzgebungsabteilung des Bundesjustizministeriums überlassen werden, wurden die Ergebnisse der Empfehlungen daher in einem Schlussbericht zusammengefasst und im Jahre 1980 vom Bundesjustizminister veröffentlicht.[249] Er enthält Mitteilungen über den Ablauf der Kommissionsarbeit und ihre Ergebnisse. Die nachfolgenden legislativen Reformüberlegungen und Fortentwicklungen im Jugendstrafvollzug wurden infolgedessen hauptsächlich durch die Grundsatzbestimmungen der Kommission geprägt.[250] Danach kam es zu mehreren Gesetzesentwürfen des Bundesjustizministeriums und Vorschlägen von Praktikern und Wissenschaftlern.[251]

Daran angelehnt entwickelte das Bundesjustizministerium noch vor Abschluss der Arbeiten der Jugendstrafvollzugskommission einen Arbeitsentwurf eines Gesetzes zur Fortentwicklung des Jugendstrafvollzugs und zur Eingliederung junger Straffälliger vom 30.6.1980, um die Kommissionsvorschläge mittel- und langfristig umzusetzen.[252] Beide Entwürfe folgten den Kommissionsvorschlägen. Es wurde aber leider davon abgesehen, ein einheitliches Jugendstrafvollzugsgesetz zu schaffen, sondern man gab sich damit zufrieden, die Einzelheiten des Jugendstrafvollzugs parallel zu einer JGG-Änderungsreform in einer Rechtsverordnung zu

245 Böhm, 2003, 231.

246 AG Rinteln, Beschluss vom 18.10./25.10. 2001 in DVJJ-J 2002, 342.

247 Da ein Jugendstrafvollzugsgesetz jedoch in absehbarer Zeit nicht in Sicht war, wurden 1976 zwischen den Justizministern der Länder die „Verwaltungsvorschriften zum Jugendstrafvollzug“ (VVJug) als Übergangslösung vereinbart, die am 1.1.1977 in Kraft traten.

248 Vgl. Laubenthal, 2011, Rn 860.

249 Mertin, ZRP 2002, 20.

250 Lehmann in Bereswill/Höynck, 2002, 79.

251 Vgl. Tierel, 2008, 26.

252 Schaffstein/Beulke, 2002, 36.

erlassen, was jedoch, aus diesen rechtsdogmatischen Argumenten und aus Kostengründen, überwiegend auf Ablehnung stieß.[253] Vielmehr forderte man ein besonderes Gesetz für den Jugendstrafvollzug.[254]

Im Juni 1984 stellte das Bundesjustizministerium einen neuen Arbeitsentwurf eines Jugendstrafvollzugsgesetzes vor, in dem es die Konzeptionen der Jugendstrafvollzugskommission und des Arbeitsentwurfs von 1980, bis auf wenige Ausnahmen,[255] aufgegeben hat. Im neuen Entwurf kam man zwar der Forderung nach einem eigenständigen Gesetz nach, ihm mangelte es jedoch an einer jugendspezifischen Ausrichtung, da er sehr an das Strafvollzugsgesetz für Erwachsene angelehnt war und sich vor allem darum bemühte, kostenneutral zu bleiben, weswegen er bei Fachorganisationen und Sachkundigen ebenso auf geringe Akzeptanz stieß.[256] Von einer Weiterentwicklung des Jugendstrafvollzugsgesetzes konnte also erneut keine Rede sein.

Auch wenn es in der Folgezeit um das Thema der gesetzlichen Regelung des Jugendstrafvollzugs seitens des Gesetzgebers etwas ruhiger wurde,[257] blieben Wissenschaft und Praxis nicht untätig und erarbeiteten Entwürfe und Vorschläge zu einem Jugendstrafvollzugsgesetz.

Als Gegenentwurf zum Arbeitsentwurf des Bundesjustizministeriums von 1984 formulierten der Strafrechtswissenschaftler und Rechtspolitiker Jürgen Baumann 1985 einen reformfreudigeren eigenen Gesetzesentwurf. Erwähnenswert ist auch der „Praktikerentwurf" der Arbeitsgemeinschaft von Jugendstrafvollzugspraktikern in der DVJJ 1988, welcher – ebenso wie Baumann – einen Erziehungsstrafvollzug befürwortet.[258] Ein weiterer „privater" Entwurf stammt von Kreideweiß im Jahr 1993.[259] Diese Entwürfe nehmen allerdings den Arbeitsentwurf des Bundesjustizministeriums von 1984 als Vorlage, so dass die Vorstellungen der Jugendstrafvollzugskommission keine Berücksichtigung fanden.[260]

---

253 Ostendorf, in: Goerdeler/Walkenhorst, 2007, 101.
254 Lehmann, in: Bereswill/Höynck, 2002, 82.
255 Vgl. Ayass, BewäHi 1984, 350, 353.
256 Vgl. Laubenthal, 2008, Rn. 860.
257 Wohl aufgrund des sog. „Pillenknicks" und der verstärkten Gewährung von Strafaussetzung zur Bewährung.
258 Schaffstein/Beulke, 2002, 36.
259 Vgl. Ostendorf, in: Goerdeler/Walkenhorst, 2007, 102.
260 Vgl. Tierel, 2008, 31.

Zwischenzeitlich hatte das Bundesministerium der Justiz 1991 und 1993 weitere Referentenentwürfe vorgelegt und reagierte damit auf verfassungsrechtliche Bedenken. Während der Entwurf von 1991 noch ganz auf Erziehung ausgerichtet war,[261] wurde diese im Entwurf von 1993 abgemildert und das zukünftige Legalverhalten in den Vordergrund gerückt. Ergänzend zum Vollzugsziel sprachen beide Entwürfe die Mitwirkung der jungen Gefangenen an. Diese konnten sich allerdings aufgrund eines energischen Finanzwiderstandes zweier Landesjustizverwaltungen sowie aufgrund anderer rechtspolitischer Grundsatzpositionen über Ziel und Aufgabe wieder nicht durchsetzen.[262] *Ayass* bezeichnete die Geschichte der gesetzlichen Regelung für den Jugendstrafvollzug daher letztendlich sogar als *„Trauerspiel"*.[263]

Das Ergebnis war, dass die Länder alle kostenintensiven Reformregelungen blockierten und bei pessimistischer Sicht letztlich nur ein Jugendstrafvollzugsgesetz akzeptierten würden, das zwar den verfassungsrechtlichen Mindeststandards Rechnung trägt, nicht aber in irgendeiner Form zu einer innovativen Fortentwicklung des Jugendstrafvollzugs beitragen wird.[264]

Schlusspunkt der Bemühungen des Bundesgesetzgebers um ein Jugendstrafvollzugsgesetz bildete die Vorlage eines Referentenentwurfs des Bundesjustizministeriums vom 28.4.2004 (GJVollz-E 2004). In diesen Entwurf flossen überwiegend die Ergebnisse der 2. Jugendstrafrechtsreformkommission der DVJJ sowie die Überlegungen und Beschlüsse des 64. Deutschen Juristentages ein, soweit diese den Jugendstrafvollzug betrafen.[265] Es wurde daran festgehalten, den Jugendstrafvollzug in einem eigenen Gesetz zu regeln.[266] Der Referentenentwurf wurde im Hinblick auf die Entscheidung des Bundesverfassungsgerichts vom 31.5.2006 geringfügig modifiziert und am 7.6.2006 als GJVollz-E 2006 neu vorgelegt, obwohl der Bund aufgrund der Föderalismusreform für diese Materie nun nicht mehr zuständig ist. Im § 2 dieses Gesetzesentwurfs heißt es unter der Überschrift *„Ziel des Vollzuges": „Ziel des Vollzuges der Jugendstrafe ist eine Lebensführung der Gefangenen ohne Straftaten."* Im § 4 des Bundesentwurfs wird erstmalig eine Verpflichtung zur Mitwirkung aufgestellt. *„Die Gefangenen sind verpflichtet, an der Erreichung des Vollzugsziels mitzuwirken."* Dieser Ent-

---

261 Vgl. Lehmann, in: Bereswill/Höynck 2002, 83.

262 Ostendorf, in: Goerdeler/Walkenhorst, 2007, 102.

263 Ayass, BewäHi 1992, 212.

264 Vgl. Ayass, BewäHi 1992, 214.

265 Ausführliche Auflistung aller Gesichtspunkte des GJVollz-E 2004 bei Laubenthal/Baier/Nestler, 2010, Rn. 872.

266 Laubenthal, 2011, Rn. 861.

wurf verzichtet gänzlich auf den Begriff der Erziehung, indem das Fördern in den Mittelpunkt gestellt wird.

Ebenfalls eine Woche nach der Entscheidung des BVerfG vom 31.5.2006 stellte Bayern in München einen Entwurf für den Jugendstrafvollzug vor, der mittlerweile – mit kleinen Veränderungen – Gesetz wurde.[267]

Im Anschluss an die Entscheidung des BVerfG und die Übertragung der Gesetzgebungskompetenz für den Strafvollzug auf die Länder kam es ebenfalls in der Wissenschaft und Praxis zu Gesetzesentwürfen. Erwähnt werden sollen der Diskussionsentwurf von *Ratzmann*, der sehr rechtsstaatlich orientierte Entwurf von *Tondorf* und der aus erziehungswissenschaftlicher Perspektive erstellte Entwurf von *Rehbein*.[268]

5. Beurteilung der alten Rechtslage innerhalb der Gerichte und der Wissenschaft

Die Beurteilung der Verfassungsmäßigkeit der alten Rechtslage im Jugendstrafvollzug war bis zur Entscheidung des BVerfG vom 31.5.2006[269] innerhalb der Gerichte und der Wissenschaft umstritten, wobei letztlich die Obergerichte in keinem der zu entscheidenden Fälle den Vollzug der Jugendstrafe mangels gesetzlicher Grundlage für verfassungswidrig befunden hatten.[270]

Als erste Gerichte nach Inkrafttreten des Strafvollzugsgesetzes vom 1.1.1977 stellten das OLG Stuttgart[271] und das OLG Koblenz[272] 1979 fest, dass auch der Jugendstrafvollzug ohne gesetzliche Regelungen vollzogen wurde. Sie vertraten allerdings die Auffassung, dass bis zum Inkrafttreten eines Jugendstrafvollzugsgesetzes nach der damaligen Rechtslage zu verfahren sei.[273] Die mit der Sache befassten Richter gingen wohl davon aus, dass nun – in Anbetracht der Regelung des Vollzugs der Freiheitsstrafe – in Kürze auch mit einem gesetzlich

267 Vgl. hierzu Ausführungen unter Punkt C.VI.

268 Entwürfe unter: http://www.gruene-bag.de/cms/default/rubrik/5/5119.dokumente.html, Stand: 1.11.2009 und www.dvjj.de

269 BVerfG, NJW 2006, 2093 ff.

270 Callies/Müller/Dietz, 2008, § 1 Rn. 8.

271 OLG Stuttgart, ZfStrVo 1980, 60 f.

272 OLG Koblenz, ZfStrVo 1980, 61 f.

273 OLG Stuttgart, ZfStrVo 1980, 60 f.

normierten Jugendstrafvollzug zu rechnen ist. In der „Übergangszeit" war der gesetzeslose Zustand nach deren Auffassung hinzunehmen.

1984 hatte sich das OLG Schleswig[274] mit der Frage zu beschäftigen, ob der Vollzug der Jugendstrafe deswegen verfassungswidrig sein könnte, weil er statt der erhofften erzieherischen Wirkung immer eine Beeinträchtigung der persönlichen Entwicklung zur Folge habe. Das Gericht verneinte die Verfassungswidrigkeit des Jugendstrafvollzugs jedoch und setzte die Hürden für eine Verfassungswidrigkeit hoch an. Nur wenn der Jugendstrafvollzug *„seit eh und je und zugleich ohne konkrete Aussicht auf Verbesserung, also irreparabel, erziehungsfeindlich"* und der Erziehungsgedanke ein *„utopischer Programmsatz realitätsfern gleichsam im luftleeren Raum"* wäre, käme nach Ansicht des Gerichts eine Verfassungswidrigkeit überhaupt erst in Betracht.[275]

In der Folgezeit musste das OLG Stuttgart 1985[276] erneut zur Frage der Verfassungswidrigkeit Stellung nehmen und sah – entgegen seiner Entscheidung im Jahr 1979 – die bestehenden Regelungen überraschend als ausreichend an.

Anlässlich eines Vorlagebeschlusses des AG Herford vom 3.12.1990 wurde dem BVerfG gemäß Art. 100 Abs. 1 GG die Frage, ob die Vollstreckung von Jugendstrafe mangels eines Jugendstrafvollzugsgesetzes verfassungswidrig oder ob sie durch die §§ 91, 92, 115 JGG, §§ 176, 178 StVollzG gedeckt ist, zur Entscheidung vorgelegt. Das AG hatte das Verfahren über den Antrag eines jungen Gefangenen, ihn nach Verbüßung der Mindeststrafe vorzeitig aus der Haft zu entlassen, ausgesetzt.[277] Das BVerfG wies die Sache jedoch leider wegen Unzulässigkeit ab, da der Gefangene zum Zeitpunkt der Entscheidung bereits entlassen worden war und somit die Beschwer wegfiel. Im Anschluss daran hat das BVerfG den Bund und die Länder aber um eine Stellungnahme gebeten, warum die Arbeiten an einem Jugendstrafvollzugsgesetz noch immer nicht beendet worden sind.

Durch diese Reaktion des BVerfG wurde der Vollstreckungsleiter des AG Herford in seiner Auffassung der Verfassungswidrigkeit des Jugendstrafvollzugs bestärkt und setzte sogleich

---

274 NStZ 1985, 475 f.

275 NStZ 1985, 475 f.

276 Vgl. Böhm, NStZ 1987, 422, 444.

277 AG Herford, DVJJ-J 1991, 72; NStZ 1991, 255; vgl. auch Dünkel, in: FestS für Schwind, 2006, 550.

im darauffolgenden Jahr wiederum ein Verfahren aus,[278] um es dem BVerfG erneut zur Entscheidung vorzulegen.[279] Doch auch darüber hat das BVerfG nicht entschieden. Der Vorlagebeschluss des AG Herford vom 30.9.1991 war erneut unzulässig, da der Amtsrichter als Vollstreckungsleiter und damit als Organ der Justizverwaltung und nicht als Gericht i.S.d. Art. 100 Abs. 1 GG tätig geworden ist.[280]

Das OLG Celle[281] entschied sogar, dass die VVJug eine rechtlich nicht zu beanstandende Grundlage für die Gestaltung des Jugendstrafvollzugs darstellen und Vollzugsmaßnahmen auf die VVJug gestützt werden können, soweit sie der Erziehungsaufgabe des § 91 Abs. 1 JGG a.F. entsprechen.

Auch die weiteren Vorlagebeschlüsse des AG Rinteln vom 25.10.2001 und des AG Herford vom 18.2.2002[282] wurden wegen Unzulässigkeit aufgrund unzureichender Begründung abgelehnt.

Schließlich entschied das OLG Hamm am 1.7.2004[283] sowie auch schon in früheren Entscheidungen, dass die entsprechende Anwendung von Bestimmungen des Strafvollzugsgesetztes für Beschränkungen im Vollzug der Jugendstrafe zulässig seien, insbesondere wenn in den VVJug die gerügten Maßnahmen nicht speziell geregelt und die Bestimmungen des StVollzG mit dem Erziehungsgedanken des § 91 Abs. 1 JGG a.F. vereinbar waren.[284]

Der Großteil der Literatur forderte allerdings, dass der Vollzug der Jugendstrafe auf eine gesetzliche Grundlage gestellt werden müsse.[285] Es wurde vertreten, dass die rudimentären Regelungen verfassungsrechtlich nicht mehr vertretbar, zu unverbindlich, dürftig und zu lückenhaft seien, um den verfassungsrechtlichen Anforderungen und Bedürfnissen der Praxis zu genügen.

---

278 Zu den Vorlagegründen vgl. Diemer/Schoreit/Sonnen, 2002, § 91 Rn. 10.

279 AG Herford, DVJJ-J 1991, 438.

280 BVerfG NJW 1994, 2750 f.

281 OLG Celle, NStZ 2000, 607.

282 Vgl. auch Sonnen, NK 4/2002, 154 ff.

283 OLG Hamm, ZfStrVo 2005, 182 ff.

284 OLG Hamm , ZfStrVo 1986, 160.

285 Vgl. Eisenberg, 2010, § 91 Rn. 5; Ostendorf, 2009, §§ 91-92 Rn. 3; Ostendorf, NK 1/2001, 8; Brunner/Dölling, 2002, § 91 Rn. 6; Diemer/Schoreit/Sonnen, 2002, § 91 Rn. 7 ff.; Schaffstein/Beulke, 2002, 292; AK-Feest, 2006, § 1 Rn. 9; Böhm, 2003, 23.

II. Die weichenstellende Entscheidung des Bundesverfassungsgerichts vom 31.5.2006 für den Jugendstrafvollzug

1. Das Ergebnis

Den vielen Jahren, in denen es der Gesetzgeber nicht geschafft hat, den verfassungsrechtlichen Anforderungen entsprechend, ein Jugendstrafvollzugsgesetz zu schaffen, hat das BVerfG nun in einer lang ersehnten Entscheidung vom 31.5.2006[286] ein Ende bereitet. Der Zweite Senat des BVerfG stellte in seinem Urteil fest, dass auch der Jugendstrafvollzug auf eine gesetzliche Grundlage gestellt werden muss und hat damit der überwiegenden Meinung der Literatur[287] nach der Notwendigkeit einer gesetzlichen Ausgestaltung des Jugendstrafvollzugs entsprochen.[288]

Dementsprechend führte das BVerfG aus:

„Grundrechtseingriffe, die über den Freiheitsentzug als solchen hinausgehen bedürfen ... einer gesetzlichen Grundlage, die die Eingriffsvoraussetzungen in hinreichend bestimmter Weise normiert. Hinsichtlich der verfassungsrechtlich gebotenen Regelungsform für Grundrechtseingriffe besteht daher zwischen Erwachsenenvollzug und Jugendstrafvollzug kein Unterschied.“[289]

Bemerkenswert an der Entscheidung ist zum einen, dass das BVerfG diesmal durch Urteil, das es medienwirksam in einer mündlichen Verhandlung vom 1.3.2006 vorbereitete, entschieden hat und nicht wie in seiner Entscheidung zur Notwendigkeit einer gesetzlichen Regelung für die Ausgestaltung des Erwachsenenvollzugs vom 14.3.1972 durch Beschluss.[290] Zum anderen stellte das Gericht zugleich selbst ein klares Anforderungsprofil auf,[291] welches die zukünftigen Regelungen zum Jugendstrafvollzug enthalten müssen und setzte eine knappe Frist zur Umsetzung bis zum 31.12.2007. Bis zum Ablauf der Übergangsfrist mussten jedoch

286 BVerfG, NJW 2006, 2093 ff.

287 Vgl. Fn. 280.

288 Vgl. auch die Besprechungen des Urteils von: Ostendorf, NJW 2006, 2073 ff.; Dünkel, NK 3/2006, 112 ff.; Goerdeler/Pollähne, ZJJ 3/2006, 250 ff.; Brandt, ZJJ 3/2006, 244 ff; Scholz, ZJJ 4/2006, 304 f.

289 BVerfG, NJW 2006, 2094.

290 Sonnen, FS 2/2007, S. 81.

291 Vgl. BVerfG, NJW 2006, 2095 ff.

Eingriffe durch Vollzugsmaßnahmen hingenommen werden, soweit sie zur Aufrechterhaltung eines reibungslosen Vollzugs notwendig waren, da ansonsten ein Rechtsvakuum entstanden wäre.[292]

Aus der Begründung der Entscheidung geht hervor, dass das BVerfG in seinem Urteil Zeichen für die zukünftigen Regelungen zum Jugendstrafvollzug setzen wollte, da die zahlreichen Vorschläge der Vergangenheit zur Schaffung eines Jugendstrafvollzugsgesetzes immer wieder am Widerstand der Bundesländer scheiterten. Daher finden sich die von den Bundesländern aus Kostengründen kritisierten Regelungen zur Einführung von Mindeststandards und Qualitätssicherung weitgehend in den Vorgaben des Bundesverfassungsgerichts wieder.[293]

2. Darstellung

a) Sachverhalt

Ausgangspunkt der Entscheidung des Bundesverfassungsgerichts vom 31.5.2006 waren zwei Verfassungsbeschwerden eines zu einer mehrjährigen Jugendstrafe verurteilten nordrhein-westfälischen Strafgefangenen aus dem Jahre 2004.[294]

In der ersten Verfassungsbeschwerde[295] wandte sich der Beschwerdeführer gegen die Postkontrolle durch die Jugendstrafanstalt und rügte eine Verletzung seines Grundrechts aus Art. 10 Abs. 1 GG. Zugleich beantragte er die Feststellung der Rechtswidrigkeit von insgesamt acht Disziplinarmaßnahmen seitens des Anstaltsleiters, die bereits alle vollzogen worden waren.[296]

Gegenstand der zweiten Verfassungsbeschwerde[297] waren weitere Disziplinarmaßnahmen. Der Anstaltsleiter verhängte gegen den Beschwerdeführer eine einmonatige Minderung des Einkaufs um 50 Prozent sowie für jeweils 14 Tage seinen Ausschluss von Gemeinschaftsveranstaltungen und den Entzug des Fernsehers wegen der Beteiligung an einer Auseinandersetzung, was er auf Nr. 87 Abs. 1 Ziff. 3 und 4 VVJug stützte. Bezüglich der Disziplinarmaß-

---

292 BVerfG, NJW 2006, 2094.

293 Vgl. Punkt C.II.2.

294 Goerdeler/Pollähne, in: Goerdeler/Walkenhorst, 57.

295 2 BvR 1673/04.

296 Brandt, ZJJ 3/2006, 244.

297 2 BvR 2404/04.

nahmen machte der Gefangene Grundrechtsverletzungen aus Art. 2 Abs. 1 und Art. 5 Abs. 1 GG geltend, für die seines Erachtens die gesetzlichen Grundlagen fehlten.[298]

Aufgrund der Subsidiarität der Verfassungsbeschwerden[299] waren zunächst Anträge an die Vollzugsanstalt vorausgegangen. Nach deren Ablehnung folgte der Versuch, den Rechtsweg nach § 23 EGGVG beim OLG Hamm erfolgreich zu bestreiten. Die Anträge gegen die Disziplinarmaßnahmen wies das Gericht jedoch wegen Verfristung als unzulässig zurück und den Antrag gegen die Aufhebung der Postkontrolle als unbegründet ab. Das Gericht war der Auffassung, die Postkontrolle könne auf eine analoge Anwendung des § 29 StVollzG i.V.m. Nr. 24 VVJug und den in § 91 JGG a.F. zum Ausdruck kommenden Erziehungsgedanken gestützt werden.[300] Auch bezüglich des Antrags auf Feststellung der Rechtswidrigkeit der weiteren Disziplinarmaßnahmen ging das Gericht von einer analogen Anwendung des StVollzG i.V.m den Vorschriften des VVJug und dem Erziehungsgedanken aus.[301]

Zwar ist der Beschwerdeführer auch vor dem BVerfG mit seinem Klageziel gescheitert. Das Gericht wies die Verfassungsbeschwerden ab, da die Maßnahmen der Anstaltsleitung ausnahmsweise für eine Übergangszeit auch ohne ausreichende gesetzliche Grundlage zur Aufrechterhaltung eines geordneten Jugendstrafvollzugs rechtmäßig waren. In der Sache hatte der Beschwerdeführer letztendlich allerdings Erfolg, da das Gericht erkannte, dass eine verfassungsrechtlich notwendige Grundlage für Grundrechtseingriffe im Jugendstrafvollzug bisher nicht vorhanden war.[302]

b) Zulässigkeit

Da etwa über 90 Prozent der erhobenen Verfassungsbeschwerden vor dem BVerfG bereits an der Zulässigkeit scheitern,[303] ist es umso erfreulicher, dass das Gericht die beiden Verfassungsbeschwerden diesmal[304] vollumfänglich – sowohl bezüglich der Postkontrolle als auch hinsichtlich der angefochtenen Disziplinarmaßnahmen – für zulässig erachtete.

298 Brandt, ZJJ 3/2006, 244.

299 Vgl. Schmidt/Bleibtreu/Hofman/Hopfauf, GG-Kommentar 11. Auflage, Art. 93 Rn. 191.

300 Pollähne, ZJJ 1/2005, 79.

301 Goerdeler/Pollähne, ZJJ 3/2006, 251.

302 Goerdeler/Pollähne, ZJJ 3/2006, 251.

303 Vgl. Schmidt-Bleibtreu, 2008, Art. 93 Rn. 155; Lübbe-Wolf/Geisler, NStZ 2004, 479 ff.

304 In der Vergangenheit waren alle Versuche, die Gesetzlosigkeit des Jugendstrafvollzugs vor dem BVerfG zu rügen, an der Zulässigkeit gescheitert.

In beiden Fällen sah das Gericht das erforderliche Rechtsschutzinteresse – trotz bereits eingetretenen Vollzugs und Verlegung des Beschwerdeführers in eine andere Anstalt – als gegeben an. Denn in besonderen Fällen besteht nach BVerfG das Rechtsschutzinteresse auch bei Erledigung des ursprünglichen Rechtsschutzziels fort.[305] Als besondere Gründe[306] für die Bejahung des Rechtsschutzinteresses führte das BVerfG hinsichtlich der bereits erledigten Disziplinarmaßnahmen an, „*dass die Rechtmäßigkeit der gegen den Beschwerdeführer verhängten Disziplinarmaßnahmen bei zukünftigen Prognoseentscheidungen und bei der Festsetzung weiterer Disziplinarmaßnahmen von Bedeutung sein könnte. Desweiteren bestehe Wiederholungsgefahr, so dass der Beschwerdeführer möglicherweise auch zukünftig beeinträchtigt sei.*“[307]

Bezüglich der Postkontrolle bestehe ebenfalls Wiederholungsgefahr, denn es läge nahe, dass die Post erneut aus Gründen der Sicherheit und Ordnung oder aus Erziehungsgründen überwacht wird. Zudem sei das Rechtsschutzinteresse aufgrund der Schwere des Grundrechtseingriffs gegeben. Vorliegend wurde in das Briefgeheimnis des Art. 10 Abs. 1 GG eingegriffen, welches das BVerfG als besonders geschütztes Grundrecht ansah. Ein weiterer wichtiger Grund des Gerichts für die Bejahung der Zulässigkeit war, dass der Beschwerdeführer mit seinen Verfassungsbeschwerden Fragen aufgeworfen hat, die für den Jugendstrafvollzug schon seit Jahrzehnten von grundsätzlicher Bedeutung waren.[308]

c) Notwendigkeit einer gesetzlichen Regelung des Jugendstrafvollzugs

Begründet waren die Verfassungsbeschwerden zwar nicht, da nach BVerfG für eine Übergangszeit bis zum 31.12.2007 eingreifende Maßnahmen zur Aufrechterhaltung eines geordneten Jugendstrafvollzugs hingenommen werden mussten, so dass die vom Beschwerdeführer angegriffenen Beschlüsse der Anstaltsleiter aufrechterhalten blieben. Dennoch hat das Urteil im Ergebnis entscheidende Bedeutung für ca. 6000 junge Gefangene in Deutschland und den Bediensteten im Jugendstrafvollzug. Das BVerfG erklärte den derzeitigen Vollzug der Jugendstrafe für verfassungswidrig, weil für die mit dem Vollzug verbundenen Grundrechtseingriffe bislang keine gesetzliche Grundlage bestand.[309] Von nun an musste also an speziellen

305 BVerfGE 104, 220, 232; BVerfGE 110, 77, 85 f.
306 Vgl. auch BVerfGE 81, 138, 140 f.; BVerfGE 103, 44, 58 f.; BVerfGE 140, 220, 233.
307 BVerfG NJW 2006, 2093.
308 BVerfG NJW 2006, 2093.
309 BVerfG NJW 2006, 2094.

Regelungen für ein Jugendstrafvollzugsgesetz gearbeitet werden, welche die Rechte und Pflichten der Gefangenen sowie der Bediensteten entsprechend ihren Bedürfnissen festschreiben.

Da die Forderung des BVerfG nach der Ausgestaltung der gesetzlichen Regelungen für den Jugendstrafvollzug bestimmend ist, sollen im Anschluss die Gründe, die das BVerfG zu seiner Entscheidung vom 31.5.2006 bewogen haben, erläutert werden.

aa) Gesetzesvorbehalt

Einschränkungen von Grundrechten im Strafvollzug, die über die Freiheitsentziehung hinausgehen, bedürfen seit der Entscheidung des BVerfG 33, 1 aus dem Jahre 1972 einer gesetzlichen Grundlage.[310] So hat es das BVerfG damals für den Vollzug der Freiheitsstrafe an Erwachsenen festgestellt. Nichts anderes kann logischerweise für den Vollzug der Jugendstrafe gelten. Das BVerfG führte in seiner Entscheidung vom 31.5.2006 aus, dass Gefangene im Jugendstrafvollzug Grundrechtsträger sind wie jeder andere Gefangene auch. Zugleich betonte es die besonderen verfassungsrechtlichen Anforderungen, die aufgrund der Entwicklung von Jugendlichen und ihnen gleichgestellten Heranwachsenden an die inhaltliche Ausgestaltung eines Gesetzes für den Jugendstrafvollzug gestellt werden müssen.[311]

bb) Keine Rechtfertigung durch die bestehenden Regelungen

Für den Jugendstrafvollzug existierten zwar einige wenige gesetzliche Regelungen (§§ 91, 92 JGG, §§ 176, 178 StVollzG) im Vergleich zum Erwachsenenvollzug, welcher vor der Entscheidung des BVerfG vom Jahr 1972[312] überhaupt nicht geregelt war. Dennoch schloss sich das Gericht der überwiegenden Meinung in der Literatur an, wonach diese fragmentarischen Regelungen keine ausreichende Grundlage für Grundrechtseingriffe darstellen.[313]

---

310 Siehe bereits ausführlich Punkt C. I.2.b)aa).

311 BVerfG NJW 2006, 2094.

312 BVerfGE 33, 1.

313 Vgl. oben Punkt C. I.1.a). und c).

Auch die zur Überbrückung eingeführten bundeseinheitlichen Verwaltungsvorschriften für den Jugendstrafvollzug (VVJug) können als nicht bindende Verwaltungsvorschriften den Anforderungen an den Gesetzesvorbehalt nicht genügen.[314]

cc) Keine Anwendbarkeit des Strafvollzugsgesetzes im Übrigen

Auch durch einen Rückgriff auf das StVollzG im Übrigen können die fehlenden gesetzlichen Regelungen für den Jugendstrafvollzug aus mehreren Gründen nicht ersetzt werden. Die Vorschriften des StVollzG kommen weder direkt noch analog zur Anwendung.

Gegen eine direkte Anwendung der Vorschriften des StVollzG im Übrigen spricht – wie bereits in dieser Arbeit schon an verschiedenen Stelle mehrfach erläutert, auch nach Ansicht des BVerfG – § 1 StVollzG, sowie § 178 Abs. 1 i.V.m. Abs. 4 StVollzG.[315]

Soweit es sich um Disziplinarmaßnahmen handelt, steht einer analogen Anwendung der Vorschriften des StVollzG zum einen das Analogieverbot aus Art. 103 Abs. 2 GG, welches nach ständiger Rechtssprechung des BVerfG nicht nur für das Strafrecht im engeren Sinne, sondern auch für Disziplinarmaßnahmen gelte, entgegen.[316]

Darüber hinaus ist bereits fraglich, ob durch die analoge Anwendung einer Regelung dem Sinn und Zweck des Gesetzesvorbehalts ausreichend entsprochen wird. Verneint werden kann dies zumindest dann, wenn für eine ganze Regelungsmaterie auf die analoge Heranziehung von Vorschriften zurückgegriffen werden soll.[317] Dies muss umso mehr gelten, wenn es um einen so grundrechtssensiblen Bereich wie den des Jugendstrafvollzugs geht, in dem grundrechtsrelevante Abwägungen vorgenommen werden müssen.

Zudem liegen auch die übrigen Voraussetzungen, die für eine Analogie notwendig sind, nicht vor. Von einer planwidrigen Regelungslücke kann im Bereich des Jugendstrafvollzugs keine Rede sein. Vielmehr hat der Gesetzgeber bewusst davon abgesehen, den Jugendstrafvollzug innerhalb des Strafvollzugsgesetzes mit zu regeln. Dafür kann erneut der Wortlaut der §§ 1 und 178 Abs. 1 und 4 StVollzG herangezogen werden. Auch der Regierungsentwurf zum

314 Vgl. oben Punkt C.I.1.b).

315 Vgl. oben Punkt C.I.1.c).

316 BVerfGE 26, 186, 203 f.; BVerfGE 45, 346, 351.

317 BVerfG, NJW 2006, 2094.

Strafvollzugsgesetz[318] ging nicht von einer Einbeziehung des Jugendstrafvollzugs aus. Nach der Begründung des Entwurfs des StVollzG war allenfalls eine Analogie möglich, wenn der Erziehungsgedanke nicht entgegensteht.[319] Nach Ansicht des BVerfG geschah dies aber nicht in verfassungskonformer Weise, *„da der Gesetzgeber die Frage, inwieweit Besonderheiten, die einfachgesetzlich im Erziehungsgedanken des Jugendgerichtsgesetzes zum Ausdruck gebracht sind, einer Ordnung des Jugendstrafvollzugs nach den Regeln des Erwachsenenstrafvollzugs entgegenstehen",*[320] selbst hätte Regeln müssen.

Schließlich stellte das BVerfG fest, dass es an der Übertragbarkeit des Sachverhalts fehlt, was für die Entscheidung von zentraler Bedeutung ist: *„Erwachsenen- und Jugendstrafvollzug haben es im Gegenteil mit so unterschiedlichen Sachverhalten zu tun, dass das Strafvollzugsgesetz in seiner geltenden Fassung den verfassungsrechtlichen Anforderungen an eine gesetzliche Regelung... auch dann nicht entspräche, wenn seine Anwendung für den Jugendstrafvollzug ausdrücklich vorgesehen wäre. Für den Jugendstrafvollzug bedarf es gesetzlicher Grundlagen, die auf die besonderen Anforderungen des Vollzugs von Strafen an Jugendlichen und ihnen gleichstehenden Heranwachsenden zugeschnitten sind."*[321] Damit betont das BVerfG, dass bei der Schaffung der gesetzlichen Regelungen für den Jugendstrafvollzug auf die speziellen Anforderungen, die an den Vollzug von Jugendlichen und ihnen gleichgestellten Heranwachsenden gestellt werden, besonders geachtet werden muss. Es genügt somit nicht, die Regelungen des Strafvollzugsgesetzes für den Jugendstrafvollzug einfach zu übernehmen oder auf sie zu verweisen, sondern es bedarf einer eigenen, sich vom Erwachsenenstrafvollzug abhebenden Regelung.[322]

Die fehlende Vergleichbarkeit der zu regelnden Sachverhalte von Erwachsenen- und Jugendstrafvollzug nutzte der Zweite Senat sodann, um die Besonderheiten der Jugendphase darzustellen und auf die Bedeutung des besonderen Anforderungsprofils eines zukünftigen Gesetzes hinzuweisen.

Die zu regelnden Sachverhalte unterscheiden sich bereits in ihren Ausgangsbedingungen. Jugendliche bzw. heranwachsende Gefangene befinden sich aufgrund ihres Alters in einer

318 BT-Dr 7/918, 43.
319 Vgl. Fn. 313.
320 BVerfG NJW 2006, 2095.
321 BVerfG NJW 2006, 2095.
322 Goerdeler/Pollähne, ZJJ 3/2006, 252.

Übergangsphase, die nicht selten mit Unsicherheiten verbunden ist. In dieser Zeit entwickeln sich junge Menschen zu eigenständigen Persönlichkeiten. Zugleich sind in dieser Phase aber auch noch vielfach andere Menschen für die Entwicklung des jungen Menschen verantwortlich. Meist stammen junge Straffällige gerade aus schwierigen familiären Verhältnissen. Die in den Straftaten zum Ausdruck kommende Fehlentwicklung steht deshalb in besonders engem Zusammenhang mit den die Jugendlichen prägenden Sozialisationsbedingungen. Daher gewinnt nach Meinung des BVerfG der Grundsatz, dass Strafe nur das letzte Mittel sein soll,[323] erhebliche Bedeutung für das Jugendstrafrecht und den Jugendstrafvollzug.[324]

3. Verfassungsrechtliche Anforderungen an die gesetzliche Ausgestaltung des Jugendstrafvollzugs

Da der Vollzug der Jugendstrafe dem noch jugendhaften Entwicklungsstand Rechnung tragen muss, sind die Menschenwürde und der Verhältnismäßigkeitsgrundsatz besonders zu beachten. Damit die zukünftigen Regelungen des Jugendstrafvollzugs dies auch berücksichtigen, stellte das BVerfG in seinem Urteil zugleich detaillierte verfassungsrechtliche Anforderungen an die gesetzliche Ausgestaltung des Jugendstrafvollzugs auf.

a) Vollzugsziel der sozialen Integration

Besonderes Gewicht sprach das BVerfG dem im Jugendstrafrecht in § 91 Abs. 1 JGG a.F.[325] verankerten Erziehungsziel der sozialen Integration, d.h. der Befähigung der jungen Gefangenen zu einem straffreien Leben in Freiheit, zu. Denn nur der Verfassungsrang dieses Vollzugsziels, das im Jugendstrafrecht im § 91 Abs. 1 JGG a.F. einfachgesetzlich verankert war, gewähre die Achtung der Menschenwürde jedes Einzelnen und entspreche der Verhältnismäßigkeit staatlichen Strafens.[326] Daraus ergibt sich die Verpflichtung, den Strafvollzug am Ziel der Resozialisierung auszurichten. Für den Jugendstrafvollzug gelte dieses Vollzugsziel noch umso mehr, da der Vollzug in einer Phase stattfinde, in der sich das Leben des jungen Gefangenen noch in der Entwicklung zu einem rechtschaffenen Leben in Selbstständigkeit befinde.[327] Dadurch übernehme der Staat große Verantwortung, welche nur durch eine fördernde

323 BVerfGE 90, 145, 201.
324 BVerfG NJW 2006, 2095.
325 Vgl. heute § 2 JGG.
326 BVerfG NJW 2006, 2095.
327 BVerfG, 2095.

Vollzugsgestaltung erreicht werden könne.[328] Die Ausgestaltung dieses obersten Vollzugsziels darf daher auch nicht der Vollzugspraxis überlassen werden, sondern der Gesetzgeber selbst muss ein wirksames Resozialisierungskonzept entwickeln, wonach der Vollzug auszurichten ist.

Der Zweite Senat hat es allerdings nicht bei dem Vollzugsziel der sozialen Integration belassen, sondern misst auch der Pflicht des Staates, die Bürger effektiv vor Straftaten zu schützen besonders große Bedeutung bei.[329] Das Gericht betonte in diesem Zusammenhang jedoch, dass zwischen dem Vollzugsziel der Resozialisierung und der Pflicht zum Schutz der Allgemeinheit kein Gegensatz, sondern vielmehr eine finale Verknüpfung bestehe. Das Resozialisierungsziel werde gerade aus der Pflicht, die Bürger vor Straftaten zu schützen abgeleitet, denn nach BVerfG folgt *„die Notwendigkeit, den Strafvollzug am Ziel der Resozialisierung auszurichten, auch aus der staatlichen Schutzpflicht für die Sicherheit aller Bürger."*[330] Das BVerfG forderte daher, die Resozialisierung zu fördern und damit die Rückfälligkeit der Straftäter zu reduzieren und nicht kurzfristig ausgerichtete resozialisierungsfeindliche Einschlusskonzepte zu verwirklichen.[331] Aus diesem Grund trifft den Staat eine gesteigerte Verantwortung für das weitere Leben der Gefangenen, die er im Rahmen der Vollzugsgestaltung zu berücksichtigen hat.

Aufgrund dieser Passage des Urteils haben zum damaligen Zeitpunkt schon einige Justizminister zu erkennen gegeben, dass sie den Schutz der Allgemeinheit als Vollzugsziel vor das Resozialisierungsziel stellen wollen und haben dadurch einen der publikumswirksamsten Reibungspunkte in der politischen Diskussion über die zukünftige Gestaltung des Jugendstrafvollzugs eingeleitet.[332]

Im Rahmen des Vollzugsziels gab das BVerfG jedoch noch weiteren Grund zur Interpretation und Diskussion. Das Gericht leitete das Resozialisierungsziel diesmal nämlich nur aus der

---

328 Eisenberg, ZJJ 2/2007a, 152 f.

329 BVerfG, NJW 2006, 2095.

330 BVerfG, NJW 2006, 2095.

331 BVerfG, NJW 2006, 2095.

332 Zu beachten ist, dass diese Auseinandersetzung nicht nur formellen Charakter hat, sondern die Ausgestaltung des Vollzugsziels auch die Grundhaltung im Vollzug bestimmt. Zum anderen spielt sie auch bei Entscheidungen über Vollzugslockerungen eine wichtige Rolle, wenn diese gegen das Risiko des Missbrauchs abgewogen werden; vgl. Ausgestaltung in Bayern Punkt V.2.a.

Pflicht zur Achtung der Menschenwürde (Art. 1 Abs. 1 GG), d.h., dass auch straffällig gewordene Menschen nicht als Objekt und damit bloßes Mittel zu gesellschaftlichen Zwecken, sondern stets als Subjekt mit eigenen Rechten anzusehen sind, und dem Grundsatz der Verhältnismäßigkeit ab.[333] Keine Erwähnung hingegen fand das Sozialstaatsprinzip, das in früheren Entscheidungen immer zusammen mit Art. 2 Abs. 1, 1 Abs. 1 GG zitiert wurde.[334] Aus welchem Grund das Gericht das Sozialstaatsprinzip in dieser Entscheidung nicht zur Herleitung des Resozialisierungsgebots herangezogen hat, blieb offen und bot daher Grund zur Spekulation, weil die soziale Komponente im engen Zusammenhang mit einer erfolgreichen Resozialisierung und der Vermeidung der Rückfälligkeit steht.

b) Erweiterung der Besuchsmöglichkeiten für familiäre Kontakte

Besonderen Regelungsbedarf, der über das StVollzG hinausgeht, sah das BVerfG auch in der Bedeutung der sozialen Kontakte, insbesondere der Beziehung zur Familie.[335] Gerade weil Jugendliche und Heranwachsende ein anderes Zeitempfinden haben, erleben sie die Zeit im Vollzug als besonders einschneidend und leiden unter der Trennung von ihrem sozialen Umfeld mehr als Erwachsene. Um diese Haftempfindlichkeiten zu minimieren, ist es – gerade auch im Hinblick auf Art. 6 Abs. 2 und 3 GG –ein besonderes Anliegen, die Familienbeziehungen aus der Haft heraus – um ein Mehrfaches als im Erwachsenenvollzug, vgl. § 24 Abs. 1 S. 2 StVollzG – aufrechtzuerhalten und zu fördern.[336] Die in den VVJug Nr. 19 Abs. 1 geregelte Besuchszeit von einer Stunde im Monat ist folglich nach Auffassung des Gerichts ungenügend und muss erhöht werden.

c) Wohngruppenvollzug

Darüber hinaus sollte ein Vollzugsgesetz für die Jugendstrafe nicht nur soziale Kontakte außerhalb der Anstalt, sondern auch innerhalb der Anstalt begünstigen. Kontakte, die sich positiv auf das soziale Lernen auswirken, müssen gefördert werden. Zugleich sind die Gefangenen jedoch auch vor wechselseitigen Übergriffen zu schützen.[337] Nach Auffassung des Zweiten Senats und dem derzeitigen Erkenntnisstand ist dazu *„die Unterbringung in kleineren Wohngruppen differenziert nach Alter, Strafzeit und Straftaten – etwa gesonderte Unterbringung*

333 BVerfG NJW 2006, 2095.

334 Z.B. BVerfGE 35, 202, 236; 45, 187, 228 f. BVerfGE 98, 169, 200.

335 BVerfG NJW 2006, 2096.

336 BVerfG NJW 2006, 2096.

337 BVerfG NJW 2006, 2096.

von Gewalt- und Sexualtätern mit spezifischen Betreuungsmöglichkeiten – besonders geeignet.“[338]

d) Gerichtlicher Rechtsschutz

Intensiv beschäftigte sich das BVerfG auch mit dem Rechtsschutzsystem gegen Vollzugsmaßnahmen, nachdem die gehörten Sachverständigen die Situation der Ausgestaltung des Rechtsschutzes nach §§ 23 ff. EGGVG als *„ungeeignet“* im Hinblick auf die Fähigkeiten der Jugendlichen im Umgang mit Gerichten kritisiert hatten.[339] Das Gericht schloss sich der Meinung der Sachverständigen an, die anstelle des Rechtswegs zum OLG eine *„niedrigschwelligere Rechtsschutzmöglichkeit und ein vorgeschaltetes mediatives Konfliktschlichtungsverfahren“*[340] forderten.

Die Rechtsschutzmöglichkeiten nach §§ 23 ff. EGGVG genügen nicht den Anforderungen an einen effektiven Rechtsschutz nach Art. 19 Abs. 4 GG. Vielmehr wird durch §§ 23 ff. EGGVG der Zugang jugendlicher Straftäter zum Gericht erschwert, weil nicht auf die typische Situation und die davon abhängigen Möglichkeiten der Rechtsschutzsuchenden Rücksicht genommen wird.[341] Jugendliche Inhaftierte sind oft ungeübt bzw. nicht fähig im Umgang mit gerichtlichen Institutionen und der Sprache des Gerichts. Hinzu kommt, dass sie oft auf ein ortsfernes erst- und letztinstanzlich entscheidendes Oberlandesgericht verwiesen werden, ohne die Möglichkeit der mündlichen Verhandlung gewährt zu bekommen.[342]

Dies widerspricht der elementaren Regel, dass der Rechtsstaat *„auch die Rechte derjenigen nicht verletzen darf, die das Recht gebrochen haben“*.[343] Außerdem werden jugendliche Strafgefangene in diesem Bereich im Vergleich zu den Rechtsschutzmöglichkeiten erwachsener Inhaftierter schlechter gestellt.[344]

---

338 BVerfG NJW 2006, 2096.
339 BVerfG NJW 2006, 2096.
340 Sonnen, Gutachten für das Bundesverfassungsgericht, 2006a.
341 BVerfG NJW 2006, 2096.
342 BVerfG NJW 2006, 2096.
343 BVerfG NJW 2006, 2096.
344 Vgl. ausführlich Punkt C.I.1.d).

Die zu schaffende Rechtsschutzmöglichkeit sollte den Anforderungen des BVerfG zufolge den Besonderheiten des Jugendstrafvollzugs und seiner Insassen durch ausreichende Möglichkeit mündlicher sowie ortsnaher Elemente in besonderem Maße Rechnung tragen.[345]

e) Bereitstellung von personellen und finanziellen Ressourcen

Zur Verwirklichung des sozialen Integrationskonzepts und eines späteren straffreien Lebens ist nach Auffassung des BVerfG auch die allgemeine Vollzugsgestaltung unverzichtbares Element und muss Gegenstand konkreter gesetzgeberischer Vorgaben sein.

Zwar hat das Gericht dem Gesetzgeber zur Ausgestaltung des Vollzugs einen weiten Spielraum gegeben,[346] auf der anderen Seite wird er aber verpflichtet, *„durch gesetzliche Festlegungen hinreichend konkretisierter Vorgaben Sorge dafür zu tragen, dass die erforderlichen personellen und finanziellen Ressourcen für die allgemeinen Vollzugsbedingungen gesichert sind und das Vollzugsziel realisiert werden kann"*[347]. Dies gilt insbesondere für ausreichende Bildungs- und Ausbildungsmaßnahmen, deren sinnvolle Nutzung auch bei kurzen Haftzeiten möglich sein muss, Formen der Unterbringung und Betreuung, die soziales Lernen in Gemeinschaft, aber auch den Schutz der Inhaftierten vor wechselseitiger Gewalt ermöglichen, ausreichende Bereitstellung von Personal und Sachmitteln, sowie Entlassungsvorbereitungen und angemessenen Hilfe für die Phase nach der Entlassung.[348]

f) Evaluierung der gesetzlichen Bestimmungen und Internationale Standards

Aufgrund der besonderen Beeinträchtigung der Grundrechte im Jugendstrafvollzug wird der Gesetzgeber weiterhin verpflichtet, die von ihm geschaffenen gesetzlichen Regelungen unter Nutzung der vorhandenen Erkenntnisquellen und durch Orientierung am Stand der wissenschaftlichen Erkenntnis kontinuierlich zu überprüfen und gegebenenfalls nachzubessern, wodurch diese Verpflichtung nicht nur in die Gegenwart, sondern auch Wirkung in die Zukunft entfaltet.[349] Besonders wichtig erscheint dem BVerfG die Erhebung von Daten, die auf Vergleichbarkeit ausgerichtet sind, insbesondere die Rückfallhäufigkeiten und die hierfür verant-

345 Eisenberg, 2009, § 91 Rn. 40.
346 BVerfG NJW 2006, 2096.
347 BVerfG NJW 2006, 2096.
348 BVerfG NJW 2006, 2096.
349 BVerfG NJW 2006, 2097.

wortlichen Faktoren. So dient die Erhebung solcher Daten nicht nur der politischen und wissenschaftlichen Erkenntnisgewinnung, sondern spornt auch zur Suche nach den effektivsten Lösungen an.[350]

Erstmals nimmt das BVerfG in diesem Zusammenhang auch auf Internationale Standards mit Menschenrechtsbezug und völkerrechtliche Vorgaben Bezug. Es misst ihnen Indizwirkung für eine ausreichende Berücksichtigung vorhandener Erkenntnisse und der Belange der Inhaftierten bei. Obwohl den internationalen Mindestgrundsätzen und Empfehlungen, soweit es sich nicht um in nationales Recht transformierte Konventionen handelt (wie z.B. EMRK), keine Bindungswirkung für den deutschen Gesetzgeber zukommt, wird ihre Bedeutung durch die Entscheidung des BVerfG erheblich aufgewertet. So führte das BVerfG aus: *„Auf eine den grundrechtlichen Anforderungen nicht genügende Berücksichtigung vorhandener Erkenntnisse oder auf eine den grundrechtlichen Anforderungen nicht entsprechende Gewichtung der Belange der Inhaftierten kann es hindeuten, wenn völkerrechtliche Vorgaben oder internationale Standards mit Menschenrechtsbezug, wie sie in den im Rahmen der Vereinten Nationen oder von Organen des Europarates beschlossenen einschlägigen Richtlinien oder Empfehlungen enthalten sind... nicht beachtet, beziehungsweise unterschritten werden.“*[351]

Das Gericht deutete bewusst Internationale Standards nur an und benennt weder einschlägige Richtlinien und Empfehlungen noch trifft es Aussagen zu ihrem etwaigen Geltungsbereich.[352]

g) Ausgestaltung des Disziplinarwesens

Keine konkreten Ausführungen lieferte das Gericht allerdings zum Disziplinarwesen, d.h. aufgrund welchen Verhaltens Disziplinarmaßnahmen verhängt werden, welches Ziel damit verfolgt wird, welche Sanktionen überhaupt in Betracht kommen und in welchem Zusammenhang das Disziplinarwesen zur Erziehung, zur Konfliktschlichtung und der Strafverfolgung steht.[353] Das verwundert, weil der eigentliche Anlass dieses Urteils u.a. von der Anstaltsleitung verhängte Disziplinarmaßnahmen waren. Auch aufgrund der Tatsache, dass es

350 BVerfG NJW 2006, 2097.

351 BVerfG NJW 2006, 2097.

352 Umfassende Ausführungen zu diesem Themenkomplex können in dieser Arbeit aufgrund des vorgegebenen Rahmens nicht nachgeholt werden. Angebracht erscheinen dennoch einige aktuelle Konkretisierungen, die in Punkt C.III. dargestellt werden. Vgl. ausführlicher dazu Feest, in: Pollähne/Baumann/Feest, 2004, 69-76.

353 Vgl. Walter, NK 4/2005, 130 f.

hinsichtlich dieser Materie in der Praxis erhebliche Unterschiede gibt und dass sie neben dem Freiheitsentzug des Vollzugs an sich die härtesten Maßnahmen darstellen, mit denen in Grundrechte eingegriffen wird,[354] sollte das Disziplinarwesen im Gesetz detailliert festgeschrieben werden.

4. Bewertung des Urteils

Nach diesem Urteil des BVerfG vom 31.5.2006 stand fest, dass der Jugendstrafvollzug nun *„endlich und endgültig“*[355] auf eine gesetzliche Grundlage gestellt werden muss, welche den Anforderungen der vom Zweiten Senat aufgestellten Mindeststandards entspricht. Zugleich machte das Gericht deutlich, dass schon mit Verkündung des Urteils ein Umdenken im Jugendstrafvollzug stattfinden müsse und keinesfalls so weiter verfahren werden dürfe wie bisher. Dies ergibt sich aus den Ausführungen der Richter, dass sich bis zur Einführung einer gesetzlichen Grundlage die Befugnisse der Behörden und Gerichte zu Eingriffen in verfassungsrechtlich geschützte Positionen auf das reduzieren, was zur Aufrechterhaltung eines ansonsten verfassungsgemäß geordneten Vollzugs unerlässlich sei.[356] Insgesamt bestätigt die Entscheidung auch die Stimmen aus Wissenschaft und Praxis, die teilweise seit Jahrzehnten auf den verfassungswidrigen Zustand im Jugendstrafvollzug hingewiesen haben. Fest stand aber auch, dass dadurch der Jugendstrafvollzug, der über Jahrzehnte ohne gesetzliche Grundlage vollzogen wurde, nicht neu erfunden werden musste.[357]

III. Völkerrechtliche Vorgaben und Internationale Standards

Aufgrund der zunehmenden Internationalisierung des Rechts müssen neben den verfassungsrechtlichen Vorgaben bei der Gestaltung eines (Jugend-)Strafvollzugsgesetzes auch übergeordnete Vorgaben Beachtung finden.[358] Die europäische Normgebung beeinflusst auch den Strafvollzug immer mehr. Dies hat auch das BVerfG erkannt und völkerrechtliche Vorgaben und internationale Standards mit Menschenrechtsbezug, wie sie im Rahmen der Vereinten Nationen oder von Organen des Europarates beschlossenen einschlägigen Richtlinien und

---

354 Vgl. Walter, NK 4/2005, 130 f.

355 Ostendorf, NJW 2006, 2073 f.

356 BVerfG, NJW 2006, 2094.

357 Vgl. Edinger, DRiZ 2007, 130.

358 Ausführlicher Feest, in: Pollähne/Baumann/Feest, 2004, 69-76; Müller-Dietz, in: FestS für Schwind, 2006, 621 ff.

Empfehlungen enthalten sind, zum Indizmaßstab für eine ausreichende Berücksichtigung vorhandener Erkenntnisse und Belange der Inhaftierten gemacht.[359]

Im Folgenden wird zunächst ein Überblick über einige wichtige aktuelle Konkretisierungen der internationalen Vorgaben gegeben. Der teilweise fehlende Einfluss auf das Jugendstrafvollzugsrecht wird in den entsprechenden Abschnitten zum BayStVollzG dargelegt.[360] Um den vorgegebenen Rahmen nicht zu sprengen, können die Arbeiten der UN und des Europarates in den Bereichen Jugenddelinquenz und Jugendstrafrechts allerdings nicht in allen Einzelheiten dargestellt werden. Es soll jedoch versucht werden, die für diese Arbeit wichtigsten thematischen Schwerpunkte – ohne Anspruch auf Vollständigkeit – zu identifizieren und kurz anzusprechen.

1. Europäische Menschenrechtskonvention (EMRK)

Die EMRK vom 4.11.1950[361] besitzt ohne Zweifel den „höchsten Verbindlichkeitsgrad",[362] weist allerdings für den Jugendstrafvollzug die wenigsten einschlägigen Regelungen auf. In Art. 3 ist das Verbot der unmenschlichen oder erniedrigenden Strafe oder Behandlung verankert, das notwendigerweise enorme Bedeutung für den Strafvollzug besitzt. Zudem darf nach Art. 2 Satz 1 des (Ersten) Zusatzprotokolls zur Konvention zum Schutze der Menschenrechte und Grundfreiheiten (SEV Nr. 9) das Recht auf Bildung niemandem verwehrt werden. Darüber hinaus hat der Staat bei der Ausübung der Erziehung und des Unterrichts, das Recht der Eltern zu achten, Art. 2 Satz 2. Das Recht auf Bildung kommt im Jugendstrafvollzug besonders in Bezug auf das Resozialisierungsziel, was in dem entsprechenden Abschnitt zum BayStVollzG[363] noch unterstrichen wird, Bedeutung zu. Dies hob auch das BVerfG deutlich hervor, in dem es ausführte, dass bei den schulischen und beruflichen Ausbildungsangeboten darauf Bedacht zu nehmen sei, dass solche Angebote *„auch dann sinnvoll genutzt werden*

359 BVerfG, NJW 2006, 2097; vgl. Punkt C.II.2.f).

360 Punkt C.V.2.

361 BGBl 1952 II, 685.

362 Vgl. Pollähne, StV 10/2007, 554; Die EMRK sowie die im nächsten Punkt angesprochene Kinderrechtskonvention (KRK) wurden in das deutsche Recht transformiert und stehen deshalb im Rang den Bundesgesetzen gleich. Sie sind folglich unmittelbar zu beachten. Die EMRK spielt daneben auch bei der Auslegung des nationalen Rechts eine unmittelbare Rolle; Dünkel/Baechtold/van Zyl Smit, in: Goerdeler/Walkenhorst, 2007, 115.

363 Vgl. Punkt C.V.2.d).

können, wenn wegen der Kürze der Haftzeit ein Abschluss während der Dauer der Haft nicht erreichbar ist.".[364]

2. UN-Kinderrechte-Konvention (KRK)[365]

In dieser von den Mitgliedsstaaten der UNO beschlossenen Konvention wurden erstmals in der Geschichte des Völkerrechts die Menschenrechte des Kindes umfassend in einem internationalen Vertragswerk mit weltweitem Geltungsanspruch verankert,[366] das bindendes Völkerrecht darstellt.[367] Obgleich sie gemäß Art. 1 nur auf Kinder und Jugendliche bis zum Erreichen der Volljährigkeit Anwendung findet und sich mit dem Strafrecht und -vollzug nur beiläufig befasst, ist sie für den Jugendstrafvollzug von besonderer Bedeutung. Das Subsidiaritätsprinzip des Freiheitsentzugs wird in Art. 37 b, c betont. Weiterhin wird das Trennungsgebot von Jugendlichen und Erwachsenen im Vollzug und die Möglichkeit, mit den Angehörigen in Verbindung zu bleiben (Art. 40) neben anderen prozessualen Mindeststandards im Strafrecht und Strafverfahren festgeschrieben, so dass jedes Kind Anspruch auf einen geeigneten Beistand zu seiner Verteidigung hat.

3. Regeln zum Schutz von Jugendlichen unter Freiheitsentzug[368]

Im Dezember 1990 wurde von der UN-Generalversammlung der bisher ausführlichste Katalog (87 Regeln) einschlägiger internationaler Normen verabschiedet,[369] der insofern eine Weiterführung der Beijing Grundsätze von 1985, dass der Freiheitsentzug junger Menschen weiter zurückgedrängt werden soll (Nr. 1, 2), darstellt. Mit den Regeln zum Schutz von Jugendlichen unter Freiheitsentzug wurden nahezu alle Vollzugsbereiche behandelt, so dass eine Art „Mustervollzugsgesetz"[370] entstanden ist, mit dem die vom BVerfG geforderte Beachtung

364 ZJJ 2006, 197; BVerfG NJW 2006, 2097.

365 Convention on the Rights of the child vom 20.11.1989, abrufbar unter http://www2.ohchr.org/english/law/crc.htm, letzter Aufruf: 16.5.2010.

366 Gerstein, DVJJ-J 1996, 13.

367 Pollähne, StV 10/2007, 556.

368 United Nations Rules for the Protection of Juvenile Deprived of their Liberty vom 14. Dezember 1990, abrufbar unter: http://www.un.org/documents/ga/res/45/a45r113.htm, letzter Aufruf: 16.5.2010.

369 Vgl. Höynck/Neubacher/Schüler-Springorum, 2001, 94 ff.

370 Vgl. Pollähne, StV 10/2007, 557.

einschlägiger Richtlinien und Empfehlungen besonders gefördert wird.[371] Untersuchungshaft soll für Jugendliche möglichst vermieden werden und sofern notwendig, möglichst kurz ausgestaltet werden, Nr. 17. Dabei soll der Grundsatz der Unschuldsvermutung beachtet und das Recht auf Verteidigung gewährt werden, Nr. 18 a. Auch der Trennungsgrundsatz wird in Nr. 29 festgelegt.

4. European Prison Rules (Europäische Gefängnisregeln)[372]

Die grundlegendste und eine der ältesten internationalen Regelung des Strafvollzugs stellt die Empfehlung R(87)3 des Ministerkomitees des Europarates vom 12.2.1987 dar. Die dritte Version wurde am 11.1.2006 vom Ministerkomitee des Europarates in Straßburg beschlossen.[373] Seitdem sind in R 35.1 ff. („Detained children") besondere Regelungen für Inhaftierte unter 18 Jahren enthalten. Zudem gelten die allgemeinen Regeln für sie in vollem Umfang.[374] Die Prison Rules beschränken sich auf eine Verankerung des Trennungsgrundsatzes (Nr. 11 und 35.4), dem Recht auf Bildung (Nr. 35.2), Einbeziehung des arbeitenden Gefangenen in das nationale Sozialversicherungssystem (Nr. 27.7) und dass Disziplinarmaßnahmen niemals zu einem totalen Verbot von Familienkontakten führen dürfen (Nr. 60.4).

Obwohl die deutschen Gerichte an diese Prison Rules nicht gebunden sind, weil sie nur Empfehlungen an die Regierungen darstellen,[375] so geben sie doch Maßstäbe vor, die bei der Auslegung nationaler Normen herangezogen werden sollten.

Weiterhin wird in der Arbeit des „Committee for the Prevention of Torture and Inhuman or Degrading Treatment or Punishment" (CPT),[376] welches als Präventionsmechanismus zur Realisierung des Folterverbots (Art. 3 EMRK)[377] installiert wurde, gefordert, dass das Personal im Umgang mit Jugendlichen besonders zu schulen sei, Nr. 28 Abs. 1. Als Leitprinzip wird die Förderung des Kontaktes mit der Außenwelt formuliert, so dass dieser niemals als

---

371 Dünkel, ZStW 100 (1988), 361 ff.

372 Abrufbar unter: http://www.wcd.coe.int/ViewDoc.jsp?id=955747, letzter Aufruf: 16.5.2010.

373 vgl. auch die Erläuterungen von Dünkel/Morgenstern/Zolondek, NK 03/2006, 86 ff; Feest, ZfStrVo 5/2006, 259 ff.

374 Feest in Pollähne/Baumann/Feest, 2004, 69 ff.

375 Feest, ZfStrVo 5/2006, 259.

376 Verhütung von Folter, unmenschlicher oder erniedrigender Strafe oder Behandlung; Feest, ZfStrVo 5/2006, 259 ff.

377 Zur Europäischen Menschenrechtskonvention (EMRK) siehe Punkt C.III.1.

Disziplinarmaßnahme eingeschränkt oder verweigert werden sollte, Nr. 34. Die „isolationsähnliche Haft“ sollte nur in Ausnahmefällen disziplinarisch eingesetzt werden, Nr. 35 Abs. 2.

5. Empfehlungen des Ministerrates des Europarates Nr. R(87) 20

In der 1987 vom Europarat-Ministerkomitee verabschiedeten Recommendation Nr. R(87)20 wird gefordert, dass für junge Gefangene erweiterte Möglichkeiten des Freigangs und der vorzeitigen Entlassung vorzusehen sind, Nr. 16 und 17. Es sollten vorrangig diejenigen Maßnahmen angeordnet werden, die den Minderjährigen in seinem Umfeld belassen. Freiheitsentziehende Maßnahmen seien so kurz wir möglich zu bemessen und Untersuchungshaft sollte weitestgehend vermieden werden. Der Trennungsgrundsatz wird sowohl in der Untersuchungshaft (Nr. 7) als auch im Strafvollzug (Nr. 16) betont.

6. Empfehlungen des Ministerrates des Europarates Rec (2003) 20

In der Empfehlung vom 24.9.2003 äußerte der Europarat die Sorge, dass die ihm angehörigen Länder den bisherigen Empfehlungen nicht folgen könnten. Als zentrales Anliegen fordert er daher nochmals die weitestgehende Vermeidung der Untersuchungshaft, Nr. 17. Zudem verlangt er die Anwendung von Jugendstrafrecht auf Heranwachsende bis 21 Jahren, da bei jungen erwachsenen Straftätern bestimmte Reaktionen erforderlich sein können, die mit denen für jugendliche Straftäter vergleichbar seien.[378]

7. Zusammenfassung

Zusammenfassend lässt sich festhalten, dass die internationalen Vorgaben vielfach Wiederholungen und Überschneidungen enthalten.[379] Als bedeutende Gemeinsamkeiten sind das Trennungsprinzip, das Recht des jungen Gefangenen, sich während des ganzen Verfahrens von einem Anwalt vertreten zu lassen, das Gebot, die Anordnung der Untersuchungshaft mit äußerster Zurückhaltung zu verhängen und das Subsidiaritätsprinzip der Freiheitsstrafe, zu nennen.

378 Sonnen, in: Schöch/Jehle, 2004, 563.

379 Vgl. Schüler-Springorum, in: Höynck/Neubacher/Schüler-Springorum, 2001, 32 f.

Zwar stellen die aufgeführten Richtlinien überwiegend „soft law“ dar, jedoch kommt ihnen als Vorstufe von „hard law“ besondere Bedeutung zu.[380] Sie dienen zudem als Auslegungshilfe von verbindlichem Völkerrecht (vgl. Art. 3 EMRK) und werden vom Europäischen Ausschuss zur Verhütung von Folter als Prüfungsmaßstab herangezogen. Vor allem aber hat das BVerfG in seinem Urteil vom 31.5.2006 völkerrechtliche Vorgaben und internationale Standards besonders gestärkt,[381] so dass diese dadurch bei der Umsetzung der verfassungsrechtlichen Vorgaben zum Jugendstrafvollzugsgesetz eine Rolle spielen.

IV. Der Regelungsvorschlag des Bundesministeriums der Justiz (GJVollz-Entwurf 2006)

Nach der Bundesverfassungsgerichtsentscheidung vom 31.5.2006 zur Notwendigkeit der gesetzlichen Ausgestaltung des Jugendstrafvollzugs und der damit einhergehenden Fristsetzung für ein solches Gesetz bis Ende 2007 kam es in der Folgezeit zu einer „Flutwelle“ von Gesetzes- und Referentenentwürfen.

An dieser Stelle ist zunächst der Entwurf des Bundesministeriums der Justiz (GJVollz-E 2006), der am 7.6.2006 von der damaligen Bundesjustizministerin Zypries in Berlin vorgelegt wurde, erwähnenswert, der sich auf die wohl fundierteste wissenschaftliche Grundlage berufen kann. In diesen Entwurf flossen maßgeblich die Ergebnisse der Expertenkommission[382] der Legislaturperiode 1998-2002 unter Kanzler Schröder und die Ergebnisse der zweiten Jugendstrafrechtsreformkommission der Deutschen Vereinigung für Jugendgerichte und Jugendgerichtshilfen e.V. (DVJJ)[383] ein. Ferner Überlegungen und Beschlüsse des Gutachtens des 64. Deutschen Juristentages,[384] soweit sie den Jugendstrafvollzug betreffen.[385]

---

380 Echtes Recht, sog. „hard law“ stellen die UNO-Standards nach der im Völkerrecht herrschenden Meinung nur dann dar, wenn sie in Form von völkerrechtlichen Verträgen abgeschlossen wurden, vgl. Schüler-Springorum in: Höynck/Neubacher/Schüler-Springorum, 2001, 19 f.

381 Vgl. BVerfG, NJW 2006, 2093.

382 Mitglieder dieser Expertenkommission waren u.a. der Jurist Frieder Dünkel, Universität Greifswald und der Sozialpädagoge Philipp Walkenhorst, Universität Dortmund; vgl. BT-Drs. 14/5412.

383 Sonnen ZJJ 2/2004, 314.

384 Abrufbar unter http://www.djt.de/de/beschluesse-frueherer-juristentage, letzter Aufruf: 1.3.2010.

385 Tondorf/Tondorf ZJJ 4/2006, 241.

Das Bundesministerium der Justiz (BMJ) konnte deshalb – gerade einmal innerhalb einer Woche nach der Entscheidung des BVerfG – reagieren, weil der Regierungsentwurf im Wesentlichen wortgleich mit dem am 28.4.2004 vorgelegten Entwurf (GJVollz-E 2004) ist.[386]

Obwohl zu diesem Zeitpunkt aufgrund der Gespräche zur Föderalismusreform möglicherweise schon absehbar war, dass der Bund die Gesetzgebungskompetenz in diesem Bereich an die Länder verlieren wird, führte das Bundesjustizministerium eine breite Debatte auch mit der Wissenschaft und der Praxis, damit – so die damalige Bundesjustizministerin Zypries – *„der Gesetzgeber dann zügig handeln kann.*“[387] Der GJVollz-E 2006 diente zudem neben der Entscheidung des BVerfG,[388] den bisher geltenden Verwaltungsvorschriften zum Jugendstrafvollzug sowie dem Strafvollzugsgesetz für den Erwachsenenvollzug als „Vorlage“ für das BayStVollzG und für die Jugendstrafvollzugsgesetze von neun Bundesländern, um ein nahezu einheitliches Gesetz zu schaffen.

Der Entwurf des BMJ weist ein eigenständiges Jugendstrafvollzugsgesetz mit 43 Paragraphen auf.[389] Vom Aufbau her orientiert sich der Entwurf stark am Strafvollzugsgesetz für den Erwachsenenvollzug von 1977.[390]

Im Folgenden soll jedoch keine umfassende Darstellung des GJVollz-Entwurfs 2006 erfolgen, da die Arbeit lediglich aufzeigen will, wie das BMJ die Vorgaben des BVerfG für die verfassungsgemäße Ausgestaltung eines Jugendstrafvollzugsgesetzes in seinem Entwurf versucht hat umzusetzen. Daher richtet sich der Blick in den folgenden Ausführungen zum GJVollz-E nur auf diejenigen Regelungsbereiche, welche die Karlsruher Richter in der BVerfG-Entscheidung vom 31.5.2006 als besonders wichtig für die Ausgestaltung des Jugendstrafvollzugs befunden haben.

---

386 Zum GJVollz-E 2004 vgl. Maelicke, ZJJ 2/2004, 182 ff; Dünkel, in: FestS für Schwind, 2006, 565 ff.

387 BMJ Pressemitteilung zur Diskussion um Jugendstrafvollzugsgesetze; abrufbar unter: http://www.bmj.bund.de/enid/0,601c076d6f6e7468092d093132093a0979656172092d0932303036093a09706d635f6964092d0932343830/Pressestelle/Pressemitteilung_58.html, letzter Aufruf: 16.5.2010.

388 BVerfG NJW 2006, 2093 ff.

389 Ostendorf, NK 3/2006, 91.

390 Begründung zum GJVollz (2004), 6; abrufbar unter: http://www.dvjj. de/data/pdf/97f9ae5d2b26074bdc3865496db9d11d.pdf, letzter Aufruf: 20.5.2010.

1. Zielsetzung des Vorschlags

Leitgedanke des Regelungsvorschlags ist das Prinzip „Fördern und Fordern“. [391] Der Vorschlag regelt die Rechte und Pflichten der Insassen in Jugendstrafanstalten (§§ 4, 6, 14-17 GJVollz-E), zugleich aber auch die Eingriffsbefugnisse (§§ 31-34 GJVollz-E) und Leistungspflichten (§§ 5, 9, 10, 22-24 GJVollz-E) der Vollzugsbehörden.[392]

Auch nach Auffassung des BMJ muss ein verfassungskonformer Jugendstrafvollzug so gestaltet sein, dass er die Persönlichkeitsentwicklung der jungen Gefangenen fördert und bestmögliche Gewähr für ein straffreies Leben in Freiheit nach Verbüßung der Haft bietet, um so die Allgemeinheit dauerhaft vor weiteren Straftaten zu schützen. Festgeschrieben ist dieses Vollzugsziel der *„Lebensführung der Gefangenen ohne Straftaten“* in § 2 des Entwurfs.[393]

Erreicht werden soll dieses Vollzugsziel durch eine intensive, zukunftsorientierte Auseinandersetzung der Verurteilten mit der eigenen Tat, den Folgen und den Ursachen, sowie durch Förderung der schulischen und beruflichen Bildung.[394] Förderung ist der zentrale Begriff dieses Regelungsvorschlags (vgl. § 5 GJVollz-E), der aus § 1 Abs. 1 SGB VIII entnommen wurde und nach dem *„jeder junge Mensch,* und sei er auch in Haft,[395] *ein Recht auf Förderung seiner Entwicklung und auf Erziehung zu einer eigenverantwortlichen und gemeinschaftsfähigen Persönlichkeit hat.“*

Der Begriff der Förderung ist zwar von zentraler Bedeutung, der Leitgedanke der Erziehung soll jedoch nicht gänzlich ausgeschlossen werden, auch wenn der neue Begriff nüchterner, bescheidener und weniger ideologisch aufgeladen wirkt als die alte Formulierung in § 91 JGG a.F.[396] In Anbetracht der Tatsache, dass die Insassen des Jugendstrafvollzugs hauptsächlich Heranwachsende sind und Jugendliche nur einen geringen Anteil ausmachen, passt der Begriff der Förderung jedoch besser als der der Erziehung.

---

391 Vgl. BMJ Pressemitteilung zur Diskussion um Jugendstrafvollzugsgesetz; abrufbar unter: vgl. Fn. 387.

392 Brandt, ZJJ 3/2006, 247.

393 Vgl. BMJ Pressemitteilung zur Diskussion um Jugendstrafvollzugsgesetz; abrufbar unter: vgl. Fn. 387.

394 Walter, NK 1/2005, 17.

395 Ergänzung durch die Verfasserin.

396 Vgl. Fn. 394.

Dadurch, dass sich der Entwurf des BMJ auf Regelungen beschränkt, die der Gesetzgeber nach den Vorgaben des BVerfG zwingend selbst zu treffen hat, verbleibt den Jugendstrafvollzugsanstalten ein weiter Handlungsspielraum zur Umsetzung der vorgegebenen Anforderungen und genügend Flexibilität, um auf die besonderen Verhältnisse und Probleme in den jeweiligen Anstalten einzugehen.[397]

2. Inhalt des Entwurfs

a) Pflichten des Gefangenen

Zur Erreichung des Leitmotives „Fördern und Fordern" verlangt § 4 GJVollz-E eine aktive Mitarbeit des Gefangenen an der Erreichung des Vollzugsziels. Diese Mitwirkung ist als Verpflichtung ausgestaltet, da – nach Auffassung des BMJ – eine freiwillige Mitwirkung bei realistischer Betrachtung von vornherein nicht von allen Insassen befolgt wird.[398] So müssen die jungen Gefangenen Vollzugsangebote annehmen, sich für bestimmte Fördermaßnahmen entscheiden und an den im Förderplan festgeschriebenen Fördermaßnahmen aktiv teilnehmen.[399] Im Falle des Verstoßes gegen die Mitwirkungspflicht sieht der Entwurf in § 33 GJVollz-E ein erzieherisches zeitnahes Gespräch vor, in denen die Pflichtverstöße der Gefangenen aufgearbeitet werden sollen. Führt auch das erzieherische Gespräch nicht zum besagten Erfolg, so können die in § 34 GJVollz-E festgelegten Disziplinarmaßnahmen verhängt werden (§ 34 Abs. 1 Nr. 3 i.V.m. Abs. 2 GJVollz-E).[400]

Die weiteren Pflichten der Gefangenen und die dazu notwendigen Befugnisse für die Vollzugsbehörden zur Durchsetzung dieser Pflichten werden ebenso im Entwurf festgeschrieben. Neben der Mitwirkungspflicht an der Erreichung des Vollzugsziels sieht das BMJ folgende Pflichten vor:

- *„Die Gefangenen müssen den Entzug der Freiheit dulden. Entweichungen oder Entweichungsversuche werden disziplinarisch geahndet.*
- *Wie bei einem Leben in Freiheit müssen die Gefangenen während der anstaltsintern festgelegten Arbeitszeit der ihnen zugewiesenen, bezahlten Aufgaben nachgehen.*

---

397 Vgl. Fn. 394.

398 BMJ Pressemitteilung zur Diskussion um Jugendstrafvollzugsgesetz; abrufbar unter: vgl. Fn. 387.

399 Vgl. Fn. 387.

400 Vgl. Fn. 387.

- *Die Gefangenen bekommen Vorgaben zur Tageseinteilung in der Anstalt (Arbeitszeit, Freizeit, Ruhezeit), sie dürfen ihnen zugewiesene Bereiche nicht ohne Erlaubnis verlassen.*
- *Sie müssen sich in der Vollzugsanstalt eingliedern und dürfen durch ihr Verhalten gegenüber Vollzugsbediensteten, Mitgefangenen und anderen Personen das geordnete Zusammenleben in der Anstalt nicht stören.*
- *Sie haben ihre Hafträume und die ihnen überlassenen Sachen in Ordnung zu halten und schonend zu behandeln, und nur Sachen in Gewahrsam haben, die ihnen von der Vollzugsbehörde oder mit ihrer Zustimmung überlassen werden.*
- *Die Gefangenen werden gesundheitlich untersucht und müssen dann die notwendigen Maßnahmen zu ihrem eigenen Schutz unterstützen.*"[401]

Die Hausordnung der jeweiligen Anstalt kann daneben noch weitere Pflichten der Gefangenen regeln. Des Weiteren können Pflichten durch Einzelanweisung ergehen. Der Umfang der jeweiligen Pflichten ist selbstverständlich abhängig von jedem einzelnen Gefangenen und der Unterstützung, die er braucht, um Eigenverantwortung zu entwickeln.[402]

b) Ausgestaltung des Vollzugs

Um eine Lebensführung der Gefangenen ohne Straftaten zu erreichen, ist es Hauptanliegen des Entwurfs, die optimalen Rahmenbedingungen für die Ausgestaltung des Vollzugs aufzustellen.[403]

aa) Erstellung eines verbindlichen Förderplans, § 10 GJVollz-E

Wichtiges Element der erzieherischen Ausgestaltung des Vollzugs soll daher die Erstellung eines verbindlichen Förderplans sein, der unverzüglich nach Aufnahme zusammen mit dem jungen Gefangenen und bestenfalls auch mit dessen Erziehungsberechtigten, erarbeitet werden soll (§ 10 GJVollz-E). § 10 Abs. 3 GJVollz-E schreibt zugleich vor, was in dem Förderplan alles geregelt werden muss. So enthält er etwa Regelungen zur Unterbringung im Vollzug, Freizeitgestaltung, Gesundheitsfürsorge, Schuldenregulierung, Außenkontakte und ins-

---

401 Vgl. BMJ-Pressemitteilung zur Diskussion um Jugendstrafvollzugsgesetze, 2, 3; abrufbar unter: www.bmj.bund.de

402 Vgl. BMJ-Pressemitteilung zur Diskussion um Jugendstrafvollzugsgesetze; abrufbar unter: vgl. Fn. 387.

403 Vgl. Fn. 387.

besondere die bedeutende Frage der Teilnahme an schulischen, berufsorientierenden und -qualifizierenden Maßnahmen.

bb) Schul- und Ausbildung, §§ 10 Abs. 3 Nr. 4 i.V.m. 40 Abs. 6, 7 GJVollz-E

Einen hohen Stellenwert im Entwurf nimmt die eben aufgezählte, in § 10 Abs. 3 Nr. 4 GJVollz-E geregelte, letztgenannte Maßnahme ein. Der Entwurf ordnet eigens in § 40 Abs. 6 GJVollz-E die Unterhaltung eigener Schulabteilungen in Zusammenarbeit mit externen Bildungseinrichtungen und Arbeitgebern an, um Beschäftigung zu vermitteln und die berufliche Eingliederung zu fördern. Zudem müssen die Bildungs- und Ausbildungsstätten des Jugendstrafvollzugs so ausgebaut werden, dass für mindestens 2/3 der Haftplätze Bildungs- und Ausbildungsmöglichkeiten zur Verfügung stehen (§ 40 Abs. 7 GJVollz-E). Ferner schreibt § 41 GJVollz-E vor, dass die Anstalten dafür mit besonders geschultem Personal auszustatten sind.

cc) Besuchsregelungen, § 21 GJVollz-E

Da das BVerfG in seiner Entscheidung die Aufrechterhaltung der Familienbeziehungen für Gefangene im Jugendstrafvollzug altersbedingt für besonders wichtig erachtet,[404] findet sich entsprechend dieser Vorgabe eine Regelung der Gesamtdauer des Besuchs von mindestens vier Stunden im Monat und gegebenenfalls zwei Langzeitbesuche pro Monat für Kinder der Inhaftierten vor, welche nicht auf die Regelbesuchszeiten angerechnet werden, § 21 Abs. 2 und § 3 GJVollz-E. Außenkontakte, die einen günstigen Einfluss auf den Gefangenen haben, sollen nach § 21 Abs. 1 GJVollz-E besonders gefördert werden.

dd) Wohngruppenvollzug, §§ 40 Abs. 3 i.V.m. 19 Abs. 1 GJVollz-E

Zur Förderung der sozialen Kontakte sowie des sozialen Lernens innerhalb der Anstalt sieht das BVerfG den Wohngruppenvollzug als besonders geeignet an.[405] Dementsprechend ist es dem Regelungsvorschlag des BMJ ein Anliegen, den Wohngruppenvollzug mit bis zu acht Personen und Einzelunterbringung in der Nacht zu praktizieren, § 40 Abs. 3 GJVollz-E, i.V.m. § 19 Abs. 1 GJVollz-E. Für Gefangene, die das 16. Lebensjahr noch nicht vollendet haben, sieht der Entwurf die Bildung eigener Wohngruppen vor. Dadurch soll ein Leben in

404 BVerfG NJW 2006, 2096.
405 Siehe oben Punkt C.II.2.c).

strukturierten Tagesabläufen und soziales Verhalten alters- und entwicklungsangepasst geübt werden. Ausgestaltet ist der Wohngruppenvollzug als Regelunterbringungsform.[406]

ee) Entlassungsvorbereitungen, § 18 GJVollz-E

Zur Vorbereitung auf ein Leben in Freiheit sind gemäß § 18 GJVollz-E frühzeitige, mindestens sechs Monate vor dem voraussichtlichen Entlassungstag, spezielle Entlassungsvorbereitungen vorgesehen. Aus diesem Grund arbeiten die Jugendstrafanstalten eng mit Bewährungshilfe, Jugendämtern und externen Resozialisierungseinrichtungen zusammen. Damit sich der Gefangene langsam wieder an ein „normales" Leben gewöhnt, bilden Vollzugslockerungen, Langzeiturlaube und Verlegung in den offenen Vollzug oder in besondere Übergangshäuser die Schnittstelle zwischen Vollzug und Freiheit, § 18 Abs. 2, 3, 4 und 5, §§ 13, 14, 15 GJVollz-E. Zudem können Gefangene nach der Entlassung für höchstens drei Monate freiwillig in der Anstalt verbleiben, um eine begonnene Ausbildungs- oder Behandlungsmaßnahme abzuschließen. So wird gewährleistet, dass auch Gefangene bei Verbüßung einer geringen Haftdauer eine Chance erhalten, eine Ausbildungs- oder Behandlungsmaßnahme erfolgreich zu beenden und auch nicht mit Entlassung und der darauffolgenden Wohnungs- und Ausbildungs- bzw. Arbeitssuche überfordert werden.

ff) Kriminologische Forschung, § 39 GJVollz-E

Um den Anforderungen des BVerfG nach einer kriminologischen Forschung, die die praktische Vollzugsarbeit wissenschaftlich unterstützt, gerecht zu werden, hat der Entwurf in § 39 GJVollz-E die Verpflichtung nach einer wissenschaftlichen Begleitung und Erforschung des Jugendstrafvollzugs in einer Soll-Vorschrift festgehalten.[407]

gg) Gerichtlicher Rechtsschutz gegen Vollzugsmaßnahmen, § 35 Abs. 3-5 GJVollz-E

Auch der gerichtliche Rechtsschutz wird entsprechend den Vorgaben des BVerfG im GJVollz-E neu gefasst. An die Stelle des Rechtsbehelfs nach §§ 23 ff. EGGVG zum OLG[408] tritt, in Anlehnung an das Strafvollzugsgesetz, eine Entscheidung der Jugendkammer des Landgerichts, in deren Bezirk die Jugendanstalt liegt, § 35 Abs. 3 GJVollz-E. Nach

406 Vgl. § 19 Abs. 1 GJVollz-E: „Die Gefangenen werden regelmäßig in Wohngruppen untergebracht."

407 BVerfG NJW 2006, 2097.

408 Vgl. oben Punkt C.I.1.d).

§ 35 Abs. 4 GJVollz-E entscheidet die Jugendkammer grundsätzlich durch eines ihrer Mitglieder als Einzelrichter. Bei besonders schwieriger Sachlage oder bei grundsätzlicher Bedeutung ist jedoch eine Kammerentscheidung möglich. Dadurch wird gewährleistet, dass das Anliegen des jungen Gefangenen von einem ortsnahen Gericht mit erfahrenen Jugendrichtern entschieden wird. Eine mündliche Verhandlung ist zwar grundsätzlich nicht vorgesehen, es kann jedoch eine Anhörung erfolgen, wenn ein persönlicher Eindruck von dem Antragssteller erforderlich ist oder die Klärung des Sachverhalts dies verlangt.

Vor Anrufung des Gerichts soll nach § 33 GJVollz-E eine informelle, anstaltsinterne Konfliktregelung in Form eines erzieherischen Gesprächs erfolgen. Mit dieser Regelung befolgt das BMJ den Vorschlag des BVerfG, vor Bestreiten des Gerichtsweges ein mediatives Konfliktschlichtungsverfahren durchzuführen.

3. Bewertung

Auch wenn der GJVollz-E 2006 aufgrund der im nächsten Punkt (C.IV.) ausführlich behandelten Föderalismusreform nicht Gesetz werden konnte, so soll dennoch abschließend ein kurzer Blick darauf geworfen werden, ob es dem BMJ gelungen ist, die Anforderungen des BVerfG zufriedenstellend umzusetzen.[409] Die Pressemitteilung des BMJ zum GJVollz-E[410] geht jedenfalls davon aus, dass der Vorschlag den verfassungsrechtlichen Vorgaben der Richter des Zweiten Senats voll entspricht.

Auf den ersten Blick fällt jedoch auf, dass der GJVollz-E sich in Aufbau und sprachlicher Ausgestaltung stark am Strafvollzugsgesetz für Erwachsene aus dem Jahre 1977 orientiert.[411] Insbesondere im Bereich des offenen Vollzugs, der Vollzugslockerungen und des Urlaubs finden sich im Entwurf weite Ermessensformulierungen für die Bediensteten der Anstalten.[412] Dadurch wird und wurde den Gefängnisverwaltungen große Einflussnahme gewährt, was sich schon in der Vergangenheit negativ auf die Vollzugswirklichkeit ausgeprägt hat. So führte

---

409 Im Punkt C.V. folgt sodann in geeigneten Abschnitten eine Gegenüberstellung der Regelungen des GJVollz-E mit dem Teil des Jugendstrafvollzugs im BayStVollzG.

410 Vgl. BMJ-Pressemitteilung zur Diskussion um Jugendstrafvollzugsgesetze; abrufbar unter: vgl. Fn. 387.

411 Walter, NK 1/2005, 17.

412 So beispielsweise im § 14 GJVollz-E: „Zur Durchführung von Fördermaßnahmen auch außerhalb der Anstalt können Vollzugslockerungen gewährt werden“ (Abs. 1). Oder Abs.2: „Als Lockerungen des Vollzugs können insbesondere gewährt werden: …“

Ostendorf vor allem *„die menschenunwürdige Unterbringung bei Überbelegung und das fehlende Angebot geeigneter Arbeit"*[413] an. Auch *Dünkel* beklagte auf dem Strafverteidigertag 2003 in Dresden, dass entgegen des in § 91 Abs. 3 JGG a.F. geforderten Vollzugs in weitgehend offenen Formen die externe Öffnung kaum entwickelt sei.[414]

Die Anlehnung an das Strafvollzugsgesetz für Erwachsene führt aber im Ergebnis nicht dazu, dass den besonderen Bedürfnissen und Lebenslagen der Jugendlichen und ihnen gleichgestellten Heranwachsenden nicht genügend Rechnung getragen wird. Es wird gerade nicht übersehen, dass die jungen Menschen mitten in der Entwicklungsphase stehen und deshalb besonders gefördert und gefordert werden müssen, was sich schon aus dem dargestellten Leitprinzip des Entwurfs ergibt.[415] So ist der GJVollz-E bestrebt, die Sicht nicht auf die defizitäre Seite der Jugendlichen und Heranwachsenden zu werfen, sondern er orientiert sich vielmehr an der vom BVerfG geforderten Entwicklungsfähigkeit der jungen Gefangenen.[416]

Zu bedauern sind aber dennoch die zahlreichen Verweisungen auf das Strafvollzugsgesetz. Gerade die betroffenen jungen Gefangenen sollen das Gesetz für den Jugendstrafvollzug verstehen. Dies vermeiden die Verweisungen aber eher. Sie verkomplizieren die Regelungen und wirken negativ auf das Verständnis der mit Gesetzestexten sowieso unerfahrenen Jugendlichen und Heranwachsenden.[417] Daraus folgt, dass nicht durchgängig auf die Besonderheiten des Jugendstrafvollzugs Rücksicht genommen wird.

Positiv ist in erster Linie, dass der Entwurf alle Eingriffe in Grundrechte der Gefangenen hinreichend genau normiert und damit dem Grundsatz des Vorbehalts des Gesetzes und dem Bestimmtheitsgrundsatz ausreichend Rechnung trägt. Angleichungs-, Gegensteuerungs- und Eingliederungsgrundsatz sind in § 3 Abs. 2 GJVollz-E festgeschrieben. Ebenso enthält der Entwurf konkrete gesetzliche Vorgaben hinsichtlich Anstaltsgröße, Wohngruppengröße und altersmäßige Zusammensetzung der Wohngruppen, Umfang und Qualität des von den Anstalten vorzuhaltenden Schul- und Ausbildungsangebots sowie Qualifikationsanforderungen an Vollzugsbedienstete, was bisher immer am Widerstand der Länder aufgrund der enormen

---

413 Ostendorf, 2003, §§ 91-92 Rn. 16.

414 Dünkel, 2003, 94.

415 Walter, NK 1/2005, 17.

416 Tondorf/Tondorf, ZJJ 4/2006, 241 f.

417 Walter, ZJJ 4/2004, 397.

Kostenbelastung gescheitert ist.[418] Gerade aber aus dem Grund, dass die früheren Entwürfe immer am Einspruch der Länderfinanzminister fehlschlugen, bemüht sich der Entwurf, allzu kostenträchtige Regelungen zu vermeiden. Dennoch muss man sich immer wieder vor Augen führen, dass sich Ausgaben in diesem Bereich auch lohnen, da eine soziale Integration noch immer die beste Prävention ist.[419]

Weiterhin ist erfreulich, dass der GJVollz-E auf die umstrittene Disziplinarmaßnahme des Arrestes verzichtet. Die Voraussetzungen, nach denen eine Disziplinarmaßnahme angeordnet werden kann, sind in § 34 GJVollz-E allerdings sehr weit gefasst. So z.B. § 34 Abs. 1 Nr. 7 GJVollz-E: *„wenn Gefangene gegen Strafgesetze verstoßen oder eine Ordnungswidrigkeit begehen"* oder § 34 Abs. 1 Nr. 8 GJVollz-E: *„wer in sonstiger Weise die Anstaltsordnung oder das Zusammenleben in der Jugendstrafanstalt wiederholt oder nachhaltig stört."*[420] Einzelne Disziplinarmaßnahmen sind sogar umstritten. Beispielhaft sei § 34 Abs. Nr. 6 GJVollz-E angeführt: *„mündlich angreifen"*. Im GJVollz-E findet sich zudem die härteste Disziplinarmaßnahme, die isolierende Einzelhaft, wieder. Sie kann als besondere Sicherheitsmaßnahme nach § 31 Abs. 5 GJVollz-E angeordnet werden. Darin ist außerdem ein Verstoß gegen Nr. 66 der Regeln der Vereinten Nationen zum Schutz von Jugendlichen unter Freiheitsentzug zu sehen.

Eine gravierende Schwäche des Entwurfs besteht schließlich auch in der Regelung des § 4 GJVollz-E, der die Gefangenen verpflichtet, an der Erreichung der Vollzugsziels mitzuwirken. Zum einen wird dadurch gegen das Schlechterstellungsverbot verstoßen, da aus dem Mitwirkungsrecht der erwachsenen Gefangenen aus § 4 StVollzG eine generelle Mitwirkungspflicht gemacht wurde. Zum anderen ist eine Verpflichtung zur Mitwirkung aus *„verfassungsrechtlichen, kriminologischen, pädagogischen und vollzugspraktischen Gründen"* nicht haltbar.[421] Es kann niemand, der sich unfreiwillig im Strafvollzug befindet, von Rechts wegen dazu gezwungen werden, aktiv an seiner eigenen Erziehung mitzuwirken. Dadurch würde der Gefangene zum Objekt behördlichen Handelns degradiert, welches die Würde und die Selbstverantwortung des Insassen verletzt. Auch *Walter*[422] sieht darin ein vollzugspraktisches Problem, indem er ausführt, dass es ohnehin *„nicht möglich sei, jemanden zum Lernen*

---

418 Vgl. Brandt, ZJJ 3/2006, 249.

419 Tondorf/Tondorf, ZJJ 4/2006, 241 f.

420 Vgl. auch Tondorf/Tondorf, ZJJ 4/2006, 243.

421 Walter, NK 1/2005, 17.

422 Walter, NK 1/2005, 17.

zu zwingen, weil es eben sinnlos sei, den Hund zum Jagen zu tragen.“ Aus pädagogischer Sicht ist einzuwenden, dass damit auf die veraltete Auffassung des „sozio-moralischen“ Lernens zurückgegriffen wird, welche auf unilaterale Kommunikation, statt auf Aushandlungsprozesse und Partizipation setzt.[423] Problematisch an einer Mitwirkungsverpflichtung ist daneben, dass eine Verweigerung daran nun nicht nur zur Begründung der Versagung von Vollzugslockerungen herangezogen wird, sondern vor allem, dass dadurch auch die Anzahl der verhängten Disziplinarmaßnahmen enorm in die Höhe steigen wird. In der Verweigerung an der Mitwirkungspflicht könnte nämlich auch immer ein Verstoß gegen gesetzliche Pflichten gesehen werden.[424]

Entsprechend der verfassungsrechtlichen Vorgaben setzt der GJVollz-E die Ausgestaltung des gerichtlichen Rechtsschutzes positiv um. Danach ist nicht mehr das OLG zuständig, sondern die Jugendkammer, in deren Bezirk die Vollzugsbehörde ihren Sitz hat. Mit der Zuständigkeit der Jugendkammer und nicht des Vollstreckungsleiters wird so eine gewisse Befangenheit des Vollstreckungsleiters vermieden. Da aber die meist stark überlastete Jugendkammer in der Regel durch den Einzelrichter entscheidet, sieht der Entwurf vor, dass der Richter mindestens ein Jahr Rechtssprechungsaufgaben in Strafsachen wahrgenommen haben muss, vgl. § 35 Abs. 4 GJVollz-E. Damit wird verhindert, dass die Urteile aufgrund Überlastung des Richters an Qualität einbüßen müssen.[425]

Aus der Darstellung der Regelungen des GJVollz-E und der Analyse geht hervor, dass der Entwurf des BMJ einerseits Mängel, andererseits aber auch Positives aufweist. Wichtig ist vor allem, dass der Vorschlag auf alle Anforderungen, die das BVerfG in der Entscheidung vom 31.5.2006 aufgestellt hat, eingeht und diese auch zufriedenstellend für die jungen Gefangenen im Vollzug umsetzt. Damit hat das BMJ zumindest einen ersten Schritt in die richtige Richtung gemacht, um jugendgerechte Rechtsvorschriften für den Freiheitsentzug zu erlassen und dadurch der Verpflichtung, die es durch Ratifizierung internationaler Abkommen, insbesondere der UN-Kinderrechtskonvention eingegangen ist, nachzukommen.

---

423 Walter, NK 1/2005, 17.

424 Walter, NK 1/2005, 18.

425 Tondorf/Tondorf, ZJJ 4/2006, 247.

V. Auswirkungen der „Föderalismusreform“ auf den Jugendstrafvollzug

1. Zielsetzung

Das Jahr 2006 brachte nicht nur aufgrund der Entscheidung des BVerfG vom 31.5.2006 einschneidende Veränderungen für den Jugendstrafvollzug mit sich. Die plötzliche und gleichzeitige Bewegung in der Gesetzgebung geht noch auf ein weiteres Ereignis zurück:

Im Zuge der sogenannten „Föderalismusreform“[426] –„der größten Reform seit Bestehen des Grundgesetzes“[427] – wurde u.a. die Gesetzgebungsbefugnis – nach der BVerfG-Entscheidung zur Notwendigkeit der gesetzlichen Ausgestaltung des Jugendstrafvollzugs genauer Gesetzgebungs**verpflichtung** – für den Strafvollzug zum 1.9.2006 auf die Länder verlagert.[428] Die Idee hierfür stammte von der damaligen Bundesjustizministerin Brigitte Zypries.[429]

Am 30.6. und am 7.7.2006 beschlossen Bundestag und Bundesrat nach Anhörung des Rechtsausschusses mit der nach Art. 79 Abs. 2 GG erforderlichen 2/3 Mehrheit die Föderalismusreform. Der Bundespräsident fertigte die entsprechenden Gesetze am 31.8.2006 aus und ver-

---

426 Die Föderalismusreform nennt sich offiziell Bundesstrukturkommission zur Modernisierung der bundesstaatlichen Ordnung; BT-Drs. 15/1685; BR-Drs. 750/03. Die Kommission hatte 32 stimmberechtigte Mitglieder, jeweils 16 Mitglieder des Bundestags und 16 Mitglieder des Bundesrats. Die konstituierende Sitzung war am 4.11.2003. Anschließend folgten regelmäßige Sitzungen, insgesamt elf an der Zahl. Der Zeitplan sah vor, dass die Kommission am 17.12.2004 ihre Ergebnisse vorstellt. Am 17.12.2004 wurde jedoch verkündet, dass die Gespräche gescheitert seien. Weiter verfolgt wurde die Föderalismusreform erst wieder von der letzten Bundesregierung, die sich am 11.11.2005 im Koalitionsvertrag („Gemeinsam für Deutschland – mit Mut und Menschlichkeit“) in Anlage 2 zu den Ergebnissen der Koalitionsarbeitsgruppe zur Föderalismusreform bekannten. In dieser wird unter 4. Die Kompetenzverlagerung bzgl. des Strafvollzugs auf die Länder vorgeschlagen.

427 Schüler-Springorum, in: FestS für Böttcher 2007, 405.

428 Der Vollzug des StVollzG hingegen war schon immer Ländersache.

429 Prantl, FS 1/2007, 22; Im Sommer 2004 war die Bundesjustizministerin allerdings noch sehr für die „Schaffung und den Erhalt einheitlicher Mindeststandards im Justizvollzug.“ Dies sei „in diesem sensiblen Bereich, der den betroffenen Menschen das größte Rechtsgut, ihre Freiheit, nimmt und daher den Rechtsstaat hochgradig fordert...“ notwendig. Weiter betonte sie: „Da wo wir einheitliche Standards brauchen, sind aus meiner Sicht auch bundeseinheitliche Regelungen erforderlich. Die Materie mit der sich der Strafvollzugsausschuss zu befassen hat, ist dafür ein gutes Beispiel. Denn gerade auch im Strafvollzug benötigen wir aus meiner Sicht unbedingt einheitliche Bundesgesetze...“ (abgedruckt in ZfStrVo 2005, 5).

kündet sie,[430] so dass diese zum 1.9.2006 in Kraft traten. Der Strafvollzug wurde durch Art. 1 Nr. 7 a) aa) dieses Gesetzes aus der konkurrierenden Gesetzgebung des Art. 74 Abs. 1 Nr. 1 GG gestrichen, hingegen „Untersuchungshaftvollzug" erstmals in den konstitutionellen Wortschatz aufgenommen.[431] Das Recht des Strafvollzugs fällt somit künftig gemäß Art. 70 GG in die Länderkompetenz, nachdem für fast 90 Jahre, seit 1919, der „Strafvollzug" in unseren Staatsverfassungen immer neben dem „Strafrecht" zu finden war.[432] Bis zum Erlass des jeweiligen Landesgesetzes gilt bzw. galt das bisherige Bundesrecht weiter, Art. 125 Abs. 1 GG. Damit richtete sich der Auftrag des BVerfG, das Jugendstrafvollzugsrecht in einem eigenen, gesonderten Gesetz zu regeln, letztlich an die 16 Bundesländer.

Dadurch wird die Frage aufgeworfen, welche Überlegungen hinter der Föderalismusreform standen? Ziel der größten Grundgesetzänderung ist die Entflechtung von Bund und Ländern. Dadurch soll die Handlungsfähigkeit der zuständigen Organe gestärkt bzw. wiederhergestellt werden. Blockaden des Bundes durch die Länder, v.a. durch den Bundesrat, sollen der Vergangenheit angehören. Dafür wurde die Anzahl der zustimmungspflichtigen Gesetze reduziert. Hier hat sich das Regel-Ausnahme-Verhältnis verkehrt, so dass zuletzt über die Hälfte der Gesetze Zustimmungsgesetze und nicht lediglich Einspruchsgesetze waren. Im Gegenzug erhalten die Länder mehr Spielräume. Sie dürfen künftig beispielsweise von bestimmten Bundesgesetzen abweichen und das Verwaltungsverfahren in weitem Umfang selbstständig regeln.

2. Diskussion

a) Ansichten gegen die Kompetenzverlagerung

Auf den ersten Blick mag man an der Kompetenzübertragung des Strafvollzugs auf die Länder nichts Positives finden, denn schließlich sollten aus einem Strafvollzugsgesetz auf einmal 16 neue Strafvollzugsgesetze sowie 16 Jugendstrafvollzugsgesetze der Länder mit einzelnen Kommentierungen entstehen. Daher verwundert es zunächst nicht, dass es seit Beginn der Föderalismusreform eine breite Front der Ablehnung gegen die Kompetenzverlagerung des Strafvollzugs auf die Länder gegeben hat. So sprach beispielsweise *Prantl* vom *„Hexeneinmaleins des Strafvollzugs"* und führte einen Vergleich mit Goethes Hexeneinmaleins, in dem

430 BGBl. 2006, 2034.

431 Seebode, FS 1/2009, 7.

432 Seebode, FS 1/2009,7.

es heißt: *„Du musst verstehn: aus eins mach zehn! Im deutschen Strafvollzug heißt es jetzt: aus eins mach sechzehn!“*.[433] Dies müsse man aber nicht verstehen, weil die Kompetenzverlagerung auf die Länder ein schwerer, historischer Fehler sei.[434] Andere befürchteten einen *„Wettbewerb der Schäbigkeit“*,[435] einen *„föderalen Wildwuchs“*[436] oder eine *„Rechtszersplitterung“*.[437]

Auch die vom Bundestag eingeladenen Sachverständigen sprachen sich in der Sachverständigenstellungnahme zur Föderalismusreform überwiegend gegen eine Übertragung der Gesetzgebungskompetenz für den Strafvollzug auf die Länder aus.[438] Diese Auffassung unterstützte ebenfalls die Resolution der Bundesvereinigung der Anstaltsleiterinnen und Anstaltsleiter im Justizvollzug e.V., die sich für die Beibehaltung der Gesetzgebungskompetenz des Bundes stark machte.[439] Widerstand kam zudem aus allen Parteien, die versuchten, das Vorhaben zu verhindern.[440]

Letztendlich konnte aller Protest aus Wissenschaft und Praxis nicht fruchten, da sich die Politik darüber hinwegsetzte und die Föderalismusreform mit der Kompetenzverlagerung bzgl. des Strafvollzugs auf die Länder beschloss.[441]

---

433 Prantl, FS 1/2007, 22.

434 Prantl, FS 1/2007, 22.

435 Alex, StV 2006, 726; vgl. auch „Die Zeit“ vom 16.12.2004.

436 Pollähne, StV 10/2007, 553.

437 Weitere ablehnende Beispiele: Cornel, NK 1/2005, 2; Walter NK 1/2005, 18; Aufruf „Gesetzgebungskompetenz für den Strafvollzug muss beim Bund bleiben“ von über 50 Strafrechtswissenschaftlern, Strafvollzugsrechtlern und Kriminologen: Callies, MSchrKrim 2005, 146; Schreiben des DVJJ an die Bundesregierung vom 13.12.2005 „Für ein bundeseinheitliches Jugendstrafvollzugsgesetz“ abrufbar unter: http://www.dvjj.de/ druckversion.php?artikel =652.; Maelicke, NK 3/2006, 89; Frommel, NK 1/2005, 7; Köhne, ZRP 2007, 109; Caspari, DRiZ 2006, 142; Schüler-Springorum, in: FestS für Böttcher 2007, 406.

438 Die Stellungnahmen sind abrufbar unter: http:// www.bundestag.de/ausschuesse; Lückemann, damaliger leitender Oberstaatsanwalt aus Würzburg war als einziger der Meinung, die Verlagerung der Gesetzgebungskompetenz sei richtig, weil die Länder die besondere Sachkompetenz hätten; vgl.: http://www.bundestag. de/ausschuesse/a06/.../Clemens_Lückemann.pdf, letzter Aufruf: 1.11.2009.

439 www.berliner-vollzugsbeirat.de/7gemeinsamesachenundthemen/buverALLaenderkomp.html, letzter Aufruf: 16.5.2010.

440 Übersicht der Stimmungslagen in allen politischen Lagern bei Cornel, NK 1/2005, 42.

441 Rehn, NK 4/2006, 122.

Dennoch sollen im Folgenden die nicht ganz von der Hand zu weisenden Argumente und Befürchtungen, welche die Gegner der Kompetenzverlagerung auf die Länder hatten, dargestellt werden:

So wurde ausgeführt, die neue Kompetenzverlagerung stelle einen Traditionsbruch des systemimmanenten Zusammenhangs zwischen „Strafrecht" und „Strafvollzug" dar, denn diese seien seit 1919 ein zusammenhängender verfassungsgesetzlicher Begriff gewesen.[442] Dass zwischen diesen beiden Begriffen ein materieller wie auch verfahrensrechtlicher Zusammenhang bestehe, sehe man auch an der Strafbemessung und der sogenannten Nachtragsentscheidung.[443] Die Richter seien bei der Strafzumessung verpflichtet, die spezifischen Leistungsmöglichkeiten des Strafvollzugs und dessen Gefährdung auf den Gefangenen zu berücksichtigen.[444] Richter müssen nun also 16 Strafvollzugsgesetze beachten, da bei Urteilsverkündung oft noch nicht feststeht, in welchem Bundesland ein Urteil vollstreckt wird.[445]

Außerdem werde das schon bestehende Nord-Süd/Ost-West-Gefälle bei Vollzugsentscheidungen durch 16 Strafvollzugsgesetze noch weiter vorangetrieben, was im Hinblick auf Art. 3 GG bedenklich sei.[446] Zudem würde die Änderung den Ländern die Möglichkeit geben, den Strafvollzug je nach Kassenlage zu gestalten, wodurch der Resozialisierungsgedanke auf der Strecke bliebe.[447]

In Zeiten eines zunehmend vereinigten Europas sei es zudem wichtig, einen Blick auf die europäischen Mindeststandards für Rechtsstaatlichkeit zu werfen. Auf europäischer Ebene werden Mindeststandards, insbesondere auch für den Strafvollzug entworfen und Staaten, die der EU beitreten wollen, werden darauf verwiesen. Deshalb sei es nach Auffassung des DVJJ nicht nachvollziehbar, dass das bewährte Strafvollzugsgesetz zerschlagen werden soll, was einen Rückfall in die Kleinstaaterei des 19. Jahrhunderts befürchten lasse, statt sich im Zuge

---

442 Seebode, FS 1/2009, 7.

443 Müller-Dietz, ZfStrVo 2005, 39.

444 Callies/Müller-Dietz, 2008, Einleitung Rn. 38.

445 Kreuzer, ZfStrVo 2006, 138.

446 Tierel, 2008, 19.

447 Lütkes, NK 1/2006, 2.

eines immer weiter vereinenden Europas Gedanken um ein europäisches Strafgesetz zu machen.[448]

Weiterhin wurden Befürchtungen laut, der Vollzug könne durch die Kompetenzverlagerung zum Einfallstor für Augenblicksbestimmungen werden, so dass andere Ziele als das der Resozialisierung in den Vordergrund treten und der Vollzug als reiner Verwahrvollzug ausgestaltet werden würde.[449] Was ein politischer Wechsel schon vor der Föderalismusreform auslösen konnte, wird am Beispiel Hamburgs deutlich. Dort halbierte sich die Anzahl der Gefangenen im offenen Vollzug nach dem Regierungswechsel im Jahre 2001 um mehr als die Hälfte. Auch die Lockerungen schrumpften zur Hälfte.[450]

Aus der Begründung zum GJVollz-E lässt sich ebenfalls entnehmen, dass ein bundeseinheitlicher Strafvollzug angestrebt werden sollte. So heißt es dort, dass der Jugendstrafvollzug einer bundesgesetzlichen Regelung bedarf, damit Jugendliche die gleichen Rechte und Pflichten erhalten und gleichwertige Lebensverhältnisse in den Jugendstrafanstalten bestehen. Es würde bei den jungen Gefangenen einen Eindruck der Beliebigkeit der Rechtsordnung auslösen, wenn der Umfang von Mitwirkungspflichten in den Ländern unterschiedlich geregelt werden würde und Verstöße anders geahndet werden.[451]

Auch die Möglichkeit, das BVerfG als Kontrollinstanz anzurufen, schmälerte die Befürchtungen nicht. Denn zum einen beschreiten junge Gefangene äußerst selten den Rechtsweg,[452] zum anderen müssen sie den Rechtsweg vor Anrufung des BVerfG vollständig erschöpft haben.[453]

Diese Argumente gegen eine Kompetenzverlagerung werden zwar von der überwiegenden Praxis und Wissenschaft geteilt. Es gibt allerdings auch Stimmen, welche die neu hinzugewonnene Gesetzgebungskompetenz mit guten Argumenten befürworten.

---

448 Brief des DVJJ an die Bundesregierung vom 13.12.2005, abrufbar unter http://www.dvjj.de /artikel.php?artikel=653, letzter Aufruf: 16.5.2010.

449 Walter, NK 1/2005, 18.

450 Vgl. Dünkel, NK 1/2005, 5.

451 Begründung zum GJVollz-E2 2006, 6.

452 Eisenberg, 2004, § 91 Rn. 41.

453 Vgl. § 24 Abs. 2 EGGVG.

b) Ansichten für die Kompetenzverlagerung

Bayern beispielsweise begrüßt die neue Gesetzgebungskompetenz, welche nach Ansicht von Bayerns Justizministerin Beate Merk eine Möglichkeit für die Länder schaffe, sicherheits- und kriminalpolitische Akzente zu setzen. Positiv sei auch, dass nun endlich die Länder, welche die Gesetze zum Strafvollzug ausführen müssen und die praktische Erfahrung haben, die Vorschriften hierfür schaffen können. Das Bundesministerium der Justiz habe in der Vergangenheit Handlungsunfähigkeit in Bezug auf die Schaffung eines Jugendstrafvollzugsgesetzes gezeigt, weil der Entwurf ihrer Meinung nach völlig an den Gegebenheiten vorbeiging. Außerdem wolle Bayern die Praxis bei der Vorbereitung des Gesetzes mit einbeziehen und die Standards des Strafvollzugsgesetzes nicht aufheben, sondern im Interesse eines bestmöglichen Schutzes der Bevölkerung ausbauen. [454]

Im Hinblick auf das Konnexitätsprinzip ist die Übertragung der Gesetzgebungskompetenz für den Strafvollzug und auch für den Untersuchungshaftvollzug auf die Länder nur rechtmäßig. Die Länderhaushalte haben schließlich die enormen Kostenfolgen des Haftvollzugs zu tragen, welche in Zeiten leerer Haushaltskassen besonders einschneidend sind. So betrugen die Nettokosten des Haftvollzugs in Bayern im Jahr 2005 285 Millionen Euro.[455] In diesem Zusammenhang sollen die Worte des früheren Bundespräsidenten Prof. Dr. Roman Herzog zitiert werden, die genau das Thema dieser Problematik widerspiegeln: *„Die Regel, die unter normalen Menschen gilt ... heißt: wer zahlt, schafft an; und wer anschaffen will, der soll gefälligst bezahlen. Bei uns gibt es sehr viele Bereiche, in denen der Bund anschafft und die Länder und die Kommunen bezahlen müssen. Das halte ich für einen großen Strukturmangel unserer Verfassung. Und der muss irgendwann einmal in Angriff genommen werden.“*[456]

Das strikte Konnexitätsprinzip findet sich seit dem 1.1.2004 in Art. 83 Abs. 3 und 7 der Bayerischen Verfassung, im Grundgesetz in dem Verbot, durch Bundesgesetz Aufgaben an Gemeinden und Gemeindeverbände zu übertragen (Art. 84 Abs. 1, Art. 85 Abs. 1 GG) und in dem neuen Zustimmungserfordernis des Art. 104 a Abs. 4 GG. Daraus ist zu folgern, dass dieses Prinzip auch bei der Gesetzgebungsbefugnis für den Strafvollzug zu beachten ist.

---

454 Vgl. Interview in FS 2007, 19.

455 Stellungnahme von Lückemann zur Anhörung des Rechtsausschusses des Deutschen Bundestages zur Föderalismusreform-Justiz (Strafvollzug) am 17.5.2006, abrufbar unter http://www.bundestag.de /ausschuesse/a06/.../Clemens_Lückemann.pdf, letzter Aufruf: 1.11.2009.

456 Fernsehinterview vom 5.8.1994, zitiert bei Wagner/Rechenbach, ZRP 2003, 308.

Die Länder haben zudem die besondere Sachkompetenz, was bereits die bayerische Justizministerin Beate Merk ansprach. Diejenigen, die den Vollzug ausführen müssen und demzufolge auch das notwendige Wissen besitzen, sollten auch die Gesetze schaffen.[457] So ließen sich möglicherweise Fehlleistungen, die auf Sachfremdheit beruhen, vermeiden.[458]

Ein weiterer Punkt, der für die Kompetenzübertragung des Strafvollzugsrechts auf die Länder spricht ist, dass somit der Vollzugswirklichkeit entsprochen wird. Dies ist am besten an der Vollzugspraxis des offenen Vollzugs festzustellen. Obwohl nach § 10 StVollzG der offene Vollzug bei Geeignetheit des Gefangenen zum Regelvollzug werden sollte, sah die Vollzugspraxis der Länder höchst unterschiedlich aus. In Bayern beispielsweise brachte man den Gefangenen zuerst im geschlossenen Vollzug unter, weil die Geeignetheit für den offenen Vollzug erst zu entwickeln war.[459] In anderen Ländern hingegen wurden die Gefangenen möglichst schon ab Beginn im offenen Vollzug untergebracht.[460] Das lag wohl daran, dass die Länder die Geeignetheit der Gefangenen für den offenen Vollzug unterschiedlich auslegten und interpretierten. Landesspezifische Unterschiede gab es also auch unter der Geltung eines bundeseinheitlichen Strafvollzugsgesetzes. Dies entkräftet auch die Meinung von vielen, die in unterschiedlichen Gesetzen sowohl einen Verstoß gegen Art. 3 GG als auch angeblich eine Schwierigkeit bei der Strafbemessung sehen. Von deutschen Richtern muss zudem auch erwartet werden, dass sie bei der Strafbemessung unterschiedliche Gesetze berücksichtigen können.[461]

Da das Strafvollzugsrecht nach seinem Wesen Recht der Inneren Sicherheit ist, entspricht eine Verlagerung der Gesetzgebungskompetenz auf die Länder der geltenden Systematik der Verteilung der Gesetzgebungskompetenz, da das Recht der Inneren Sicherheit dem Bereich der

---

457 Vgl. Interview in FS 2007, 19.

458 Als Beispiel sei § 9 StVollzG (Verlegung in eine sozialtherapeutische Anstalt) von 1998 angeführt (BGBl. I, 160). Das Gesetz geht hier davon aus, dass auch nicht zu einer Therapie motivierte Gefangene gegen ihren Willen in eine sozialtherapeutische Anstalt zu verlegen sind, obwohl in der Praxis offenkundig ist, dass ein nicht behandlungsbereiter Gefangener, der gegen seinen Willen in einer therapeutischen Einrichtung eingewiesen wird, das Klima der Anstalt und damit auch den Behandlungserfolg der anderen Patienten maßgeblich beeinflusst.

459 Arloth/Lückemann, 2004, § 10 Rn. 2.

460 Schwind/Böhm/Jehle-Ittel/Freise, 2005, § 10 Rn. 3.

461 So auch Stellungnahme von Lückemann zur Anhörung des Rechtsausschusses des Deutschen Bundestages zur Föderalismusreform-Justiz (Strafvollzug) am 17.5.2006, abrufbar unter http://www.bundestag.de /ausschuesse/a06/.../Clemens_Lückemann.pdf, letzter Aufruf: 1.11.2009.

Länder zugeordnet wird. Sowohl die gesetzliche Aufgabe des Vollzugs der Freiheitsstrafe, die Allgemeinheit vor weiteren Straftaten zu schützen (§ 2 S. 2 StVollzG) als auch das Vollzugsziel, den Gefangenen im Vollzug der Freiheitsstrafe zu einem künftigen Leben ohne Straftaten zu befähigen (§ 2 S. 1 StVollzG) dienen der Inneren Sicherheit.[462] Nichts anderes kann folglich für den Vollzug der Jugendstrafe gelten, denn auch hier handelt es sich um Strafvollzug. Die oben dargestellte Gegenmeinung, die sich auf den untrennbaren Zusammenhang von Strafrecht und Strafvollzug beruft, verkennt, dass die Verwirklichung der Strafzwecke gerade keine Vollzugsaufgabe ist.[463]

Statt von einem „Wettbewerb der Schäbigkeit" nach einem möglichst billigen Strafvollzug zu sprechen, sollten die Gegner darin neue Chancen für eine Modernisierung des Justizvollzugsrechts sehen. Was man auch am Beispiel Bayerns erkennen kann ist, dass es hier gerade nicht um einen Schäbigkeitswettbewerb geht. Bayern ist das Land mit den niedrigsten Haftkosten je Gefangenen[464] und hat dennoch schon vor der Föderalismusreform eine Vielzahl gesetzlich nicht vorgesehener Regelungen erbracht, um die Resozialisierung der Gefangenen voranzutreiben. Ein Beispiel, dass Bayern über die gesetzlichen Mindestverpflichtungen hinausging, zeigt die Jugendstrafanstalt Neuburg-Herrenwörth. Hier wurde ein sozialtherapeutisches Behandlungszentrum eingerichtet, obwohl die Sozialtherapie für den Jugendstrafvollzug noch nicht gesetzlich vorgesehen war.

3. Persönliche Stellungnahme

Bei genauerer Auseinandersetzung und Betrachtung mit dieser Thematik stellte sich heraus, dass es keinerlei Einwendungen gegen die Kompetenzverlagerung für den Strafvollzug auf die Länder gibt. Der „föderale Wildwuchs" ist ausgeblieben.[465] Im Gegenteil, es spricht sogar einiges für die Kompetenzverlagerung. Den Gegnern kann daher Entwarnung gegeben werden. Dies zeigt auch ein Vergleich der Landesgesetze zum Jugendstrafvollzug untereinander

---

462 Vgl. Fn. 461.

463 Laubenthal, 2011, Rn. 195.

464 2004 lagen die Kosten pro Gefangenen für einen Hafttag bei 86,51 €. Der Landesdurchschnitt lag bei 101,11 €. Im bayerischen Jugendvollzug betrugen die täglichen Haftkosten 2007 sogar nur 68,40 € und 2008 72,20 €. Grund für die niedrigen Kosten sind die niedrige Personalausstattung, aber im Gegenzug besonders hohe Arbeitseinnahmen (45, 30 Mio. € im Jahr 2005). Das zeigt auch, dass knappe Personalausstattung nicht zwangsweise schlechte Vollzugsvoraussetzungen bedeutet.

465 Pollähne, StV 10/2007, 553.

und mit dem GJVollz-E 2006. Es droht kein „föderaler Wildwuchs",[466] die unterschiedlichen Ausgestaltungen halten sich in Grenzen und liegen eher im Detail.

Ohnehin herrscht vornehmlich status-quo-Denken vor. Zehn Bundesländer (Berlin, Brandenburg, Bremen, Mecklenburg-Vorpommern, Rheinland-Pfalz, Saarland, Sachsen-Anhalt, Schleswig-Holstein, Thüringen und neuerdings auch wieder Sachsen) haben sich zudem im Interesse der Einheitlichkeit und zur Sicherung gemeinsamer Qualitätsstandards im Jugendstrafvollzug auf ein gemeinsames Jugendstrafvollzugsgesetz verständigt.[467] Letztlich hat das BVerfG in seinem Urteil zur Verfassungswidrigkeit des derzeitigen Jugendstrafvollzugs konkrete Leitlinien und Mindestanforderungen für die Landesgesetze gegeben, die ebenfalls große Differenzen vermieden haben.[468] Unabhängig davon, wird sich erst anhand der zukünftigen Vollzugspraxis herausstellen, wo tatsächlich Unterschiede zwischen den Ländern liegen, da sich Differenzen vielmehr in der Praxis entwickeln, als aus dem Gesetz heraus.[469] Das StVollzG für den Erwachsenenvollzug gilt zudem weiterhin in 12 von 16 Bundesländern. Lediglich in Bayern, Baden-Württemberg, Hamburg und Niedersachsen haben die jeweiligen Landesgesetze das StVollzG abgelöst.

4. Stellungnahme der bayerischen Anstaltsleitungen

Doch auch bereits jetzt ist aus der vollzuglichen Praxis nichts Negatives zu vermelden.[470] Die bayerischen Leiter der Jugendanstalten haben im Gegenteil sogar durchweg positive Erfahrungen mit der neuen Kompetenzverteilung gemacht, auch wenn so mancher im Vorfeld ein bundeseinheitliches Gesetz favorisiert hätte.[471] Die Mehrzahl befürwortet sogar die jetzige Zuständigkeit, welche den Ländern die Freiheit in der Vollzugsgestaltung gibt.[472] Es gebe weder viele gesetzliche Veränderungen noch Verlegungen zwischen zwei Bundesländern. Die befürchtete Kleinstaaterei ist also ausgeblieben.

466 Vgl. Fn. 465.
467 Sonnen, ZJJ 4/2006, 236.
468 BVerfG 2006, 2093.
469 Vgl. Feest/Lesting, ZfStrVo 2005, 76.
470 Fragebogen JVA Ebrach im Anhang.
471 Fragebogen JVA Laufen-Lebenau im Anhang.
472 Fragebogen JVA Neuburg-Herrenwörth, JVA Aichach im Anhang.

5. Verbleibende Bundeskompetenz

Der größte Teil der Jugendstrafrechtsmaterie bleibt jedoch auch nach der Föderalismusreform in der Gesetzgebungskompetenz des Bundes. Dem Bund verbleibt somit die Schaffung oder Streichung bestehender Straftatbestände als Kriminalisierung bzw. Entkriminalisierung, Bestimmung der Reaktions- und Sanktionsformen, Jugendgerichtsverfassung und gesetzliche Gestaltung des Erkenntnis- und Vollstreckungsverfahrens. Dementsprechend wurde im Zuge einer Änderung des Jugendgerichtsgesetzes eine ausdrückliche Bestimmung des Zieles des Jugendstrafrechts eingefügt (§ 2 JGG n.F.) und nach den Anforderungen des BVerfG vom 31.5.2006 der gerichtliche Rechtsschutz für den Jugendstrafvollzug neu geregelt (§ 91 JGG n.F.).[473]

VI. Die Umsetzung in Bayern

1. Einheitliches Bayerisches Strafvollzugsgesetz (BayStVollzG)

Schon frühzeitig nach Bekanntwerden der Pläne für eine Übertragung der Gesetzgebungskompetenz des Strafvollzugs auf die Länder setzte das Bayerische Staatsministerium eine Arbeitsgruppe bestehend aus Vollzugspraktikern und Ministerialbeamten ein, um an Entwürfen für eine denkbare praktische Umsetzung zu arbeiten. Ergebnis war zunächst ein Entwurf für ein einheitliches Gesetz über den Vollzug der Freiheitsstrafe, der Jugendstrafe und der Sicherungsverwahrung vom 6.9.2006 (Entwurf-BayStVollzG). Dabei wurden für den Bereich des Jugendstrafvollzugs die verfassungsrechtlichen Vorgaben des BVerfG vom 31.5.2006[474] als Prüfungsmaßstab herangezogen. Die Arbeitsgruppe entschloss sich, den Jugendstrafvollzug im Bayerischen Strafvollzugsgesetz in einem eigenen dritten Abschnitt (Art. 119-158 Entwurf-BayStVollzG bzw. Art. 121-158 BayStVollzG) zu normieren, dessen Regelungen den subsidiär geltenden Vorschriften für den Erwachsenvollzug vorgehen, und nicht wie die Mehrzahl der Länder, ein eigenständiges Jugendstrafvollzugsgesetz zu schaffen.[475] Grund für

473 Zum gerichtlichen Rechtsschutz siehe Punkt C.V.2.g).

474 BVerfG NJW 2006, 2093 ff.

475 Vgl. zum gemeinsamen Gesetzesentwurf Winkelmann/Brune, FS 2/2007, S. 61 f.; Ein eigenes Jugendstrafvollzugsgesetz schafften die 10-er Gruppe: Gesetz über den Vollzug der Jugendstrafe in Berlin (Berliner Jugendstrafvollzugsgesetz – JstVollzG Bln) v. 15.12.2007 (GVBl. Nr. 33/2007, 653), Gesetz über den Vollzug der Jugendstrafe im Land Brandenburg (Brandenburgisches Jugendstrafvollzugsgesetz – BbgJStVollzG) v. 18.12.2007 (GVBl. I Nr. 20/2007,

diese Entscheidung war die Erkenntnis, dass es sich beim Jugendstrafvollzug zwar selbstverständlich von seinem Wesen her um etwas anderes handelt als der Erwachsenenvollzug, dass es aber im Grunde eben auch um eine freiheitsentziehende Maßnahme geht.[476] Neben Bayern haben auch Hamburg[477] und Niedersachsen[478] den Weg gewählt, den Vollzug der Freiheitsstrafe, der Jugendstrafe, der Sicherungsverwahrung und in Niedersachsen darüber hinaus auch den Vollzug der Untersuchungshaft als Vollzugsgesetz in ein und demselben Gesetz zu verankern.

Das BayStVollzG wurde schließlich am 10.12.2007 verabschiedet und ist zum 1.1.2008 in Kraft getreten.[479] Damit entfielen die Regelungen zum Jugendstrafvollzug im Jugendgerichtsgesetz. Im Jugendgerichtsgesetz sind lediglich die Ausnahmen vom Jugendstrafvollzug (§ 91 JGG n.F.) und die neuen Rechtsbehelfe (§ 92 JGG n.F.) verblieben.[480]

---

348), Gesetz über den Vollzug der Jugendstrafe im Land Bremen (Bremisches Jugendstrafvollzugsgesetz – BremJStVollzG) v. 27.3.2007 (GBl. Nr. 19/2007, 233), Gesetz über den Vollzug der Jugendstrafe (Jugendstrafvollzugsgesetz Mecklenburg-Vorpommern – JstVollzG M-V) v. 14.12.2007 (GVBl. Nr. 19/2007, 427), Landesjugendstrafvollzugsgesetz Rheinland-Pfalz (LJStVollzG RLP) v. 3.12.2007 (GVBl. Nr. 16/2007, 252), Gesetz über den Vollzug der Jugendstrafe (Saarländisches Jugendstrafvollzugsgesetz – SJStVollzG) v. 30.10.2007 (Abl. 2007, 2370), Sächsisches Gesetz über den Vollzug der Jugendstrafe (Sächsisches Jugendstrafvollzugsgesetz – SächsJStVollzG) v. 12.122007 (Sächs. GVBl. Nr. 16/2007, 558), Gesetz über den Vollzug der Jugendstrafe in Sachsen-Anhalt (Jugendstrafvollzugsgesetz Sachsen-Anhalt – JstVollzG LSA) v. 7.12.2007 (GVBl. LSA Nr. 30/2007, 368), Gesetz über den Vollzug der Jugendstrafe in Schleswig-Holstein – Jugendstrafvollzugsgesetz – (JstVollzG S-H) v. 19.12.2007 (GVBl. Nr. 21, 563), Thüringer Gesetz über den Vollzug der Jugendstrafe (Thüringer Jugendstrafvollzugsgesetz – ThürJStVollzG) v. 20.12.2007 /GVBl. Nr. 13/2007, 221); Baden-Württemberg: Gesetz über den Vollzug der Jugendstrafe in Baden-Württemberg (Jugendstrafvollzugsgesetz – JstVollzG B-W) v. 3.7.2007 (GBl. Nr. 11/2007, 298); Hessen: Hessisches Jugendstrafvollzugsgesetz (HessJStVollzG) v. 19.11.2007 (GVBl. I Nr. 25/2007, 758) und Nordrhein-Westfalen: (Jugendstrafvollzugsgesetz Nordrhein-Westfalen - JStVollzG NRW) v. 20.11.2007 (GVBl. Nr. 27/2007, 539).

476 Schneider, FS 2/2007, 57.

477 Gesetz über den Vollzug der Freiheitsstrafe, der Jugendstrafe und der Sicherungsverwahrung (Hamburgisches Strafvollzugsgesetz – HmbStVollzG) v. 14.12.2007 (HmbGVBl. Nr. 47/2007, 471).

478 Gesetz zur Neuregelung des Justizvollzuges in Niedersachsen (Niedersächsisches Justizvollzugsgesetz – NJVollzG) v. 14.12.2007 (Nds. GVBl. Nr. 41/2007, 720).

479 Gesetz über den Vollzug der Freiheitsstrafe, der Jugendstrafe und der Sicherungsverwahrung (Bayerisches Strafvollzugsgesetz - BayStVollzG) v. 10.12.2007 (BayGVBl. Nr. 28/2007, 866).

480 Dazu ausführlich Punkt C.V.h.

2. Die Neuregelungen des Jugendstrafvollzugs im BayStVollzG

Diese Arbeit konzentriert sich im Folgenden auf die bayerischen Ausführungen zum Jugendstrafvollzug in Theorie und deren Umsetzung in der Praxis. Die Ergebnisse der vollzuglichen Praxis basieren auf der Befragung der Leiter der bayerischen Jugendstrafvollzugsanstalten.[481] An einigen Stellen wird ein Vergleich zum GJVollzG-E 2006 des BMJ unternommen und auch gelegentlich auf die Ausgestaltungen in den anderen Ländern eingegangen, wenn sichtliche Unterschiede in den Gesetzen bestehen.

Um den Rahmen der Arbeit jedoch nicht zu sprengen, kann an dieser Stelle nicht jeder einzelne Artikel des Abschnitts über den bayerischen Jugendstrafvollzug Erwähnung finden. Daher werden ausgewählte Bereiche, die in der Diskussion um die Gesetze von besonderer Bedeutung waren und/oder als Rahmenbedingung besonders wichtig erscheinen ausführlich dargestellt und analysiert. Besonderes Augenmerk wird dabei auf die Vorgaben des BVerfG gerichtet. Es wird dennoch versucht, einen umfangreichen Einblick in die aktuelle Gesetzeslage des bayerischen Jugendstrafvollzugs zu geben, um anschließend beurteilen zu können, ob der Bayerische Gesetzgeber den verfassungsrechtlichen Anforderungen des BVerfG zum Jugendstrafvollzug bestmöglich nachgekommen ist. Folgende Bereiche können allerdings keine Erwähnung finden: Ausstattung des Haftraums und persönlicher Besitz (Art. 141, 21 BayStVollzG), Kleidung der Gefangenen (Art. 142, 22 BayStVollzG), Anstaltsverpflegung (Art. 143, 23 BayStVollzG), Einkauf (Art. 24 BayStVollzG), medizinische Versorgung (Art. 151 BayStVollzG), der Bereich der Freizeit (Art. 152, 153 BayStVollzG) und Religionsausübung sowie die Thematik der Sicherheit und Ordnung (Art. 154 BayStVollzG, ausgenommen erzieherische Maßnahmen und Disziplinarmaßnahmen) und der unmittelbarer Zwang.[482]

Der Arbeitsgruppe des Bayerischen Staatsministeriums standen bei der Umsetzung neben der Entscheidung des BVerfG[483] die bisher geltenden Verwaltungsvorschriften zum Jugendstraf-

481 Vgl. Fragebogen im Anhang sowie allgemein zu deren Aufbau Punkt D. I.

482 Insoweit wird auf die ausführliche Darstellung bei Ostendorf, 2009a, sowie die umfangreichen Kommentierungen bei Arloth, 2008a, verwiesen.

483 BVerfG NJW 2006, 2093 ff.

vollzug, das Strafvollzugsgesetz für den Erwachsenenvollzug sowie der Referentenentwurf des BMJ (GJVollz-E 2006) als „Vorlagen“ zur Verfügung.[484]

Der Begrifflichkeit des BayStVollzG folgend, werden die Insassen der Jugendstrafvollzugsanstalten in dieser Arbeit einheitlich – ohne Differenzierung zwischen Jugendlichen und Heranwachsenden und ohne geschlechtliche Unterscheidung – als *„junge Gefangene“* bezeichnet. Art. 121 S. 2 BayStVollzG enthält eine Legaldefinition der jungen Gefangenen als *„Gefangene im Vollzug der Jugendstrafe“.*

Der Aufbau des nächsten Abschnitts zum Teil des Jugendstrafvollzugs im BayStVollzG folgt dabei weitestgehend der gewohnten Gliederung aus dem StVollzG des Bundes, die auch größtenteils im neuen BayStVollzG so beibehalten wurde. Zunächst widmet sich die Arbeit den Grundlagen des Vollzugs, insbesondere dem Vollzugsziel, den Grundsätzen der Vollzugsgestaltung, der Mitwirkung sowie der Rechtsstellung der Gefangenen.

a) Grundlagen

aa) Vollzugszielbestimmung des Jugendstrafvollzugs nach neuem Recht, Art. 121 BayStVollzG

(1) Bedeutung

Von überaus wichtiger Bedeutung für den Jugendstrafvollzug ist die Bestimmung des Vollzugsziels. Nicht nur Art. 1 Abs. 1 GG und der Verhältnismäßigkeitsgrundsatz garantieren verfassungsrechtlich eine „soziale Integration“, sondern im Vollzugsziel spiegelt sich auch die „Vollzugsphilosophie“ wider und stellt eine verbindliche Orientierung sowohl für die Anstaltsleiter als auch für die betroffenen jungen Gefangenen dar.[485] Ihm ist nicht nur aus wissenschaftlicher bzw. theoretischer Sicht besonders hohes Gewicht zuzumessen, auch in der kriminalpolitischen Diskussion gibt es den Ton an und ist im Vollzugsalltag für die Grundhaltung richtungsweisend. So spielt es beispielsweise bei Entscheidungen über Vollzugslockerungen eine wichtige Rolle, wenn diese gegen das Risiko des Missbrauchs abgewogen werden.[486] Ein Vollzugsziel, das in aller erster Linie auf Schutz der Bevölkerung vor dem Straftäter bedacht ist, wird die Anstalten restriktiver mit Lockerungen umgehen lassen, als ein Vollzug, der sich der Resozialisierung des Gefangenen an erster Stelle angenommen hat. Gerade

484 Vgl. Höynck u.a., ZJJ 2/2008, 159.
485 Ostendorf, 2009a, 105.
486 Ostendorf, 2009a, 105.

im Jugendstrafvollzug ist dies besonders entscheidend, da hier bei der Abwägung, ob Vollzugslockerungen gewährt werden, aus Gründen der sozialen Integration eher ein „Auge zugedrückt“ werden sollte.

So bestimmt es aber nicht nur das Vollzugsklima in der jeweiligen Anstalt, sondern wird auch bei Etatverhandlungen über Ausgaben im Vollzug herangezogen.[487] Die Zielvorgabe hat zudem erhebliche praktische Bedeutung für die Interpretation der jeweiligen Normen, da im Rahmen der juristischen Auslegungsmethoden die teleologische Norminterpretation die ausschlaggebende ist.[488]

(2) Darstellung der Gesetzeslage

Art. 121 BayStVollzG regelt unter der Überschrift *„Aufgaben des Jugendstrafvollzugs“* das Vollzugsziel. In Satz 1 wird zunächst der Schutz der Allgemeinheit genannt, sodann in Satz 2 die Erziehung der Gefangenen normiert:

> *„[1]Der Vollzug der Jugendstrafe dient dem Schutz der Allgemeinheit vor weiteren Straftaten. [2]Die Gefangenen im Vollzug der Jugendstrafe (junge Gefangene) sollen dazu erzogen werden, künftig einen rechtschaffenen Lebenswandel in sozialer Verantwortung zu führen (Erziehungsauftrag).“*

Dadurch wird deutlich, dass Bayern extrem die Sicherheitsaufgabe betont, indem der Schutz der Allgemeinheit dem Wiedereingliederungsgrundsatz vorangestellt wird. Besonders auffällig ist auch, dass Art. 121 BayStVollzG dabei mit der Aufgabe des Erwachsenenvollzugs in Art. 2 BayStVollzG[489] inhaltlich identisch ist.

In diesem Bereich bestehen – trotz eigentlich eindeutiger Zielvorgaben durch das BVerfG – deutlich sichtbare Unterschiede in den Gesetzesausführungen der Länder, weshalb im Folgenden zusammenfassend auf die Ausgestaltungen in den übrigen Ländern eingegangen wird.[490] Der Grund hierfür liegt vermutlich in der bereits seit Ende der 1990er Jahre herrschenden

---

487 Ostendorf, 2009a, 105.

488 Ostendorf, 2009a, 106.

489 In Art. 2 BayStVollzG (Aufgaben des Vollzugs) heißt es: „1Der Vollzug der Freiheitsstrafe dient dem Schutz der Allgemeinheit vor weiteren Straftaten. 2Er soll die Gefangenen befähigen, künftig in sozialer Verantwortung ein Leben ohne Straftaten zu führen (Behandlungsauftrag).“

490 Die Gesetze von Baden-Württemberg, Bayern, Hessen, Niedersachsen und Nordrhein-Westfalen sind auf den Internetseiten der jeweiligen Landesjustizministerien, der BMJ-Entwurf auf der Internetseite des BMJ zu finden.

Debatte über eine Aufweichung der in § 2 StVollzG entwickelten klaren begrifflichen Unterscheidung des Vollzugsziels der Wiedereingliederung in Satz 1 von der Aufgabe des Schutzes der Allgemeinheit in Satz 2. Die politische Debatte mündete Ende 2002 in einem Gesetzesentwurf des Landes Hessen, der die Sicherheitsaufgabe zu einem gleichwertigen Vollzugsziel aufwerten wollte und somit zwei gleichwertige Vollzugsziele vorsah, nämlich Sicherheit und Resozialisierung.[491] Da dieses Vorhaben damals allerdings auf Bundesebene gescheitert war, sahen sich einige Länder nach der Föderalismusreform dazu in der Lage, diesen Plan umzusetzen.

Genau wie in Bayern geben auch Baden-Württemberg und Hamburg dem Schutz der Allgemeinheit Vorrang, in dem sie die Sicherungsaufgabe vorweg normieren. Niedersachsen erhebt als einziges Land den Schutz der Allgemeinheit zum gleichwertigen Vollzugsziel. Die übrigen Länder belassen es in der Tendenz bei dem (aus § 2 StVollzG bekannten) vorrangigen Resozialisierungsziel und dem Schutz der Allgemeinheit als „gleichermaßen" zu beachtende Aufgabe.[492] Die m.E. als sachlich angemessenste Formulierung des GJVollz-E,[493] nämlich einerseits das Vollzugsziel in einer Zielvorschrift und andererseits die Sicherungsaufgabe bei den Gestaltungsgrundsätzen zu regeln, hat nur Nordrhein-Westfalen übernommen.

Insgesamt sind folgende drei Zielsetzungen zu unterscheiden: Mehrheitlich steht das künftige Legalverhalten im Mittelpunkt, wobei ergänzend von einem Erziehungsziel bzw. Erziehungsauftrag gesprochen wird. Der Schutz der Allgemeinheit wird weiterhin gleichrangig, in drei Bundesländern (Bayern, Baden-Württemberg und Hamburg) vorrangig, benannt.[494]

(3) Schutz der Allgemeinheit als Sicherungsaufgabe

Auffällig ist, dass alle Bundesländer im Unterschied zu den bisherigen gesetzlichen Regelungen zum Jugendstrafvollzug in § 91 JGG a.F.[495] den Aspekt des Schutzes der Allgemeinheit in ihre neuen gesetzlichen Regelungen aufgenommen haben. Bayern stellt diese Sicherungs-

---

491 BR-Drs. 910/02 vom 10.12.2002.

492 Dünkel/Pörksen, NK 2/2007, 55 ff.

493 Dort heißt es in § 2 GJVollz-E (Ziel des Vollzugs): „Ziel des Vollzuges der Jugendstrafe ist eine Lebensführung der Gefangenen ohne Straftaten." In § 3 Abs. 2 S. 2 GJVollz-E (Gestaltungsgrundsätze) ist die Sicherungsaufgabe geregelt: „Die Belange der Sicherheit der Anstalt und der Allgemeinheit sind zu beachten."

494 Ostendorf, 2009a, 107.

495 Alter Gesetzestext siehe Punkt C.I.1.a).bb).(1).

aufgabe sogar deutlich voran.[496] Daraus ließe sich schlussfolgern, dass der Schutz der Allgemeinheit primäres Vollzugsziel sein soll[497] und deshalb noch hinter der alten Regelung in § 91 JGG a.F. zurückfällt. Dort war der Schutz der Allgemeinheit zwar nicht wörtlich genannt, aber immanent aufgrund des Wesens des Strafvollzugs enthalten.

Ein Vergleich mit § 2 StVollzG zeigt jedoch, dass dieser Aspekt, noch deutlicher als im Erwachsenenvollzug, hinter dem Resozialisierungsziel zurücktrat. Durch die vermeintliche Höherstufung des Schutzes der Allgemeinheit als Aufgabe des Jugendstrafvollzugs, besteht die Gefahr, dass generalpräventive Gesichtspunkte in das Vollzugsziel einfließen, zumal eine Differenzierung zwischen Jugend- und Erwachsenenvollzug im BayStVollzG fehlt (vgl. Art. 2 und Art. 121 BayStVollzG). Generalprävention ist aber nach einhelliger Auffassung in der höchstrichterlichen Rechtsprechung wegen Unvereinbarkeit mit dem Erziehungsgedanken im Bereich des materiellen Jugendstrafrechts unzulässig, da mit der Verurteilung als solcher der Generalprävention ausreichend gedient ist.[498]

Erst auf den zweiten Blick und nach ausführlicher Auseinandersetzung wird deutlich, dass es sich bei dem Aspekt des Schutzes der Allgemeinheit lediglich um eine Vollzugsaufgabe und nicht um ein zweites Vollzugsziel handeln kann. Eine Gleichberechtigung oder gar Vorrangstellung von Sicherheitsinteressen gegenüber dem Vollzugsziel einer sozialen Integration ergibt sich daher nicht. Dem stehen auch die verfassungsrechtlichen Vorgaben für den Jugendstrafvollzug entgegen.[499]

Mit *„Allgemeinheit“* sind offensichtlich nur die Menschen außerhalb der Anstalt und nicht die Mithäftlinge und das Anstaltspersonal gemeint.[500] Für die Zeit der Inhaftierung macht der Aspekt des „Schutzes der Allgemeinheit“ daher – außer im Rahmen von Vollzugslockerungen[501] – wenig Sinn, da die hohen Gefängnismauern und guten Bewachungsmaßnahmen dafür Sorge tragen, dass keine Gefahr für die Bevölkerung ausgeht. Bedeutung kann dieser erst erlangen, wenn der Gefangene wieder in Freiheit entlassen wird und auf die Allgemeinheit trifft. Für die Zukunft, das heißt für die Zeit nach der Entlassung, ist jedoch die Resozialisie-

---

496 Siehe Punkt C.V.2.a).aa).(2).

497 Kamann, 2009, Rn. 767.

498 Eisenberg, ZJJ 2/2007, 153; BGH JR 54, 149; BGH 15, 224.

499 Eisenberg, 2009, § 92 Rn. 26.

500 Ostendorf, 2009a, 115.

501 Ausführungen dazu siehe nächste Seite.

rung des Straftäters bekanntlich der beste Opferschutz.[502] Nach der Entlassung bedingen sich folglich Resozialisierung und der Schutz der Allgemeinheit. Für die Zeit im Vollzug hat das BVerfG zudem auch keine Aussage zum Schutz der Allgemeinheit getroffen.[503] Das Gericht hat das Vollzugsziel ausdrücklich auf die Zukunft bezogen, indem es ausführt, *„dem Inhaftierten ein künftiges straffreies Leben in Freiheit zu ermöglichen."*[504] Dass nach Ausführungen des BVerfG der Schutz der Allgemeinheit kein weiteres Vollzugsziel darstellen soll und lediglich als Begründung des Ziels der Resozialisierung herangezogen wurde,[505] zeigt auch folgende Passage des Urteils: *„Zugleich folgt die Notwendigkeit, den Strafvollzug am Ziel der Resozialisierung auszurichten, auch aus der staatlichen Schutzpflicht für die Sicherheit aller Bürger. Zwischen dem Integrationsziel des Vollzugs und dem Anliegen, die Allgemeinheit vor weiteren Straftaten zu schützen, besteht insoweit kein Gegensatz."*[506]

Ein weiteres Argument, aus dem sich ableiten lässt, dass der Schutz der Allgemeinheit nicht als Vollzugsziel verstanden werden kann, ist die Heranziehung von § 2 Abs. 1 JGG n.F.: *„Die Anwendung des Jugendstrafrechts soll vor allem erneuten Straftaten eines Jugendlichen oder Heranwachsenden entgegenwirken. Zur Erreichung dieses Ziels sind die Rechtsfolgen und, soweit möglich, auch das Verfahren vorrangig am Erziehungsgedanken auszurichten."* Diese Vorgaben des Bundesgesetzgebers hat der Landesgesetzgeber bei der Ausgestaltung des Vollzugsziels nach Art. 31 GG zu beachten.

Wie bereits angedeutet, erlangt der Aspekt des Schutzes der Allgemeinheit während des Vollzugs nur Bedeutung im Rahmen von Vollzugslockerungen, Urlaubsgewährung und vorzeitiger Entlassung auf Bewährung. Dieser ist – wie bereits bei der Bedeutung des Vollzugsziels erwähnt – bei der Abwägung zu berücksichtigen, ob von dem Gefangenen eine Gefährdung für die Allgemeinheit ausgeht oder ob Vollzugslockerungen zu gewähren sind. Ein gleichrangiges oder gar vorrangiges Vollzugsziel des Schutzinteresses ist daraus aber nicht abzuleiten.[507] Vollzugslockerungen, Urlaubsgewährung und vorzeitige Entlassung auf Bewährung sind gerade Maßnahmen, die im Sinne einer positiven Resozialisierung erprobt werden müssen. Wenn der Gefangene dadurch Schritt für Schritt auf ein Leben in Freiheit vorbereitet

502 Ausführungen dazu siehe nächste Seite; vgl. auch Sonnen, ZJJ 2/2004, 209.

503 Arloth, FS 2/2007, 56.

504 BVerfG NJW 2006, 2095.

505 Eisenberg/Singelnstein, ZKJ 2007, 185.

506 BVerfG, NJW 2006, 2095.

507 Mindeststandards für den Jugendstrafvollzug, FS 2/2007, 51.

werden soll, so entspricht dies dem Resozialisierungsziel. Vertretbare Risiken, die bestehen, müssen auch im Hinblick auf den Integrationsgrundsatz hingenommen werden.[508]

Auch in der Vollzugspraxis hat die Neuformulierung des Vollzugsziels nach Aussagen der Anstaltsleitungen der bayerischen Jugendstrafanstalten keinerlei Auswirkungen auf die Gewährung von Lockerungen und stellt somit lediglich ein wissenschaftliches Problem dar.[509]

Insofern ist Art. 121 BayStVollzG dahingehend verfassungskonform auszulegen, dass der Schutz der Allgemeinheit nicht im Widerspruch zum Ziel einer sozialen Integration steht, sondern gerade durch die Integration erreicht wird.[510] Außerdem ist Satz 2 als Auftrag formuliert, was sich aus der Sollvorschrift und dem Klammerzusatz *„Erziehungsauftrag"* ergibt und enthält daher das alleinige Vollzugsziel. Satz 1 formuliert nur den jedem Vollzug immanenten Sicherungsauftrag, der sich aus einer erfolgreichen Resozialisierung ergibt. Dabei handelt es sich um eine bloße Aufgabe des Vollzugs.[511]

Art. 123 BayStVollzG, der die Behandlung im Vollzug regelt, verweist zudem ausdrücklich auf Art. 3 BayStVollzG und eben nicht auf den erst nachfolgenden Art. 4 BayStVollzG, der den Schutz der Allgemeinheit näher erläutert.[512] Die plakative Voranstellung des Schutzauftrags ist somit verfassungsrechtlich nicht bedenklich. Hinzu kommt noch, dass – wie bisher – nur das Vollzugsziel durch einen Klammerzusatz legaldefiniert wird.[513]

Bedauerlich ist allerdings, dass Bayern die Unterteilung in Vollzugsziel und Vollzugsaufgabe aufgegeben hat und stattdessen beide Aspekte unter der Überschrift *„Aufgaben"* erwähnt. Zwar scheint hier die im allgemeinen Strafvollzugrecht bestehende Begriffsproblematik einheitlicher gestaltet zu werden, jedoch ist unter den Formulierungen „Aufgabe" und „Ziel" Unterschiedliches zu verstehen. Unter einer Aufgabe versteht man die dauerhafte Verpflichtung der Verwaltung zum konkreten Handeln im Hinblick auf ein bestimmtes Ziel.[514] Sie steht im Verhältnis zum Ziel im Hintergrund.[515] Der Begriff des Ziels beinhaltet hingegen keine

---

508 Laubenthal, 2011, Rn. 174.

509 Vgl. Fragebogen JVA Laufen-Lebenau im Anhang.

510 Arloth, 2008a, Art. 121 BayStVollzG Rn. 1.

511 Arloth, 2008a, Art. 121 BayStVollzG Rn. 1.

512 Arloth, 2008a, Art. 2 BayStVollzG; anders Boers/Schaerff, ZJJ 4/2008, 322.

513 Arloth, GA 2008, 130.

514 Hoffmann, 1980, Sp.199/200.

515 Ostendorf, 2009a, 106.

konkrete Handlungsaufforderung, da hierdurch ein zukünftig angestrebter Zustand verstanden wird.[516]

Weiterhin ist problematisch, dass der Bayerische Gesetzgeber in bewusster Umkehr der bislang in § 2 StVollzG bestehenden Rangfolge den Schutz der Allgemeinheit als Einleitungssatz für die Regelungen des Jugendstrafvollzugs vor dem Resozialisierungsziel gestellt hat. Dies ergibt sich aus der Begründung dieser Regelung im bayerischen Regierungsentwurf: *„Der Normgeber [...] erwartet aber vom Jugendstrafvollzug nicht nur die Resozialisierung, sondern berechtigter Weise auch, dass die Allgemeinheit während der Dauer der Freiheitsentziehung effektiv vor dem Straftäter geschützt wird. Dies wird dadurch zum Ausdruck gebracht, dass der Schutz der Allgemeinheit [...] zum Einleitungssatz der Vorschriften über den Jugendstrafvollzug [...] erhoben wird. [...] Je nach den Eigenheiten des oder der einzelnen jungen Gefangenen, kann aber die eine oder andere Aufgabe (Resozialisierung bzw. Sicherung) stärker in den Mittelpunkt rücken.“*[517] Zugleich wird aber ausgeführt, dass es *„ausdrücklich nicht die Intention des Entwurfs“*[518] sein sollte, der Sicherungsaufgabe Vorrang vor der Resozialisierung zu gewähren.

(4) Bewertung

Festzuhalten bleibt, dass die Reihenfolge der bayerischen Formulierung der *„Aufgaben des Jugendstrafvollzugs“* nicht die geschickteste Lösung ist. Sie bietet viel Raum zur Diskussion und Interpretation, ist aber dennoch verfassungsrechtlich nicht zu beanstanden, da eine verfassungsrechtliche Auslegung vorgenommen werden muss, die das Resozialisierungsziel in den Vordergrund hebt. Bayern wollte noch vor der Bestimmung des Erziehungsziels ausdrücklich die kriminalpolitische Aufgabe des Schutzes der Allgemeinheit in seinem Gesetz festhalten. Im Hinblick auf die Entscheidung des BVerfG zur Notwendigkeit der gesetzlichen Normierung des Jugendstrafvollzugs[519] hätte es den Vorgaben des Gerichts besser entsprochen, wenn sich das Vollzugsziel ausdrücklich nur auf Individualprävention im Sinne einer Legalbewährung orientiert. Auch hätte es dem Rechtsanwender in der Praxis mit einer klaren Zielvorgabe

516 Diederich, 1988, Sp. 1856.

517 Bayerischer Landtag, Lt-Drs. 15/8101, 72.

518 Vgl. Fn. 517.

519 BVerfG NJW 2006, 2093 ff.

des Erziehungsziels besser gedient. Im Endeffekt entspricht die Regelung des Art. 2 BaySt-VollzG jedoch dem bisher in § 2 StVollzG geregelten Vollzugsziel.[520]

Die von der eigentlichen Thematik betroffenen jungen Gefangenen werden mit dieser *„quasi babylonischen Vollzugszielverwirrung"*[521] ohnehin wenig anfangen können. Sie interessiert vielmehr, wie sie den Jugendstrafvollzug am besten überstehen und am Ende vielleicht sogar noch vorzeitig entlassen werden können. Auswirkungen auf die vollzugliche Praxis hat die bayerische Formulierung ebenso wenig. Von den bayerischen Anstaltsleitungen wird der Streit um das vorrangige Vollzugsziel deshalb auch als *„rein akademischer Natur"* bezeichnet.[522] Sowohl der Schutz der Allgemeinheit als auch die Erziehungsaufgabe seien in der Praxis tragende und selbstständige Elemente des Vollzugs.[523] Die länderspezifischen Unterschiede werden sich daher auch am Ende in der Praxis wahrscheinlich als weniger gravierend herausstellen, als dies zunächst den Anschein haben mag.[524]

Rechtsschutz ist gegen die Vollzugsaufgabe des Schutzes der Allgemeinheit nicht direkt gegeben. Erst wenn eine konkrete Maßnahme (z.B. die Ablehnung von Vollzugslockerungen) mit dem Schutz der Allgemeinheit begründet wird, kann ein Antrag auf gerichtliche Entscheidung gestellt werden.[525]

(5) Erziehungsauftrag

Ziel des Jugendstrafvollzugs ist eine künftige Legalbewährung. So führte dies das BVerfG in seiner maßgebenden Entscheidung vom 31.5.2006[526] aus: *„Der Vollzug der Freiheitsstrafe muss auf das Ziel ausgerichtet sein, dem Inhaftierten ein künftiges straffreies Leben in Freiheit zu ermöglichen."* Das Mittel zur Erreichung dieses Ziels im Jugendstrafrecht ist Erziehung.[527] Dabei muss allerdings beachtet werden, dass die erzieherische Gestaltung nicht weiter geht, als dies für ein Leben ohne Straftaten unerlässlich ist.[528]

---

520 Arloth, 2008, 130.
521 Kamann, 2009a, 64.
522 Vgl. Fragebogen JVA Laufen-Lebenau, Fragebogen JVA Aichach im Anhang.
523 Vgl. Fragebogen JVA Laufen-Lebenau im Anhang.
524 Kamann, 2009a, 64 f.
525 Kamann, 2009a, 69.
526 BVerfG, NJW 2006, 2093 ff.
527 Walter, ZJJ 4/2003, 398.
528 Eisenberg, 2004, § 5 Rn. 3, 4.

Art. 121 Satz 2 BayStVollzG, der die jungen Gefangenen zum Legalverhalten in sozialer Verantwortung erziehen will, formuliert den Erziehungsauftrag.[529] Dadurch sollen junge Gefangene durch Erziehung während des Vollzugs in die Lage versetzt werden, nach der Entlassung Konflikte ohne Straftaten zu meistern und ihre Lebensbedürfnisse in legaler Form zu befriedigen. In der bayerischen Ausführung erhält der Begriff der Erziehung zudem einen selbständigen Stellenwert, da zu einem *„rechtschaffenen Lebenswandel"* in *„sozialer Verantwortung"* erzogen werden soll.[530] Die alleinige Erziehung zu einem Leben ohne Straftaten würde die Intention des Jugendstrafvollzugs nur zu knapp beschreiben. Ein Leben ohne Straftaten können nämlich auch diejenigen führen, die im Übrigen ohne Ziel und Plan in den Tag hineinleben, was wiederum die Rückfallgefahr steigert. Deshalb entspricht es dem angestrebten Ziel des Jugendstrafvollzugs am besten, wenn die Gefangenen zusätzlich zu einem rechtschaffenen Lebenswandel in sozialer Verantwortung erzogen werden. Ohne ein Gefühl der sozialen Verantwortlichkeit und ohne einen rechtschaffenen Lebenswandel erhöhe sich auch die Gefahr erneuter Straffälligkeit.[531] Für die bayerische Lösung spricht, diese beiden Begrifflichkeiten in das Vollzugsziel aufzunehmen. Zu bemängeln ist jedoch, wie bereits in den obigen Ausführungen angesprochen, dass das bayerische Gesetz an keiner Stelle explizit von Art. 121 S. 2 BayStVollzG als dem Vollzugsziel spricht. Stattdessen erscheint das Vollzugsziel als *„Erziehungsauftrag"* unter der Überschrift *„Aufgaben des Jugendstrafvollzugs"*.[532]

(a) Diskussion um den Begriff der „Erziehung"

Der Aussage von *Kreideweiß*, dass eine *„Auseinandersetzung mit den Grundsätzen des Jugendstrafvollzugs zuerst eine Auseinandersetzung mit dem Erziehungsprinzip* (ist)*"*,[533] ist zuzustimmen. Art. 121 Satz 2 BayStVollzG hält – anders als der GJVollz-E – ausdrücklich an dem soeben beschriebenen Erziehungsbegriff fest. Aber auch der GJVollz-E beansprucht in spezifischer Weise den Erziehungsbegriff.[534]

Der Begriff der Erziehung wird allerdings in der Sozialpädagogik und erziehungswissenschaftlich nicht einheitlich verstanden. Da seit jeher von verschiedensten Seiten Kritik daran geübt wird, bedarf es im Folgenden einer kurzen Erwähnung. Dabei ist jedoch zu beachten,

---

529 Ostendorf, 2009a, 116.

530 Vgl. Art. 121 S. 2 BayStVollzG.

531 Eisenberg, 2004, § 91 Rn. 23f.

532 Vgl. Art. 121 S. 2 BayStVollzG.

533 Kreideweiß, 1993, 21.

534 Vgl. ausführlich im folgenden Punkt.

dass der langjährige und bis heute noch nicht endgültig beendete Streit[535] um diesen Begriff der Erziehung im Jugendstrafrecht und zur Frage, ob das Jugendstrafrecht als solches erzieherisch wirken kann und soll,[536] im Jugendstrafvollzug allerdings nur eine untergeordnete Rolle spielt. Der Streit betrifft vielmehr das Jugendstrafverfahren und die mit der Verhängung der Jugendstrafe verfolgten Zwecke als den Jugendstrafvollzug.[537] In der Diskussion um den Erziehungsbegriff ging und geht es darum, ob und inwieweit die Verhängung jugendstrafrechtlicher Sanktionen auf Grund von *„schädlicher Neigung"* (§ 17 Abs. 2 JGG) sinnvoll sei und inwieweit die Sanktionen des Jugendstrafrechts überhaupt geeignet seien, solche Erziehungsmängel auszugleichen.[538] Dass hingegen der Jugendstrafvollzug erzieherisch Elemente aufweisen und die Zeit der Inhaftierung für eine schulische und berufliche Aus- und Fortbildung genutzt werden muss, zweifeln auch die meisten Autoren nicht an, die für die Ablösung des Erziehungsstrafrechts plädieren.[539] *Begemann* hat dies prägnant formuliert: *„Wir strafen nicht, um zu erziehen; doch wenn wir schon aus anderen Gründen strafen, nutzen wir die Gelegenheit, im Rahmen des Möglichen erzieherisch zu wirken."*[540] Jedoch strahlt die Kritik, die im Rahmen des Jugendstrafverfahrens und des Jugendstrafrechts geübt wird, auch im Ansatz auf den Jugendstrafvollzug aus. Aus diesem Grunde sollen kurz die Hauptargumente gegen den Erziehungsbegriff angeführt werden:[541]

So wurde kritisiert, dass der Begriff der Erziehung in verfassungsrechtlich bedenklicher Weise zu unbestimmt sei, da es keine gesetzliche Definition gebe, obwohl der Begriff das zentrale Element des Jugendgerichtsgesetzes ist.[542] In dieser Offenheit ergeben sich gerade die Schwäche und die Gefahr, da er sich für die jeweils herrschende Ideologie instrumentalisieren lasse.[543] *Gerken/Schumann* bezeichneten den Erziehungsgedanken sogar als *„trojanisches Pferd"*.[544] Der 64. Deutsche Juristentag hat sich den Kritikern in seinen Beschlüssen vom 19.9.2002 jedoch nicht angeschlossen, sondern ist der überwiegend von der DVJJ und der

535 Dazu Eisenberg, 2004, Einleitung Rn. 5.

536 Vgl. Ostendorf, NStZ 2006, 320.

537 Ausführliche Darstellung der Diskussion vgl. Tierel, 2008, 142 ff.

538 Walter in: Bereswill/Höynck, 2002, 188.

539 Ostendorf, 2009, Grdl. zu § 1 und 2 Rn. 4, 5.

540 Begemann, 1991.

541 Vgl. ausführlich Tierel, 2008, 142 ff.

542 Nothacker, 1985, 59.

543 Herz in: FestS für Schüler-Springorum, 1993, 297.

544 Gerken/Schumann, 1988, 7.

Wissenschaft und Praxis vertretenen Auffassung gefolgt, die sich fast einhellig für eine Beibehaltung des Erziehungsgedankens aussprachen.

Der Erziehungsauftrag dient als Leitprinzip für die Zielsetzung als auch für die Gestaltungsgrundsätze im Jugendstrafvollzug.[545] Erziehung in diesem Sinne bedeutet das Erlernen sozialer – auch strafrechtlicher Normen, nicht zuletzt auch durch den Vollzug der Strafe.[546] Sie soll die Vergeltungsidee aus der Jugendkriminalrechtspraxis vertreiben und gleichzeitig der biologischen und soziologischen Übergangssituation junger Menschen Rechnung tragen.[547] Von einer eigenen Definition hat der Bayerische Gesetzgeber angesichts des weitreichenden Spektrums an Interpretationen des Erziehungsbegriffs im BayStVollzG allerdings abgesehen, um den Begriff für neue wissenschaftliche Entwicklungen und Erkenntnisse offen zu halten (wie auch bei der *„Behandlung“* in Art. 3 BayStVollzG).[548] Es ist jedoch davon auszugehen, dass den Insassen in Jugendstrafvollzugsanstalten die grundlegendsten Verhaltensweisen fremd sind, welche die deliktfrei gebliebenen Jugendlichen durch Erziehung seitens des Elternhauses oder anderer Erziehungseinrichtungen wie Kindergarten und Schule erlernt haben. Das Elternhaus der jungen Gefangenen ist nicht selten geprägt von Alkoholismus, Arbeitslosigkeit, Disziplinlosigkeit und vor allem Gewalttätigkeit.[549] Gerade aber aufgrund der vielfach vorzufindenden Erziehungsdefizite ist es sinnvoll, vor allem bei minderjährigen Gefangenen, an der Erziehung weiter festzuhalten und die subsidiäre Erziehungspflicht des Staates nach Art. 6 Abs. 2 und 3 GG eingreifen zu lassen, um so die grundlegenden Voraussetzungen für ein sozialadäquates Miteinander zu schaffen.[550] Der Staat ist nicht nur berechtigt, sondern auch verpflichtet, die Pflege und Erziehung des Jugendlichen sicherzustellen. Daraus ergibt sich sogar ein Anspruch des Jugendlichen auf den Schutz des Staates.[551] Das bedeutet aber nicht, dass primär an den Defiziten der jungen Gefangenen anzusetzen ist, sondern Anknüpfungspunkt muss der entwicklungsfähige junge Mensch sein.[552] Sogar das Grundgesetz wählt in Art. 6 Abs. 2 und 3 den Begriff der Erziehung.

---

545 Vgl. auch Deutscher Juristentag 1995, AK II/6; DVJJ, 1996, 264.

546 Meier/Rössner/Schöch, 2003, § 1 Rn. 5a ff.

547 Vgl. Sonnen, StV 2005, 95.

548 Arloth, 2008a, Art. 121 BayStVollzG, Rn. 2; die Erziehungsaufgabe entspricht dabei in ihrer systematischen Stellung der Behandlungsaufgabe des allgemeinen Strafvollzugs.

549 Vgl. Arloth, 2008a, Art. 121 BayStVollzG, Rn. 2.

550 Arloth, 2008a, Art. 121 BayStVollzG, Rn. 2.

551 BVerfGE 24, 119, 144; BVerfGE 60, 79, 88.

552 Arloth, 2008a, Art. 121 BayStVollzG, Rn. 3.

(b) Förderungsauftrag als Alternative?

Der Erziehungsauftrag findet hingegen keine wörtliche Erwähnung im Entwurf des Bundesjustizministeriums vom 7.6.2006 (GJVollz-E). Stattdessen wird eine Förderung der Gefangenen verlangt, vgl. § 3 Abs. 1 GJVollz-E,[553] was dem Stand der Erziehungswissenschaften am ehesten entspricht.[554] Der Entwurf versteht die Förderung als eine Forderung an die Gefangenen, denn eine erfolgreiche Erziehung könne nur durch eine innere Beteiligung der Betroffenen stattfinden. Gründe hierfür liegen zum einen darin, dass der Begriff der Erziehung gesetzlich nicht definiert ist und daher unterschiedliche Auffassungen zu dessen Inhalt vertreten werden. Zum anderen bringe der Begriff der Förderung präziser und positiver zum Ausdruck, dass die Gefangenen im Jugendstrafvollzug aktiv an dem Prozess der persönlichen Weiterentwicklung mit dem Ziel der Übernahme von Eigenverantwortung unter Beachtung der Rechtsordnung mitarbeiten und nicht lediglich vollzugliche Maßnahmen hinnehmen sollen.[555] Auch in Anbetracht der Tatsache, dass die Klientel im Jugendstrafvollzug überwiegend aus volljährigen Straffälligen besteht,[556] dürfte der Begriff der Entwicklungsförderung eher auf Akzeptanz stoßen als der der Erziehung. Dadurch soll sich deren Ablehnung gegen staatliche Autorität zu Mitarbeitsbereitschaft und Einsichtsfähigkeit entwickeln.[557]

Mit dem Begriff der Förderung wird die Formulierung des § 1 SGB VIII aufgenommen, der jedem jungen Menschen,[558] und sei er auch in Haft, *„ein Recht auf Förderung seiner Entwicklung und auf Erziehung zu einer eigenverantwortlichen und gemeinschaftsfähigen Persönlichkeit“* gewährt. Es gibt auch zahlreiche Meinungen in der Wissenschaft und Praxis, die den Begriff der Förderung dem der Erziehung vorziehen und somit dem Bundesjustizministerium zustimmen.[559]

---

553 „Während des Vollzuges der Jugendstrafe sind alle Gefangenen in der Entwicklung von Fähigkeiten und Fertigkeiten sowie der Bereitschaft zu einer eigenverantwortlichen und gemeinschaftsfähigen Lebensführung in Achtung der Rechte anderer zu fördern“ (§ 3 Abs. 1 GJVollz-E).

554 Walter, ZJJ 3/2006, 238.

555 Begründung zum GJVollz-E, 15.

556 Ostendorf, 2009, Grdl. Zu den §§ 91-92 Rn. 4.

557 Ostendorf, 2009, Grdl. Zu den §§ 91-92 Rn. 4.

558 Vgl. § 7 Abs. 1 Nr. 4 SGB VIII.

559 Vgl. Walter, NK 3/2006, 95; DVJJ, ZJJ 2004, 209ff; Schwirzer, 2008, 55.; Dt. Richterbund in einer Stellungnahme zum Gesetzesentwurf, Juni 2004; anders Arloth, 2008a, Art. 121 Rn. 2 BayStVollzG: Arloth sieht die Förderung als zu unverbindlich an.

Zwar hat das Bundesjustizministerium in der Begründung zum Entwurf ausgeführt, dass damit keineswegs das Leitprinzip der Erziehung verabschiedet werden soll,[560] sondern sich der Entwurf eher dem Erziehungsgedanken verpflichtet sieht. Doch der Begriff der Förderung erscheint *„nüchterner, bescheidener und auch weniger ideologisch aufgeladen"* als die herkömmliche Formulierung.[561] Mit dem Begriff der Förderung sind daher auch erzieherische Maßnahmen gemeint, die aber von ihrer Reichweite und Dauer von vornherein als begrenzt gedacht sind. Auch werden dadurch überzogene Erwartungen an die Wirksamkeit des Aufenthalts im Jugendstrafvollzug vermieden und die Gefahr verringert, dass der Erziehungsgedanke dafür herangezogen werden kann, die Rechte und Handlungsräume der Jugendlichen weiter einzuschränken.[562]

In Anbetracht dessen, dass es keine gesetzliche Definition des Erziehungsbegriffes gibt und daher Unterschiedliches darunter verstanden wird, wurde er im „Dritten Reich" im Sinne des nationalsozialistischen Gedankengutes missbraucht. Aufgrund der negativen Anhaftung sollte der Begriff deswegen eher zurückhaltend verwendet werden. Soweit der Begriff der Erziehung isoliert, d.h. ohne den Zusatz zum Legalverhalten, verwendet wird, ist dies ohnehin abzulehnen. Denn auch die Zielsetzung im Jugendstrafrecht lehnt eines solche isolierte Verwendung ab, was in der fast einstimmigen Formulierung des deutschen Juristentages im Jahre 2002 hervortritt: *„Vorrangiges Ziel des Jugendstrafrechts ist es, den Jugendlichen zu einem Leben ohne Straftaten anzuhalten"*.[563] Schließlich ist im Hinblick auf die überwiegende Zahl von volljährigen Insassen[564] zu beachten, dass ihnen gegenüber selbst das elterliche Erziehungsrecht erloschen ist, worauf die sekundäre staatliche Erziehungsaufgabe aber aufbaut, Art. 6 Abs. 2 GG. Eine Erziehung von Erwachsenen würde daher einen Verstoß gegen das Selbstbestimmungsrecht und die Menschenwürde bedeuten.[565] Im Hinblick auf die Heranwachsenden im Jugendstrafvollzug kann es also nicht um Erziehung, sondern um Entwicklungsförderung gehen.

---

560 Begründung zum GJVollz-E 2004, 14.

561 Walter, NK 1/2005, 17.

562 Walter, NK 1/2005, 17.

563 www.berlit.de/020920_64DJT_Berlin_BeschluesseJugendstrafrecht.pdf; letzter Aufruf: 1.4.2010

564 Im Jahr 2004 waren fast 90 Prozent der Gefangenen im Jugendstrafvollzug volljährig, vgl. Ostendorf, 2009, Grdl. zu §§ 91-92 Rn. 4.

565 BVerfGE 22, 180.

(c) Fazit

Zusammenfassend kann festgehalten werden, dass zumindest eine isolierte Verwendung des Erziehungsbegriffs viel zu unscharf und für vielerlei Inhalte zur Interpretation offen ist. Die Aufnahme der Förderung in das Jugendstrafvollzugsgesetz verdient aufgrund der oben genannten Argumente Vorzug und steht für einen Fortschritt des Jugendstrafvollzugs. Der Förderungsgrundsatz ist daher als ein Schritt weg von der Behandlung des Gefangenen als „Defizitwesen" und hin zur Anknüpfung an seine Entwicklungsfähigkeit zu sehen.[566] Auch gerade in Anbetracht der Tatsache, dass unter dem Vorwand der Erziehung oftmals Sanktionen im Jugendstrafvollzug verhängt werden, spielen die Überlegungen zum Erziehungsgedanken im Jugendstrafvollzug eine Rolle.

Dennoch muss klar sein, dass damit der wichtige Leitsatz der Erziehung aus dem Vollzug der Jugendstrafe nicht verabschiedet werden soll. Auch § 2 JGG n.F. bekennt sich ausdrücklich zum Erziehungsgedanken als Leitmotiv. Ebenso wird in der Begründung zum GJVollz-E ausdrücklich betont, dass am Leitprinzip der Erziehung festgehalten wird. Zudem muss auch der bundeseinheitlich geltende Anspruch, der sich aus §§ 17 Abs. 2, 18 JGG ergibt *(„zur Erziehung"*, deren Dauer sich nach der *„erforderlichen erzieherischen Einwirkung"* richtet) beachtet werden, da sich an ihm die Vollzugsrealität und deren Folgewirkungen bemessen. Daher ist es auch zu bedauern, dass im GJVollz-E nicht der ganze § 1 SGB VIII übernommen wurde[567] und im ganzen Gesetzesentwurf der Erziehungsgedanke nicht einmal erwähnt wird. Eine Beschränkung auf die Förderung alleine reicht nämlich auch nicht aus, da so nicht sichergestellt wird, dass der Erziehungsgedanke auch wirklich das Leitprinzip darstellt.[568]

Der Begriff der Förderung sollte daher ebenfalls nicht isoliert verwendet werden, sondern als Mittel zu einer gelingenden Erziehungstätigkeit verstanden werden. Eine Ergänzung des Erziehungsbegriffs durch den der Förderung wäre daher die beste Variante. Dadurch würde sowohl der überwiegend volljährigen Klientel und deren altersspezifischen Bedürfnissen, als auch den minderjährigen Gefangenen, bei denen der Begriff der Förderung den der Erziehung nicht vollständig ersetzen kann, entsprochen.

566 Vgl. Walter, ZJJ 4/2003, 398.

567 § 1 Abs. 1 SGB VIII: „Jeder junge Mensch hat ein Recht auf Förderung seiner Entwicklung und auf Erziehung zu einer eigenverantwortlichen und gemeinschaftsfähigen Persönlichkeit."

568 Laubenthal/Baier/Nestler, 2010, Rn. 924.

(6) § 2 JGG n.F. als Wegweiser für den Vollzug der Jugendstrafe

In § 2 Abs. 1 JGG n.F. wird bestimmt, dass die Anwendung des Jugendstrafrechts vor allem erneuten Straftaten eines Jugendlichen oder Heranwachsenden entgegenwirken soll. Um dies zu erreichen, seien die Rechtsfolgen und das Verfahren unter Beachtung des elterlichen Erziehungsrechts vorrangig am Erziehungsgedanken auszurichten.

Der Gesetzgeber hat mit dem Zweiten Gesetz zur Änderung des Jugendgerichtsgesetzes vom 13.12.2007 das Hauptziel des Jugendstrafrechts gesetzlich geregelt und im Sinne einer Individualprävention[569] bestimmt. Damit ist Ziel des Jugendstrafrechts die Vermeidung der Rückfälligkeit der jungen Straftäter.[570] Auch mit der gesetzlichen Normierung des Ziels des Jugendstrafrechts hat der Gesetzgeber aber keineswegs das Erziehungsstrafrecht verabschiedet. § 2 Abs. 1 S. 2 JGG n.F. bestimmt ganz im Gegenteil, dass die Erziehung einen vorrangigen Stellenwert besitzt.[571]

Wenn schon der Erziehungsgedanke für die Verhängung der Jugendstrafe eine wesentliche Rolle spielt, so muss er für den Vollzug die beherrschende Rolle spielen und dort ganz im Vordergrund stehen.[572] So hat der Wegweiser des § 2 Abs. 1 JGG n.F. schließlich Einfluss auf den Vollzug der Jugendstrafe, auch wenn die Gesetzgebungskompetenz für den Strafvollzug nun bei den Ländern liegt, denn die Länder dürfen nicht von der bundesrechtlichen Pflicht befreit werden, die Gefangenen zu befähigen, künftig ein Leben ohne Straftaten zu führen.[573] Dadurch wird auch bestimmt, dass sich der Vollzug der Jugendstrafe an dem Hauptziel der Individualprävention ausrichten muss, auch wenn in den bayerischen Ausführungen der Schutz der Allgemeinheit an erster Stelle genannt wird.[574]

---

569 Die Individual- oder Spezialprävention wird traditionell wie folgt untergliedert: Positive Einwirkung auf den Täter im Sinne einer Besserung, Resozialisierung, Negative Einwirkung auf den Täter im Sinne einer individuellen Abschreckung, eines „Denkzettels“, sowie Sicherung des Täters auf Zeit durch Freiheitsentzug (vgl. Ostendorf, JGG, § 2 Rn. 5).

570 Ostendorf, 2009, § 2 Rn. 1.

571 Ostendorf, 2009, § 2 Rn. 5.

572 Hassemer, ZJJ 4/2004, 354.

573 Goerdeler/Pollähne, in: Goerdeler/Walkenhorst, 2007, 62.

574 Ostendorf, 2009, § 2 Rn. 8.

bb) Grundsätze der Vollzugsgestaltung, Art. 122 i.V.m. Art. 5 BayStVollzG

(1) Bedeutung

Die Vollzugsgestaltung steht im engen Zusammenhang mit dem Vollzugsziel und der Aufgabe des Vollzugs. Die Vorgabe eines bestimmten Ziels erfordert eine präzise Umsetzung der dahinter stehenden Erwartungen. Die Gestaltungsgrundsätze sind somit Wegweiser für den gesamten Vollzug und stellen für die Vollzugsbediensteten verbindliche Anweisungen dar.[575] Die Gefangenen selbst können daraus allerdings keine unmittelbaren Rechte herleiten.[576] Jedoch wird die Vorschrift als Ausdruck allgemeiner Gestaltungsprinzipien des Vollzugs bei der Auslegung unbestimmter Rechtsbegriffe sowie bei der Bewertung von Ermessensentscheidungen herangezogen.[577] Des Weiteren sind sie für die Gestaltung des Vollzugs im Rahmen der Hausordnung und bei Einzelentscheidungen zu berücksichtigen, die mit Rechtsbehelfen angegriffen werden können.[578]

(2) Die Gestaltungsgrundsätze für den Jugendstrafvollzug

(a) Darstellung der Gesetzeslage

Der Bayerische Gesetzgeber regelt die aus § 3 StVollzG bekannten Mindestgrundsätze des Strafvollzugs für den Jugendstrafvollzug nicht explizit in einem eigenen Artikel, sondern erklärt in Art. 122 BayStVollzG alle Vorschriften über den Vollzug der Freiheitsstrafe für entsprechend anwendbar, soweit in dem Abschnitt über den Jugendstrafvollzug nichts anderes geregelt ist. Somit gelten die Gestaltungsgrundsätze des Art. 5 BayStVollzG auch für den Vollzug der Jugendstrafe.

Art. 5 BayStVollzG legt drei allgemeine Grundprinzipien der Gestaltung des Vollzugs fest, mit deren Hilfe das Entstehen einer spezifischen Gefangenenidentität verhindert und der totalen Institution der Strafvollzugsanstalt entgegengewirkt werden soll. Durch die Einhaltung der Grundprinzipien soll versucht werden, den Anforderungen der Menschenwürde zu entsprechen und dadurch die Resozialisierung zu fördern, indem der Autonomie der Gefangenen, ihrer Mitwirkung und Mitbestimmung im Vollzug ein möglichst großer Freiraum eingeräumt

---

575 Arloth, 2008a, § 3 Rn. 1.

576 Arloth, 2008a, § 3 Rn. 1.

577 Callies/Müller-Dietz, 2008, § 3 Rn. 2.

578 Ostendorf, 2009a, 121.

wird.[579] Dies folgt auch aus dem Ultima-ratio-Grundsatz des Strafvollzugs. *Ostendorf* spricht hier von einem Minimalisierungsprinzip.[580] Das heißt, dass die Folgen, die durch den Vollzug entstehen können, möglichst klein zu halten sind. Besonders gilt es daher eine Deprivation und eine Prisonisierung so weit wie möglich auszuschließen. „***Deprivation*** *im Strafvollzug bedeutet den Verlust von Privatheit mit Einschluss von privaten Beziehungen, von Freundschaft und Liebe.* ***Prisonisierung*** *bedeutet eine Anpassungsstrategie an die von der Anstalt, aber vor allem von Mitgefangenen, von dominanten Gefangenengruppen bestimmten Verhaltensregeln, die häufig in Subkultur, dh in eine von gesellschaftlichen Verhaltensnormen abweichende Anstaltskultur einmünden. Der Prisonisierungseffekt ist eine besondere Form der Hospitalisation.*“[581]

Auch aus der Entscheidung des BVerfG vom 31.5.2006 geht hervor, dass sich der Staat besonders im Jugendstrafvollzug dazu verpflichtet sehen muss, die negativen Auswirkungen des Strafübels auf die Gefangenen so weit wie möglich zu mindern, denn „*auf den Jugendlichen wirkt die Freiheitsstrafe in einer Lebensphase ein, die auch bei nicht delinquentem Verlauf noch der Entwicklung zu einer Persönlichkeit dient, [....]. Indem der Staat in diese Lebensphase durch Entzug der Freiheit eingreift, übernimmt er für die weitere Entwicklung des Betroffenen besondere Verantwortung.*“[582]

Die Gestaltungsgrundsätze des Art. 5 BayStVollzG wurden nahezu wörtlich (abgesehen von der geschlechtsneutralen Sprache) aus § 3 StVollzG übernommen:

> „*(1) Das Leben im Vollzug soll den allgemeinen Lebensverhältnissen soweit als möglich* ***angeglichen***[583] *werden.*
> *(2) Schädlichen Folgen des Freiheitsentzugs ist* ***entgegenzuwirken***[584].
> *(3) Der Vollzug ist darauf auszurichten, dass er den Gefangenen hilft, sich in das Leben in Freiheit* ***einzugliedern***[585]. “

579 Ostendorf, 2009a, 121.
580 Ostendorf, 2009a, 122.
581 Ostendorf, 2009a, 122.
582 BVerfG, NJW 2006, 2095.
583 Hervorgehoben durch die Verfasserin.
584 Hervorgehoben durch die Verfasserin.
585 Hervorgehoben durch die Verfasserin.

(b) Angleichungsgrundsatz

Nach dem Angleichungsgrundsatz, auch Gleichstellungsgrundsatz genannt, soll das Leben im Vollzug den Bedingungen in der Freiheit soweit als möglich angeglichen werden.[586] Des Weiteren sollen die Gefangenen vor menschenunwürdigen Haftbedingungen geschützt werden.[587] Art. 5 Abs. 1 BayStVollzG knüpft an die Erreichung des Vollzugsziels an. Das Vollzugsziel wird am besten dadurch erreicht, dass zwischen den Vollzugsverhältnissen und den allgemeinen Lebensbedingungen eine möglichst geringe Abweichung besteht.[588]

Aus der Formulierung *„soll"* ergibt sich allerdings, dass der Gefangene daraus keine unmittelbaren Rechte herleiten kann.[589] Eine weitere Einschränkung ergibt sich auch aus der Formulierung *„soweit als möglich"*. Hierunter zählen zum einen Sicherheits- und Ordnungsaspekte, zum anderen auch finanzielle und organisatorische Grenzen. Beispielsweise gehören leistungsgerechte Entlohnung und Kommunikationsmöglichkeiten wie in der Freiheit nicht zu den üblichen Regelungen, die man im Vollzugsalltag vorfindet. Abgesehen von Vollzugslockerungen, Freizeitmöglichkeiten und Außenkontakten dürfte der Vollzug wohl eher sein herkömmliches Erscheinungsbild beibehalten. Stattdessen wird angesichts des offenen Wortlauts eine Angleichung zuungunsten der Gefangenen stattfinden, was in einigen Landesgesetzen des Strafvollzugs zu finden ist.[590] So regelt Bayern etwa in Art. 73, 152 Abs. 2 BayStVollzG eine Stromkostenbeteiligung für im Haftraum betriebene Geräte, was von der h.M. im Hinblick auf den Angleichungsgrundsatz als unzulässig erachtet wird.[591] Gleichwohl bezeichnen diejenigen Landesgesetzgeber, die solche Regelungen vorsehen, die Vorschrift als erzieherisch geboten und deswegen dem Angleichungsgrundsatz entsprechend zulässig.[592]

(c) Gegenwirkungsgrundsatz

Zugleich ist den schädlichen Folgen des Freiheitsentzugs entgegenzuwirken. Dieser Grundsatz ist deswegen von großer Bedeutung, weil bekannt ist, dass ein Freiheitsentzug in vielen

---

586 AK-Feest, 2006, § 3 Rn. 7.

587 Ein Widerspruch zum Angleichungsgrundsatz wäre z.B. die Unterbringung im Gemeinschaftsraum ohne abgetrenntes WC, Arloth, 2008a, § 3 Rn. 4.

588 AK-Feest, 2006 § 3 Rn. 4.

589 Arloth, 2008a, § 3 Rn. 5.

590 Vgl. Kamann, 2009a, 66.

591 AK-Feest, 2006, § 3 Rn. 10.

592 Diemer/Schoreit/Sonnen, 2008, 28 JStVollzG Rn. 6.

Fällen schädliche Wirkungen für die Betroffenen auslöst.[593] Eine Kompensierung während des Vollzugs hat daher so weit wie möglich stattzufinden.[594] Art. 5 Abs. 2 BayStVollzG richtet sich auch an diejenigen Gefangenen, bei denen das Vollzugsziel nicht erreicht werden kann, weil sie entweder resozialisierungsunfähig oder nicht resozialisierungsbedürftig sind.[595] Dem Gegenwirkungsgrundsatz wird nach der Entscheidung des BVerfG vom 31.5.2006 dadurch am besten Folge geleistet, indem besonders die jungen Gefangenen förderliche Kontakte sowohl innerhalb als auch außerhalb der Anstalt pflegen und aufrechterhalten, da sie typischerweise stärker unter der Trennung von ihrem gewohnten sozialen Umfeld und unter erzwungenem Alleinsein leiden.[596]

Ein großes Anliegen der Karlsruher Richter ist jedoch auch, die Gefangenen vor wechselseitigen Übergriffen zu schützen[597] um dadurch der Entstehung von Subkulturen und einem Klima wechselseitiger Gewalt im Vollzug entgegenzuwirken. Gleich an fünf Stellen betont das BVerfG den Schutz der Gefangenen vor wechselseitiger Gewalt,[598] der dadurch zu einem der wichtigsten Grundsätze des Vollzugs wird. Haftbedingungen, die Gewaltfreiheit begünstigen, sind folglich zu schaffen, was nach derzeitigem Erkenntnisstand am besten durch kleinere Wohngruppen, aber auch durch Einzelhafträume zum Aufbau einer Privatsphäre sowie Trainingskurse zur Einübung gewaltfreien Verhaltens ermöglicht werden kann.[599]

(d) Eingliederungsgrundsatz

Schließlich ist der Vollzug danach auszurichten, dass der Gefangene sich nach Entlassung wieder in einem Leben in Freiheit zurechtzufinden kann.[600] Der gesamte Vollzug muss also auch die spätere Entlassung beachten, was durch einen möglichen Erhalt der bereits vorhandenen Wohnung bzw. einer Unterstützung bei der Wohnungssuche schon aus dem Vollzug heraus als auch der Ermöglichung und Aufrechterhaltung von Kontakten zu Personen außerhalb der Anstalt geschehen kann. [601] Auch das BVerfG schreibt zur Unterstützung des Wie-

593 AK-Feest, 2006, § 3 Rn. 16.
594 AK-Feest, 2006, § 3 Rn. 17.
595 Arloth, 2008a, § 3 Rn. 6.
596 BVerfG, NJW 2006, 2096.
597 BVerfG, NJW 2006, 2096.
598 BVerfG, NJW 2006, 2093ff.
599 Kamann, 2009a, 67.
600 Vgl. auch BVerfG, NJW 2006, 2095.
601 Arloth, 2008a, Art. 121 Rn. 3 BayStVollzG

dereingliederungsgrundsatzes eine *„angemessene Hilfe für die Zeit nach Entlassung durch eine verzahnte Entlassungsvorbereitung“*[602] vor. Beispielhaft für die Umsetzung in den bayerischen Ausführungen sei Art. 127 Abs. 3 BayStVollzG angeführt, der die Einbeziehung ehrenamtlicher Betreuer in die vollzugliche Arbeit mit jungen Gefangenen vorschlägt.[603] Im Vergleich zu den Ausführungen anderer Länder hat Bayern im Hinblick auf den Eingliederungsgrundsatz allerdings eine „abgeschwächte“ Form gewählt. Es fehlt in Art. 5 Abs. 3 BayStVollzG der ausdrückliche Hinweis, dass die Integration schon von Anfang an anzustreben ist, was schon für die Vollzugsplanung von Bedeutung ist.[604]

(e) Weitere Grundsätze der Vollzugsgestaltung

Neben der Beachtung der drei festgeschriebenen Vollzugsgrundsätze spielt der Auftrag der erzieherischen Gestaltung des Vollzugs eine wichtige Rolle, wobei die Erziehung auf das Ziel der sozialen Integration auszurichten ist.[605] So sollten alle Gefangenen während des Vollzugs der Jugendstrafe in der Entwicklung von Fähigkeiten und Fertigkeiten sowie der Bereitschaft zu einer eigenverantwortlichen und gemeinschaftsfähigen Lebensführung in Achtung der Rechte anderer erzogen und gefördert werden.[606] Der Bayerische Gesetzgeber hat es leider unterlassen, diesen Gestaltungsgrundsatz – im Gegensatz zu anderen Ländern[607] – explizit in das Gesetz aufzunehmen, obwohl das BVerfG in seiner Entscheidung vom 31.5.2006 eine Konkretisierung des erzieherischen Konzepts durch den Gesetzgeber vorgeschrieben hat.[608]

Des Weiteren wird vorgegeben, dass die personelle Ausstattung, die sachlichen Mittel und die Organisation am Erziehungsauftrag und an den besonderen Bedürfnissen junger Gefangener auszurichten sind, Art. 124 BayStVollzG, wodurch einem Diktat der Finanzminister vorgebeugt werden soll.[609] Die Gesellschaft kann es sich gerade nicht leisten, beim Jugendstrafvollzug zu sparen, weil die hierfür eingesetzten Finanzmittel eine Investition darstellen, die weit

602 BVerfG, NJW 2006, 2096.

603 Näheres zum Thema „Entlassung“ unter Punkt C.V.2.e).ee).

604 Ostendorf, 2009a, 122; vgl. § 3 Abs. 2 S. 4 GJVollz-E 2006.

605 Vgl. ausführlich bereits unter Punkt C.V.2.a).

606 Vgl. § 3 Abs. 1 des GJVollz-E 2006.

607 Vgl. beispielsweise § 3 Abs. 1 JStVollzG Bln.u.a., § 114 Abs. 1 JStVollzG Nds; § 3 Abs. 1 GJVollz-E 2006.

608 BVerfG, NJW 2006, 2097.

609 Ostendorf, 2009a, 123.

in die Zukunft reichen.[610] Folgende Passage des Urteils des BVerfG ist daher von besonderer Bedeutung für die Umsetzung in Art. 124 BayStVollzG gewesen: *„So hat er* (der Staat)[611] *durch gesetzliche Festlegung hinreichend konkretisierter Vorgaben Sorge dafür zu tragen, dass für allgemein als erfolgsnotwendig anerkannte Vollzugsbedingungen und Maßnahmen die erforderliche Ausstattung mit den personellen und finanziellen Mitteln kontinuierlich gesichert ist."*[612] Als Grundlinien werden neben der intensiven personellen Betreuung, eine zukunftsorientierte Auseinandersetzung mit den eigenen Straftaten und ihren Folgen, schulische Bildung, berufliche Qualifikation, arbeitstherapeutische Angebote sowie soziale Rehabilitation angesehen, wofür den Bediensteten auch die erforderlichen Sachmittel für die Erziehung und Behandlung zur Verfügung stehen müssen.[613]

(3) Bewertung

Die gesetzliche Fixierung der aus dem Erwachsenenstrafvollzug bekannten Grundsätze der Vollzugsgestaltung ist insgesamt zu begrüßen. Bzgl. des Angleichungsgrundsatzes bleibt allerdings unklar, an welche Verhältnisse des Lebens in Freiheit die Vollzugsrealität anzupassen ist. Oftmals wäre eine Angleichung an die früheren Lebensverhältnisse der jungen Insassen gerade nicht erwünscht und wäre zudem sogar kontraproduktiv im Hinblick auf die Erreichung des Vollzugsziels. Folgerichtig enthält Art. 5 Abs. 1 BayStVollzG auch keine Verpflichtung der Angleichung. Durch die Normierung des Gegensteuerungsgrundsatzes in Art. 5 Abs. 2 BayStVollzG wird das BayStVollzG der Forderung des BVerfG gerecht, welches in seiner Entscheidung zur Verfassungswidrigkeit des Jugendstrafvollzugs die Bedeutung des Gegensteuerungsgrundsatzes für den Jugendstrafvollzug besonders betonte.[614] Im Hinblick auf die Festschreibung des Eingliederungsgrundsatzes ist anzumerken, dass dem BaySt-VollzG diesbezüglich die sprachliche Schärfung dahingehend fehlt, dass von Anfang an auf eine Wiedereingliederung hingearbeitet werden sollte.

---

610 Arloth, 2008a, Art. 124 Rn. 1 BayStVollzG.

611 Ergänzung durch die Verfasserin.

612 BVerfG, NJW 2006, 2096.

613 Vgl. Arloth, 2008a, Art. 124 Rn. 2 BayStVollzG.

614 BVerfG, NJW 2006, 2096.

cc) Mitwirkung der Gefangenen zur Erfüllung des Erziehungsauftrags, Art. 123 Abs. 2 BayStVollzG

Aufgrund der Bedeutung für das Vollzugsverhältnis der Gefangenen soll an dieser Stelle die Mitwirkungsverpflichtung der jungen Gefangenen erörtert werden, deren Aufnahme in die Jugendstrafvollzugsgesetze der Länder höchst umstritten war.[615] Die Diskussion um die Mitwirkungspflicht ist dabei jedoch nicht neu. Schon bei der Entstehung des StVollzG war sie in den Entwürfen enthalten.[616] Das BVerfG hat in seiner Entscheidung vom 31.5.2006 diesbezüglich aber keine ausdrücklichen Vorgaben gegeben.

(1) Darstellung der Gesetzeslage

Art. 123 Abs. 2 BayStVollzG enthält unter der Überschrift *„Behandlung im Vollzug der Jugendstrafe"* eine allgemeine Mitwirkungspflicht der jungen Gefangenen an der Erfüllung des Erziehungsauftrags. Darin heißt es:

> *„Die jungen Gefangenen sind verpflichtet, an der Erfüllung der Erziehungsaufgabe mitzuwirken."*

Alle Landesgesetze haben übereinstimmend eine derartige Pflicht[617] des jungen Gefangenen in ihre Ausführungen aufgenommen, nachdem im Vorfeld der Gesetzgebung zum Jugendstrafvollzug die Frage nach der Mitwirkungspflicht der jungen Gefangenen ausführlich diskutiert und von den Fachverbänden vor allem aus verfassungsrechtlichen Gründen energisch abgelehnt worden war.[618]

Diese Mitwirkungsverpflichtung im Jugendstrafvollzug stellt zudem eine Abweichung zu § 4 StVollzG des Bundes sowie zu den Regelungen des Erwachsenenvollzugs der Länder dar. Nach § 4 Abs. 1 StVollzG wirkt der Gefangene an der Gestaltung seiner Behandlung und an

---

615 Tondorf, 2006, Fn. 23; Walter, NK 1/2005, 17.

616 BT-Drs. 07/018.

617 Die meisten Gesetze verlangen eine Mitwirkung an der Erreichung des Vollzugsziels (§ 4 Abs. 1 JStVollzG NRW, § 114 Abs. 2 NJVollzG, § 4 Abs. 1 BremJStVollzG); anderswo besteht eine entsprechende Pflicht hinsichtlich des Erziehungsauftrags (§ 4 HessJStVollzG). In Sachsen „obliegt" den Gefangenen die Mitwirkung, § 4 SächsJStVollzG und in Baden-Württemberg sind die Gefangenen an der Mitwirkung nicht nur verpflichtet, sondern auch berechtigt, § 23 Abs. 1 JStVollzG BW. Die Formulierung der Mitwirkungspflicht ist im Ergebnis gleichgültig, denn an ihrem Charakter als vollzugliche Pflicht besteht kein Zweifel, vgl. Kamann, 2009a, 71.

618 DVJJ, FS 2/2007, 51; zur ausführlichen Darstellung siehe nächster Punkt.

der Erreichung des Vollzugsziels mit, wobei seine Bereitschaft zu wecken und zu fördern ist. Daraus ergibt sich aber nach der h.M.[619] keine Pflicht, an der Behandlung im Vollzug aktiv mitzuwirken. Nach Meinung des Gesetzgebers von 1976 darf der Gefangene im Hinblick auf seine Menschenwürde nicht zum bloßen Objekt behördlicher Bemühungen gemacht werden.[620] § 4 Abs. 1 StVollzG ist vielmehr als Aufforderung zur Mitwirkung zu verstehen, worauf auch § 4 Abs. 1 S. 2 StVollzG[621] hindeutet, da angesichts der vielfachen Verweigerungen daraus eine Vollzugswirklichkeit nicht beschrieben werden kann.[622] Nur wenn die mangelnde Mitwirkung ein Signal für Flucht und Missbrauch bei Lockerungen setzt, sollen an sie Sanktionen geknüpft werden können.[623] Auch wenn dies widersprüchlich erscheint und wenn Langzeitbesuche nach einer Meinung in der Rechtsprechung[624] nur mitwirkungsbereiten Gefangenen vorbehalten bleiben sollen, bleibt der Grundsatz, dass im allgemeinen Strafvollzug generell eine Mitwirkungspflicht an der Erreichung des Vollzugsziels mehrheitlich verneint und für unzulässig gehalten wird, bestehen.

Bayern hat die Mitwirkungspflicht im Jugendstrafvollzug zudem im Unterschied zu seiner Regelung für den Erwachsenenvollzug im BayStVollzG gestaltet. Art. 6 Abs. 1 BayStVollzG stellt nämlich lediglich einen Appell zur Mitwirkung an der Behandlung dar, in dem es heißt: *„Die Gefangenen **sollen**[625] an der Gestaltung ihrer Behandlung und an der Erfüllung des Behandlungsauftrags mitwirken."* Art. 6 Abs. 1 BayStVollzG lehnt sich dabei an § 4 StVollzG an, der fast wörtlich übernommen wurde. In den Ausführungen zur Begründung zum Bayerischen Gesetzesentwurf[626] wird außerdem deutlich, dass damit eine absichtliche Abweichung des Jugend- vom Erwachsenenstrafvollzug gewollt war. So wird darin ausgeführt: *„Während in Art. 6 Abs. 1 an erwachsene Strafgefangene lediglich ein Appell zur Mitwirkung an der Behandlung ergeht, wird dem jungen Gefangenen in Abs. 2 unmissverständlich klargemacht, dass das Gesetz ein bloßes Absitzen der Jugendstrafe nicht duldet."* Begründet wird dies mit der erzieherischen Notwendigkeit im Jugendstrafvollzug.[627]

---

619 AK-Feest, 2006 § 4 Rn. 5; S/B/J/Böhm, StVollzG, § 4 Rn. 4; OLG Celle, ZfStrVo 1985, 374;
620 Walter, NK 1/2005, 17.
621 „Seine Bereitschaft hierzu ist zu wecken und zu fördern."
622 Laubenthal, 2011, Rn. 238.
623 Schwind/Böhm/Jehle, 2005, § 4 Rn. 9.
624 OLG Stuttgart, StraFo 2004, 107.
625 Hervorgehoben durch die Verfasserin zur besseren Verdeutlichung.
626 Begründung zum bayerischen Gesetzesentwurf, 96.
627 Ostendorf, in: Goerdeler/Walkenhorst, 2007, 110.

Den Landesgesetzen diente § 4 des Entwurfs des Gesetzes zur Regelung des Jugendstrafvollzuges des Bundes vom 28.4.2004 und der GJVollz-E 2006 des BMJ (§ 4 GJVollz-E: *„Die Gefangenen sind verpflichtet, an der Erreichung des Vollzugsziels mitzuwirken.“)*[628] als Vorlage.

Von der allgemeinen Mitwirkungsverpflichtung des Art. 123 Abs. 2 BayStVollzG sind wiederum die Einzelverpflichtungen zu unterscheiden, die ausdrücklich in den Landesgesetzen aufgezählt sind. Bayern hat in Art. 123 Abs. 3 BayStVollzG die Mitwirkung für einen bestimmten Teilbereich konkretisiert:

> *„[1]Die jungen Gefangenen sind während der Arbeitszeit zur Teilnahme an schulischen und beruflichen Maßnahmen oder speziellen Maßnahmen zur Förderung ihrer schulischen, beruflichen oder persönlichen Entwicklung oder zur Arbeit, arbeitstherapeutischen oder sonstigen Beschäftigung verpflichtet, soweit sie dazu körperlich und geistig in der Lage sind. [2]Bei gleichermaßen geeigneten Maßnahmen zur Erfüllung des Erziehungsauftrags hat die Ausbildung Vorrang.“*

In Satz 1 wird aufgeführt, an welchen Maßnahmen sich junge Gefangene während der Arbeitszeit zu beteiligen haben. Satz 2 enthält einen Ausbildungsvorrang gegenüber der Arbeit, wenn beide Maßnahmen für einen jungen Gefangenen vorhanden und gleichermaßen geeignet sind. Mit dem Ausbildungsvorrang reagierte der Bayerische Gesetzgeber auf eine Erhebung in Bayern, die besagt, dass im ersten Halbjahr 2006 insgesamt 71 Prozent der männlichen jungen Gefangenen und 80 Prozent der weiblichen jungen Gefangenen in Bayern bei Haftantritt nicht über eine abgeschlossene Berufsausbildung verfügten.[629]

Daneben sind im Gesetz an unterschiedlichen Stellen konkrete Pflichten der Gefangenen festgelegt. Beispielhaft sei die Pflicht zur Teilnahme und zur Mitwirkung an Freizeitangeboten (Art. 152 Abs. 1 BayStVollzG), die Pflicht zur Einhaltung von Sicherheit und Ordnung (Art. 154 BayStVollzG) und die Pflicht zum Gesundheitsschutz und zur Hygiene (Art. 151 Abs.1 BayStVollzG) genannt. Weitere Verpflichtungen können sich auch durch Einzelanweisung und durch die jeweilige Hausordnung ergeben. Entscheidend ist dabei, dass das Vollzugsziel immer beachtet werden muss.[630]

---

628 Ausführlich bereits unter Punkt C.III.2.a).

629 Eisenberg, 2007, § 91 Rn. 19.

630 Diemer/Schoreit/Sonnen, 2008, § 4 JStVollzG, Rn. 4.

(2) Einwände und kritische Betrachtung

Zur Realisierung des Vollzugsziels ist zweifelsohne die Mitwirkung des Gefangenen als eigenverantwortliche Persönlichkeit des Strafvollzuges erforderlich.[631] Gegen den Willen der Gefangenen werden viele Bemühungen scheitern. Die Frage ist nur, wie diese so notwendige Mitarbeit erreicht werden kann.

Den Gesetzgebern war bewusst, dass die Gefangenen wohl in den seltensten Fällen von vornherein freiwillig zu einer Mitwirkung bereit sind. Jeder Gefangene befindet sich schließlich nicht freiwillig im Vollzug. Deshalb wollten die Gesetzgeber dieser Abwehrhaltung durch eine gesetzlich geregelte aktive Pflicht entgegenwirken. Zunächst scheint eine Mitwirkungsverpflichtung am Erziehungsauftrag und an einer Lebensführung ohne Straftaten auch selbstverständlich zu sein, denn diese Verpflichtung trifft auch jeden Menschen in Freiheit.

Gegen die speziellen Mitwirkungspflichten bestehen auch keinerlei Einwände. Vielmehr sind sie zum reibungslosen Vollzugsablauf erforderlich. Diese sind notwendigerweise zu beachten und müssen disziplinarrechtliche Folgen auslösen. Berechtigte Bedenken bestehen allerdings an der allgemeinen Pflicht zur Mitwirkung am Erziehungsauftrag bzw. am Vollzugsziel.[632]

(a) Pädagogische Bedenken

Tiefgreifende Bedenken einer zwangsweisen Mitarbeit an der eigenen Erziehung bestehen zunächst aus pädagogischer Sicht. Da die überwiegende Anzahl der jungen Gefangenen auf ihrem bisherigen Lebensweg meist nicht zu einer aktiven Mitarbeit angehalten wurden, sie vielmehr „in den Tag hineinlebten“ und ohnehin ablehnend gegen Instanzen der Erwachsenen, die „etwas zu sagen haben“, reagieren,[633] kann eine solche Verpflichtung kaum Erfolge bringen, sondern wird eher das Gegenteil bewirken.[634] Die innere Abblockung wird durch eine aktive Pflicht, deren Nichterfüllung Disziplinarmaßnahmen zur Folge hat, noch intensiviert werden. Dadurch werden die jungen Gefangenen oftmals zu einer scheinbaren, d.h. zu

631 Diemer/Schoreit/Sonnen, 2008, § 4 JStVollzG, Rn.1.

632 Vgl. Punkt C.III.3; Sonnen, NK 2/2007, 51; DVJJ, ZJJ 1/2007, 94.

633 Ostendorf, 2009a, 119.

634 Walter, ZJJ 3/2006, 240; anderer Meinung ist Arloth, 2008a, Art, 123 BayStVollzG Rn. 2: Eine erzwungene Mitarbeit wirke keineswegs kontraproduktiv, da den jungen Gefangenen klar gemacht werden könne, dass das Gesetz ein bloßes Absitzen der Jugendstrafe nicht dulde. Den Gefangenen werde eine breite Palette an Erziehungsmaßnahmen geboten, die eben nicht nur Angebotscharakter haben, sondern auch erwarten lassen, dass sich die jungen Gefangenen darauf einlassen.

einer äußeren Mitarbeit bei weiter ablehnender Einstellung, verleitet, um den Disziplinarmaßnahmen zu begegnen. Die Folge ist eine „Scheinresozialisierung“ und einer an der Erreichung des vollzuglichen Erziehungs- und Sozialisationsziels nicht förderlichen Anpassungsstrategie.[635] Diese Gefangenen, welche sich so in besonderem Maße an den Vollzug angepasst haben, werden nach wissenschaftlichen Erkenntnissen oftmals sogar häufiger wieder rückfällig.[636] Der Grund dafür ist, dass sie für das Gefängnis erzogen wurden und nicht für das Leben in Freiheit, in der andere Lebenssituationen herrschen. Außerhalb des Vollzugs finden sie keine Ordnung mehr und unterliegen daher schneller wieder den negativen Einflüssen der Freiheit.

Zwar ist es durchaus möglich, dass mit der Zeit die innere Abblockung aufgelöst wird und der junge Gefangene seinen eigenen Nutzen einer solchen Strategie erkennt. Die erhoffte Einsicht wird jedoch eher durch eine freiwillige, dem Erziehungsgedanken entsprechende Mitarbeit, erreicht werden.[637] Statt den jungen Gefangenen von Anfang an eine Rechtspflicht zur Mitwirkung aufzuerlegen, kommt es vielmehr darauf an, auf den einzelnen Gefangenen mit individualisierten Angeboten zuzugehen und zu versuchen, diesen zur Mitarbeit zu motivieren.

Eine Möglichkeit bietet eine belohnungsorientierte Vollzugsausrichtung, welche nach gesicherten Erkenntnissen devianzreduzierend wirkt.[638] Je häufiger die Aktivität einer Person belohnt wird, desto wahrscheinlicher wird sie diese Aktivität ausführen.[639] Da ein Belohnungssystem[640] die größere Wahrscheinlichkeit bietet, dass junge Gefangene ihr Verhalten positiv verändern, sollte eher auf eine repressive Vollzugspraxis verzichtet werden, die ohnehin im Widerspruch zum Erziehungsauftrag steht, und statt eines strafenden Systems besser ein Bonussystem eingeführt werden. So setzt der Vollzug auch nicht mehr an den Schwächen der Gefangenen an, sondern konzentriert sich auf seine Stärken und ermöglicht Erfolgserlebnisse der jungen Insassen.[641] Die zwangsweise Mitwirkung widerspricht somit sowohl den Er-

635 Laubenthal, 2011, Rn. 869.

636 Walter, MSchrKrim 2003, 286.

637 Ostendorf, 2009a, 119.

638 Wiswede, 1979, 169.

639 Wiswede, 1979, 168.

640 Ein Belohnungssystem sehen die Länder Baden-Württemberg (§ 22 Abs. 7), Bremen (§ 4 Abs. 2), Hessen (§ 4 Abs. 2) vor.

641 Tierel, 2008, 170.

kenntnissen der Pädagogik als auch dem SGB VIII, welche auf erzieherische Angebote setzen.[642]

(b) Verfassungsrechtliche Einwände

Einer Mitwirkungspflicht begegnen zudem die folgenden verfassungsrechtlichen Bedenken:

(aa) Verstoß gegen das Schlechterstellungsverbot

Wie bereits ausgeführt, befindet sich die Regelung des Art. 123 Abs. 2 BayStVollzG im Widerspruch zum Recht der Mitwirkung an der Gestaltung des Vollzugs nach § 4 Abs. 1 StVollzG.[643] Art. 123 Abs. 2 BayStVollzG geht folglich über § 4 Abs. 1 StVollzG hinaus und stellt daher einen eindeutigen Rückschritt in der Vollzugsgesetzgebung dar. Wie bereits erwähnt, findet sich eine Mitwirkungspflicht zwar schon in den Entwürfen zum StVollzG, welche jedoch keine Umsetzung im späteren StVollzG fand, da der Gesetzgeber damals erkannte, dass eine Mitwirkungspflicht nicht erzwingbar ist und der Gefangene nicht zum bloßen Objekt der Behandlung degradiert werden kann.[644]

Die Regelung im BayStVollzG führt daher vor dem Hintergrund des Gleichheitsgrundsatzes gemäß Art. 3 GG zu einer unzulässigen Schlechterstellung der Gefangenen im Jugendstrafvollzug im Vergleich zu den Gefangenen im Erwachsenenvollzug. Das Verbot der Schlechterstellung Jugendlicher gegenüber Erwachsenen in vergleichbarer Verfahrenssituation verlangt, dass die Rechtsstellung des Jugendstrafgefangenen mindestens derjenigen von Freiheitsstrafgefangenen entsprechen muss.[645] Daher dürfen die Rechte des Jugendstrafgefangenen auch nicht aus erzieherischen Gründen stärker eingeschränkt werden, als dies aus Gründen des Vollzugsziels der Freiheitsstrafe zulässig ist.[646] Es muss vielmehr ein sachlicher Grund vorliegen, um nicht willkürlich zu gelten. [647] Gerade dies erfolgt jedoch bewusst im BayStVollzG, was sich aus der Gesetzesbegründung ergibt. Der Unterschied zwischen Art. 6 Abs. 1 und Art. 123 Abs. 2 BayStVollzG wird mit der erzieherischen Notwendigkeit begründet. Dabei soll jedoch nicht verkannt werden, dass sich das Regelsystem des Jugendstrafvollzugs aufgrund der spezifischen Ausformung und Zielsetzung ganz bewusst vom Er-

642 Ostendorf, 2009a, 119.
643 Walter, NK 1/2005, 17.
644 BT-Drs. 07/3998, 6.
645 Eisenberg, 2009, § 92 Rn. 5.
646 Eisenberg, 2009, § 92 Rn. 5
647 Eisenberg, 2009, § 92 Rn. 45.

wachsenenvollzug abhebt. Das muss aber auch bedeuten, dass auf der anderen Seite derjenige, auf den Jugendstrafrecht angewendet wird, nicht besser und auch nicht schlechter gestellt werden darf, sondern eben nur anders behandelt wird.[648]

Ganz anderer Meinung hingegen ist *Arloth*, der die Notwendigkeit einer Mitwirkungspflicht mit dem besonderen Erziehungsauftrag beim Vollzug der Jugendstrafe begründet und folglich darin keinen Verstoß gegen das Schlechterstellungsverbot sieht. Der Erziehungsauftrag erfordere spezifische Duldungspflichten und Mitwirkungspflichten, welche über die des Erwachsenenvollzugs hinausgehen.[649] Diese Ansicht kann m.E. aufgrund der oben aufgeführten Gegenargumente allerdings weniger überzeugen.

(bb) Verstoß gegen das Autonomieprinzip

Aus verfassungsrechtlicher Sicht ist es darüberhinaus bedenklich, dass ein Gefangener aus Anlass von Straftaten und durch Strafurteil zur aktiven Mitarbeit an seiner eigenen Erziehung verpflichtet wird.[650] Der Gefangene muss an seiner eigenen Bestrafung mitwirken, was gegen die Menschenwürde verstößt. Allenfalls hat der Gefangene dies passiv zu dulden. Er muss die Möglichkeit haben, die Strafe für sich abzulehnen, wenn er sie als ungerecht empfindet.[651] Dies sollte im Hinblick auf das oberste Menschenbild unserer Verfassung respektiert werden.[652] Auch aus den Mindeststandards zum Jugendstrafvollzugs ergibt sich unter der Überschrift *„Keine unbestimmte Pflicht zur Selbstresozialisierung“: „Eine allgemeine Pflicht des Gefangenen, an der Erreichung des Vollzugszieles mitzuwirken, ist inhaltlich zu unbestimmt, praktisch nicht handhabbar, nicht willkürfest und daher verfassungswidrig.“*[653] Die Beachtung des Autonomieprinzips bedeutet daher, den Gefangenen nicht zur Mitwirkung zu verpflichten, sondern ihm die Mitwirkung zu ermöglichen und dies rechtlich verbindlich zu gestalten.[654] Außerdem verträgt sich eine Mitwirkungspflicht nicht mit dem Charakter des Jugendstrafvollzugs, da der junge Gefangene so zum bloßen Objekt staatlichen Handelns degradiert wird.[655]

---

648 Geisler, NStZ 2002, 452.
649 Arloth, 2008a, Art. 123 BayStVollzG Rn. 2.
650 Walter, NK 1/2005, 17.
651 Vgl. Laubenthal, 2011, 869.
652 Ostendorf, 2009a, 120 f.
653 DVJJ, FS 2/2007, 51; Ostendorf, 2009a, 121.
654 DVJJ, NK 1/2007, 5.
655 Eisenberg, 2009, § 92 Rn. 44.

(cc) Unbestimmte Generalverpflichtung

Schließlich ist die allgemeine Mitwirkungspflicht zu unbestimmt und ungenau.[656] Sie enthält keine genauen Anweisungen oder Anforderungen an die Gefangenen, so dass diese nicht wissen, wie sie sich verhalten sollen, was sie zu tun oder zu unterlassen haben.[657] Gerade auch im Hinblick auf die möglichen negativen Folgen für die Gefangenen, die an eine *„mangelnde Mitarbeit an der Erreichung des Vollzugsziels"* geknüpft werden können, bestehen erhebliche verfassungsrechtliche Bedenken. So ist die Gefahr groß, dass eine fehlende Mitarbeit nicht nur wie bisher zur Versagung von Vollzugslockerungen, Urlaub und vorzeitiger Entlassung herangezogen wird, sondern nun als Begründung für jede negative Entscheidung zu Lasten des Gefangenen gebraucht wird.[658] Vor allem bestehen Bedenken, dass sich im bayerischen Jugendstrafvollzug die Zahl der – im Vergleich zum Erwachsenenvollzug ohnehin erhöhten[659] – Disziplinarmaßnahmen um ein Weiteres steigern könnten.[660] Im Gegensatz dazu ist allerdings nach Meinung der bayerischen Anstaltsleiter Art. 123 Abs. 2 BayStVollzG für sich alleine noch nicht disziplinarbewehrt, weil er eine zu allgemeine Bestimmung darstelle.[661]

In diesem Zusammenhang ist es sinnvoll, schon jetzt einen Blick auf die Ausgestaltung der bayerischen Regelungen zu den Disziplinarmaßnahmen zu werfen. Geregelt sind die Disziplinarmaßnahmen für den Jugendstrafvollzug in Art. 156 BayStVollzG. Die Regelung enthält aber leider keinen konkreten Tatbestandskatalog für Disziplinarmaßnahmen, sondern spricht nur von der Generalklausel der *„schuldhaften Pflichtverstöße"*, welche jedoch jegliche fehlende Mitwirkungsbereitschaft theoretisch sanktionierbar macht.[662] Damit bleibt die bayerische Regelung hinter internationalen Standards, insbesondere den European Prison Rules von 2006 Nr. 57.2 EPR zurück, was nach der Rechtssprechung des BVerfG als Indiz für eine den grundrechtlichen Anforderungen nicht genügende Normierung zu werten ist.[663]

---

656 Vgl. Ostendorf, 2009a, 120.
657 Ostendorf, 2009a, 120.
658 Diemer/Schoreit/Sonnen, 2008, § 4 JStVollzG Rn. 1.
659 Dünkel, Empirische Forschung im Strafvollzug, 128.
660 Eisenberg, ZJJ 2/2007, 154.
661 Vgl. Fragebogen JVA Ebrach im Anhang.
662 Walter, NK 1/2005, 18.
663 BVerfG, NJW 2006, 2097.

Es besteht folglich eine Missbrauchsgefahr, die zulasten der Gefangenen geht.[664] So wird auch nach *Walter* von der Verantwortlichkeit des Jugendstrafvollzugs für die ihm anvertrauten jungen Insassen abgelenkt und die Verantwortung auf die Gefangenen abgewälzt.[665] Daneben besteht auch für Jugendliche die Gefahr, dass der „therapieunfähige" Gefangene, der sich nicht zur Mitwirkung am Vollzugsziel bereiterklärt, leicht ein Opfer der Sicherheitsinteressen werden kann. Schließlich legitimiert die Mitwirkungspflicht eine Selektion unter den Gefangenen, die befürchten lässt, dass die problematischen Fälle untherapiert in die Freiheit entlassen werden.[666]

Um dieser Missbrauchsgefahr vorzubeugen, müsste die Mitwirkungspflicht durch Einzelanweisungen konkretisiert werden, damit die Gefangenen wissen, was sie zu tun und zu unterlassen haben und welche Folgen für sie daraus entstehen können.[667]

dd) Rechtsstellung der jungen Gefangenen, Art. 125 BayStVollzG

(1) Gesetzesvorbehalt, Art. 125 Abs. 1 Satz 1 BayStVollzG

In Art. 125 Abs. 1 S. 1 BayStVollzG ist nun gesetzlich festgeschrieben, was seit der Entscheidung des BVerfG von 1972 zur Notwendigkeit einer gesetzlichen Grundlage für den Erwachsenenstrafvollzug[668] und spätestens seit der Entscheidung des BVerfG vom 31.5.2006[669] für den Jugendstrafvollzug anerkannt ist: *„Die jungen Gefangenen unterliegen* (nur)[670] *den in diesem Gesetz vorgesehenen Beschränkungen ihrer Freiheit"*. Dieser Wortlaut entspricht § 4 Abs. 2 S. 1 StVollzG und Art. 6 Abs. 2 S. 1 BayStVollzG zum Erwachsenenvollzug. Damit wird im Gegensatz zur früher vertretenen Ansicht des „besonderen Gewaltverhältnisses" klargestellt, dass der Gefangene im Vollzug nicht zum bloßen Objekt degradiert wird, sondern ein eigenständiges Rechtssubjekt bleibt. Der Gefangene bleibt somit ausdrücklich Grundrechtsträger mit Ausnahme des durch den Vollzug notwendigerweise eingeschränkten Freiheits-

---

664 Eisenberg, 2009, § 92 Rn. 45.
665 Walter, NK 1/2005, 18.
666 Schneider, ZfStrVo 2004, 140.
667 Ostendorf, 2009a, 120.
668 BVerfGE 33, 1, 9.
669 BVerfG, NJW 2006, 2093 ff.
670 Ergänzung durch die Verfasserin.

grundrechts.[671] Jede Grundrechtseinschränkung der Insassen des Vollzugs bedarf demzufolge einer gesetzlichen Regelung, da sie unter dem Vorbehalt des Gesetzes steht.[672]

Für Grundrechtseingriffe der jungen Gefangenen ist somit eine Spezialvorschrift aus den Regelungen zum Jugendstrafvollzug (Teil 3 des BayStVollzG) bzw. eine Vorschrift, die auf Art. 122 BayStVollzG Bezug nimmt, heranzuziehen.[673] Grundrechtsrelevante Einschränkungen müssen nach dem Enumerationsprinzip des BVerfG vom Gesetzgeber im Einzelnen genau bestimmt werden: *„Grundrechtseingriffe, die über den Freiheitsentzug als solchen hinausgehen, bedürfen danach unabhängig von den guten oder sogar zwingenden Gründen, die für sich sprechen mögen, einer eigenen gesetzlichen Grundlage, die die Eingriffsvoraussetzungen in hinreichend bestimmter Weise normiert.“*[674]

(2) Generalklausel, Art. 125 Abs. 1 Satz 2 BayStVollzG

Art. 125 Abs. 1 S. 2 BayStVollzG enthält – eigentlich im Widerspruch zum Enumerationsprinzip – eine Generalklausel: *„Soweit dieses Gesetz keine besonderen Regelungen enthält, dürfen ihnen nur die Beschränkungen auferlegt werden, die zur Aufrechterhaltung der Sicherheit oder zur Abwendung einer Störung der Ordnung der Jugendstrafvollzugsanstalt erforderlich sind.“* Eine solche „Öffnungsklausel“ ist jedoch notwendig, da zwangsläufig nicht alle Situationen, in denen Grundrechte der Gefangenen im Vollzug berührt werden, vom Gesetzgeber im vornherein erkannt und in Spezialvorschriften geregelt werden können.[675] Ein Verstoß gegen die Wesentlichkeitstheorie des BVerfG,[676] nach der *„alle wesentlichen Entscheidungen“* vom Gesetzgeber selbst zu treffen sind,[677] ist dadurch allerdings nicht gegeben, da ein Rückgriff auf die Generalklausel eben nur die Ausnahme für nicht explizit geregelte Fälle darstellt.[678] Folglich darf die Generalklausel nicht herangezogen werden, wenn eine Spezialvorschrift vorhanden ist.

---

671 Vgl. auch ausführlicher unter Punkt C.I.2.

672 Ostendorf, 2009a, 123.

673 Arloth, 2008a, Art. 125 BayStVollzG Rn. 1.

674 BVerfGE 40, 276, 283.

675 Ostendorf, 2009a, 123.

676 Siehe bereits unter Punkt C.I.2.b).bb).

677 BVerfGE 61, 260, 275.

678 Ostendorf, 2009a, 124.

(3) Schlechterstellungsverbot

Vergleicht man die Eingriffsgeneralklausel des Jugendstrafvollzugs mit der des Erwachsenenvollzugs in § 4 Abs. 2 S. 2 StVollzG bzw. Art. 6 Abs. 2 S. 2 BayStVollzG, so fällt auf, dass die Regelung in Art. 125 Abs. 1 S. 2 BayStVollzG etwas weiter in ihrer Formulierung ist. Die Generalklausel des Art. 6 Abs. 2 S. 2 BayStVollzG ist mit der des § 4 Abs. 2 S. 2 StVollzG wörtlich identisch. So heißt es: *„Soweit das Gesetz eine besondere Regelung nicht enthält, dürfen ihnen* (den Gefangenen)[679] *nur Beschränkungen auferlegt werden, die zur Aufrechterhaltung der Sicherheit oder zur Abwendung einer* ***schwerwiegenden***[680] *Störung der Ordnung der Anstalt* ***unerlässlich***[681] *sind."* Die Vorschrift des Jugendteils verzichtet demgegenüber auf die Schwelle des Schwerwiegenden und ersetzt *„unerlässlich"* durch *„erforderlich"*. So stellt sie nicht die eng begrenzte Ausnahmevorschrift dar, sondern gestattet gesetzlich nicht geregelte Eingriffe bereits dann, wenn sie für die Aufrechterhaltung von Sicherheit und Ordnung notwendig sind.[682]

Eine Erklärung dieser Abweichung im Vergleich zum Erwachsenenvollzug findet sich in der bayerischen Gesetzesbegründung.[683] Sinn sollte demnach sein, dass im Jugendstrafvollzug die Grundsätze der Sicherheit und Ordnung gleichberechtigt neben dem Erziehungsgedanken stehen. Daher sei es auch für die Aufgabe des Jugendstrafvollzugs hilfreich, dass auch schon einfache Störungen der Ordnung nicht hingenommen werden müssen. Die Aufrechterhaltung der Ordnung diene schließlich auch der Erziehung.[684] Obwohl Maßnahmen nur erforderlich sein müssen und dieser Begriff damit hinter der Notwendigkeit des Begriffs der Unerlässlichkeit zurücktritt, muss dennoch immer eine Erforderlichkeitsprüfung im konkreten Einzelfall erfolgen.[685]

Aufgrund der unterschiedlichen Formulierungen im Vergleich zum Erwachsenenstrafvollzug ist zwar bedenklich, dass die Regelung im Jugendstrafvollzug den grundgesetzlichen Anforderungen standhält, weil mit der Schaffung dieser ungenauen Vorschrift der Vollzugsverwal-

---

679 Ergänzung durch die Verfasserin.
680 Hervorgehoben durch die Verfasserin.
681 Hervorgehoben durch die Verfasserin.
682 Eisenberg, 2009, § 92 Rn. 43.
683 Bayer. LT-Drucks. 15/8101, 74.
684 Arloth, 2008a, Art. 125 BayStVollzG Rn. 2.
685 Arloth, 2008a, Art. 125 BayStVollzG Rn. 2.

tung faktische Freiräume in der Umsetzung gelassen werden.[686] Das BVerfG hat jedoch die entsprechend formulierte Klausel des § 119 Abs. 3 StPO a.F.[687] auch nicht beanstandet, obwohl im Untersuchungshaftvollzug sogar der Grundsatz der Unschuldsvermutung gilt.[688] Allerdings ist darin ein Verstoß gegen das Schlechterstellungsverbot[689] zu sehen, da für den Erwachsenenvollzug nach wie vor die eng begrenzte Generalklausel besteht, Art. 6 Abs. 2 S. 2 BayStVollzG.[690]

(4) Mitwirkungsrechte

Als Ausdruck der Anerkennung der Gefangenen als Subjekt steht in Art. 125 Abs. 2 BayStVollzG geschrieben, dass vollzugliche Maßnahmen dem jungen Gefangenen erläutert werden sollen. Diese Selbstverständlichkeit ist im Hinblick auf die erzieherische Notwendigkeit auch dringend erforderlich, damit die Gefangenen für die entsprechende Maßnahme Verständnis und auch Akzeptanz entwickeln. Ohne eine Erklärung würden die angeordneten Maßnahmen höchst wahrscheinlich vielfach auf Ablehnung stoßen und nicht den erhofften Zweck erzielen. Gleichwohl muss die Erklärung nicht sofort zusammen mit der Maßnahme erfolgen, denn es wird nicht selten der Fall sein, dass der Gefangene in diesem Moment der Aufregung aufgrund der gegen ihn angeordneten Maßnahme überhaupt nicht aufnahmefähig ist.[691] Vielmehr muss ein Gespür für die passende Situation entwickelt werden. Daneben gibt es selbstverständlich Fälle, in denen aus Gründen der Aufrechterhaltung der Sicherheit und Ordnung der Anstalt von dieser Soll-Vorschrift Ausnahmen gemacht werden müssen.[692]

Eng verknüpft mit der Rechtsstellung sind auch die Mitwirkungsrechte der Gefangenen. Zum einen folgt das Individualrecht auf Mitwirkung schon aus der im Gesetz festgeschriebenen Mitwirkungspflicht. Denn wer an der Mitwirkung verpflichtet wird, dem muss auch ein Recht auf Mitwirkung zustehen. Zum anderen lässt es sich aus dem Resozialisierungsziel und dem Angleichungsgrundsatz herleiten. Um das Resozialisierungsziel zu erreichen, muss der Ge-

---

686 Ostendorf, 2009a, 124.

687 „Dem Verhafteten dürfen nur solche Beschränkungen auferlegt werden, die der Zweck der Untersuchungshaft oder die Ordnung in der Vollzugsanstalt erfordert."

688 BVerfG, NJW 1976, 1311.

689 Zum Begriff vgl. bereits oben Punkt C.2.b.bb).(2).(a).

690 Eisenberg, 2009, § 92 Rn. 43; kritisch dazu: Arloth, 2008a, Art. 125 BayStVollzG Rn. 2.

691 Arloth, 2008a, Art. 125 BayStVollzG Rn. 3.

692 Vgl. Fn. 691.

fangene in das Vollzugsgeschehen einbezogen werden. Nur dadurch lässt sich sein Legalverhalten stärken.[693] Konkretisiert wird die Mitwirkungspflicht beispielsweise durch die nachfolgenden Erläuterungen zur Vollzugsplanung (Punkt C.V.2.b)) durch das Zustimmungserfordernis zur gemeinsamen Unterbringung (Punkt C.V.2.c)) und bei der Kommunikation mit Außenstehenden (Punkt C.V.2.e)).

Ergänzung findet das persönliche Recht auf Mitwirkung durch das mit „Gefangenenmitverantwortung" umschriebene kollektive Mitwirkungsrecht in Art. 122, 116 BayStVollzG, in dem es heißt: *„Den Gefangenen soll ermöglicht werden, an der Verantwortung für Angelegenheiten von gemeinsamem Interesse teilzunehmen, die sich ihrer Eigenart und der Aufgabe der Anstalt nach für ihre Mitwirkung eignen."* Daraus entsteht für die Anstalt eine Verpflichtung, die Gefangenen am Vollzug zu beteiligen. Schließlich sehen auch die von Fachverbänden und Fachleuten formulierten Mindeststandards für den Jugendstrafvollzug das Recht der Gefangenen an einer umfassenden Beteiligung vor.[694]

Nachdem nun ein Einblick in die Grundsätze des Vollzugs gewährt wurde, folgt im nächsten Abschnitt die Darstellung und Analyse der Umsetzung der Vollzugsplanung des Jugendstrafvollzugs im BayStVollzG.

b) Vollzugsplanung

aa) Vollzugsplan, Art. 130 i.V.m. Art. 9 BayStVollzG

(1) Pflicht zur Erstellung eines Vollzugsplans

Bestandteil der Vollzugsplanung im Jugendstrafvollzug ist die Erstellung eines individuell-konkreten Vollzugsplans für jeden jungen Gefangenen mit richtungsweisenden Grundentscheidungen nach Art. 130 i.V.m. Art. 9 BayStVollzG. Vor Inkrafttreten des BayStVollzG war für den Jugendstrafvollzug Nr. 3 VVJug maßgeblich, der sich an § 7 StVollzG anlehnte. Auch wenn das BVerfG in seiner Entscheidung vom 31.5.2006 keine Vorgaben zur Erstellung eines solchen Vollzugsplans gegeben hat, so soll an dieser Stelle auf die Regelung im Jugendstrafvollzug eingegangen werden. Denn der Vollzugsplan hat nicht nur erhebliche Bedeutung für die Erreichung des Vollzugsziels,[695] sondern in ihm werden auch die weichenstellenden

693 Ostendorf, 2009a, 124.
694 DVJJ, FS 2/2007, 51.
695 BVerfG, NStZ 1993, 301, 302.

Entscheidungen für den weiteren Vollzug getroffen.[696] So erfolgt entsprechend der Festsetzungen im jeweiligen Vollzugsplan die Verlegung in den offenen oder geschlossenen Vollzug oder in eine sozialtherapeutische Anstalt. In ihm werden weiterhin die notwendigen Grundentscheidungen für das zukünftige Vorgehen festgelegt, um so den Mitarbeitern des Vollzugs und auch dem Betroffenen selbst eine Orientierungshilfe zu geben.[697] Welche Mindestvorgaben ein Vollzugsplan enthalten muss, ist den VV zu Art. 9 BayStVollzG zu entnehmen.

Der Erstellung des Vollzugsplans geht notwendigerweise zunächst die Ladung des jungen Straftäters zum Strafvollzug und im Anschluss die Aufnahme (Art. 128 i.V.m. Art. 7 BaySt-VollzG) voraus.[698] Die Aufnahme erfolgt in einer besonderen Abteilung des Vollzugs (sog. Zugangs- oder Eingangsabteilung), in der auch der Vollzugsplan erstellt wird. Erst anschließend wird der junge Gefangene entsprechend dem Plan nach der Persönlichkeitsstruktur, der Lebensgeschichte, der Ursachen und Umstände der Tat und den jeweiligen Sozialisationsbedürfnissen und -fähigkeiten verlegt. Dieses Verfahren, welches die Grundlage des späteren Vollzugsplans darstellt und für eine erzieherische Planung und für die Eingliederung des Gefangenen nach seiner Entlassung notwendig ist, wird auch „Diagnoseverfahren“ genannt.[699] Es hat auf anerkannte wissenschaftliche Methoden zu beruhen und sollte – um Aufschluss über die zu ergreifende Maßnahme zu geben – nur von psychologisch und kriminologisch geschultem Fachpersonal durchgeführt werden.[700]

Nach Art. 130 Abs. 1 BayStVollzG, der auf die Regelung des Vollzugsplans für den Erwachsenenvollzug nach Art. 9 Abs. 1 und 2 BayStVollzG verweist, gelten zunächst die gleichen Standards wie im Erwachsenenvollzug. Im Jugendstrafvollzug ist jedoch im Gegensatz zu Art. 9 i.V.m. Art. 8 Abs. 1 S. 2 BayStVollzG für jeden jungen Gefangenen zwingend ein Vollzugsplan zu erstellen, da Art. 8 BayStVollzG aufgrund der Spezialvorschrift des Art. 129 BayStVollzG gerade nicht gilt.[701] Ein Absehen bei Gefangenen mit kurzer Vollzugsdauer ist demzufolge nicht zulässig.

---

696 Ostendorf, 2009a, 130.

697 BVerfG, StV 1994, 94; vgl. Musterentwurf eines Vollzugsplans, wie er in der JVA Ebrach verwendet wird im Anhang.

698 Vgl. ausführlich: Ostendorf, 2009a, 130 ff.

699 Vgl. Ostendorf, 2009a, 133.

700 27. Deutscher Jugendgerichtstag: Leitthesen und Ergebnisse des 27. Deutschen Jugendgerichtstages , ZJJ 2007, 431 ff.

701 Vgl. Arloth, 2008a, Art. 131 BayStVollzG Rn. 1.

(2) Jährliche Überprüfungspflicht

Art. 130 Abs. 1 i.V.m. Art. 9 Abs. 2 BayStVollzG sieht eine jährliche Überprüfung des Vollzugsplans vor, um sich den Ergebnissen der Persönlichkeitsforschung und der weiteren Entwicklung des jungen Gefangenen im Vollzug anzupassen. Erst die Überprüfung und Anpassung des Vollzugsplans kann dem Vollzugsziel gerecht werden. Die bayerische Vorgabe von einem Jahr wird gerade im Jugendstrafvollzug allerdings nicht ausreichend sein, um den oft kurzen Strafen ausreichend Rechnung zu tragen.[702] Es hätten sich flexiblere Fristen zur Überprüfung des Vollzugsplans zwischen drei und sechs Monaten für den Jugendstrafvollzug je nach den individuellen Gegebenheiten und der jeweiligen Strafdauer angeboten. Davon abweichend sieht Art. 130 Abs. 3 BayStVollzG eine Frist von sechs Monaten hinsichtlich der Verlegung in eine sozialtherapeutische Anstalt vor, um sicherzustellen, dass Veränderungen während des Vollzugs frühzeitig berücksichtigt werden.[703] In der Praxis wird jedoch auch bei anderen Problemfällen die Frist ganz individuell nach dem Einzelfall ausgerichtet und ist daher oft wesentlich kürzer als vom Gesetz vorgegeben. Denn es gibt nicht selten Gefangene, die stark verhaltensauffällig und z.T. auch psychisch krank sind und/oder laufend immer wieder neuen Überlegungen bzgl. Arbeit, Ausbildung oder anderer Therapien als Sozialtherapien unterzogen werden müssen, was eine kurzfristigere Wiedervorlage des Vollzugsplanes erfordern kann als erst nach einem Jahr.[704]

Abgesehen davon, entfaltet der Vollzugsplan Bindungswirkung für den Vollzug,[705] da er sonst keinen Orientierungsrahmen für die Vollzugszielerreichung darstellen kann, und gibt dem Gefangenen ein schutzwürdiges Vertrauen, dass die Vollzugsbehörde sich daran hält. Gebunden werden die Vollzugsbediensteten, so dass sie den Inhalt des Vollzugsplans nicht beliebig abändern können.[706] Für den Gefangenen ist die Verbindlichkeit der Angaben des Plans von entscheidender Bedeutung, denn je detaillierter und genauer die Planung ist, umso größer ist auch der Vertrauensschutz der Gefangenen. Nur ausnahmsweise kann vom Vollzugsplan abgewichen werden, wobei die Abweichung jedoch einer Einzelbegründung bedarf. Bei einer generellen Abweichung vom Vollzugsplan besteht nur die Möglichkeit, diesen zu ändern.[707]

---

702 Vgl. Arloth, 2008a, Art. 131 BayStVollzG Rn. 2.

703 Vgl. Arloth, 2008a, Art. 9 BayStVollzG Rn. 2.

704 Vgl. Fragebogen JVA Ebrach im Anhang.

705 OLG München, StV 1992, 589.

706 Laubenthal, 2011, Rn. 328.

707 Ostendorf, 2009a,135.

(3) Mitspracherecht des Gefangenen

Schließlich sollte dem jungen Gefangen ein Mitspracherecht bei der Erstellung des Vollzugsplans gestattet werden, da er nicht zum Objekt von Untersuchung, Planung und Behandlung gemacht werden darf. Beispielsweise muss der Gefangene im Rahmen von schulischen und beruflichen Maßnahmen seine Wünsche äußern und mitbestimmen können. Eine andere Auffassung wäre kontraproduktiv und würde dem Resozialisierungsziel nicht förderlich sein. Der Bayerische Gesetzgeber bestimmte in Art. 9 Abs. 4 BayStVollzG allerdings nur, dass die Planung der Behandlung mit dem Gefangenen erörtert wird. Dies entspricht § 6 Abs. 3 StVollzG. Schon zu dieser Regelung war man der Auffassung, dass sie weit i.S. einer aktiven Mitwirkung des Betroffenen zu verstehen sei.[708] Art. 130 BayStVollzG verweist jedoch nicht auf Art. 9 Abs. 4 BayStVollzG und enthält auch selbst leider keine entsprechende Regelung, sodass nach Art. 122 BayStVollzG Entsprechendes auch für den Jugendstrafvollzug zu gelten hat. Gerade im Jugendstrafvollzug ist aber eine bloße Erläuterung aus den eben geschilderten Argumenten nicht sinnvoll und rechtlich auch nicht haltbar, sodass das BayStVollzG dem Anspruch auf Stärkung der Eigenverantwortlichkeit der jungen Gefangenen nicht ganz entspricht. Die bayerische Vollzugspraxis hingegen bindet die jungen Insassen erfreulicherweise im Sinne einer aktiven Mitwirkungspflicht aus den oben genannten Gründen in die Vollzugspraxis mit ein.[709]

Um dem elterlichen Erziehungsrecht auf Pflege und Erziehung der Kinder aus Art. 6 Abs. 2 S. 1 GG Folge zu leisten, enthält Art. 130 Abs. 2 BayStVollzG eine Regelung, welche die Einbindung der Personensorgeberechtigten bei erziehungsrechtlichen Maßnahmen ihrer noch nicht volljährigen Kinder gewährleistet. Das elterliche Erziehungsrecht wird durch den Jugendstrafvollzug ja gerade nicht suspendiert. Vor Fertigstellung des Vollzugsplans haben die Erziehungsberechtigten Gelegenheit, ihre Meinung zu den beabsichtigten Maßnahmen kundzutun. Dadurch werden die allgemeinen Einwirkungsmöglichkeiten der Personensorgeberechtigten aus Art. 126 Abs. 2 BayStVollzG konkretisiert und der Passage des Urteils des BVerfG vom 31.5.2006 entsprochen, in der es heißt: *„Bei der Gruppe der im Rechtssinne jugendlichen Gefangenen sind zudem grundrechtlich geschützte Positionen der erziehungsberechtigten Eltern berührt.“*[710] Die Letztentscheidungskompetenz obliegt allerdings immer der

---

708 Laubenthal, 2011, Rn. 324.

709 Vgl. Fragebogen JVA Ebrach im Anhang.

710 BVerfG, NJW 2006, 2096.

Anstalt selbst, da die Personensorgeberechtigten in der Regel keinen umfassenden Überblick darüber haben, welche Maßnahmen innerhalb der Anstalt überhaupt möglich sind.[711]

(4) Mindestanforderungen

Abweichend von § 7 Abs. 2 StVollzG enthält weder die Regelung zum Erwachsenenvollzug in Art. 9 BayStVollzG noch die Regelung zum Jugendstrafvollzug in Art. 130 BayStVollzG einen Katalog an Mindestangaben von Behandlungsmaßnahmen für den Vollzugsplan. Stattdessen wird auf Verwaltungsvorschriften (vgl. VV zu Art. 9 BayStVollzG) verwiesen, die Näheres, insbesondere vollzugliche, pädagogisch, sozialpädagogische, therapeutische Maßnahmen und zudem schulische, berufsorientierende, -qualifizierende oder arbeitstherapeutische Maßnahmen aufführen sollen, Art. 130 Abs. 1 i.V.m. 9 Abs. 1 S. 3 BayStVollzG. Im Hinblick auf die bereits beschriebene erhebliche Bedeutung des Vollzugsplans für die Erreichung des Vollzugsziels ist dies nicht ganz unbedenklich. Andere Landesgesetze und auch der GJVollz-E 2006 etwa schreiben konkrete Mindestangaben für den „Förderplan" fest.[712]

(5) Rechtsschutz

Gerichtlich anfechtbar sind sowohl die Einzelangaben des Vollzugsplans, soweit sie Regelungscharakter mit unmittelbarer Rechtswirkung entfalten. Dies gilt insbesondere für die Unterbringungsform, die zeitliche Festlegung für Vollzugslockerungen und Urlaub. Regelungscharakter hat jedoch nach der h.M.[713] auch der Vollzugsplan als solcher, da er die Weichen für den gesamten Vollzug stellt.[714] Der Betroffene kann daher nach der h.M. auch den Vollzugsplan insgesamt anfechten.[715]

(6) Bewertung

Zu begrüßen ist, dass das BayStVollzG eine Pflicht zur Erstellung eines Vollzugsplans im Jugendstrafvollzug auch für diejenigen Gefangenen statuiert, die nur eine kurze Haftdauer zu verbüßen haben. Die Überprüfungspflicht von einem Jahr genügt den Anforderungen des Jugendstrafvollzugs allerdings in den wenigsten Fällen. Hier wäre ein kürzerer Zeitraum ange-

---

711 Arloth, 2008a, Art. 131 BayStVollzG Rn. 2.

712 Vgl. § 25 JStVollzG Baden-Württemberg, § 8 StVollzG-Hamburg, § 10 GJVollz-E 2006.

713 A. A. Böhm, 1996, 114; OLG Koblenz, ZfStrVo 1990, 116; Arloth, 2008a, § 7 Rn. 13.

714 BVerfG, StV 1994, 95; AK-Feest, 2006, § 7 Rn. 33; Callies/Müller-Dietz, 2008, § 14 Rn. 2; Laubenthal, 2011, Rn. 335.

715 Ostendorf, 2009a, 135.

bracht gewesen. Die vollzugliche Praxis zeigt erfreulicherweise jedoch, dass sie eine Überprüfung je nach dem individuellen Fall vornimmt. Weiterhin ist problematisch, dass die bayerische Regelung keinen Katalog an Mindestanforderungen für den Vollzugsplan enthält, sondern diesbezüglich nur auf VV verwiesen wird. In diesen Punkten wäre eine Nachbesserung der Vorschrift angebracht.

bb) Geschlossener und offener Vollzug, Art. 133 i.V.m. Art.12 BayStVollzG

Das BayStVollzG regelt in Art. 133 i.V.m. 12 BayStVollzG das Verhältnis von geschlossenem zu offenem Vollzug. Da die gesetzliche Ausgestaltung und auch die praktische Anwendung erhebliche Auswirkungen auf die Erreichung des Vollzugsziels haben,[716] bedarf es zunächst einer begrifflichen Klärung, ehe die Bedeutung und im Anschluss daran die gesetzliche Umsetzung im BayStVollzG dargestellt werden.

(1) Definition

Definiert werden die Begriffe „offener und geschlossener Vollzug" in Art. 167 Abs. 2 BayStVollzG, der weitestgehend § 141 Abs. 2 StVollzG entspricht. So heißt es im Art. 167 Abs. 2 StVollzG:

> *„[1]In Anstalten des geschlossenen Vollzugs gewährleisten besondere bauliche und technische Vorkehrungen eine* ***sichere Unterbringung***[717] *der Gefangenen. [2]Einrichtungen des offenen Vollzugs sehen nur* ***verminderte Vorkehrungen***[718] *gegen Entweichungen vor."*

Als Unterscheidungskriterium gilt demzufolge der Grad der Sicherheitsvorkehrungen, die gegen Entweichungen getroffen sind.[719] Allein dadurch werden aber die Unterschiede zwischen dem geschlossenen und dem offenen Vollzugs noch nicht hinreichend beschrieben. Der unterschiedliche Grad der Vorkehrungen hat vielmehr Auswirkung auf die Gestaltung der Maßnahmen im Vollzug, die Rechte und Pflichten der Gefangenen, die Kontakte zur Außenwelt sowie auf die gesamte innere Organisation der Anstalt.[720] Konkretisiert werden die Unterschiede erst durch die VV Nr. 1 und Nr. 2 zu § 141 StVollzG:[721]

---

716 Nähere Ausführungen im nächsten Punkt.

717 Hervorgehoben durch die Verfasserin.

718 Hervorgehoben durch die Verfasserin.

719 Laubenthal, 2011, Rn. 345.

720 Callies/Müller-Dietz, 2008, § 141 Rn. 2.

721 Abgedruckt bei Arloth, 2008a § 141 StVollzG.

1

„Im geschlossenen Vollzug sind die Gefangenen außerhalb der Hafträume, insbesondere beim Zusammenkommen in größeren Gemeinschaftsräumen, auf den Höfen und sonst im Freien ständig und unmittelbar zu beaufsichtigen. Soweit nicht besondere Richtlinien entgegenstehen, kann der Anstaltsleiter bestimmen, in welchem Umfang die Aufsicht gelockert wird."

2

„Abs. 1: Im offenen Vollzug können bauliche und technische Sicherungsvorkehrungen, insbesondere Umfassungsmauern, Fenstergitter und besonders gesicherte Türen entfallen. Innerhalb der Anstalt entfällt in der Regel die ständige und unmittelbare Aufsicht.

Abs. 2: Für die Gestaltung des offenen Vollzugs gelten folgende Grundsätze:

a) Dem Gefangenen wird ermöglicht, sich innerhalb der Anstalt nach Maßgabe der dafür getroffenen Regelungen frei zu bewegen,

b) Die Außentüren der Unterkunftsgebäude können zeitweise unverschlossen bleiben,

c) Die Wohnräume der Gefangenen können auch während der Ruhezeit geöffnet bleiben."

Daraus hat sich jedoch keine einheitliche Definition des offenen Vollzugs ergeben. Der Übergang zwischen dem geschlossenen zum offenen Vollzug bleibt hingegen fließend. Dazwischen haben sich sog. „halboffene" Anstalten gebildet, die nur teilweise Sicherheitsvorkehrungen vorsehen.[722] Dieser Begriff wurde von der Literatur gebildet,[723] vom Gesetzgeber aber nicht übernommen. Sie zählen zu den offenen Anstalten, da nach Art. 167 Abs. 2 BayStVollzG Anstalten ohne oder nur mit verminderten Vorkehrungen gegen Entweichungen als solche des offenen Vollzugs gelten.[724] Es bestehen regionale Unterschiede in der Handhabung der Definition des offenen Vollzugs, so dass einige Anstalten, die als „halboffen" geführt werden, in anderen Bundesländern als offene Anstalt gelten würden.[725]

722 Die bayerische Jugendstrafvollzugsanstalt Laufen-Lebenau beispielsweis wurde als sog. „halboffene" Anstalt konzipiert, d.h. die Sicherheitsvorkehrungen sind - soweit wie möglich - herabgesetzt, von einer Außenumwehrung wurde abgesehen.

723 Grunau/Tiesler, 1982, § 141 Rn. 2.

724 Callies/Müller-Dietz, 2008, § 10 Rn. 2.

725 Eisenberg, 2009, § 92 Rn. 55.

(2) Bedeutung

Besondere Bedeutung erlangt die Gestaltung des Vollzugs im Hinblick auf die spätere Wiedereingliederung und die Erreichung des Vollzugsziels. Durch eine Reduzierung der Sicherheitsbelange in offenen Anstalten im Gegensatz zum geschlossenen Vollzug werden veränderte „Interaktionsfelder“ geschaffen.[726] So gebietet der offene Vollzug grundsätzlich eher pädagogische Möglichkeiten als der geschlossene, da die sozialen Kommunikationsmöglichkeiten innerhalb der Anstalt als auch außerhalb durch die vollständige oder teilweise Befreiung von Sicherheitsaspekten erweitert werden.[727] Je offener der Vollzug ist, desto häufiger sind tendenziell Möglichkeiten zu Außenkontakten gegeben.

Außerdem ist eine offene Gestaltung wichtig zur Vorbereitung auf das spätere Leben in Freiheit und leistet zudem einen Beitrag bei der Zurückdrängung von Subkulturen innerhalb der Anstalt, die sich erfahrungsgemäß am besten im geschlossenen Vollzug bilden. Für die Wiedereingliederung ist es daher von entscheidender Bedeutung, dass der Gefangene vor Entlassung in die Freiheit im offenen Vollzugvorbereitet wird. Zumindest am Ende des geschlossenen Vollzugs sollte der offene Vollzug stehen, um den Gefangenen allmählich wieder an die Belastungen des Lebens in Freiheit zu gewöhnen. Das Endziel der Legalbewährung ist demzufolge annähernd bedeutungsgleich mit der Öffnung der Anstalten nach außen.[728]

Eine weitgehend offene Vollzugspraxis wird auch den Gestaltungsgrundsätzen[729] am ehesten gerecht. Denn zum einen wird dadurch einer Angleichung an die allgemeinen Lebensverhältnisse nach Art. 122 i.V.m. Art. 5 Abs.1 BayStVollzG Rechnung getragen. Zum anderen entspricht eine Verhinderung der Absonderung von der Außenwelt durch offene Vollzugsformen dem Gegenwirkungsgrundsatz des Art. 122 i.V.m. Art. 5 Abs. 2 BayStVollzG. Schließlich wird den Gefangenen auch die Wiedereingliederung erleichtert und dadurch dem Eingliederungsgrundsatz nach Art. 122 i.V.m. Art. 5 Abs. 3 BayStVollzG entsprochen.[730]

Dies hat auch schon der Gesetzgeber bei der Schaffung des § 91 Abs. 3 JGG a.F. bedacht, indem er bestimmt hat, dass der Vollzug zur Erreichung des angestrebten Erziehungsziels in geeigneten Fällen weitgehend in freien Formen durchgeführt werden kann. Dabei ist jedoch

726 Laubenthal, 2011, Rn. 346.

727 Eisenberg, 2009, § 92 Rn. 53.

728 Walter, 1989, 62.

729 Siehe ausführlich Punkt C.V.2.c).

730 Laubenthal, 2011, Rn. 346.

zu beachten, dass die Formulierung *„Jugendstrafvollzug in freien Formen"* über einen offenen Vollzug hinaus ging, so dass auch die Unterbringung außerhalb der Anstalt in einem Heim der Jugendhilfe oder in einer Wohngemeinschaft mit Hauseltern in Betracht kam.[731]

Der Vollzug der Jugendstrafe in offenen Formen fand allerdings in den letzten Jahren relativ wenig Beachtung. Vergleicht man den Anteil der Gefangenen im offenen Jugendstrafvollzug mit dem offenen Erwachsenenvollzug, so ist festzustellen, dass der Anteil im offenen Vollzug mit ca. fünf Prozent in Bayern[732] weniger als halb so groß ist als bei den Erwachsenen.[733] In einigen Bundesländern gibt es sogar nach wie vor keinerlei Einrichtungen des offenen Vollzugs, wobei jedoch wiederum zu beachten ist, dass keine einheitliche Definition des offenen Vollzugs existiert.[734] Vielmehr bestehen regionale Unterschiede in der Handhabung der Definition, so dass einige Anstalten, die ihrer Struktur nach eine halboffene Anstalt darstellen, in anderen Bundesländern möglicherweise als offene Anstalt gelten würden.[735] Außerdem ist zu beachten, dass auch das BVerfG davon ausgeht, dass *„für eine große Zahl von Gefangenen (...) aus verschiedenen Gründen der offene Vollzug nicht in Betracht kommt."*[736] Zumindest wird der offene Vollzug vielfach nicht als „Einstiegsform" in Frage kommen, wenn man den Grundsatz der ultima ratio der Jugendstrafe ernst nimmt und sich vor Augen führt, dass so nur Jugendliche und Heranwachsende für den Jugendstrafvollzug in Betracht kommen, die straf-

731 Ostendorf, 2009a, 137.

732 Arloth, 2008a, Art. 12 BayStVollzG Rn. 1.

733 Dünkel/Schüler-Springorum, ZfStrVo 2006, 146.

734 Eisenberg, 2009, § 92 Rn. 55; Eisenberg zählt auch Bayern zu den Ländern, die nach seinem Verständnis vom offenen Vollzug über keinerlei offene Vollzugseinrichtungen verfügen, obwohl nach Auffassung der bayerischen Anstaltsleiter sowohl Neuburg-Herrenwörth (20 Plätze) als auch Aichach (sechs Plätze) über Einrichtungen des offenen Vollzugs verfügen. Die JVA Laufen-Lebenau wird zwar formal als geschlossene Anstalt geführt. In ihr wird aber de facto ein Konzept des „halboffenen" Vollzugs praktiziert. Die äußeren Sicherheitsvorkehrungen sind im Vergleich zu anderen Anstalten des geschlossenen Vollzugs erheblich reduziert. Eine Anstaltsumwehrung fehlt völlig. Stattdessen vertraut die Anstalt auf eine intensive Betreuung der Gefangenen und im Falle einer Entweichung auf ihr bewährtes Alarm- und Fahndungskonzept, vgl. Fragebogen im Anhang; Die Aussagen relativieren sich folglich wieder. Einzig die JVA Ebrach besitzt zum derzeitigen Stand (Januar 2010) keine Plätze für den offenen Vollzug. Ab 2011 müssen aber auch hier aufgrund des Art. 137 Abs. 2 S. 2 BayStVollzG Plätze für den offenen Vollzug für ehemalige Gefangene, die nach ihrer Entlassung eine begonnene Ausbildung zu Ende bringen wollen, geschaffen werden. Dies werde zugleich genutzt, um weitere Plätze für den „echten" offenen Vollzug einzurichten, vgl. Fragebogen JVA Ebrach im Anhang.

735 Dünkel/Meyer, 1985, 99.

736 BVerfG, NStZ 1998, 431.

rechtliche Vorbelastungen vorweisen. Die überwiegende Zahl der jungen Gefangenen wird sich daher nicht schon bei ihrer Einweisung für den offenen Vollzug eignen.

(3) Darstellung der Gesetzeslage

Art. 133 BayStVollzG verweist auf die Regelung zum offenen und geschlossenen Vollzug des Erwachsenenvollzugs in Art. 12 BayStVollzG mit der Ausnahme, dass die Zustimmung der jungen Gefangenen zu einer Unterbringung in einer Einrichtung des offenen Vollzugs nicht erforderlich ist.

Regelvollzugsform im BayStVollzG ist nun der geschlossene Vollzug: *„Abs.1: Die Gefangenen sind im geschlossenen Vollzug unterzubringen."* Demgegenüber hat der Gesetzgeber in § 10 StVollzG noch ganz bewusst den offenen Vollzug als erste Vollzugsform benannt, wofür die Stellung im Gesetz und der Wortlaut sprechen. Nur wenn Ausschlussgründe vorliegen, so ist der Gefangene nach § 10 StVollzG im geschlossenen Vollzug unterzubringen.[737] So heißt es dort: *„Abs. 1: Ein Gefangener soll mit seiner Zustimmung in einer Anstalt oder Abteilung des offenen Vollzuges untergebracht werden, wenn er den besonderen Anforderungen des offenen Vollzuges genügt und namentlich nicht zu befürchten ist, dass er sich dem Vollzug der Freiheitsstrafe entziehen oder die Möglichkeit des offenen Vollzuges zu Straftaten missbrauchen werde. Abs. 2: Im Übrigen sind die Gefangenen im geschlossenen Vollzug unterzubringen. Ein Gefangener kann auch dann im geschlossenen Vollzug untergebracht werden oder dorthin zurückverlegt werden, wenn dies zu seiner Behandlung notwendig ist."* Auch § 13 des GJVollz-E 2006 gab dem offenen Vollzug noch Vorrang. Nr. 5 der VVJug lehnte sich zwar an § 10 StVollzG, blieb allerdings hinter diesem zurück, da es sich bei Nr. 5 VVJug nur um eine Kann-Vorschrift handelte. In diesem Punkt waren also die Insassen des Jugendstrafvollzugs im Vergleich zu den Gefangenen des Erwachsenenvollzugs nach alter Rechtslage benachteiligt.

Die Regelung des § 10 Abs. 1 StVollzG findet sich jetzt in Art. 12 Abs. 2 BayStVollzG. Art. 12 BayStVollzG entspricht der Vollzugswirklichkeit nun eher als § 10 StVollzG und § 13 GJVollz-E 2006 und wird aus diesem Grund auch von den bayerischen Anstaltsleitern begrüßt, denn deutschlandweit gibt es nur ca. 20 Prozent Haftplätze im offenen Vollzug. In Bayern sind es sogar nur ca. fünf Prozent.[738] In der bayerischen Vollzugspraxis werden die

737 Vgl. Ostendorf, 2009a, 136.

738 Arloth, 2008a, Art. 12 BayStVollzG Rn. 1.

Gefangenen ohnehin zunächst im geschlossenen Vollzug untergebracht, um herauszufinden, ob sich die Gefangenen auch für den offenen Vollzug eignen. Der geschlossene Vollzug war und ist daher in der bayerischen Praxis die regelmäßige Vollzugsform, auch wenn der offene Vollzug nach § 10 StVollzG eine Vorrangstellung inne hatte.

Nach der Soll-Vorschrift des Art. 12 Abs. 2 BayStVollzG haben die Gefangenen keinen Rechtsanspruch auf Unterbringung im offenen Vollzug, sondern nur einen Anspruch auf fehlerfreie Ermessensausübung. Es hat jedoch immer eine Entscheidung im Einzelfall zu erfolgen.[739] Dem unbestimmten Rechtsbegriff der *„Eignung"* des Art. 12 Abs. 2 BayStVollzG sind die von der Rechtssprechung zu § 10 StVollzG entwickelten Kriterien, wie Bereitschaft und Fähigkeit zur Mitarbeit, zur Einordnung in die Gemeinschaft des offenen Vollzugs und zur korrekten Führung unter geringerer Aufsicht zugrundezulegen, da es schwer möglich ist, die Eignung positiv festzustellen.[740] Bestehen allerdings größere Resozialisierungsmöglichkeiten für den Gefangenen im offenen Vollzug, so kommt es nur darauf an, ob Gründe entgegenstehen. Zu nennen sind beispielsweise die Gefahr des Entweichens aus dem offenen Vollzug oder die Begehung von Straftaten.

Bei Gefangenen gegen die während des laufenden Freiheitsentzuges eine Strafe wegen einer schwerwiegenden Straftat gegen Leib oder Leben oder gegen die sexuelle Selbstbestimmung vollzogen wurde oder zu vollziehen ist, gelten gemäß Art. 15 BayStVollzG eigene Regelungen. Hier ist besonders gründlich zu prüfen, ob eine Unterbringung im offenen Vollzug tatsächlich begründet ist. Damit ergriff der Bayerische Gesetzgeber die Gelegenheit, nun die bisher nur in Verwaltungsvorschriften angeordnete sog. besonders gründliche Prüfung der Lockerungseignung von Sexual- und Gewalttätern in Form eines Gesetzes zu normieren. Betreffende Vorschriften waren schon in den seit 1977 gültigen Bundes-VV (Nr. 7 Abs. 4 VV zu § 11, Nr. 4 Abs. 4 VV zu § 13 StVollzG) enthalten, betrafen auch die BtM-Täter und die zur Organisierten Kriminalität (OK) gehörenden Täter. Bzgl. Sexual- und grober Gewalttätern wurde seit Anfang der 90-er Jahre die *„besonders gründliche Prüfung"* durch zusätzliche BayVV stetig verschärft (zuletzt am 12.12.2002 und 24.10.2006 durch die „Gemeinsamen BayVV zu §§ 10, 11, 13 und 14 StVollzG zur Behandlung von Gewalt- und Sexualstraftätern"). Zusätzlich zum jetzigen Art. 15 BayStVollzG gelten auch betreffende VVBaySt-VollzG, z. B. über die Inauftraggabe von einem bzw. zwei psychologischen Sachverständi-

739 Ostendorf, 2009a, 147.

740 Arloth, 2008a, § 10 Rn. 8.

gengutachten über die Lockerungseignung, was zuvor in den „gemeinsamen BayVV zu §§ 11 ff. StVollzG“ schon enthalten war. Art. 15 BayStVollzG mit den betreffenden VVBayStVollzG gilt per Verweisung auch im Jugendstrafvollzug, siehe Art. 134 Abs. 3, 135 Abs. 3, 136 Abs. 5 Satz 2, 144 Abs. 8 i.V.m. Art. 37 Abs. 1 Satz 2, 38 Abs. 1 S. 2 BayStVollzG.[741]

Art. 17 Abs. 2 BayStVollzG ergänzt Art. 12 Abs. 2 BayStVollzG. Demnach können Gefangene in eine Einrichtung des offenen Vollzugs verlegt werden, wenn dies der Vorbereitung der Entlassung dient. Art. 17 BayStVollzG gilt nach Art. 122 BayStVollzG auch für den Vollzug der Jugendstrafe.

Im Gegensatz zur Regelung des Art. 12 Abs. 2 BayStVollzG geht Art. 133 BayStVollzG davon aus, dass eine Zustimmung der jungen Gefangenen bei einer Verlegung in den offenen Vollzug nicht erforderlich ist. Obwohl es wahrscheinlich kaum Anwendungsfälle geben wird, in denen die Zustimmung verweigert werden würde, so ist es doch mit der Autonomie und der Eigenverantwortlichkeit des Gefangenen schwer vereinbar.[742]

Eine dem § 91 Abs. 3 JGG a.F. nachgebildete Regelung findet sich beispielsweise im JstVollzG Baden-Württemberg, Niedersachsen und Hessen. Bayern dagegen erwähnt den *„Vollzug in freien Formen“* nicht.

(4) Bewertung

Der Vollzug der Jugendstrafe in offenen Formen stellt bekanntermaßen die beste Möglichkeit dar, das Erziehungsziel der sozialen Integration zu erreichen.[743] Dennoch hat sich der Bayerische Gesetzgeber dazu entschlossen, den geschlossenen Vollzug als Regelvollzugsform einzuführen. Dem ist aus verschiedenen Gründen zuzustimmen:

Zum einen entspricht dies der Vollzugspraxis, die im Gegensatz zu § 10 StVollzG in der Regel den geschlossenen Vollzug vorsieht.[744] Deshalb kann es auch nicht den verfassungsrecht-

---

741 Laut Aussage der Leitung der JVA Ebrach.

742 Ostendorf, 2009a, 146; vgl. Schwirzer, 2008, 134.

743 Vgl. Eisenberg, 2009, § 92 Rn. 52.

744 Siehe bereits oben.

lichen Vorgaben widersprechen, wenn sich das Gesetz nun an die Vollzugswirklichkeit anpasst. Auch das BVerfG hat sich dazu nicht geäußert.[745]

Zum anderen werden sich kaum Gefangene finden, die sich aufgrund der Missbrauchsmöglichkeiten im offenen Vollzug bereits ab Beginn des Vollzugs für eine offene Ausgestaltung eignen. Unter den Gefangenen im Jugendstrafvollzug befindet sich eine erhebliche Anzahl an wenig gebildeten, sozialgeschädigten und gewaltbereiten Personen, die nicht selten eine große strafrechtliche Vorbelastung aufweisen. Zudem kommt, dass die Jugendstrafe die ultima ratio darstellen soll. Wird dieser Grundsatz nun tatsächlich ernst genommen, so findet man zwangsläufig im Jugendstrafvollzug eine immer schwierigere Klientel vor, bei der schon andere Maßnahmen einschließlich der Strafaussetzungsangebote gescheitert sind und daher nicht mehr in Betracht kommen. Auch wenn der offene Vollzug unter erzieherischen und pädagogischen Gesichtspunkten ideal erscheint, kann die Praxis dies nicht immer umsetzen. Zumindest in der ersten Phase des Vollzugs sind deshalb feste Anstaltsbauten mit wirksamen Vorkehrungen gegen das Entweichen für einen nicht geringen Teil der Gefangenen unerlässlich. So sieht dies auch die bayerische Vollzugspraxis vor, die im geschlossenen Vollzug die Geeignetheit der Gefangenen für den offenen Vollzug zunächst einmal erprobt.[746]

Der Verzicht auf den offenen Vollzug als Regelvollzugsform im BayStVollzG ist somit ehrlicher und realitätsbewusster. Zudem ist auch im geschlossenen Vollzug eine weitgehende Öffnung nach Innen möglich ohne dadurch die Allgemeinheit zu gefährden. So kann der Zelleinschluss ganz abgeschafft oder zumindest auf die Zeit der Nachtruhe beschränkt werden. Aggressionen unter den Gefangenen werden durch eine liberale Vollzugspraxis wahrscheinlich erheblich abnehmen, ohne dass dadurch eine erhöhte Gefahr für die Allgemeinheit besteht.

Auch wenn der offene Vollzug nicht die Regelvollzugsform darstellt und nicht zu Beginn des Vollzugs steht, so muss man ihn doch am Ende des Vollzugs vorfinden, um eine problemlose Wiedereingliederung des Gefangenen zu gewährleisten. Denn nur in der Freiheit trifft man auf reale Situationen, die die Persönlichkeit des jungen Gefangenen fordern. Die Anstalt kann auf das Übungsfeld außerhalb niemals verzichten. Bei jedem Gefangenen müssen daher entsprechend seiner individuellen Entwicklung die Sicherheitsvorkehrungen allmählich abgebaut und schließlich zu einem offenen Vollzug übergegangen werden.

---

745 Arloth, 2008a, Art. 133 BayStVollzG Rn. 1; A. A. Eisenberg, 2009, § 92 Rn. 52.

746 Laut Aussage der Leitung der JVA Ebrach.

Nicht akzeptabel ist jedoch ein Vorbehalt der Verlegung in den offenen Vollzug, der an die Mitwirkungsbereitschaft der Gefangenen anknüpft, wie man ihn im baden-württembergischen und im hamburgischen Gesetz vorfindet.[747] Dadurch wird verkannt, dass auch bei einem Gefangenen, der nicht zur Mitarbeit in allen Bereichen bereit ist, der überleitungsorientierte Vollzug sinnvoll und rückfallmindernd sein kann. Außerdem besteht die Gefahr, dass die offene Vollzugspraxis disziplinarischen Gesichtspunkten unterworfen wird und so die eigentliche Intention des offenen Vollzugs an den Rand gedrängt wird. Probleme mit der praktischen Umsetzung wird es kaum geben, da die Kapazitäten des offenen Vollzugs bei weitem noch nicht voll ausgenutzt werden.[748] Zudem wird es keine größeren Schwierigkeiten bereiten, Anstalten des geschlossenen Vollzugs in solche des offenen umzugestalten. Aufgrund des Art. 137 Abs. 2 S.2 BayStVollzG sind die Anstalten, welche bislang keine Möglichkeiten der offenen Vollzugsformen vorsehen, sogar bis Ende 2010 verpflichtet, Plätze für den offenen Vollzug zur Nachbetreuung zu schaffen.[749]

cc) Vollzugslockerungen

(1) Bedeutung

Neben offenen Vollzugsformen sind auch Vollzugslockerungen für die Erreichung des Vollzugsziels von ganz besonderer Bedeutung.[750] Diese beiden Teilaspekte müssen im Zusammenhang betrachtet werden, da der offene Vollzug idealerweise am Ende einer konsequenten Lockerungspraxis stehen sollte. Vollzugslockerungen stellen jedoch keine bloßen Vergünstigungen oder Belohnungen dar, sondern sind als Behandlungsmaßnahmen Bestandteil der Vollzugsgestaltung.[751] So können sowohl realitätsnähere Erziehungsmaßnahmen als auch Ausbildungs- und Arbeitsmaßnahmen außerhalb der Einrichtung wahrgenommen werden, die auch nach Entlassung fortgesetzt werden können. Deprivationswirkungen des Anstaltsaufent-

747 Vgl. auch Eisenberg, NStZ 2008, 254.

748 Nickolai, BewHi 1992, 297; Ein Beispiel hierfür ist die JVA Neuburg-Herrenwörth, die 20 Plätze im offenen Vollzug besitzt, welche durchschnittlich aber nur mit etwa sieben Gefangenen belegt sind. Erklärt wird dies mit der relativ kurzen Haftdauer der jungen Gefangenen in der JVA Neuburg-Herrenwörth (ca. 9 Monate). Die Überprüfung der Eignung für den offenen Vollzug (Freigang) dauere in den meisten Fällen länger als die eigentliche Haftzeit; vgl. Fragebogen JVA Neuburg-Herrenwörth im Anhang.

749 Vgl. Fragebogen JVA Ebrach im Anhang.

750 Um den Rahmen dieser Arbeit nicht zu sprengen, müssen sich die folgenden Ausführungen zu den Vollzugslockerungen auf das Wesentliche beschränken. Hingewiesen wird auf die ausführliche Darstellung bei Grosch, Lockerungen im Jugendstrafvollzug.

751 Laubenthal, 2011, Rn. 524.

halts und subkulturelle Orientierung werden durch Vollzugslockerungen erheblich gemildert und führen schließlich zu einer leichteren Wiedereingliederung des Gefangenen in die Gesellschaft.[752] Vollzugslockerungen dürfen umgekehrt jedoch nicht als Bestrafungs- oder Disziplinierungsmaßnahmen eingesetzt werden, da so die Gefahr einer Scheinanpassung besteht.[753]

An dieser Stelle ist es jedoch auch wichtig zu erwähnen, dass von der Gewährung der Vollzugslockerungen nicht nur positive Folgen ausgehen. Die Öffnung des Vollzugs durch externe Lockerungen bringt zugleich eine weitere Angleichung der gesellschaftlichen Verhältnisse innerhalb wie außerhalb der Anstalt mit sich. Die Möglichkeit, Drogen oder Alkohol in die Anstalt einzuschmuggeln nimmt dadurch zu. Dies fordert eine verstärkte Personenkontrolle bei Rückkehr in die Anstalt. Dieser Akt jedoch wird von den Gefangenen als besonders „deprivatisierend" empfunden und führt so dem Insassen die Ausnahmesituation von Lockerungen besonders vor Augen. Damit Vollzugslockerungen die Resozialisierung der Gefangenen jedoch unterstützen und begünstigen, ist es trotz der Nachteile, welche Lockerungen nach sich ziehen können, wichtig, dass diese offensiv und nicht restriktiv gewährt werden.[754] Eine offene Vollzugspraxis i.V.m. Vollzugslockerungen stellt eine wichtige Grundlage eines resozialisierungsorientierten Strafvollzugs dar und muss deshalb auch in jeden Vollzugsplan aufgenommen werden. Auf die Bedeutung der einzelnen Vollzugslockerungen (Lockerungen des Vollzugs, Urlaub aus der Haft und Lockerungen aus wichtigem Anlass) wird an der jeweiligen Stelle noch genauer eingegangen.

(2) Darstellung der Gesetzeslage

(a) „Interne" und externe Lockerungen

Da der Begriff der Vollzugslockerungen weit gefächert ist, sollen an dieser Stelle die verschiedenen Ausprägungen kurz erläutert werden. Fest steht jedoch, dass nur das gelockert werden kann, was zuvor auch eingeschränkt wurde. Demnach unterscheidet man im Fall freiheitsentziehender Strafen zunächst zwei Arten von Lockerungen: Zum einen geschieht die Einengung nach Außen hin durch die Abschottung von der Außenwelt in Form des Einsperrens in der Anstalt. Zum anderen kann die persönliche Freiheit auch innerhalb der Anstalt eingeengt werden. Demnach spricht man von externen Lockerungen, wenn es dem Gefange-

---

752 Laubenthal, 2011, Rn. 524.

753 Ostendorf, 2009a, 165.

754 Ostendorf, 2009a, 165; Maelicke, NK 4/2005, 127.

nen ermöglicht wird, die Anstalt für eine bestimmte Zeit zu verlassen und von „internen Lockerungen“,[755] wenn die Freiheitsbeschränkungen innerhalb der Anstaltsmauern gemindert werden.[756]

Die Möglichkeit „interner Lockerungen“ findet man nur vereinzelt im BayStVollzG vor, da diese meistens durch die Hausordnung geregelt werden. Darunter fallen etwa die Zeiten des täglichen Haftraumaufschlusses. In der JVA Ebrach gibt es beispielsweise in der Regel pro Tag (auch an Wochenenden) 1 ½ bis 2 Stunden Aufschluss auf jeder Station (Stockwerk oder Schließgang eines Hauses), was sich nach einem bestimmten Wochenplan richtet. Der Gefangene kann sich dabei auch zu Mitgefangenen in die Zelle setzen, Gespräche führen, mit diesen zusammen Kaffee trinken, Zigaretten rauchen sowie fernsehen.[757] Dies ist jedoch keine jugendvollzugliche Besonderheit und gibt es auch im Erwachsenenvollzug. Lediglich im Untersuchungshaftvollzug sind die Anstalten bei der Dauer des täglichen Aufschlusses meist weniger großzügig, was an den zu berücksichtigenden Haftgründen liegt, bei denen stets eine erhöhte Fluchtgefahr besteht.

Zudem gibt es auch im Jugendstrafvollzug den „täglichen Aufenthalt im Freien“, auch Hofgang genannt, von mindestens einer Stunde. Im Jugendstrafvollzug dauert er an arbeitsfreien Tagen, also vor allem an den Wochenenden, sogar zwei Stunden pro Tag, siehe Art. 151 Abs. 4 BayStVollzG. Teilnehmer sind die Gefangenen, die nicht ohnehin im Freien arbeiten. Auch muss die Witterung so geartet sein, dass ein Hofgang durchführbar und zumutbar ist.[758] Für die Jugendstrafgefangenen macht das BayStVollzG die Teilnahme am Hofgang anders als bei den Erwachsenen (siehe Art. 66 BayStVollzG, ebenso § 64 StVollzG) nicht etwa zum Gegenstand eines Anspruchs des Gefangenen gegen den Staat bzw. die JVA, sondern sogar zu einer Verpflichtung des Gefangenen. Dies war schon nach Nr. 55 VVJug der Fall. Daher erscheint es fraglich, ob man auch den Hofgang als eine Art „interne Lockerung“ bezeichnen kann. In der Praxis wird der Hofgang von den Betroffenen selbst jedoch durchaus als Form eines internen Freiraums angesehen. Die Weigerung der Teilnahme wird von der Praxis auch nicht etwa als Disziplinarverstoß behandelt und weder nach Art. 155 BaySt-

---

755 Den Begriff der „internen Lockerungen“ gibt es so zwar nicht in der Praxis. An dieser Stelle wird er allerdings verwendet, um aufzuzeigen, wie die Anstalt den Vollzug auch innerhalb der Anstaltsmauern lockern kann.

756 Grosch, 1995, 61.

757 Vgl. Fragebogen JVA Ebrach im Anhang.

758 Laut Auskunft der Leitung der JVA Ebrach.

VollzG noch nach Art. 156 ff. BayStVollzG geahndet.[759] Außerdem ist bei einer Weigerung eines Einzelnen aufgrund der Interessenlage davon auszugehen, dass diese nicht rein willkürlich geschieht. Über den Weigerungsgrund werden allerdings nur selten konkrete Angaben gemacht.[760] Hierbei kann es zum einen um Ängste vor subkulturellen Verhaltensweisen einzelner Mitgefangener oder vor von Gruppierungen von Mitgefangenen (z.B. Russlanddeutschen) gehen. In manchen Fällen beruht die Verweigerung sogar auf einer psychischen/psychiatrischen Problematik. Auch wenn die Hofgang-Verweigerung nicht geahndet wird, wird sie als Verhaltens-Auffälligkeit jedoch stets schon aus Fürsorgegründen zum Gegenstand gemacht, den Verhaltensgründen durch Befragung nachzugehen. Der Hofgang wird dabei aus Sicherheitsgründen auch stets von mindestens einem, i.d.R. von zwei Bediensteten überwacht.[761]

Im BayStVollzG findet man auch das bekannte System der externen Vollzugslockerungen vor, das sich in drei Komplexe (Art. 134 Abs. 1 i.V.m. Art. 13 Abs. 1; Art. 135; Art. 144 Abs. 1 i.V.m. 37, 38 BayStVollzG) untergliedert. Der offene Vollzug stellt gewissermaßen auch eine Form der externen Lockerungen dar, der sich mit den folgenden Lockerungsformen zum Teil überschneidet. Aufgrund der Besonderheit, dass jedoch die „interne Lockerung" je nach Öffnungsgrad des geschlossenen Vollzugs im Hinblick auf Sicherung und Beaufsichtigung weiter getrieben wird, wurde der offene Vollzug bereits als eigenständige komplexe Vollzugsform dargestellt.[762]

(b) Lockerungen des Vollzugs, Art. 134 Abs. 1 i.V.m. Art. 13 Abs. 1 BayStVollzG

Die Lockerungen des Vollzugs sollen helfen, an der Erreichung des Vollzugsziels des Jugendstrafvollzugs mitzuwirken und vor allem auch Erziehungsmaßnahmen außerhalb der Anstalt ermöglichen, die innerhalb der Anstalt nicht ausführbar sind. Besonders wichtig erscheint auch das der Gewährung von externen Lockerungen zugrunde liegende Vertrauen in deren erwartete legalkonforme Durchführung sowie die problemlose Rückkehr in die Anstalt, was wiederum den Aufbau und den Erhalt der Beziehungen zwischen den Vollzugsbediensteten und den Insassen positiv beeinflusst. An dieser Stelle soll jedoch auch ein Blick auf die Span-

759 Laut Auskunft der Leitung der JVA Ebrach.
760 Laut Auskunft der Leitung der JVA Ebrach.
761 Laut Auskunft der Leitung der JVA Ebrach.
762 Vgl. Punkt C.V.2.e)dd)

nungssituation geworfen werden, in der sich der Gefangene im Fall von Lockerungsmaßnahmen befindet. Er hält sich zwar nicht mehr innerhalb der Anstaltsmauern auf, steht aber zugleich unter dem Druck, sich nichts zu schulde kommen zu lassen und sich wieder zurück in die Unfreiheit begeben zu müssen. Wichtig ist daher auch, dass der „gelockerte" Gefangene in dieser Situation vor- und nachbetreuende Hilfestellungen seitens der Anstalt erfährt.

Für die Lockerungen des Jugendstrafvollzugs gilt gem. Art. 134 Abs. 1 BayStVollzG das Lockerungssystem des Art. 13 Abs. 1 BayStVollzG für den Erwachsenenstrafvollzug entsprechend. Dieses entspricht wörtlich der Regelung des § 11 StVollzG und der Nr. 6 Abs. 1 VVJug. Das BayStVollzG behält somit die vier Standardformen der externen Vollzugslockerungen des StVollzG bei. Als Vollzugslockerungen können somit insbesondere angeordnet werden:

Die Außenbeschäftigung (der Gefangene kann außerhalb der Anstalt unter Aufsicht einer Beschäftigung nachgehen), der Freigang (der Gefangene kann außerhalb der Anstalt ohne Anstaltsaufsicht einer Beschäftigung nachgehen), die Ausführung (der Gefangene kann die Anstalt unter Aufsicht eines Vollzugsbediensteten für eine bestimmte Tageszeit verlassen) und der Ausgang (der Gefangene kann die Anstalt ohne Aufsicht für eine bestimmte Tageszeit verlassen). Durch die Formulierung *„insbesondere"* in Art. 13 Abs. 1 BayStVollzG wird klargestellt, dass es sich bei den explizit angeführten Formen der Lockerung des Vollzugs nicht um einen abschließenden Katalog handelt, sondern um Standardformen, die die Möglichkeit anderer Lockerungsgestaltungen nicht beschneiden. Die offene Formulierung lässt somit Raum für sonstige Lockerungen, z.B. Teilnahme an Wochenendseminaren und -lehrgängen, Ferienlager, Gruppenausgang, Begleitung durch ehrenamtliche Vollzugshelfer.[763]

(aa) Außenbeschäftigung und Freigang

Im Zuge der Außenbeschäftigung nach Art. 134 Abs. 1 i.V.m. Art. 13 Abs. 1 Nr. 1, 1. Alt. BayStVollzG erhält der Gefangene mit Blick auf die Erreichung des Erziehungsziels Gelegenheit, außerhalb der Anstalt einer regelmäßigen Tätigkeit nachzugehen. Hierbei steht der Gefangene unter Aufsicht eines Vollzugsbediensteten. In Betracht kommen namentlich die Verrichtung der Arbeitspflicht nach Art. 146 Abs. 3 i.V.m. Art. 43 BayStVollzG, Ausbildungsmaßnahmen nach Art. 146 Abs. 1 BayStVollzG aber auch sportliche Betätigung. Entscheidend für die Zuordnung zur Außenbeschäftigung ist die regelmäßige Teilnahme an ei-

763 Laubenthal, 2011, Rn. 525.

nem fortlaufenden Programm mit von vornherein festgelegtem Zweck. Dieser Zweck impliziert auch, dass die Rückkehr in die Anstalt grundsätzlich nach Beendigung der Beschäftigung erfolgt. Denkbar ist zudem, dass die Außenbeschäftigung im Rahmen eines freien Beschäftigungsverhältnisses (Art. 147 BayStVollzG) ausgeübt wird.

Für den Freigang (Art. 134 Abs. 1 i.V.m. Art. 13 Abs. 1 Nr. 1, 2. Alt. BayStVollzG) gilt im Wesentlichen das Gleiche wie für die Außenbeschäftigung. Nur die Beaufsichtigung durch Vollzugsbedienstete entfällt. Sämtliche für eine Außenbeschäftigung möglichen Betätigungen können auch im Wege des Freigangs erfolgen.

(bb) Ausführung und Ausgang

Die Außenbeschäftigung und der Freigang unterscheiden sich von der Ausführung und dem Ausgang nach Art. 134 Abs. 1 i.V.m. Art. 13 Abs. 1 Nr. 2 BayStVollzG zum einen durch die Regelmäßigkeit des Verlassens der Anstalt und zum anderen durch den von vornherein festgelegten Zweck. Bei den Vollzugslockerungen nach Art. 13 Abs. 1 Nr. 2 BayStVollzG geht es vielmehr um Tätigkeiten, für die der Gefangene einzelfallbezogen die Anstalt für eine bestimmte Tageszeit verlassen kann, um die unterschiedlichsten Zwecke zu verfolgen.[764]

Im Rahmen der Ausführung kann ein Gefangener für eine bestimmte Tageszeit unter ständiger Beaufsichtigung durch einen oder durch mehrere Vollzugsbedienstete die Anstalt verlassen. Möglich ist auch eine gruppenweise Ausführung, etwa zur Teilnahme an Freizeitveranstaltungen außerhalb der Anstalt. Der zeitliche Rahmen der Ausführung ist dabei auf eine bestimmte Tageszeit beschränkt, was aber nicht bedeutet, dass eine Ausführung nicht auch noch zur Nachtzeit möglich ist.[765] Die Ausführung als eigenständige Behandlungsmaßnahme kommt meist dann in Betracht, wenn ein Ausgang oder Urlaub noch nicht gewährt werden können.[766] Besonders bei Gefangenen, die eine Langzeitstrafe verbüßen, eignet sich die Ausführung zur Vorbereitung und bei Zweifeln über eine Missbrauchsgefahr zur Erprobung im Hinblick auf eine erwogene Urlaubsgewährung.[767] Ihrer Gewährung sind jedoch im Vollzugsalltag oftmals Grenzen gesetzt, da es sich notwendigerweise um eine sehr personalintensive Maßnahme handelt.

---

764 Laubenthal, 2011, Rn. 529.

765 Grosch, 1995, 71.

766 Callies/ Müller-Dietz, 2008, § 11 Rn. 13.

767 KG, ZfStrVo 1989, 246.

Auch der Ausgang nach Art. 13 Abs. 1 Nr. 2, 2. Alt. BayStVollzG stellt eine eigenständige Behandlungsmaßnahme dar, die sich von der Ausführung dadurch unterscheidet, dass der Gefangene beim Ausgang die Anstalt unbeaufsichtigt für eine bestimmte Tageszeit[768] verlassen darf. Wie bei allen Lockerungen nach Art. 134 Abs. 3 i.V.m. Art. 16 Abs. 1 BayStVollzG besteht auch hier die Möglichkeit für die Anstaltsleiter, im Einzelfall besondere Weisungen an das Verhalten des Gefangenen zu erteilen. Praxisrelevant sind hier u.a. das Verbot, Alkohol und andere Rauschmittel zu sich zu nehmen, Gegenstände in die Anstalt einzubringen, sowie die Festlegung eines bestimmten Rückkehrzeitpunktes.[769]

(cc) Sonstige Lockerungen

Neben den vier genannten Lockerungsformen sind aufgrund der offenen Formulierung in Art. 13 Abs. 1 BayStVollzG[770] *(„insbesondere")* sämtliche Lockerungen möglich, welche für die Erreichung des Erziehungsziels förderlich sind. In Betracht kommen beispielsweise Begleit- und Gruppenausgänge, welche eine Kombination aus Ausführung und Ausgang darstellen. Diese müssen nicht zwingend durch Vollzugsbedienstete beaufsichtigt werden, sondern es ist auch möglich, dass ehrenamtliche Vollzugshelfer oder andere vertrauenswürdige Personen die Aufsicht übernehmen.[771] Besonders für den Jugendstrafvollzug relevant sind sog. „erlebnispädagogische Maßnahmen", die in kleineren Gruppen von sozialpädagogisch ausgebildeten Betreuern geleitet werden. Durch gemeinsame Segel-, Kanu-, Rad- oder Bergtouren soll das Zusammengehörigkeitsgefühl der jungen Gefangenen gefördert und gestärkt werden.[772]

Die Formulierung *„insbesondere"* in Art. 13 Abs. 1 BayStVollzG bietet folglich ein weites Feld an möglichen Lockerungen des Vollzugs, die es auch erlaubt, neue Entwicklungen umzusetzen und sich an die wechselnde Klientel in den Jugendstrafvollzugsanstalten immer wieder von Neuem anzupassen.

---

768 Die Erläuterungen zur „bestimmten Tageszeit" bei der Ausführung gelten für den Ausgang entsprechend.

769 Grosch, 1995, 73 f.

770 Auch die Regelung des § 11 Abs. 1 StVollzG ist offen gestaltet, indem die Formulierung „namentlich" aufgenommen wurde.

771 Grosch, 1995, 76.

772 Vgl. Fn. 766.

(c) Urlaub aus der Haft, Art. 135 BayStVollzG

Der Hafturlaub soll der Wiedereingliederung der jungen Gefangenen in das Leben in Freiheit dienen und ist daher nicht als Erholungsurlaub anzusehen, was auch die Festlegung des Urlaubs in Art. 135 Abs. 1 BayStVollzG als *„Behandlungsmaßnahme"* klarstellt.[773] Vordergründig sollen die Gefahren, die sich aus der Isolierung in der Anstalt ergeben, verhindert werden, indem Kontakte zu nahestehenden Personen weiter aufrechterhalten. Die Gestaltung des Urlaubs bleibt dem Gefangenen im Gegensatz zu den Lockerungen des Vollzugs nach Art. 134 Abs. 1 i.V.m. Art. 13 Abs. 1 BayStVollzG, bei denen die Anstaltsleiter dem Gefangenen die Ausgestaltung nach Inhalt, Zielsetzung und Art und Weise der Durchführung vorgibt, weitgehend selbst überlassen.[774] So wird der Urlaub aus der Haft üblicherweise als die weitreichendste Lockerung angesehen, weil er dem Gefangenen ermöglicht, die Anstalt nicht nur zu einer bestimmten Tageszeit, sondern für mehr als einen Tag unbeaufsichtigt zu verlassen. Unter Umständen kann er jedoch nach Art. 135 Abs. 3 i.V.m. Art. 16 Abs. 1 BayStVollzG durch Weisungen eingeschränkt werden, welche dem Gefangenen jedoch noch einen ausreichend großen eigenen gestalterischen Freiraum gewähren müssen. Deshalb wird die Strafvollstreckung durch die Gewährung von Urlaub auch nicht unterbrochen. Dies ist nur gerecht ist, da der Gefangene auch während des Urlaubs Weisungen und dem Gebot der Rückkehr unterworfen ist.

Das Gesetz unterscheidet zwischen Regelurlaub nach Art. 135 Abs. 1 BayStVollzG, der vor allem der Aufrechterhaltung der familiären Kontakte und der sozialen Bindungen der jungen Gefangenen dienen soll sowie dem Sonderurlaub zur Entlassungsvorbereitung von einem Monat innerhalb von vier Monaten (statt von bisher nur einer Woche innerhalb von drei Monaten vor der Entlassung, § 15 Abs. 3 StVollzG und der Nr. 10 Abs. 3, Abs. 6 VVJug) vor der Entlassung nach Art. 136 Abs. 5 BayStVollzG, in welchem konkrete Angelegenheiten wie Wohnungssuche, Arbeitssuche und Behördengänge erledigt werden müssen.[775] Als gesonderte Lockerungsmaßnahme ist daneben eine Beurlaubung aus wichtigem Anlass oder zur Wahrnehmung von Gerichtsterminen möglich, Art. 144 Abs. 1 i.V.m. Art. 37 Abs. 1, 38 Abs. 1 BayStVollzG.[776]

---

773 Arloth, 2008a, Art. 135 BayStVollzG Rn. 1.

774 Laubenthal, 2011, Rn. 546.

775 Arloth, 2008a, Art. 135 BayStVollzG Rn. 1.

776 Siehe auch ausführlichere Darstellung im nächsten Punkt.

Art. 135 Abs. 1 BayStVollzG sieht wie die bisherige Nr. 8 Abs. 1 S. 1 VVJug Regelurlaub[777] von bis zu 21 Kalendertagen im Vollstreckungsjahr vor und entspricht insoweit der Regelung des Erwachsenvollzugs in Art. 14 Abs. 1 S. 1 BayStVollzG. Nach § 15 Abs. 1 GJVollz-E 2006 hingegen hätte Urlaub bis zu 24 Tagen im Vollstreckungsjahr gewährt werden können. Die tatsächlich gewährte Tagesanzahl richtet sich jedoch nach der voraussichtlichen Aufenthaltsdauer im Vollzug und der individuellen Bedürfnislage der Gefangenen, so dass nicht immer die vollen 21 Tage ausgeschöpft werden.

Für Freigänger besteht eine weitergehende gesetzliche Möglichkeit, sich durch eine Beurlaubung auf die Entlassung vorzubereiten, Art. 135 Abs. 2 BayStVollzG. Der Freigängerurlaub nach Art. 135 Abs. 2 BayStVollzG hält an den bisherigen Regelungen der Nr. 10 Abs. 4 VVJug fest: Jungen Gefangenen kann zu diesem Zweck innerhalb von neun Monaten vor Entlassung monatlich bis zu sechs Tagen Sonderurlaub gewährt werden. Hierbei handelt es sich um eine Entlassungsvorbereitung im weiteren Sinne, da die Erprobung der Zuverlässigkeit des Beurlaubten und dessen Einübung des Umgangs mit der Freiheit im Mittelpunkt stehen. Daneben findet der Sonderurlaub nach Art. 136 Abs. 5 BayStVollzG keine Anwendung mehr.

(d) Lockerungen aus besonderem Anlass, Art. 144 Abs. 1 i.V.m. Art. 37, 38 BayStVollzG

Den letzten Teil im System der externen Vollzugslockerungen stellen die Lockerungen aus besonderem Anlass dar. Wie bereits Nr. 30 und 31 VVJug sehen Art. 144 Abs. 1 i.V.m. Art. 37, 38 BayStVollzG spezielle Lockerungsmöglichkeiten bei Vorliegen eines wichtigen Grundes (Art. 37 BayStVollzG) bzw. zur Wahrnehmung eines gerichtlichen Termins (Art. 38 BayStVollzG) vor. Auch in diesen Fällen ist es möglich, dem Gefangenen Urlaub, Ausgang oder Ausführung zu gewähren. Diese dritte Lockerungsmöglichkeit unterscheidet sich von den übrigen allerdings in ihrer Zweckrichtung. Hier geht es darum, dass dem Gefangenen ermöglicht werden soll, selbständig wichtige persönliche Angelegenheiten außerhalb der Anstalt vor Ort und Stelle regeln zu können.[778]

(aa) Urlaub, Ausgang und Ausführung aus wichtigem Anlass

Voraussetzung dieser Lockerungsmöglichkeit ist zunächst das Vorliegen eines wichtigen Anlasses. Dabei handelt es sich um einen unbestimmten Rechtsbegriff, der von den Gerichten

777 Zur Definition von Urlaub siehe Grosch, 1995, 78 ff.

778 Grosch, 1995, 90.

voll überprüfbar ist.[779] In der Regel geht es dabei um familiäre, berufliche oder sonstige Angelegenheiten, die in besonderer Weise den privaten Bereich des Gefangenen berühren oder von besonderer Bedeutung für dessen Resozialisierung sind.[780] Ausgangspunkt für den Gesetzgeber war bei der Schaffung der entsprechenden Vorschrift des § 35 StVollzG im Erwachsenenstrafvollzug die Wahrnehmung persönlicher, geschäftlicher und rechtlicher Angelegenheiten des Gefangenen.[781] Erforderlich ist zum einen, dass der Anlass von besonderer Bedeutung für den Gefangenen ist und zum anderen, dass er nicht von der Anstalt aus zu erledigen ist. In Art. 37 Abs. 1 S. 1 BayStVollzG sind etwa eine lebensgefährliche Erkrankung oder der Tod eines nahen Angehörigen beispielhaft angeführt.[782]

Die Vorschrift gewährt bis zu sieben Tage Urlaub, soweit aus einem wichtigen Anlass die Anstalt für mehrere Tage verlassen werden muss. Konsequenterweise wird dieser Sonderurlaub nicht auf den Regelurlaub von 21 Tagen angerechnet, Art. 144 Abs. 1 i.V.m. Art. 37 Abs. 2 BayStVollzG.

(bb) Gerichtliche Termine

Das Gesetz regelt in Art. 38 BayStVollzG eine besondere Form des wichtigen Anlasses, die Gewährung von Sonderurlaub, Ausgang oder Ausführung zur Wahrnehmung eines gerichtlichen Termins. So soll für den Gefangenen die Verfahrensteilnahme weitestgehend der Situation in Freiheit angeglichen werden.[783] Auch hier wird – aufgrund der unterschiedlichen Zweckrichtung – ein etwaiger Sonderurlaub nicht auf den Regelurlaub angerechnet.

(3) Voraussetzungen der Gewährung

Nachdem das Lockerungssystem des Jugendstrafvollzugs dargestellt wurde, das durch die Verweisung auf Art. 13 Abs. 1, 37, 38 BayStVollzG dem des Erwachsenenvollzugs entspricht, sollen im Folgenden die Voraussetzungen einer Lockerungsgewährung für den Jugendstrafvollzug näher betrachtet werden, da hier doch einige Unterschiede zum Erwachsenenvollzug bestehen.

---

779 OLG Frankfurt, NStZ 1984, 477.

780 Arloth, 2008a, § 35 Rn. 2.

781 BT-Drucks. 7/918, 62.

782 Weitere Beispiele bei Callies/Müller-Dietz, 2008, § 35 Rn.1.

783 Callies/Müller-Dietz, 2008, § 35 Rn.1.

Art. 134 ff. BayStVollzG sind wie die §§ 11 ff. StVollzG und die angelehnten Nr. 6 ff. VVJug so aufgebaut, dass sie aus einer tatbestandlichen Seite, welche die Genehmigungsvoraussetzungen enthält und einen nach der älteren BGH-Rechtsprechung[784] gerichtlich nur sehr eingeschränkt überprüfbaren Beurteilungsspielraum hinsichtlich der unbestimmten Rechtsbegriffe eröffnet und einer zusätzlichen Rechtsfolgenseite bestehen, die wiederum einen Ermessenspielraum eröffnet *(„kann")*.

Die tatbestandlichen Voraussetzungen für Vollzugslockerungen ergeben sich aus dem Art. 134 Abs. 2 BayStVollzG, auf den andere Bestimmungen über Lockerungen und Urlaub (Art. 135 Abs. 3, 136 Abs. 5, 144 Abs. 8 i.V.m. Art. 37, 38 BayStVollzG) Bezug nehmen. So heißt es in Art. 134 Abs. 2 BayStVollzG:

> *„Die Lockerungen dürfen zur Erfüllung der Erziehungsauftrags oder zur Förderung der Wiedereingliederung mit Zustimmung der jungen Gefangenen gewährt werden, wenn verantwortet werden kann zu erproben, dass sie sich nicht dem Vollzug der Jugendstrafe entziehen und die Lockerungen nicht zur Begehung von Straftaten missbrauchen werden."*

Damit enthält Art 134 Abs. 2 BayStVollzG nun für den Jugendstrafvollzug die der Nr. 6 Abs. 2 VVJug entsprechende Regelung. In Art. 134 Abs. 2 BayStVollzG findet sich allerdings ein neuer Wortlaut, der eine Kombination aus dem lapidaren *„Erproben"* und dem *„Verantwortet-Werden-Können"* aus der alten Nr. 6 Abs. 2, Abs. 10 VVJug sowie der *„Flucht- und Missbrauchsgefahr"* i.S.d. § 11 Abs. 2 StVollzG bildet. Die gesetzestechnisch einfachere Form, nur auf die für Freiheitsstrafe gültige Eignungsnorm zu verweisen, jetzt also auf Art. 13 Abs. 2 BayStVollzG, wurde vom Gesetzgeber also (leider) wieder nicht gewählt. Auch wirft der jetzige Wortlaut gewisse Auslegungsfragen hinsichtlich der Logik der Formulierung auf. Jedenfalls enthält der jetzige Wortlaut das Erfordernis der Nichtbefürchtung von Flucht und Missbrauch zumindest zusätzlich. Daher wird in der Praxis bei der Prüfung, ob eine solche „Erprobung" bei Lockerungen und/oder Urlaub stattfinden darf, hier weiterhin und in erster Linie auf das Fehlen einer „Flucht- und Missbrauchsgefahr" abgestellt.[785] Außerdem wurden in die VVBayStVollzG wieder dieselben Regelungen und Aussagen aufgenommen, die schon den Inhalten der VV und BayVV zum § 11 StVollzG bestimmt hatten. Diese befassten sich ja gerade damit, in welchen Fällen stets oder i.d.R. von einer Flucht- und Missbrauchsgefahr ausgegangen werden muss.

---

784 BGHSt 30, 320.

785 Laut Auskunft der Leitung der JVA Ebrach.

Im Falle einer Flucht- oder Missbrauchsgefahr liegt ein zwingender Versagungsgrund vor. Dabei handelt es sich um unbestimmte Rechtsbegriffe, die vom Gericht – wie oben bereits ausgeführt – nach einer älteren Rechtsprechung des BGH[786] allerdings nur eingeschränkt überprüfbar sind, da ein Beurteilungsspielraum der jeweiligen Vollzugsbehörde anerkannt ist. Die Anstaltsleitung hat für jeden Gefangenen eine einzelfallbezogene Prognoseentscheidung zu treffen, die jedoch keine 100-prozentige Gewähr bieten muss. Vielmehr genügt es, wenn eine Flucht- oder Missbrauchsgefahr „nicht zu befürchten ist“ und das Risiko unter Berücksichtigung des Sicherheitsinteresses der Allgemeinheit verantwortbar bleibt.[787] Bei der Prüfung der sog. Flucht- und Missbrauchsgefahr sind ferner stets die zu Art. 134 ff. BayStVollzG erlassenen Verwaltungsvorschriften[788] zu beachten. Diese sind im Wesentlichen den früher relevanten VV und BayVV zum StVollzG, dort zu §§ 10, 11, 13, 15, 35, 36, nachgebildet. Bei denen geht es um negative Faktoren, die berechtigen, Vollzugslockerung oder Urlaub zu versagen. Dies ist bei manchen Faktoren stets, bei anderen nur in der Regel der Fall. Beispielsweise ist ein Gefangener, gegen den ein Haftbefehl in anderer Sache vorliegt (in sog. Überhaft vorgemerkt) oder der nach der Entlassung aus der Strafhaft in den Maßregelvollzug nach §§ 63, 64, 66 ff. StGB übergeht oder der aus der Haft aufgrund vollziehbarer Verfügung irgendwann abgeschoben werden soll (also über § 456 a StPO) für Vollzugslockerungen während der Strafhaft immer ungeeignet. In einem Teil dieser strengen Fälle sind Ausnahmen mit ministerieller Ausnahmegenehmigung möglich (außer im Falle des Haftbefehls in Überhaft). Im Falle offener Ermittlungs- und Strafverfahren, offener ausländerrechtlicher Verwaltungs- oder Gerichtsverfahren u.a. ist der Gefangene nur in der Regel ungeeignet für Vollzugslockerungen und Urlaub. Etwaige Ausnahmen bei Vorliegen besonderer Umstände erfordern eine Anhörung (Beteiligung) der für das offene Verfahren zuständigen Behörde. Ferner darf der Strafrest bis zur voraussichtlichen Entlassung in der Regel nicht mehr als 18 Monate betragen.[789]

Besonders bedeutsam ist, worauf auch schon in den Ausführungen zum offenen Vollzug eingegangen wurde, die sog. besonders gründliche Prüfung, die bei den in Art. 15 BayStVollzG

786 BGHSt 30, 320.

787 Laubenthal, 2011, Rn. 534 f.

788 Anmerkung: Verwaltungsvorschriften haben natürlich keine Außenwirkung gegenüber dem Gefangenen, sie sind kein Gesetz, aber sie sind bei der Ausfüllung gesetzlicher Beurteilungs- und Ermessenspielräume für die weisungsabhängigen Behörden und deren Bedienstete bindend.

789 Laut Auskunft der Leitung der JVA Ebrach.

genannten Tätergruppen vorzunehmen ist, bei denen eine erhöhte Gefährdung der Öffentlichkeit zu bedenken ist. Die besonders gründliche Prüfung wird in der Praxis in den Vollzugsplan aufgenommen und findet im Rahmen einer Konferenz statt, an der alle an der Behandlung des Gefangenen beteiligten Mitarbeiter teilnehmen. Dies sind der zuständige Abteilungsleiter (oder manchmal der Anstaltsleiter selbst), der Vollzugsinspektor (dies ist ein Beamter des gehobenen Dienstes mit Aufgaben auf den Gebieten Vollzugslockerungen, Urlaub, Besuchsregelungen, Fertigung von Stellungnahmen an Gerichte u. a.), zuständige Fachdienstmitarbeiter – das sind Psychologe, Sozialpädagoge, Lehrer, der Beauftragter für die berufliche Bildung, manchmal auch einer der Anstaltsgeistlichen –, der Werkdienstleiter (zuständig für den Bereich aller Arbeitsbetriebe) und schließlich der für den Gefangenen zuständige Hausdienstleiter (Vorgesetzter über die im betreffenden Unterkunftsbereich tätigen Bediensteten des Allgemeinen Vollzugsdienstes).[790]

In den VV zu Art. 15 BayStVollzG finden sich zusätzliche Vorschriften, insbesondere darüber, ob und wann vor der Lockerungszulassung die Einholung von Risiko-Gutachten erforderlich ist, mit denen externe Psychologen, Psychotherapeuten oder Psychiater zu beauftragen sind, und – im Falle von Sexualtätern – ob dabei ein oder zwei Gutachten notwendig sind. Des Weiteren muss in Fällen der Sexualtäter und der groben Gewalttäter im Sinne des Art. 15 BayStVollzG die Hälfte der Strafzeit verbüßt sein.

Nach dem BayStVollzG – im Gegensatz zu den anderen Landesgesetzen – dürfen Lockerungen nur mit Zustimmung der jungen Gefangenen gewährt werden. Das Zustimmungserfordernis besteht für den Jugend- wie Erwachsenenvollzug gleichermaßen und entspricht insoweit der Regelung des § 11 Abs. 2 StVollzG und der Nr. 6 Abs. 2 VVJug. Diese Voraussetzung könnte den irreführenden Eindruck erwecken, als ob es wohl die Anstalt sei, die die Initiative ergreifen würde, einem bestimmten Gefangenen an einem bestimmten Tag einfach einen Ausgang zu geben, vielleicht auch schon den Zeitpunkt und die weiteren Modalitäten des Ausgangs festlegen würde und danach den Gefangenen nur noch fragen würde, ob dieser dem Ganzen auch zustimmt., Tatsächlich verhält es sich in der Praxis natürlich umgekehrt. Die Initiative geht entsprechend seiner Interessenlage in aller Regel vom Gefangenen selbst aus. Für Außenbeschäftigung, Ausführungen, Ausgänge und auch für Hafturlaube existieren in jeder Anstalt Antragsformblätter, welche die Gefangenen in den Unterkunftsgebäuden und in den Stationsbüros erhalten können und ausfüllen müssen. Wenn ein Gefangener individuelle

790 Laut Auskunft der Leitung der JVA Ebrach.

Probleme mit dem Ausfüllen hat, ist man ihm behilflich, aber die Initiative zur Planung einer bestimmten Lockerung zu ergreifen, liegt fast immer beim Gefangenen selbst.[791] Damit werden also das Selbstbestimmungsrecht der Gefangenen und der Wille des Gefangenen geachtet, der sich möglicherweise noch nicht bereit für Vollzugslockerungen fühlt.[792] Im Falle der Rücknahme einer erteilten Zustimmung muss daher auch immer die Anordnung der Lockerung aufgehoben werden.[793] Der Sinn einer Zustimmung des Gefangenen wird vor allem bei der Ausführung oder Außenbeschäftigung deutlich, da hier der Gefangene von Vollzugsbeamten begleitet wird und so für jedermann außerhalb der Anstalt als Gefangener erkennbar wird.[794]

Neben der Prognose des Entzugs sowie des Missbrauchs zu Straftaten werden in Art. 134 Abs. 2 BayStVollzG weitere – vom Erwachsenenstrafvollzug – abweichende Entscheidungskriterien genannt: Erfüllung des Erziehungsauftrags und Förderung der Wiedereingliederung. Die bayerische Vollzugspraxis sieht in diesen beiden Formulierungen jedoch keine eigenständigen tatbestandlichen Voraussetzungen, die also – wie z.B. die Anspruchsvoraussetzungen in Paragraphen des BGB – anhand jedes Einzelfalles zu prüfen wären und neben den anderen Tatbestandsvoraussetzungen erfüllt sein müssten, damit auf der Rechtsfolgenseite des Art. 134 BayStVollzG eine Genehmigung rechtlich möglich wäre. Die Grundvoraussetzung in Abs. 2 des Art. 134 BayStVollzG ist nach Auffassung der vollzuglichen Praxis – außer der Zustimmung des Gefangenen – nur, dass *„verantwortet werden kann zu erproben, dass…"* sich der Gefangene *„…nicht dem Vollzug der Jugendstrafe entziehen und die Lockerungen nicht zur Begehung von Straftaten missbrauchen"* werde. Nach Ansicht des Schrifttums wird der Praxis durch diese Formulierung allerdings ein weiterer Entscheidungsfreiraum im Gegensatz zum Erwachsenenvollzug bei der Gewährung eröffnet, dessen Ausfüllung nicht dem Vollzugsziel der sozialen Integration dient.[795]

Werden die eben aufgeführten Voraussetzungen der Tatbestandsseite bejaht, so hat der Gefangene dennoch keinen Anspruch auf Gewährung von Vollzugslockerungen, sondern nur ein Recht auf fehlerfreie Ermessensentscheidung, vgl. Art. 13 Abs. 1 BayStVollzG: *„Als Lockerung des Vollzugs kann insbesondere angeordnet werden, dass…[…]"*. Hierbei sind die Pro-

---

791 Laut Auskunft der Leitung der JVA Ebrach.

792 Ostendorf, 2009a, 191.

793 Laubenthal, 2011, Rn. 533.

794 Laut Auskunft der Leitung der JVA Ebrach.

795 Arloth, 2008a, Art. 134 BayStVollzG.

und Contraargumente gegeneinander abzuwägen, wobei bei der Ermessensentscheidung Sicherungsbelange weniger ausgeprägt zu berücksichtigen sind als im allgemeinen Strafvollzug, da gemäß den Vorgaben des BVerfG dem erzieherischen Vollzugsziel ein höherer Stellenwert zukommt.[796] Nicht zu berücksichtigen sind allerdings Aspekte der allgemeinen Strafzwecke des Schuldausgleichs, der Sühne und der Verteidigung der Rechtsordnung.[797]

Wie bereits angesprochen wird die Entscheidung der Gewährung der Vollzugslockerungen durch die Möglichkeit der Erteilung von Weisungen nach Art. 134 Abs. 3 i.V.m. Art. 16 Abs. 1 BayStVollzG erleichtert. Was jedoch genau darunter zu verstehen ist, wird allerdings nicht erwähnt. Eine weitere Form der Erleichterung besteht in der Möglichkeit des Widerrufs der Lockerung nach. Art. 134 Abs. 3 i.V.m. Art. 16 Abs. 2 BayStVollzG.

(4) Abstufung und Reihenfolge in der vollzuglichen Praxis

Die folgenden Ausführungen zeigen die Abstufung und Reihenfolge von Vollzugslockerungen, wie sie i.d.R. in der Praxis vorkommen.[798] Beispielhaft herangezogen sei an dieser Stelle die vollzugliche Praxis der JVA Ebrach.[799]

Als erste Vollzugslockerung in der praktischen Umsetzung ist die Außenbeschäftigung bedeutsam.[800] Erst danach erfolgt eine Steigerung über mehrere Ausgänge zu Hafturlauben hin, die bis zur Entlassung an Anzahl und Dauer zunehmen. Es gibt allerdings auch Einzelfälle, bei denen nur eine Außenbeschäftigung vertretbar erscheinen kann oder höchstens zusätzlich Ausgänge möglich sind, aber keine Urlaube. Dies hängt ganz von den Umständen des Einzelfalls ab. Die auf der tatbestandlichen Seite zu prüfende Eignung i.S.d. Art. 134 Abs. 2 BayStVollzG kann nicht isoliert und losgelöst von der Art und Reichweite der auf der Rechtsfolgenseite erteilten Maßnahme beurteilt werden. Der Fall kann auch so gelagert sein, dass auf der Rechtsfolgenseite manche Lockerungen mit weniger Risikoimmanenz – z.B. Außenarbeit unter Aufsicht – vertretbar sind, andere aber – z.B. ein mehrtägiger Urlaub mit größeren örtlichen und zeitlichen Freiräumen und ohne die ständige Anwesenheit von Angehöri-

---

796 Eisenberg, NStZ 2008, 256.

797 Vgl. Laubenthal, 2011, Rn 545.

798 Skeptisch zu diesem „Stufenstrafvollzug“ vgl. schon Radbruch, 1957, 59.

799 Vgl. hierzu auch Tabellen „Anzahl der Gefangenen, die zum Stichtag mind. eine Abwesenheit hatten“ und „Anzahl der Abwesenheiten“, Fragebogen JVA Ebrach im Anhang.

800 Die folgenden Ausführungen basieren auf der Auskunft der Leitung der JVA Ebrach.

gen – viel zu riskant wären. Beispielsweise bei suchtgefährdeten Gefangenen ist dieser Aspekt von praktischer Bedeutung.

In der Praxis beantragt der Gefangene demzufolge zunächst die Zulassung zur Außenbeschäftigung. Diese wird, wenn keine überwiegende Gefahr der Entweichung und/oder des Missbrauchs i.S.d Art. 134 Abs. 2 BayStVollzG gesehen wird, nach frühestens einem Monat Aufenthaltsdauer genehmigt. Ist der Gefangene als Selbststeller gekommen, kann hiermit auch noch früher begonnen werden.

Wenn sich der Gefangene bei der Außenarbeit bewährte (gemäß der Praxis der JVA Ebrach bei Selbststellern nach vier Wochen, bei anderen nach sechs Wochen) und wenn keiner der o.g. Ausnahmefälle gegeben ist, erhält der Gefangene dann einen ersten Regel-Ausgang nach Art. 134 Abs. 1 i.V.m. Art. 13 Abs. 1 Nr. 2 (2. Alt.) BayStVollzG, um diese Stunden – i.d.R. sind es acht pro Ausgang – in Begleitung von Angehörigen oder anderen Bezugspersonen (Freunden, Bekannten) zu verbringen, die ihn auch sonst besuchen kommen oder kommen würden. Diese Bezugspersonen holen ihn an der Anstalt ab und bringen ihn zurück. Dieses Ziel der Förderung familiärer Einbindung und der Förderung sonstiger sozialen Bindungen ist das Ziel aller Regel-Ausgänge und auch Regel-Urlaube. Es dient zudem dem Zweck der Förderung der konkreten Wiedereingliederung und der Durchführung späterer konkreter Vorbereitungsmaßnahmen vor dem Entlassungstag, da sich die Angehörigen dann zu gegebener Zeit mit einbinden lassen. Diese Zielrichtung wird auch in aller Regel von den Jugendstrafvollzugsanstalten geteilt. Es kommt aber leider auch vor, dass gegen manche Angehörige Bedenken bestehen müssen, weil diese selbst ebenfalls kriminell waren oder sind. Sehr häufig müssen deshalb auch manche Freunde und Bekannte als Begleitpersonen ausscheiden.

Man muss also auch hierbei differenzieren. Die Prüfung dieser Gesichtspunkte ist dann aber kein bloßer Aspekt für eine optimale Erreichung des Zieles der Lockerung, sondern gehört bereits zur tatbestandlichen Fragestellung gemäß Art. 134 Abs. 2 BayStVollzG, ob die Gefahr neuer Straftaten und einer pünktlichen und auch sonst weisungsgemäßen Rückkehr des Gefangenen besteht, wenn sich doch eine strafrechtlich selbst auffällige und damit evtl. als Begleiter unzuverlässige Person bei ihm befindet. Auf der Grundlage eines eingeholten ausdrücklichen schriftlichen Einverständnisses des Besuchswilligen bzw. der Begleitperson für Ausgang wird daher deren strafrechtliche Vergangenheit durch Anfrage an Polizei oder Staatsanwaltschaften vorab geprüft. Möglich ist es bei Gefangenen ohne familiäre Kontakte auch, dass ihre ehrenamtlichen Betreuer Ausgänge mit ihnen absolvieren. Wenn in der Person des Gefangenen selbst keine Zuverlässigkeit für einen unbegleiteten Sonderausgang besteht und/oder keine zuverlässigen Begleitpersonen aus seinem persönlichen Umfeld vorhanden wären, aber dennoch wichtige Angelegenheiten von ihm außerhalb persönlich erledigt werden müssen (z.B. Vorstellungsgespräche, behördliche Termine, zu denen er geladen ist etc.), dann bleibt nur der Weg der Ausführung durch Anstaltspersonal.

Nach mehreren Ausgängen (gemäß der Praxis der JVA Ebrach bei Selbststellern mindestens zwei, bei anderen drei) kommt der erste Hafturlaub als sog. Regel-Urlaub nach Art. 14 BayStVollzG in Betracht, wenn das familiäre bzw. sonstige soziale Umfeld dies zulässt. Dies wird mittels einer formblattmäßigen Befragung der Angehörigen geklärt. Das Formblatt erhält der Gefangene von der Anstalt und schickt es an seine Angehörigen zum Ausfüllen. Diese erklären daraufhin auf dem Formblatt der JVA gegenüber, ob und wann sie den Gefangenen aufnehmen und ob sie ihn auch abholen und zurückbringen werden.

Regelausgänge werden nur im Rhythmus von einem Ausgang pro Monat gewährt. Gleiches gilt für Regelurlaube. In Monaten, in denen es schon einen Regel-Ausgang (Besuchs-Ausgang) gab, gibt es keinen zusätzlichen Regelurlaub und umgekehrt. Nach den VV zu Art. 14 ff. BayStVollzG wird dann i.d.R. pro Monat ein Urlaub von zwei Tagen am Stück bewilligt. Manche Anstalten wie das entlegen und ländlich gelegene Ebrach mit gleichzeitig weitem örtlichen Zuständigkeitsbereich, der ganz Bayern betrifft, können diesen Regelfall in der Praxis aber nicht durchhalten, da es für die Gefangenen kaum machbar erscheint, in jedem Monat und nur wegen zweier Tage weite Fahrten bis an das andere Ende des Freistaates und zurück durchzuführen und zu finanzieren. Es werden daher pro Monat mehr als nur zwei Tage Urlaub zusammengefasst, und zwar beim ersten Mal drei Tage, später vier oder fünf Tage pro Urlaub, und dazwischen gibt es auch Monate, in denen es nur Ausgang gibt.

Bei Sonderausgängen und -urlauben aus wichtigen Anlässen (Art. 37, 144 Abs. 8 BayStVollzG), zu Gerichtsterminen (Art. 38, 144 Abs. 8 BayStVollzG) und zu Angelegenheiten der Entlassungsvorbereitung (Art. 136 StVollzG) sind die jeweils zusätzlichen tatbestandlich zu erfüllenden Voraussetzungen zu prüfen. Hierzu werden der Gefangene oder – sofern in der Angelegenheit mitbeteiligt – die Angehörigen veranlasst, die erforderliche Glaubhaftmachung vorzunehmen, also im Falle eines behaupteten „wichtigen Anlass" z. B. den Beleg der Bestattungsanstalt über die bevorstehende Beerdigung eines nahen Verwandten vorzulegen, bei einem Sonderausgang zu einem Gerichtstermin die Terminsladung vorzulegen.

Mit dem Sonderurlaub zur Entlassungsvorbereitung nach Art. 136 Abs. 5 BayStVollzG wurde eine erstaunlich großzügige Regelung eingeführt, die alles bisher da Gewesene des § 15 Abs. 3 StVollzG und der Nr. 10 Abs. 3, Abs. 6 VVJug in den zeitlichen Voraussetzungen (in den letzten vier statt drei Monaten) und vor allem in der Reichweite (Sonderurlaub bis zu einem Monat statt nur einer Woche) in den Schatten stellt.

Ein Sonderfall der Sonderurlaube wurde aufgrund einer Bundesverfassungsgerichtsentscheidung[801] zunächst in § 43 StVollzG eingeführt und ist nun auch im BayStVollzG enthalten. Für je zwei Monate Gefangenenarbeit gibt es einen Tag Freistellung oder einen Tag Arbeitsurlaub (ohne Anrechnung auf Regelurlaub) oder einen Tag frühere Entlassung. Wählt der Gefangene dabei den Arbeitsurlaub, muss er aber schon grundsätzlich für Urlaub geeignet sein (darf also nach obiger Maßgabe nicht flucht- und missbrauchsgefährlich gemäß Art. 134 Abs. 2, 135 Abs. 3 BayStVollzG sein). Ist er grundsätzlich urlaubsgeeignet und beantragt er einen erworbenen Arbeitsurlaubstag besteht hierauf sogar ein Rechtsanspruch, es ist der Anstalt also kein Rechtsfolgeermessen eröffnet, vielleicht den Anspruch aus anderen Erwägungen nicht oder nicht zu dem beantragten Termin, sondern erst später genehmigen zu wollen. Für Jugendstrafgefangene gilt Art. 46 Abs. 6, Abs. 7 über Art. 149 Abs. 1 BayStVollzG.

Freigang i.S.d. Art. 134 Abs. 1 i.V.m. Art. 13 Abs. 1 Nr. 1 (2. Alt.) BayStVollzG wurde und wird in der JVA Ebrach nicht genehmigt und wurde bislang auch nicht beantragt. Hierzu mangelt es bereits an Unternehmen, die am Ort oder in der Umgebung Gefangene beschäftigen könnten.

(5) Bewertung

In mehreren Entscheidungen hob das BVerfG immer wieder die verfassungsrechtliche Bedeutung der Vollzugslockerungen für das Resozialisierungsziel hervor.[802] So formulierte das BVerfG für den Erwachsenenvollzug im Zusammenhang mit dem offenen Vollzug:

„Es kann dem Gesetz nicht entnommen werden, dass für die große Zahl der Gefangenen, für die aus den verschiedensten Gründen der offene Vollzug nicht in Betracht kommt, das Reso-

---

801 BVerfGE 98, 169, 202.

802 Vgl. etwa BVerfG, NJW 1998, 1133 ff. ; BVerfG, NStZ 1998, 373 f.

zialisierungsmittel des Besuchsausgang von vornherein nicht zur Verfügung stehen soll. Die gesetzliche Regelung spricht für das Gegenteil: Die Vollzugslockerungen gemäß § 11 StVollzG stehen für alle Gefangenen zur Verfügung."[803]

Diese Aussage ist auch auf den Jugendstrafvollzug übertragbar. Nur durch Öffnung der Anstalten nach Außen und der Lockerung des Vollzugs kann das Endziel der Legalbewährung letztendlich erreicht werden. So kann ein abrupter Übergang aus dem künstlichen Haftmilieu vermieden werden. Dies hat der Gesetzgeber schon bei Schaffung des JGG erkannt und deshalb in § 91 Abs. 3 JGG a.F., welcher nach dem Inkrafttreten der Landesgesetze zum Jugendstrafvollzug bedeutungslos wurde, normiert, dass der Vollzug zur Erreichung des Erziehungsziels aufgelockert und in geeigneten Fällen weitgehend in freien Formen durchgeführt werden kann.

Mit Schaffung der gesetzlichen Regeln für den Jugendstrafvollzug im BayStVollzG hat der Bayerische Gesetzgeber das Lockerungssystem, welches bereits aus dem StVollzG für den Erwachsenenvollzug und den VVJug bekannt war, weitestgehend auch für den Jugendstrafvollzug übernommen. Einziger Unterschied ist, dass der Gesetzgeber der Anstaltsleitung einen weiteren Beurteilungsspielraum zur Gewährung von Lockerungen des Vollzugs und entsprechend auch für die weiteren Lockerungsmöglichkeiten durch die Formulierung in Art. 134 Abs. 2 BayStVollzG *„Erfüllung des Erziehungsauftrags oder zur Förderung der Wiedereingliederung"* gegeben hat. Fraglich ist daher, ob diese Regelung den vom BVerfG angemahnten, im Vergleich zum Erwachsenenstrafvollzug erweiterten Kontaktmöglichkeiten (die sich nicht nur auf das Besuchsrecht beziehen, sondern einen pädagogisch betreute, *„sowie mit angemessenen Hilfen für die Phase nach der Entlassung verzahnte Entlassungsvorbereitung"*, also auch Vollzugslockerungen, mit umfassen)[804] zur Außenwelt gerecht wird.[805]. Wie bereits aufgeführt, sieht die bayerische Vollzugspraxis in diesen beiden Formulierungen jedoch keine eigenständigen tatbestandlichen Voraussetzungen. Die Grundvoraussetzung in Abs. 2 des Art. 134 BayStVollzG ist folglich nach Auffassung der vollzuglichen Praxis – außer der Zustimmung des Gefangenen – nur, dass *„verantwortet werden kann zu erproben, dass..."* sich der Gefangene *„...nicht dem Vollzug der Jugendstrafe entziehen und die Lockerungen nicht zur Begehung von Straftaten missbrauchen"* werde.

803 BVerfG, NStZ 1998, 430.

804 BVerfG, NJW 2006, 2096.

805 Dünkel/Pörksen, NK 2/2007, 55 ff.

Diese Formulierung im Abs. 2 des Art. 134 BayStVollzG, zu der schon in den obigen Ausführungen ansatzweise Stellung genommen wurde, enthält bei wörtlicher Betrachtung einen Gedankengang, der sich als nicht geglückte Kombination der Wortlaute der Nr. 6 Abs. 2, Abs. 10 VVJug und des Art. 13 Abs. 2 BayStVollzG darstellt und zu einem unlogischen Resultat führt, das der Gesetzgeber vermutlich nicht meinte. Wohl, weil man sich vom alten Wortlaut der nur unbestimmt gehaltenen Absätze 2 und 10 der Nr. 6 VVJug, nach denen auch schon *„verantwortet"* und *„erprobt"* werden musste, nicht völlig distanzieren wollte, konnte man sich nun leider nicht dazu durchringen, stattdessen einfach nur auf die klare und logische Vorschrift des alten § 11 Abs. 2 StVollzG zurückzugreifen bzw. schlicht nur auf den neuen Art. 13 Abs. 2 BayStVollzG zu verweisen, was völlig ausreichend und sachgerecht gewesen wäre. Nach Art. 13 Abs. 2 BayStVollzG muss schon vor der Genehmigung z.B. eines Ausgangs hinreichend feststehen, dass keine sog. Flucht- und Missbrauchsgefahr besteht.

Nach Art. 134 Abs. 2 BayStVollzG aber kann *„erprobt werden, dass sie* – die Gefangenen – *sich nicht (...) entziehen und (...) nicht zur Begehung von Straftaten missbrauchen."* Wenn die Anstalt also das Nichtbestehen dieser Gefahren erst beim Ausgang selbst *„erproben"* darf, heißt dies aber logischerweise, dass sie diese Befürchtung vor der Genehmigung nicht völlig ausgeschlossen haben muss. Damit lässt diese Regelung trotz des zusätzlichen Merkmals des *„Verantwortet-werden-Könnens"* eine größere Risikobereitschaft bei den Entscheidungsträgern zu als im Erwachsenenvollzug, wo in Art. 13 Abs. 2 BayStVollzG keinerlei Erprobung in diesem tatbestandlichen Zusammenhang zugelassen wird. Wenn man dem entgegenhalten sollte, dass es ja in Art. 134 Abs. 2 BayStVollzG *„dass"* und nicht *„ob"* heißt und es natürlich so gemeint sei, dass diese Gefahren schon bei der Genehmigung bedacht und ausgeschlossen werden müssen, mag dies einer vernünftigen Denkweise entsprechen, die aber nur als eine den Wortlaut reduzierende Gesetzesauslegung gelten kann. Denn wenn diese Gefahren doch schon bei Genehmigung ausgeschlossen wurden und nicht mehr zu befürchten sind, ist zu fragen, was es dann insofern noch zu *„erproben"* geben soll.[806]

Trotz alledem schenkt die Praxis den Vollzugslockerungen immer noch nicht genügend Beachtung, was weder mit dem Gesetzesziel noch den Erfahrungsberichten in der Praxis zu erklären ist, denn die Missbrauchszahlen bewegen sich eher im Promillebereich.[807] Es gibt also

---

806 Laut Auskunft der Leitung der JVA Ebrach.

807 Vgl. Tabelle der Misserfolge bei Ostendorf, 2009a, 194; vgl. auch Missbrauchszahlen/Versagerquoten der JVA Ebrach, Fragebogen im Anhang.

kein nachgewiesenes Argument, das gegen eine Ausweitung der Vollzugslockerungen spräche. Es sind jedoch Unterschiede bzgl. der Gewährung von Vollzugslockerungen zwischen den einzelnen Anstalten zu verzeichnen.[808] Dies dürfte jedoch nicht auf die unterschiedliche Gefangenenstruktur zurückgehen, sondern vielmehr auf die unterschiedliche Risikoeinschätzung und vollzugspolitische Grundhaltung der Entscheidungsträger, das durch die Verwendung von unbestimmten Rechtsbegriffen noch verstärkt wird. Im Falle eines Missbrauchs geraten die Vollzugsanstalten jedoch sofort in die Schusslinie der Medien, was die restriktive Vollzugspraxis hinsichtlich der Vollzugslockerungen wiederum erklären könnte.

Die restriktive Vollzugspraxis rührt aber möglicherweise auch schon aus der Kann-Vorschrift des § 11 StVollzG her, die in das BayStVollzG übernommen wurde. So wurde und wird der Anstalt auch weiterhin ein weiter Ermessensspielraum eingeräumt, ob und auch wie sie die Maßnahme gewährt. Dies birgt zudem die Gefahr, dass deshalb zu wenig auf den Einzelfall eingegangen wird, obwohl doch eine Einzelfallentscheidung bei jeder Lockerungsmaßnahme getroffen werden muss. Daraus folgt, dass die Rechte und Pflichten möglichst klar und eindeutig in der jeweiligen Vorschrift formuliert, unbestimmte Rechtsbegriffe möglichst präzisiert werden müssen und der Vollzugsbehörde keine allzu großen Spielräume durch weite Ermessensvorschriften gewährt werden dürfen (Soll- statt Kann-Vorschrift).

Sinnvoll wären auch Festlegungen von Mindestfristen gewesen, nach denen eine zeitlich gestaffelte Automatik der Überprüfung der Lockerungserteilung eingreift.[809] Nur so ist gewährleistet, dass auch Gefangene, die sich nicht sofort für Lockerungen eignet, im Verlauf des Vollzugs die Chance bekommen, in den Genuss von Lockerungen zu gelangen.

Positiv an der bayerischen Ausgestaltung ist, dass der Gesetzgeber das Zustimmungserfordernis im Gegensatz zu den übrigen Ländern auch für die Lockerungen im Jugendstrafvollzug beibehalten hat und so auch dem Selbstbestimmungsrecht der jungen Gefangenen Rechnung trägt. Auch die Formulierung *„insbesondere"* in Art. 13 Abs. 1 BayStVollzG, welche Raum für weitere Lockerungsmöglichkeiten neben den vier Standardlockerungen bietet, beinhaltet die Möglichkeit flexibel auf Veränderungen in der Klientel des Vollzugs zu reagieren.

808 Dünkel, Gutachten für das BVerfG, 2006, 12.
809 Feest/Lesting/Selling, 1997, 199.

Im Bereich der Lockerungen spielt jedoch auch die in dieser Arbeit bereits erwähnte Mitwirkungspflicht[810] eine entscheidende Rolle. Denn bei der Lockerungsgewährung und -versagung besteht somit die Gefahr, dass diese mehr den disziplinarischen Gesichtspunkten unterworfen sind und die eigentliche Intention von Lockerungen an den Rand gedrängt wird.[811] Zudem wird hier leichter einer Scheinanpassung Vorschub geleistet, die vermeintliche Vollzugserfolge nur vorspiegelt.

Problematisch sind ebenfalls die gesetzlich vorgesehenen Möglichkeiten der Weisungen und des Widerrufs von Lockerungsmaßnahmen in ihrer offenen Formulierung. Der Bayerische Gesetzgeber hat keine Konkretisierung dahingehend vorgenommen, was eigentlich unter einer Weisung zu verstehen ist. Das widerspricht den Vorgaben des BVerfG vom 31.5.2006.[812] Denn Lockerungen stellen nicht nur Begünstigungen für die Gefangenen dar, sondern sind auch Maßnahmen, um das Vollzugsziel zu erreichen. Werden aber Maßnahmen des Vollzugs mit Weisungen eingeschränkt, so widerspricht dies dem Gesetzlichkeitsprinzip. Weisungen dürfen folglich nicht dem Resozialisierungsziel unterlaufen, sondern müssen diesem dienen. Sie sind daher im Hinblick auf das Resozialisierungsziel restriktiv einzusetzen.[813] Aber auch der Widerruf einer Lockerung muss immer dem Ziel der Resozialisierung dienen. Es gilt daher vornehmlich beim Freigang nicht jeden Verstoß mit einem Widerruf zu ahnden, sondern nur im Falle des Vorliegens eines Widerrufsgrundes.

dd) Sozialtherapeutische Maßnahmen

(1) Bedeutung

Nach der Regelung des § 9 StVollzG stellte die Sozialtherapie eine eigenständige behandlungsorientierte Spezialeinrichtung des Vollzugs von Freiheitsstrafen dar.[814] Daran knüpfen nun auch die Landesgesetze aufgrund der konkreten Forderung des BVerfG vom 31.5.2006, eine *„ausreichende pädagogische und therapeutische Betreuung"*[815] sicherzustellen, an. Auch wenn es ein Anliegen des gesamten Jugendstrafvollzugs ist, diesen sozialtherapeutisch im Sinne eins Resozialisierungsstrafvollzugs auszurichten, so gibt es dennoch für bestimmte

810 Vgl. Punkt C.V.2.b.

811 Grosch, 1995, 425.

812 Ostendorf, 2009a, 192.

813 Ostendorf, 2009a, 192.

814 Laubenthal, 2011, Rn. 584; Arloth, 2008a, § 9 Rn. 1, § 11 BayStVollzG Rn. 1; AK-Feest, 2006, § 9 Rn. 1.

815 BVerfG, NJW 2006, 2096.

Straftäter einen noch spezielleren Handlungsbedarf für therapeutische Maßnahmen. Therapeutische Behandlungsmaßnahmen leisten einen wirkungsvollen Beitrag zur Erreichung des Vollzugsziels einer künftigen sozial verantwortlichen Lebensführung und damit zur Verhinderung zukünftiger Straftaten. Sie fördern gerade bei jungen Gefangenen, welche regelmäßig individuelle Problemlagen aufweisen, neben Schule, Ausbildung und Arbeit den Sozialisationsprozess in erheblicher Weise.[816] Oftmals kommen die Insassen der Jugendstrafvollzugsanstalten schwer mit sich selbst und ihren Mitmenschen zurecht.[817] Aufgabe des Vollzugs muss es daher sein, derartige Probleme und Defizite aufzuarbeiten und Hilfen zur Bewältigung anzubieten, welche oft nicht alleine durch Schule oder Arbeit aus dem Weg zu schaffen sind. Nur so wird gewährleistet, dass ein Gefangener, der nach Verbüßung seiner Haftzeit in die Freiheit zurückkehrt über soziale Verhaltensweisen und über soziale Verantwortung verfügt, die oft erstmals in der Anstalt erlernt werden. Studien ergaben zudem eine geringere Rückfälligkeit im Vergleich zu Gefangenen im Normalvollzug um durchschnittlich zehn Prozent.[818]

Schließlich verlangen auch internationale Standards therapeutische Maßnahmen im Strafvollzug. So sollen nach den Mindestgrundsätzen der UN für Jugendgerichtsbarkeit (1985) junge Gefangene *„jede notwendige Hilfe"* sozialer, pädagogischer und psychologischer Art erhalten, *„derer sie aufgrund ihres Alters, ihres Geschlechts und ihrer Persönlichkeit im Interesse einer gesunden Entwicklung bedürfen"*, NR. 26.2. Individuelle Behandlungsprogramme für die Gefangenen sind zudem nach den Europäischen Strafvollzugsgrundsätzen (1987) aufzustellen, Nr. 66 c.[819]

(2) Die sozialtherapeutische Anstalt, Art. 132 BayStVollzG

(a) Darstellung der Gesetzeslage

Aufgrund der Forderung des BVerfG nach einer *„ausreichenden pädagogischen und therapeutischen Betreuung"*[820] für die jungen Gefangenen, sehen nun alle Landesgesetze die Sozi-

816 Laubenthal, 2011, Rn. 572.

817 Vgl. Ostendorf, 2009a, 159.

818 AK-Feest, 2006, vor § 123 Rn. 34; jedoch ist auch zu berücksichtigen, dass die Erfolgsquote wieder durch die Gefangenen, welche die Behandlungsmaßnahmen abbrechen und daher in den Normalvollzug zurückverlegt werden, relativiert wird. Durch die Rückverlegung wird eine Versagenseinstellung hervorgerufen, was dann offenbar dazu führt, dass die Rückfälligkeit solcher Gefangener ansteigt.

819 Vgl. auch Ostendorf, 2009a, 159.

820 BVerfG, NJW 2006, 2096.

altherapie im Jugendstrafvollzug vor. Damit schließen sie die vormals bestehende Regelungslücke für den Jugendstrafvollzug, da die VVJug keine Vorschrift zur Sozialtherapie junger Straftäter enthielten. Einige der Landesgesetze verlangen, dass alle Jugendstrafanstalten eine sozialtherapeutische Einrichtung erhalten.[821] Auch der GJVollz-E 2006 sah die Schaffung von eigenständigen sozialtherapeutischen Anstalten für bestimmte Straftäter vor, § 40 Abs. 5. Demgegenüber fordert der Bayerische Gesetzgeber in Art. 132 BayStVollzG die Verlegung in solche Einrichtungen bei Vorliegen eines Anlassdeliktes. Insoweit entspricht die bayerische Regelung dem bekannten § 9 StVollzG und orientiert sich an Art. 11 BayStVollzG, der die Verlegung in eine sozialtherapeutische Einrichtung für den Vollzug der Freiheitsstrafe regelt. So heißt es in Art. 132 BayStVollzG:

> *„Abs. 1: Junge Gefangene sind in eine sozialtherapeutische Einrichtung einer Jugendstrafanstalt zu verlegen, wenn die Wiederholung einer Straftat nach den §§ 174 bis 180 oder 182 StGB zu befürchten und die Behandlung in einer sozialtherapeutischen Einrichtung nach Art. 129 Abs. 2 Satz 2 oder Art. 130 Abs. 3 angezeigt ist.*
>
> *Abs. 2: Andere junge Gefangene, von denen schwerwiegende Straftaten gegen Leib oder Leben oder gegen die sexuelle Selbstbestimmung zu erwarten sind, sollen in eine sozialtherapeutische Einrichtung einer Jugendstrafvollzugsanstalt verlegt werden, wenn deren besondere therapeutische Mittel und soziale Hilfen zu ihrer Resozialisierung angezeigt sind."*

Die Verlegungsnotwendigkeit derart behandlungsbedürftiger Gefangener resultiert daraus, dass eine erfolgreiche Sozialtherapie in Anstalten des Normalvollzugs aufgrund *"der dort herrschenden kontra-produktiven Vollzugsrealität"*[822] nicht zu bewerkstelligen ist. Würde man nun in jeder Jugendstrafvollzugsanstalt sozialtherapeutische Abteilungen einrichten – wie dies einige Landesgesetze fordern –, so besteht die Gefahr, dass es sich dabei nur um oberflächliche Behandlungsmöglichkeiten handelt, da eine auf jeden behandlungsbedürftigen Gefangenen individuell abgestimmte therapeutische Maßnahme in allen Anstalten aus personellen und finanziellen Mittel wohl kaum zu realisieren sein wird. Des Weiteren könnte so die Eigenständigkeit der sozialtherapeutischen Anstalt verloren gehen. Eine sozialtherapeutische Einrichtung muss jedenfalls von anderen Vollzugseinrichtungen so eindeutig abgegrenzt sein, dass ihr die eigene Gestaltung der für soziales Lernen notwendigen Bereiche möglich ist und dass Einrichtungen, die den einzelnen Gefangenen betreffen, nicht durch andere Vollzugsformen beeinflusst werden.[823] Daher bietet eine Verlegung der jeweiligen Gefangenen in eine

821 So § 105 JStVollzG Bln.

822 Laubenthal, 2011, Rn. 585.

823 So die Mindestanforderungen, abgedruckt in FS 3/2007, 101.

spezielle sozialtherapeutische Anstalt bzw. Einrichtung – wie dies der Bayerische Gesetzgeber vorsieht – eine deutlich bessere Möglichkeit, auf die sozialen Defizite jedes Einzelfalls einzugehen.

Im Folgenden soll nun eine genauere Analyse der Verlegungsmöglichkeit in eine sozialtherapeutische Anstalt, die Art. 132 BayStVollzG bietet, erfolgen.

(aa) Art. 132 Abs. 1 BayStVollzG

Art. 132 Abs. 1 BayStVollzG orientiert sich zwar an der Regelung für den Vollzug der Freiheitsstrafe (Art. 11 BayStVollzG), misst jedoch der Art des Anlassdelikts weniger Bedeutung bei und geht daher über die Regelung des Erwachsenenvollzugs hinaus.[824] So wird keine Mindesthöhe für Delikte gegen die sexuelle Selbstbestimmung verlangt. Art. 11 Abs. 1 BayStVollzG hingegen fordert eine Verurteilung zu einer Freiheitsstrafe von mindestens zwei Jahren. Erklären lässt sich das zum einen dadurch, dass bei Einheitsjugendstrafen nicht feststellbar ist, welche Einsatzstrafe für das Sexualdelikt verhängt wurde, zum anderen auch daraus, dass junge Sexualstraftäter noch am ehesten von ihren schädlichen Neigungen durch therapeutische Maßnahmen befreit werden können.[825] Dies förderte auch die eher knappe Fassung anderer Landesgesetze, die von einer Benennung der Anlassdelikte gänzlich absehen.[826]

Liegen die Voraussetzungen des Abs. 1 vor, so steht dem jungen Gefangenen ein Rechtsanspruch auf Verlegung zu, das heißt, es besteht kein Ermessen der Jugendstrafvollzugsanstalt. Wann jedoch eine Verlegung in eine sozialtherapeutische Anstalt *„angezeigt“* ist, steht nach nicht ganz unumstrittener –aber vorzugswürdiger – Ansicht[827] im Beurteilungsspielraum der Anstalt. Dies hat zur Folge, dass diese Voraussetzung für das Gericht nur eingeschränkt überprüfbar ist. Die Kriterien, wann eine solche Behandlung angezeigt ist, entsprechen denjenigen, die zu § 9 StVollzG entwickelt wurden.[828] So ist nach den für die Vollzugspraxis des Erwachsenenvollzugs bedeutsamen Empfehlungen des „Arbeitskreises Sozialtherapeutischer

---

824 Arloth, 2008a, Art. 132 BayStVollzG Rn.1.

825 Arloth, 2008a, Art. 132 BayStVollzG Rn.1.

826 Vgl. § 14 JStVollzG Bln u.a.: „Gefangene können in einer sozialtherapeutischen Abteilung untergebracht werden, wenn deren besondere therapeutische Mittel und soziale Hilfen zum Erreichen des Vollzugsziels angezeigt sind.“

827 Arloth, 2008a, Art. 11 BayStVollzG Rn. 3.

828 Arloth, 2008a, Art. 11 BayStVollzG Rn. 3.

Anstalten im Justizvollzug e.V.“ die Verlegung in eine sozialtherapeutische Einrichtung angezeigt, wenn die Wiederholung gefährlicher Straftaten wegen einer Störung ihrer sozialen und persönlichen Entwicklung zu befürchten ist, die erkennen lassen, dass sie sich um eine Änderung ihrer Einstellungen und Verhaltensweisen bemühen wollen und die über die intellektuellen und sprachlichen Möglichkeiten für eine Beteiligung am Behandlungsvorgehen verfügen.[829] Weiterhin bestehen vom „Arbeitskreis Sozialtherapeutischer Anstalten im Justizvollzug e.V.“ für den Erwachsenenvollzug entwickelte Gegenindikatoren, bei deren Vorliegen eine Verlegung nicht angezeigt ist.[830]

Aus der Befragung der Anstaltsleitung der JVA Ebrach[831] geht hervor, dass sich die *„Angezeigtheit“* dort zum einen nach den Deliktsarten, die der Gefangene laut Urteil verwirklichte, im Vergleich zu den in Art. 132 BayStVollzG genannten Delikten, bei denen Sozialtherapie grundsätzlich zu erwägen ist, richtet. Ob der Gefangene im Einzelfall tatsächlich für eine Sozialtherapie vorgeschlagen werden soll, wird schließlich von der Vollzugsplankonferenz der Abteilung beurteilt, in der er untergebracht ist. In der jeweiligen Vollzugsplankonferenz sitzt auch der bzw. die für ihn zuständige Psychologe bzw. -in und äußert sich aufgrund fachlicher Einschätzung des Falles, ob der Gefangene mit seiner persönlichen Problematik eine Sozialtherapie benötigt bzw. ob die individuelle Problematik mit einer Sozialtherapie auch bearbeitet werden könnte. Je mehr der Täter die in Art. 132 BayStVollzG genannten Sexualstraftatbestände verwirklichte und je mehr auch noch Gewaltstraftatbestände bei der Tat mit verwirklicht wurden und je höher durch diese Deliktsanteile auch das Strafmaß ausfiel, umso eher wird die „Angezeigtheit“ zu bejahen sein. Dies ist aber letztlich eine rein fachlich zu beantwortende Frage. Wird diese bejaht, findet eine dementsprechende Eintragung in den Vollzugsplan als eine an den Gefangenen gerichtete Empfehlung, sich um eine Aufnahme in der sozialtherapeutischen Abteilung zu bewerben, statt Zudem wurde ihm dies psychologisch meistens schon vorher nahe gelegt. Er wird, auch wenn er sich nicht bewirbt, gleichwohl auch

---

829 Vgl. Arloth, 2008a, § 9 Rn. 10.

830 Abgedruckt bei Arloth, 2008a, § 9 Rn. 11.

831 Die Anstalt verfügt seit dem 1.12.2009 über eine sozialtherapeutische Abteilung (abgekürzt SothA) im Sinne des Art. 132 BayStVollzG mit 10 Haftplätzen, konzipiert für Gewaltstraftäter. Die SothA wird von einer Psychologin geleitet, zusätzlich ist eine Sozialpädagogin eingesetzt; vgl. Fragebogen JVA Ebrach im Anhang.

vom Leiter der sozialtherapeutischen Abteilung der JVA Ebrach von Amts wegen nochmals angesprochen. Weigert er sich nun nochmals, wird dies erneut im Vollzugsplan notiert.[832]

Gezwungen, gegen seinen Willen teilzunehmen, wird der junge Gefangene also nicht. Jedoch wirkt sich seine Therapie-Weigerung ungünstig für ihn aus, wenn es irgendwann darum gehen sollte, die Missbrauchsgefahr nach Art. 134 Abs. 2 BayStVollzG und die Legalprognose nach § 88 JGG zu beurteilen.[833]

(bb) Art. 132 Abs. 2 BayStVollzG

Art. 132 Abs. 2 BayStVollzG ist inhaltlich mit Art. 11 Abs. 2 BayStVollzG identisch. Abgestellt wird nicht auf die Verurteilung, sondern darauf, ob von dem jungen Gefangenen schwerwiegende Straftaten gegen Leib oder Leben oder gegen die sexuelle Selbstbestimmung zu erwarten sind. Es handelt sich um eine Einschätzung der Gefährlichkeit des Straftäters. Faktoren, die hierbei eine entscheidende Rolle spielen, sind jedoch ebenfalls noch nicht mit hinreichender Sicherheit festgestellt. Man wird deshalb auf die nach dem Stand der Wissenschaft auch bei anderen während des Strafvollzugs zu treffenden Prognoseentscheidungen relevanten Faktoren zurückgreifen müssen.[834] Maßgebend sind somit die Persönlichkeit des Gefangenen und die Art und Schwere des der Verurteilung zugrunde liegenden Delikts.[835] Unter diesem Gesichtspunkt hat die bayerische Jugendstrafvollzugsanstalt Neuburg-Herrenwörth im Jahr 2005 ein Therapiezentrum gegen soziale Defizite eingerichtet, das je über eine Abteilung für Gewalt- und Sexualstraftäter mit jeweils 16 Gefangenen verfügt, in dem vermutete angehende Intensivtäter umfassend betreut werden. Wissenschaftliche Ergebnisse, auf die sich gefestigte Faktoren für eine Prognoseentscheidung stützen lassen, werden sich in den nächsten Jahren herausbilden.

Bzgl. der *„Angezeigtheit"* besteht auch hier ein gerichtlich nur eingeschränkt überprüfbarer Beurteilungsspielraum im Sinne von Abs. 1. Die Regelung des Abs. 2 gibt dem Gefangenen im Gegensatz zu Abs. 1 jedoch keinen Anspruch auf Verlegung in eine sozialtherapeutische Einrichtung. Vielmehr handelt es sich entgegen des Wortlauts *„sollen"* noch bis zum 31. Dezember 2012 nur um eine Kann-Vorschrift gemäß Art. 210 Abs. 2 BayStVollzG und steht im

---

832 Laut Auskunft der Leitung der JVA Ebrach.

833 Laut Auskunft der Leitung der JVA Ebrach.

834 Arloth, 2008a, Art. 11 BayStVollzG Rn. 3.

835 Arloth, 2008a, Art. 11 BayStVollzG Rn. 3; maßgebend sind auch hier die Ausführungen bzgl. der praktischen Handhabung in der JVA Ebrach zu Art. 132 Abs. 1 BayStVollzG.

nicht gebundenen Ermessen der Anstalt.[836] Diese Übergangsbestimmung resultiert daraus, dass zukünftig die Sozialtherapie in Bayern ausgebaut werden muss. Jedoch ist schwer abzuschätzen, wie hoch der Anteil der Gewalttäter ist, bei denen eine Behandlung in einer sozialtherapeutischen Anstalt angezeigt ist. Fest steht aber, dass er um einiges höher ist als der für Sexualstraftäter im Sinne von Art. 132 Abs. 1 BayStVollzG. Damit gehen erhebliche Kosten (bis zu 13 Millionen Euro) und auch ein Personalmehrbedarf von ca. 120 Bediensteten einher.[837]

(cc) Art. 132 Abs. 3 BayStVollzG

Art. 132 Abs. 3 BayStVollzG verweist auf die Regelungen des Erwachsenenvollzugs in Art. 11 Abs. 3 bis 5 BayStVollzG. Vor Verlegung des jungen Gefangenen in eine sozialtherapeutische Anstalt ist es somit Aufgabe der Stammanstalt, die Bereitschaft des Gefangenen zur Teilnahme an sozialtherapeutischen Maßnahmen zu wecken, da ein nicht behandlungswilliger Gefangene das Klima der therapeutischen Einrichtung negativ beeinflussen könnte. Wird eine dauernde Behandlungsunwilligkeit festgestellt, so unterbleibt eine Verlegung oder es findet wieder eine Rückverlegung in den Normalvollzug statt. Zuvor hat jedoch immer eine gründliche Prüfung zu erfolgen.[838]

Die neuen Regelungen sehen im Gegensatz zu § 9 Abs. 2 StVollzG weder eine Zustimmung des Leiters oder der Leiterin der sozialtherapeutischen Anstalt noch eine Zustimmung des Gefangenen selbst bei Verlegung vor. In der Praxis ist jedoch sowohl eine enge Abstimmung zwischen der Stammanstalt und der sozialtherapeutischen Einrichtung zwingend notwendig, um Misserfolge bei der Behandlung und Rückverlegung weitgehend zu vermeiden. Zum anderen widerspricht der Verzicht auf das Zustimmungserfordernis des Gefangenen bei Verlegung den therapeutischen und erziehungspsychologischen Grundsätzen.[839] Einzige Ausnahme ist § 14 Abs. 1, 2 JStVollzG NRW, der die Verlegung von der Zustimmung des Gefangenen abhängig macht.

---

836 Arloth, 2008a, Art. 11 BayStVollzG Rn. 3.

837 Vgl. zur Situation im Erwachsenenstrafvollzug Arloth, 2008a, Art. 11 BayStVollzG Rn. 3.

838 Arloth, 2008a, Art. 11 BayStVollzG Rn. 6.

839 Eisenberg, 2009, § 92 Rn. 57.

(b) Bewertung

Zwar haben alle Länder Regelungen zur Sozialtherapie in ihre Gesetze aufgenommen. Doch von einer glücklichen Umsetzung im bayerischen Gesetz kann dennoch nicht die Rede sein. Die Vorschriften orientieren sich weitgehend an den sehr allgemein gehaltenen Regelungen des StVollzG (§§ 9, 123-126). Negativ unterscheiden sie sich von denen des StVollzG dadurch, dass sowohl auf das Zustimmungserfordernis des Gefangenen bei Verlegung als auch auf Zustimmung des Leiters oder der Leiterin der sozialtherapeutischen Anstalt verzichtet wird. Die Kritik an diesem Vorgehen wurde bereits im vorangehenden Punkt angeführt. Hinzu kommt, dass eine Sozialtherapie ohne Bereitschaft zur Mitwirkung nicht durchführbar ist. Soweit also eine entsprechende Zustimmung nicht zu Beginn gegeben wird, so muss sie doch nach einer entsprechenden Eingewöhnung und Motivierung noch in der Anfangsphase nachgeholt werden.[840] Empfehlenswert ist auch eine enge Zusammenarbeit bei Verlegung sowohl nach Art. 132 Abs. 1 als auch Abs. 2 BayStVollzG. Damit bleiben die Gesetze noch hinter dem StVollzG zurück.

Zudem ist Art. 132 BayStVollzG sehr unbestimmt gehalten. Es wird weder eine Gefangenenauswahl näher bestimmt, vielmehr spricht das Gesetz nur von *„Angezeigtheit"*, was schon im StVollzG zu keiner eindeutigen Bestimmung führte, noch wird festgelegt, wie die Abteilungen eigentlich zu organisieren sind, wer für die Entscheidung zuständig ist und wie das Behandlungsangebot aussehen sollte. Sozialtherapeutische Einrichtungen müssen über Mitarbeiter verfügen, die mit besonderen Befähigungen und Erfahrungen ausgestattet sind und Fachdienste mehrerer Fachrichtungen beschäftigen. Ausdrücklich erwähnt wird dies jedoch an keiner Stelle.[841] Darüberhinaus wird durch die Übergangsbestimmung der Kann-Vorschrift des Art. 132 Abs. 2 BayStVollzG ein weiter Ermessenspielraum für die Anstalt eröffnet. Die Regelungen des BayStVollzG werden daher nicht den Vorgaben des BVerfG gerecht, das in seiner Entscheidung vom 31.5.2006 eine *„gesetzliche Festlegung hinreichend konkretisierter Vorgaben"*[842] forderte.

Positives kann man der bayerischen Regelung des Art. 11 Abs. 4 BayStVollzG entnehmen, welche der Vorschrift des § 9 Abs. 1 S. 2 StVollzG entspricht und über Art. 132

---

840 Egg, FS 3/2007, 101.

841 Vgl. aber die Mindestanforderungen an die Organisationsform, räumliche Voraussetzungen und Personalausstattung Sozialtherapeutischer Einrichtungen: Egg, FS 3/2007, 102.

842 BVerfG, NJW 2006, 2096.

Abs. 3 BayStVollzG auch für den Jugendstrafvollzug entsprechend gilt. Dadurch werden die Gründe, die bei einer Rückverlegung angeführt werden können auf Gründe, die in der Person des Gefangen liegen, beschränkt. Andere Landesgesetze, wie beispielsweise § 28 Abs. 3 JStVollzG Baden-Württemberg,[843] sehen keine derartige Einengung vor. So besteht allerdings die Gefahr, dass auch anstaltsinterne Konflikte zu einer Rückverlegung führen könnten. Dabei gilt es jedoch besonders zu beachten, dass eine Rückverlegung für den Gefangenen auch immer ein weiteres Versagenserlebnis bedeutet und sich negativ auf die Resozialisierung auswirkt.

Weiterhin ist begrüßenswert, dass in Art. 132 Abs. 2 BayStVollzG auch auf die Gewaltproblematik der jungen Gefangenen eingegangen wird, welche von besonderer Bedeutung ist und nicht nur eine Verlegung von Sexualstraftätern fokussiert wird.

(3) Therapeutische Maßnahmen

Die Umsetzung der therapeutischen Maßnahmen, abgesehen von der Einhaltung der gesetzlichen Verhaltensvorschriften sowie der Anstaltsordnung, über Ausbildung und Arbeitstherapie, über Sport- und Freizeitprogramme und Seelsorge, werden im BayStVollzG nur rudimentär geregelt. Lediglich Art. 76 BayStVollzG enthält das Angebot einer psychotherapeutischen Behandlung.

Die Maßnahmen, die auch schon vor Inkrafttreten des BayStVollzG praktiziert wurden, sind im Gegensatz zu den gesetzlichen Regelungen vielfältiger. Im Folgenden sollen die Möglichkeiten, die in der praktischen Vollzugsgestaltung bereits Umsetzung gefunden haben, dargestellt werden.[844] Eine ausdrückliche Aufnahme der verschiedenen Maßnahmen in das neue BayStVollzG wäre daher notwendig und sinnvoll gewesen.

Eine Therapie ist sowohl innerhalb als auch außerhalb der Anstalt im Rahmen von Vollzugslockerungen möglich. Diese kann als Einzel- oder als Gruppentherapie gestaltet werden. Davon abgesehen ist *Ostendorf* der Auffassung, dass eine therapeutische Betreuung zunächst immer als Einzelbetreuung durch das Personal des allgemeinen Vollzugsdienstes sicherge-

---

843 So heißt es: „Der junge Gefangene wird aus der sozialtherapeutischen Einrichtung in den Regelvollzug zurückverlegt, wenn der Zweck der Sozialtherapie nicht erreicht werden kann."

844 Vgl. auch Auflistung der therapeutischen Maßnahmen in den bayerischen Anstalten, Fragebogen im Anhang.

stellt werden sollte.[845] Jeder Gefangene sollte einem Betreuer zugeteilt werden, an den er sich persönlich wenden kann.[846] Daneben sind organisierte therapeutische Gruppenmaßnahmen anzubieten, die von fachlich ausgebildetem Personal zu führen sind. Ist diese aufgrund der knappen Personalsituation nicht vorhanden, so ist auf eine Betreuungsmöglichkeit von außerhalb zurückzugreifen. Eine Gruppentherapie ist deshalb von entscheidender Bedeutung, da die Gefangenen dadurch in ihrem Gemeinschaftsgefühl gestärkt werden. Ziel einer solchen Gruppenbehandlung sind auch „Rollendistanz, Bedürfnisausgleich und Aggressionsabbau“.[847]

Des Weiteren sind allgemeine soziale Trainingskurse von speziellen sozialen Trainingskursen zu unterscheiden. Die allgemeinen sozialen Trainingskurse ähneln Freizeitangeboten. So werden Gesprächsgruppen, Sozialtherapie mit praktischen Einübungen oder mit künstlerischer Betätigung angeboten, die jedoch immer von fachlich ausgebildetem Personal geführt werden müssen.[848]

Die speziellen sozialen Trainingskurse unterscheiden sich von den allgemeinen sozialen Trainingskursen dadurch, dass sie spezielle Problemgruppen behandeln. Eine Behandlungsmaßnahme beispielsweise bildet die Sexualtherapie. Sexualtäter sind regelmäßig behandlungsbedürftig. Sie können neben der Behandlung in einer sozialtherapeutischen Anstalt auch im allgemeinen Vollzug mit speziellen Behandlungsprogrammen therapiert werden, wenn eine Verlegung in eine sozialtherapeutische Anstalt nicht angezeigt ist. Im normalen Vollzug kommen insbesondere verhaltenstherapeutische Maßnahmen verknüpft mit einer medikamentösen Behandlung in Betracht. Ausgeschlossen werden Gefangenen, die ihre Tat leugnen, da eine Behandlung bei nicht einsichtsfähigen und -willigen Gefangenen keinen Nutzen bringt.[849]

Eine weitere spezielle Behandlungsmaßnahme stellt die Drogentherapie dar, welche vor allem auch im Jugendstrafvollzug von entscheidender Bedeutung ist, da die Verstöße von Jugendlichen und Heranwachsenden gegen das Betäubungsmittelgesetz auf dem Vormarsch sind. Auch innerhalb des Vollzugs spielt die Drogenproblematik eine beeinträchtigende Rolle. Der Anteil der Drogenabhängigen im Jugendstrafvollzug wird auf mindestens 25 Prozent ge-

845 Ostendorf, 2009a, 160.

846 Ostendorf, 2009a, 160; vgl. aber auch, dass die jungen Inhaftierten überwiegend mit Widerstand und Abwehr gegenüber sozialtherapeutischen und sozialpädagogischen Interventionen reagieren, Bereswill/Döll/Koesling/Neubauer, ZJJ 1/2007, 55.

847 Laubenthal, 2011, Rn. 576.

848 Ostendorf, 2009a, 161.

849 Ostendorf, 2009a, 161.

schätzt.[850] Trotz Überwachung und eingeschränkter finanzieller Möglichkeiten findet hier ein Drogenmarkt statt. Es bilden sich Subkulturen, da die Preise für Drogen im Vollzug außer Verhältnis zum Einkommen der Gefangenen stehen. Außerdem haben Drogen Einfluss auf die Gewaltbereitschaft der Insassen, so dass kriminelle Folgeerscheinungen die Regel sind. Sie steigern die Rückfallgefahr und beeinträchtigen die Gesundheit der Mitgefangenen. Die Drogentherapie bezieht auch Alkohol- und Medikamentenmissbrauch mit ein, so dass sich ein breites Feld für notwendige Therapiemaßnahmen ergibt.

Auch für Gewalttäter gibt es, abgesehen von der Behandlung in einer sozialtherapeutischen Anstalt, eine spezielle Gewalttherapie, welcher im Hinblick auf die sozialschädlichen Folgen von Gewalttaten eine besondere Bedeutung zukommt. In Betracht kommen hier unterschiedliche Formen des Anti-Aggressionstrainings. Dadurch sollen die gewalttätigen jungen Gefangenen lernen, mit der eigenen Aggressionsbereitschaft umzugehen. Stattdessen werden deeskalierende Alternativen eingeübt.[851] Der Erfolg dieser Therapie hält sich jedoch in Grenzen, denn die Teilnehmer eines Anti-Aggressions-Trainings beispielsweise in der JVA Hameln wiesen eine Rückfallquote von 37 Prozent auf, die Nichtteilnehmer eine Rückfallquote von 34, 2 Prozent.[852] Gründe könnten sein, dass die Gefangenen die sozialtherapeutischen Maßnahmen und deren Zwecksetzung oftmals nicht verstehen. Zudem kommt, dass sie sich vor den Mitgefangenen und den Bediensteten bloßgestellt fühlen. Daher könnte es für den Erfolg solcher Maßnahmen wichtig sein, diese als Anreiz für Vollzugslockerungen und einer vorzeitigen Entlassung einzusetzen.[853]

ee) Entlassung

(1) Bedeutung

Der Zeitpunkt der Entlassung ist vor allem für den jeweiligen Gefangenen selbst von entscheidender Bedeutung. Viele Insassen werden jedoch dem Entlassungstag auch mit unguten Gefühlen entgegensehen. Vor allem nach einer längeren Zeit in Haft sind vielfach die sozialen Kontakte zu Freunden und Bekannten außerhalb der Anstalt und oft auch zur eigenen Familie nicht mehr vorhanden. Die Gefangenen stehen ohne Wohnung und Ausbildungs- oder Arbeitsplatz auf der Straße. Dies alles begünstigt notwendigerweise eine erneute Straffälligkeit

850 Enzmann/Raddatz 2005.

851 Ostendorf, 2009a, 163.

852 Ohlemacher/Sögding/Höynck/Ethe`/Welte in: Bereswill/Grewe, 2001, 345 ff.

853 Ostendorf, 2009a, 164.

und die Nichterreichung des Vollzugsziels, künftig einen rechtschaffenen Lebenswandel in sozialer Verantwortung zu führen (Art. 121 Satz 2 BayStVollzG). Wie Rückfallstatistiken belegen, ist das Rückfallrisiko im ersten Quartal nach der Haftentlassung am höchsten,[854] danach deutlich abfallend.[855]

Nicht nur für den Gefangenen, sondern auch für die Vollzugsbehörde sind die Entlassung und deren Vorbereitung darauf von wesentlicher Bedeutung. Die Verantwortung für den Vollzug jedes Einzelnen ist nicht nach der Zeit der Inhaftierung beendet, sie geht auch so weit, den Straftäter von Beginn des Vollzugs an, auf ein zukünftiges straffreies Leben vorzubereiten.[856] Diese Verpflichtung ergibt sich zum einen aus dem Vollzugsziel aus Art. 121 S. 2 BayStVollzG, zum anderen auch aus dem vom Gesetzgeber in Art. 122 i.V.m. 5 Abs. 3 BayStVollzG festgeschriebenen Eingliederungsgrundsatz, der besagt, dass der gesamte Vollzug darauf auszurichten ist, dem Gefangenen zu helfen, nach der Entlassung zu einer Integration in das Leben in Freiheit fähig zu sein.[857]

Dies erkannte auch das BVerfG in seiner Entscheidung vom 31.5.2006 und forderte angesichts der besonderen Bedeutung des Vollzugsziels im Jugendstrafvollzug als eine positive Verpflichtung des Staates, dass eine mit angemessenen Hilfen für die Phase nach der Entlassung verzahnte Entlassungsvorbereitung bereitgestellt werden muss.[858] Außerdem verlangen die Vorgaben der neugefassten European Prison Rules in R 107.1., dass der Gefangene rechtzeitig vor der Entlassung durch spezielle Programme unterstützt werden soll, welche ihm den Übergang aus dem Gefängnis zu einem straffreien Leben in der Gesellschaft ermöglichen. Welche Maßnahmen nun zu einer wirksamen Entlassungsvorbereitung zu zählen sind und was der Entlassungsnachbetreuung in diesem Zusammenhang für Bedeutung zukommt, werden in den folgenden Punkten anhand der bayerischen Umsetzung dargestellt.

---

854 Walkenhorst, ZJJ 3/2004, 253; Walter, ZJJ 4/2009, 371.

855 BMJ (Hrsg.), Erster Periodischer Sicherheitsbericht, 436.

856 Hosser/Lauterbach/Höynck, in: Goerdeler/Walkenhorst, 2007, 396.

857 Siehe ausführlich bereits Punkt C.V.2.c.bb.(4).

858 BVerfG, NJW 2006, 2096.

(2) Entlassungsarten[859]

Grundsätzlich ist die im Urteil gerichtlich verhängte Jugendstrafe vollständig in Jugendstrafvollzugsanstalten zu verbüßen. Daneben besteht jedoch die Möglichkeit der vorzeitigen Entlassung auf Bewährung nach § 88 JGG.[860] Die vorzeitige Entlassung ist zum einen dann angebracht, wenn besonders lange Strafen abgekürzt werden sollen, um einen bereits erreichten Erziehungserfolg nicht durch Gewöhnung abzuschwächen. Zum anderen bietet sich so eine Möglichkeit, durch Zwischenschaltung einer Probezeit, in der die Bewährungsaufsicht und -hilfe zum Einsatz kommen, die Gefahren und Schwierigkeiten eines abrupten Übergangs in die Freiheit zumindest zu reduzieren. Die Strafaussetzung zur Bewährung bedeutet dabei keinen Straferlass, sondern lediglich einen Verzicht auf die restliche Strafvollstreckung, was schon aus dem Wortlaut ersichtlich ist.

Im Vergleich zum Erwachsenenstrafrecht (§ 57 StGB) sind die Möglichkeiten im Jugendstrafrecht allerdings weiter. So gilt die im Erwachsenenstrafrecht angestrebte 2/3-Entlassung nach § 57 Abs. 1 StGB im Jugendstrafrecht nicht, wobei im Erwachsenenstrafrecht bereits nach der Hälfte der Verbüßung der Rest zur Bewährung ausgesetzt werden kann. Im Jugendstrafrecht hingegen kann nach § 88 Abs. 2 JGG die Jugendstrafe von mehr als einem Jahr schon nach einem Drittel der Strafzeit zur Bewährung ausgesetzt werden, die Jugendstrafe von weniger als einem Jahr sogar schon vorher. Allerdings darf vor Verbüßung von sechs Monaten die Aussetzung der Vollstreckung des Restes nur aus besonders wichtigen Gründen angeordnet werden.[861] Zur anschließenden Betreuung und Begleitung nach der Strafaussetzung zur Bewährung wird im Jugendstrafrecht immer ein Bewährungshelfer zur Seite gestellt.

Die Entscheidung über die Aussetzung der Vollstreckung des Restes einer Jugendstrafe zur Bewährung steht im pflichtgemäßen Ermessen des Jugendrichters, § 88 Abs. 1 i.V.m. § 82 Abs. 1 JGG. Dadurch, dass die Entscheidung nicht der Vollzugsbehörde, sondern der

859 Vgl. hierzu beispielhaft die Auflistung der Entlassungsgründe in der JVA Laufen-Lebenau der Jahre 2000-2009, Fragebogen JVA Laufen-Lebenau im Anhang.

860 Ca. 90 Prozent der jungen Gefangenen werden vorzeitig entlassen. Über die genauen Zahlen existieren allerdings keine Angaben. Lediglich die Zahlen der Entlassung auf Bewährung nach § 88 JGG werden festgehalten; Vgl. dazu auch die Zahlen zur vorzeitigen Entlassung nach § 88 JGG der JVA Ebrach in den Jahren 2004-2008 sowie die Zahlen der JVA Laufen-Lebenau der Jahre 2000-2009, vgl. Fragebogen im Anhang.

861 Im Jahre 2007 wurden deutschlandweit 2796 von 6989 jungen Gefangenen nach § 88 JGG entlassen; siehe Ostendorf, 2009, Grdl. zu §§ 88 und 89a Rn. 4.

Justiz obliegt, besteht innerhalb der Vollzugsbehörden oft Ungewissheit, ob und wann sie ergeht. Daher fordert § 88 Abs. 3 JGG bei Reststrafenaussetzungen, die entsprechende Entscheidung möglichst frühzeitig zu treffen, um die erforderliche Vorbereitung auf die Entlassung durchführen zu können. Insbesondere setzt die Entscheidung im Gegensatz zum Erwachsenenstrafrecht (§ 57 Abs. 1 Nr. 3 StGB) keine Einwilligung des jungen Gefangenen voraus. Er hat somit kein Recht darauf, dass die Jugendstrafe vollständig vollstreckt wird.[862] Daran haben aber nicht wenig junge Gefangene ein Interesse, was eine Untersuchung in den Jahren 1999/2000 in der JVA Adelsheim und der JVA Hameln ergab.[863] In der JVA Adelsheim lehnten neun Prozent bzw. sogar 22 Prozent in der JVA Hameln eine vorzeitige Entlassung ab, in erster Linie um aussetzungsbegleitende Maßnahmen zu vermeiden oder um eine begonnene Ausbildung in der Anstalt zu beenden.[864]

Derjenige Gefangene, bei dem eine vorzeitige Entlassung nicht verantwortet werden kann, hat die Strafzeit voll zu verbüßen. Ihm steht auch keine Betreuung nach der Entlassung zur Verfügung. Er ist vielmehr auf sich allein gestellt, es sei denn, es tritt eine Führungsaufsicht ein. Die Führungsaufsicht als Maßregel der Besserung und Sicherung (§ 61 Nr. 4 StGB) kommt auch im Jugendstrafrecht gemäß § 7 JGG zur Anwendung. Nach § 68 Abs. 1 StGB kann Führungsaufsicht angeordnet werden, wenn jemand zeitige Freiheitsstrafe von mindestens sechs Monaten verwirkt hat und die Gefahr besteht, dass er weitere Straftaten begehen wird. Dies gilt entsprechend auch für Jugendstrafen. Soweit nach § 68 f StGB eine Freiheitsstrafe von zwei Jahren oder von einem Jahr wegen einer in § 181 b StGB genannten Straftat Voraussetzung ist, genügt eine Einheitsstrafe gemäß § 31 JGG von zwei Jahren Jugendstrafe.[865] Soweit Führungsaufsicht angeordnet wird, kommt wie bei der Entlassung auf Bewährung ein Bewährungshelfer zum Einsatz.[866]

(3) Entlassungsvorbereitung, Art. 136 BayStVollzG

In engem Zusammenhang mit den Vollzugslockerungen stehen Maßnahmen der Entlassungsvorbereitung und der Verzahnung vollzuglicher Hilfen mit den öffentlichen und freien Trägern der Entlassenenhilfe. Angesichts der besonderen Bedeutung des Vollzugsziels im Ju-

---

862 Eisenberg, 2007, § 88 Rn.9.

863 Ostendorf, 2009a, 196.

864 Röthel, 2007, 137 ff.

865 Ostendorf, 2009a, 196.

866 Ostendorf, 2009a, 196.

gendstrafvollzug hat der Gesetzgeber daher nach den Vorgaben des BVerfG für Maßnahmen der Entlassungsvorbereitung ausreichend Sorge zu tragen, die ebenso wie pädagogische und therapeutische Betreuung kontinuierlich zu sichern sind.[867] In allen Landesgesetzen des Jugendstrafvollzugs wird daher großer Wert auf eine Entlassungsvorbereitung gelegt. Geregelt hat der Bayerische Gesetzgeber die Maßnahmen zur Entlassungsvorbereitung für den Jugendstrafvollzug in Art. 136 BayStVollzG. Bisher war die Vorbereitung der Entlassung für den Bereich des Jugendstrafvollzugs in Nr. 10 VVJug geregelt.

Die Entlassungsvorbereitung stellt zwar eine eigenständige Aufgabe der Vollzugsanstalt dar. Dennoch ist die Anstalt auf Hilfe von außervollzuglichen Einrichtungen und externen Personen angewiesen, um den sozialen „Empfangsraum" für die jungen Gefangenen nach der Entlassung vorzubereiten, vgl. Art. 136 Abs. 1 BayStVollzG.[868] Dazu zählen insbesondere Personensorgeberechtigte, Bewährungshilfe, Führungsaufsicht, Jugendämter sowie ehrenamtliche Helfer. Diese sind nach der bayerischen Regelung *„rechtzeitig vor dem voraussichtlichen Entlassungstermin"* mit dem Ziel zu kontaktieren, einen möglichst reibungslosen Übergang in die Freiheit zu ermöglichen. Faktoren, die einen Rückfall begünstigen sind aufgrund der erhöhten Rückfallgefahr, die besonders in der ersten Zeit nach der Entlassung besteht, weitestgehend auszuschließen. So muss vor allem Wohnungs- und Arbeitslosigkeit vermieden werden. Gegebenenfalls ist eine finanzielle Unterstützung in Form von Arbeitslosen- und Wohngeld sicherzustellen.[869]

Die Notwendigkeit der Entlassungsvorbereitung beurteilt sich allerdings in jedem Einzelfall unterschiedlich. Einige Gefangene haben ihre Unterkunft bei den Eltern oder bei der Ehefrau wieder in Aussicht, andere Gefangene benötigen eine Unterkunft. Gerade kirchliche, karitative Träger wie Diakonievereine, der Sozialdienst katholischer Männer in München, die Heilsarmee u. a. unterhalten solche Einrichtungen. Bei der Suche benötigen diese Gefangenen dann Hilfe vom Sozialdienst der JVA. Unter Umständen muss der Gefangene auch einmal dorthin ausgeführt und vorgestellt werden, wofür die Kosten gesichert werden müssen. In Nürnberg beispielsweise gibt es eine Zentralstelle für Strafentlassenenhilfe, die von der JVA und der Stadt Nürnberg gemeinsam getragen wird und welche der Gefangene am Entlassungstag so-

867 Vgl. BVerfG, NJW 2006, 2096.

868 Arloth, 2008a, Art. 136 Rn. 1 BayStVollzG.

869 Ostendorf, 2009a, 198.

fort aufsuchen kann. Hinsichtlich der Arbeit bedarf es der Arbeitsplatzsuche, wobei Mitarbeiter der Agentur für Arbeit in der Anstalt Sprechstunden abhalten.[870]

Wenn der Gefangene bei einem möglichen Wohnungsvermieter oder einem möglichen Arbeitgeber vorsprechen muss oder wenn eine Behörde verlangt, dass er draußen persönlich erscheint, wäre zu entscheiden, ob er Sonderausgänge oder sogar -urlaube zur Entlassungsvorbereitung nach Art. 136 BayStVollzG erhalten kann oder ausgeführt wird. Diese entsprechende Vorsorge gebietet notwendigerweise eine langfristige Zusammenarbeit zwischen der Anstalt und den an der Entlassungsvorbereitung beteiligten Dritten. Insbesondere für die Entscheidung über den Einsatz der Bewährungshilfe ist dies von besonderer Bedeutung, da sich alle Beteiligten aufeinander einstellen und aneinander gewöhnen müssen.[871] Demzufolge hat der Kontakt zur Bewährungshilfe zwingend noch während der Haftzeit zu erfolgen.[872]

Auch die Personensorgeberechtigen müssen in die Entlassungsvorbereitungen einbezogen werden, soweit die Gefangenen bei ihrer Entlassung noch nicht volljährig sind und dies im Einzelfall der Erreichung des Erziehungsauftrags nicht widerspricht. Der Großteil der jugendlichen Gefangenen wird nach Entlassung wieder bei den Personensorgeberechtigten wohnen.[873] Das gilt auch für die Einschaltung des Jugendamtes, vor allem, wenn eine Betreuung vor Strafantritt stattfand. Da gemäß § 41 SGB VIII auch Hilfe für junge Volljährige gewährt wird, ist eine frühzeitige Zusammenarbeit nicht nur im Falle von jugendlichen Gefangenen geboten, sondern auch bei volljährigen Insassen. Die Vernetzung aller mit der Wiedereingliederung betroffenen Behörden sowie der haupt-, neben- und ehrenamtlich Tätigen ermöglicht es, Erfahrungswissen auszutauschen und Hilfen gemeinsam zu organisieren und zu koordinieren.[874]

Der Bayerische Gesetzgeber verzichtete allerdings – im Gegensatz zu anderen Landesgesetzen[875] – darauf, in Art. 136 Abs. 1 BayStVollzG eine bestimmte Frist vor Entlassung für die

---

870 Laut Auskunft der Leitung der JVA Ebrach.

871 Eisenberg, 2009, § 92 Rn. 62.

872 Ostendorf, 2009a, 198.

873 Arloth, 2008a, Art. 136 Rn. 1 BayStVollzG.

874 Edinger, DRiZ 2007, 131.

875 Baden-Württemberg und Hessen konkretisieren diesen Zeitpunkt: Nach § 58 Abs. 1 JStVollzG Baden-Württemberg soll „möglichst 6 Monate vor der voraussichtlichen Entlassung“, nach „ 17 Abs. 1 JStVollzG Hessen und § 18 Abs. 1 des BMJ soll „spätestens 6

Entlassungsvorbereitung zu normieren und bleibt in diesem Bereich relativ unverbindlich. Stattdessen belässt er es bei der bereits genannten Formulierung *„rechtzeitig vor dem voraussichtlichen Entlassungstermin"*. Dies kann jedoch auch vorteilhaft sein, vor allem um die erforderliche Flexibilität je nach Straflänge nicht zu beeinträchtigen.[876] Die Praxis zieht bei der Entlassungsvorbereitung in der Regel[877] die in Art. 136 Abs. 5 BayStVollzG genannte Frist von vier Monaten heran.[878] Je nach Einzelfall kann es jedoch auch nötig erscheinen, schon vorher mit bestimmten Vorbereitungen zu beginnen, die nicht warten können. Aufgrund der kurzen Haftzeit wird oftmals bereits unmittelbar nach Haftbeginn mit der Entlassungsvorbereitung begonnen.[879] In diesen Fällen kann natürlich kein Sonderurlaub nach Art. 136 BaySt-VollzG in Frage kommen, weil der Fristbeginn noch nicht erreicht ist. Die Anstalt kann dann allerdings je nach Dringlichkeit und objektiver Wichtigkeit der auf Sonderurlaub nach Art. 37, 144 Abs. 8 BayStVollzG zurückgreifen.[880]

Eine weitere Voraussetzung ist, dass die Entlassungsvorbereitungen innerhalb der Anstalt gut organisiert werden. Dafür bedarf es einer eigens hierfür verantwortlichen Stelle, an die sich Dritte und Institutionen außerhalb des Vollzugs wenden können („Übergangsmanagement" wird hierfür als Modewort verwendet).[881]

In Art. 136 Abs. 2 bis 5 BayStVollzG werden Maßnahmen zur Verfügung gestellt, die nach Prüfung ihrer Anwendbarkeit im Einzelfall die Entlassungsvorbereitungen unterstützen sollen.[882] So soll nach Abs. 2 der Vollzug gelockert werden, was für die Entlassungsvorbereitung unverzichtbar ist.[883] Des Weiteren können nach Abs. 3 die Gefangenen zur Vorbereitung der

---

Monate vor dem voraussichtlichen Entlassungszeitpunkt" Entlassungsvorbereitungen beginnen.

876 Arloth, 2008a, Art. 136 Rn. 1 BayStVollzG.

877 In der JVA Aichach beginnt man ca. drei Monate vor dem voraussichtlichen Entlassungstermin mit der Entlassungsvorbereitung, Fragebogen JVA Aichach im Anhang.

878 Vgl. Fragebogen JVA Ebrach, Fragebogen JVA Neuburg-Herrenwörth im Anhang.

879 Fragebogen JVA Laufen-Lebenau im Anhang.

880 Laut Auskunft der Leitung der JVA Ebrach.

881 Matt, FS 1/2007, 26.

882 Vor Inkrafttreten des BayStVollzG bildete das Programm der VVJug Nr. 10 einen Schwerpunkt der Entlassungsvorbereitung hinsichtlich der Verlegung in den offenen Vollzug und der Gewährung von Lockerungen. Der Sonderurlaub beschränkte sich allerdings auf nur eine Woche. Nach VVJug Nr. 65 und Nr. 66 war der Gefangene bei der Ordnung seiner Angelegenheiten zu beraten und bei der Suche nach Arbeit und Wohnung zu unterstützen.

883 Vgl. bereits ausführlich unter Punkt C.V.2.e.cc.

Entlassung in den offenen Vollzug verlegt werden. Diese Möglichkeit kommt allerdings nicht für alle Gefangene in Frage, da sich einige für eine Verlegung in eine Einrichtung mit verminderter Vorkehrung gegen Entweichungen nicht eignen.[884] Der Bayerische Gesetzgeber räumt der Anstalt mit der Kann-Vorschrift in Abs. 3 deswegen auch ein weites Ermessen ein.

Abs. 4 sieht die Verlegung kurz vor Entlassung in spezielle Entlassungsabteilungen vor. Eine getrennte Abteilung bietet daher die besseren Möglichkeiten, sich auf das Leben in Freiheit vorzubereiten, was sich zum Teil in der Praxis schon bewährt hat.[885] Diese speziellen Entlassungsabteilungen sollten jedoch auch mit gesondert geschultem Personal, das Erfahrung mit Entlassungsvorbereitungen hat, besetzt sein, was wiederum für die Länder einen enormen Kostenmehraufwand bedeutet.

Darüberhinaus kann nach Abs. 5 innerhalb von vier Monaten vor der Entlassung der bereits angesprochene Sonderurlaub bis zu einem Monat zur Vorbereitung gewährt werden. Andere Landesgesetze sehen einen weiterreichenden Zeitraum als der eher restriktive Bayerische Gesetzgeber vor. Nach § 119 Abs. 2 JVollzG Nds beispielsweise kann bis zu sechs Monaten vor der Entlassung Sonderurlaub gewährt werden. Der Zeitraum der bayerischen Regelung ist jedoch völlig ausreichend, wenn man bedenkt, dass ansonsten dem Vollzug diese Zeit für Erziehungsmaßnahmen fehlen könnte. Auch ist es sinnvoller in Fällen, in denen sich die Gefangenen bereits für eine längere Beurlaubung eignen, von der vorzeitigen Entlassung zur Bewährung Gebrauch zu machen. Auch so wird sichergestellt, dass kein abrupter Übergang in die Freiheit erfolgt, da die Bewährungshilfe zum Einsatz kommt und den Gefangenen betreut. Gerade auch aus diesem Grund birgt ein längerer Urlaub Gefahren, wenn er nicht mit Weisungen und Auflagen verbunden ist und der Gefangene während der Beurlaubung ganz auf sich alleine gestellt ist.[886] Beachtet werden muss in diesem Zusammenhang auch, dass Urlaub auf die Strafe angerechnet wird, während zur Bewährung ausgesetzte Strafe nach einem eventuellen Widerruf noch zu verbüßen ist.[887] Einziger problematischer Punkt im Hinblick auf die besagten Maßnahmen zur Entlassungsvorbereitung ist allerdings, dass sie allesamt nicht vom Einverständnis des Gefangenen abhängig gemacht werden.[888]

---

884 Vgl. bereits ausführlich unter Punkt. C.V.2.e.bb.

885 Arloth, 2008a, Art. 136 Rn. 3 BayStVollzG.

886 Ostendorf, 2009a, 198.

887 Arloth, 2008a, Art. 136 Rn. 4 BayStVollzG.

888 Eisenberg, 2009, § 92 Rn. 61 a.

Zusammenfassend kann festgehalten werden, dass die gesetzliche Ausgestaltung des Übergangs vom Vollzug in die Freiheit anhand von Entlassungsvorbereitungen in Art. 136 BayStVollzG zahlreiche Möglichkeiten bietet, auf den jeweiligen Einzelfall einzugehen und die Gefangenen auf ein Leiben in Freiheit vorzubereiten. Dennoch boten sich in der Vergangenheit in der Praxis in einigen Anstalten immer wieder Schwierigkeiten in der Realisierung, obwohl schon vor Inkrafttreten des BayStVollzG die Vorbereitung der Entlassung selbstverständlicher Teil der vollzuglichen Arbeit war. Wie Modellprojekte[889] im Zusammenhang mit der Entlassungsvorbereitung junger Gefangener ergaben, erfolgten Entlassungen häufig, ohne dass Wohnungs- und Arbeitssituation oder der Bezug von Sozialleistungen ausreichend geklärt waren. Auch die Übernahme der Betreuung durch die Bewährungshilfe trat oftmals sehr spät ein, so dass die Haftentlassenen sofort in das ursprüngliche Milieu zurückkehrten und rückfällig wurden. Mehr als 40 Prozent der Entlassenen nahmen danach an keiner Maßnahme zur Entlassung teil und immerhin 60 Prozent der Inhaftierten verließen die Anstalt, ohne dass eine Beschäftigung oder Ausbildung nach der Entlassung gesichert war.[890] Die Befragungen der bayerischen Anstalten zu diesem Thema hingegen fielen weitaus erfreulicher aus, so dass die Zahlen der erwähnten Projekte für Bayern nicht zutreffen. Demnach erhielten alle Insassen eine individuelle Entlassungsvorbreitung, je nach dem was gerade benötigt wurde. Eine vorzeitige Entlassung auf Bewährung erfolge auch nicht, ohne dass eine Entlassungsadresse feststehe.[891]

Die gesetzliche Ausgestaltung soll den bisherigen Schwierigkeiten, die teilweise in der praktischen Handhabung bestehen, begegnen, damit tragfähige Konzepte zur Entlassungsvorbereitung und tatsächliche Unterstützungsmöglichkeiten geschaffen werden.

(4) Entlassungszeitpunkt, Art. 137 Abs. 1 i.V.m. Art. 18 BayStVollzG

Um den Tag der Entlassung des Gefangenen möglichst reibungslos zu gestalten, haben die Gesetzgeber der Länder die Entlassungszeitpunkte präzisiert. Es ergeben sich jedoch im Vergleich zu den vorherigen Regelungen des § 16 StVollzG und der VVJug Nr. 11 keine großen Veränderungen.

---

889 Hosser/Lauterbach/Höynck, in: Goerdeler/Walkenhorst, 2007, 399 ff.

890 Hosser/Lauterbach/Höynck, in: Goerdeler/Walkenhorst, 2007, 409.

891 Vgl. Fragebogen JVA Ebrach, JVA Neuburg-Herrenwörth im Anhang.

Für die jungen Gefangenen der bayerischen Jugendstrafvollzugsanstalten kommen gemäß Art. 137 Abs. 1 BayStVollzG die Regelungen für den Entlassungszeitpunkt des Erwachsenenstrafvollzugs nach Art. 18 BayStVollzG entsprechend zur Anwendung. Darin heißt es, dass die Gefangenen am letzten Tag der Strafzeit möglichst frühzeitig, jedenfalls noch am Vormittag entlassen werden sollen, Art. 18 Abs. 1 BayStVollzG. Am Tag der Entlassung muss der Gefangene bis spätestens 12 Uhr entlassen werden. Der Entlassungszeitpunkt sollte jedoch im Übrigen mit dem Gefangenen hinsichtlich der Möglichkeit der Abholung durch Bezugspersonen oder seiner Heimreise mit öffentlichen Verkehrsmitteln abgestimmt werden.[892]

Die Wochenend- und Feiertagsregelung des Art. 18 Abs. 2 BayStVollzG bietet dem Gefangenen eine Möglichkeit der vorzeitigen Entlassung, wenn das Strafende auf einen Samstag oder Sonntag, einen gesetzlichen Feiertag, den ersten Werktag nach Ostern oder Pfingsten oder in die Zeit vom 22. Dezember bis zum 6. Januar fällt. Zweck dieser Regel ist, in der Übergangsphase aus der Haft in die Freiheit Situationen zu vermeiden, die einen schnellen Rückfall begünstigen können, z.B. Übernachtung im Bahnhofsmilieu.[893] Die Regelung des Art. 18 Abs. 2 BayStVollzG wurde im Vergleich zu § 16 Abs. 2 StVollzG und VVJug Nr. 11 Abs. 2 aus vollzugspraktischen Gründen um vier Tage nach hinten erweitert. Fällt somit das Strafende auf den 6. Januar, kann der Gefangene also bereits am 21. Dezember des Vorjahres entlassen werden. Eine vorzeitige Entlassung kommt wie schon zu Anwendungszeiten der Regelungen des § 16 Abs. 2 StVollzG und der VVJug Nr. 11 Abs. 2 allerdings nur in Betracht, wenn dies nach der Länge der Strafzeit vertretbar ist, d.h. dass sich der Gefangene zum Zeitpunkt der beabsichtigten Entlassung wenigstens einen Monat ununterbrochen in Haft befindet.[894]

Zudem kann der Entlassungszeitpunkt nach der Ausnahmeregelung des Art. 18 Abs. 3 BayStVollzG um bis zu zwei Tage aus dringenden Gründen vorverlegt werden. Da es sich hierbei um eine Ausnahmeregelung handelt, ist diese eng auszulegen und dürfte auch nur selten Anwendung finden. Die Anwendung kommt etwa bei Beginn einer turnusmäßig stattfindenden Ausbildungsmaßnahme in Betracht.

---

892 Arloth, 2008a, § 16 Rn.5.

893 Vgl. Arloth, 2008a, § 16 Rn.1.

894 VV II zu § 16 StVollzG.

(5) Entlassungsbeihilfe, Art. 137 Abs. 1 i.V.m. Art. 80 BayStVollzG

Der Vollständigkeit halber soll auch auf die Entlassungsbeihilfe eingegangen werden, die in allen Ländergesetzten vorgesehen ist, für die sich aber ebenfalls keine Besonderheit ergibt. Wie bereits in § 75 StVollzG und in VVJug Nr. 66 ist auch im BayStVollzG für den Jugend- wie Erwachsenenvollzug gleichermaßen vorgesehen, dass bedürftigen Gefangenen eine Entlassungsbeihilfe in Form eines Reisekostenzuschusses, eine Überbrückungsbeihilfe und erforderlichenfalls ausreichende Kleidung zur Verfügung gestellt wird. Im Regelfall wird auf diese Vorschrift allerdings nicht zurückgegriffen werden müssen, da die Entlassungssituation bereits durch effektive Maßnahmen zur Entlassungsvorbereitung vorbereitet sein sollte.[895] Zudem handelt es sich um eine Ausnahmevorschrift, da der Vollzug für eine Leistung für die Zeit nach der Entlassung eigentlich nicht mehr zuständig ist.

(6) Entlassungsnachbetreuung, Art. 137 Abs. 2 BayStVollzG

Mit der Forderung des BVerfG nach einer *„mit angemessenen Hilfen für die Phase nach der Entlassung verzahnten Entlassungsvorbereitung"*[896] geht auch eine Entlassungsnachbetreuung einher, welche gerade dem Bedürfnis nach einer „Verzahnung" dient. So sollen nach dem Willen des Bayerischen Gesetzgebers die Vorbereitung der Entlassung, die Sicherstellung erforderlicher sozialer Hilfen und die Überleitung auf eine Nachbetreuung keine eigenständigen Vorgänge mehr sein. Zur Erleichterung des Übergangs vom Vollzug in die Freiheit wurden deshalb in Art. 137 Abs. 2 BayStVollzG völlig neue Maßnahmen zur Entlassungsnachbetreuung im Jugendstrafvollzug normiert. Dadurch wird auch klargestellt, dass die Zeit im Vollzug nicht als ein in sich abgeschlossener Abschnitt anzusehen ist, der mit der Entlassung endet. Die Nachbetreuung der Entlassenen fällt somit ebenfalls in die Aufgabe des Strafvollzugs.

(a) Art. 137 Abs. 2 S. 1 BayStVollzG

Art. 137 Abs. 2 BayStVollzG enthält zwei Möglichkeiten der Nachbetreuung des jungen Entlassenen. Nach Satz 1 kann die während des Vollzugs begonnene Betreuung nach Entlassung noch für eine gewisse Zeit fortgeführt werden. Erkennt der Entlassene also, dass er mit dem Leben in Freiheit nicht zurecht kommt, ihm auch keine personelle Hilfe in Form eines Bewährungshelfers zur Seite steht, so kann er auf eigenen Wunsch auf die Betreuung durch einen

---

895 Arloth, 2008a, Art. 137 BayStVollzG Rn. 2.

896 BVerfG, NJW 2006, 2096.

Vollzugsbediensteten der Anstalt zurückgreifen. Diese Vorschrift wurde vor allem für diejenigen Entlassenen konzipiert, die feststellen, dass sie ohne fremde Hilfe wieder in ihr altes Verhaltensmuster zurückfallen.[897]

Die Voraussetzungen, die für eine Nachbetreuung nach Satz 1 vorliegen müssen, sind allerdings eng begrenzt. Zunächst muss ein Antrag des Entlassenen vorliegen, welcher eine Nachbetreuung in dieser Form ausdrücklich wünscht, da der Entlassene kein Insasse der Vollzugsanstalt mehr ist. Ein weiterer Grund ist, dass der in Freiheit Entlassene nicht gezwungen werden kann, weitergehende Maßnahmen der Betreuung der Vollzugsanstalt wahrzunehmen. Im Gegensatz dazu trifft die Anstalt auch keine Verpflichtung zur Nachbetreuung.[898] Denn die Gewährung steht im weiten Ermessen der Anstalt (Kann-Vorschrift). Aus der Subsidiaritätsklausel des Satzes 1, 2. Halbsatz ergibt sich, dass die Anstalt vorab festzustellen hat, ob eine Betreuung nicht anderweitig durchgeführt werden kann. Andere Betreuungsmöglichkeiten bieten beispielsweise die Bewährungshilfe, die Arbeitsagentur oder die Sozialbehörden. Zudem hat die Anstalt zu prüfen, ob die notwendige Behandlungskapazität nicht bereits erschöpft ist und ob die vorhandenen Möglichkeiten überhaupt geeignet sind, dem Entlassenen zu helfen.[899]

Wird nach alledem die Anstalt zur Nachbetreuung tätig, so handelt es sich um eine zeitlich begrenzte Betreuung, was auch aus Satz 1 („*vorübergehend*“) hervorgeht. Die Vorschrift soll dem Gefangenen lediglich in einer Notsituation zur Seite stehen, nach der wieder auf die Straffälligenhilfe nach der Entlassung zurückgegriffen werden muss.[900]

(b) Art. 137 Abs. 2 S. 2 BayStVollzG

Neben der vollzugsexternen Nachbetreuung in Satz 1 haben alle Landesgesetzte auch die Möglichkeit einer vollzugsinternen Weiterbetreuung geschaffen. Der Bayerische Gesetzgeber normierte in Satz 2, dass der Entlassene sogar noch nach dem Entlassungszeitpunkt in einer Abteilung des offenen Vollzugs verbleiben oder in eine solche wieder aufgenommen werden kann. Hauptsächlicher Zweck dieser Vorschrift ist, dass eine in der Anstalt begonnene Ausbildungs- oder Behandlungsmaßnahme fortgesetzt oder abgeschlossen werden kann. Zudem

---

897 Vgl. Arloth, 2008a, Art. 137 BayStVollzG Rn. 3 mit weiteren Beispielen.

898 Arloth, 2008a, Art. 137 BayStVollzG Rn.3; vgl. hierzu auch die bayerische Gesetzesbegründung zu Art. 137.

899 Arloth, 2008a, Art. 137 BayStVollzG Rn.3.

900 Arloth, 2008a, Art. 137 BayStVollzG, Rn. 3.

will man einer Rückfallgefahr vorbeugen, die mit eine Wohnungs- oder Haltlosigkeit der jungen Menschen einhergeht und die nicht durch ambulante Hilfen begegnet werden kann.[901]

Dabei orientiert sich diese Regelung an § 125 StVollzG, die bislang jedoch ohne praktische Bedeutung geblieben ist.[902] Erklärt wird dieses Phänomen zum einen dadurch, dass der ehemalige Gefangene aufgrund der mangelnden Attraktivität des Justizvollzuges, zum anderen aufgrund der fehlenden Einsichtsfähigkeit für eine rückfallgefährdende Lage die Möglichkeit der Nachbetreuung nicht angenommen hat. An der Gestaltung der Vorschrift selbst könnte es allerdings auch liegen, dass diese Form der Weiterbetreuung bislang kaum praktiziert wurde. Die Regelung des § 125 StVollzG enthält wie auch Art. 137 Abs. 2 S. 2 BayStVollzG einen weiten Ermessensspielraum für die Beurteilung, ob der ehemalige Insasse wieder in die Anstalt aufzunehmen ist. Dabei spielt die regelmäßig vorliegende personelle und räumliche Auslastung der Anstalten eine Rolle, die einen zulässigen Ablehnungsgrund darstellt.

Satz 2 setzt wie auch Satz 1 notwendigerweise einen Antrag des ehemaligen Gefangenen voraus. Auch der Zeitraum der Wiederaufnahme in die Anstalt des offenen Vollzuges wird wenige Tage oder Wochen nicht übersteigen, da es sich gemäß des Wortlauts des Satz 2 nur um eine *„vorübergehende"* Betreuung handelt. Im Fall einer Wiederaufnahme haben sich die ehemaligen Insassen natürlich an die Regeln des Vollzugs zu halten. Die Regelungen des unmittelbaren Zwangs dürfen nach Satz 4 jedoch nicht zur Anwendung gelangen. Bei Konflikten besteht nur die Möglichkeit, die Nachbetreuung zu widerrufen.[903] Trotz des Ausschlusses des unmittelbaren Zwangs kann die Anstalt bei einer für beendet erklärten Aufnahme notfalls Zwangsmaßnahmen durchsetzen, Satz 5.[904]

Die Sätze 2 bis 5 traten allerdings aufgrund des Art. 210 Abs. 1 S. 2 BayStVollzG erst am 1.1.2011 in Kraft, da in einigen Anstalten, in denen bislang keine Plätze für den offenen Vollzug vorhanden sind, offene Vollzugseinrichtung zur Aufnahme von ehemaligen Gefangenen im Rahmen der Entlassungsnachbetreuung geschaffen werden mussten.[905]

---

901 Arloth, 2008a, Art. 137 BayStVollzG Rn. 4; vgl. hierzu auch die bayerische Gesetzesbegründung zu Art. 137.

902 Arloth, 2008a, § 125 Rn. 1.

903 Ostendorf, 2009a, 199.

904 Arloth, 2008a, Art. 137 BayStVollzG Rn. 4.

905 In Ebrach plante man eine Nachbetreuungseinrichtung nach Art. 137 Abs. 2 Satz 2 bis 5 BayStVollzG zu schaffen, (Art. 210 Abs. 1 Satz 2 BayStVollzG). Es handelt sich um ein Ge-

(7) Bewertung

Ohne Zweifel sind Entlassungsvor- und Entlassungsnachbetreuung besonders für den Jugendstrafvollzug von erheblicher Bedeutung zur Erreichung des Erziehungsziels und um der statistisch belegten erhöhten Rückfallgefahr[906] kurz nach der Entlassung vorzubeugen. Gerade die frühzeitige Entlassungsvorbereitung ist wichtig, damit die jungen Menschen zum einen Schritt für Schritt wieder auf ein Leben in Freiheit vorbereitet werden und zum anderen, dass sie nach ihrer Entlassung nicht in ein „tiefes Loch" verbunden mit Arbeits- und Wohnungslosigkeit und ohne soziale Kontakte fallen. Den Gefangenen muss eine Perspektive für das Leben in Freiheit vermittelt werden. Sie müssen wissen, wie es nach ihrer Haftzeit weitergeht, welche Ansprechpartner es gibt und wie sie ihre Situation außerhalb des Vollzugs regeln können. Entlassungsvorbereitungen stellen somit einen großen Beitrag zur Vermeidung der Rückfälligkeit dar.

Dabei ist es auch von besonderer Wichtigkeit, dass den Anstalten seitens des Gesetzgebers ein breites Spektrum an Maßnahmen zur Verfügung gestellt wird, um möglichst auf jeden Einzelfall mit verschiedenen Entlassungsvorbereitungen zu reagieren. Denn nicht jeder Gefangene eignet sich beispielsweise für den offenen Vollzug. Der Bayerische Gesetzgeber hat dies jedoch in seiner Vorschrift zu den Entlassungsvorbereitungen berücksichtigt und der Anstalt einen Ermessenspielraum bei der Verlegung in den offenen Vollzug und bei der Gewährung von Sonderurlaub eingeräumt, um sich flexibel auf die Gefangenen einstellen zu können. Daneben sollen Vollzugslockerungen gewährt werden. Inwieweit allerdings die Bereitschaft besteht, diese Kann- und Sollregelungen auch tatsächlich zu nutzen, wird erst die Zukunft der vollzuglichen Praxis zeigen.

Mit der Normierung der Entlassungsvorbereitung hat der Bayerische Gesetzgeber jedenfalls ein tragfähiges Konzept geschaffen, um den Gefangenen auf die Freiheit vorzubereiten. Die-

---

bäude, das früher als Dienstwohngebäude genutzt wurde und mit erheblichem Kostenaufwand derzeit saniert und umgebaut wird. Für die Nachzubetreuenden sollen fünf bis zehn Plätze geschaffen werden. Die übrigen Räumlichkeiten werden zum offenen Vollzug für Noch-Gefangene ausgebaut, die derzeit als Außenbeschäftigte und auch sonst Lockerungsgeeignete in zwei Gängen des Hauptbaus in Gemeinschaftshafträumen untergebracht sind. Insgesamt hat das fertige Gebäude dann 36 Haftplätze. Die JVA Laufen-Lebenau erhält ebenso in den kommenden Jahren eine kleine Abteilung des offenen Vollzugs mit fünf Haftplätzen für die Unterbringung von Gefangenen auf freiwilliger Grundlage gem. Art. 137 BayStVollzG.

906 Walkenhorst, ZJJ 3/2004, 253.

ses muss nun wahrgenommen und umgesetzt werden. Durch eine gute und rechtzeitige Vorbereitung auf die Entlassung werden deshalb Entlassungsnachbetreuungen in der Regel hinfällig. Das Hauptaugenmerk muss somit auf einer wirksamen Entlassungsvorbereitung liegen, die lediglich in Einzelfällen durch eine Nachbetreuung ergänzt werden soll. Dies hat auch der Bayerische Gesetzgeber erkannt, indem er Ermessensvorschriften geschaffen hat, die nur vorübergehend in besonderen Fällen (vgl. die Subsidiaritätsklausel in Art. 137 Abs. 2 S. 1, 2. Halbsatz BayStVollzG) zum Einsatz kommen.

Problematisch ist allerdings, dass einerseits die dafür notwendigen Personal- und Sachmittel nicht immer und überall bereitstehen und dass sich andererseits auch nicht alle Straftäter gleichermaßen für die Teilnahme an Maßnahmen zur Entlassungsvorbereitung eignen bzw. dafür zu motivieren sind. Die gewaltige Verantwortung der Anstalten wird deutlich, wenn man sich vor Augen führt, dass die durchschnittliche Verweildauer im bayerischen Jugendstrafvollzug „nur" zwischen neun und elf Monaten[907] liegt, dass der Ausländeranteil in einigen Bundesländer sehr hoch ist, teilweise zwischen 25 Prozent und 50 Prozent beträgt,[908] dass ca. die Hälfte bei Inhaftierung keinen Schulabschluss besitzt,[909] 70-80 Prozent keinerlei berufliche Qualifikationen aufweisen können[910] und der Anteil der Drogenabhängigen im Vollzug auf ca. 25 Prozent geschätzt wird. [911]

In diesem Zusammenhang muss noch ein weiteres Problem im Bereich der Entlassungsnachbetreuung, vor allem bezüglich des Wiederaufnehmens der ehemaligen Gefangenen in den Strafvollzug, berücksichtigt werden. Denn dieses Angebot könnte von einigen „Ex-Gefangenen" missbraucht werden. So bietet sich die Möglichkeit, dass durch gezieltes Einschleusen dieser jungen Menschen Betäubungsmittel oder andere verbotene Gegenstände in den Vollzug eingeschleust werden. Die Kontaktaufnahme zu den Gefangenen, vor allem zu denjenigen des geschlossenen Vollzugs, muss daher weitestgehend vermieden werden. Eine Wiederaufnahme erfolgt nach dem BayStVollzG demzufolge auch nur in den offenen Vollzug.[912]

---

907 Vgl. Fragebogen JVA Ebrach, Fragebogen JVA Neuburg-Herrenwörth im Anhang.

908 Der Ausländeranteil in den bayerischen Jugendstrafvollzugsanstalten liegt zwischen 20 und 25 Prozent, vgl. Fragebogen JVA Ebrach, Fragebogen JVA Neuburg-Herrenwörth im Anhang.

909 Vgl. Fragebogen JVA Ebrach im Anhang.

910 Vgl. Fragebogen JVA Ebrach, JVA Neuburg-Herrenwörth im Anhang.

911 Vgl. Hosser/Lauterbach/Höynck, in: Goerdeler/Walkenhorst, 2007, 401.

912 Arloth, 2008a, Art. 137 BayStVollzG Rn. 4.

Zusammenfassend kann festgehalten werden, dass der Bayerische Gesetzgeber ein Konzept an Entlassungsvorbereitung und Nachbetreuung mit vielversprechenden Möglichkeiten geschaffen hat, das nun bestmöglich umgesetzt werden muss, auch wenn die notwendigen Veränderungen Kosten verursachen und ein Umdenken aus festgefahrenen Strukturen erforderlich wird. Sicher ist jedenfalls, dass dieser Bereich eine entscheidende Rolle dabei spielen wird, welche Länder bei der Verhinderung von Rückfällen eine Vorreiterrolle einnehmen werden.[913]

c) Unterbringung

Die Unterbringung der jungen Gefangenen betrifft den Kontakt innerhalb des Vollzugs. Zur Erreichung des Vollzugsziels tragen vor allem auch die Struktur der Anstalt und die Art der Unterbringung der Gefangenen bei, da sie das Entstehen eines therapeutischen bzw. pädagogischen Klimas begünstigen können und mitentscheidend für die Möglichkeit der Kommunikation sind.[914] Außerdem hat der Staat dafür Sorge zu tragen, dass die Unterbringung der Gefangenen menschenwürdig gestaltet ist, da ansonsten die Freiheitsstrafe einer Körperstrafe gleich käme.[915] Ob und wann die Grenze zur menschenunwürdigen Unterbringung bei einer Mehrfachbelegung des Haftraums überschritten ist, hängt in erster Linie von der Art und Weise der Unterbringung, d.h. von der Größe und Ausstattung sowie von der Anzahl der in einem Haftraum untergebrachten Gefangenen ab.[916] Auch nach den verfassungsrechtlichen Vorgaben muss einerseits beachtet werden, dass „positive" Kontakte, die dem sozialen Lernen dienen, innerhalb der Anstalt aufgebaut und nicht unnötig beschränkt werden, andererseits die Gefangenen aber auch vor wechselseitiger Gewalt und Übergriffen zu schützen sind.[917] Ohne angemessene räumliche Voraussetzungen wird sich daher auch kein Erfolg der Förderung einstellen.[918]

Ferner würde dies den Regeln der Vereinten Nationen für Jugendliche in Freiheitsentzug (Nr. 28) entsprechen, die verlangen, dass sicherzustellen ist, dass Jugendliche von schädlichen Einflüssen und gefährlichen Situationen geschützt werden müssen. Wie der Bayerische Gesetzgeber die Forderung des BVerfG umgesetzt hat, wird im Folgenden anhand der bayeri-

913 Hosser/Lauterbach/Höynck, in: Goerdeler/Walkenhorst, 2007, 411.

914 Fleck, 1977, 150 f.

915 Ostendorf, 2009a, 201.

916 OLG Hamm, StV 2006, 152.

917 BVerfG, NJW 2006, 2096.

918 Ostendorf, 2009a, 201.

schen Vorschriften zur Unterbringung während der Arbeits- und Freizeit und während der Ruhezeit untersucht werden, ehe anschließend auf den Wohngruppenvollzug als den „allgemeinen Standard“[919] des behandlungsorientierten Vollzugs eingegangen wird.

aa) Unterbringung während der Ausbildung und Arbeitszeit, Art. 138 Abs. 1 BayStVollzG

Nach der bayerischen Ausgestaltung zur Unterbringung während der Ausbildung und Arbeitszeit lernen und arbeiten die jungen Gefangenen grundsätzlich (Einschränkungen beinhaltet Abs. 3) gemeinschaftlich. Dasselbe gilt für die arbeitstherapeutische und die sonstige Beschäftigung während der Arbeitszeit. Dabei orientiert sich die Regelung des Art. 138 Abs. 1 S. 1 BayStVollzG an VVJug Nr. 12 Abs. 1, die sich bereits in der Praxis bewährt hat.[920] Neben Bayern betonen auch alle übrigen Bundesländer die Bedeutung des gemeinsamen Lernens und Arbeitens, das immens wichtig ist, um auch in Freiheit zusammen mit anderen umgehen und im Team arbeiten zu können. Die Länder Baden-Württemberg, Nordrhein-Westfalen und Hessen verzichten sogar auf eine ausdrückliche gesetzliche Regelung, da sie die gemeinsame Ausbildung und Arbeit wohl zwischenzeitlich als selbstverständlich ansehen.[921]

Art. 138 Abs. 1 S. 2 BayStVollzG lässt die gemeinsame Schul- und Berufsausbildung weiblicher und männlicher junger Gefangener (Koedukation) zu, soweit dies praktisch umsetzbar ist. Dies schafft die Möglichkeit, dass weibliche Gefangene an Schul- oder Bildungsmaßnahmen teilnehmen können, welche aufgrund ihrer geringen Anzahl nicht explizit für diese angeboten werden können. Die koedukative Behandlung von weiblichen und männlichen Gefangenen dient daneben auch der Angleichung an die allgemeinen Lebensverhältnisse und der Lösung von Umgangsproblemen mit dem anderen Geschlecht.[922] Die jungen Gefangenen müssen schließlich nach ihrer Entlassung auch wieder miteinander im Alltag zurechtkommen.

bb) Unterbringung während der Freizeit, Art. 138 Abs. 2 BayStVollzG

Für die Unterbringung während der Freizeit nach Art. 138 Abs. 2 BayStVollzG gilt im Wesentlichen das zu Art. 138 Abs. 1 BayStVollzG Geschriebene. Auch diese Regelung lehnt sich an VVJug Nr. 12 Abs. 2 an, enthält jedoch einen Ermessenspielraum der Vollzugsbedienste-

919 Dünkel/Pörksen, NK 2/2007, 55 ff.

920 Arloth, 2008a, Art. 138 BayStVollzG Rn. 1.

921 Ostendorf, 2009a, 204.

922 Ostendorf, 2009a, 204.

ten, ob eine gemeinsame Freizeit gewährt wird. Gerade während der Freizeit ist es von besonderer Bedeutung, dass diese von den jungen Gefangenen gemeinsam verbracht wird. Genutzt wird die Freizeit von den Gefangenen hauptsächlich im Rahmen von Sportangeboten, welche oft nur in der Gemeinschaft ausgeübt werden können. In Anlehnung an die entsprechende Vorschrift des § 17 Abs. 2 S. 2 StVollzG enthält Art. 138 Abs.2 S. 2 BayStVollzG die Ausführung, dass durch den Anstaltsleiter mit Rücksicht auf die räumlichen, personellen und organisatorischen Verhältnisse besondere Regelungen getroffen werden können. Sinn dieser Vorschrift ist, dass die Anstalten die Freizeit entsprechend ihrer Rahmenbedingung strukturieren können, damit es keine längeren unbeaufsichtigten Zeiten gibt, wodurch die Gefahr gegenseitiger Übergriffe erhöht wird und Subkulturen entstehen können.[923] Dadurch wird auch der Verpflichtung des BVerfG, die Gefangenen vor wechselseitiger Gewalt zu schützen,[924] nachgekommen.

Ausschlussgründe aus der gemeinsamen Freizeit finden sich zum einen in Art. 138 Abs. 3 und 4 BayStVollzG, welche im nachfolgenden Punkt behandelt werden. Zum anderen können die Anstalten im Rahmen von erzieherischen Maßnahmen auf die sog. „Türsperre“ zurückgreifen, welche eine Aufschlusssperre während der allgemeinen Aufschlusszeiten auf den Stationen von einem bis zu fünf Tagen bedeutet und folglich den Ausschluss von der gemeinsamen Freizeit zur Folge hat.[925] Eine getrennte Unterbringung während der Freizeit kann ebenfalls als disziplinarische Maßnahme verhängt werden, die dann nach Art ihrer Vollziehung mit der „Türsperre“ identisch ist, in aller Regel aber von längerer Dauer sein wird.[926]

cc) Ausschlussgründe aus der gemeinsamen Arbeits- und Freizeit, Art. 138 Abs. 3 und 4 BayStVollzG

Einschränkungen der gemeinsamen Unterbringung beinhaltet Art. 138 Abs. 3 BayStVollzG. So können nach Nr. 1 Gefangenen von der gemeinschaftlichen Unterbringung ausgeschlossen werden, wenn sie einen schädlichen Einfluss auf andere junge Gefangene ausüben. Diese Möglichkeit ist gerade im Jugendstrafvollzug von Bedeutung, da sich hier oft dominante Gruppenführer herausbilden, unter die sich die übrigen Gefangenen unterordnen müssen.[927] Nr. 2 gewährleistet, dass Gefangene während der Behandlungsuntersuchung, in der sich die

923 Ostendorf, 2009a, 205.
924 BVerfG, NJW 2006, 2096.
925 Ausführlich unter Punkt C.V.2.f.
926 Ausführlich unter Punkt C.V.2.g.
927 Arloth, 2008a, Art. 138 BayStVollzG Rn. 4.

Vollzugsbediensteten ein Bild von dem neuen Gefangenen verschaffen wollen, nicht von anderen beeinflusst werden. Diese Einschränkung ist einerseits wichtig, damit der Gefangene nicht von Beginn an dem Einfluss der übrigen Mitgefangenen ausgesetzt wird. Andererseits wird der Ausschluss von der Schule oder Arbeit von den Gefangenen auch als sehr deprimierend empfunden. Daher wird durch die zeitliche Begrenzung von zwei Monaten zugleich festgeschrieben, dass die Behandlungsuntersuchung nicht länger dauern darf. Besonders wichtig ist auch die Einschränkung der gemeinsamen Unterbringung nach Nr. 3 für Vollzugsstörer, wenn es die Sicherheit oder Ordnung der Anstalt erfordert. Schließlich kann nach Nr. 4 die gemeinsame Unterbringung mit Zustimmung der jungen Gefangenen eingeschränkt werden, was nicht von allen Seiten als gut gelungen angesehen wird.[928] In diesem Zusammenhang ist es daher von besonderer Bedeutung, dass zuvor aufgeklärt wird, aus welchem Grund dies die Gefangenen wünschen. Möglicherweise fühlen sie sich in der Gruppe nur nicht wohl, werden nicht akzeptiert oder aber durch einen „Gruppenführer" unterdrückt. Daher gilt es zunächst zu klären, wie diese Gefangenen durch andere Maßnahmen geschützt werden können.

Ferner kann der Ausschluss aus erzieherischen Gründen erfolgen, Art. 138 Abs. 4 BaySt-VollzG. Ob dies eine sinnvolle Regelung ist, soll dahingestellt bleiben. Allerdings ist nicht zu erkennen, welcher konkrete erzieherische Zweck damit verfolgt werden soll.[929]

dd) Unterbringung während der Ruhezeit, Art. 139 Abs. 1 i.V.m. 20 BayStVollzG

Die Unterbringung während der Ruhezeit regelt der Bayerische Gesetzgeber für den Jugend- als auch den Erwachsenenvollzug gleichermaßen. Art. 139 Abs. 1 BayStVollzG verweist auf Art. 20 BayStVollzG, in dem der Grundsatz der Einzelunterbringung während der Ruhezeit festgeschrieben ist. Dieser Grundsatz, der schon nach früherer Rechtslage galt (Nr. 13 Abs. 1 VVJug), ist auch in allen anderen Landesgesetzen aufgenommen worden.

Nach dem tragischen Todesfall eines von Mithäftlingen misshandelten Gefangenen in der JVA Siegburg im November 2006 wurde deutlich, dass die Einzelunterbringung während der Ruhezeit einem dringenden und menschenrechtlich gebotenen Erfordernis einer Vollzugsge-

928 Vgl. beispielsweise Eisenberg, 2009, § 92 Rn. 84.
929 Ostendorf, 2009a, 207.

staltung entspricht,[930] welche den verfassungsrechtlich geforderten Schutz der Gefangenen vor Übergriffen der Mithäftlinge[931] ernst nimmt.

Auch die neu beschlossenen European Prison Rules sehen die Einzelunterbringung während der Ruhezeit als Regelfall vor, es sei denn, die gemeinschaftliche Unterbringung mit anderen Gefangenen ist für sie sinnvoller (R 18.5.). Die gemeinschaftliche Unterbringung während der Ruhezeit lässt nach wissenschaftlichen Erkenntnissen die Gefahr von Konflikten und Übergriffen gerade im Jugendstrafvollzug wachsen und kann deshalb resozialisierungsfeindlich wirken.[932] Vor allem, wenn die Inhaftierten damit rechnen können, mehrere Stunden ungestört zusammen in einer Haftzelle zu verbringen, lädt dies zu Gewalthandlungen ein.[933]

Jeder Gefangene sollte daher das Recht auf Unterbringung in einem Einzelhaftraum haben, wodurch ein erheblicher Beitrag zum Schutz der jungen Gefangenen untereinander geleistet wird.[934] Als totale Institution ist der Vollzug alles andere als ein kriminalitätsfreier Raum. Der Rückzug in den Haftraum vermittelt den Gefangenen Sicherheit vor subkulturellen Übergriffen und wahrt die Privatsphäre zur Ruhezeit. Der Gefangene ist somit nicht gezwungen, sich ständig in der Gemeinschaft aufhalten zu müssen. Der Begriff der Ruhezeit ist dabei aber nicht gleichbedeutend mit der Nachtruhe. Die Dauer wird in der jeweiligen Hausordnung der Anstalt festgeschrieben.[935]

In Art. 20 Abs. 1 BayStVollzG wird die Einzelunterbringung im Strafvollzug allgemein nur als Soll-Vorschrift ausgestaltet, wodurch dieser Grundsatz im Gegensatz zu allen anderen Landesgesetzen von vornherein abgeschwächt wird.[936] Dennoch soll in Bayern im Ergebnis an dem Grundsatz der Einzelunterbringung festgehalten werden, da auch in allen anderen Ge-

---

930 So mahnte die Bundesverfassungsrichterin Lübbe-Wolf, die als Mitglied des Zweiten Senats Urteil vom 31.5.2006 beteiligt war, an: „Es ist eine perverse Situation, dass der Staat ausgerechnet da, wo er die dichteste Kontrolle ausübt, am wenigsten seine elementarsten Aufgaben erfüllt: Menschen vor gegenseitiger Gewalt zu schützen. Wir müssen aufpassen, dass die Gefangenen nicht brutalisiert statt resozialisiert herauskommen."; Focus Nr. 11 vom 12.3.2007, 56; Kretschmer, NStZ 2005, 251 ff.

931 BVerfG, NJW 2006, 2096.

932 Vgl. zum Ganzen: Nitsch, Die Unterbringung von Gefangenen nach dem StVollzG, 2006.

933 Jesse, FS 1/2007, 25.

934 Sonnen, in: Goerdeler/Walkenhorst, 2007, 91; siehe auch Eckpunktpapier des DVJJ (2006) 5 Abs. 1.

935 Ostendorf, 2009a, 210.

936 Ostendorf, 2009a, 210.

setzen eine gemeinschaftliche Unterbringung in Ausnahmefällen zugelassen wird. So unterscheiden sich die Ausführungen zur Unterbringung während der Ruhezeit in den Gesetzen im Großen und Ganzen nur unwesentlich. Die jeweiligen Ausnahmen von der Einzelunterbringung während der Ruhezeit[937] sind jedoch geeignet, die Einzelunterbringung erheblich zu entwerten, da auch nicht wenige Anstalten dafür aufwendig umgebaut werden müssen.[938] Der bisherige Wertungswiderspruch zwischen § 18 und § 201 Nr. 3 S. 1 StVollzG, der eine gemeinsame Unterbringung in neuen Anstalten unter strengeren Voraussetzungen als in den vor 1977 errichteten Anstalten zulässt, wird allerdings beseitigt.[939]

Die Ausführungen zur Einzelunterbringung während der Ruhezeit tragen dabei auch dem Grundrecht der Strafgefangenen auf Achtung ihrer Menschenwürde nach Art. 1 Abs. 1 S. 1 GG Rechnung, welches verlangt, dass auch in der Strafhaft die Grundsätze der individuellen Existenz gewahrt werden müssen.[940] Der verfassungsrechtlich gebotene Schutz der Privat- und Intimsphäre wird jedoch auch bei gemeinschaftlicher Unterbringung beachtet.[941] Zur Wahrung eines Mindestmaßes an privaten Rückzugsmöglichkeiten bedarf es keiner uneingeschränkten Einzelunterbringung.[942] Der BGH hat zuletzt wieder entschieden, dass eine bloße gemeinsame Unterbringung ohne Hinzutreten erschwerender, den Gefangenen benachteiligender Umstände nicht als Verstoß gegen die Menschenwürde des Gefangenen anzusehen sei.[943]

Ein völliger Verzicht auf eine gemeinsame Unterbringung wäre überdies nicht vertretbar. So gewährt Art. 20 Abs. 1 Satz 1 BayStVollzG auch im geschlossenen Vollzug die gemeinsame Unterbringung zur Ruhezeit, wenn die Gefangenen dies wünschen bzw. zustimmen und eine schädliche Beeinflussung nicht zu befürchten ist. Eine informelle Befragung hat sogar erge-

---

937 Die Unterbringung von zwei oder mehr Gefangenen in einem Haftraum während der Ruhezeit, insbesondere in Gemeinschaftshafträumen oder in den Einzelhafträumen, die optional mit zwei Gefangenen belegt werden können (gemeinschaftliche Unterbringung) ist nur ausnahmsweise zulässig, wenn:
• ein Gefangener hilfsbedürftig ist oder
• eine Gefahr für Leben oder Gesundheit eines Gefangenen besteht oder
• vorübergehend bei Überbelegung.

938 Eisenberg, NStZ 2008, 253.

939 Arloth, GA 2008, 132.

940 Herdegen, in: Maunz, 2000, Art. 1 Rn. 91.

941 Mangoldt, von/Klein/Starck, 2005, Art. 1 Rn. 60.

942 Arloth, 2008a, Art. 20 BayStVollzG Rn.2.

943 BGH, NStZ 2007, 172.

ben, dass ca. 20 Prozent der Gefangenen eine gemeinschaftliche Unterbringung im Gemeinschaftshaftraum wünschen. So äußern Gefangene, dass sie eine gemeinschaftliche Unterbringung bevorzugen würden, sie sich in gemeinschaftlicher Unterbringung wohler fühlen, weniger vereinsamen und Unterstützung bei den anderen Gefangenen finden können.[944] Dennoch sollte immer sorgfältig überprüft werden, ob der Wunsch nach einer Zusammenlegung auch tatsächlich im Interesse der Gefangenen liegt und ob die Zustimmung frei erteilt wurde, auch wenn dies in der Praxis im Einzelfall schwer zu bestimmen ist.[945]

Darüber hinaus ergibt sich aus der staatlichen Fürsorgepflicht, dass eine gemeinschaftliche Unterbringung auch zulässig ist, wenn keine Zustimmung der Gefangenen vorliegt. Auch im Jugendstrafvollzug muss immer wieder suizidalen Neigungen und gesundheitlichen Gefährdungen einzelner Gefangener durch gemeinschaftliche Unterbringung entgegengewirkt werden,[946] Art. 20 Abs. 2 BayStVollzG. Durch diese Regelung wird § 18 Abs. 1 Satz 2 StVollzG bestätigt, wonach ohne Zustimmung der Gefangenen eine gemeinsame Unterbringung zulässig ist, sofern ein Gefangener hilfsbedürftig ist oder eine Gefahr für Leben oder Gesundheit eines Gefangenen besteht.

Außerdem müssen gelegentliche Belegungsspitzen organisatorisch aufgefangenen werden, so dass Art. 20 Abs. 2 BayStVollzG daneben bestimmt, dass eine gemeinsame Unterbringung für zulässig erklärt wird, wenn die räumlichen Verhältnisse der Anstalt dies erfordern.[947] Beachten werden muss jedoch immer, dass diese Ausnahmen die Menschenwürde nicht einschränken und sie zeitlich eng begrenzt werden. Art. 20 Abs. 3 BayStVollzG legt zudem die Höchstzahl der Gefangenen für eine gemeinsame Unterbringung in einem Haftraum auf acht Gefangene fest. Der Trend in den bayerischen Jugendstrafvollzugsanstalten geht allerdings dahin, dass die Gemeinschaftsunterbringung auf das absolut notwendige Mindestmaß zurückgeführt wird.[948] So ergab die Befragung der bayerischen Anstalten, dass sich zwar in allen Anstalten Gemeinschaftshafträume befinden, die auch genutzt werden, sei es aufgrund der staatlichen Fürsorgepflicht bei depressiven und zum Suizid geneigten Gefangenen[949] oder

944 Ullenbruch, NStZ 1999, 429 ff.

945 Eisenberg, 2009, § 92 Rn. 83; Jesse, FS 1/2007, 25.

946 Schneider, FS 2/2007, 57.

947 Arloth, 2008a, Art. 20 BayStVollzG Rn.4.

948 Schneider, FS 2/2007, 57; vgl. auch Fragebogen JVA Laufen-Lebenau im Anhang.

949 Nach den Erfahrungen der JVA Hameln sind allerdings Doppelbelegungen nicht zur Suizidprophylaxe geeignet. Vielmehr bedürfen suizidgefährdete Gefangene medizinisch-

aber aus organisatorischen Gründen.[950] Im Durchschnitt müssten sich jedoch lediglich drei bis vier Gefangene einen Gemeinschaftshaftraum teilen, wobei darauf geachtet werde, dass die gemeinsame Unterbringung auf freiwilliger Basis beruhe.[951] Alle beteiligten Gefangenen müssen ausdrücklich zustimmen.

Bei gemeinschaftlicher Unterbringung sind zudem – soweit möglich – alle bedeutsamen Faktoren, insbesondere die Persönlichkeit und die Straftaten der betroffenen Gefangenen, ihr Lebensalter, ihr Vorleben sowie ihr bisheriges Verhalten im Vollzug zu berücksichtigen. Es ist darauf zu achten, dass die gemeinschaftliche Unterbringung nicht zu Unzuträglichkeiten und zu einer unangemessenen Zumutung für die Beteiligten führt. Stellen sich Unzuträglichkeiten erst im Laufe der Zeit heraus, sind unverzüglich geeignete Gegenmaßnahmen zu ergreifen.[952] Problematischer gestalte sich die Unterbringung von aggressiven Gefangenen, bei denen die Gefahr besteht, dass sie sich selbst etwas antun könnten. Aufgrund des Schutzes der übrigen Gefangenen vor Übergriffen bringe man sie jedoch meist in Einzelzellen unter.[953] Auch 14- und 15-jährige Gefangene und Sexualstraftäter werden in der JVA Laufen-Lebenau grundsätzlich nicht gemeinschaftlich untergebracht.[954]

ee) Besondere Formen der Unterbringung, Art. 139 Abs. 2 BayStVollzG

Grundsätzlich darf der Vollzug der Jugendstrafe nicht in einer Abteilung auf dem Gelände einer Strafvollzugsanstalt für Erwachsene stattfinden, sondern nur in selbstständigen Einrichtungen, vgl. Art. 166 Abs. 1 BayStVollzG sowie auch schon § 92 Abs. 2 JGG a.F. Die Trennung des Jugendstrafvollzugs vom Erwachsenenvollzug entspricht schließlich den normativen Unterschieden zwischen Jugendstrafe und Freiheitsstrafe und den Unterschieden zur Erreichung des Vollzugsziels, welche sich an den besonderen Bedürfnissen der Insassen auszurichten haben. Art. 124 BayStVollzG verlangt, dass die personelle Ausstattung, die sachlichen Mittel und die Organisation am Erziehungsauftrag und an den besonderen Bedürfnissen junger Gefangener auszurichten sind.

---

psychologischer Betreuung und müssen kurzfristig im besonders gesicherten Haftraum untergebracht werden, vgl. Jesse, FS 1/2007, 25.

950 Vgl. die Belegungszahlen der bayerischen Jugendstrafvollzugsanstalten.

951 Vgl. Fragebogen JVA Ebrach im Anhang.

952 Fragebogen JVA Laufen-Lebenau im Anhang.

953 Vgl. Fragebogen JVA Ebrach im Anhang.

954 Fragebogen JVA Laufen-Lebenau im Anhang.

Aufgrund der geringen Zahlen weiblicher Gefangener im Jugendstrafvollzug bestehen allerdings besondere organisatorische Schwierigkeiten.[955] Spezielle Behandlungsmaßnahmen können bei einer völlig getrennten Unterbringung der wenigen jungen weiblichen Insassen nicht immer gewährleistet werden. Bedenklich erscheint jedoch eine Unterbringung von zu Jugendstrafe verurteilten weiblichen Gefangenen in Abteilungen innerhalb des allgemeinen Strafvollzugs für Frauen, da das Gesetz die Unterbringung von Jugendstrafgefangenen in besonderen Anstalten und nicht bloß Abteilungen, vorschreibt, vgl. Art. 166 Abs. 1 BayStVollzG sowie § 92 Abs. 1 JGG a.F. Daher sind selbstständige Anstalten oder zumindest eigenständige Vollzugseinheiten für Frauen einzurichten, die sich an eine Strafvollzugsanstalt angliedern. Die bayerische Regelung sieht deshalb in Art. 139 Abs. 2 S. 1 BayStVollzG vor, dass weibliche junge Gefangene in getrennten Abteilungen des Strafvollzugs für erwachsene Frauen untergebracht werden können. Auch in Art. 124 Abs. 4 BayStVollzG ist die Möglichkeit vorgesehen, dass die wenigen weiblichen jungen Gefangenen auch am Behandlungsangebot für weibliche erwachsene Gefangene teilnehmen können. Trotzdem sind Angebote, die nur für junge weibliche Gefangene gelten, anzustreben und umzusetzen.[956]

Art. 139 Abs. 2 S. 2 BayStVollzG sieht zudem die gemeinsame Unterbringung von weiblichen jungen Gefangenen und erwachsenen Gefangenen zusammen mit ihren Kindern vor, was sich bereits in der Praxis bewährt hat, um so die jungen weiblichen Gefangenen ebenfalls an den besonderen Angeboten teilhaben zu lassen.[957] Warum der Bayerische Gesetzgeber die Regelung nur auf Mütter beschränkt hat und Väter nicht einbezieht, ist nicht ersichtlich und daneben verfassungsrechtlich bedenklich.[958]

Eine gemeinsame Unterbringung von jungen männlichen Gefangenen und erwachsenen Gefangenen ist nach Art. 139 Abs. 2 S. 3 BayStVollzG vorübergehend möglich, wenn dies für die Bildung oder Arbeit erforderlich ist. Satz 4 stellt aber zugleich fest, dass sich der Vollzug in diesen Fällen nach den Vorschriften für den Jugendstrafvollzug richtet.

955 Arloth, 2008a, Art. 139 BayStVollzG Rn. 2.

956 Vgl. Arloth, 2008a, Art. 124 BayStVollzG Rn. 4.

957 Arloth, 2008a, Art. 139 BayStVollzG Rn. 2; Die JVA Aichach besitzt eine Mutter-Kind-Abteilung (vgl. Art. 168 BayStVollzG) auch für zu Jugendstrafe verurteilte Mütter (gegenwärtig drei Jugendstrafgefangene bei zehn Haftplätzen), vgl. Fragebogen JVA Aichach im Anhang.

958 Dünkel/Pörksen, NK 2/2007, 60.

ff) Wohngruppenvollzug

(1) Zielsetzung und Bedeutung

An dieser Stelle bedarf der Wohngruppenvollzug besonderer Erwähnung, der hauptsächlich im Jugendstrafvollzug als erwünschte Form der Unterbringung gilt.[959] Ehe die Ausgestaltung im BayStVollzG erläutert wird, ist jedoch zunächst zu klären, wodurch ein derartiger Vollzug gekennzeichnet ist, welche Bedeutung ihm beigemessen wird und welche Ziele dadurch verfolgt werden.

Ziel der Unterbringung der Gefangenen im Vollzug muss es sein, die Wohnverhältnisse weitestgehend an die der Freiheit anzugleichen, um so freiheitsnahe Bedingungen zu ermöglichen (Angleichungsgrundsatz). Dieses Ziel soll nach der Rechtsprechung und Literatur am besten durch den Wohngruppenvollzug erreicht werden.[960] In einer überschaubaren Gruppe von jungen Gefangenen entstehe ein Übungsfeld zur Förderung sozialer Kompetenzen und zur Übernahme von Verantwortung, weil die Gefangenen sich mit den Bedürfnissen ihrer Mitgefangenen im Alltag auseinandersetzen und Probleme gemeinsam lösen müssen.[961] Daraus gingen zwischenmenschliche Beziehungen hervor, woraus sich schließlich eine Gruppendynamik herausbilde, die wiederum positiv auf die Weiterentwicklung der jungen Insassen wirke, da auch ein soziales Leben in Freiheit aus einer Vielzahl von Gemeinschaften besteht, durch die der Gefangene geformt werde.[962] Das Erlernen sozialer Verhaltensweisen ist daher Hauptanliegen des Wohngruppenvollzugs. Der Gefangene müsse Normen, die innerhalb einer Gruppe zu beachten sind akzeptieren, auch wenn dies bedeutet, dass sich der Gefangene in der Gruppe unterordnen muss.[963]

Hinzu kommt, dass neben dem Erlernen neuer Verhaltens- und Bewältigungsmöglichkeiten, negative Einflüsse und subkulturelle Strukturen zurückgedrängt würden. In einer überschaubaren Gruppe sei eine bessere individuelle Kommunikation, Erziehung und Förderung des Gefangenen möglich, was einer negativen Stimmung zwischen den Gefangenen entgegen-

---

959 Arloth, 2008a, Art. 140 BayStVollzG Rn. 1; Fleck, ZfStrVo 2000, 271 ff.

960 BVerfG, NJW 1973, 1226 ff; Laubenthal, ZfStrVo 1984, 70.

961 Laubenthal, 1983, 175; Spitczok v. Brisinski/Alsleben/Zahn, ZfStrVo 2005, 136.

962 Laubenthal, ZfStrVo 1984, 69.

963 Laubenthal, ZfStrVo 1984, 69.

wirkt.[964] Die Gruppe schütze zudem vor Vereinsamung, so dass sich der Einzelne nicht mehr in eine Ersatzbestätigung flüchten muss. [965]

Dennoch muss klar sein, dass sich der Gefangene aufgrund der Sicherungsfunktion des Strafvollzugs in einer Gemeinschaft befindet, die er sich so nicht selbst ausgesucht hat. Die Wohngruppe wird in vielerlei Hinsicht fremdbestimmt, beispielsweise durch das vorgegebene Treffen der Mitglieder, durch die Verweildauer des Einzelnen im Vollzug und natürlich durch die Zusammensetzung der jeweiligen Gruppe selbst.[966] Nichtsdestotrotz bietet der Wohngruppenvollzug die beste Möglichkeit, den jungen Gefangenen diejenigen Fähigkeiten zu erlernen, welche für ein soziales Leben in Freiheit von entscheidender Bedeutung sind.

Unter den Bundesländern ist die besondere Bedeutung des Wohngruppenvollzugs daher als Gestaltungsprinzip unstreitig,[967] so dass alle Länder den Wohngruppenvollzug in ihren Gesetzen vorsehen, aber selbstverständlich auch Ausnahmen für nicht gruppenfähige Gefangene enthalten.[968] Nicht zuletzt hat das BVerfG in seinem Urteil vom 31.5.2006 gesetzliche Grundlagen angemahnt, die einerseits ermöglichen, innerhalb der Anstalt Kontakte aufzubauen, andererseits aber die Gefangenen vor wechselseitigen Übergriffen schützen.[969] Dazu sei nach derzeitigem Erkenntnisstand die Unterbringung der jungen Gefangenen in kleineren Wohngruppen differenziert nach Alter, Strafzeit und Strafhaft besonders geeignet.[970]

(2) Zusammensetzung der Wohngruppe

(a) Zusammensetzung

Um das Ziel, das mit dem Wohngruppenvollzug im Bereich der Unterbringung verfolgt wird, bestmöglichst zu erreichen, muss die aus einer überschaubaren Gruppe von jungen Gefangenen künstlich gebildete *„soziale Interaktionsstruktur"*[971] soweit wie möglich an die Verhältnisse eines Lebens in Freiheit angepasst werden. Dies entspricht zudem dem Angleichungs-

---

964 Ostendorf, 2009a, 226.
965 Laubenthal, ZfStrVo 1984, 69.
966 Laubenthal, ZfStrVo 1984, 71.
967 Ostendorf, ZRP 2008, 17.
968 Zur bayerischen Umsetzung siehe Punkt (3).
969 BVerfG, NJW 2006, 2096.
970 BVerfG, NJW 2006, 2096.
971 Vgl. Laubenthal, ZfStrVo 1984, 69.

grundsatz des Art. 122 i.V.m. Art. 5 Abs. 1 BayStVollzG, wonach das Leben im Vollzug den allgemeinen Lebensverhältnissen soweit als möglich angepasst werden sollte.[972]

Eine zentrale Rolle bei der Erreichung sozialer Kompetenzen spielt die Art und Weise der Zusammensetzung der jeweiligen Wohngruppe.[973] Aufgrund dessen, dass sich junge Gefangene untereinander vergleichen und innerhalb einer Gruppe akzeptiert werden wollen, ist das Erlernen sozialer Verhaltensstrukturen am besten in einer Gleichaltrigengruppe möglich.[974] Unterschiedliche altersbedingte Interessen unter den Gefangenen können die Erziehungsarbeit erschweren. Zu große Altersunterschiede wirken zudem antitherapeutisch, weil dann in der Regel Macht- bzw. Einflussfaktoren vorgezeichnet sind.[975]

Gegen eine altersmäßige Einteilung der Wohngruppe besteht allerdings der Einwand, dass gerade 14- bis 16-jährige Gefangene dazu neigen, sich gegenseitig zu unterdrücken und es aus diesem Gesichtspunkt sinnvoller wäre, sie mit älteren Gefangenen unterzubringen. Dem muss allerdings entgegengehalten werden, dass es gerade Aufgabe des Vollzugs ist, diese Konflikte zu vermeiden. Durch ausreichend pädagogische und therapeutische Betreuung in der Wohngruppe kann dies sichergestellt werden. Diese Altersgruppe wird durch die bestehende Schulpflicht zwangsläufig nach der Entlassung mit Jugendlichen ihres Altes konfrontiert werden. Daher ist es notwendig, diese Defizite bereits im Jugendstrafvollzug zu behandeln und so die Jugendlichen auf das spätere Leben in Freiheit vorzubereiten.

---

972 Zu den Gestaltungsgrundsätzen siehe oben Punkt C.V.2.c.

973 Vgl. hierzu auch die Auswahlkriterien, welche die JVA Laufen-Lebenau an die Bildung einer Wohngruppe stellt: Die Gefangenen müssen sich mit einer Begründung schriftlich per Antragsschein um die Aufnahme bewerben. In der wöchentlichen Teambesprechung entscheidet das WG-Team über Aufnahme oder Ablehnung des Antrages und legt im Falle einer geplanten Aufnahme eine geeignete Gruppe unter Berücksichtigung verschiedener Gesichtspunkte (Ausgewogenheit der Gruppe, Persönlichkeit des Aufzunehmenden usw.) fest. Die Reststrafzeit der Bewerber soll mindestens noch drei Monate, jedoch nicht länger als 18 Monate bis zur voraussichtlichen Entlassung betragen, die Führung auf der Station und in der Arbeit sollte mindestens „ausreichend" sein. Bei einer Wiederaufnahme von Gefangenen, die bereits in der Wohngruppe waren, sind die Bereitschaft zur Mitarbeit und die Führung besonders zu berücksichtigen. Eine Aufnahme von problematischen Gefangenen (erhöhte Gewaltbereitschaft, schwieriges Verhalten, psychische Auffälligkeit usw.) sollte die Mehrheit des gesamten Teams mittragen; Fragebogen JVA Laufen-Lebenau im Anhang.

974 Ostendorf, 2009a, 227.

975 Rasch, 1977, 73.

Die Gleichaltrigengruppe sollte jedoch mit möglichst unterschiedlichen Charakteren kombiniert werden, da eine inkongruente Zusammensetzung von Wohn- und Behandlungsgruppen eine höhere Anzahl von Kommunikationsmöglichkeiten schaffen kann und auch der Realität außerhalb des Vollzugs am besten entspricht.[976] Zudem besteht bei kongruenten Gruppen die Gefahr der Konzentration der Mitglieder ausschließlich auf die eigene Gruppe, so dass das Konzept der Wohngruppe *„in ein Mittel der Isolation und Repression"* verkehrt wird.[977] Dadurch können Aggressionen und Gruppenabhängigkeiten entstehen, denn je enger die Gruppe aufeinander fixiert ist, desto weniger geht eine Bereitschaft zur Aufrechterhaltung der für das Leben in Freiheit wichtigen Außenkontakte einher.

Über die optimale Gruppengröße bestehen allerdings die unterschiedlichsten Auffassungen. Empirische Belege, wie viele Gefangene eine Gruppe enthalten sollte, gib es keine.[978] Deshalb halten sich die gesetzlichen Ausgestaltungen der Länder zur Größe des Wohngruppenvollzugs überwiegend zurück.[979] Eine wichtige Rolle für die Länder spielt in diesem Bereich vor allem auch der sehr große finanzielle Kostenaufwand, welcher die flächendeckende Einrichtung von kleinen Wohngruppen in Jugendstrafanstalten mit sich bringt. *Callies/Müller-Dietz* begrenzen die Idealgröße auf zehn bis zwölf Mitglieder,[980] während *Morris* von sechs bis acht Gefangenen ausgeht.[981] Nach *Arloth* dürfte die Mindestgröße bei ca. acht jungen Gefangenen liegen, da sonst das Trainingsfeld für die erlernten sozialen Verhaltensweisen nicht bereitet ist. Am sinnvollsten seien aber Gruppen in einer Größenordnung von zehn bis zwanzig Gefangenen.[982] Entscheidender Punkt bleibt jedoch, was und in welcher Qualität in einer Wohngruppe gelernt werden soll. Sollen soziale Kompetenzen intensiv erlernt werden, dann sind die gruppendynamischen Prozesse meist so komplex, dass nicht mehr als acht bis zehn Gefangene in einer Wohngruppe untergebracht werden sollten.[983] Es gibt natürlich auch Gruppen, beispielsweise Entlassungsgruppen, in denen kein so hoher Betreuungsbedarf besteht, so dass die Gruppengröße durchaus erhöht werden kann. Zu kleine Gruppen sind im

---

976 Laubenthal, 1983, 171 m.w.N.; Böhm vertritt hingegen die These, dass die Wohn- und Behandlungsgruppe identisch sein sollte; diese These ist aufgrund der geforderten Realitätsnähe der Wohngruppe nicht haltbar, vgl. Böhm, 2003, 92.

977 Schulte-Altedorneburg, 1989, 172.

978 Arloth, 2008a, Art. 140 BayStVollzG Rn. 3.

979 Zur Umsetzung in Bayern und den übrigen Ländern siehe nächster Punkt.

980 Callies/Müller-Dietz, 2008, § 7 Rn. 4.

981 Morris, 1974, 113.

982 Arloth, 2008a, Art. 140 BayStVollzG Rn. 3.

983 Sonnen, in: Goerdeler/Walkenhorst, 2007, 91.

Allgemeinen jedoch aufgrund fester Regelungen zu statisch, zu große Gruppen hingegen zu undurchschaubar für den Betreuer, so dass sich der Einzelne dem Lernprozess leicht entziehen kann.[984]

(b) Ausgestaltung

Neben der Art und Weise der Zusammensetzung der Wohngruppe ist wesentliche Voraussetzung für eine erfolgreiche Erziehungsarbeit, dass ausreichend räumliche und personelle Mittel zur Verfügung stehen. Die Voraussetzungen müssen sich dabei an den allgemeinen Bedürfnissen der jungen Gefangenen orientieren. Die räumliche Ausgestaltung einer Wohngruppe muss weitestgehend in ihrer Konzeption den realen Verhältnissen der Gesellschaft nachempfunden werden, d.h. sie sollte den Charakter einer normalen Wohnung haben. Dabei ist es wichtig, sowohl auf Wohnlichkeit als auch auf Überschaubarkeit zu achten. Die optimale Wohngruppe stellt daher einen abgeschlossenen Bereich mit Einzelzimmern und Funktionsräumen dar.[985] Damit sich die Bindung innerhalb der Gruppe nicht zu eng entwickelt und eine Intimsphäre des Gefangenen gewahrt bleibt, muss jeder Insasse einen eigenen Individualraum besitzen. Zu diesem Raum sollte der Gefangene zur Wahrung der Privatsphäre einen eigenen Schlüssel bekommen, dessen Schloss über eine Doppelschließvorrichtung verfügt, damit die Tür von innen aber auch von außen durch das Betreuungspersonal geöffnet werden kann.[986]

Zur Wohngruppe gehören weitere Räume zur gemeinsamen Nutzung, die ausschließlich von einer Wohngruppe genutzt werden und für welche die Verantwortung zur Pflege allein bei der Gruppe liegt. Würden die Gruppenräume von mehreren Wohngruppen genutzt werden, so besteht die Gefahr, dass die Identifikation und Verantwortung für den Gruppenraum nicht mehr gegeben ist.[987] Zu den gemeinsam genutzten Räumen zählt grundsätzlich eine Küche, damit die Gefangenen die Möglichkeit haben, sich eine Mahlzeit nach eigenem Belieben zuzubereiten. Zudem fördert ein gemeinsam zubereitetes und gemeinsam eingenommenes Essen den Zusammenhalt der Gruppe. Auch durch die Erstellung und Einteilung eines Haushaltsplans lässt sich das Verantwortungsgefühl trainieren. Daneben sollte die Wohngruppe Räume zur gemeinsamen Freizeitgestaltung wie auch für Unterricht oder Gruppengespräche enthalten. Besonders Freizeiträume sind für die jungen Gefangenen enorm wichtig, da die überwie-

---

984 Bruns, 1986, 111.

985 Laubenthal, ZfStrVo 1984, 70.

986 vgl. Laubenthal, ZfStrVo 1984, 70.

987 Ostendorf, 2009a, 229.

gende Mehrzahl der in Wohngruppen lebenden Insassen in ihrem Freizeitverhalten eine geringe Variationsbreite aufweist.[988] Freizeitpädagogische Maßnahmen ermöglichen die Anregung der Fantasie der jungen Gefangenen und die Auflockerung des Vollzugsalltags. Es entsteht ein Übungsfeld, in dem „Fairness, Selbst- und Gruppendisziplin“ ermöglicht werden, wodurch die bessere Eingliederung nach der Haft unterstützt wird.[989] Nicht zu vergessen ist, dass den hygienischen und sanitären Gesichtspunkten ausreichend Beachtung geschenkt wird.[990]

Schließlich ist für das Funktionieren von Wohngruppenarbeit wichtig, dass Räume für die unmittelbaren Betreuer vorhanden sind und diese auch innerhalb der Wohnung liegen, damit der Insasse eine vertrauensvolle Beziehung zu den Betreuern entwickeln kann, die jederzeit für sie ansprechbar sind und damit die jungen Gefangenen nicht nur auf sich allein gestellt sind.

Um eine effektive Behandlung zu gewährleisten, muss aber auch von einem hohen Personalstand mit einer entsprechenden aufgabenspezifischen Qualifizierung ausgegangen werden.[991] Wie viele Kontaktpersonen einzusetzen sind, hängt wiederum von der Größe der Gruppe ab.

Zusammenfassend kann festgehalten werden, dass sich positive Lernprozesse innerhalb einer Wohngruppe am besten entwickeln können, wenn die Gruppe eine optimale Größe hat, die davon abhängt, was im jeweiligen Wohngruppenvollzug gelernt werden soll, wenn die Gruppe ideal zusammengesetzt wurde, das heißt, dass die Insassen möglichst im gleichen Alter sind sowie eine inkongruente Konstellation besitzen und wenn ausreichend räumliche und personelle Mittel zur Verfügung stehen, die den jungen Gefangenen beim Erlernen sozialer Verhaltensweisen unterstützen.

---

988 Bulczak, 1979, 146.

989 Bulczak, 1979, 148.

990 Vgl. etwa die Ausgestaltung in der JVA Laufen-Lebenau: Dort bestehen vier Wohngruppen, in denen jeweils zwölf Gefangene in Einzelhafträumen untergebracht sind. Jeder Gefangene hat einen gesonderten Schlüssel für seinen Haftraum. In jeder Wohngruppe sind die Toiletten und Waschräume Gemeinschaftseinrichtungen. Daneben gibt es dort diverse Freizeiträume, Fragebogen JVA Laufen-Lebenau im Anhang.

991 Jesse, FS 1/2007, 24.

(3) Darstellung und Bewertung der Gesetzeslage

Alle Landesgesetze sind der Forderung des BVerfG, Wohngruppen zum Schutz vor wechselseitigen Übergriffen einzurichten,[992] nachgekommen und enthalten dementsprechend eine gesetzliche Regelung zur Unterbringung in Wohngruppen, jedoch in unterschiedlicher Ausgestaltung. Der Bayerische Gesetzgeber hat sich für eine der schwächsten Ausformulierungen entschlossen. So heißt es in Art. 140 Abs. 1 BayStVollzG:[993]

> *„Geeignete junge Gefangene können in Wohngruppen untergebracht werden, deren Größe sich nach dem Erziehungsauftrag bemisst."*

Somit stellt das BayStVollzG die Entscheidung der Unterbringung der Gefangenen im Wohngruppenvollzug durch die Formulierung *„können"* – im Gegensatz zu den anderen Landesgesetzen – gänzlich in das Ermessen der Anstalt. Grund für den Bayerischen Gesetzgeber den Wohngruppenvollzug nicht zur Regelvollzugsform auszuformulieren war die Befürchtung, dass eine Vielzahl der jungen Gefangenen den erhöhten Anforderungen des Wohngruppenvollzugs nicht gewachsen scheint und deshalb Missbrauch zu erwarten ist.[994] Allerdings wird das Ermessen durch die genannten verfassungsrechtlichen Vorgaben erheblich reduziert, so dass der Wohngruppenvollzug für geeignete junge Gefangene die Regel sein wird.[995]

Nun stellt sich jedoch die Frage, was unter dem in den Landesgesetzen durchgehend zu findenden Terminus der *„Geeignetheit"* der Gefangenen für den Wohngruppenvollzug zu verstehen ist. Hierbei handelt es sich um einen unbestimmten Rechtsbegriff mit Beurteilungsspielraum, der aber ausnahmsweise nur eingeschränkt der richterlichen Kontrolle unterliegt.[996] Grundsätzlich ist die Auslegung unbestimmter Rechtsbegriffe durch die Vollzugsbehörde von den Gerichten vollumfänglich überprüfbar. Beim Vorliegen eines Beurteilungsspielraums ist es innerhalb der Rechtssprechung jedoch anerkannt, dass die Überprüfungsmöglichkeit des

---

992 BVerfG, NJW 2006, 2096.

993 § 26 JStVollzG Bln u.a., § 18 Abs. 1 HessJStVollzG, § 25 Abs. 4 JStVollzG NRW, § 33 Abs. 1 JStVollzG Ba-Wü, § 26 JStVollzG Sachsen-Anhalt, § 26 JStVollzG Sachsen sowie § 19 Abs. 1 des GJVollz-E 2006 hingegen sehen den Wohngruppenvollzug als Regelfall vor. Nach § 120 Abs. 1 JVollzG Nds und § 21 Abs. 1 HmbStvollzG sollen geeignete Gefangene in Wohngruppen untergebracht werden.

994 Schneider, FS 2/2007, 57.

995 Arloth, 2008a, Art. 140 Rn. 4 BayStVollzG; Eisenberg, JGG 13. Auflage, § 92 Rn. 81.

996 Eisenberg, 2009, § 92 Rn. 82.

Gerichts eingeschränkt ist.[997] Das Gericht hat nur zu prüfen, ob die Vollzugsbehörde von einem zutreffend und vollständig ermittelten Sachverhalt ausgegangen ist, ob sie ihrer Entscheidung den richtigen Begriff des Versagungsgrundes zugrunde gelegt hat und ob sie dabei die Grenzen des ihr zustehenden Beurteilungsspielraums eingehalten hat.[998] Ein solcher Beurteilungsspielraum wird auch bei der *„Eignung"* anerkannt.[999]

Art. 140 Abs. 1 BayStVollzG definiert i.V.m. den Ausschlussgründen für den Wohngruppenvollzug des Abs. 3 negativ den Begriff der *„Geeignetheit"*, indem aufgezählt wird, wer sich nicht für den Wohngruppenvollzug eignet. So heißt es in Abs. 3:

> *„Nicht für die Unterbringung in der Wohngruppe geeignet sind in der Regel junge Gefangene, die auf Grund ihres Verhaltens nicht gruppenfähig sind oder eine Gefährdung der Sicherheit oder Ordnung der Jugendstrafvollzugsanstalt darstellen oder die die Freiräume der Wohngruppe wiederholt missbrauchen."*

In diesen Ausschlussgründen spiegeln sich die Befürchtungen des Bayerischen Gesetzgebers wider, dass einige junge Gefangene aufgrund ihrer Persönlichkeit nicht oder nur begrenzt gemeinschaftsfähig sind, etwa weil sie eine erhöhte Gewaltbereitschaft an den Tag legen, sie erheblichen Rückzugsbedarf haben oder aufgrund ihrer sozialen Unverträglichkeit.[1000] Dadurch würde das Erlernen der sozialen Verhaltensweisen innerhalb des Wohngruppenvollzugs für die übrigen Gefangenen erheblich gestört werden. Zudem muss der junge Gefangene für eine liberalisierte Aufschlussregelung, die in Wohngruppen vorherrscht geeignet sein, was bei einer Vielzahl der Insassen zunächst erprobt werden muss. Außerdem hält sich der Bayerische Gesetzgeber die Möglichkeit offen, gegen wiederholte schwerwiegende Verstöße, die das Gemeinschaftsleben betreffen vorzugehen und diese Gefangenen aus dem Wohngruppenvollzug zeitweise oder dauerhaft auszunehmen.[1001] Leichte Verstöße werden dabei im Hinblick auf die besondere Bedeutung des Wohngruppenvollzugs für die Erreichung des verfassungsrechtlich gebotenen Vollzugsziels nicht ausreichen.

In Art. 140 BayStVollzG findet sich außerdem keine Ausführung zu einer bestimmten Größe der Gruppe, vielmehr heißt es in Abs. 1 nur *„deren Größe sich nach dem Erziehungsauftrag*

---

997 OLG Bamberg, NStZ 1983, 190; OLG Zweibrücken, ZfStrVo 1998, 179.

998 BGH, NStZ 1982, 173.

999 Arloth, 2008a, § 115 Rn. 16.

1000 Arloth, 2008a, Art. 140 BayStVollzG Rn. 4.

1001 Arloth, 2008a, Art. 140 BayStVollzG Rn. 4.

bemisst". Das liegt zum einen wohl daran, dass eine flächendeckende Einführung von kleinen Wohngruppen für die Länder aufgrund des Kostenaspektes nicht tragbar ist, zum anderen daran, dass es keine empirischen Nachweise gibt, welche Anzahl die optimale Größe einer Wohngruppe darstellt. Für den Bayerischen Gesetzgeber war es zutreffender Weise entscheidender, dass sich die Größe danach bestimmen soll, wie hoch die sozialen Defizite der jeweiligen Wohngruppe sind. Problematisch daran ist jedoch, dass auch zwischen den Ländern unterschiedliche Sichtweisen bzgl. der Größe der Wohngruppe vorherrschen. Dadurch wird der Begriff der Wohngruppe an Eindeutigkeit verlieren. Es ist zu erwarten, dass aufgrund der verfassungsgesetzlichen Vorgaben viele Einheiten den Begriff der Wohngruppe führen, in denen diese Vollzugsform aber aus Kostengründen nicht umgesetzt werden kann.[1002] Die einheitliche Festsetzung der „optimalen" Größe in allen Landesgesetzen wäre daher von Vorteil gewesen. Die Wohngruppen in den bayerischen Anstalten umfassen in der Regel acht bis 16 Gefangene.[1003]

Der Bayerische Gesetzgeber hat schließlich in Art. 140 Abs. 2 BayStVollzG[1004] festgehalten, dass der Wohngruppenvollzug von pädagogisch ausgebildeten Bediensteten geleitet werden muss. Dadurch wird dem pädagogischen Auftrag, der mit dem Wohngruppenvollzug verbunden ist, auch gesetzlich Nachdruck verliehen, denn eine Betreuung von unzureichend pädagogisch ausgebildetem Personal verstärkt nur die negative Auswirkung von Subkulturen. Die Wohngruppen in der JVA Neuburg-Herrenwörth, welche aus jeweils 16 Gefangenen bestehen, werden beispielsweise von zwei Psychologen, zwei Sozialpädagogen und weiteren sechs Beamten betreut.[1005] Je zwei Wohngruppen der JVA Laufen-Lebenau, in denen jeweils zwölf Gefangene untergebracht sind, werden von einer Sozialpädagogin bzw. einem Psychologen geleitet. Daneben sind im Wohngruppenbereich mehrere erfahrene Mitarbeiter des allgemeinen Vollzugsdienstes tätig, wobei der Personalschlüssel etwas günstiger ist als in den anderen Stationen.[1006] Abs. 2 des Art. 140 BayStVollzG stellt zudem sicher, dass Räume zur gemeinschaftlichen Beschäftigung vorhanden und besondere Behandlungs- und Freizeitangebote möglich sind.

1002 Ostendorf, 2009a, 228.

1003 Siehe Fragebogen JVA Ebrach, JVA Laufen-Lebenau, JVA Neuburg-Herrenwörth im Anhang.

1004 Neben Bayern enthält nur § 21 Abs. 3 HmbStvollzG eine Regelung, die besagt, dass die Leitung einer Wohngruppe von erzieherisch befähigten oder pädagogisch ausgebildeten Mitarbeitern übernommen wird.

1005 Vgl. Fragebogen JVA Neuburg-Herrenwörth im Anhang.

1006 Fragebogen JVA Laufen-Lebenau im Anhang.

d) Schule, Ausbildung und Arbeit

aa) Bedeutung

Ganz besonderer Bedeutung im Hinblick auf die Erreichung des Vollzugsziels der sozialen Integration und damit für den Erfolg des Erziehungsauftrags und zur Verhinderung des Rückfalls[1007] kommt v.a. der schulischen und beruflichen Aus- und Weiterbildung aber auch der Arbeit zu,[1008] zumal bayernweit im Jahr 2009 über die Hälfte (54 Prozent) der Gefangenen beim Zugang über keinen Schulabschluss und knapp 80 Prozent keine abgeschlossene Berufsausbildung besaßen.[1009] Beinahe 70 Prozent verfügten über keinerlei Beschäftigung oder waren nur mit Gelegenheitsarbeiten beschäftigt.[1010]

Schon § 91 Abs. 2 Satz 1 JGG a.F. sah Arbeit und Unterricht an zweiter Stelle (nach der Ordnung) als Grundlagen der Erziehung an.[1011] Das Urteil des BVerfG vom 31.5.2006 schließlich verpflichtete die Gesetzgeber dazu, den Strafvollzug so auszugestalten, wie es zur Realisierung des Vollzugsziels erforderlich ist. Dies betraf insbesondere die Bereitstellung ausreichender Bildungs-, Ausbildungs- und Arbeitsmöglichkeiten, und zwar auch dann, wenn wegen der Kürze der Haftzeit ein Abschluss während der Dauer der Haft nicht erzielt werden kann.[1012]

1007 Die Arbeit von Dolde&Grübl (1996, 221) zeigt, dass die Gestaltung des Jugendstrafvollzugs im Einzelnen offensichtlich Einfluss auf die Rückfallquote haben kann. Besonders beeindruckend ist, dass diese bei denjenigen, die im Vollzug einen Beruf bis zum Abschluss erlernt hatten, mit 21 Prozent sehr niedrig ist. Wurden die jungen Straftäter unmittelbar in Arbeit entlassen oder haben sie im Vollzug einen Schulabschluss erreicht, lag die Quote mit 46 bzw. 51 Prozent immer noch deutlich unter dem Durchschnitt. Der hohe Unterschied zwischen denjenigen, bei denen es gelang, sie in Arbeit zu entlassen (46 Prozent) und denjenigen, bei denen dies nicht erreicht werden konnte (64 Prozent), weist auf die Bedeutung dieses Faktors hin.

1008 Vgl. dazu auch § 13 Abs. 1 SGB VIII, der als Leistung der Jugendhilfe festschreibt, dass jungen Menschen, die zum Ausgleich sozialer Benachteiligungen oder zur Überwindung individueller Beeinträchtigungen in erhöhtem Maße auf Unterstützung angewiesen sind, im Rahmen der Jugendhilfe sozialpädagogische Hilfen angeboten werden sollen, die ihre schulische und berufliche Ausbildung, Eingliederung in die Arbeitswelt und ihre soziale Integration fördern.

1009 Siehe Fragebogen Neuburg-Herrenwörth im Anhang.

1010 Siehe Fragebogen Neuburg-Herrenwörth im Anhang.

1011 „Ordnung, Arbeit, Unterricht, Leibesübungen und sinnvolle Beschäftigung in der freien Zeit sind die Grundlagen dieser Erziehung“ (§ 92 Abs. 1 Satz. 1 JGG a.F.).

1012 BVerfG, NJW 2006, 2096.

Demnach muss der Jugendstrafvollzug vielfältige und auf den jeweiligen Gefangenen speziell ausgerichtete Lernangebote bereitstellen, um das Resozialisierungsziel zu erreichen. Den schulischen und beruflichen Bildungsmaßnahmen kommt dabei oberste Priorität zu, wobei eine bestehende Schulpflicht Vorrang hat. Erst an zweiter Stelle ist von Bedeutung, dass den Gefangenen ein Arbeitsplatz zugewiesen werden kann. Diese Maßnahmen stehen dabei unter der Voraussetzung, dass sie dem Alter der jungen Gefangenen, ihren Bildungsdefiziten und den Lebensverhältnissen der Jugendlichen und Heranwachsenden außerhalb des Vollzugs entsprechen.[1013]

Durch eine erfolgreiche schulische und berufliche Ausbildung ist es möglich, Rückfallfaktoren auszuschließen oder zumindest erheblich zu reduzieren. Zu dieser Annahme berechtigen zahlreiche empirische Untersuchungen.[1014] So ergab eine Untersuchung in NRW, dass 74 Prozent der Probanden, die während des Jugendstrafvollzugs keinerlei berufliche Qualifikation erwarben, binnen vier Jahren nach der Entlassung erneut wegen einer Straftat inhaftiert wurden, von denjenigen mit einer beruflichen Teilqualifikation 47 Prozent und von Probanden der Gruppe, die einen Gesellen- oder Facharbeiterbrief erwarben 36 Prozent.[1015] Untersuchungen bzgl. der Rückfallquote im Erwachsenenvollzug in NRW haben ergeben, dass der Abschluss einer Berufsausbildung und eine anschließende Tätigkeit nach der Entlassung eine Senkung der Rückfallquote auf 32 Prozent bewirkt.[1016] Selbst bei einer nicht ausbildungsgemäßen Tätigkeit liegt die Rückfallquote bei Teilnehmern mit Abschluss bei 40 Prozent. Bei denjenigen Haftentlassenen mit Abschluss, die nach der der Entlassung keinerlei Beschäftigung nachgingen lag der Anteil bei 80 Prozent, ohne Abschluss bei 90 Prozent. Analysen bzgl. Gefangener in Baden-Württemberg ergaben sogar, dass die Rückfallquote bei denjenigen, die während des Vollzugs eine Berufsausbildung abgeschlossen hatten, nur bei 21 Prozent lag.[1017]

Relativiert werden die positiven Erwartungen bzgl. der Rückfälligkeit allerdings durch die derzeit hohe Jugendarbeitslosigkeit im gesamten Bundesgebiet, die bei ca. acht Prozent

1013 Arloth, 2008a, Art. 145 BayStVollzG Rn. 1.

1014 Vgl. Arloth, 2008a, Art. 145 BayStVollzG Rn. 2; Eisenberg, 2009, § 92 Rn. 118 ff. m.w.N.; Ostendorf, 2009a, 273 ff.; vgl. auch schon Berckhauer/Hasenpusch, MSchrKrim 1982, 318 ff.

1015 Wirth, BewHi 2003, 311.

1016 Wirth, BewHi 2003, 312.

1017 Dolde/Grübl, ZfStrVo 1988, 33; weitere empirische Untersuchungen bei Eisenberg, 2009, § 92 Rn. 116 ff.

liegt.[1018] Trotzdem muss es weiterhin bedeutsam bleiben, dass ein entsprechender Ausbildungsabschluss im Interesse künftiger Sozial- oder Legalbewährung zur Förderung des Selbstwertgefühls beitragen kann.[1019] Von besonderer Bedeutung in diesem Zusammenhang ist auch die Tatsache, dass dem Arbeitsmarkt immer weniger Arbeitsplätze für ungelernte Arbeiter zur Verfügung stehen, so dass Personen ohne Ausbildung zuerst arbeitslos werden, was wiederum die Rückfallwahrscheinlichkeit erhöht.

Zu berücksichtigen gilt es daneben auch, dass es sich bei den jungen Gefangenen überwiegend um Jugendliche und Heranwachsende handelt, die erhebliche persönliche Defizite aufweisen. Eine große Anzahl der Gefangenen wird körperlich, geistig oder aufgrund ihrer instabilen psychischen Verfassung nicht konstant dazu fähig sein, den körperlichen Anstrengungen und Anforderungen einer Ausbildung, welche Konzentration und Ausdauer verlangt, gewachsen zu sein.[1020] Zudem sind viele der jungen Inhaftierten nicht mehr mit dem regelmäßigen Besuch der Schule oder einer Ausbildungsstätte vertraut, da es sich häufig um Schulabbrecher oder Schulschwänzer handelt. Dies hat wiederum zur Folge, dass diejenigen Gefangenen oftmals nur eine sehr dürftige Allgemeinbildung, Lernschwächen, gering ausgebildete Sozialkompetenz, mangelnde Kommunikationsfähigkeiten sowie Verhaltensstörungen aufweisen.[1021] Daher muss auch im Rahmen der Ausbildung im Vollzug darauf geachtet werden, dass es insgesamt auch um eine Persönlichkeitsbildung geht, die einen Beitrag zur Stabilisierung des Lebens, zur Erlangung von Durchhaltevermögen, Selbstwertgefühl, Eigenverantwortung und vor allem auch sozialer Verhaltensweisen leisten muss.[1022] Das Erreichen eines Berufsabschlusses allein reicht selbstverständlich nicht aus, um einen Arbeitsplatz zu erhalten, denn dazu sind überwiegend auch positive persönliche Eigenschaften erforderlich.

Die Länder sind demnach nicht nur gefordert, ausreichende Bildungs- und Ausbildungsmöglichkeiten bereitzustellen, sondern sie müssen zugleich auch um eine Aufarbeitung der sozialen Defizite bemüht sein, um den verfassungsrechtlichen Anforderungen gerecht zu werden und um das Ziel, das damit verfolgt wird, zu erreichen.

1018 Ostendorf, 2008, §§ 91, 92 Rn. 18, Monatsbericht der Bundesagentur für Arbeit, Januar 2008, Abbildung 1.

1019 Eisenberg, 2009, § 92 Rn. 114.

1020 Ostendorf, 2009a, 275.

1021 Arloth, 2008a, Art. 145 BayStVollzG Rn. 2.

1022 Arloth, 2008a, Art. 145 BayStVollzG Rn. 2.

bb) Schulische und berufliche Bildungsmaßnahmen, Art. 145 BayStVollzG

(1) Schulische Ausbildung

„Dem Unterricht kommt im Jugendstrafvollzug besondere Bedeutung zu." Dies stellt nun Art. 145 Abs. 1 BayStVollzG – wie auch schon Nr. 33 Abs. 1 VVJug – ausdrücklich klar. Die Bedeutung von Unterricht und Ausbildung kommt zudem durch Art. 123 Abs. 3 S. 2 BaySt-VollzG zum Ausdruck, welcher einen Ausbildungsvorrang gegenüber der Arbeit fordert, wenn beide Maßnahmen für einen jungen Gefangenen gleichermaßen geeignet sind. Die Priorität, die dadurch der Schule und der Ausbildung zugesprochen wird, ist in den meisten Fällen nicht nur altersangemessen und entspricht den Lebensverhältnissen der jungen Gefangenen außerhalb des Vollzugs, sondern kommt auch den erheblichen Bildungsdefiziten der Insassen entgegen. Schließlich beträgt die Quote der jungen Gefangenen ohne Hauptschulabschluss bei Ausländern ca. 50 Prozent und bei Deutschen ca. 40 Prozent.[1023]

Viele können weder lesen noch schreiben oder verfügen über keinerlei Berufserfahrung. Im gesamten Strafvollzug wird die Zahl der funktionalen Analphabeten, d.h. Menschen, die zwar ihre allgemeine Schulpflicht erfüllt haben, aber dennoch nicht lesen und schreiben können, zwischen acht[1024] und 20 Prozent[1025] geschätzt. Im Jahr 2009 besaßen „nur" 30 Prozent der in bayerischen Jugendstrafanstalten einsitzenden jungen Gefangenen eine abgeschlossene Berufsausbildung.[1026] Einen Realschulabschluss können nur die Wenigsten vorweisen. Im Jahr 2008 lag die Quote der Insassen mit Realschulabschluss in der JVA Ebrach bei lediglich knapp vier Prozent.[1027] Der Trend setzt sich im Laufe der Jahre immer weiter fort: Das Vorwissen der Bewerber wird zunehmend schlechter. Es gibt erhebliche Probleme bei elementarem Vorwissen und bei den sozialen Kompetenzen. Die überwiegende Anzahl der jungen Inhaftierten gehört somit zu den „Bildungsverlierern"[1028] in Deutschland, so dass es eine große Aufgabe und Herausforderung ist, diese Defizite wieder aufzuarbeiten.

1023 Ostendorf, 2009a, 275; vgl. auch Fragebogen JVA Ebrach im Anhang (Tabellen Bildungsstand bei Haftantritt).

1024 Tippelt, 1999.

1025 Döbert/Hubertus 2000, 70.

1026 Laubenthal, 2011, Rn. 427; vgl. auch Fragebogen JVA Neuburg-Herrenwörth im Anhang.

1027 Fragebogen JVA Ebrach im Anhang.

1028 Ostendorf, 2009a, 275.

Der Bayerische Gesetzgeber bietet den jungen Gefangenen in Art. 145 Abs. 2 und Abs. 3 BayStVollzG als einziges Bundesland neben Baden-Württemberg[1029] ein differenziertes Schulangebot. Aufgrund des meist niedrigen Niveaus an schulischer Vorbildung[1030] erhalten die jungen Insassen demnach Hauptschul-, Förderschul- und Berufsschulunterricht in Anlehnung an die für öffentliche Schulen geltenden Vorschriften,[1031] welche die Regelunterrichtsformen darstellen (Abs. 2). Die in den Anstalten beschäftigten qualifizierten Lehrkräfte verfügen im Wesentlichen über die Befähigung zum Unterricht an Hauptschulen. Daneben ist es gerade aufgrund der in Jugendstrafvollzugsanstalten vorherrschenden Klientel, die überwiegend große Defizite im Sozialverhalten aufweist, von besonderer Bedeutung, dass die Lehrkräfte auch erzieherische Fähigkeiten besitzen. Nach der Aufnahme der jungen Gefangenen in den Vollzug muss daher immer eine sorgfältige Prüfung des jeweiligen Lernpotentials stattfinden.

Zu berücksichtigen ist dabei, dass die Gefangenen, die vor dem Vollzug eine Förderschule besucht haben, häufig stigmatisiert sind, da sie aufgrund ihrer nicht ausreichenden schulischen Leistungen die Hauptschule als in der Gesellschaft anerkannte normale Schule verlassen mussten.[1032] Diese Schüler benötigen deswegen innerhalb des Vollzugs eine erhöhte individuelle Betreuung, welche sie zu einem Förderschulabschluss ermutigt und die dadurch hilft, das Selbstwertgefühl wieder aufzubauen. Die Klassenstärke sollte aufgrund des erhöhten Betreuungsbedarfs daher auch geringer sein, als etwa eine Hauptschulklasse,[1033] welche in der bayerischen Vollzugspraxis durchschnittlich zwischen zehn und zwölf Gefangene umfasst.[1034]

Der Kurs zum sog. Erfolgreichen Hauptschulabschluss innerhalb der Anstalt dauert rund fünf bis sechs Monate und wird in den bayerischen Anstalten zweimal pro Jahr durchgeführt. Auf die Prüfung für den sog. Qualifizierenden Hauptschulabschluss bereiten sich die jungen Gefangenen in der Regel in einem neunmonatigen Kurs vor (von Ende September/Anfang Okto-

---

1029 Vgl. § 61 Abs. 1 und Abs. 2 JStVollzG Baden-Württemberg.

1030 Vgl. dazu Schaubild zum Bildungsstand bei Haftantritt in der JVA Ebrach, Fragebogen im Anhang.

1031 Da das Schulwesen in die ausschließliche Kompetenz der Länder fällt (Art. 30, 70 GG), besitzen diese auch die Verwaltungshoheit, so dass sich die Erteilung von Unterricht nach den Schulgesetzen der Länder und den vollzugsrechtlichen Vorgaben richtet.

1032 Ostendorf, 2009a, 279.

1033 Vgl. Ostendorf, 2009a, 279.

1034 Vgl. Fragebogen JVA Ebrach und JVA Neuburg-Herrenwörth im Anhang.

ber bis Ende Juni oder Juli des Folgejahres).[1035] Bei den Kursen arbeiten die Anstalten mit einer am Ort ansässigen Hauptschule zusammen, welche die Prüfungen abnimmt und die Zeugnisse ausstellt.[1036]

Daneben soll für geeignete Gefangene Unterricht, der zur Erlangung anderer staatlich anerkannter Schulabschlüsse führt sowie lebenskundlicher Unterricht,[1037] soziales Training, berufsbildender Unterricht auf Einzelgebieten und Deutschunterricht[1038] erteilt werden (Abs. 3). Diese Konkretisierung sahen so auch schon die VVJug Nr. 33 vor. Die übrigen Landesgesetze sprechen dagegen ganz allgemein von schulischer Ausbildung.

Im Zusammenhang mit dem Angebot der höheren schulischen Bildung spielt auch Art. 126 Abs. 1 BayStVollzG eine große Rolle, welcher die Zusammenarbeit der Jugendstrafvollzugsanstalten mit Behörden und freien Trägern festschreibt. Aufgrund der Tatsache, dass sich nur einige wenige junge Gefangene für eine höhere Schulbildung eignen, fehlt der Anstalt die notwendige Kapazität, diese Gefangenen innerhalb des Vollzugs selbst zu unterrichten bzw. auszubilden. Hierfür ist es erforderlich, auf externe Schulträger zurückgreifen zu können, um auch den wenigen geeigneten jungen Insassen eine angemessene Schulausbildung zu gewähren. Damit dies jedoch auch realisiert werden kann, ist eine enge und intensive Zusammenarbeit mit externen Behörden nötig. Den Gefangenen, die sich für eine Lockerungsmaßnahme eignen, kann zur Wahrnehmung der Bildungsmaßnahme auch Ausgang gewährt werden.[1039]

1035 Vgl. Fragebogen JVA Ebrach und JVA Neuburg-Herrenwörth zur Schulausbildung innerhalb der Anstalt im Anhang.

1036 Vgl. Fragebogen JVA Ebrach im Anhang.

1037 Seit April 2008 bietet die JVA Ebrach für psychisch auffällige Gefangene in lebenskundlichen Unterricht an. Hierbei werden aktuell im Jahr auftretende und von Medien unterstützte Themen wie Naturkatastrophen, der Jahrestag der Atomkatastrophe von Tschernobyl oder Olympia im Altertum und in der Neuzeit, sowie Wünsche der Gefangenen nach Themen, die sie – sei es geschichtlich, sozial oder medienbedingt – beschäftigen, aufgegriffen und behandelt, Fragebogen JVA Ebrach im Anhang.

1038 Der Deutschkurs für Ausländer in der JVA Neuburg-Herrenwörth dauert 20 Unterrichtsstunden. Im Jahr 2009 nahmen insgesamt vier Insassen teil. Ein weiterer geplanter Kurs kam mangels Teilnehmer nicht zustande. Grundsätzlich ist festzustellen, dass die Nachfrage nach derartigen Kursangeboten sehr gering ist und die Teilnehmer gezielt gesucht und angesprochen werden müssen.

1039 Arloth, 2008a, Art. 145 BayStVollzG Rn. 4.

Innerhalb des bayerischen Strafvollzuges kann auch ein Realschulabschluss erworben werden, und zwar für ganz Bayern zentral in der JVA St.Georgen-Bayreuth.[1040] Diese ist zwar keine Jugendstrafanstalt, jedoch können Interessenten mit dortiger Einwilligung für die Kursdauer überstellt werden.[1041]

Höhere Schulbildung ist daneben per Fernkurse möglich. Bisherige Erfahrungen bestehen in der bayerischen Vollzugspraxis mit dem Studienkreis Darmstatt und mit der Fernuniversität Hagen. Anders als in den früheren Jahrzehnten geht allerdings leider die Tendenz der Durchführung dieser Kurse immer stärker in Richtung Computer - Internet - E-Mail. Dies betrifft die Zur-Verfügung-Stellung des Unterrichtsstoffes, die offenkundige Erwartung, dass jeder Fernschüler selbstverständlich einen PC mit Internetzugang für sich nutzen kann, die Bearbeitung von Prüfungsaufgaben sowie die Zurücksendung der bearbeiteten Aufgaben an das Institut. Die Kurse sind eher für in Freiheit befindliche Personen gedacht und nicht speziell auf Gefangene zugeschnitten, für die, wenn sie langstrafige Gefangene sind, solche Fernkurse aber die einzige Möglichkeit darstellen, um den gewünschten Abschluss während der Inhaftierung zu erreichen. Dies ist mit den Möglichkeiten einer Strafanstalt kaum vereinbar, da den Gefangenen aus übergeordneten Sicherheitsgründen keine PCs und schon gar keine Internetnutzung auf die Hafträume genehmigt werden darf. Das bedeutet, dass die Kursveranstalter alles auf dem Postwege senden und sich zusenden lassen müssen und dass man sich ständig mit dem Ausdrucken oder Ablichten von Materialien behelfen muss.[1042]

Die schulische Ausbildung innerhalb des Vollzugs dient dabei der Schaffung einer ausreichenden Lebensgrundlage für eine bessere Legalbewältigung und für eine berufliche Integration.[1043] Daneben zielt sie daraufhin ab, die Gefangenen zu selbstständigem Arbeiten zu bringen, d. h., unter Einsatz ihrer Möglichkeiten und neu gewonnenen Erkenntnisse Erfolge zu erleben, diese umzusetzen und sich damit für die Bewältigung ihres späteren Lebens das entsprechende Bewusstsein und Grundlagen zu erarbeiten. Wie auch die Bayerische Staatsminis-

---

1040 Aus der JVA Neuburg-Herrenwörth wurden im Jahr 2009 zwei Gefangene an die JVA Bayreuth überstellt und erhielten den Mittleren Schulabschluss. Aus der JVA Ebrach waren es im Jahr 2008 ebenfalls zwei Gefangene, die an die JVA Bayreuth überstellt wurden.

1041 Anmerkung: Begrifflich versteht man unter einer Überstellung eine nur vorübergehende, unter einer Verlegung aber eine dauerhafte Strafortsänderung; da bei einer Überstellung die bisherige Vollzugszuständigkeit weiter besteht, bedarf es hierfür keiner richterlichen Ausnahme vom Jugendstrafvollzug gemäß § 91 JGG.

1042 Vgl. Fragebogen JVA Ebrach im Anhang.

1043 Ostendorf, 2009a, 280.

terin der Justiz, Frau Dr. Merk, schon betonte: *„Mit dem Zeugnis in der Tasche haben sie eine Perspektive auf ein geregeltes Leben."* [1044] Wie wichtig selbst ein Hauptschulzeugnis ist, zeigt die erste Frage bei der Agentur für Arbeit zur Arbeitsvermittlung: *„Welche Bildung haben Sie?"*.

(2) Berufliche Ausbildung

Kann der Gefangene bereits bei Aufnahme in den Vollzug einen erfolgreichen Schulabschluss vorweisen, so kommt in diesem Fall der beruflichen Ausbildung innerhalb des Vollzugs als zweite wichtige Säule der Erziehung neben dem Unterricht besondere Bedeutung zu. Eine Berufsausbildung ist jedoch auch bereits dann denkbar, wenn der junge Gefangene zwar (noch) keinen Schulabschluss aufweisen kann, er aber die Voraussetzungen für die Aufnahme einer qualifizierenden beruflichen Maßnahme erfüllt. In einigen Fällen wird ein Schulabschluss auch neben einer beruflichen Ausbildung zu erreichen sein.

Geregelt ist die berufliche Ausbildung der jungen Gefangenen in Art. 145 Abs. 4, Art. 146 Abs. 1 und 2 BayStVollzG. Das Verhältnis von Art. 146 Abs. 1 und 3 BayStVollzG zeigt auch hier, dass bei gleichermaßen geeigneten Maßnahmen die Ausbildung Vorrang vor der Arbeit hat, vgl. dazu schon Art. 123 Abs. 3 Satz 2 BayStVollzG. In erster Linie soll der Gefangene einen Beruf erlernen können, der auch nach der Haftentlassung dafür sorgt, den eigenen Lebensunterhalt bestreiten zu können, sich in die Gesellschaft wiedereinzugliedern und dadurch die Rückfallgefahr zu verringern.

Ein Rechtsanspruch auf einen nach Ausbildungsgang, Ausbildungsort oder Ausbildungsstätte bestimmten Ausbildungsplatz besteht allerdings nicht, obwohl die Bayerische Verfassung (BV) in Art. 128 Abs. 1 in weitem Umfang ein Recht auf Bildung verbürgt.[1045] Der Gefangene kann sich lediglich auf einen Anspruch auf fehlerfreie Ermessensentscheidung berufen.[1046] So sieht Art. 146 Abs. 1 BayStVollzG vor, dass (nur) *„geeigneten"* jungen Gefangenen Gelegenheit zur Berufsausbildung, beruflichen Weiterbildung oder Teilnahme an anderen ausbildenden oder weiterbildenden Maßnahmen gegeben werden soll. Grundsätzlich sollte jedoch jeder Inhaftierte zumindest die Möglichkeit haben, wenigstens an einer allgemein bildenden

1044 Jahresbericht JVA Ebrach 2007, Kapitel 2.5.

1045 Manssen, in: Mangoldt/Klein/Starck, 2005, Art. 12 Rn. 14; das GG dagegen kennt keine ausdrückliche Gewährung eines Rechts auf Bildung, vgl. Robbers, in: Mangoldt/Klein/Starck, 2005, Art. 7 Rn. 31.

1046 Laubenthal, 2011, Rn. 433.

Maßnahme teilzunehmen. Erfreulicherweise findet sich diesbezüglich in den bayerischen Jugendstrafvollzugsanstalten ein breitgefächertes Angebot, weshalb diesem Punkt ein eigener Abschnitt gewidmet wird, siehe Punkt (3).

Auch für Ausbildungswillige und -fähige sind in der bayerischen Praxis in den möglichen Ausbildungsberufen prinzipiell genügend Plätze vorhanden. Die Betreffenden beginnen in der Praxis auch nicht alle gleichzeitig, sondern nach und nach. Sollten jedoch gerade die Ausbildungsplätze in einer bestimmten Werkstatt – z.B. Schreinerei– besetzt sein, muss der Bewerber allerdings warten oder sich für eine andere Ausbildung entscheiden. Für die Auswahl unter den Geeigneten werden die evtl. vorhandenen Vorkenntnisse berücksichtigt, natürlich das Vorhandensein eines ausreichenden Schulabschlusses und die Schulnoten sowie die Frage, ob die individuelle voraussichtliche Haftdauer die Lehrausbildung überhaupt zeitlich ermöglicht. Zudem wird die Motivation durch Vorgespräche geprüft. Dass mehr Aspiranten gleichzeitig auftreten würden, als Ausbildungsplätze vorhanden sind und in allen Eignungsfragen auch völlig gleich zu beurteilen wären, ist in der Praxis kaum vorstellbar.[1047]

Bei Grundlehrgängen werden vorher Eignungstests durch die Arbeitsagentur durchgeführt, so dass sich anhand der erzielten Punkte ergibt, wer zum Zuge kommt, und wer – am Ende der Platzziffern – leider nicht. Für die akzeptierten Kandidaten finden Testwochen in den Werkstätten statt, wodurch manche wieder ausscheiden und ursprünglich nicht Genommene noch nachrücken können.[1048]

Die Zahl der qualifizierten Ausbildungsplätze gestaltet sich jedoch von Bundesland zu Bundesland unterschiedlich. In Bayern etwa standen 2009 312 Ausbildungsplätze im Jugendstrafvollzug zur Verfügung.[1049] Nordrhein-Westfalen hingegen sah im Jahr 2002 insgesamt 550 Plätze vor. Dennoch ist es besonders wichtig, dass die Ausbildungsangebote innerhalb des Vollzugs auch den Entwicklungen am Arbeitsmarkt angepasst sind.[1050] Dafür müssen auch das dafür erforderliche Personal und die Sachmittel zur Verfügung stehen, was aufgrund der knappen Haushaltslage der Länder nicht immer wunschgemäß umgesetzt werden kann. Die

1047 Laut Aussage der Leitung der JVA Ebrach.

1048 Laut Aussage der Leitung der JVA Ebrach.

1049 http://www.justizvollzug-bayern.de/JV/Aufgaben/Behandlung/Jugendstrafvollzug, letzter Aufruf: 18.5.2010.

1050 Vgl. zu Ausbildungsplätzen Fragebogen JVA Ebrach; Fragebogen JVA Neuburg-Herrenwörth im Anhang.

Zusammenarbeit mit externen Bildungsträgern nach Art. 126 BayStVollzG verbunden mit Außenbeschäftigung und Freigang sind deshalb auch im Rahmen der Ausbildung von Bedeutung, wodurch den jungen Gefangenen mehr Möglichkeiten geboten werden können.

Aufgrund dessen, dass die jungen Gefangenen in der Regel eine kurze Haftdauer (durchschnittlich zwischen zwölf und 18 Monaten) zu verbüßen haben, wobei ca. 90 Prozent vorzeitig entlassen werden,[1051] sind Haftdauer und Ausbildungszeiten überwiegend nicht deckungsgleich. Die Verweildauer in den bayerischen Jugendstrafvollzugsanstalten beträgt durchschnittlich zwischen neun und elf Monaten.[1052] Daher ist es erforderlich, dass das Berufsangebot innerhalb des Vollzugs inhaltlich berufsbezogen und zeitlich überschaubar ist und zugleich den Erwerb später verwertbarer Teilqualifikationen vermittelt, die nach der Entlassung auf eine Ausbildung angerechnet werden können.[1053] Die vollzugliche Praxis bietet hier sog. Grundlehrgänge (GL)[1054] an, welche Kenntnisse in einem nur allgemein gehaltenen Bereich des Umgangs mit bestimmten Arten von Werkstoffen (beispielsweise GL-Farbe, GL-Holz, GL-Metall, GL-Bautechnik, GL-Gebäudereiniger und GL-Ökologie und Landschaftsgestaltung) vermitteln und sechs Monate dauern. Einer der Grundlehrgänge mit seinen sechs Monaten kann – je nach guter bis sehr guter Abschlussnote – auf eine vollwertige Lehre mit bis zu einem Jahr angerechnet werden und verkürzt damit die Lehrzeit. Auch ist je nach Ausbildungsverlauf bei der Lehre mit Genehmigung der zuständigen Handwerkskammer eine noch weitere Verkürzung der Lehrzeit möglich. Zudem kann ein Gefangener mit Schweißerkursen Schweißerpässe und damit praktische Qualifikationen erwerben, auch wenn er deswegen noch kein ausgelernter Schlosser ist. Im Falle einer nur kurzen Haftstrafe ist es häufig möglich,

---

,1051 Siehe Fragebogen Neuburg-Herrenwörth im Anhang.

1052 Vgl. Fragebogen JVA Neuburg-Herrenwörth, Fragebogen JVA Ebrach, Fragebogen JVA Laufen-Lebenau im Anhang.

1053 Pendon, ZfStrVo 1996, 87.

1054 Erstmals seit Bestehen dieser Grundlehrgänge fand am 13.02.2008 in der JVA Ebrach eine Überprüfung vom Prüfdienst/Arbeitsmarktdienstleistungen der Bundesagentur für Arbeit (Stützpunkt Nürnberg) statt. Es gab keine Beanstandungen, sodass diese Bildungsmaßnahmen weiterhin in der angebotenen und geförderten Form fortgeführt werden können.
Im Prüfungsbericht wurde u. a. aufgeführt:
Die Förder- und Qualifizierungspläne könnten nicht individueller sein. Es ist klar nachvollziehbar, was mit den Jugendlichen passiert und welches Ziel diese verfolgen soll.
Die Werkstätten sind gut ausgestattet und in einem gepflegten Zustand.
Die Räumlichkeiten sind hell und freundlich.
Die angebotenen Grundlehrgänge sind somit ein wichtiger Baustein für eine erfolgreiche Integration nach der Haftentlassung.

dass nach Beginn einer Berufsausbildung wenigstens die Zwischenprüfung in der Anstalt absolviert wird und der Gefangene dann die Lehre an einer noch zu suchenden Lehrstelle in Freiheit beenden kann.[1055] Nach Art. 145 Abs. 4 BayStVollzG ist zudem das Abhalten berufsbildenden Unterrichts vorzusehen, was sich bereits in der Praxis bewährt hat.[1056]

Alle Landesgesetze sehen schließlich eine Möglichkeit vor – allerdings nur als Ausnahmeregelung unter erheblichen Einschränkungen – eine begonnene Ausbildung über den Entlassungszeitpunkt hinaus in einer Abteilung des offenen Vollzugs fortzusetzen und zu beenden, vgl. Art. 137 Abs. 2 Satz 2 BayStVollzG, der am 1.1.2011 in Kraft trat.[1057]

Anzumerken ist, dass es sich bei der Ausbildung innerhalb des Vollzugs um eine normale Berufsausbildung handelt, bei der nur die Ausbildungszeit aufgrund des Wegfalls von Unterbrechungen wie Ferien verkürzt ist. Aufgrund des Beschlusses des BAG vom 18. November 1986[1058] ist es der Anstalt allerdings verwehrt, mit den Gefangenen privatrechtliche Ausbildungsverträge abzuschließen. Das Rechtsverhältnis zwischen dem Gefangenen und der Anstalt ist demnach auch bei berufsbildenden Maßnahmen öffentlich-rechtlicher Natur. Deshalb regelt Art. 146 Abs. 2 BayStVollzG, dass die im Jugendstrafvollzug Ausgebildeten auf die Zulassung zur jeweiligen Abschlussprüfung im Sinne von § 37 BBiG bzw. § 31 HandwO vorbereitet werden sollen, da das BBiG und die HandwO bei der Ausbildung nur von einem frei vereinbarten Vertragsverhältnis zwischen Ausbildendem und Auszubildenden ausgehen. Die Anstalt stellt den jungen Gefangenen, welche die Voraussetzungen erfüllen schließlich ein Zeugnis aus, damit sie auch zu den jeweiligen Abschlussprüfungen zugelassen werden können. Davon unberührt bleiben selbstverständlich diejenigen Gefangenen, die Ausbildungsverträge innerhalb oder außerhalb der Anstalt mit anderen Ausbildungsträgern geschlossen haben.[1059]

Zudem ist es für eine erfolgreiche Integration ausgesprochen wichtig, im Rahmen einer vollzugsinternen Ausbildung darauf zu achten, dass gleichzeitig soziale Verhaltensweisen und eine positive Einstellung zur Ausbildung und zum zukünftigen Beruf vermittelt werden. Um

1055 Laut Auskunft der Leitung der JVA Ebrach.

1056 Arloth, 2008a, Art. 145 BayStVollzG Rn. 5.

1057 Vgl. ausführlich Punkt V.2.b.ee.(6); Die JVA Ebrach, welche vor dem 1.1.2011 keine Plätze für den offenen Vollzug enthielt, hatte deshalb bis zum 1.1.2011 Abteilungen für den offenen Vollzug gem. Art. 137 Abs. 2 S. 2 BayStVollzG zu schaffen.

1058 Az. 7 AZR 3 11/85.

1059 Arloth, 2008a, Art. 146 BayStVollzG Rn. 2.

eine spätere berufliche Integration zu erreichen, ist es gerade bei der vorliegenden Klientel, die oftmals soziale Defizite aufweist, nicht ausreichend, eine abgeschlossene Ausbildung ohne das dazugehörige Sozialverhalten vorzuweisen.

Art. 145 Abs. 5 BayStVollzG gilt für die schulische wie für die berufliche Ausbildung gleichermaßen, so dass nach Art. 40 Abs. 2 BayStVollzG der Unterricht während der Arbeitszeit stattfinden soll und dass nach Art. 41 BayStVollzG aus dem Zeugnis über eine Bildungsmaßnahme nicht hervorgehen darf, dass der Teilnehmer zu dieser Zeit in Haft befand. Letzteres ist deshalb besonders bedeutend, da andernfalls die Gefahr besteht, dass der ehemalige Gefangene bei der Arbeitssuche allein aus diesem Grund keine Anstellung findet.

Sehr wichtig ist in diesem Zusammenhang auch die Gewährung einer Ausbildungsbeihilfe nach Art. 149 i.V.m. Art. 47 BayStVollzG. Indem den jungen Gefangenen eine Ausbildungsbeihilfe als zusätzliche Motivation gewährt wird, wird zugleich deren Mitwirkungsbereitschaft gefördert, was sich wiederum positiv auf die Erreichung des Erziehungsziels auswirkt.

(3) Allgemeinbildende Maßnahmen

Um den Gefangenen, die sich weder für eine schulische noch berufliche Ausbildung eignen, wenigstens die Möglichkeit zu geben, an einer allgemein bildenden Maßnahme teilzunehmen, werden in den bayerischen Jugendstrafvollzugsanstalten zahlreiche allgemein bildende Kurse angeboten, welche jedoch keinen Schulabschluss und keine abgeschlossene Berufsausbildung vermitteln. In den folgenden Ausführungen werden die Angebote an allgemein bildenden Kursen dargestellt, um zu verdeutlichen, dass die bayerischen Anstalten um jeden jungen Häftling bemüht sind.

In den bayerischen Jugendstrafvollzugsanstalten finden für Gefangene, die bildungsmäßig die schulischen Voraussetzungen für Hauptschule und Lehre noch nicht erfüllen, ein Elementarkurs und ein Vorbereitungskurs statt. Der Elementarkurs vermittelt den niedrigsten Bildungslevel (Lesen, Schreiben, Grundrechenarten). Der Vorbereitungskurs soll auf einen Hauptschulkurs vorbereiten oder auf einen Grundlehrgang, da hierfür auch gewisse Schulbildung vorausgesetzt wird. Daneben wird Deutschunterricht für Aussiedler und Ausländer angeboten sowie Englischkurse zur Vorbereitung auf die besondere Leistungsfeststellung für den qualifizierenden Hauptschulabschluss.[1060]

Die Arbeitstherapie und deren Vorstufe, die zwar begrifflich zur vollzuglichen Arbeit gehören, aber dabei mehr therapeutisch ausgerichtet sind, sollen ebenfalls an dieser Stelle erwähnt werden. Die Arbeitstherapie besteht aus drei Einzel-Betrieben (ATB I, ATB II, ATB III) und soll Gefangene, die in ihrem Leben noch nie etwa Produktives arbeiten und leisten konnten und in einem herkömmlichen Betrieb völlig überfordert wären, an das Arbeiten und an Arbeitsdisziplin heranführen.[1061]

Aber auch für die Arbeitstherapie erweisen sich manche immer noch überfordert, denen jede Konzentrationsfähigkeit fehlt. Vor allem gibt es hier einzelne erheblich persönlichkeitsgestörte Gefangene, die bei jeder geringsten Belastungsprobe nervlich nicht mithalten können, leicht ausrasten, keinerlei Ergebnisse zu Wege bringen können und viel persönliche Zuwendung erfordern. Daher wurde beispielsweise in der JVA Ebrach vor ca. zwei Jahren ein Vorbereitungsbetrieb vor dem ATB geschaffen, der sog. „Activity Workshop", in dem noch einfachere Anforderungen nur halbtags vermittelt werden.[1062]

Weiter sind hier die schon oben genannten Grundlehrgänge (GL) zu nennen. Ansonsten gibt es Schweißerkurse in eigens eingerichteten Werkstätten und einen Gabelstaplerkurs. Auch eine umfangreiche Gefängnisbücherei steht den Gefangenen zur Verfügung.[1063]

In musischer Hinsicht gab es in der JVA Ebrach bis vor ca. einem Jahr einen Klavierunterricht, der von einer Stiftung finanziert wurde. Die Finanzierung war vorübergehend beendet, soll aber nun von anderer Seite übernommen werden und wieder anlaufen. Auch findet demnächst ein Unterricht zum Erlernen des türkischen Saz-Instruments statt (von privater Seite und vom türkischen Generalkonsulat Nürnberg gefördert). Zudem werden auch immer wieder religiöse, bildhauerische, schriftstellerische, theaterspielerische und sportliche Projekte angeboten, die von ehrenamtlich tätigen, externen Personen – z.T. unter Mitwirkung von Bediensteten – mit Gefangenengruppen durchgeführt werden (z. B. das Projekt „Tiere helfen Menschen"). Schließlich führt die JVA Ebrach jedes Jahr eine sportpädagogische Maßnahme

1060 Laut Auskunft der Leitung der JVA Ebrach.
1061 Laut Auskunft der Leitung der JVA Ebrach.
1062 Laut Auskunft der Leitung der JVA Ebrach.
1063 Laut Auskunft der Leitung der JVA Ebrach.

„Bergwandern" (drei Tage) und eine sportpädagogische Woche in Inzell (fünf Tage) durch. Ein Team von Bediensteten leitet diese sportlich ausgestalteten Sondermaßnahmen mit je einer Gruppe von acht lockerungsgeeigneten Gefangenen.[1064]

(4) Berufsvorbereitende Maßnahmen

Zu berufsvorbereitenden Maßnahmen findet sich keine ausdrückliche gesetzliche Regelung im BayStVollzG. Dennoch sind sie von enormer praktischer Relevanz, um hauptsächlich den schulpflichtigen Gefangenen, die noch keine berufliche Perspektive und noch keinen Schulabschluss haben aufzuzeigen, welche Möglichkeiten sich für sie bieten und welche verschiedenen Berufe erlernt werden können. Die einzelnen Berufe verlangen schließlich unterschiedliche Anforderungsprofile, die an besondere Schulabschlüsse und Noten geknüpft sind.[1065]

Durchgeführt werden diese Maßnahmen in der Regel durch private Träger entsprechend den Konzeptvorgaben der Bundesagentur für Arbeit nach § 61 SGB III. Auch an dieser Stelle wird die große Bedeutsamkeit der Zusammenarbeit der Jugendstrafvollzugsanstalt mit externen Behörden nach Art. 126 BayStVollzG deutlich.

cc) Arbeit, Art. 146, 147 BayStVollzG

Haben die jungen Gefangenen schulische oder berufliche Maßnahmen abgeschlossen oder sind diese bei dem jeweiligen Gefangenen nicht erfolgsversprechend, so kommt schließlich der Arbeit als nachrangige Beschäftigung neben dem Unterricht und der Ausbildung Bedeutung zu. Große Besonderheiten ergeben sich bzgl. der Ausgestaltung der gesetzlichen Regelungen zur Arbeit in Jugendstrafvollzugsanstalten allerdings nicht, da Art. 146 Abs. 3 BayStVollzG weitgehend auf die Vorschriften des Erwachsenenstrafvollzugs verweist.

Durch regelmäßige Beschäftigung sollen sich die jungen Gefangenen an die – oft noch unbekannten – Bedingungen des täglichen Arbeitsprozesses gewöhnen, können persönliche Erfolgserlebnisse erzielen und eigenes Geld verdienen.[1066] So wird nach Art. 146 Abs. 3 i.V.m. Art. 39 Abs. 1 BayStVollzG mit der Arbeit das Ziel verfolgt, Fähigkeiten für eine Erwerbstätigkeit nach der Entlassung zu vermitteln, zu erhalten oder zu fördern. Dies setzt voraus, dass die Arbeitsmöglichkeiten den differenzierten Anlagen, Neigungen, Fähigkeiten und Fertigkei-

1064 Laut Auskunft der Leitung der JVA Ebrach.

1065 Vgl. Ostendorf, 2009a, 284.

1066 Ostendorf, 2009a, 285.

ten der jungen Gefangenen und ihrer Entwicklung entsprechen, der Gefangene weder über- noch unterfordert wird und sie den Verhältnissen der freien Wirtschaft angepasst sind,[1067] vgl. Art. 146 Abs. 3 i.V.m. Art. 39 Abs. 2 BayStVollzG. Die bayerische Regelung des Art. 39 Abs. 2 BayStVollzG rückt zudem die wirtschaftliche Ergiebigkeit der Arbeit, d.h. eine wirtschaftlich verwertbare und in angemessenem Verhältnis zum Aufwand stehende Arbeit, entsprechend der Nr. 32 Abs. 2, 5 VVJug, in den Vordergrund.[1068] Sind die Gefangenen dazu nicht in der Lage, sollen sie stattdessen arbeitstherapeutisch beschäftigt werden, Art. 39 Abs. 3 Bay-StVollzG.[1069]

Art. 146 Abs. 3 BayStVollzG verweist zwar nicht auf die Arbeitspflicht des Art. 43 Satz 1 BayStVollzG, diese Verpflichtung gilt jedoch nach Art. 123 Abs. 3 Satz 1 BayStVollzG für den Jugendstrafvollzug gleichermaßen, soweit die Gefangenen dazu körperlich und geistig in der Lage sind, jedoch mit der Ausnahme, dass im Jugendstrafvollzug bei gleich geeigneten Maßnahmen die Ausbildung Vorrang vor der Arbeit hat, Art. 123 Abs. 3 Satz 2 BayStVollzG. Im Falle einer Weigerung können daher Disziplinarmaßnahmen verhängt werden.

Bzgl. der Freistellung von der Arbeit gelten gemäß Art. 146 Abs. 3 i.V.m. Art. 45 BayStVollzG ebenfalls die Regelungen des Erwachsenenvollzugs. Die Freistellung beträgt 18 Werktage, wenn der Gefangene zuvor ein Jahr lang eine Beschäftigung ausgeübt hat. In dieser Zeit laufen die zuletzt gezahlten Bezüge weiter, Art. 45 Abs. 3 BayStVollzG. Dabei werden Zeiten, in denen wegen Krankheit die Arbeit nicht verrichtet werden konnte, bis zu sechs Wochen jährlich angerechnet. Angerechnet wird zudem Urlaub aus der Haft, wenn er in die Arbeitszeit fällt und nicht wegen einer lebensgefährlichen Erkrankung oder des Todes eines Angehörigen erteilt wurde, Art. 45 Abs. 2 BayStVollzG.

Das BayStVollzG räumt den Gefangenen neben der Arbeit innerhalb des Vollzugs ausdrücklich die Möglichkeit ein, einer Arbeit auf Grundlage eines freien Beschäftigungsverhältnisses außerhalb der Anstalt nachzugehen, Art. 147 i.V.m. Art. 42 Abs. 1, 3 BayStVollzG. Das freie Beschäftigungsverhältnis dient im Zusammenhang mit der Verlegung in den offenen Vollzug dazu, dass das erfolgreich aufgebaute Selbstbewusstsein im geschlossenen Vollzug nicht später am Arbeitsplatz in Freiheit durch soziale Distanz zu gefährden.[1070] Auf die Selbstbeschäf-

1067 Ostendorf, 2009a, 285.

1068 Vgl. dazu Eisenberg, 2009, § 92 Rn. 121; vgl. auch § 60 Abs. 3 JStVollzG B-W.

1069 Ausführlich zur arbeitstherapeutischen Beschäftigung unter Punkt V.2.d.bb.(3).

1070 Rohwedder, ZfStrVo 2003, 160.

tigung nach Art. 42 Abs. 2 BayStVollzG wird nicht verwiesen, da es im Jugendstrafvollzug kein praktisches Bedürfnis gab und eine Selbstbeschäftigung ohnehin bei der überwiegenden Anzahl der jungen Gefangenen nicht in Betracht kommt.[1071] Im Übrigen muss das Jugendarbeitsschutzgesetz beachtet werden.

Im Rahmen des Arbeitsentgeltes übernimmt Art. 149 Abs. 1 BayStVollzG überwiegend die Regelung des § 176 StVollzG a.F. und Nr. 38 VVJug, welche sich bereits in der Vergangenheit bewährt haben.[1072] Das Arbeitsentgelt bemisst sich nach denselben Regelungen, die auch für die Arbeitsentlohnung im Erwachsenenvollzug gelten, Art. 46 Abs. 2 und 3 BayStVollzG. Die jungen Gefangenen erhalten so dieselbe finanzielle Vergütung für ihre Arbeit, was nur konsequent ist, um den Jugendlichen und Heranwachsenden zu zeigen, dass ihre Arbeit genauso viel Wert ist wie die der Erwachsenen.

dd) Weitere Vorschriften

Neben den bereits dargestellten unmittelbaren Vorschriften zum Bereich Schule, Ausbildung und Arbeit finden sich im BayStVollzG weitere Regelungen, die diesen Bereich betreffen. Bereits Erwähnung fanden Art. 137 Abs. 2 Satz 2 BayStVollzG (Fortführung von Ausbildungsmaßnahmen nach der Entlassung), Art. 126 Abs. 1 BayStVollzG (Zusammenarbeit mit Schulen, Schulaufsichtsbehörden, Einrichtungen der beruflichen Bildung bzw. öffentlichen Stellen), Art. 124 BayStVollzG (Ausrichtung der personellen und sachlichen Mittel am Erziehungsauftrag), Art. 138 Abs. 1 BayStVollzG (Ausbildung und Arbeit in Gemeinschaft). Zusätzlich werden nach Art. 129 Abs. 1 BayStVollzG die Angebote an Unterricht, Ausbildung, Fortbildung und Arbeit nach dem Aufnahmeverfahren erläutert, nach Art. 130 Abs. 1 i.V.m. Art. 9 Abs. 1 BayStVollzG werden Angaben über schulische, berufliche oder arbeitstherapeutische Maßnahmen oder Zuweisung von Arbeit im Erziehungsplan getroffen. Dabei findet eine Berücksichtigung des Entwicklungsstandes, der Lebensverhältnisse und der unterschiedlichen Bedürfnisse statt, Art. 122 i.V.m. Art. 8 Abs. 1 BayStVollzG.

ee) Bewertung

Die Ausgestaltung des bedeutsamen Bereichs der Schule, Ausbildung und der Arbeit im BayStVollzG ähnelt sehr den bekannten Regelungen der VVJug, welche nun weitgehend na-

1071 Arloth, 2008a, Art. 147 BayStVollzG.

1072 Arloth, 2008a, Art. 149 BayStVollzG Rn. 1.

hezu wortgleich Gesetz wurden. Dennoch erfüllte der Bayerische Gesetzgeber dadurch die Forderungen des BVerfG vom 31.5.2006, welche die Bereitstellung ausreichender Bildungs-, Ausbildungs- und Arbeitsmöglichkeiten betraf. Einzig die Festschreibung der Vorrangstellung der schulischen und beruflichen Orientierung sowie der Aus- und Weiterbildung gegenüber der Arbeit, der arbeitstherapeutischen oder sonstigen Beschäftigung unterscheidet sich deutlich von § 41 Abs. 1 S. 1 StVollzG und der bisher im Jugendstrafvollzug geltenden Nr. 36 S. 1 VVJug. Gleiches gilt im Vergleich zu § 91 Abs. 2 S. 1 JGG a.F., der als Grundlage der Erziehung im Jugendvollzug Ordnung und Arbeit und erst an dritter Stelle den Unterricht nannte.

Positiv fällt auf, dass die bayerische Regelung als einziges Gesetz neben dem JStVollzG B-W ein differenziertes Schulangebot in Art. 145 Abs. 2 BayStVollzG entsprechend Nr. 33 Abs. 2 VVJug enthält, welches daher auf die unterschiedlichen Persönlichkeiten und Leistungsstärken der jungen Insassen gezielt reagieren kann. Zudem weist Art. 145 Abs. 3 BayStVollzG eine Konkretisierung dahingehend auf, dass für geeignete Gefangene Unterricht, der zur Erlangung anderer staatlich anerkannter Schulabschlüsse führt sowie lebenskundlicher Unterricht, soziales Training, berufsbildender Unterricht auf Einzelgebieten und Deutschunterricht erteilt werden kann. Diese Konkretisierung sahen so auch schon die VVJug Nr. 33 Abs. 4 vor. Die übrigen Landesgesetze sprechen dagegen nur ganz allgemein von schulischer Ausbildung.

Außerdem ist die explizite gesetzliche Aufnahme der Möglichkeit der Zusammenarbeit mit externen Behörden für eine weiterführende Schul- und Ausbildung in Art. 126 Abs. 1 BayStVollzG sehr bedeutend.

Durch die Neuregelung in Art. 137 Abs. 2 Satz 2 BayStVollzG, die allerdings in Bayern erst am 1.1.2011 in Kraft trat, wird daneben der Vorgabe des BVerfG vom 31.5.2006 Rechnung getragen, auch dann ausreichend Bildungs-, Ausbildungs- und Arbeitsmöglichkeiten zur Verfügung stellen, wenn wegen der Kürze der Haftzeit ein Abschluss während der Dauer der Haft nicht erzielt werden kann.

Alles in allem fallen jedoch keine großen Veränderungen zu den bestehenden Regelungen des StVollzG und der VVJug auf, so dass die Praxis in diesem Bereich letztlich nicht viele Neuerungen umzusetzen hat. Das bekannte System hat sich zudem in der Praxis bewährt, was die zahlreichen schulischen und beruflichen Ausbildungs- und Arbeitsmöglichkeiten sowie die allgemein bildenden Maßnahmen, welche die bayerischen Anstalten anbieten, belegen.[1073]

e) Kontakte zur Außenwelt

Grundsätzlich stellt jede Jugendstrafvollzugsanstalt eine geschlossene Teilgesellschaft dar. Die jungen Gefangenen werden mit Haftantritt aus ihrem gewohnten Umfeld mit sozialen Bezügen herausgerissen, ihre bestehenden Sozialkontakte werden dadurch eingeschränkt und zum Teil sogar völlig abgebrochen.[1074] In einem künstlich angelegten Gebilde aus sozialen Beziehungen zu anderen Straftätern und Anstaltsbediensteten sollen die Gefangenen nun zur Erreichung des Vollzugsziels, künftig ein straffreies Leben in Freiheit zu führen, erzogen werden. Es versteht sich von selbst, dass eine wirksame Resozialisierung nicht isoliert, ohne Kontakte zur Außenwelt, stattfinden kann, da der Gefangene die notwendigen sozialen Verhaltensweisen am besten durch Kommunikation mit anstaltsfremden Personen erlangt.[1075]

Bevor nun allerdings auf die verschiedenen Regelungsinhalte der Kontaktaufnahme außerhalb der Anstalt (Besuch, Schriftwechsel, Telekommunikation und Paketsendungen) eingegangen und deren Ausgestaltung für den Jugendvollzug im BayStVollzG näher betrachtet wird, sollen im Folgenden zunächst die herausragende Bedeutung für die Entwicklung der jungen Straftäter sowie die Ziele, die damit verfolgt werden, erläutert werden.

aa) Bedeutung

Besondere Bedeutung erlangt die Kommunikation mit der Außenwelt für die jungen Gefangenen dadurch, dass durch günstige externe soziale Bindungen den eher „dissozialen Normorientierungen" der Gegangenen entgegengewirkt werden kann.[1076] Bezugspersonen außerhalb der Anstalt bilden einen wesentlichen Ankerpunkt, um den Freiheitsentzug zu verarbeiten. Da viele Insassen nach der Haftentlassung wieder zu ihren Sorgeberechtigten zurückkehren,[1077] ist der ständige Kontakt für die Vorbereitung auf die Rückkehr in Freiheit deshalb für

---

1073 Siehe dazu Punkt C.V.2.d.bb).

1074 Ostendorf, 2009a, 407.

1075 Laubenthal, 2011, Rn. 485.

1076 Hosser, 2001, 320 ff.

1077 Nach einer Untersuchung im baden-württembergischen Jugendstrafvollzug gingen trotz mancher Belastung zwei von drei Entlassene zu den Eltern oder zu anderen Familienangehörigen zurück; vgl. auch Fragebogen JVA Laufen-Lebenau im Anhang, wonach im Jahr 2009 146 von 185 entlassenen Gefangenen zu ihren Eltern zurückkehrten.

beide Seiten sehr wichtig.[1078] In diesen Beziehungen findet der junge Straftäter unter guten Umständen die Wurzeln, zu denen er nach der Haftentlassung wieder zurückkehren kann. Positive persönliche Bindungen stärken das Verantwortungsgefühl für andere Menschen und können so dazu beitragen, die soziale Eingliederung zu begünstigen und dadurch ferner eine Rückfälligkeit zu verhindern. Schwache Bindungen hingegen erhöhen die Wahrscheinlichkeit delinquenten Verhaltens.[1079]

So kann festgestellt werden, dass Kontakte zu Dritten für einen sozial unauffälligen Lebensstil nicht etwa grundsätzlich vorteilhaft oder nachteilig sind, sondern es kommt entscheidend auf die Art des Kontaktes und die Persönlichkeit des sozialen Kontaktes an.[1080] In diesem Zusammenhang stellt sich bereits an dieser Stelle die Frage, ob das Zulassen von lediglich günstigen Kontakten während der Haftzeit (wie dies fast alle Landesgesetze bzgl. Personen, die nicht Angehörige sind, vorsehen)[1081] für die Insassen im Hinblick auf den Erziehungsauftrag und das Resozialisierungsziel überhaupt günstig ist, weil dies gerade nicht der Lebenswirklichkeit außerhalb des Vollzugs entspricht und ob nicht statt eines Besuchsverbots für ungünstige Kontakte diese besser mittels einer Förderpraxis im Hinblick auf das Leben nach dem Vollzug schon jetzt einbezogen werden sollten.[1082]

bb) Zielsetzung

Aus der Bedeutung der Außenkontakte für die Insassen des Jugendstrafvollzugs kristallisieren sich drei Zielsetzungen heraus, die im engen Zusammenhang zu den Gestaltungsgrundsätzen[1083] des Jugendstrafvollzugs stehen:

Zum einen wird durch die Aufrechterhaltung bestehender bzw. Schaffung neuer Kontakte aus der Anstalt heraus dem Angleichungsgrundsatz Folge geleistet. So besteht die Möglichkeit, die Bindung besonders zum Partner, zu Familienangehörigen und vor allem zu den eigenen Kindern, die unter dem grundrechtlichen Schutz des Art. 6 Abs. 1 GG stehen, so weit wie

1078 Ostendorf, 2009a, 408.
1079 So die Theorie der „altersabgängigen informellen sozialen Kontrolle“, vgl. Sampson/Laub, 1993.
1080 Schneider, ZfStrVo 2001, 276.
1081 Zur näheren Ausführung siehe im folgenden Punkt.
1082 Zu dieser Problematik ausführlicher unter Punkt C.V.2.e)cc)(2)(a).
1083 Ausführlich zu den Gestaltungsgrundsätzen siehe Punkt C.V.2.a).cc).

möglich aufrechtzuerhalten und so eine Angleichung an die allgemeinen Lebensverhältnisse außerhalb der Anstalt zu erreichen.[1084]

Zum anderen wird den schädlichen Folgen einer Inhaftierung durch soziale Kontakte zu Personen außerhalb der Anstalt entgegengewirkt. Der Vollzug bringt notwendigerweise zunächst eine Entfremdung zu Bezugspersonen und zu dem bisherigen Leben in Freiheit mit sich, die dabei je nach Strafdauer zunimmt. Durch die regelmäßige Möglichkeit zur Kontaktaufnahme mit anstaltsfremden Personen kann der Insasse wieder an dem Leben, wie es sich in Freiheit abspielt, teilnehmen.[1085]

Schließlich dienen sowohl die Aufrechterhaltung als auch die Anbahnung neuer Außenkontakte einer erfolgreichen Wiedereingliederung des Straftäters in die Gesellschaft und einem zukünftigen Leben ohne weitere Straftaten. Die Einbindung des Gefangenen nach der Haft in eine feste Familienbeziehung, die Integration durch eine Partnerschaft, die Aussicht auf Arbeit sowie eine Betreuung durch professionelle Helfer nach der Entlassung können stabilisierende Zielperspektiven sein.[1086] Diese müssen aus diesen Gründen bereits während der Haftzeit aufgenommen und gefördert werden.

Die besondere Bedeutung der Kontakte zur Außenwelt für die Entwicklung der jungen Gefangenen im Hinblick auf die Gestaltungsgrundsätze und die Erreichung des Vollzugsziels hat auch das BVerfG in seinem Urteil vom 31.5.2006 folgendermaßen festgestellt: *„Die Bedeutung der Familienbeziehungen und der Möglichkeit, sie aus der Haft heraus zu pflegen, ist für Gefangene im Jugendstrafvollzug altersbedingt besonders groß. Bei der Gruppe der im Rechtssinne jugendlichen Gefangenen sind zudem grundrechtlich geschützte Positionen der erziehungsberechtigten Eltern berührt.“*[1087] Zudem wird ausgeführt: *„Ein der Achtung der Menschenwürde und dem Grundsatz der Verhältnismäßigkeit staatlichen Strafens verpflichteter Strafvollzug muss diesen Besonderheiten, die jedenfalls bei einem noch jugendhaften Entwicklungsstand größtenteils auch auf Heranwachsende zutreffen, Rechnung tragen.“*[1088]

Außerdem bewertet Nr. 59 der Regeln der Vereinten Nationen zum Schutz der Jugendlichen unter Freiheitsentzug Außenkontakte als wesentlicher Bestandteil des Anspruchs auf eine

1084 Ostendorf, 2009a, 409.
1085 Ostendorf, 2009a, 409.
1086 Ostendorf, 2009a, 409.
1087 BVerfG NJW 2006, 2096.
1088 BVerfG NJW 2006, 2096.

gerechte und menschliche Behandlung und als unverzichtbar für die Vorbereitung der Jugendlichen auf ihre Rückkehr in die Gesellschaft.[1089]

Die European Prison Rules sehen in Nr. 244 ebenso vor, dass Besuch so organisiert werden soll, dass er dem Gefangenen ermöglicht, familiäre Beziehungen möglichst weitgehend aufrecht zu halten.

Zu den Kontaktpersonen zählen einerseits Angehörige nach § 11 Abs. 1 StGB, andererseits individuell motivierte Bezugspersonen wie beispielsweise Freunde und Bekannte, aber auch Mitarbeiter der JGH, Verteidiger, Beistände nach § 69 JGG und ehrenamtliche Betreuer.

Nachdem nun die herausragende Bedeutung der Kontakte außerhalb der Anstalt besonders für die noch jungen Insassen und die damit verbundenen Zielsetzungen aufgezeigt wurden, werden im Folgenden sodann die Möglichkeiten der Kontaktaufnahme mit Personen außerhalb der Anstalt dargestellt und erläutert. Hierbei beziehen sich die Ausführungen nur auf intramurale, d.h. von Außen in die Anstalt hineingehende Kontakte, welche Besuche, Schriftwechsel, Telefonate und Paketempfang beinhalten. Extramurale Kontakte, d.h. von der Anstalt nach Außen gehende Kontakte, wie zum Beispiel Ausgänge und Ausführungen, finden sich bereits unter dem Punkt der Vollzugslockerungen (siehe Punkt C.V.2.b.cc).

cc) Darstellung der Gesetzeslage

(1) Grundsätze

Alle Landesgesetze haben insbesondere im Hinblick auf Art. 6 GG die Besonderheit der Außenkontakte für die jungen Gefangenen anerkannt. Der Grundsatz zu den Außenkontakten ist in den jeweiligen Landesgesetzen allerdings unterschiedlich stark ausgestaltet. Der Bayerische Gesetzgeber hat entsprechend der Regelung des § 23 StVollzG den Grundsatz der Außenkontakte in Art. 26 BayStVollzG festgeschrieben, der gemäß Art. 144 Abs. 1 BayStVollzG auch auf den Jugendstrafvollzug Anwendung findet. So heißt es in Art. 26 BayStVollzG, welcher wörtlich dem § 23 StVollzG entnommen wurde:

> *„Gefangene haben das Recht, mit Personen außerhalb der Anstalt im Rahmen der Vorschrift dieses Gesetzes zu verkehren. Der Verkehr mit Personen außerhalb der Anstalt ist zu fördern."*

1089 Höynck/Neubacher/Schüler-Springorum, 2001, 103.

Dadurch wird den jungen Gefangenen nicht bloß ein Recht auf Außenkontakte zugestanden, welches lediglich durch Art. 28 ff. BayStVollzG eingeschränkt werden kann. Dieser Grundsatz begründet in Satz 2 zugleich das Gebot *(„ist zu fördern")*, nicht nur die gesetzliche Mindestgarantie des Verkehrs des Gefangenen mit der Außenwelt zu respektieren und gewisse Risiken in Kauf zu nehmen, sondern im Hinblick auf das Vollzugsziel der Wiedereingliederung auch die Aufrechterhaltung und Schaffung der Außenkontakte aktiv zu fördern und zu unterstützen.[1090] Die Förderungspflicht der Anstalt stellt insoweit zugleich eine wichtige Auslegungshilfe für weitere Vorschriften dar (beispielsweise für weitere Besuchsmöglichkeiten nach Art. 27 Abs. 2 BayStVollzG, Besuchsverbot nach Art. 28 BayStVollzG).[1091]

Die bayerische Ausgestaltung enthält im Vergleich zu den übrigen Landesgesetzen zudem erfreulicherweise die offenste Regelung, da Bayern die Förderung des Kontakts nicht nur auf Personen mit *„günstigem Einfluss"*[1092] oder auf die Erreichung des Vollzugsziels dienliche Kontakte[1093] bzw. auf Angehörige[1094] beschränkt, sondern die Anstalt generell verpflichtet, den Verkehr mit Personen außerhalb der Anstalt zu fördern. Wie die Art der Förderung nun tatsächlich umgesetzt werden soll, wird allerdings nicht erläutert. Anzunehmen ist, dass auf längere Besuchszeiten, auf weniger restriktiven Umgang im Zusammenhang mit dem Schriftwechsel und dem Paketempfang und im Einzelfall auf erweiterte Telekommunikationsmöglichkeiten abgestellt wird.[1095]

Auch angesichts der Tatsache, dass während der Haftzeit viele der vorhandenen Sozialkontakte aus den verschiedensten Gründen[1096] bereits kurze Zeit nach der Inhaftierung abbrechen

1090 Arloth, 2008a, § 23 Rn. 5.

1091 Arloth, 2008a, § 23 Rn. 5.

1092 § 38 Abs. 1 JStVollzG Baden-Württemberg, § 32 Abs. 1 JStVollzG Hessen, § 29 S. 2 JStVollzG Nordrhein-Westfalen beispielsweise enthalten nur eine Förderung der günstigen Kontakte. Ebenso § 21 Abs. 1 GJVollz-E.

1093 § 123 Abs. 1 JustizVollzG Niedersachsen.

1094 § 38 Abs. 1 StVollzG Baden-Württemberg.

1095 Ostendorf, 2009a, 425.

1096 Schon die finanziellen Verhältnisse und langen Anfahrtswege, können Probleme aufwerfen, häufig zum Besuch zu kommen. Manchmal gibt es auch unüberbrückbare familiäre Zerwürfnisse, insbesondere dann, wenn sich die Taten gegen die Ehegatten, Eltern, Kinder oder andere Angehörige gerichtet hatten. Auch hatten manche Eltern ihren Sprösslingen immer wieder die Hand gereicht und sie immer wieder in den Haushalt aufgenommen, können aber irgendwann deren kriminelle Rückfälle einfach nicht mehr ertragen.

bzw. überhaupt nicht stattfinden,[1097] ist zu hoffen, dass die Praxis die Aufrechterhaltung und Herstellung der sozialen Bindungen und Beziehungen im Rahmen der Förderungspflicht ernst nimmt und diese nicht vernachlässigt werden. Aufgrund dessen ist eine aktive Einbindung zumindest der Eltern und der Angehörigen in die Vollzugsarbeit sinnvoll, was auch dem Wunsch von 93 Prozent der Inhaftierten entspricht.[1098] Wenn ungünstige Faktoren z. B. für eine Eltern-Kind-Beziehung vorliegen, wird dies beispielsweise in der JVA Ebrach selbstredend in die Vollzugsplanung aufgenommen. Gerade für die Vertretbarkeit späterer Vollzugslockerungen bei und mit den Angehörigen ist dies notwendig, zumal das gestörte Verhältnis auch auf den begangenen Straftaten beruhen kann. Einen stabilisierenden Einfluss vornehmen zu wollen, hängt sehr vom Einzelfall ab, wird in deliktisch vertretbaren Fällen aber versucht, was dann meist Angelegenheit des Sozialdienstes, manchmal auch des psychologischen Dienstes und der Geistlichen einer JVA ist.[1099] Die Jugendabteilung der JVA Aichach hält in derartigen Situationen im Einzelfall gemeinsame Besuche unter Vermittlung der anstaltsinternen Fachdienste ab.[1100]

(2) Recht auf Besuch, Art. 27 i.V.m. Art. 144 Abs. 1-3 BayStVollzG

Besuche von Eltern, Angehörigen, Freunden und Bekannten zählen zu den wichtigsten intramuralen Kontaktmöglichkeiten, die dem jungen Gefangenen gewährt werden können.[1101] Gerade für Gefangene, die nicht über Vollzugslockerungen oder Urlaub verfügen, bietet der Besuch die einzige Möglichkeit des unmittelbaren Kontaktes zu Personen außerhalb des Anstaltslebens. Der Besuch steht daher in besonderem Maße unter der Förderungspflicht des Art. 26 Satz 2 BayStVollzG. Deshalb statuieren Art. 27 i.V.m. Art. 144 Abs. 1-

---

1097 Partnerschaften werden von mehr als 1/3 bereits in den ersten Wochen nach Haftantritt beendet; vgl. Enzmann, in: Bereswill/Höynck, 2002, 263 ff.; Kontakte zur Herkunftsfamilie sind ebenfalls eher selten: Mehr als 1/3 sahen im ersten Haftdrittel noch nicht einmal ihre Mutter und mehr als 1/6 hatten überhaupt keinen Kontakt zu ihr; 1/4 hatte zudem keinerlei Kontakt zum Vater oder zu Geschwistern; Nur 1/5 wird mehr als 2mal pro Monat besucht und etwa 1/3 höchstens alle zwei Monate, vgl. Ostendorf, 2009a, 416 f.; vgl. auch Fragebogen Neuburg-Herrenwörth, S. 346.

1098 Walter, ZJJ 3/2006, 241.

1099 Siehe Fragebogen JVA Ebrach im Anhang.

1100 Fragebogen JVA Aichach im Anhang.

1101 Vgl. Bals, ZJJ 1/2009, 62.

3 BayStVollzG ausdrücklich ein Recht des Gefangenen auf regelmäßigen Besuch, welche allerdings keine Rechte Dritter begründen.[1102]

Abweichend von der Gesamtdauer des Besuchs von einer Stunde monatlich für den Erwachsenenvollzug, welche der Vorschrift des § 24 Abs. 1 StVollzG entspricht, regeln alle Landesgesetze eine Gesamtdauer des Besuchs von mindestens vier Stunden im Monat für den Jugendstrafvollzug,[1103] vgl. Art.144 Abs. 2 Satz 1 BayStVollzG. Damit kommen die Landesgesetze der Forderung des BVerfG vom 31.5.2006 nach und tragen somit dem verstärkten Bedürfnis junger Menschen zur Kommunikation und zur Aufrechterhaltung insbesondere familiärer Bindungen Rechnung: *„So müssen etwa die Besuchsmöglichkeiten für familiäre Kontakte – auch im Hinblick auf Art. 6 II GG – um ein Mehrfaches über denen im Erwachsenenstrafvollzug (vgl. § 24 I 2 StVollzG) angesetzt werden."*[1104]

Die Jugendstrafvollzugsanstalten Ebrach, Neuburg-Herrenwörth und Laufen-Lebenau sowie die Jugendabteilung der JVA Aichach schrieben allerdings schon früher längere Besuchszeiten als von Nr. 19 VVJug gefordert vor, was die jeweiligen älteren Hausordnungen belegen. So wurden Besuche bereits vor Inkrafttreten des BayStVollzG in der JVA Ebrach und der JVA Laufen-Lebenau für eine Gesamtdauer von bis zu vier Stunden pro Monat ermöglicht.[1105] Die Jugendabteilung der JVA Aichach sah eine Besuchsdauer von zwei Stunden vor.[1106] Die JVA Neuburg-Herrenwörth gewährte damals sogar maximal bis zu sechs Stunden Besuch monatlich und lag damit bereits weit über der in Nr. 19 VVJug vorgeschriebenen Mindestbesuchszeit von einer Stunde im Monat.[1107]

Alles Weitere regelt nach Art. 27 Abs. 1 Satz 2 i.V.m. Art. 144 Abs. 1 BayStVollzG die Hausordnung der jeweiligen Anstalt, worin zusätzlich Besuchszeiten, Häufigkeit und Dauer

---

1102 Arloth, 2008a, § 24 Rn. 1.

1103 Sachsen-Anhalt differenziert allerdings zwischen Besuchen von Angehörigen und von anderen Personen. Für letztere wird die Mindestbesuchszeit nur auf eine Stunde pro Monat festgesetzt, vgl. § 54 JStVollzG Sachsen-Anhalt; In § 47 JStVollzG Sachsen werden neben der Mindestbesuchszeit von vier Stunden im Monat zwei weitere Stunden für Angehörige im Sinne des § 11 Abs. 1 StGB gewährt.

1104 BVerfG, NJW 2006, 2096.

1105 Siehe Fragebogen JVA Ebrach, JVA Laufen-Lebenau im Anhang.

1106 Fragebogen JVA Aichach, S. 351.

1107 Siehe Fragebogen JVA Neuburg-Herrenwörth im Anhang.

sowie Verhalten beim Besuch bestimmt werden können.[1108] Darüberhinaus sollen sowohl im Erwachsenenstrafvollzug als auch im Jugendstrafvollzug – wie auch schon nach den bisherigen Regelungen der § 24 Abs. 2 StVollzG, Nr. 19 Abs. 2 VVJug – Besuche zugelassen werden, wenn sie die Behandlung oder Eingliederung der Gefangenen fördern oder persönlichen, rechtlichen oder geschäftlichen Angelegenheiten dienen, die nicht von den Gefangenen schriftlich erledigt, durch Dritte wahrgenommen oder bis zur Entlassung aufgeschoben werden können, vgl. Art. 27 Abs. 2 i.V.m. Art. 144 Abs. 1 BayStVollzG. Aufgrund des eindeutigen Wortlauts *„sollen"* besteht jedoch kein Rechtsanspruch auf weitere Besuche.

Eine ungünstige Auswirkung auf das Besuchsrecht ergibt sich jedoch aus Art. 144 Abs. 2 S. 2 BayStVollzG, wonach dann, wenn der Gefangene im selben Monat einen – stets mehrstündigen – Ausgang oder Ausführung erhält, kein Anspruch auf zusätzlichen Besuchsempfang eingeräumt werden muss. Diese Anrechnung ist deshalb gerechtfertigt, wenn man bedenkt, dass lockerungsberechtigte Gefangene ihre sozialen Bindungen im Rahmen dieser Lockerungen pflegen können und deshalb ein noch zusätzlicher Anspruch auf weitere volle vier Stunden Besuchszeit im Vergleich zu nicht lockerungsfähigen Gefangenen einen unangemessenen Vorteil darstellen würde.[1109] Allerdings kann nur dann von einer übermäßigen Bevorteilung gesprochen werden, wenn der Zweck der jeweiligen Lockerung sich auch tatsächlich danach richtet, soziale Kontakte zu Personen außerhalb der Anstalt zu ermöglichen. Deshalb muss bei einer Anrechnung darauf geachtet werden, dass die Lockerungen auch wirklich der Pflege sozialer Außenkontakte dienen. Aus diesem Grund dürfen beispielsweise Kontakte aus dienstlichem Anlass (etwa zur Justiz, Polizei, JGH, Bewährungshilfe) nicht angerechnet werden.[1110] In der JVA Ebrach war es aber bereits nach der alten Hausordnung in diesen Fällen so, dass dann nur die Mindestbesuchsdauer von einer Stunde pro Monat (Nr. 19 VVJug) gewährt wurde, was im Ergebnis auch jetzt so gehandhabt wird (wobei die Mindestbesuchsdauer jetzt vier Stunden beträgt).

Der Bayerische Gesetzgeber hat daneben eine Sonderbesuchsmöglichkeit für Kinder junger Gefangener eingeführt, da diese Gefangenen aufgrund der Inhaftierung und der Trennung zu ihren Kindern besonders unter der Haftsituation leiden.[1111] Diese besondere Form des Sozial-

---

1108 Arloth, 2008a, § 24 Rn. 4.

1109 Arloth, 2008a, Art. 144 BayStVollzG Rn. 3.

1110 Eisenberg, 2009, § 92 Rn. 89.

1111 Arloth, 2008a, Art. 144 BayStVollzG Rn. 5.

kontakts ist in Art. 144 Abs. 3 BayStVollzG geregelt und nun – im Gegensatz zum Entwurf des BayStVollzG[1112] – korrekterweise geschlechtsneutral formuliert. Auch eine Anrechnung auf die Regelbesuchszeiten ist nicht zulässig. Der Sonderbesuch steht jedoch zum einen unter dem Vorbehalt, dass er mit dem Erziehungsauftrag vereinbar ist, d. h. vollzugliche Maßnahmen dürfen dadurch nicht beeinträchtigt werden und zum anderen dem Kindeswohl entspricht, was durch eine Bescheinigung des Jugendamtes nachgewiesen werden muss.[1113] Auch auf diese Besuche besteht kein Rechtsanspruch, da es sich aufgrund der Formulierung *„können“* um eine Ermessensentscheidung handelt, auf die nur ein Anspruch auf fehlerfreie Ermessensbetätigung besteht. In der Praxis wird mit Genehmigungen für zusätzliche Sonderbesuche allerdings eher zurückhaltend verfahren, da die vier Stunden gesetzlich bereits sehr weit reichend seien.[1114] Allein wegen des Vorhandenseins von eigenen Kindern gebe es in der Vollzugspraxis normalerweise keine Sondersuche, da diese Fälle als Regelfälle familiärer Verhältnisse anzusehen sind.[1115]

Der Begriff der *„Langzeitbesuche“* findet im BayStVollzG allerdings keine Erwähnung. Lediglich die Gesetze Baden-Württembergs, Niedersachsens und Nordrhein-Westfalens nehmen diesen Begriff in ihren Regelungen auf.[1116] Den Begründungen dieser drei Jugendstrafvollzugsgesetze lässt sich jedoch entnehmen, dass sie mit Langzeitbesuchen die gleiche Absicht wie die übrigen Gesetze verfolgen, die Sonderbesuche gewähren, nämlich den Kontakt der Inhaftierten zu ihren Kindern zu intensivieren. Andere Absichten, wie beispielsweise längere Zeiten für intensivere Gespräche, fehlen in den Bestimmungen und auch den Begründungen.[1117]

Die ausdrückliche Gestattung von Besuchen auch am Wochenende findet sich nur im JStVollzG Nordrhein-Westfalen, obwohl die Vorteile und deren Notwendigkeit nicht von der Hand zu weisen sind.[1118] Viele Besucher wohnen zum einen nicht in der unmittelbaren Nähe

---

1112 Der Entwurf zum BayStVollzG sah noch vor, dass dieses Sonderbesuchsrecht nur inhaftierten Müttern gewährt werden konnte. Darin war eine unangemessene Benachteiligung zu inhaftierten Vätern zu sehen, so dass der Bayerische Gesetzgeber die endgültige Fassung nun korrekterweise geschlechtsneutral formulierte.

1113 Arloth, 2008a, Art. 144 BayStVollzG Rn. 5.

1114 Siehe Fragebogen JVA Ebrach im Anhang.

1115 Siehe Fragebogen Ebrach im Anhang.

1116 Vgl. Ostendorf, 2009a, 426.

1117 Ostendorf, 2009a, 427.

1118 Ostendorf, 2009a, 428.

der Jugendstrafvollzugsanstalt, zum anderen arbeiten sie meistens unter der Woche. Explizite gesetzliche Regelungen zu Besuchsmöglichkeiten an Wochenende kämen diesen Personen daher deutlich entgegen. Die Praxis zeigt jedoch, dass Besuche an Wochenenden wie auch an den Wochentagen – auch ohne Vorgaben seitens des Gesetzgebers – zur Regel gehören.[1119]

Nach Art. 27 Abs. 3 i.V.m. Art. 144 Abs. 1 BayStVollzG kann aus Gründen der Sicherheit oder Ordnung der Besuch davon abhängig gemacht werden, dass sich der Besucher durchsuchen oder mit technischen Mitteln oder sonstigen Hilfsmitteln auf verbotene Gegenstände absuchen lässt. Diese Vorschrift gilt entsprechend für Besuche von Verteidigern, Angehörigen der Jugendgerichtshilfe, der Bewährungshilfe, Beiständen nach § 69 des JGG und der Aufsichtsstellen für die Führungsaufsicht sowie für Rechtsanwälte oder Notare, vgl. Art. 29 Satz 2, Art. 144 Abs. 4 BayStVollzG. Eine inhaltliche Überprüfung von mitgebrachten

---

1119 In der JVA Ebrach besteht an Wochenenden auch vormittags Besuchszeit, so dass z.B. vormittags zwei Stunden und nachmittags weitere zwei Stunden im Rahmen der Gesamtdauer pro Monat genommen werden können. Nur die Freitage sind keine allgemeinen Besuchstage. An Tagen von Montag bis Donnerstag können „Langzeitbesuche" drei Stunden am Stück ausmachen, da am Vormittag keine Besuchszeit besteht und am Nachmittag nur höchstens drei Stunden bis zum Ende der allgemeinen Besuchszeit untergebracht werden können.

Die derzeit gültige Regelung in der JVA Ebrach lautet, wie folgt: vgl. dazu Fragebogen im Anhang.

Montag, Dienstag, Mittwoch, Donnerstag: 13.15 – 16.15 Uhr,
Samstag/Sonntag/Feiertag: 9.30 – 16.15 Uhr,
Freitags findet kein Besuch statt.

Die derzeit gültige Regelung in der JVA Neuburg-Herrenwörth lautet, wie folgt: vgl. dazu Fragebogen im Anhang.

Montag, Dienstag, Mittwoch: 8-11 Uhr und 13-15 Uhr (maximal 2 h),
Samstag: 8-11 Uhr und 12.30-15.30 Uhr (maximal 1 h),
an Sonn-und Feiertagen findet kein Besuch statt.

Die derzeit gültige Regelung in der JVA Laufen-Lebenau lautet, wie folgt: vgl. dazu Fragebogen im Anhang.

Freitag: 9-15 Uhr,
Samstag und Sonntag: 10-16.30 Uhr,
Feiertage: 10-16.30 Uhr,
Montag, Dienstag, Mittwoch, Donnerstag findet kein Besuch statt.

Schreiben oder anderen Schriftstücken der Verteidiger ist allerdings nicht zulässig, vgl. Art. 29 Satz 3 i.V.m. Art. 144 Abs. 1 BayStVollzG.

(a) Besuchsverbote, Art. 28 i.V.m. Art. 144 Abs. 1 BayStVollzG

Aufgrund anstaltsinterner Gründe können Besuche nicht uneingeschränkt gewährt werden. So sehen alle Landesgesetze entsprechend § 25 Nr. 1 StVollzG, Nr. 20 Nr. 1 VVJug vor, dass der Anstaltsleiter Besuche untersagen kann, wenn die Sicherheit oder Ordnung der Anstalt gefährdet werden würde, Art. 28 Nr. 1 i.V.m. Art. 144 Abs. 1 BayStVollzG. Hierbei handelt es sich um unbestimmte Rechtsbegriffe, bei denen die Vollzugsbehörde keinen Beurteilungsspielraum hat und welche daher der vollen gerichtlichen Nachprüfung unterliegen.[1120] Besteht eine Gefährdung können alle Besuche, außer von Verteidigern, Angehörigen der Jugendgerichtshilfe, der Bewährungshilfe, Beiständen nach § 69 des JGG und der Aufsichtsstellen für die Führungsaufsicht sowie für Rechtsanwälte oder Notare (vgl. Art. 29 Satz 2, Art. 144 Abs. 4 BayStVollzG) untersagt werden, also auch Besuche von Angehörigen, die eigentlich unter dem Privileg des Art. 6 GG stehen.

Da allerdings ein völlig konfliktfreier Jugendstrafvollzug nicht der Realität außerhalb der Anstalt entspricht, müssen im Hinblick auf den Angleichungsgrundsatz und einer erfolgreichen Wiedereingliederung vertretbare Risiken eingegangen werden.[1121] Eine *„Gefährdung der Sicherheit"* liegt beispielsweise beim Verdacht der Planung eines Ausbruchs nahe.[1122] Eine *„Gefährdung der Anstaltsordnung"* ist gegeben, wenn der Besucher betrunken ist oder Alkohol oder Drogen schmuggeln will.[1123]

Zudem kann nach Art. 28 Nr. 2 i.V.m. Art. 144 Abs. 1 BayStVollzG ein Besuch untersagt werden bei Besuchern die nicht Angehörige des Gefangenen nach § 11 Abs. 1 StGB sind, wenn zu befürchten ist, dass sie einen schädlichen Einfluss auf den Gefangenen haben oder deren Eingliederung behindern würden. Diese Regelung entspricht ebenso wörtlich den bekannten Vorschriften der § 25 Nr. 2 StVollzG, Nr. 20 Nr. 2 VVJug. Bei Angehörigen kann der Besuch im Hinblick auf Art. 6 GG nicht mit dieser Begründung untersagt werden (sog.

1120 KG, NStZ 1998, 479.

1121 Vgl. Ostendorf, 2009a, 434.

1122 Zum Erwachsenenvollzug siehe OLG Koblenz, NStZ 1990, 301.

1123 Schwind/Böhm/Jehle, 2005, § 25 Rn. 5.

Angehörigenprivileg).[1124] Bei den Begriffen des *„schädlichen Einflusses"* und der *„Behinderung der Eingliederung"* handelt es sich ebenfalls um unbestimmte Rechtsbegriffe, die der Vollzugsbehörde keinen Beurteilungsspielraum gewähren und der vollen gerichtlichen Nachprüfung unterliegen.[1125] Aufgrund der Übernahme der Regelung aus dem StVollzG können die dazu bereits entwickelten Beispiele, welche ein Besuchsverbot rechtfertigen, auch auf den Jugendstrafvollzug übertragen werden. So ist ein *„schädlicher Einfluss"* dann gegeben, wenn der Besucher auf den Gefangenen dahingehend einwirkt, dass er ihn zu weiteren Straftaten geneigt macht.[1126] Der Begriff der *„Behinderung der Eingliederung"* ist gegenüber dem des schädlichen Einflusses noch weitergehend und umfasst alle Einwirkungen, die den Bemühungen entgegenstehen, dass sich der Gefangene nach seiner Entlassung in seinen sozialen Lebensbereich wieder einordnet.[1127]

An dieser Stelle muss die bereits angesprochene Frage wieder aufgegriffen werden, ob das Zulassen von lediglich positiven Kontakten für die Inhaftierten im Rahmen des Förderauftrags und des Resozialisierungsziels günstig ist und dem Angleichungsgrundsatz genügt, weil dies gerade nicht der Lebenswirklichkeit außerhalb des Anstaltslebens entspricht. Aus den Gesetzesbegründungen der Länder Hessen und Sachsen geht hervor, dass die jungen Gefangenen nach ihrer Haftentlassung größtenteils auch wieder mit ihrem familiären Umfeld konfrontiert werden, weshalb aus Gründen der Angleichung auch Angehörige mit negativem Einfluss zuzulassen sind, was auch der Lebenswirklichkeit entspricht. Da sich die Gefangenen nach ihrer Haftentlassung auch wieder mit dem sozialen Umfeld außerhalb ihrer Familie auseinandersetzen müssen, wäre es nur realitätsnah, hier keine Unterschiede zwischen den Angehörigen und den sonstigen sozialen Kontakten zu machen. Stattdessen ist es sinnvoller, ungünstige Beziehungen im Rahmen eines Förderplans in eine Eltern-, Angehörigen- und Bezugspersonenarbeit einzubeziehen,[1128] was in den bayerischen Anstalten selbstredend geschieht.[1129] Sind die Gefangenen jedoch schon volljährig, können Eltern oder Angehörige allerdings nur mitreden, wenn der betroffene Gefangene dies auch möchte, auch aus datenschutzrechtlichen Gründen.

1124 Ostendorf, 2009a, 434.

1125 Zum Erwachsenenvollzug siehe, OLG Hamm, ZfStrVo 1979, 37.

1126 RegE, BT-Drucks. 7/918, 58; weitere Beispiele bei Arloth, 2008a, § 25 Rn. 4.

1127 RegE, BT-Drucks. 7/918, 58.

1128 Vgl. auch Ostendorf, 2009a, 434.

1129 Siehe Fragebogen JVA Ebrach im Anhang.

Über die eben beschriebenen Besuchsverbote hinaus, kann der Anstaltsleiter nach Art. 144 Abs. 2 S. 3 BayStVollzG Besuche im Jugendstrafvollzug auch untersagen, wenn bei minderjährigen Gefangenen Personensorgeberechtige nicht einverstanden sind. Dadurch wird dem Recht der Personensorgeberechtigten Rechnung getragen. Dem Anstaltsleiter wird dabei korrekterweise jedoch ein Ermessen eingeräumt, da nicht jedes Kontaktverbot, das dem Willen der Sorgeberechtigten entspricht, auch für das Wohl des Gefangenen förderlich ist.[1130]

(b) Überwachung der Besuche, Art. 30 i.V.m. Art. 144 Abs. 1 BayStVollzG

Abgesehen von der Möglichkeit der Durchsuchung der Besucher nach Art. 27 Abs. 3 BayStVollzG erlauben die Landesgesetze unter bestimmten Umständen eine Überwachung. Nach Art. 30 Abs. 1 i.V.m. Art. 144 Abs. 1 BayStVollzG dürfen Besuche aus Gründen der Behandlung bzw. der Sicherheit oder Ordnung generell optisch überwacht werden, es sei denn, es liegen im Einzelfall Erkenntnisse dafür vor, dass es der Überwachung nicht bedarf. Diese bekannte Zweispurigkeit der Argumentationslinie von Sicherheit oder Ordnung auf der einen Seite und Behandlung bzw. Erziehung auf der anderen Seite behalten alle Landesgesetze bei und orientieren sich dabei an den Regelungen der § 27 Abs. 1 StVollzG, Nr. 22 Abs. 1 VVJug.

Bei den Begrifflichkeiten der *„Sicherheit oder Ordnung“* handelt es sich erneut um unbestimmte Rechtsbegriffe, bei denen die Vollzugsbehörde keinen Beurteilungsspielraum hat und welche der vollen gerichtlichen Nachprüfung unterliegen.[1131] Eine Gefährdung liegt beispielsweise durch das Einschmuggeln von Ausbruchswerkzeugen oder Waffen vor.[1132] Bei der Überwachung aus Behandlungsgründen bleibt jedoch ungeklärt, was tatsächlich damit erreicht werden soll.[1133] Die Wahrung der Sicherheit und Ordnung muss hier ausgeschlossen werden, da sie gesondert genannt wird. Als Behandlungsgründe kommen daher nur noch belastende Beziehungen in Betracht, die Konfliktpotential bei dem Inhaftierten und seinem Besuch bergen.[1134] Die Anstalt muss erforderlichenfalls darauf reagieren können und soziale oder therapeutische Hilfen bei akuten Krisensituationen anbieten.[1135] Voraussetzung ist allerdings, dass tatsächliche Anhaltspunkte für Behandlungs-, Sicherheits- oder Ordnungsgründe

1130 Arloth, 2008a, Art. 144 BayStVollzG Rn. 4.
1131 Zum Erwachsenenvollzug siehe OLG Hamm, ZfStrVo 1979, 37.
1132 Vgl. Arloth, 2008a, § 27 Rn. 5.
1133 Vgl. Ostendorf, 2009a, 442.
1134 Ostendorf, 2009a, 443.
1135 RegE, BT-Drucks. 7/918, 59.

vorliegen, die nach der Rechtssprechung jedoch nicht in der Person des jeweiligen Gefangenen liegen müssen, vielmehr genügen anstaltsbezogene generelle Gründe.[1136] Liegen die Voraussetzungen einer Überwachung vor, steht die Anordnung im Ermessen der Anstalt (Besuche *„dürfen"* überwacht werden).

Darüber hinaus ist die Aufzeichnung mit technischen Mitteln zulässig, wenn die Besucher und die Gefangenen vor dem Besuch darauf hingewiesen werden, wobei die Aufzeichnungen spätestens mit Ablauf eines Monats zu löschen sind, vgl. Art. 30 Abs. 1 S. 2,3 i.V.m. Art. 144 Abs. 1 BayStVollzG. Darunter fällt auch die Überwachung durch Video gemäß Art. 122 i.V.m. Art. 30 Abs. 1 S. 2, 3, Art. 197 Abs. 8 BayStVollzG.

Die Unterhaltung darf auch akustisch überwacht werden, jedoch nur, wenn dies im Einzelfall erforderlich ist, vgl. Art. 30 Abs. 2 i.V.m. Art. 144 Abs. 1 BayStVollzG. Für die bereits aufgeführten Tatbestandsvoraussetzungen müssen im Falle der akustischen Überwachung nun konkrete Anhaltspunkte bezogen auf den Einzelfall vorliegen.[1137] Es kommt also wesentlich auf die Person des Besuchers und den Besuchszweck an, wobei jedoch bei nahestehenden Personen besonders hohe Anforderungen zu stellen sind.[1138]

Da die Art und Weise der optischen Überwachung der Anstalt überlassen ist, kann zur Verhinderung der Übergabe von unerlaubten Gegenständen im Einzelfall der Besuch unter Verwendung einer Trennvorrichtung abgewickelt werden, Art. 30 Abs. 3 i.V.m. Art. 144 Abs. 1 BayStVollzG. Daneben dürfen Gegenstände beim Besuch ohnehin nur mit Erlaubnis übergeben werden, was im Ermessen der Anstalt liegt, Art. 30 Abs. 6 i.V.m. Art. 144 Abs. 1 BayStVollzG.

Allerdings ist es verboten, Besuche von Verteidigern sowie die beim Besuch von Verteidigern übergebenen Schriftstücke und sonstigen Unterlagen zu überwachen, Art. 30 Abs. 5, 6 S. 2 i.V.m. Art. 144 Abs. 1 BayStVollzG. Besondere Regelungen gelten jedoch bei den Besuchen von Rechtsanwälten oder Notaren. Deren Besuche dürfen grundsätzlich überwacht werden und die Übergabe kann aus Gründen der Sicherheit oder Ordnung der Anstalt von der Erlaubnis abhängig gemacht werden, Art. 30 Abs. 6 S. 2, 2. Hs. BayStVollzG.

1136 OLG Hamm, ZfStrVo 1993, 309.

1137 OLG Frankfurt, ZfStrVo 1990, 186; OLG Koblenz, NStZ 1988, 382.

1138 OLG Nürnberg, ZfStrVo 1993, 56.

(c) Abbruch der Besuche, Art. 30 Abs. 4 i.V.m. Art. 144 Abs. 1, 5 BayStVollzG

Nach Art. 30 Abs. 4 BayStVollzG ist es möglich, einen Besuch abzubrechen, wenn Besucher oder Gefangene gegen die Vorschriften des BayStVollzG oder die auf Grund des BayStVollzG getroffenen Anordnungen trotz Abmahnung verstoßen. Die Abmahnung darf unterbleiben, wenn es unerlässlich ist, den Besuch sofort abzubrechen. Diese Regelung ist ebenfalls den bekannten Vorschriften der § 27 Abs. 2 StVollzG sowie Nr. 22 Abs. 2 VVJug wörtlich entnommen. Dabei reicht ein Verstoß gegen die jeweilige Hausordnung oder gegen eine entsprechende Weisung eines Bediensteten aus, wobei der Besucher vorher über Verhaltensweisen zu unterrichten ist.[1139] Daneben ermöglicht Art. 144 Abs. 5, der aus Nr. 22 Abs. 2 S. 3 VVJug übernommen wurde, einen Besuchsabbruch, wenn die Besucher einen schädlichen Einfluss auf die jungen Gefangenen ausüben. Dies wurde in der Praxis vor allem bei Besuchen von ehemaligen Mittätern oder Cliquenangehörigen, aber auch beim Besuch von Familienangehörigen beobachtet.[1140] Die Mitarbeiter der Anstalt müssen in diesen Fällen die Möglichkeit haben, den Besuch sofort abzubrechen und eine negative Beeinflussung zu unterbinden.[1141] Bei Familienangehörigen hat jedoch das Angehörigenprivileg des Art. 6 GG Beachtung zu finden, so dass ein Abbruch weit seltener in Betracht kommt als bei den sonstigen Besuchen.[1142]

(3) Recht auf Schriftwechsel, Art. 31 i.V.m. Art. 144 Abs. 1 BayStVollzG

Nicht nur Besuche, sondern auch der Schriftwechsel kann zur Pflege bestehender und zur Anbahnung neuer Kontakte genutzt werden. Aufgrund dessen hat der Bayerische Gesetzgeber in Art. 31 Abs. 1 BayStVollzG, der gemäß Art. 144 Abs. 1 BayStVollzG entsprechend auf den Jugendstrafvollzug anzuwenden ist – neben dem Gesetzgeber Hamburgs und Nordrhein-Westfalens – den Gefangenen ein unbeschränktes Recht auf Schriftwechsel eingeräumt.[1143] So heißt es in Art. 31 Abs. BayStVollzG:

> *„Die Gefangenen haben das Recht, unbeschränkt Schreiben abzusenden und zu empfangen.“*

1139 Arloth, 2008a, § 27 Rn. 7.

1140 Arloth, 2008a, Art. 144 BayStVollzG, Rn. 7.

1141 Arloth, 2008a, Art. 144 BayStVollzG, Rn. 7.

1142 Arloth, 2008a, Art. 144 BayStVollzG, Rn. 7.

1143 Im JStVollzG Baden-Württemberg hingegen fehlt eine Formulierung des Rechts auf Schriftwechsel, was als deutlicher Rückschritt im Vergleich zum StVollzG von 1977 angesehen werden kann, vgl. Ostendorf, 2009a, 453.

Diese Regelung des BayStVollzG zum Recht auf Schriftwechsel entspricht wörtlich den Vorschriften der § 28 Abs. 1 StVollzG und Nr. 23 Abs. 1 VVJug, wonach ein unbeschränktes Recht auf Versendung und Empfang von Schreiben bestand. Aus der Begründung zum Bayerischen Gesetz ist zu entnehmen, dass *„die bewährte Regelung von § 28 StVollzG übernommen wurde“.*[1144] Wie sich aus dem Wort *„unbeschränkt“* ergibt, geht das Recht auf Schriftwechsel weiter als das Besuchsrecht, das für den Jugendstrafvollzug nun allgemein auf vier Stunden pro Monat beschränkt ist. Der Gefangene hat somit das Recht, unbeschränkt Schreiben bzgl. Zahl, Umfang und Empfängerkreis abzusenden und umgekehrt auch zu empfangen.[1145] Damit wurde der Bayerische Gesetzgeber dem Angleichungsgrundsatz gerecht. Im Sinne des Angleichungsgrundsatzes und der Rechtsprechung des BVerfG, wonach besondere Kommunikationsformen insbesondere zur Gewährleistung des effektiven Rechtsschutzes in Eilfällen erforderlich sind,[1146] ist zudem in der heutigen Gesellschaft zu erwarten, dass die Gesetze Regelungen zur Übermittlung von Schreiben mittels Telefax oder E-Mail enthalten. Nur das JustizVollzG Niedersachsen erlaubt es allerdings den jungen Gefangenen, in dringenden Fällen Telefaxe aufzugeben und nur die Begründungen von Nordrhein-Westfalen und Hessen weisen darauf hin, dass im Einzelfall unter besonderen Umständen Schreiben von der Anstalt per Fax oder E-Mail übermittelt werden können.[1147]

Die Kosten des Schriftverkehrs haben gemäß Art. 31 Abs. 3 Satz 1 i.V.m. Art. 144 Abs. 1 BayStVollzG die Gefangenen selbst zu tragen, vgl. auch Nr. 2 der VV zu § 28 StVollzG. Im Rahmen der Fürsorgepflicht ist es jedoch geboten, dass die Anstalt den Gefangenen unentgeltlich – in angemessenem Umfang – Schreibmaterial zur Verfügung stellt. Nur für die Portogebühren müssen die Gefangenen selbst aufkommen.[1148] Entgegenstehende Regelungen sind mit den Vorgaben des BVerfG nur schwer vereinbar. Einzig die Gesetze Bayerns und Hamburgs regeln, dass die Anstalt die Kosten im Bedarfsfall in begründeten Fällen in angemessenem Umfang übernimmt, vgl. Art. 31 Abs. 3 Satz 2 BayStVollzG.

1144 Ostendorf, 2009a, 452.
1145 Ostendorf, 2009a, 452.
1146 BVerfG, NJW 2006, 2096.
1147 Ostendorf, 2009a, 452.
1148 Callies/Müller-Dietz, 2008, § 28 Rn. 4.

(a) Verbot des Schriftwechsels, Art. 31 Abs. 2, Art. 144 Abs. 6 BayStVollzG

Art. 31 BayStVollzG regelt in Abs. 2 sogleich die Möglichkeit, den schriftlichen Verkehr mit bestimmten Personen zu untersagen, was aber angesichts der Bedeutung des Schriftwechsels für die Erreichung des Vollzugsziels nur höchst eingeschränkt zulässig ist.[1149] Auch diese Regelung entspricht den bekannten Vorschriften zur Untersagung des Schriftwechsels in § 28 Abs. 2 StVollzG sowie in Nr. 23 VVJug und gewährt der Anstaltsleitung die Untersagung unter den gleichen Voraussetzungen wie dies schon die Regelung des Art. 28 BayStVollzG zum Besuchsverbot vorsieht. So kann der Anstaltsleiter den Schriftwechsel mit bestimmten Personen untersagen, wenn die Sicherheit der Anstalt gefährdet werden würde (Nr. 1) oder bei Personen, die nicht Angehörige des Gefangenen nach § 11 Nr. 1 StGB sind, wenn zu befürchten ist, dass der Schriftwechsel einen schädlichen Einfluss auf den Gefangenen hat oder deren Eingliederung behindern würde (Nr. 2). Die Untersagung steht dabei im pflichtgemäßen Ermessen des Anstaltsleiters. Darüber hinaus kann der Anstaltsleiter den Schriftwechsel – wie auch den Besuch – mit bestimmten Personen untersagen, wenn bei minderjährigen Gefangenen die Personensorgeberechtigten nicht einverstanden sind, vgl. Art. 144 Abs. 6 BayStVollzG.

Da es sich bei der Untersagung des Schriftwechsels um den schwersten Eingriff im Bereich des Schriftverkehrs handelt, ist im Jugendstrafvollzug aufgrund des Verhältnismäßigkeitsgrundsatzes in besonderer Weise zu prüfen, ob nicht mildere Mittel, wie die Überwachung nach Art. 32 BayStVollzG oder die Anhaltung von Schreiben im Einzelfall nach Art. 34 BayStVollzG ausreichen.[1150]

(b) Überwachung des Schriftwechsels, Art. 32 i.V.m. Art. 144 Abs. 1, 7 BayStVollzG

Das Briefgeheimnis des Art. 10 GG wird durch Art. 31 i.V.m. Art. 144 Abs. 1, 144 Abs. 7 BayStVollzG in zulässiger Weise eingeschränkt, welche die Überwachung des Schriftverkehrs regeln.[1151] Nicht überwacht werden dürfen allerdings die Verteidigerpost und der Schriftverkehr mit Beiständen nach § 69 JGG, Art. 32 Abs. 1 Satz 1, Art. 144 Abs. 7 BaySt-VollzG, zudem der Schriftverkehr des Inhaftierten mit den Volksvertretungen des Bundes und der Länder sowie deren Mitglieder, dem Europäischen Parlament und dessen Mitgliedern,

1149 Eisenberg, 2009, § 92 Rn. 92.

1150 Müller/Callies-Dietz, 2009, § 28 Rn. 3.

1151 BVerfG, ZfStrVo 1982, 126.

dem Europäischen Gerichtshof für Menschenrechte, der Europäischen Kommission für Menschenrechte, des Europäischen Ausschusses zur Verhütung von Folter und unmenschlicher oder erniedrigender Behandlung oder Strafe und des Datenschutzbeauftragten des Bundes und der Länder, Art. 32 Abs. 2 BayStVollzG. Diese Post muss allerdings eindeutig gekennzeichnet werden.[1152]

Die Überwachung ist zum einen wiederum zur Wahrung der Sicherheit und Ordnung der Anstalt[1153] und zum anderen aus Gründen der Behandlung zulässig. Die Begründung zum BayStVollzG erläutert die Überwachung aus Gründen der Behandlung genauer. Eine Überwachung soll aus diesem Grund deshalb stattfinden, um *„Informationen über die Persönlichkeit der Inhaftierten und ihrer Verhältnisse zu gewinnen"*. Im Bedarfsfall und in Krisensituationen muss die Anstalt sozialpädagogische oder psychologische Behandlungsmaßnahmen anbieten können.[1154] Eine Überprüfung des Einzelfalls ist jedoch immer erforderlich.[1155]

(c) Anhalten von Schreiben, Art. 34 i.V.m. Art. 144 Abs. 1 BayStVollzG

Das Anhalten von Schreiben ist nach Art. 34 BayStVollzG entsprechend der Regelung des § 31 StVollzG und der Nr. 29 VVJug zulässig.[1156] Dabei ist im Bereich des Jugendstrafvollzugs erhöht auf eine etwaige „Ventilfunktion" junger Gefangener Rücksicht zu nehmen, die ein Brief oftmals aufweisen kann.[1157]

(4) Telekommunikation, Art. 35 i.V.m. Art. 144 Abs. 1 BayStVollzG

Die telefonische Kontaktaufnahme gewinnt in der hochtechnologisierten Welt immer mehr an Bedeutung. Sie löst mittlerweile in vielen gesellschaftlichen Bereichen den Brief als Kommunikationsmedium ab. Gerade im Hinblick auf den Angleichungsgrundsatz müsste es daher ein Anliegen der Anstalten sein, der gestiegenen Bedeutung der Telekommunikation so weit wie möglich Rechnung zu tragen.[1158] Auch aufgrund dessen, dass Telefonkontakte weniger organisatorischen Aufwand im Vergleich zu den durch lange Anfahrtswege oft eingeschränkten

1152 Ostendorf, 2009a, 454.

1153 Zur Erläuterung der Begrifflichkeiten siehe bereits, S. 202 f. zum Besuchsverbot.

1154 Ostendorf, 2009a, 454.

1155 Eisenberg, 2009, § 92 Rn. 93.

1156 Bzgl. der einzelnen Voraussetzungen wird auf die Ausführungen in Arloth, 2008a, § 31 verwiesen, da die Voraussetzungen mit denen des § 31 StVollzG übereinstimmen und auch auf den Jugendstrafvollzug übertragen werden können.

1157 Eisenberg, 2009, § 92 Rn. 94.

1158 Ostendorf, 2009a, 458.

Besuchsmöglichkeiten der Angehörigen und Freunden des Gefangenen erfordern und eine Kommunikationserleichterung für diejenigen Insassen darstellen, welche Schwierigkeiten haben, sich schriftlich auszudrücken, kann die durchgängige Regelung zur Telekommunikation in den Landesgesetzen als Kann-Vorschrift aus dieser Sichtweise zunächst nicht voll überzeugen.[1159]

Der Bayerische Gesetzgeber regelte die Möglichkeit der Ferngespräche entsprechend des § 32 StVollzG in Art. 35 BayStVollzG, welcher gemäß Art. 144 Abs. 1 BayStVollzG auch auf den Jugendstrafvollzug Anwendung findet. Neben der Ausformulierung als Kann-Vorschrift, deren Gestattung im pflichtgemäßen Ermessen der Anstalt liegt, beschränkt die bayerische Regelung die Telekommunikation zudem auf *„dringende Fälle"*. Dies ist allerdings nur scheinbar strenger formuliert als in der früher gültigen Nr. 27 Abs. 1 VVJug.[1160] Denn über die Nr. 1 der BayVVJug war früher auch die BayVV zu § 32 StVollzG ergänzend anzuwenden, wonach stets ein dringender Fall für ein Telefonat vorliegen musste. Auf Besuchskontakte hingegen steht den Gefangenen ein Recht zu.[1161]

Zusammenfassend liegt die Gestattung von Ferngesprächen also im pflichtgemäßen Ermessen und ist beschränkt auf sogenannte dringende Fälle. Eine großzügigere Handhabung als sie im Gesetz steht, gibt es in der Praxis dennoch nicht, weil diese einen erheblichen personellen Mehraufwand erfordert, was in der Vollzugspraxis nicht umgesetzt werden könne.[1162] In der JVA Ebrach beispielsweise werden Telefonate grundsätzlich nicht genehmigt, wenn es möglich ist, das Anliegen auch durch Brief zu erledigen.[1163]

Des Weiteren gelten die Vorschriften über den Besuch entsprechend. Die Kosten hat der Gefangene selbst zu tragen. Im Bedarfsfall kann die Anstalt die Kosten in begründeten Fällen allerdings in angemessenem Umfang übernehmen, vgl. Art. 35 Abs. 2 BayStVollzG.

1159 Eine Ausnahme bildet nur das Land Niedersachen, das die Möglichkeit der Telekommunikation als Soll-Vorschrift ausgestaltet.

1160 Nr. 27 Abs. 1 VVJug lautete: „Dem Gefangenen kann gestattet werden, Ferngespräche zu führen oder Telegramme aufzugeben."

1161 Ostendorf, 2009a, 458.

1162 Siehe Fragebogen JVA Ebrach, Fragebogen JVA Laufen-Lebenau, Fragebogen JVA Aichach im Anhang.

1163 Siehe Fragebogen JVA Ebrach im Anhang.

Die akustische Überwachung der Telekommunikation ist gemäß Art. 35 Abs. 1 Satz 3, 4 BayStVollzG zulässig und stellt im Hinblick auf eine völlige Untersagung das mildere Mittel dar. Die beabsichtigte Überwachung ist dem Gesprächspartner allerdings unmittelbar nach Herstellung der Verbindung durch die Anstalt oder die Gefangenen mitzuteilen. Die Gefangenen sind rechtzeitig vor Beginn der fernmündlichen Unterhaltung über die beabsichtigte Überwachung zu unterrichten. Unzulässig ist grundsätzlich eine Überwachung der Gespräche mit Verteidigern und Beiständen nach § 69 JGG.[1164]

Das BayStVollzG verweist in Art. 35 Abs. 3 zudem darauf, dass auf dem Gelände der Anstalt technische Geräte zur Störung von Frequenzen eingesetzt werden können, die der Herstellung unerlaubter Mobilfunkverbindungen dienen. Dabei ist sicherzustellen, dass der Mobilfunkverkehr außerhalb der Anstalt nicht beeinträchtigt wird. Bayern, Berlin und Hamburg erwähnen als einzige Gesetze, dass die Rahmenbedingungen gemäß § 55 Abs. 1 Satz 2 des Telekommunikationsgesetzes zu beachten sind.[1165]

(5) Pakete, Art. 36 i.V.m. Art. 144 Abs. 1 BayStVollzG

Paketsendungen stellen eine weitere Form der Aufrechterhaltung von Beziehungen zur Außenwelt dar und können als Dokumentation einer noch intakten Beziehung zwischen dem Gefangenen und dem Absender interpretiert werden.[1166] Sie sind dem sonstigen postalischen Verkehr zuzuordnen und haben als eine Form indirekter sozialer Zuwendung eine hohe emotionale Bedeutung für die jungen Insassen.[1167] Pakete können daneben allerdings auch zum Drogenschmuggel und zum Schmuggel von Ausbruchswerkzeug missbraucht werden und stellen daher auf der anderen Seite ein erhebliches Sicherheitsrisiko dar.

Der Empfang von Paketen bedarf nach Art. 36 Abs. 1 BayStVollzG aus diesem Grund auch der vorherigen Erlaubnis der Anstalt. Die Häufigkeit der Erlaubnis, Pakete empfangen zu dürfen, bleibt den jeweiligen Anstalten selbst überlassen.[1168] Übliche Anlässe sind Weihnachten,

---

1164 Eisenberg, 2009, § 92 Rn. 95.
1165 Ostendorf, 2009a, 459.
1166 Ostendorf, 2009a, 464.
1167 Ostendorf, 2009a, 464.
1168 Ostendorf, 2009a, 464.

Ostern und Geburtstage. Pakete werden in der Praxis hauptsächlich gestattet zur Zusendung von Fortbildungsmaterial.[1169]

Aufgrund des erhöhten Kontrollaufwands und Sicherheitsrisikos, dürfen Nahrungs- und Genussmittel nun laut Gesetz – im Gegensatz zu § 33 Abs. 1 Satz 1StVollzG und zu Nr. 28 Abs. 1 S. 1 VVJug – ausdrücklich nicht mehr empfangen werden. Das Verbot des Empfangs von Nahrungs- und Genussmitteln stellt somit eine der wenigen echten Neuerungen im BayStVollzG im Vergleich zu den vormaligen Regelungen dar. Auf den ersten Blick mag man darin einen Rückschritt zu den bekannten Regelungen des StVollzG und der VVJug sehen, da Pakete ohnehin immer in Gegenwart des Gefangenen zu öffnen sind, Art. 36 Abs. 2 BayStVollzG.[1170] Besonders selbstgebackene Plätzchen an Weihnachten besaßen einen hohen symbolischen Wert bei den Gefangenen. Aus vollzugspraktischen Gesichtspunkten ist diese neue Regelung allerdings sehr wohl nachvollziehbar und sinnvoll. So begrüßen auch die bayerischen Anstaltsleiter die gesetzliche Normierung des Verbots des Empfangs von Nahrungs- und Genussmitteln, da darin immer ein Sicherheitsrisiko für die Anstalt lag, was mit einem erhöhten personellen Mehraufwand verbunden war. Kleine verbotene Gegenstände wie etwa Feilen konnten leicht in Nahrungs- und Genussmittel versteckt werden, ohne dass sie beim Öffnen des Paketes sofort erkannt wurden. Das ausdrückliche gesetzliche Verbot vereinfacht somit die Kontrolle der Paketsendungen in der Praxis erheblich.[1171]

Nach Art. 33 Abs. 3 BayStVollzG kann den Gefangenen auch gestattet werden, eigene Pakete zu versenden, deren Inhalt allerdings aus Gründen der Sicherheit und Ordnung der Anstalt überprüft werden darf. Bzgl. der Kostentragung für das Versenden der Pakete behält der Bayerische Gesetzgeber auch hier seine übliche Regelung bei, nach der der Gefangene die Kosten – außer im Bedarfsfall – selbst zu tragen hat, vgl. Art. 36 Abs. 4 BayStVollzG.

dd) Bewertung

Den hohen Stellenwert, den Außenkontakte für die jungen Gefangenen im Hinblick auf die Erreichung des Vollzugsziels und die Gestaltungsgrundsätzen besitzen, stellte nun auch das BVerfG in seinem Urteil vom 31.5.2006 fest und forderte, dass die familiären Außenkontakte im Jugendstrafvollzug im Hinblick auf Art. 6 Abs. 2 GG um ein Mehrfaches über denen des

1169 Laut Auskunft der Leitung der JVA Ebrach.

1170 Ostendorf, 2009a, 465.

1171 Laut Auskunft der Leitung der JVA Ebrach.

Erwachsenenvollzug liegen müssen. Dieser Forderung kam der Bayerische Gesetzgeber weitestgehend nach, so dass das BayStVollzG im Vergleich zu den anderen Landesgesetzen überwiegend die offensten Regelungen enthält. Das BayStVollzG orientiert sich größtenteils an den bereits bekannten und zum Teil auch bewährten Regelungen des StVollzG und den VVJug, welche oftmals wörtlich übernommen wurden. Große Unterschiede zu den Regelungen des StVollzG bestehen folglich nicht, so dass sich auch in der praktischen Handhabung keine bedeutenden Änderungen ergeben werden.

Aufgrund der Übernahme des § 23 StVollzG in Art. 26 BayStVollzG wird den jungen Gefangenen nicht bloß ein Recht auf Außenkontakte zugestanden, sondern begründet in Satz 2 zugleich das Gebot *(„ist zu fördern")*, nicht nur die gesetzliche Mindestgarantie des Verkehrs des Gefangenen mit der Außenwelt zu respektieren und gewisse Risiken in Kauf zu nehmen, sondern im Hinblick auf das Vollzugsziel der Wiedereingliederung auch die Aufrechterhaltung und Schaffung der Außenkontakte aktiv zu fördern und zu unterstützen. Des Weiteren enthält das BayStVollzG in diesem Zusammenhang die offenste Regelung aller Landesgesetze, da sich Art. 26 BayStVollzG nicht wie Nr. 18 VVJug nur auf die Förderung günstiger Kontakte beschränkt.

Eine Änderung, die mit der Entscheidung des BVerfG zur Notwendigkeit der gesetzlichen Regelungen des Jugendstrafvollzugs einherging, ist die Festsetzung der Mindestbesuchszeit im Jugendstrafvollzug auf vier Stunden monatlich und damit Anhebung von einer auf vier Stunden im Vergleich zur Regelung der VVJug und zum Erwachsenenvollzug. Dadurch wird das BayStVollzG der Vorgabe des BVerfG durchaus gerecht. Die Anrechnung von Ausgängen und Ausführungen auf die Mindestbesuchszeit, welche der Aufrechterhaltung und Schaffung sozialer Kontakte dienen, ist somit nur folgerichtig und verhindert eine unangemessene Benachteiligung von jungen Gefangenen, die derartige Lockerungen nicht gewährt bekommen. Einzig die Regelung bzgl. der Besuchsverbote, welche lediglich günstige Kontakte außerhalb des Angehörigenprivilegs zulassen, widerspricht dem Angleichungsgrundsatz. Da sich die Gefangenen nach ihrer Haftentlassung auch wieder mit dem sozialen Umfeld außerhalb ihrer Familie auseinandersetzen müssen, wäre es nur realitätsnah, hier keine Unterschiede zwischen den Angehörigen und den sonstigen sozialen Kontakten zu machen. Stattdessen ist es sinnvoller, ungünstige Beziehungen im Rahmen eines Förderplans in eine Eltern-, Angehörigen- und Bezugspersonenarbeit einzubeziehen.

Positiv an der bayerischen Regelung fällt auf, dass Bayern neben Nordrhein-Westfalen das einzige Bundesland ist, das die Jugendgerichtshilfe gleichwertig in den Paragrafen über die Besuche von Verteidigern, Rechtsanwälten und Notaren aufgenommen hat, vgl. Art. 144 Abs. 4 BayStVollzG. So können Besuche der Jugendgerichtshilfe, welche verteidigerähnliche Rechte verfügt, nicht verboten werden und sind stets zu gestatten. Daneben dürfen Gespräche und Briefwechsel mit der Jugendgerichtshilfe nicht überwacht werden.

Weiterhin enthält das BayStVollzG neben den Gesetzen Hamburgs und Nordrhein-Westfalens die offenste Regelung bzgl. des Schriftverkehrs, in dem den Gefangenen ausdrücklich ein unbeschränktes Recht auf Schriftwechsel eingeräumt wird und im Bedarfsfall die Anstalt hierfür die Kosten in angemessenem Umfang übernimmt.

Bzgl. der Vorschrift zur Telekommunikation kann die Formulierung als Kann-Vorschrift auf den ersten Blick aufgrund der enormen Bedeutung für die jungen Gefangenen und der scheinbar einfacheren Organisation im Vergleich zu Besuchen nicht ganz überzeugen. In der Praxis gibt es dennoch keine großzügigere Gestattung als dies gesetzlich vorgesehen ist, da Probleme in der Kontrolle und Überwachung der Telefonate gesehen werden, was einen erhöhten personellen Mehraufwand erfordere, der den Anstalten nicht zur Verfügung stehe, so dass es keine Ausdehnung der gesetzlichen Handhabung über dringende Fälle hinaus geben werde.[1172]

Eine echte Neuerung zu den bekannten Regelungen des StVollzG enthält nur die Regelung bzgl. der Paketsendungen, Art. 36 BayStVollzG. Hier ist der Empfang von Nahrungs- und Genussmittel nun ausdrücklich aus Gründen der Sicherheit nicht mehr gestattet, was noch in § 33 StVollzG und in Nr. 28 VVJug explizit erlaubt war. Aus vollzugspraktischen Gesichtspunkten allerdings überzeugt diese Regelung und auch die bayerischen Anstaltsleiter begrüßen dieses Verbot. Es vereinfacht nicht nur die Postkontrolle, sondern erhöht auch die Sicherheit der Anstalt, da Nahrungs- und Genussmittelsendungen leicht als Versteck für verbotene Gegenstände genutzt werden konnten.

Zusammenfassend kann festgehalten werden, dass die bayerischen Regelungen zu den Außenkontakten insgesamt entsprechend den Vorgaben des BVerfG ausgestaltet wurden und Bayern größtenteils die bewährten Vorschriften des StVollzG und der VVJug (mit Ausnahme der Mindestdauer der Besuchszeiten im Jugendstrafvollzug sowie die Regelungen bzgl. Pa-

1172 Siehe Fragebogen Neuburg-Herrenwörth im Anhang.

ketsendungen) übernommen hat. Das BayStVollzG enthält im Vergleich zu den übrigen Landesgesetzen zudem die offensten Regelungen bzgl. der Außenkontakte und wird daher dem Vollzugsziel und den Gestaltungsgrundätzen am ehesten gerecht.

f) Erzieherische Maßnahmen, Art. 155 BayStVollzG

Das BVerfG forderte in seiner Entscheidung vom 31.5.2006 für den Jugendstrafvollzug besondere Regelungen für die Art der Sanktionierung von Pflichtverstößen.[1173] Alle Landesgesetze haben infolgedessen erzieherische Maßnahmen als spezielle Reaktionsmöglichkeit auf Pflichtverstöße von jungen Gefangenen, die sich unterhalb der Schwelle der Disziplinarmaßnahmen anordnen,[1174] zum Gesetz gemacht. Dieses abgestufte System entsprach so auch der bis dahin bestehenden Praxis.[1175] Weder ausdrücklich gefordert, noch explizit in ihrem Urteil erwähnt, aber auch nicht ausgeschlossen, hatten die Karlsruher Richter die Möglichkeit der erzieherischen Maßnahmen als Sanktionsform allerdings nicht, obwohl diese bereits aus der Vorschrift des Nr. 86 Abs. 1 VVJug bekannt waren. So bot die Erforderlichkeit der gesetzlichen Einführung von erzieherischen Maßnahmen vor allem im Schrifttum für ausreichend Diskussionsstoff, deren Vor- und Nachteile in den folgenden Ausführungen aufgezeigt werden. Zunächst sollen jedoch zum besseren Verständnis die Umsetzung dieser Regelung im BayStVollzG, die rechtliche Einordnung sowie die Anwendungsvoraussetzungen der erzieherischen Maßnahmen behandelt werden.

aa) Darstellung der Gesetzeslage

Der Bayerische Gesetzgeber übernahm in Art. 155 BayStVollzG mit der Überschrift *„Erzieherische Maßnahmen"* die bekannte Vorschrift aus Nr. 86 VVJug nahezu wörtlich, was eine Besonderheit des Jugendstrafvollzugs darstellt, da für den Bereich des Erwachsenenvollzugs keine erzieherischen Maßnahmen vorgesehen sind. So heißt es in Art. 155 Abs. 1 S. 1 BaySt-VollzG, der zugleich den Begriff der erzieherischen Maßnahmen legaldefiniert:

> *„Verstoßen junge Gefangene schuldhaft gegen Pflichten, die ihnen durch dieses Gesetz oder auf Grund dieses Gesetzes auferlegt sind, kann unmittelbar auf die Pflichtverletzung*

1173 BVerfG, NJW 2006, 2096.

1174 Vgl. in Art. 156 Abs. 1 BayStVollzG (Disziplinarmaßnahmen): „Reichen bei schuldhaften Pflichtverstößen Maßnahmen nach Art. 155 nicht aus, kann der Anstaltsleiter oder die Anstaltsleiterin gegen junge Gefangene Disziplinarmaßnahmen anordnen."

1175 Eisenberg, 2009, § 92 Rn. 136.

eine Maßnahme angeordnet werden, die geeignet ist, ihnen ihr Fehlverhalten bewusst zu machen (erzieherische Maßnahme).“

Damit ließ der Bayerische Gesetzgeber eine Regelung Gesetz werden, die ein unmittelbares und zugleich flexibles sowie zeitnahes Einschreiten gegen schuldhafte Pflichtverletzungen junger Gefangener zulässt, so dass eine Aussetzung zur Bewährung bei der Anordnung von erzieherischen Maßnahmen nicht in Betracht kommt. Dadurch kann den jungen Gefangenen, die gegen eine ihnen auferlegte Pflicht schuldhaft verstoßen, sofort ihr Fehlverhalten vor Augen geführt werden. Zudem bietet diese Regelung die Möglichkeit, kleinere und mittlere Verstöße auch ohne ein oftmals belastendes und langwieriges förmliches Disziplinarverfahren zu ahnden.[1176]

Art. 155 Abs. 1 S. 2 BayStVollzG nennt sodann im Anschluss an die Legaldefinition des Satz 1 beispielhaft aufgezählte Sanktionen, die beim Vorliegen eines schuldhaften Pflichtverstoßen in Betracht kommen:

„Erzieherische Maßnahmen sind insbesondere die Erteilung von Weisungen und Auflagen sowie beschränkende Anordnungen in Bezug auf die Freizeit bis zur Dauer von einer Woche.“

Dieser Beispielskatalog (vgl. *„insbesondere“*) wurde ebenfalls aus der bekannten Vorschrift der Nr. 86 Abs. 1 VVJug ins Bayerische Gesetz übernommen. Ein Konnex zwischen dem Pflichtverstoß und der erzieherischen Maßnahme wird im BayStVollzG – wie auch schon in der VVJug – im Gegensatz zu einem Teil der Landesgesetze[1177] nicht explizit gefordert. In der Begründung zu Art. 155 BayStVollzG wird jedoch ausgeführt, *„es sei vorzuziehen, wenn die erzieherische Maßnahme in einem logischen Zusammenhang mit der Verfehlung stehe. Dies sei aber nicht zwingend. Es sei immer auch zu beachten, dass die Sanktion den jungen Gefangenen auch wirklich zum Nachdenken und zur Abkehr von ihrem gezeigten Verhalten veranlasse“*.[1178] Es versteht sich von selbst, dass erzieherische Maßnahmen immer dann im Hinblick auf die Erreichung des Erziehungsziels besonders geeignet sind, wenn sie neben der zeitnahen Anordnung zugleich auch in einem Konnex zu begangenen Pflichtverletzung stehen.[1179] Selbstverständlich muss dieser Zusammenhang nicht bei jeder erzieherischen Maßnahme bestehen, sondern sollte nur jeweils beachtet werden, wenn dies möglich ist. Es sind

1176 Ostendorf, 2009a, 578.

1177 Vgl. etwa § 82 Abs. 3 JStVollzG Berlin u.a.

1178 Art. 155 BayStVollzG samt Begründung; vgl. auch Ostendorf, 2009a, 584.

1179 Ostendorf, 2009a, 584.

nicht immer Fälle zu finden, bei denen sich eine Konnexität herstellen lässt oder bei denen aus praktischen Gründen darauf verzichtet werden muss. Die verhängte Maßnahme sollte jedoch immer dazu geeignet sein, den jungen Gefangenen von einem erneuten Pflichtverstoß abzuhalten und ihn zum Nachdenken anzuregen.[1180] Von besonderer Bedeutung ist dabei die Beachtung des Verhältnismäßigkeitsgrundsatzes bei jeder einzelnen Anordnung.

Zur Anordnung befugt sind nach Art. 155 Abs. 2 BayStVollzG nur Bedienstete, die vom Anstaltsleiter dazu ermächtigt worden sind.

Zusammenfassend kann festgehalten werden, dass es sich bei der Anordnung von erzieherischen Maßnahmen um ein Instrument handelt, das speziell im Jugendstrafvollzug Anwendung findet, welches bei kleineren und mittleren Pflichtverstößen zum unmittelbaren Einsatz kommt, im Gegensatz zu Disziplinarmaßnahmen entformalisiert ist und sanktionierenden Charakter hat.[1181]

Bereits aus der Darstellung der Gesetzeslage ist zu erkennen, dass die gesetzliche Regelung der erzieherischen Maßnahmen einerseits praktische Vorteile bietet, andererseits aber durch das entformalisierte Verfahren auch Nachteile für den jeweiligen Gefangenen mit sich bringen kann.

bb) Rechtliche Einordung

Im Folgenden soll eine rechtliche Einordnung der erzieherischen Maßnahmen erfolgen, die sich unterhalb der Disziplinarmaßnahmen anordnen (vgl. Art. 156 Abs. 1 BayStVollzG) und sowohl aus Nr. 86 Abs. 1 VVJug als auch aus § 33 GJVollzG-E bekannt sind.

Auch der Gesetzesentwurf des Bundesjustizministeriums sah im Rahmen eines zweistufigen Modells auf der ersten Stufe ein erzieherisches Gespräch und auf der zweiten Stufe eine *„ausgleichende Konfliktregelung"* vor, welche *„Maßnahmen zur Konfliktregelung"* vorsieht. Beispielhaft sind hier die Entschuldigung und die Schadensbeseitigung oder -wiedergutmachung aufgeführt. Aus dieser exemplarischen Aufzählung der in Frage kommenden Maßnahmen lässt sich bereits erkennen, dass die in § 33 GJVollzG-E geregelten Maßnahmen zur Konfliktregelung keinen sanktionierenden Charakter haben konnte.

1180 Arloth, 2008a, Art. 155 BayStVollzG Rn. 3.

1181 Vgl. ausführlich zur rechtlichen Einordnung nächster Punkt.

Im Gegensatz dazu ist schon aus der gesetzlichen Legaldefinition der erzieherischen Maßnahmen in Art. 155 Abs. 1 S. 1 BayStVollzG als auch in Nr. 86 Abs. 1 VVJug zu schließen, welche geeignet sein müssen, den Gefangenen ihr Fehlverhalten bewusst zu machen, dass diese sanktionierenden Charakter haben.[1182] Darüber hinaus wird der sanktionierende Charakter aus der beispielhaften Aufzählung der in Betracht kommenden Maßnahmen (Auflagen, Weisungen und beschränkende Anordnungen in Bezug auf die Freizeit bis zur Dauer von einer Woche) ersichtlich, welche dazu in der Lage sind, in die Grundrechte der Gefangenen in erheblicher Art und Weise einzugreifen.

Abzugrenzen sind die erzieherischen Maßnahmen einerseits von den Disziplinarmaßnahmen, die sich in Art. 156 BayStVollzG finden.[1183] Disziplinarmaßnahmen sind zum einen nur dann anzuordnen, wenn erzieherische Maßnahmen nicht mehr ausreichen würden. Zum anderen unterscheiden sich diese beiden Möglichkeiten im Verfahren. Anders als das Disziplinarverfahren setzt die Anordnung von erzieherischen Maßnahmen kein förmliches Verfahren voraus, es ist folglich formlos durchführbar. Andererseits ist eine Abgrenzung zum bloßen erzieherischen Gespräch vorzunehmen, in dem gemeinsam mit dem jungen Gefangenen über seinen Pflichtverstoß gesprochen wird und nach einer einvernehmlichen Lösung des Problems gesucht wird. Das erzieherische Gespräch soll eine Art Motivation für den Gefangenen darstellen, das aus diesem Grund selbstverständlich keinen sanktionierenden Charakter besitzt.[1184]

cc) Anordnungsvoraussetzungen

Aus dem Gesetz selbst ergeben sich sowohl die formellen als auch die materiellen Voraussetzungen der Anordnung einer erzieherischen Maßnahme.

(1) Formelle Voraussetzungen

Zuständig zur Anordnung von erzieherischen Maßnahmen sind nur diejenigen Bediensteten, die vom Anstaltsleiter dazu ermächtigt worden sind, vgl. Art. 155 Abs. 2 BayStVollzG. Dass dies eine sinnvolle Regelung darstellt, weil durch die Anordnung von erzieherischen Maßnahmen in Grundrechte der jungen Gefangenen eingegriffen wird, wurde bereits erwähnt. Zudem sollte es sich gerade deshalb um besonders erfahrene und für den Jugendstrafvollzug

1182 Ostendorf, 2009a, 580.
1183 Ostendorf, 2009a, 580.
1184 Ostendorf, 2009a, 580.

ausgebildete Personen handeln. Darüber hinaus ist es von Vorteil, dass immer der Bedienstete die Maßnahme ausspricht, welcher auch den Sachverhalt und die Geschehnisse kennt und deshalb korrekt und schnell auf die Pflichtverletzung reagieren kann. Darauf sollte der Anstaltsleiter bei der Auswahl gemäß Art. 155 Abs. 2 BayStVollzG achten.[1185]

Im Übrigen ist das Verfahren weitgehend entformalisiert.[1186] Ein formelles Verfahren gilt es gerade bei den erzieherischen Maßnahmen im Gegensatz zu den Disziplinarmaßnahmen nicht zu beachten. Lediglich die verfahrensrechtlichen Mindeststandards sind auch hier einzuhalten. Das heißt, dass der jeweilige Sachverhalt vor Anordnung einer erzieherischen Maßnahme genau erforscht werden muss und es ist dem Gefangenen Gelegenheit zu geben, sich zu rechtfertigen, ehe er mit einer Sanktionierung zu rechnen hat.[1187]

(2) Materielle Voraussetzungen

In materieller Hinsicht muss der junge Gefangene gegen eine Pflicht, die ihm durch das BayStVollzG oder auf Grund des BayStVollzG auferlegt wurde, verstoßen haben.[1188] Eine etwaige Auflistung der entsprechenden Pflichten findet sich allerdings nicht. Daraus ergibt sich ein sehr weiter Bereich, aus welchem erzieherische Maßnahmen folgen können, da jeder Pflichtverstoß eine Sanktionierung nach sich ziehen kann. Die Nachteile, die sich aus dieser allgemeinen Formulierung ergeben, liegen auf der Hand. Für die jungen Gefangenen ist es so kaum absehbar, wann sie mit einer erzieherischen Maßnahme zu rechnen haben und wann die Schwelle der Disziplinarmaßnahmen erreicht ist.[1189] In der praktischen Umsetzung gibt es diesbezüglich allerdings keinerlei Probleme, worauf in den folgenden Ausführungen (Bewertung Punkt C.V.g.dd.) näher eingegangen wird.

Selbstverständlich ist zudem vor Anordnung einer erzieherischen Maßnahme jeweils die Verhältnismäßigkeit zwischen Pflichtverstoß und Sanktionierung zu überprüfen.[1190]

1185 Ostendorf, 2009a, 581.
1186 Ostendorf, 2009a, 581.
1187 Eisenberg, 2009, § 92 Rn. 137 a.
1188 Ostendorf, 2009a, 582.
1189 Ostendorf, 2009a, 582.
1190 Arloth, 2008a, Art.155 BayStVollzG Rn. 3.

dd) Bewertung

Erzieherische Maßnahmen stellen vor allem für die Praxis ein wichtiges Instrument zur flexiblen und vor allem zeitnahen Sanktionierung von Pflichtverstößen junger Gefangener dar. Die gesetzliche Einführung dieser Reaktionsmöglichkeit bietet aber gerade aus diesem Grund nicht nur Vorteile für die Bediensteten der Anstalt, sondern auch für den betroffenen jungen Gefangenen selbst. Die erzieherische Maßnahme hat unmittelbar im Anschluss auf den Pflichtverstoß zu erfolgen, wodurch dem Gefangenen sein Fehlverhalten sofort bewusst gemacht wird und er weitaus effektiver zum Nachdenken angeregt werden kann, als dies bei einem langwierigen Disziplinarverfahren der Fall ist. Daraus ergibt sich bereits ein weiterer Vorteil für den jeweiligen Gefangenen. Erzieherische Maßnahmen lassen ein Disziplinarverfahren hinfällig werden, das sich aufgrund seines förmlichen Verfahrens oftmals lang hinziehen kann, was vor allem für junge Gefangene als sehr belastend empfunden wird.

Wichtig erscheint auch der Konnex zwischen der Pflichtverletzung und der Sanktionierung, der in der bayerischen Gesetzesbegründung – allerdings nicht zwingend – gefordert wird. Besteht ein Zusammenhang, kann der Gefangene eher aus seinen Fehlern lernen und wertet die erzieherische Maßnahme nicht als bloße Schikane.

Positiv ist zudem die Regelung in Art. 155 Abs. 2 BayStVollzG, die besagt, dass nicht jeder Bedienstete eine erzieherische Maßnahme anordnen kann, sondern nur diejenigen, welche vom Anstaltsleiter dazu ermächtigt worden sind. Dies sind insbesondere die in den Werkstätten, Betrieben, schulischen oder anderen Lehrgängen und in den Stationen der Unterkunftsgebäude mit den Gefangenen befassten Bediensteten. Dadurch wird sichergestellt, dass nur besonders erfahrene und mit dem Jugendstrafvollzug vertraute Bedienstete, welche den Sachverhalt genau kennen, erzieherische Maßnahmen aussprechen, die ja eine echte Sanktionierung darstellen.[1191]

Selbstverständlich kommen erzieherische Maßnahmen nur bei kleineren und mittleren Verstößen in Betracht. Daraus können sich dennoch in Teilbereichen Probleme in der Überschneidung zu einem Disziplinarverfahren ergeben, was vor allem seitens des Schrifttums

---

1191 Vgl. hierzu die Anordnungsbefugnis der JVA Neuburg-Herrenwörth bzgl. der Einschränkung der gemeinschaftlichen Unterbringung während der Freizeit aus erzieherischen Gründen gem. Art. 155 BayStVollzG, im Anhang.

angeführt wird.[1192] Dem ist insofern zuzustimmen, dass beide Instrumente keine gesetzliche Auflistung enthalten, für welchen Pflichtverstoß nun eine erzieherische Maßnahme und für welchen ein Disziplinarverfahren in Betracht kommt. Aus diesem Grund könnte es tatsächlich zu einer Umgehung eines förmlichen Disziplinarverfahrens kommen, wenn die Anstalt den Pflichtverstoß leichter einstuft als dies wirklich der Fall ist. Daher liegt die Befürchtung durchaus nahe, dass erzieherische Maßnahmen auch dazu geeignet sein könnten, im Sinne *„apokrypher Disziplinarmaßnahmen"*,[1193] das heißt als Umgehung missbraucht zu werden. In diesem Zusammenhang würde sich die gesetzliche Einführung der Möglichkeit der erzieherischen Maßnahmen wieder nachteilig für den betroffenen Gefangenen auswirken, da er diese Sanktionierung nicht in einem förmlichen Verfahren überprüfen lassen kann.

Dieser Befürchtung konnte die bayerische Vollzugspraxis jedoch entschieden entgegen treten. So ging aus der Befragung der bayerischen Anstaltsleiter hervor, dass ihnen durchaus bewusst ist, dass es eine gesetzliche Differenzierung in Art. 155, 156 BayStVollzG zwischen Erziehungsmaßnahmen und Disziplinarmaßnahmen nicht nur nach den Rechtsfolgen, sondern auch schon in den Voraussetzungen gibt, wonach Disziplinarmaßnahmen nur unter der zusätzlichen Voraussetzung verhängt werden dürfen, dass *„Maßnahmen nach Art. 155 nicht ausreichen"*.[1194] Eine Umgehung des förmlichen Disziplinarverfahrens besteht daher – entgegen der Bedenken des Schrifttums – in der Praxis letztlich kaum.[1195]

Den erzieherischen Maßnahmen liegen kleinere, aber für die Bediensteten ärgerliche Vorfälle des Alltags zugrunde, meist Verstöße gegen die Ordnung im Haftraum und die Nicht-Befolgung entsprechender Anordnungen der Bediensteten. Erzieherische Maßnahmen bestehen in der Praxis aus ein bis fünf Tagen Türsperre (also Entzug des Zellenaufschlusses in der Freizeit). Zwar fallen nach Aussage der Anstaltsleiter manchmal nachträglich auch Fälle auf, die von der Schwere her durchaus in förmlichen Disziplinarverfahren mit Disziplinarmaßnahmen, die schwerwiegendere Folgen als die recht kurze Türsperre bedeuten würden, hätten geahndet werden können.[1196] Stellt sich also nachträglich heraus, dass ein Disziplinarverfahren angebrachter gewesen wäre, weil die bloße Erziehungsmaßnahme schon von vorne herein nicht ausreichend gewesen wäre, hindert die bereits getroffene Erziehungsmaßnahme aber

1192 Ostendorf, 2009a, 586 f.

1193 Vgl. Ostendorf, 2009a, 579.

1194 Vgl. Fragebogen JVA Ebrach im Anhang.

1195 Vgl. auch Fragebogen JVA Laufen-Lebenau im Anhang.

1196 Vgl. Fragebogen JVA Ebrach im Anhang.

nicht, dass der Sachverhalt trotzdem nochmals in einem Disziplinarverfahren aufgegriffen wird, was dann aber in der Rechtsfolge durch Milderung oder Anrechnung berücksichtigt werden muss. Erweist sich der Vorfall im Disziplinarverfahren wider Erwarten als so geringfügig gelagert, dass rückblickend betrachtet im Sinne des Art. 156 Abs. 1 BayStVollzG die zuvor bereits erfolgte Maßnahme nach Art. 155 doch ausreichte, dann wird das Disziplinarverfahren mit dem Hinweis eingestellt, dass es bei der bereits verhängten Erziehungsmaßnahme sein Bewenden hat.[1197]

Negativ fällt allerdings auf, dass Art. 155 BayStVollzG die Reaktionsmöglichkeiten nicht abschließend aufzählt, was sich aus der Formulierung *„insbesondere"* in Art. 155 Abs. 1 S. 2 BayStVollzG ergibt. *Eisenberg* ist sogar der Meinung, dass es sich bei den beispielhaft aufgezählten Maßnahmen (Weisung, Auflagen, Beschränkungen der Freizeit) in ihrer Art eher um Disziplinarmaßnahmen handele, wodurch eine grundlegende Unterscheidung nicht gegeben sei.[1198] Richtig ist, dass der Gefangene daher nach dem Gesetzeswortlaut im Vornherein nicht weiß, mit welchen erzieherischen Maßnahmen die Anstalt auf seinen Pflichtverstoß reagieren kann. In der Praxis bestehen erzieherische Maßnahmen in der Regel allerdings aus ein bis fünf Tagen Türsperre, so dass der Gefangene die Rechtsfolgen grundsätzlich überblicken kann.[1199]

Ob die bayerischen Anstalten die Reaktionsmöglichkeiten der erzieherischen Maßnahmen und der Disziplinarmaßnahmen auch zukünftig in korrekter Weise einsetzen werden, wird sich erst herausstellen. Große Unterschiede in der praktischen Handhabung sind allerdings nicht zu befürchten, da der Bayerische Gesetzgeber die Vorschrift zu den erzieherischen Maßnahmen fast wörtlich aus der Nr. 86 Abs. 1 VVJug übernommen hat. Es bleibt jedoch zu hoffen, dass die Praxis aufgrund der unbestimmten Ausführungen zu den erzieherischen Maßnahmen auch in Zukunft ein notwendiges Disziplinarverfahren nicht umgehen wird.

g) Disziplinarmaßnahmen, Art. 156 BayStVollzG

Disziplinarmaßnahmen spielen vor allem in der Praxis des Jugendstrafvollzugs nach wie vor eine große Rolle. Wie die Statistik des Bundesjustizministeriums vom Jahre 1996 belegt, ist die Anzahl der verhängten Disziplinarmaßnahmen in Jugendstrafanstalten etwa dreimal so

1197 Laut Auskunft der Leitung der JVA Ebrach.

1198 Eisenberg, 2009, § 92 Rn. 137 a.

1199 Laut Auskunft der Leitung der JVA Ebrach.

hoch wie im Erwachsenenvollzug.[1200] So wurden im Jugendvollzug 139,5, im Erwachsenenvollzug hingegen nur 47,6 Disziplinarmaßnahmen verhängt, was nach *Ostendorf* einerseits auf das erhöhte Konfliktpotential im Jugendvollzug, andererseits aber auch auf die unterschiedlichen Auffassungen der Jugendstrafvollzugsbediensteten vom Erziehungsauftrag zurückzuführen sei.[1201] Auch *Walkenhorst* vermutet, dass der Erziehungsgedanke von den Vollzugsmitarbeitern oft eher als traditionelle, repressive Ahndung abweichend wahrgenommenen Verhaltens interpretiert werde.[1202] Daraufhin folgerte *Walter*, dass *„im Jugendstrafvollzug viel zu schnell und zu häufig, oft wegen geringfügiger Verstöße, nicht selten unter Nichtbeachtung des Verhältnismäßigkeitsgrundsatzes zu oft zu sehr einschneidenden Maßnahmen gegriffen werde, ohne dass davon ein nennenswerter Beitrag zur Erreichung des Erziehungsziels, häufig noch nicht einmal zur Hebung der Anstaltsdisziplin zu erwarten wäre."*[1203] Ein vollständiger Verzicht auf diese Sanktionsmöglichkeit innerhalb des Jugendstrafvollzugs ist allerdings sowohl nach Meinung der bayerischen Anstaltsleiter[1204] als auch nach Ansicht von *Arloth* *„unter den Bedingungen der geschlossenen Gesellschaft des Vollzugs Utopie"*.[1205]

Schließlich hob das BVerfG in seiner Entscheidung vom 31.5.2006 deutlich hervor, dass die Möglichkeit auf Pflichtverstöße der Gefangenen mit disziplinarischen Maßnahmen zu antworten, für die Aufrechterhaltung eines geordneten, zur Erfüllung seiner verfassungsrechtlichen Aufgaben fähigen Vollzugs unerlässlich sei.[1206]

Leider gibt das Urteil des BVerfG jedoch keine konkreten Vorgaben zur Ausgestaltung des Disziplinarwesen, d.h. aufgrund welchen Verhaltens Disziplinarmaßnahmen verhängt werden, welches Ziel damit verfolgt wird, welche Sanktionen überhaupt in Betracht kommen und in welchem Zusammenhang das Disziplinarwesen zur Erziehung, zur Konfliktschlichtung und

---

1200 Ostendorf, 2009a, 603; vgl. auch Walter, 1998, 184.

1201 Das Bundesjustizministerium führte in seiner Statistik bis zum Jahre 1996 die verhängten Disziplinarmaßnahmen für den Jugend- und Erwachsenenvollzug getrennt jeweils pro 100 Gefangene der Jahresdurchschnittspopulation auf; zitiert nach Ostendorf, 2008, Grdl. zu §§ 91-92 Rn. 5.

1202 Walkenhorst, DVJJ-J 1999, 253 m.w.N.

1203 Walter, MSchrKrim 1993, 273 f.

1204 Siehe Fragebogen JVA Ebrach, JVA Laufen-Lebenau, JVA Neuburg-Herrenwörth, JVA Aichach im Anhang.

1205 Arloth, 2008a, § 102 Rn. 2.

1206 BVerfG , NJW 2006, 2098; Ostendorf, 2009a, 590.

der Strafverfolgung steht.[1207] Das verwundert, weil der eigentliche Anlass dieses Urteils von der Anstaltsleitung verhängte Disziplinarmaßnahmen waren. Auch aufgrund der Tatsache, dass es hinsichtlich dieser Materie in der Praxis erhebliche Unterschiede gab[1208] und dass sie neben dem Freiheitsentzug des Vollzugs an sich die härtesten Maßnahmen darstellen, mit denen in Grundrechte eingegriffen wird, wären konkrete Ausführungen hierzu für eine annähernd einheitliche Handhabung in den Jugendstrafvollzugsanstalten hilfreich gewesen.

Im Zuge dessen äußerte jedoch das Schrifttum Kritik an der gesetzlichen Ausgestaltung von Disziplinarmaßnahmen, welches befürchtete, dass sich das förmliche Verfahren belastend auf die Erziehung der jungen Gefangenen auswirken könne und es stattdessen ausreiche, für die wirklich schwierigen Fälle das Strafrecht als letztes Mittel auszuschöpfen.[1209] Diese Befürchtungen spiegelten sich auch in mehreren Gesetzesentwürfen zu den Jugendstrafvollzugsgesetzen wider. So sahen einige Entwürfe die Sanktionsmöglichkeit der Disziplinarmaßnahmen überhaupt nicht vor,[1210] andere plädierten für eine Kombination aus Konfliktregelungs- und Ordnungsverfahren.[1211] Das vorgesehene förmliche Ordnungsverfahren sollte sich von einem Disziplinarverfahren dadurch unterscheiden, dass die Sanktionsmöglichkeiten eingeschränkt waren.[1212]

1207 Walter, NK 4/2005, 130 f.

1208 Die Gesamtzahlen der verhängten Disziplinarmaßnahmen im Freiheitsstrafvollzug sind zwar im langjährigen Längsschnitt weitgehend konstant geblieben. Große Schwankungen ergaben sich allerdings je nach Bundesland. So fällt auf, dass in Hamburg im Jahre 1995 beinahe dreimal so viele Disziplinarmaßnahmen (85,2) als in Bremen verhängt wurden (30,3); vgl. AK-Feest, 2006, vor § 102 Rn.2. Sogar Anstalten in einem Bundesland verfügen scheinbar über unterschiedliche Führungsstile, was Zahlen belegen, die mancherorts teilweise um das Doppelte oder gar Dreifache über denen anderer Anstalten eines Bundeslandes liegen; vgl. AK-Feest, 2006, vor § 102 Rn.2; auch Ostendorf, 2009a, 602. Im Ergebnis spricht folglich viel dafür, dass sowohl die Häufigkeit der Verhängung von Disziplinarmaßnahmen wie auch die Sanktionsschwere weniger vom individuellen Verhalten der Gefangenen abhängt als vielmehr vom landes- und anstaltsüblichen Sanktionierungsstil.

1209 Tondorf/Tondorf, ZJJ 2006, 246 f.

1210 So der Gesetzesentwurf der Linksfraktion PDS im Sächsischen Landtag (Drucks. 4/8622, §§ 44 und 45) und der Gesetzesentwurf der Fraktion die Linke im Landtag Brandenburg (Drucks. 4/5059, §§ 44 und 45).

1211 So der Gesetzesentwurf der Fraktion BÜNDNIS 90/Die Grünen im Sächsischen Landtag (Drucks. 4/8870, §§ 71 und 72).

1212 Ostendorf, 2009a, 591.

Trotz der geäußerten Kritik haben die Länder allesamt die Feststellung des BVerfG zur Notwendigkeit von Disziplinarmaßnahmen für die Aufrechterhaltung eines geordneten Strafvollzugs ernst genommen und sehen nun diese Sanktionsmöglichkeit in ihren Gesetzen vor.

Die folgenden Ausführungen enthalten die Darstellung der bayerischen Gesetzeslage, ihre Anordnungsvoraussetzungen und im Anschluss daran eine kritische Bewertung.

aa) Darstellung der Gesetzeslage

Der Bayerische Gesetzgeber hat die Disziplinarmaßnahmen für den Jugendstrafvollzug in Art. 156 BayStVollzG als subsidiäre Reaktionsmöglichkeit auf schuldhafte Pflichtverstöße junger Gefangener im Anschluss an die Vorschrift zu den erzieherischen Maßnahmen in Art. 155 BayStVollzG geregelt. Im Wesentlichen ergeben sich aber keine großen Unterschiede zu den bekannten Vorschriften der Nr. 87 VVJug und der §§ 102 ff. StVollzG des Freiheitsstrafvollzugs. Lediglich der Katalog der zulässigen Arten der Disziplinarmaßnahmen enthält teilweise kürzere Anordnungszeiten, um auf die Besonderheiten des Jugendstrafvollzugs Rücksicht zu nehmen, worauf in dieser Arbeit bei der Darstellung der einzelnen zulässigen Maßnahmen näher eingegangen wird.

Vergleicht man die bayerischen Ausführungen zu den Disziplinarmaßnahmen mit denen der übrigen Landesgesetze so fällt auf, dass das Anordnungsverfahren weitgehend einheitlich normiert wurde.[1213] Differenzen in den einzelnen Gesetzen bestehen jedoch darin, dass ein Teil der Gesetze Disziplinarmaßnahmen bei jedem schuldhaften Pflichtverstoß zulässt, der andere Teil die zu ahndenden Verstöße durch eine – mehr oder weniger abschließende – Auflistung in den jeweiligen Gesetzen bezeichnet.[1214] Der Bayerische Gesetzgeber hat die bekannte Lösung der Nr. 86 Abs. 2 VVJug und des § 102 Abs. 1 StVollzG beibehalten und lässt somit die Anordnung von Disziplinarmaßnahmen bei jedem Pflichtverstoß zu, wenn nicht Maßnahmen nach Art. 155 BayStVollzG ausreichen, vgl. Art. 156 Abs. 1 BayStVollzG (Subsidiarität der Disziplinarmaßnahmen). Einen Tatbestandskatalog findet man im BayStVollzG nicht.

Art. 156 Abs. 3 BayStVollzG enthält schließlich eine Aufzählung der zulässigen Disziplinarmaßnahmen. Die Arten der zulässigen Maßnahmen unterscheiden sich zum Teil erheblich in

---

1213 Vgl. auch Ostendorf, 2009a, 592.

1214 Die JStVollzG Bln. u.a. enthalten in § 83 Abs. 2 beispielsweise eine Auflistung der durch Disziplinarmaßnahmen zu ahndenden Pflichtverstöße.

den einzelnen Landesgesetzen.[1215] Dem Bayerischen Gesetzgeber dienten dabei offensichtlich die Kataloge der Nr. 87 VVJug und des § 103 Abs. 1 StVollzG als Maßstab, da die Bestimmungen des Art. 156 Abs. 3 BayStVollzG kaum von den herkömmlichen Maßnahmen abweichen. Die Ausführungen im BayStVollzG nehmen auf die Besonderheiten des Jugendstrafvollzugs lediglich insofern Rücksicht, als die zulässige Anordnungsdauer der einzelnen Maßnahmen teilweise kürzer ist als im StVollzG sowie in der Regelung zum Erwachsenenvollzug in Art. 110 Abs. 1 BayStVollzG.[1216]

Das BayStVollzG verzichtet allerdings im Rahmen des Jugendstrafvollzugs auf die allgemeine Disziplinarmaßnahme des Verweises,[1217] welcher noch Bestandteil des Katalogs der Nr. 87 VVJug war. Bei Pflichtverstößen, die im Strafvollzug mit einem Verweis geahndet werden können, handelt es sich überwiegend um leichtere bis mittlerer Verletzungen, wofür im Jugendstrafvollzug die flexiblere und jugendspezifischere Institution der erzieherischen Maßnahmen eingerichtet wurde. Auch das BVerfG führte in seinem Urteil vom 31.5.2006 aus, dass Disziplinarmaßnahmen lediglich bei fundamentalen Verstößen gegen grundlegende Regeln des vollzuglichen Zusammenlebens angewendet werden sollen, wobei der Verweis als verbale Missbilligung des Verhaltens als sanktionierende Reaktion unzureichend sei.[1218] Somit wurde der Verweis im Jugendstrafvollzug auch aufgrund der Subsidiarität der Disziplinarmaßnahmen überflüssig, vgl. Art. 156 Abs. 1 BayStVollzG.

Nach wie vor beibehalten wurde die allgemeine Maßnahme der Beschränkung oder des Entzugs der Verfügung über das Hausgeld und des Einkaufs, vgl. Art. 156 Abs. 3 Nr. 1 BayStVollzG. Aufgrund dessen, dass besonders im Jugendstrafvollzug im Hinblick auf den Erziehungsauftrag vermittelt werden soll, dass sich Arbeit und Ausbildung auch auszahlen, wirkt sich infolge dessen eine Beschränkung oder ein Entzug über die Verfügung des verdienten Geldes besonders bei den haftempfindlichen jungen Gefangenen belastend aus.[1219] Zudem verstärken Einschränkungen über das Hausgeld und des Einkaufs der Gefangenen zwangsläufig dessen Abhängigkeit von subkulturellen „Hilfsquellen".[1220] Insofern wurde die zulässige

1215 Vgl. zu den unterschiedlichen Arten der Disziplinarmaßnahmen die Auflistung der einzelnen Gesetze bei Ostendorf, 2009a, 592 ff.

1216 Eisenberg, 2009, § 92 Rn. 138.

1217 Arloth, 2008a, Art. 156 BayStVollzG Rn. 2.

1218 BVerfG, NJW 2006, 2098.

1219 Arloth, 2008a, Art. 156 BayStVollzG Rn. 2.

1220 Rieger, Zentralblatt für Jugendrecht 1981, 246.

Anordnungsdauer dieser Maßnahme von drei Monaten (so noch in Nr. 87 Abs. 1 Nr. 2 VVJug) auf höchstens zwei Monate verkürzt.

Art. 156 Abs. 3 Nr. 2 bis 6 BayStVollzG enthalten die speziellen Disziplinarmaßnahmen und entsprechen vollständig der Regelungen des Erwachsenenvollzugs in § 103 Abs. 1 Nr. 3-8 StVollzG sowie in Art. 110 Abs. 1 Nr. 3-7 BayStVollzG ohne Verkürzung der zulässigen Anordnungsdauer. Doch auch diese Sanktionen dürften die jungen Gefangenen besonders hart treffen, da der Medienkonsum (Nr. 2), der Besitz einzelner Gegenstände für die Freizeitbeschäftigung (Nr. 3), die gemeinsame Freizeitgestaltung (Nr. 4), Arbeit und Beschäftigung (Nr. 5) und Außenkontakte (Nr. 6) gerade für die Gefangenen im Vollzug große Bedeutung haben.[1221] Dies gilt es bei der Anordnung der Maßnahmen Nr. 2-6 von den Anstaltsleitern besonders zu beachten, so dass daher vergleichbare Pflichtverstöße junger Gefangener im Hinblick auf ihre Reifeverzögerung und besondere Haftempfindlichkeit oft „maßvoller“ zu bestrafen sind als im Erwachsenenvollzug.[1222]

Verzichtet wird nun allerdings auf die Regelung des § 103 Abs. 4 S. 1 StVollzG im Jugendstrafvollzug als auch im Erwachsenenvollzug, wonach die Maßnahmen der Nr. 3-8 des § 103 Abs. 1 StVollzG möglichst nur angewendet werden sollten, wenn die Verfehlung mit den zu beschränkenden oder zu entziehenden Befugnissen im Zusammenhang steht (sog. „Spiegelung“).[1223] Damit soll der Anstaltsleitung die Möglichkeit offen gelassen werden, Pflichtverstöße mit effektiveren Maßnahmen zu ahnden, von denen sich eher eine Verhaltensänderung erwarten lassen, auch wenn diese nicht im Zusammenhang mit der Pflichtverletzung stehen.

Als qualifizierte und schwerste Disziplinarmaßnahme sehen alle Landesgesetze wie auch schon das StVollzG und die VVJug den Arrest als ultima ratio vor. Im Gegensatz dazu verzichteten der GJVollz-E 2004 sowie der GJVollz-E 2006 bewusst gegen den Widerstand der Anstaltsleiter völlig auf diese Art der Sanktionierung.[1224]

Die vollzugliche Praxis begrüßt dagegen die Beibehaltung des Arrestes, als Maßnahme, die zwar besonders für junge Gefangene einschneidend ist, weil sie die freie Wahl des Aufenthaltsortes über den Zwang zum Aufenthalt in der Vollzugsanstalt hinaus erheblich weiter ein-

---

1221 Arloth, 2008a, Art. 156 BayStVollzG Rn. 3.

1222 Arloth, 2008a, Art. 156 BayStVollzG Rn. 3.

1223 Arloth, 2008a, Art. 156 BayStVollzG Rn. 4.

1224 Vgl. Ostendorf, NK 3/2006, 92; vgl. auch zusammenfassend die Liste der Argumente gegen eine Verhängung des Arrestes im Jugendstrafvollzug bei Walter, 1998, 236 ff.

schränkt,[1225] es jedoch auch für die völlig unbelehrbaren Gefangenen, die bereits in ihrer verfestigten Struktur leben und bei denen jeder erzieherische Ansatz scheitert, eine Möglichkeit geben muss, die übrigen Gefangenen vor deren Angriffe zu schützen.[1226] Aus diesem Grund ist der im BayStVollzG auf zwei Wochen begrenzte Arrest im Jugendstrafvollzug als ultima ratio verfassungsrechtlich unbedenklich. Denn das BVerfG selbst führte in seinem Urteil vom 31.5.2006 aus, dass Mitgefangene und andere potenzielle Betroffene nicht in der grundrechtlich gebotenen Weise geschützt wären, wenn Gefangene damit rechnen müssten, dass in Fällen wie dem körperlichen Angriff auf einen Mitgefangenen eine angemessene Reaktion ausbleibt.[1227] Die maximale Dauer des Arrestes von zwei Wochen, die bereits bisher nach Nr. 87 Abs. 1 Nr. 8 VVJug galt, wird im Vergleich zu Art. 110 Abs. 1 Nr. 8 BayStVollzG von vier Wochen im Erwachsenenvollzug als ausreichend im Hinblick auf die erhöhte Haftempfindlichkeit junger Gefangener erachtet.[1228]

Nach Art. 156 Abs. 4 BayStVollzG gelten die Regelungen des Erwachsenenvollzugs für das Verfahren und die Ausgestaltung der Disziplinarmaßnahme entsprechend. Lediglich die Höchstfrist zur Aussetzung zur Bewährung nach Art. 111 Abs. 2 BayStVollzG beträgt drei Monate, welche aus Nr. 88 Abs. 2 VVJug übernommen wurde.

bb) Anordnungsvoraussetzungen

Aus der Darstellung der Gesetzeslage ergeben sich bereits teilweise die Voraussetzungen der Anordnung einer Disziplinarmaßnahme.

(1) Formelle Voraussetzungen

Für die Anordnung einer Disziplinarmaßnahme ist der Anstaltsleiter zuständig, in dessen Anstalt die Pflichtverletzung seitens des Gefangenen begangen wurde, vgl. Art. 156 Abs. 1 BayStVollzG. Daraus wird die besondere Bedeutung, die den Disziplinarmaßnahmen beigemessen wird, erkennbar.[1229] Richtet sich der Verstoß allerdings gegen die Anstaltsleitung selbst, so ist deren Aufsichtsbehörde für die Entscheidung über die Anordnung der Disziplinarmaßnahme zuständig. In diesem Fall ist zu begrüßen, dass eine sachfremde Institution den

1225 Ostendorf, 2009a, 633.
1226 Arloth, 2008a, Art. 156 BayStVollzG Rn. 5.
1227 BVerfG, NJW 2006, 2098.
1228 Arloth, 2008a, Art. 156 BayStVollzG Rn. 5.
1229 Ostendorf, 2009a, 610.

Sachverhalt beurteilt, da ansonsten der Anstaltsleiter in eigener Sache entscheiden müsste und so der Eindruck der Befangenheit nahe stünde.[1230]

Zur Sachverhaltsaufklärung muss der schuldhafte Pflichtverstoß dem Gefangenen in einem rechtsstaatlichen Verfahren nachgewiesen werden.[1231] Die bekannten Regelungen nach § 106 StVollzG wurde dabei vollständig, auch für den Jugendstrafvollzug, übernommen, vgl. Art. 156 Abs. 4 i.V.m. Art. 113 BayStVollzG. Das Disziplinarverfahren wird regelmäßig durch eine Anzeige eines Vollzugsmitarbeiters eingeläutet. Anschließend ist der Sachverhalt unter Anhörung des betroffenen Gefangenen umfassend aufzuklären, wobei der Amtsermittlungsgrundsatz gilt. Dem Gefangenen ist zu eröffnen, was ihm zur Last gelegt wird und ob er zur Sache aussagen oder vom seinem Schweigerecht Gebrauch machen will.[1232] Unterbleibt diese Belehrung, so ist die Aussage des Gefangenen aufgrund des strafähnlichen Charakters[1233] der Disziplinarmaßnahme entsprechend der §§ 163 a Abs. 4 S. 2, 136 Abs. 1 S. 2 StPO unverwertbar, es sei denn der Gefangene kannte sein Recht zu Schweigen auch ohne Belehrung. Nicht geregelt wurde die Frage, ob sich der Gefangene eines Verteidigers bedienen darf und ob er diesbezüglich zu belehren ist. Aufgrund des strafähnlichen Charakters[1234] des Disziplinarverfahrens und da es sich bei der Heranziehung eines Verteidigers um ein elementares Recht des Beschuldigten handelt muss dies gerade im Jugendstrafvollzug ebenfalls gelten.[1235]

Besondere Verfahrensvorschriften ergeben sich zum einen dann, wenn der Anstaltsleiter über schwere Verstöße urteilen muss. So soll sich nach Art. 156 Abs. 4, 113 Abs. 2 BayStVollzG der Anstaltsleiter bei schweren Verstößen vor der Entscheidung in einer Konferenz mit Personen besprechen, die bei der Behandlung des Gefangenen mitwirken.[1236] Zum anderen ist vor der Anordnung einer Disziplinarmaßnahme gegen einen Gefangenen, der sich in ärztlicher Behandlung befindet oder gegen eine Schwangere oder eine stillende Mutter der Anstaltsarzt zu hören, Art. 156 Abs. 4, 113 Abs. 2 Satz 2 BayStVollzG.[1237]

1230 Ostendorf, 2009a, 610.
1231 Laubenthal, 2011, Rn. 733.
1232 Arloth, 2008a, § 106 Rn. 2.
1233 BVerfG, NStZ 1994, 357.
1234 BVerfG, NStZ 1994, 357.
1235 Arloth, 2008a, § 106 Rn. 2.
1236 Ostendorf, 2009a, 614.
1237 Ostendorf, 2009a, 614.

Nach Abschluss der Entscheidungsfindung ist dem Gefangenen das Ergebnis vom Anstaltsleiter mündlich zu eröffnen und kurz schriftlich zu begründen, Art. 156 Abs. 4 BayStVollzG.

(2) Materielle Voraussetzungen

Da das BayStVollzG die Vorschrift des StVollzG und der VVJug übernimmt, enthält auch die Regelung im Jugendstrafvollzug zur Anordnung von Disziplinarmaßnahmen keinen Tatbestandskatalog. So ist die Anordnung bei jedem tatbestandsmäßigen und schuldhaften Verstoß gegen Pflichten, welche dem Gefangenen durch das BayStVollzG oder aufgrund des BaySt-VollzG auferlegt wurden, zulässig. Ob dies verfassungsrechtlichen Gründen und internationalen Verpflichtungen zum Jugendvollzug genügt, wird in den folgenden Ausführungen diskutiert und bewertet.

Für eine Disziplinarmaßnahme besteht die zweite Voraussetzung, dass eine *„Erziehungsmaßnahme nicht ausreicht"*. Wofür sie *„nicht ausreicht"* enthält Art. 156 BayStVollzG nicht explizit. Aus dem Zusammenhang mit Art. 155 Abs. 1 BayStVollzG zu schließen, dürfte damit in jedem Fall die Erreichung des in Art. 155 Abs. 1 BayStVollzG genannten Zwecks gemeint sein, d.h. *„geeignet"* zu sein, den Gefangenen *„ihr Fehlverhalten bewusst zu machen"*. Dies bedeutet für Erziehungsmaßnahmen also einen spezialpräventiven Ahndungszweck. In den Fällen, in denen eine Erziehungsmaßnahme schon spezialpräventiv betrachtet nicht ausreichend wäre, kann also immer eine Disziplinarmaßnahme verhängt werden.

Außerdem gibt es Fälle, in denen der Täter zwar völlig einsichtig ist, sein Fehlverhalten ihm mit bloßen Erziehungsmaßnahmen also durchaus zu vermitteln wäre und es daher, wenn man nur rein spezialpräventiv denkt, keiner Disziplinarmaßnahmen bedürfte, in denen es aber aus anderen Gründen i.S.d. Art. 156 Abs. 1 BayStVollzG absolut *„nicht ausreichend"* wäre, nur mit Erziehungsmaßnahmen zu reagieren. Bei objektiv schweren Vorfällen, die sich dann auch unter den übrigen Gefangenen einer Anstalt meist sofort herumsprechen ist es erforderlich, analog den allgemeinen Strafzwecken zu verfahren und auch disziplinarisch generalpräventive Zwecke und den Zweck der Verteidigung der (anstaltsinternen) Rechtsordnung zu berücksichtigen.[1238]

Ob im spezialpräventiven oder im generalpräventiven Sinne eine Maßnahme ausreicht oder nicht, ist in Art. 156 Abs. 1 BayStVollzG folglich ein objektives Merkmal und ein unbe-

1238 Laut Auskunft der Leitung der JVA Ebrach.

stimmter Rechtsbegriff. Der nach Art. 155 Abs. 2 bzw. Art. 156 Abs. 4, 112 BayStVollzG Zuständige wird in diesem Punkt wohl aber einen gewissen Beurteilungsspielraum haben.[1239] Wie weit dieser Spielraum geht, wird von der Rechtsprechung sicher noch herausgearbeitet werden. Bisher sind keine betreffenden Entscheidungen bekannt.

Zu beachten gilt, dass im Falle des Vorliegens von Rechtfertigungs- und Entschuldigungsgründen keine Disziplinarmaßnahmen angeordnet werden dürfen, obwohl eine Rechtswidrigkeitsstufe, wie es sie im Strafrecht gibt, dem Gesetzeswortlaut des § 102 StVollzG wie auch den Art. 109, 155, 156 BayStVollzG für den disziplinarischen Deliktsaufbau nicht zu entnehmen ist.

Daneben steht die Anordnung auch beim Vorliegen eines schuldhaften Pflichtenverstoßes immer im pflichtgemäßen Ermessen des Anstaltsleiters (Kann-Vorschrift).[1240] Dabei ist weder in Art. 155 Abs. 1 S. 1 BayStVollzG noch in Art. 156 Abs. 1 BayStVollzG das Rechtsfolgeermessen etwa als bloßes Auswahlermessen ausgestaltet, also etwa nur unter den in Art. 155 Abs. 1 S. 2 bzw. in Art. 156 Abs. 3 BayStVollzG aufgezählten Alternativen wählen zu können, aber grundsätzlich eine dieser Maßnahmen verhängen zu müssen. Vielmehr ist es möglich, selbst wenn ein tatbestandsmäßiger, schuldhafter Pflichtverstoß vorliegt, überhaupt keine Maßnahme nach Art. 155 oder 156 BayStVollzG zu ergreifen, also auf den Vorfall gar nicht oder mit ganz anderen rechtlichen Maßnahmen zu reagieren, insbesondere mit allgemeinen Sicherungsmaßnahmen (z.B. Art. 138 Abs. 3 Nr. 3 BayStVollzG) oder mit besonderen Sicherungsmaßnahmen (Art 154 i.V.m. 96 ff. BayStVollzG). Auch wenn in Art. 156 BayStVollzG nicht ausdrücklich der Art. 109 Abs. 2 BayStVollzG für anwendbar erklärt wird, wird dennoch in der Praxis im Rahmen des Ermessensspielraums häufig das Verfahren eingestellt und der Gefangene wird nur verwarnt.[1241]

cc) Bewertung

Entgegen der ablehnenden Meinung des Schrifttums zeigte vor allem die Praxis, dass Disziplinarmaßnahmen eine sinnvolle und auch notwendige Einrichtung zur Sanktionierung von Pflichtverstößen der Gefangenen darstellen können, soweit es sich bei den erfassten Verstößen um Verhaltensregeln handelt, die für einen geordneten Anstaltsbetrieb erforderlich sind.

1239 Laut Auskunft der Leitung der JVA Ebrach.

1240 Arloth, 2008a, Art. 156 BayStVollzG Rn. 1.

1241 Laut Auskunft der Leitung der JVA Ebrach.

Gerade auch im Hinblick auf die Entscheidung des BVerfG vom 31.5.2006 ist es oftmals zur Erfüllung eines geregelten Anstaltslebens unerlässlich, auf Pflichtverstöße junger Gefangener mit disziplinarischen Maßnahmen zu antworten.[1242] Gefangene sollen eben nicht darauf hoffen, dass beispielsweise im Fall eines körperlichen Angriffs auf einen Mitgefangenen eine angemessene Sanktionierung ausbleibt. Disziplinarische Maßnahmen stellen vielmehr einen verfassungsrechtlich gebotenen Schutz für Mitgefangene und andere potentielle Betroffene dar und zwar in den Fällen, in welchen erzieherische Maßnahmen nicht mehr ausreichen würden. Insofern kommt die Anordnung von Disziplinarmaßnahmen ohnehin nur subsidiär zum Einsatz. Das daneben zur Verfügung stehende Instrumentarium des Strafrechts wird im Vollzug allgemein recht wenig in Anspruch genommen, so dass Strafanzeigen lediglich in etwa einem Drittel der Fälle gestellt werden.[1243]

Zur gesetzlichen Ausgestaltung ist anzumerken, dass sich die bayerischen Regelungen kaum von den bekannten Vorschriften der §§ 102 ff. StVollzG und der Nr. 86 Abs. 2, Nr. 87 VVJug unterscheiden. Lediglich in den Vorschriften zum Jugendstrafvollzug wurde die zulässige Anordnungsdauer einzelner Maßnahmen verkürzt, um auf die Besonderheiten des Jugendstrafvollzugs Rücksicht zu nehmen. So findet sich auch die Regelungstechnik in Form einer Generalklausel wieder, welche bestimmt, dass Disziplinarmaßnahmen dann angeordnet werden können, wenn der Gefangenen schuldhaft gegen Pflichten verstößt, die ihm durch das BayStVollzG oder aufgrund dieses Gesetzes auferlegt sind.

Aus verfassungsrechtlichen Gründen[1244] wäre zwar eine konkretere Ausformulierung derjenigen Pflichtverstöße, die eine Disziplinarmaßnahme nach sich ziehen können, gerade im Jugendstrafvollzug – wie dies auch einige Landesgesetze vorsehen –[1245], erfreulicher gewesen. Doch es muss auch berücksichtigt werden, dass nicht jede Situation, die einen Eingriff in Grundrechte zur Folge hat, vorab gesetzlich geregelt werden kann und es dafür eine Generalermächtigung geben muss. Ohne diese Öffnungsklausel entstünden ansonsten gesetzliche Lü-

1242 BVerfG, NJW 2006, 2098.

1243 Ostendorf, 2009a, 600.

1244 So fordert die UN-Rule Nr. 68 die nationalen Gesetzgeber auf, das Verhalten zu definieren, welches einen Disziplinarverstoß darstellt. Disziplinarmaßnahmen müssen daneben dem Ziel dienen, ein Gefühl für Gerechtigkeit eines jeden zu vermitteln, was voraussetzt, dass im vornherein soweit wie möglich klar sein muss, nach welchem Verhalten die Anordnung einer disziplinarischen Maßnahme erfolgt.

1245 Vgl. beispielsweise § 83 Abs. 2 JStVollzG Bln u.a., § 92 Abs. 2 JStVollzG LSA.

cken, die leicht von den Gefangenen erkannt und für deviantes Verhalten ausgenutzt werden, was wiederum eine Gefährdung der Sicherheit und Ordnung der Anstalt zu Folge hat.

Zudem zeigten die Gesetzesauslegungen der bayerischen Anstaltsleiter, dass diese keineswegs bei jedem schuldhaften Pflichtverstoß eine Disziplinarmaßnahme zulassen. Zum einen wird in der bayerischen Vollzugspraxis eine sorgfältige Unterscheidung der erzieherischen Maßnahmen von den Disziplinarmaßnahmen vorgenommen, zum anderen besteht trotz Vorliegens der Anordnungsvoraussetzungen keine Rechtspflicht, auf jeden schuldhaften Pflichtverstoß mit disziplinarischen Maßnahmen zu reagieren. Es besteht auch dann vielmehr eine Ermessensentscheidung.[1246]

Enumerativ und abschließend aufgelistet wurden allerdings die Arten der disziplinarischen Maßnahmen, die vom Anstaltsleiter angeordnet werden können. Wie bereits angesprochen, ergeben sich diesbezüglich keine großen Unterschiede zur vormaligen Regelung im StVollzG und in den VVJug. Allerdings strich der Bayerische Gesetzgeber die Maßnahme des Verweises im Jugendstrafvollzug, da hierfür das Instrumentarium der erzieherischen Maßnahmen zur Verfügung steht. In der Anordnungsdauer verkürzt wurden lediglich die Beschränkung oder der Entzug der Verfügung über das Hausgeld und des Einkaufs von drei auf zwei Monaten, vgl. Art. 156 Abs. 3 Nr. 1 BayStVollzG. Bei der Anordnung dieser Maßnahme gilt es allerdings zu beachten, dass der Erwerb von Waren (meist von dem selbst verdienten Geld) innerhalb der Anstalt, besonders bei den jungen Gefangenen einen hohen Stellenwert besitzt. Wird dieser nun für einige Zeit verboten, so wächst die Gefahr der „subkulturellen Hilfsbeschaffung“, was bei der Anordnung besonders zu berücksichtigt werden sollte, so dass den Gefangenen wenigstens ein gewisser Grundbetrag erhalten bleibt.[1247]

Besonders hart dürfte die jungen Gefangenen auch Art. 156 Abs. 3 Nr. 4 BayStVollzG treffen, wonach die getrennte Unterbringung während der Freizeit bis zu vier Wochen angeordnet werden kann. Die getrennte Unterbringung während der Freizeit bedeutet im Ergebnis inhaltlich das Gleiche wie die sog. „Türsperre“, die in der Regel als erzieherische Maßnahme angeordnet wird. Unterschiede ergeben sich jedoch im Anlass der Anordnung und der Dauer der Maßnahmen. Die getrennte Unterbringung während der Freizeit hat eine soziale Isolierung zur Folge, da sich derjenige Gefangene nur noch während der Arbeits- oder Schulzeit in Ge-

1246 Siehe Fragebögen JVA Ebrach im Anhang; vgl. auch vorherige Ausführungen zu „materielle Voraussetzungen“.

1247 Laut Auskunft der Leitung der JVA Ebrach.

meinschaft aufhalten darf. Hauptsächlich an Wochenenden kommt diese Art der Disziplinierung daher dem Arrest sehr ähnlich, welcher allerdings nur bei äußerst schweren Pflichtverstößen zur Anwendung gelangt.[1248] In diesem Zusammenhang ist zu begrüßen, dass im BayStVollzG auf eine „Spiegelung" des Pflichtverstoßes und der folgenden Maßnahme verzichtet wird, so dass es vorteilhafter erscheint, Verfehlungen während des Freizeitbereichs nicht unbedingt mit Art. 156 Abs. 3 Nr. 4 BayStVollzG zu ahnden.

Die Maßnahme des Art. 156 Abs. 3 Nr. 5 BayStVollzG, welche die zugewiesene Arbeit oder Beschäftigung bis zu vier Wochen unter Wegfall der in diesem Gesetz geregelten Bezüge entzieht, mag auf den ersten Blick befremden. Denn meistens liegen Fälle der Arbeitspflichtverletzung (Art. 123 Abs. 3 bzw. Art. 43 BayStVollzG) zugrunde. Es scheint keinen Sinn zu geben, einem Gefangenen, der die Arbeit ohnehin verweigert oder unzureichend erfüllt, diese auch noch per Disziplinarmaßnahme zu entziehen. Jedoch trügt dieser erste Blick. Denn die Disziplinarmaßnahme führt dazu, dass der Gefangene, der meist nur bestimmte Arbeiten in einem bestimmten Betrieb nicht verrichten wollte, nun auch andere Arbeiten in anderen Betrieben während des Laufes der Disziplinarmaßnahme nicht zugewiesen erhält, selbst wenn er insofern arbeitswillig und ein Platz vorhanden wäre.[1249]

Weiterhin ist mit der Verhängung die Feststellung getroffen, dass er mindestens für die Dauer der disziplinarischen Arbeitsentziehung nun in schuldhafter Hinsicht ohne Arbeit, damit auch schuldhaft ohne das Arbeitsentgelt nach Art. 46 Abs. 1 BayStVollzG und folglich schuldhaft ohne das Hausgeld ist, das nach Art. 50 BayStVollzG aus dem Arbeitsentgelt gebildet werden würde. Diese schuldhafte Einkommenslosigkeit würde zwar auch allein durch die Arbeitsverweigerung als solche eintreten, dauert aber infolge der verhängten Laufzeit der Disziplinarmaßnahme (bis zu vier Wochen) an, selbst wenn es sich der Betreffende kurz nach der Verweigerung wieder anders überlegt und sich eine anderweitige Beschäftigungsmöglichkeit für ihn kurzfristig auftun sollte. Zudem wirken sich die Feststellung der Schuldhaftigkeit und die Dauer des Arbeitsentzuges negativ auf die Verfügbarkeit anderer Gelder und auf andere Geld-Ansprüche aus. Denn im Sinne des Art. 24 Abs. 3 BayStVollzG (i.V.m. Art. 121 BayStVollzG) ist der Betreffende nun mit eigenem Verschulden ohne Hausgeld, kann also ersatzweise auch von seinem Eigengeld (Art. 150 i.V.m. Art. 52 BayStVollzG) keine Einkäufe beim Kaufmann tätigen und erfüllt nicht die Taschengeldvoraussetzungen des Art. 54

1248 Laut Auskunft der Leitung der JVA Ebrach.

1249 Laut Auskunft der Leitung der JVA Ebrach.

BayStVollzG (i.V.m. Art. 149 Abs. 3 BayStVollzG), schon weil er auch hierfür ohne eigenes Verschulden arbeitslos sein müsste. Die Disziplinarmaßnahme ist, was die Schuldfeststellung an der momentanen Nichtbeschäftigung betrifft, also zwar nur deklaratorischer Art, trifft insofern aber eine klare Aussage und bewirkt damit Rechtssicherheit über den Status des Gefangenen und sie bedeutet eine klare Mindestdauer dieses „Schuldhaft-Statuses“.[1250]

Meistens ist der Gefangene aber auch nach Ablauf der Disziplinarmaßnahme noch nicht sofort wieder in Arbeit, sodass der Status des schuldhaften Nichtbeschäftigtseins mit den Auswirkungen auf Eigen- und Taschengeld zwar weiterläuft, er sich aber von nun an um eine Neueinteilung bemühen kann. Tut er das, kann ihm aber dennoch keine neue Arbeit mehr zugewiesen werden, wird er nach der bayerischen Vollzugspraxis spätestens vier Wochen nach Ende der Disziplinarmaßnahme vom Status eines aus eigenem Verschulden Arbeitslosen umgebucht auf den Status „Ohne-Arbeit-ohne-Verschulden“ und hat dann die Ansprüche aus Art. 24 Abs. 3 und ggf. Art. 54 BayStVollzG.[1251] Zurückhaltend sollte diese Maßnahme allerdings in den Fällen angewendet werden, in denen es zu Streitigkeiten in der Schule oder am Arbeitsplatz gekommen ist, ohne dass diesen eine Arbeitsverweigerung zugrunde liegt. Dies könnte sich vielmehr kontraproduktiv auf das zukünftige Lern- und Arbeitsverhalten auswirken, da die Gefangenen in ihrem späteren Leben ebenfalls mit Schwierigkeiten in der Schule oder am Arbeitsplatz zu kämpfen haben werden. In diesen Fällen muss es gerade ein Anliegen sein, das richtige Verhalten in solchen Situationen mit Hilfe sozialpädagogischer oder psychologischer Unterstützung einzuüben und zu erlernen.[1252]

Dem Vollzugsziel, ein zukünftiges straffreies Leben in Freiheit zu führen, dürfte Art. 156 Abs. 3 Nr. 6 BayStVollzG zuwiderlaufen, welcher den Verkehr mit Personen außerhalb der Anstalt auf dringende Fälle bis zu drei Monaten beschränkt. Diese Art der Disziplinarmaßnahme wird deshalb in den Anstalten seit jeher unterschiedlich angewandt. In manchen Anstalten, so auch in der JVA Ebrach, wird sie fast überhaupt nicht verhängt, außer es geht um einen Vorfall, der sich gerade beim Besuch ereignete.[1253]

Zwar wurde vom Bayerischen Gesetzgeber mit dem BayStVollzG erfreulicherweise die bisherige Vorschrift aufgegeben, nach der die Art der Disziplinarmaßnahme mit der Art des Vor-

1250 Laut Auskunft der Leitung der JVA Ebrach.
1251 Laut Auskunft der Leitung der JVA Ebrach.
1252 Laut Auskunft der Leitung der JVA Ebrach.
1253 Siehe Fragebogen JVA Ebrach im Anhang.

falls *„möglichst in Zusammenhang stehen soll"* (§ 103 Abs. 4 Satz 1 StVollzG). Jedoch sind bei der sog. Besuchssperre oder Schreibsperre auch mehrere Probleme zu sehen. Zum einen werden die Angehörigen gleich mit bestraft. Zum anderen ist zu bedenken, dass gerade die häufig in Disziplinarverfahren Sitzenden allgemein problematische, verhaltensauffällige Gefangene sind und auf familiäre Kontakte stärker angewiesen sein können als andere, weniger auffällige Gefangene. Schließlich ist zu berücksichtigen, dass das Vorliegen *„dringender Fälle"*, die ja eine Ausnahme von der Disziplinarmaßnahme bilden, dann bei jedem Besuch, der bevorsteht und bei jedem Brief, den der Gefangene hinaus schreibt oder der für den Gefangenen eingeht, während des Laufs der Disziplinarmaßnahme einzeln und eingehend zu prüfen ist, da nicht eindeutig klar ist, was unter „dringende Fälle" zu verstehen ist. Hierbei werden von den Angehörigen und vom Gefangenen selbst voraussichtlich sehr häufig Fälle einer Dringlichkeit bejaht und behauptet werden, was einen nicht unerheblichen Überprüfungsaufwand nach sich ziehen kann, wenn gerade eine Fülle von Besuchen und Briefen anfallen sollte.[1254]

Zudem widerspricht diese Maßnahme der Forderung des BVerfG vom 31.5.2006, Familienbeziehungen aus der Haft heraus zu pflegen.[1255] Eine dementsprechende Ausnahme für den Bereich der Angehörigen macht das BayStVollzG nämlich nicht. Danach hat jeder Jugendliche das Recht, mindestens zweimal pro Woche mit einer Person seiner Wahl in briefliche oder fernmündliche Verbindung zu treten, sofern keine gesetzlichen Einschränkungen gelten. Aus diesen Gründen wird die disziplinarische Maßnahme der Beschränkung des Verkehrs außerhalb der Anstalt von den meisten Landesgesetzen bewusst nicht aufgeführt.[1256]

Schließlich enthält das BayStVollzG – wie auch alle übrigen Landesgesetze – die disziplinarische Maßnahme des Arrestes bis zu zwei Wochen, vgl. Art. 156 Abs. 3 Nr. 7. Über dessen Notwendigkeit im Jugendstrafvollzug gibt es unterschiedliche Auffassungen. Während die Praxis diese Maßnahme angesichts der Arten, Schwere und Häufigkeit von Disziplinarwidrigkeiten als dringend notwendig und ausgesprochen sinnvoll ansieht, weil es immer wieder Gefangene gebe, die sich durch leichtere Disziplinarmaßnahmen nicht beeindrucken ließen und ansonsten kein Schutz für die übrigen Mitgefangenen vorhanden wäre, plädiert das Schrifttum

1254 Laut Auskunft der Leitung der JVA Ebrach.

1255 BVerfG, NJW 2006, 2096.

1256 Vgl. etwa Begründung zu § 83 JStVollzG Bln u.a.

für die Abschaffung des Arrestes im Jugendstrafvollzug im Hinblick auf die besondere Empfindlichkeit der jungen Gefangenen für diese Art der Maßnahme.[1257]

Darüber hinaus stehe der Arrest im Konflikt mit Nr. 67 der Regeln der Vereinten Nationen zum Schutz von Jugendlichen unter Freiheitsentzug.[1258] In Anbetracht der Tatsache, dass es immer wieder sanktionsunempfindliche Gefangene gibt, die gleichwohl gewalttätige Verhaltensweisen gegen Mitgefangene (Subkultur, Unterdrückung Schwächerer durch Stärkere, Erpressung und Raub bzgl. Einkaufsware) oder Bedienstete an den Tag legen, ist es berechtigt, die Maßnahme des Arrestes für solche Gefangene als ultima ratio in das Gesetz mit aufzunehmen. Derartige Vorfälle kommen auch im Jugendstrafvollzug vor, sind als schwere Vorfälle einzustufen und bedürfen einer bereits zur Generalprävention vorzunehmenden Ahndung durch eine deutlich sichtbare Reaktion auf massives Unrecht.[1259]

Bei der Anordnung dieser schweren Disziplinarmaßnahme müssen aber auch immer die Mindeststandards einer menschenwürdigen Behandlung beachtet werden, so dass dem im Arrest befindlichen Gefangenen Lesestoff in religiöser Hinsicht immer bereitzustellen ist, weiterer Lesestoff auf separaten Antrag hin in angemessenem Umfang. Während des Arrestes darf er auch weiterhin Besuche erhalten (er wird dann in den Besuchsraum verbracht) und erhält stets Schreibmaterial, also Papier, Umschläge usw., da er in der Regel weiterhin Briefe schreiben darf und in jedem Fall zu dem Zweck, dass er seine schriftlichen Rechtsschutzmöglichkeiten wahrnehmen kann. Zudem ist ihm täglich mindestens eine Stunde Aufenthalt im Freien zu gestatten,[1260] vgl. Art. 156 Abs. 4 nach Art. 111 BayStVollzG.

Zusammenfassend kann festgehalten werden, dass auf die Institution der Disziplinarmaßnahmen auch im Jugendstrafvollzug nicht verzichtet werden kann, da es ansonsten keine Reaktionsmöglichkeit gibt, auf schwerere Pflichtverstöße junger Gefangener zu antworten. Ein Schutz der Gefangenen vor Übergriffen von Mithäftlingen wäre so nicht mehr gegeben. Die gesetzliche Ausgestaltung der disziplinarischen Maßnahmen im BayStVollzG, welche doch stark den bekannten Vorschriften aus dem StVollzG und der VVJug ähneln, berücksichtigt allerdings nicht immer die jugendtypischen Besonderheiten. Die Probleme, die das Schrifttum im fehlenden Tatbestandskatalog sah, bewahrheiteten sich erfreulicherweise in der Praxis

1257 Ostendorf, 2009a, 633.

1258 Arloth, 2008a, Art. 156 BayStVollzG Rn. 5.

1259 Laut Auskunft der Leitung der JVA Ebrach.

1260 Ostendorf, 2009a, 634.

nicht. Allerdings gibt es teilweise an den Arten der möglichen Disziplinarmaßnahmen nach den obigen Ausführungen einiges zu bemängeln. Der allgemeine Umgang mit der Anordnung von Disziplinarmaßnahmen sollte daher von der Anstaltsleitung immer maßvoll betrieben werden und bedarf darüberhinaus besonderes „Fingerspitzengefühl“, welche Disziplinarmaßnahme am wenigsten einschneidend für den jeweiligen Gefangenen ist.

h) Rechtsschutz beim Vollzug der Jugendstrafe

Die nachfolgenden Ausführungen enthalten zum einen die wichtige – bundesverfassungsgerichtlich geforderte – Neugestaltung des gerichtlichen Rechtsschutzes beim Vollzug der Jugendstrafe nach dem nun geltenden § 92 JGG n.F. sowie die daran anknüpfende Möglichkeit der Rechtsbeschwerde nach § 92 Abs. 1 JGG n.F. i.V.m. § 116 ff. StVollzG, die vollzugsinterne Kontrollmöglichkeit der Beschwerde zum Anstaltsleiter nach Art. 122 i.V.m. Art. 115 BayStVollzG und den verfahrensunabhängigen Rechtsbehelf der Dienstaufsichtsbeschwerde.

Außen vor bleiben müssen allerdings die weiteren Rechtsbehelfe und Rechtsmittel des Gnadengesuchs und der Petition (Art. 17 GG), angesichts des Themenkomplexes dieser Arbeit auch der breite Bereich der Rechtsmittel bei der Vollstreckung der Jugendstrafe, die zahlreichen Möglichkeiten einer informellen Konfliktlösung, welche ohne Zweifel die vorzugswürdigste Art der Streitschlichtung im Jugendstrafvollzug darstellen sowie die Verfassungs- und Menschenrechtsbeschwerde.[1261]

aa) Antrag auf gerichtliche Entscheidung, § 92 JGG n.F.

(1) Vorgaben des BVerfG

Nachdem der junge Gefangene im Jugendstrafvollzug bis zum Ablauf des Jahres 2007 gegen eine ihn betreffende Maßnahme der Vollzugsbehörde nur gerichtlichen Rechtsschutz nach den doch recht entlegenen §§ 23 ff. EGGVG mit Zuständigkeit zum OLG beschreiten konnte,[1262] steht ihm seit dem 1.1.2008 durch Neufassung der Regelung des § 92 JGG im Zuge des Zweiten JGG-ÄndG eine grundsätzlich einfachere Möglichkeit der Wahrnehmung des gerichtlichen Rechtswegs gegen Vollzugsmaßnahmen zur Verfügung, worauf in den nachfolgenden Ausführungen näher eingegangen wird.

1261 Auf die ausführliche Darstellung dieser weiteren Rechtsschutzmöglichkeiten bei Kamann, 2009 a, 74 ff. wird verwiesen.

1262 Zur alten Rechtslage der §§ 23 ff. EGGVG siehe bereits obige Ausführungen zu Punkt C.I.1.d.

Die Einführung dieser Norm und die damit verbundene Vereinfachung des gerichtlichen Rechtswegs sind im Zusammenhang mit der Entscheidung des BVerfG vom 31.5.2006[1263] zu sehen, in welcher die Karlsruher Richter entscheidende Feststellungen trafen und Vorgaben an den Gesetzgeber zur entsprechenden Ausgestaltung im Jugendstrafvollzug gaben.[1264] In diesem Zusammenhang ist auch die kriminologische Erkenntnis anzuführen, dass die jungen Gefangenen zu Zeiten der geltenden Rechtsschutzregelungen der §§ 23 ff. EGGVG weitaus weniger als die Erwachsenen im Freiheitsvollzug den gerichtlichen Rechtsweg beschritten.[1265] Auch die Befragung der Anstaltsleitung der JVA Ebrach zu diesem Punkt ergab, dass in der Zeit vom 15.9.2004 bis zum 1.1.2008 – und damit in 3 ¼ Jahren – nur ein Gefangener einen Antrag gemäß §§ 23 ff. EGGVG an das OLG Bamberg stellte.[1266]

(2) Bundeseinheitlich gesetzlich geregelter gerichtlicher Rechtsschutz

Im Zuge der sog. „Föderalismusreform" wurde – wie bereits aufgeführt –[1267] die Gesetzgebungskompetenz für den Strafvollzug und damit auch für den Jugendstrafvollzug vom Bund auf die Länder übertragen. Die Zuständigkeit für die Gerichtsverfassung und folglich auch für den Rechtsschutz der Gefangenen verblieb allerdings beim Bund, da dieser Bereich als zum gerichtlichen Verfahren i.S.v. Art. 74 Abs. 1 Nr. 1 GG gehörend und daher als Bestandteil der konkurrierenden Gesetzgebungskompetenz angesehen wird. Davon machte der Bund durch Einführung des gerichtlichen Rechtsschutzes im Jugendstrafvollzug mit dem Zweiten Gesetz zur Änderung des Jugendgerichtsgesetzes und anderer Gesetze vom 13.7.2007[1268] in § 92 JGG n.F. Gebrauch. Der zwischenzeitlich vom baden-württembergischen Landesgesetzgeber angenommenen Annexkompetenz der Länder auch für die Gerichtsverfassung[1269] wurde somit der Boden entzogen.

1263 BVerfG, NJW 2006, 2093 ff.

1264 Auf die obigen Ausführungen in Punkt C.II.2.d. wird verwiesen.

1265 Vgl. dazu das Ergebnis von Feest/Lesting/Selling, welche der Frage nach der Effektivität des gerichtlichen Rechtsschutzes nachgingen und ursprünglich auch die Anzahl der Verfahren von Jugendgefangenen nach §§ 23 ff. EGGVG in ihre Untersuchung aufnehmen wollten. Sie mussten schließlich feststellen, dass sich nicht genügend Verfahren ermitteln lassen konnten, schon gar nicht solche, die von Jugendlichen gewonnen worden wären und mussten deshalb diesen Punkt aus ihrer Untersuchung ausnehmen, Feest/Lesting/Selling, 1997.

1266 Siehe Fragebogen JVA Ebrach im Anhang.

1267 Siehe Punkt C. IV.

1268 BGBl.I, 2894.

1269 Vgl. die Regelungen der §§ 102 ff. JStVollzG B-W.

Die Gesetzgebungskompetenz für den gerichtlichen Rechtsschutz des Bundes entspricht auch der Praxis der letzten Jahrzehnte, dass das gerichtliche Verfahren in den verschiedenen Rechtsgebieten überwiegend durch den Bund geregelt wird.[1270] Infolge dessen wird der gerichtliche Rechtsschutz im Jugendstrafvollzug nun (seit dem 1.1.2008) – entsprechend der Vorgaben des BVerfG – mit den Zielen einer ortsnahen Gerichtszuständigkeit, der Möglichkeit der mündlichen Kommunikation, einer zeitnahen Entscheidung und einfacheren Regelungen für die jungen Gefangenen bundeseinheitlich nach § 92 JGG n.F. ausgestaltet.[1271]

(3) Darstellung der Gesetzeslage

(a) Anwendungsbereich

Nach dem gesetzlichen Wortlaut ist § 92 JGG n.F. nicht nur für den gerichtlichen Rechtsschutz im Bereich der Jugendstrafe, sondern auch auf dem Gebiet des Jugendarrests und den Maßregeln der Unterbringung in einem psychiatrischen Krankenhaus oder in einer Entziehungsanstalt der statthafte Rechtsbehelf. Nicht geregelt wurde jedoch der Rechtsschutz bei anderen Formen des Freiheitsentzuges, beispielsweise im Fall der Unterbringung in geschlossenen Einrichtungen der Jugendhilfe. Hier wird das Zweite JGG-ÄndG noch nachgebessert werden müssen [1272]

Einschränkungen ergeben sich dann, wenn der Verurteilte aus dem Jugendstrafvollzug nach § 91 Abs.1 JGG ausgenommen wurde und die Jugendstrafe nach den Vorschriften des Strafvollzugs für Erwachsene vollzogen wird sowie dann, wenn der Jugendliche im Maßregelvollzug nach § 61 Nr. 1 oder Nr. 2 StGB das 24. Lebensjahr vollendet hat. In diesen Fällen finden § 91 Abs. 1 bis 5 JGG n.F. keine Anwendung. Stattdessen gelten für den Antrag auf gerichtliche Entscheidung die §§ 109-121 StVollzG.

(b) Entsprechende Anwendung von §§ 109 und 111-120 Abs. 1 StVollzG

§ 92 Abs. 1 n.F. verweist zunächst auf die bekannten Regelungen zum gerichtlichen Rechtsschutz im Erwachsenenvollzug nach den §§ 109, 111-120 Abs. 1 StVollzG. Mangels besonderer Relevanz für den Jugendstrafvollzug bleiben an dieser Stelle die Vorschriften der § 111 StVollzG (Beteiligte), § 112 StVollzG (Antragsfrist, Wiedereinsetzung) und § 113 StVollzG

1270 Eisenberg, ZKJ 2007, 184.

1271 Ostendorf, 2009, Grdl. zu §§ 91 und 92 Rn. 3.

1272 Dünkel, NK 1/2008, 3.

(Voraussetzungen eines Vornahmeantrags) außen vor.[1273] Besonderer Erwähnung bedürfen allerdings die übrigen Vorschriften, die in den nachfolgenden Ausführungen näher betrachtet werden. Von ihrer Struktur her sind sie dem Verwaltungsgerichtsprozess nach der VwGO nachgebildet.[1274]

§ 109 StVollzG enthält die Voraussetzungen, die vorliegen müssen, um einen Antrag auf gerichtliche Entscheidung stellen zu können. So muss nach § 109 Abs. 1 StVollzG Gegenstand des Antrags eine Maßnahme zur Regelung einzelner Angelegenheiten auf dem Gebiete des Strafvollzugs oder die Verpflichtung zum Erlass einer abgelehnten oder unterlassenen Maßnahme sein.[1275] Des Weiteren muss der Antragssteller geltend machen, dass er durch die Maßnahme oder ihre Ablehnung oder Unterlassung in seinen eigenen Rechten verletzt wurde, § 109 Abs. 2 StVollzG (sog. Antragsberechtigung).[1276] Schließlich sieht § 109 Abs. 3 StVollzG vor, dass das Landesrecht bestimmen kann, dass der Antrag auf gerichtliche Entscheidung erst nach einem vorausgegangenen Verwaltungsvorverfahren gestellt werden kann.[1277] Bayern hat von dieser Regelung allerdings keinen Gebrauch gemacht, so dass ein Vorverfahren hier entbehrlich ist.

Die Vorschrift des § 114 Abs. 1 StVollzG stellt klar, dass der Antrag nach § 92 JGG n.F. i.V.m. § 109 StVollzG keinen Suspensiveffekt hat, ihm also grundsätzlich keine aufschiebende Wirkung zukommt.[1278] Besteht allerdings die Gefahr, dass die Verwirklichung eines Rechts des Antragsstellers vereitelt oder wesentlich erschwert wird und ein höher zu bewertendes Interesse am sofortigen Vollzug nicht entgegensteht, so kann das Gericht den Vollzug der angefochtenen Maßnahme aussetzen, vgl. § 114 Abs. 2 S.1 StVollzG. Entsprechend § 123 VwGO kann auch eine einstweilige Anordnung erlassen werden, § 114 Abs. 2 S. 2 StVollzG. Das jeweilige Gericht hat bei Vorliegen eines Aussetzungsantrags in jedem Einzelfall abzuwägen, ob die Maßnahme aus erzieherischen Gründen sofort vollzogen werden sollte oder

---

1273 Auf die entsprechenden Kommentierungen bei Arloth, 2008a, wird verwiesen.

1274 Callies/Müller-Dietz, 2008, § 109 Rn. 5.

1275 Ostendorf, 2009a, 642; Beispiele siehe bei Callies/Müller-Dietz, 2008, § 109 Rn. 11 m.w.N.

1276 Antragsberechtigte können folglich nicht nur die Gefangenen selbst sein, da durch erlassene Vollzugsmaßnahmen auch Dritte betroffen werden können (z.B. Besucher, Briefpartner) oder aber auch Willensträger, die der Anstalt eigenständig gegenüberstehen (z.B. Verteidiger), vgl. AK-Feest, 2006, § 109 Rn. 5.

1277 Vgl. Ostendorf, 2009a, 643.

1278 Ostendorf, 2009a, 643.

aber ob der Vollzug ausgesetzt werden muss, bis die vom Antragssteller vorgebrachten Punkte überprüft wurden.[1279]

Entsprechend § 115 StVollzG entscheidet auch beim Vollzug der Jugendstrafe das Gericht grundsätzlich ohne mündliche Verhandlung durch Beschluss, dessen jeweiliger Inhalt in § 115 StVollzG näher ausgestaltet ist. Abweichend davon sieht § 92 Abs. 3 JGG n.F. allerdings eine Durchbrechung dieses Grundsatzes, die Möglichkeit einer mündlichen Verhandlung bzw. die vorherige persönliche Anhörung des Jugendlichen auf dessen Antrag, vor.[1280]

Aufgrund der Verweisung in § 92 Abs. 1 JGG n.F. auf §§ 116-119 StVollzG wird den jungen Gefangenen nun auch ein zweite Instanz gewährt, in der sie sich gegen die Entscheidung der Jugendkammer zur Wehr setzen können. Dies ist allerdings nur zulässig, wenn es geboten ist, die Nachprüfung zur Fortbildung des Rechts oder zur Sicherung einer einheitlichen Rechtsprechung zu ermöglichen. Zudem kann die Rechtsbeschwerde nur darauf gestützt werden, dass die Entscheidung auf einer Verletzung des Gesetzes beruhe, vgl. § 116 Abs. 1, 2 StVollzG.[1281]

(c) Eigenständige Regelungen im § 92 JGG n.F.[1282]

In den nachfolgenden Ausführungen werden die Modifikationen der entsprechend anwendbar erklärten und soeben dargestellten Vorschriften der §§ 109, 111-120 Abs. 1 StVollzG vorgestellt, die einer jugendtypischen Ausgestaltung des gerichtlichen Rechtsschutzes nach der Forderung des BVerfG[1283] dienen sollen.

(aa) Stellung der Erziehungsberechtigten und des gesetzlichen Vertreters, §§ 92 Abs. 1, 67 Abs. 1 bis 3 und 5 JGG

Für noch nicht volljährige junge Gefangene normiert § 92 Abs. 1 JGG, dass die Vorschriften zur Stellung der Erziehungsberechtigten und des gesetzlichen Vertreters nach § 67 Abs. 1 bis 3 und 5 JGG[1284] entsprechend gelten. Dadurch wird dem grundrechtlich geschützten Recht der Eltern nach Art. 6 Abs. 1 GG, *Verantwortung für den Schutz der Rechte ihrer Kinder zu tra-*

1279 Ostendorf, 2009, § 92 Rn. 3.

1280 Nähere Ausführungen siehe im nächsten Punkt „Abweichende Regelungen im § 92 JGG n.F.“.

1281 Ausführlich zur Rechtsbeschwerde siehe Punkt C.V.2.h)(bb).

1282 Die folgenden Ausführungen zu § 92 JGG betreffen die neue Fassung.

1283 BVerfG, NJW 2006, 2096.

1284 Zur Darstellung der einzelnen Rechte siehe Ostendorf, 2009a, 644, 645 und zur Kommentierung Eisenberg, 2009, § 67.

gen und darüber hinaus das eigene Recht zu haben, im Rahmen des Vollzugs von Jugendstrafe die eigenen Erziehungsvorstellungen geltend zu machen[1285], Rechnung getragen, in das zwar durch den Jugendstrafvollzug eingegriffen wird, welches aber niemals suspendiert werden darf.[1286]

Durch die Verweisung in § 92 Abs. 1 JGG werden die Elternrechte nun im Bereich der gerichtlichen Wahrnehmung der Rechte ihres Kindes aber auch ihrer eigenen Rechte gestärkt, was den Forderungen des BVerfG vom 31.5.2006 zur gesetzlichen Normierung des Jugendstrafvollzugs entspricht. In diesem Urteil hebt das Gericht immer wieder die entscheidende Bedeutung des Elternrechts und der Aufrechterhaltung der Familienbeziehungen gerade für jugendliche Gefangene hervor.[1287]

(bb) Verfahren zur gütlichen Streitbeilegung vor Antragsstellung, § 92 Abs. 1 JGG

Im Unterschied zu den Zulässigkeitsvoraussetzungen des Antrags auf gerichtliche Entscheidung im Erwachsenenvollzug kann nach § 92 Abs. 1 JGG das Landesrecht vorsehen, dass der Antrag erst nach einem Verfahren zur gütlichen Streitbeilegung gestellt werden kann. Die Durchführung eines Schlichtungsverfahrens ist so auch schon aus dem Zivilprozessrecht nach § 15 a ZPO bekannt, wobei allerdings im Verfahren auf gerichtliche Entscheidung im Jugendvollzug – wie auch im Verwaltungsverfahren – der Amtsermittlungsgrundsatz gilt.[1288]

Fraglich ist allerdings, wie das Verfahren zur gütlichen Streitbeilegung zu dem nach Landesrecht möglichen Vorverfahren nach § 109 Abs. 3 StVollzG steht, da es der Gesetzeswortlaut nicht ausschließt, dass ein Land sowohl ein Verfahren zur gütlichen Streitbeilegung als auch ein Vorverfahren vorsehen kann. Nach der Gesetzesbegründung ist jedoch davon auszugehen, dass ein Land sich für die „entweder-oder-Lösung" entscheidet.[1289] In Bayern bestehen allerdings in dieser Hinsicht keinerlei Probleme, da bis jetzt weder ein Vorverfahren noch ein Verfahren zur gütlichen Streitbeilegung gesetzlich normiert wurde. Als einziges Bundesland hat

1285 Ostendorf, 2009a, 644.
1286 BVerfG 107, 104, 119.
1287 BVerfG, NJW 2006, 2096.
1288 Ostendorf, 2009a, 646.
1289 Ostendorf, 2009, § 92 Rn. 6.

bisher lediglich das Saarland von der Möglichkeit Gebrauch gemacht, nach § 92 Abs. 1 JGG ein vorgeschaltetes Güteverfahren einzuführen.[1290]

Die Regelung in § 97 Abs. 2 JStVollzG NRW, welche die Möglichkeit vorsieht, ein unabhängiges Amt (Ombudsmann) in allen vollzuglichen Angelegenheiten anzurufen und damit als einzige Landesregelung den Appell in Nr. 77 der UN-Regeln zum Schutz von Jugendlichen unter Freiheitsentzug aufgreift, soll dagegen das Recht auf gerichtliche Entscheidung nicht einschränken, sondern den jungen Gefangenen ein zusätzliches Mittel zur Verfügung stellen.[1291]

(cc) Zuständigkeit der Jugendkammer, § 92 Abs. 2 JGG

Anstelle der Strafvollstreckungskammer (§ 110 StVollzG) ist im Bereich des Jugendstrafvollzugs für den Antrag auf gerichtliche Entscheidung die Jugendkammer zuständig, in deren Bereich die beteiligte Vollzugsbehörde ihren Sitz hat, § 92 Abs. 2 JGG. Die Auswahl der Jugendkammer als zuständiges Gericht trägt dem Umstand Rechnung, dass sie aufgrund ihrer Tätigkeit als erkennendes Gericht über vielfältige Erfahrungen mit straffälligen Jugendlichen und Heranwachsenden verfügt und außerdem Richter tätig sind, die nach § 37 JGG in der Jugenderziehung erfahren sind.[1292] Zudem ist bei jedem Landgericht eine Jugendkammer eingerichtet, was bzgl. der Strafvollstreckungskammer nicht immer gewährleistet sein kann.

Die ebenso nahe liegende Möglichkeit der Übertragung der Zuständigkeit auf den Jugendrichter als Vollstreckungsleiter, der auf dem Gebiet des Jugendvollzugs in besonderem Maße sachverständig ist, wurde nicht gewählt, da hier die Gefahr besteht, dass er – zumindest nach Ansicht des Gefangenen – aufgrund seiner außerordentlichen Vollzugsnähe befangen sein könnte.[1293] Auch der GJVollz-E 2006 wählte aus diesem Grund die Jugendkammer als zuständiges Gericht aus.[1294]

1290 Vgl. § 87 Abs. 4 SJStVollzG.

1291 Vgl. Ostendorf, 2009a, 647.

1292 Ostendorf, 2009a, 648 f; Eisenberg, 2009a, § 92 Rn. 152.

1293 Dünkel, NK 1/2008, 4.

1294 Begründung zu GJVollz-E 2006, 66.

(dd) Möglichkeit der mündlichen Verhandlung oder Anhörung nach Beantragung, § 92 Abs. 3 JGG

Da die Jugendkammer durch Beschluss entscheidet (§ 92 Abs. 3 Satz 1 JGG), findet eine vorherige mündliche Verhandlung grundsätzlich nicht statt. Um jedoch den jugendtypischen Besonderheiten gerecht zu werden, sieht § 92 Abs. 3 Satz 2 JGG eine mündliche Verhandlung von Amts wegen vor, wenn die Jugendkammer nach Ausübung ihres pflichtgemäßen Ermessens zu dem Entschluss gelangt, dass sie eine Entscheidung aufgrund der schwierigen Aktenlage erst nach einer mündlichen Verhandlung treffen kann. Der Gesetzgeber räumt dadurch die Befürchtung des BVerfG aus dem Weg, dass junge Gefangene deswegen den gerichtlichen Rechtsschutz so wenig in Anspruch nehmen, weil sie typischerweise besonders ungeübt im Umgang mit Institutionen und der Schriftsprache sowie zum geeigneten schriftlichen Ausdruck häufig überhaupt nicht fähig sind.[1295]

Der junge Gefangene kann jedoch auch selbst einen Antrag stellen und seine persönliche Anhörung fordern. Danach hat das Gericht eine Anhörung vorzunehmen, welche nicht im Ermessen des Gerichts steht. Hierüber ist der Jugendliche zu belehren.[1296] Diese Ausformulierungen scheinen den Anforderungen des BVerfG vom 31.5.2006 gerecht zu werden, welche verlangen, dass der Rechtsschutz im Jugendstrafvollzug so auszugestalten ist, dass der Zugang zum Gericht nicht in unverhältnismäßiger, durch Sachgründe nicht gerechtfertigter Weise erschwert wird.[1297] Ein effektiver Rechtsschutz im Jugendstrafvollzug muss folglich diese mündlichen Elemente enthalten.

(ee) Einzelrichter, § 92 Abs. 4 JGG

Innerhalb der Jugendkammer entscheidet nach § 92 Abs. 4 JGG grundsätzlich der Einzelrichter, was eine Entlastung der Rechtspflege mit sich bringt.[1298] Ein Richter auf Probe darf dies aber nur sein, wenn ihm bereits über einen Zeitraum von einem Jahr Rechtsprechungsaufgaben in Strafverfahren übertragen worden sind. Damit wird weitestgehend sichergestellt, dass über den Antrag nur ein ausreichend erfahrener Richter entscheidet.[1299] Weist die Sache jedoch besondere Schwierigkeiten rechtlicher Art auf oder kommt ihr grundsätzliche Bedeutung

1295 BVerfG, NJW 2006, 2096.
1296 Eisenberg, 2009a, § 92 Rn. 155.
1297 BVerfG, NJW 2006, 2096.
1298 Ostendorf, 2009, § 92 Rn. 9.
1299 Ostendorf, 2009a, 651.

zu, legt der Einzelrichter die Sache ausnahmsweise der Jugendkammer zur Entscheidung vor.[1300]

(ff) Kosten des Verfahrens, § 92 Abs. 5 JGG

Grundsätzlich gilt auch bei einem Antrag auf gerichtliche Entscheidung im Rahmen des Jugendstrafvollzugs, dass der Antragssteller die Kosten des Verfahrens und die notwendigen Auslagen zu tragen hat, soweit er unterliegt oder seinen Antrag zurücknimmt, § 121 StVollzG. Durch § 74 JGG wird diese Kostentragungspflicht allerdings in dem Sinne modifiziert, dass im Verfahren gegen einen Jugendlichen davon abgesehen werden kann, dem Angeklagten Kosten und Auslagen aufzuerlegen. Diese Norm kommt in den überwiegenden Fällen sowohl für Jugendliche als auch für Heranwachsende entsprechend nach § 109 Abs. 2 S. 1 JGG zur Anwendung, was überwiegend an deren Mittellosigkeit liegt.[1301] Die Kosten eines Wahlverteidigers sind im Falle des Unterliegens allerdings nach der höchstrichterlichen Rechtssprechung nicht nach § 74 JGG erstattungsfähig, sondern fallen dem unterlegenen Antragssteller zur Last.[1302]

bb) Rechtsbeschwerde, § 92 Abs. 1 JGG i.V.m. §§ 116 ff. StVollzG

Aufgrund der Verweisung in § 92 Abs. 1 JGG auf die Vorschriften der §§ 116 ff. StVollzG zur Rechtsbeschwerde wird nun auch den jungen Gefangenen im Jugendstrafvollzug eine zweite Instanz zur Überprüfung der Entscheidung der Jugendkammer eingeräumt, wenn es geboten erscheint, die Nachprüfung zur Fortbildung des Rechts oder zur Sicherung einer einheitlichen Rechtssprechung zu ermöglichen. Die Rechtsbeschwerde kann allerdings nur darauf gerichtet werden, dass die Entscheidung auf einer Verletzung des Gesetzes beruhe, welches dann verletzt ist, wenn eine Rechtsnorm nicht oder nicht richtig angewendet wurde, vgl. § 116 Abs. 2 StVollzG. Eine erneute tatsächliche Nachprüfung ist somit nicht gewollt. Die Anforderungen, die an das Verfahren der Rechtsbeschwerde gestellt werden, sind daher sehr der Revision nach §§ 333 ff. StPO angelehnt.[1303]

Die Rechtsbeschwerde hat – wie auch der Antrag auf gerichtliche Entscheidung nach § 92 JGG – grundsätzlich keine aufschiebende Wirkung, § 116 Abs. 3 StVollzG. Für die Möglich-

1300 Ostendorf, 2009a, 651.
1301 Ostendorf, 2009a, 652.
1302 Ostendorf, 2009, § 92 Rn. 10.
1303 Ostendorf, 2009a, 654.

keit der Aussetzung der Vollziehung gilt das zum Antrag auf gerichtliche Entscheidung Ausgeführte entsprechend (§ 114 Abs. 2 StVollzG).

Zuständig ist gemäß § 117 StVollzG ein Strafsenat des OLG, in dessen Bezirk die Jugendkammer ihren Sitz hat. Für die Einlegungsfrist gilt § 118 StVollzG entsprechend, so dass die Rechtsbeschwerde bei dem Gericht, dessen Entscheidung angefochten wird, binnen eines Monats nach Zustellung der gerichtlichen Entscheidung eingelegt werden muss. Zudem ist ein Antrag auf Rechtsbeschwerde begründungspflichtig. Daher muss auch innerhalb der einmonatigen Einlegungsfrist die Erklärung abgegeben werden, inwieweit die Entscheidung angefochten und ihre Aufhebung beantragt wird. Zur Einlegung und Begründung der Rechtsbeschwerde benötigt der Antragssteller als Beschwerdeführer jedoch entweder die Unterzeichnung des Schriftsatzes durch einen Rechtsanwalt, was wiederum zu einer Kostenbelastung führt. Oder aber der Antragssteller nutzt die Möglichkeit, die Einlegung zu Protokoll der Geschäftsstelle zu erklären, woran die Rechtssprechung allerdings sehr hohe Anforderungen stellt.[1304]

Nach § 119 Abs. 1 StVollzG entscheidet der Strafsenat im Beschlussverfahren über die Rechtsbeschwerde, d.h. ohne förmliche mündliche Verhandlung. Eine Erleichterung enthält auch § 119 Abs. 3 StVollzG, da der Beschluss, der die Beschwerde verwirft, dann keiner Begründung bedarf, wenn der Senat die Beschwerde einstimmig für unzulässig oder offensichtlich unbegründet hält.

cc) Beschwerderecht zum Anstaltsleiter, Art. 122 i.V.m. Art. 115 BayStVollzG

Dem jungen Gefangenen steht zudem ein Beschwerderecht nach Art. 122 i.V.m. Art. 115 BayStVollzG zum Anstaltsleiter in Angelegenheiten, die ihn selbst betreffen, zur Verfügung. Dieses Beschwerderecht im BayStVollzG ist dem § 108 StVollzG und Nr. 92 VVJug nachgebildet und wurde bereits vor Inkrafttreten des BayStVollzG als Mittel der Konfliktbewältigung häufig in Anspruch genommen, welches zudem auch mehr Erfolg als ein Antrag auf gerichtliche Entscheidung versprach.[1305]

Die Formulierung als *„Beschwerderecht"* ist daher etwas irreführend, da man darunter ein förmliches Rechtsmittel versteht, was das Beschwerderecht aber gerade nicht ist.[1306] Die Beschwerde zum Anstaltsleiter soll vielmehr dazu dienen, Konflikte in einem persönlichen Ge-

1304 Hierzu vgl. Ausführungen bei Feest, StVollzG, § 118 Rn. 9 ff.

1305 Kamann, 2009a, 86; Kretschmer, ZfStrVo 2005, 217.

1306 AK-Feest, 2006, vor § 108 Rn. 6.

spräch einvernehmlich zu lösen und streitige Konfliktbewältigungen möglichst zu vermeiden. Insoweit stellt dieses Recht eine sinnvolle Einführung dar. Um das Beschwerderecht auch wahrnehmen zu können, müssen dafür regelmäßige Sprechzeiten beim Anstaltsleiter eingerichtet werden, Art. 115 Abs. 1 BayStVollzG.

Das in Art. 115 Abs. 2 BayStVollzG verankerte Recht der Gefangenen, sich an den Vertreter der Aufsichtsbehörde bei dessen Besuch in der Anstalt wenden zu können, ist dem § 108 Abs. 2 StVollzG und Nr. 92 Abs. 2 VVJug entnommen. Es versteht sich von selbst, dass dieses Recht seltener als das in § 108 Abs. 1 StVollzG und Nr. 92 Abs. 1 VVJug genutzt werden kann, da der zeitliche und organisatorische Rahmen viel enger ist. Zudem liegt es im pflichtgemäßen Ermessen der Aufsichtsbehörde, ob sie ein solches Gespräch zustande kommen lässt.

Im Übrigen bleibt nach Art. 115 Abs. 3 BayStVollzG die Möglichkeit, gegen Entscheidungen der leitenden Vollzugsbediensteten Dienstaufsichtsbeschwerde einzulegen, unberührt.

dd) Dienstaufsichtsbeschwerde

Die Dienstaufsichtsbeschwerde ist gesetzlich nicht geregelt und weder frist- noch formgebunden. Sie richtet sich meist gegen das dienstliche Verhalten eines Vollzugsbediensteten. Über die Dienstaufsichtsbehörde entscheidet allein der Dienstvorgesetzte des angegriffenen Amtsträgers. Sie entfaltet keine Suspensivwirkung und ist im Allgemeinen ein sehr schwacher Rechtsbehelf, da die Beschwerde in den meisten Fällen nach Einholung einer Stellungnahme des angegriffenen Bediensteten zurückgewiesen wird.[1307] Gegen die ablehnende Entscheidung besteht die Möglichkeit, der weiteren Dienstaufsichtsbeschwerde an den nächst höheren Dienstvorgesetzten.

ee) Bewertung

Innerhalb des geschlossenen Gebildes des Strafvollzugs besteht eine erhöhte Gefahr unkontrollierter „Machtausübung". Aufgrund dessen ist ein effektives Rechtsschutzsystem notwendig, das verschiedene Formen der „Machtkontrolle" enthält, um ein optimales und rechtsstaatliches Gegengewicht hierzu darstellen zu können. Dies wiederum fördert eine positive Einstellung der Gefangenen zur Rechtsordnung und schafft das notwendige Vertrauen, welches bei vielen Gefangenen aufgrund negativer Rechtserlebnisse verloren gegangen ist.

1307 Kamann, 2009a, 74.

Der Gesetzgeber hat den betroffenen jungen Gefangenen im Jugendstrafvollzug durch die gesetzliche Neugestaltung des Antrags auf gerichtlichen Rechtsschutz nach § 92 JGG n.F., der Rechtsbeschwerde nach § 92 Abs. 1 JGG i.V.m. §§ 116 ff. StVollzG, der Beschwerde zum Anstaltsleiter nach §§ 122 i.V.m. 115 BayStVollzG und der Dienstaufsichtsbeschwerde ein breitgefächertes Angebot zur Verfügung gestellt, mit dem es ihnen nun leichter fallen wird, ihre Interessen zu verfolgen und Rechtsschutz auch tatsächlich in Anspruch zu nehmen.

(1) Antrag auf gerichtlichen Rechtsschutz, § 92 JGG

Die Neugestaltung des Antrags auf gerichtlichen Rechtsschutz in § 92 JGG wird den Anforderungen des BVerfG durchaus gerecht. Vor allem die eigenständigen Regelungen in § 92 JGG, die speziell auf die jugendtypischen Besonderheiten im Vollzug zugeschnitten sind, setzen die Ziele des BVerfG um und erleichtern so den jungen Gefangenen die Beschreitung des gerichtlichen Rechtsschutzes im Gegensatz zur vormaligen Möglichkeit nach den §§ 23 ff. EGGVG.

Erfreulicherweise wurde bei der gesetzlichen Ausgestaltung des § 92 JGG auch an die Elternrechte gedacht, die durch den Verweis in § 92 Abs. 1 JGG auf § 67 Abs. 1-3 und Abs. 5 JGG erheblich gestärkt werden. Damit wird die Forderung des BVerfG umgesetzt, dass im Jugendstrafvollzug auch den Eltern sowohl die Wahrnehmung der Rechte ihres noch nicht volljährigen Kindes als auch ihrer eigenen Rechte als Erziehungsberechtigten ermöglicht werden muss.

Begrüßenswert ist ebenfalls die in § 92 Abs. 1 JGG vorgesehene Möglichkeit der Einführung eines vorgeschalteten Verfahrens zur gütlichen Streitbeilegung auf Landesebene. Besonders im Vollzug der Jugendstrafe ist es aufgrund des Erziehungsauftrags sehr sinnvoll, vorab eine konsensuale außergerichtliche Lösung in einem persönlichen Gespräch zu suchen. Die entstandenen Probleme können so in einem erzieherischen Gespräch außerhalb eines Gerichts besprochen und im besten Falle aufgearbeitet werden. Des Weiteren dient ein Schlichtungsversuch dazu, die Jugendkammern zu entlasten. Bayern hat – wie auch die übrigen Länder, außer Saarland – davon allerdings leider keinen Gebrauch gemacht. Es bleibt somit nur die Möglichkeit, sich in einer Beschwerde mit der Problematik an den Anstaltsleiter zu wenden. Die Beschwerde unterscheidet sich jedoch vom Schlichtungsverfahren dadurch, dass auf die Beschwerde hin lediglich ein bilaterales Gespräch zwischen dem Gefangenen und der Anstaltsleitung stattfindet. Im Gegensatz dazu tritt im Schlichtungsverfahren eine dritte Person hinzu, die eine moderierende Rolle übernimmt, was die Chancen einer gütlichen Einigung erhöht.

Die Normierung der Zuständigkeit der Jugendkammer ist ebenfalls gut vertretbar. Sie steht im Einklang mit der Vorgabe des BVerfG, ein ortsnahes Gericht mit der Sache vertraut zu machen und so den Zugang zum Gericht nicht unverhältnismäßig zu erschweren, da bei jedem Landgericht eine Jugendkammer eingerichtet ist. Die Alternative, die Zuständigkeit des Jugendrichters als Vollstreckungsleiter, wäre zumindest aus Sicht der betroffenen Gefangenen oftmals mit dem Gefühl der Befangenheit behaftet gewesen. Außerordentlich wichtig für junge Gefangene, die oft ungeübt im Umgang mit Institutionen und der Schriftsprache sind, ist die Möglichkeit der mündlichen Verhandlung oder der Anhörung nach Beantragung, welche in § 92 Abs. 3 JGG vorgesehen sind.

Alles in allem kann festgehalten werden, dass die Neugestaltung des Antrags auf gerichtlichen Rechtsschutz durchaus gelungen ist, weil sie alle Besonderheiten, die gerade im Jugendstrafvollzug zu beachten sind, enthält und zudem die Vorgaben des BVerfG korrekt umsetzt. Daher ist zukünftig – auch aus Sicht der Anstaltsleitungen der Jugendstrafvollzugsanstalten Bayerns –[1308] eine Zunahme der Anträge auf gerichtliche Entscheidung zu erwarten. Eine vermehrte Wahrnehmung des gerichtlichen Rechtsschutzes seitens der Gefangenen wird jedoch erst nach gewisser Zeit zu verzeichnen sein, da der vorherige Rechtsweg mit der Zuständigkeit des OLG doch recht entlegen gesetzlich geregelt war und nur sehr selten Anträge nach §§ 23 ff. EGGVG vorgekommen waren. So wurden in der JVA Ebrach im Jahr 2008 keine Anträge auf gerichtliche Entscheidung nach § 92 JGG an das nun zuständige LG Bamberg gestellt. Im Jahr 2009 waren es dann jedoch insgesamt drei Anträge, die von zwei Gefangenen gestellt wurden.[1309] Auch in der JVA Neuburg-Herrenwörth liegen bis jetzt noch keine nennenswerten Unterschiede in der Wahrnehmung der geänderten Rechtsschutzmöglichkeiten auf Seiten der Gefangenen vor. Seit Inkrafttreten des § 92 JGG n.F. gab es dort lediglich einen Antrag auf gerichtlichen Rechtsschutz.[1310] In der JVA Laufen-Lebenau und der Jugendabtei-

1308 Siehe Fragebogen JVA Ebrach im Anhang.

1309 Der erste Antrag wurde im Januar 2009 vom betreffenden Gefangenen über seinen Anwalt gestellt. Die beiden weiteren Anträge vom Juli 2009 stellte ein anderer Gefangener ohne anwaltliche Vertretung.

1310 Siehe Fragebogen JVA Neuburg-Herrenwörth im Anhang.

lung der JVA Aichach legen die Gefangenen nach wie vor so gut wie keine Rechtsmittel gegen Maßnahmen der Anstalt ein.[1311]

(2) Rechtsbeschwerde, § 92 Abs. 1 JGG i.V.m. §§ 116 ff. StVollzG

Vor Einführung des § 92 JGG konnte man in der Möglichkeit der Rechtsbeschwerde nach einer ablehnenden Entscheidung des Antrags auf gerichtliche Entscheidung im Erwachsenenvollzug einen Verstoß gegen das Schlechterstellungsverbot sehen, da für den Jugendstrafvollzug keine derartige zweite Instanz zur Überprüfung vorgesehen war. Dies wurde nun aufgrund der Verweisung in § 92 Abs. 1 JGG auf §§ 116 ff. StVollzG geändert.

Die Anforderungen an die Zulässigkeit der Rechtsbeschwerde sind allerdings – besonders aus Sicht der Jugendlichen und Heranwachsenden – sehr hoch anzusehen, so dass die Rechtsbeschwerde wahrscheinlich nur sehr selten eingelegt werden wird. Zudem sieht sie keine Möglichkeit der mündlichen Verhandlung vor.

(3) Beschwerde zum Anstaltsleiter, Art. 122 i.V.m. 115 BayStVollzG

Die Einrichtung der Beschwerde zum Anstaltsleiter, die so auch schon im StVollzG und den VVJug geregelt war, ist besonders im Jugendstrafvollzug sehr sinnvoll. Der Anstaltsleiter ist zu einem persönlichen Gespräch verpflichtet, so dass der Gefangene hierauf ein Recht hat. Sie dient ebenso wie das oben dargestellte Güteverfahren dazu, eine gerichtliche Auseinandersetzung zu vermeiden und die entstandene Problematik in einem persönlichen Gespräch aufzuarbeiten. Vor allem die positive Resonanz der Vergangenheit in diesem Bereich lässt auch für die Zukunft erwarten, dass durch diese Institution gerichtliche Verfahren vermieden werden.

(4) Dienstaufsichtsbeschwerde

Als weitere Rechtsschutzmöglichkeit ist es wichtig, dass auch den Gefangenen die Dienstaufsichtsbeschwerde gegen das dienstliche Verhalten eines Amtsträgers zur Verfügung steht. Ratsam ist die Einlegung dennoch nur selten. Nicht nur, dass sie in den meisten Fällen wenig erfolgsversprechend ist, vielmehr gefährdet sie vor allem das Klima zwischen dem Amtsträger und dem Beschwerdeführer. Aus diesen Gründen sollten Dienstaufsichtsbeschwerden immer gut überlegt sein.

1311 Fragebogen JVA Laufen-Lebenau, Fragebogen JVA Aichach im Anhang.

Zusammenfassend kann festgehalten werden, dass den jungen Gefangenen ein breites Angebot an Rechtsschutzmöglichkeiten auch innerhalb des Vollzugs zur Verfügung steht, so dass im Rahmen dieser Arbeit einige Rechtsbehelfe außen vor bleiben mussten. Davon abgesehen sind informelle Konfliktlösungen gerade im Jugendstrafvollzug jedoch immer vorzuziehen, worauf auch die bayerischen Anstaltsleiter setzen.[1312] Oft ist es nämlich schon ausreichend, den Gefangenen zu verdeutlichen, warum ihnen beispielsweise eine Disziplinarmaßnahme auferlegt wurde und was sie falsch gemacht haben. In der überwiegenden Zahl der Fälle zeigen sich die Jugendlichen bzw. Heranwachsenden daraufhin einsichtig und verzichten sogar auf die Beschreitung des gerichtlichen Rechtsweges, was auch die äußerst geringen Zahlen der Wahrnehmung des gerichtlichen Rechtsschutzes seitens der jungen Gefangenen belegen.[1313] Ein klärendes Gespräch fördert zudem eine positive Einstellung der jungen Inhaftierten zur Rechtsordnung und wirkt sich nützlich auf die Erreichung des Vollzugsziels einer sozialen Integration ohne weitere Straftaten aus.

i) Kriminologische Forschung, Art. 189 BayStVollzG

aa) Forderung des BVerfG

Als abschließender Themenkomplex wird auf die kriminologische Forschung eingegangen, welcher das BVerfG in seinem Urteil vom 31.5.2006 ganz besondere Bedeutung beigemessen hat.

So wurden die Gesetzgeber verpflichtet, sich bei der gesetzlichen Ausgestaltung des Vollzugs an wissenschaftlichen Erkenntnissen bzgl. der Erreichung des Vollzugsziels zu orientieren.[1314] Darüber hinaus führte das BVerfG in seinem Urteil aus, dass die gesetzlichen Vorgaben für die Ausgestaltung des Vollzugs auf *„sorgfältig ermittelte Annahmen und Prognosen über die Wirksamkeit unterschiedlicher Vollzugsgestaltungen und Behandlungsmaßnahmen beruhen"* müssen.[1315] Zudem sind *„vorhandene Erkenntnisquellen, zu denen auch das in der Vollzugspraxis verfügbare Erfahrungswissen gehört",* auszuschöpfen.[1316] Die Karlsruher Richter stellten zugleich fest, dass diese Verpflichtung nicht nur die – damals noch anstehende – gesetzliche Ausgestaltung der Jugendstrafvollzugsgesetze betreffe, sondern diese Vorgabe auch in die

1312 Siehe Fragebogen JVA Neuburg-Herrenwörth im Anhang.
1313 Siehe Fragebogen JVA Neuburg-Herrenwörth im Anhang.
1314 BVerfG, NJW 2006, 2097; vgl. auch Sonnen, ZJJ 2/2004, 214.
1315 BVerfG, NJW 2006, 2097.
1316 BVerfG, NJW 2006, 2097.

Zukunft wirke, so dass der Gesetzgeber fortlaufend zur Überprüfung und Verbesserung der gesetzlichen Ausgestaltung des Vollzugs angehalten ist.[1317] In diesem Zusammenhang ist dem BVerfG vor allem die *„Erhebung aussagefähiger, auf Vergleichbarkeit angelegter Daten"* wichtig, *„die bis hinunter auf die Ebene der einzelnen Anstalten eine Feststellung und Bewertung der Erfolge und Misserfolge des Vollzugs – insbesondere der Rückfallhäufigkeit – sowie die gezielte Erforschung der hierfür verantwortlichen Faktoren ermöglichen."*[1318]

bb) Darstellung und Bewertung der Gesetzeslage

Die Forderung des BVerfG nach einer kriminologischen Forschung haben zwar alle Landesgesetzgeber in ihre neuen Gesetze aufgenommen, allerdings sind in der jeweiligen Ausrichtung und Detailliertheit erstaunlich unterschiedliche Regelungen erkennbar.

Der Bayerische Gesetzgeber hat die kriminologische Forschung in Art. 189 BayStVollzG normiert, welcher einen dem Vollzugswesen zugehörigen kriminologischen Dienst voraussetzt. So heißt es:

> *„Dem kriminologischen Dienst obliegt es, in Zusammenarbeit mit den Einrichtungen der Forschung den Vollzug, namentlich die Behandlungsmethoden, wissenschaftlich fortzuentwickeln und seine Ergebnisse für Zwecke der Strafrechtspflege nutzbar zu machen"*

Im Vergleich zu den Ausführungen der kriminologischen Forschung in den übrigen Landesgesetzen fällt auf, dass die bayerische Regelung neben § 114 HmbStVollzG im Hinblick auf den Forschungsauftrag am wenigstens konkretisiert und detailliert ausgestaltet wurde.[1319] Es wurden schlichtweg die alten Vorschriften des § 166 StVollzG und der Nr. 109 VVJug (hier war lediglich statt „Behandlungsmethoden" von „Erziehungsmethoden" die Rede) übernommen, welche in Anbetracht der auch nach über 30 Jahren Strafvollzugsgesetz weitgehend forschungsfreien Strafvollzugslandschaft[1320] in Bayern nicht mehr ausreichend erscheint.

Die bayerische Regelung setzt zwar einen kriminologischen Dienst voraus, dessen Aufgabe es ist, den Strafvollzug nach fundierten Einschätzungen und Prognosen wissenschaftlich fortzuentwickeln. Dadurch soll versucht werden, das Vollzugsziel der sozialen Integration mehr und

---

1317 BVerfGE 88, 203 (310).

1318 BVerfG, NJW 2006, 2097.

1319 Überzeugender sind insbesondere die Regelungen von Hessen (§ 66) und Niedersachsen (§ 189).

1320 Ostendorf, 2009a, 704.

mehr zu erreichen, den Straftäter vor einer erneuten Rückfälligkeit zu bewahren und den negativen Folgen eines Strafvollzugs entgegenzuwirken.[1321]

Problematisch an der bisherigen kriminologischen Forschung und Evaluation ist jedoch, dass sie zwar theoretisch durch die gesetzliche Ausgestaltung vorhanden ist, in der Praxis die finanzielle und personelle Ausstattung der meisten Dienste bis heute recht dürftig ist, was dazu führt, dass in ganz Deutschland ein regelrechtes „Forschungsdefizit“ besteht.[1322] Auch die vorhandenen Statistiken werden zu selten ausgewertet. Gerade deswegen war es dem BVerfG ein Anliegen, dass die neuen (Jugend-) Strafvollzugsgesetze eine Vorschrift zur kriminologischen Forschung enthalten. Da Bayern jedoch lediglich die alte Regelung übernommen hat, ist kaum zu erwarten, dass sich aufgrund der angespannten Haushaltslage große Veränderungen ergeben werden, was den verfassungsrechtlichen Anforderungen des BVerfG so nicht gerecht werden kann.

Bedurft hätte es nach dem Vorbild der hessischen und niedersächsischen Regelung weitergehende Datenerhebungen und Evaluationen sowie allgemein die Fortentwicklung des Jugendstrafvollzugs auf der Basis umfassender Bestandsaufnahmen, wozu statistische und andere Grunddaten auch im Vergleich einzelner Anstalten und Bundesländer notwendig sind. Bedauerlicherweise enthält keines der Landesgesetze die Verpflichtung, in regelmäßigen Abständen über die Entwicklung des Strafvollzugs Bericht zu erstatten, was entscheidend zur Erreichung einer sozialen Integration und zur Verbesserung der vollzuglichen Bedingungen beitragen kann.

3. Zusammenfassende Betrachtung der bayerischen Umsetzung

Nachdem in den vorangehenden Abschnitten der Großteil der gesetzlichen Normen zum bayerischen Jugendstrafvollzug dargestellt und bewertet worden ist, soll nun im Folgenden ein einheitlicher Blick auf die gesamte bayerische Umsetzung geworfen werden. Dabei geht es vornehmlich um die eingangs gestellte Frage, ob es dem Bayerische Gesetzgeber gelungen ist, den verfassungsrechtlichen Vorgaben Folge zu leisten, die Regelungen zum Jugendstrafvollzug trotz Zusammenfassung mit dem Erwachsenenvollzug zu einem einheitlichen Gesetz am

1321 Ostendorf, 2009a, 704 f.

1322 Schwind/Böhm/Jehle-Jehle, 2005, § 166 Rn. 6 f.

Erziehungsgedanken auszurichten und welche Veränderungen das BayStVollzG innerhalb der vollzuglichen Praxis mit sich brachte.

a) Stellungnahme der bayerischen Anstaltsleitungen

Die Anstaltsleitungen der Jugendstrafvollzugsanstalten Bayerns begrüßen mehrheitlich die Lösung des Bayerischen Gesetzgebers, die Regelungen zum Jugendstrafvollzug mit denen des Erwachsenenvollzugs zu einem einheitlichen Bayerischen Strafvollzugsgesetz zusammenzufassen. So könne bei identischer Regelungsart Bezug auf die Normen des Erwachsenenvollzugs genommen oder verwiesen werden, was durchaus praktischer und einfacher sei, da die Regelungsbereiche nicht doppelt aufgeführt werden müssen. Dies erleichtere schließlich die Vollzugsarbeit. Auch die Befürchtung, dadurch könnte dem Erziehungsgedanken des Jugendstrafvollzugs nicht genügend Beachtung geschenkt werden, hätte sich in der Praxis nicht bewahrheitet.[1323] Sogar der Anstaltsleiter der JVA Laufen-Lebenau, welcher sich aus Gründen der besseren Verständlichkeit gegen ein einheitliches Gesetz aussprach, konnte in der praktischen Umsetzung keinerlei negative Auswirkungen an der Einheitlichkeit ausmachen.[1324]

Im Großen und Ganzen halten die Anstaltsleiter die bayerische Umsetzung für gelungen. Da in einer vorangegangenen Praxisbefragung entsprechende Vorschläge zur Normierung des Jugendstrafvollzugs eingebracht werden konnten, enthalte das BayStVollzG aus Praxissicht auch keine Regelungslücken. Zudem seien viele bewährte Vorschriften fast wörtlich aus dem StVollzG und den VVJug übernommen worden. Dies führte schließlich dazu, dass das neue Gesetz keine großen Änderungen in der vollzuglichen Praxis bewirkte. Die vom BVerfG geforderte Erhöhung der Besuchszeiten von einer auf mindestens vier Stunden monatlich brachte in den drei Jugendstrafvollzugsanstalten Ebrach, Laufen-Lebenau und Neuburg-Herrenwörth auch keine Veränderungen mit sich. Die Höhe der monatlichen Besuchszeiten lag schon vor Inkrafttreten des BayStVollzG bei mindestens vier Stunden. Lediglich die Jugendabteilung der JVA Aichach musste im Zuge dessen ihre Besuchszeiten von zwei auf vier Stunden im Monat erhöhen.

1323 Vgl. Fragebogen JVA Ebrach, JVA Neuburg-Herrenwörth, JVA Aichach im Anhang.

1324 Vgl. Fragebogen JVA Laufen-Lebenau im Anhang.

b) Persönliche Stellungnahme

Innerhalb der Landesgesetze haben sich zwei Regelungsmodelle herauskristallisiert: Zum einen die Möglichkeit der Regelung des Jugendstrafvollzugs zusammen mit der Neuregelung der Gesamtmaterie Strafvollzug, welcher gemäß der Föderalismusreform nun gleichfalls der landesgesetzlichen Zuständigkeit unterfällt, in einem einheitlichen Gesetz, entweder in Form eines gesonderten Abschnitts (so Bayern und Niedersachsen) oder besonderer Vorschriften (so Hamburg). Zum anderen die Normierung des Jugendstrafvollzugs in einem eigenständigen Jugendstrafvollzugsgesetz (so die übrigen Länder).

Aus grundsätzlichen Erwägungen,[1325] insbesondere aufgrund der Besonderheit der Zielsetzung des Jugendstrafvollzugs sowie der Anforderungen des BVerfG in dem Urteil zur Verfassungsmäßigkeit des Jugendstrafvollzugs, das die Eigenständigkeit des Vollzugs der Jugendstrafe betont,[1326] scheint die Lösung eines selbstständigen Jugendstrafvollzugsgesetzes vorzugswürdiger als die des Bayerischen Gesetzgebers.[1327] Die Vorteile der bayerischen Regelungsform sind allerdings nicht von der Hand zu weisen und werden v.a. von der vollzuglichen Praxis begrüßt (vgl. vorheriger Punkt). Beim Vollzug der Jugendstrafe handelt es sich schließlich ebenfalls um Freiheitsstrafe, so dass sich Erwachsenen- als auch Jugendstrafvollzug notwendigerweise in vielen Bereichen überschneiden. Zudem gibt es zahlreiche Regelungsbereiche, in denen Besonderheiten des Jugendstrafvollzugs nicht unbedingt auszumachen sind, vgl. etwa die Regelungen zum Datenschutz, zur Gesundheitsfürsorge oder zum unmittelbaren Zwang. Der Vorteil liegt folglich in der Gesetzgebungsökonomie, da aufgrund der möglichen Verweisungstechnik keine Regelungen doppelt aufgeführt werden müssen und Wiederholungen vermieden werden können. Dennoch sieht vorwiegend die Literatur darin den Hauptkritikpunkt. Sie führt aus, dass die Regelung dadurch verkompliziert und die Verständlichkeit eines Gesetzes beeinträchtigt werde, das sich nicht nur an Behörden, Gerichte und Juristen, sondern gerade auch an Jugendliche und Heranwachsende richte.[1328] Dem ist allerdings entgegenzuhalten, dass der Bayerische Gesetzgeber nur in den Bereichen auf Regelungen des Erwachsenenvollzugs verwiesen hat, die ansonsten zweifach hätten geregelt wer-

---

1325 Vgl. auch Eisenberg, NStZ 2008, 250 f.; Sonnen, ZJJ 4/2006, 237 zum Entwurf- BayStVollzG; Ostendorf, NK 3/2006, 91 f.

1326 BVerfG, NJW 2006, 2096 ff.

1327 Vgl. hierzu auch die Mindeststandards für den Jugendstrafvollzug, ZJJ 1/2007, 94: Köhne, ZJJ 4/2007, 111.

1328 Tondorf/Tondorf, ZJJ 4/2006, 244.

den müssen, was unpraktikabel wäre und das Gesetz nur unnötig in die Länge gezogen hätte. Normen, die jugendtypische Bereiche betreffen wurden selbstverständlich eigenständig geregelt, so dass der Erziehungsgedanke im Teil des Jugendstrafvollzugs nicht verloren gegangen ist. Zudem dürfte es keine Schwierigkeiten bereiten, für einzelne Gebiete den Verweisen zum Erwachsenenvollzug zu folgen.

Selbst den Kritikern, die an der einheitlichen Lösung die fehlende Eigenständigkeit des Jugendstrafvollzugs bemängeln, ist entgegenzuhalten, dass verfassungsrechtlich keineswegs bedenklich ist, den Vollzug der Jugendstrafe in einem eigenen Abschnitt, getrennt vom Erwachsenenvollzug, zu normieren. Die Gefahr, die Besonderheiten des Jugendstrafvollzugs könnten durch ein zusammenfassendes Gesetz nicht deutlich werden, wäre nur im Fall des HmbStVollzG berechtigt, das keinen eigenen Abschnitt für Jugendliche enthält, sondern diese Regelungen lediglich innerhalb des Erwachsenenvollzugs festsetzt.[1329]

Die Vorgaben, welche das BVerfG im Urteil zur Verfassungsmäßigkeit des Jugendstrafvollzugs aufstellte,[1330] hat der Bayerische Gesetzgeber in der gebotenen Kürze der Zeit unter Heranziehung der Meinung der Praxis zufriedenstellend umgesetzt, so dass das BayStVollzG keinerlei Lücken enthält und auch für den praktischen Vollzugsalltag als gelungene gesetzliche Grundlage angesehen werden kann. Wie aus den vorangegangenen Darstellungen und Bewertungen der neuen Regelungen des BayStVollzG hervorgeht, hat der Bayerische Gesetzgeber dabei weitestgehend die altbekannten und z.T. auch bewährten Vorschriften des StVollzG sowie der VVJug – oftmals wörtlich – übernommen, vgl. etwa den Bereich Schule/Ausbildung/Arbeit, Punkt C.V.2.d.

Tatsächliche Neuerungen ergeben sich lediglich in den folgenden Bereichen:

- Eine Änderung, die allerdings nur theoretischer Art ist und nach Aussagen der bayerischen Anstaltsleiter keine Auswirkungen auf die vollzugliche Praxis hat, enthält die Regelung zur Vollzugszielbestimmung. Alle Landesgesetze haben nun den Aspekt des Schutzes der Allgemeinheit in ihre Gesetze aufgenommen, ganz im Gegensatz zu § 91 JGG a.F. Bayern stellt ihn dem Erziehungsauftrag sogar noch voran, was ausreichend Diskussionsstoff lieferte (vgl. Punkt C.V.2.a.aa.).

1329 Das HmbStVollzG ist abgedruckt in Arloth, 2008a.

1330 BVerfG, NJW 2006, 2093 ff.

- Eine weitere umstrittene Neuerung ist die Normierung einer allgemeinen Mitwirkungspflicht in Art. 123 Abs. 2 BayStVollzG. Nicht nur die Unbestimmtheit dieser Regelung, sondern auch die Schlechterstellung im Verhältnis zum Erwachsenenvollzug (hier lediglich Appell, Art. 6 Abs. 1 BayStVollzG) sorgte für Aufruhr. Doch auch hier konnte die Befragung der Praxis Entwarnung geben, welche diese Regelung wegen ihrer Unbestimmtheit nicht als Rechtfertigungsgrundlage für Disziplinarmaßnahmen heranzieht.[1331]

- Des Weiteren wurde die Mindestbesuchszeit im Jugendstrafvollzug entsprechend der Forderung des BVerfG nach einer Erhöhung der Besuchsmöglichkeiten familiärer Kontakte[1332] von einer (Nr. 19 Abs. 1 VVJug) auf vier Stunden (Art. 144 Abs. 2 BayStVollzG) im Monat erhöht. Veränderungen in der bayerischen Vollzugspraxis brachte diese Regelung dennoch nicht, da die bayerischen Anstalten schon vor Inkrafttreten des BayStVollzG mindestens vier Stunden Besuch im Monat gewährten (vgl. Ausführungen hierzu Punkt C.V.2.e.(cc).(2). Lediglich die Jugendabteilung der JVA Aichach musste im Zuge dessen ihre Besuchszeiten erhöhen. Die bayerischen Ausführungen in diesem Bereich enthalten zudem die offensten Regelungen, da sie zum einen nicht nur ein Recht auf Außenkontakte zusprechen, sondern zugleich auch ein Gebot enthalten, diese aktiv zu fördern, vgl. Art. 144 Abs. 1 i.V.m. Art. 26 S. 2 BayStVollzG. Andererseits beschränkt sich diese Vorschrift nicht nur auf Förderung günstiger Kontakte, wie dies die Mehrzahl der anderen Landesgesetze vorsieht. Im Bereich der Außenkontakte brachte das BayStVollzG eine weitere Änderung zu den vormaligen Regelungen mit sich: Im Rahmen des Paketversandes sind nun Nahrungs- und Genussmittel ausgeschlossen, vgl. Art. 144 Abs. 1 i.V.m. Art. 36 Abs. S. 2 BayStVollzG. Diese Veränderung kommt der vollzuglichen Praxis sehr entgegen, weil dadurch die Kontrollen erheblich vereinfacht werden.

- Begrüßt werden ebenfalls die neuen Vorschriften zum offenen und geschlossenen Vollzug, Art. 133 i.V.m. Art. 12 BayStVollzG. Hier kehrte der Bayerische Gesetzgeber die bekannte Reihenfolge aus § 10 StVollzG um, so dass zwar nun der geschlosse-

1331 Die Neuregelung der Disziplinarmaßnahmen wurden weitgehend beibehalten, lediglich die Anordnungszeiten wurden teilweise verkürzt, siehe Punkt C.V.2.g.

1332 BVerfG, NJW 2006, 2096.

ne Vollzug die Regelvollzugsform darstellt. Dies entspricht der Vollzugswirklichkeit, da in Bayern bis jetzt lediglich die JVA Neuburg-Herrenwörth (20 Plätze) und die Jugendabteilung der JVA Aichach (6 Plätze) offene Vollzugseinrichtungen enthalten. Zudem werden Gefangene in den bayerischen Anstalten ohnehin zunächst im geschlossenen Vollzug untergebracht, da die Eignung für den offenen Vollzug erst erprobt werden muss. Nichtsdestotrotz sind alle bayerischen Anstalten aufgrund der völlig neuen Regelung des Art. 137 Abs. 2 S. 2 BayStVollzG zur Betreuung über den Entlassungszeitpunkt hinaus gefordert, bis Ende des Jahres 2010 Plätze für den offenen Vollzug zu schaffen.

- Neu aufgenommen wurde die Vorschrift des Art. 140 BayStVollzG, welche der Forderung des BVerfG nach der Unterbringung in kleinen Wohngruppen nachkommt. Der Wohngruppenvollzug sei nach Aufforderung des BVerfG besonders geeignet, innerhalb der Anstalt Kontakte, die positivem sozialen Lernen dienen können, aufzubauen und nicht unnötig zu beschränken, andererseits aber auch die Gefangenen vor wechselseitigen Übergriffen zu schützen.[1333] Die Ausführungen im BayStVollzG hierzu sind allerdings sehr schwach in der Formulierung, da die Unterbringung im Wohngruppenvollzug im Ermessen der Anstalt liegt. Aufgrund der eindeutigen Vorgaben des BVerfG wird das Ermessen allerdings erheblich reduziert, so dass der Wohngruppenvollzug für geeignete junge Gefangene die Regel darstellen wird.[1334] An dieser Stelle zeigt sich jedoch auch ein Schwachpunkt der Föderalismusreform. Da es zwischen den Ländern unterschiedliche Vorstellungen bzgl. der optimalen Größe einer Wohngruppe gibt, wird der Begriff erheblich entwertet und verliert somit an Bedeutung. Es ist zu erwarten, dass aufgrund der verfassungsgesetzlichen Vorgaben viele Einheiten den Begriff der Wohngruppe führen, in denen diese Vollzugsform aber aus Kostengründen nicht umgesetzt werden kann.[1335] Die einheitliche Festsetzung der „optimalen“ Größe in allen Landesgesetzen wäre daher von Vorteil gewesen.

1333 BVerfG, NJW 2006, 2096.

1334 Arloth, 2008a, Art. 140 Rn. 4 BayStVollzG; Eisenberg, 2009, § 92 Rn. 81.

1335 Ostendorf, 2009a, 228.

- Aufgrund der Forderung des BVerfG nach einer *„ausreichenden pädagogischen und therapeutischen Betreuung“*[1336] für die jungen Gefangenen, sehen nun alle Landesgesetze die Sozialtherapie im Jugendstrafvollzug vor. Von einer glücklichen Umsetzung im Bayerischen Gesetz (Art. 132 BayStVollzG) kann dennoch nicht die Rede sein. Die Vorschriften orientieren sich weitgehend an den sehr allgemein gehaltenen Regelungen des StVollzG (§§ 9, 123-126). Negativ unterscheiden sie sich von denen des StVollzG dadurch, dass sowohl auf das Zustimmungserfordernis des Gefangenen bei Verlegung als auch auf Zustimmung des Leiters oder der Leiterin der sozialtherapeutischen Anstalt verzichtet wird. Zudem ist die bayerische Regelung sehr unbestimmt gehalten.

- Eine großzügige Vorschrift, welche den Sonderurlaub zur Entlassungsvorbereitung von einem Monat innerhalb von vier Monaten (statt von bisher nur einer Woche innerhalb von drei Monaten) vor der Entlassung betrifft, enthält nun Art. 136 Abs. 5 BayStVollzG.

Zusammenfassend ist anzumerken, dass das BayStVollzG hinsichtlich des Jugendstrafvollzugs an einigen Stellen eine Vorreiterrolle einnimmt (etwa im Bereich der Besuchsregelungen und des Schriftverkehrs), an anderen wiederum hinter den übrigen Landesgesetzen zurückbleibt (beispielsweise enthält die Regelung zur Unterbringung während der Ruhezeit, Art. 139 Abs. 1 i.V.m. Art. 20 BayStVollzG, im Gegensatz zu anderen Landesgesetzen nur eine „Soll-Bestimmung“ sowie die Vorschrift zum Wohngruppenvollzug, die als Ermessensregelung ausgestaltet ist, Art. 140 BayStVollzG). Im Allgemeinen ist auffallend, dass der Bayerische Gesetzgeber mehrfach mit unbestimmten Rechtsbegriffen und Ermessensvorschriften arbeitet. Dadurch kann zwar jederzeit auf die Haushalts- und Finanzlage reagiert werden. Allerdings bietet dies den Gefangenen weniger Rechte. Aufgrund der zahlreichen Übernahme bekannter Vorschriften aus dem StVollzG und den VVJug ergaben bzw. ergeben sich auch nur geringe Auswirkungen auf die vollzugliche Praxis. Befürchtungen der Literatur zu einzelnen Regelungen bewahrheiteten sich glücklicherweise nicht in der praktischen Umsetzung. Die bayerischen Jugendstrafvollzugsanstalten handhaben größtenteils ohnehin ihren Vollzugsalltag wie schon vor der gesetzlichen Normierung des Jugendstrafvollzugs.

1336 BVerfG, NJW 2006, 2096.

D. Aktuelle Situation in den bayerischen Jugendstrafvollzugsanstalten (Stand Januar 2010)

I. Vollzugliche Rahmenbedingungen

Die nachfolgenden Ausführungen über rechtstatsächliche Befunde der bayerischen Jugendstrafvollzugsanstalten basieren auf einer aktuellen Befragung der Anstaltsleiter vom Januar 2010. Im Rahmen dieser Untersuchung gelang es, die Anstaltsleiter der JVA Ebrach sowie der JVA Neuburg-Herrenwörth persönlich zu interviewen, wobei zugleich ein individueller Eindruck von der jeweiligen Anstalt und ihren Abläufen gewonnen werden konnte. Die Leiter der Anstalten Laufen-Lebenau und Aichach erklärten sich bereit, schriftlich Auskunft zu erteilen.

Im Vorfeld dieser Ermittlungen wurden Fragebogen erarbeitet, [1337] die sich in drei Teile untergliedern. Zum einen ging es um die Gewinnung grundlegender Informationen zur Anzahl der Gefangenen, Altersstruktur, Belegungssituation, Personalsituation, Ausländeranteil, Deliktsstruktur sowie Verweildauer. Hintergrund dieser Fragen war die Entscheidung des BVerfG vom 31.5.2006, in der die Karlsruher Richter den Staat verpflichteten, für allgemein als erfolgsnotwendig anerkannte Vollzugsbedingungen und Maßnahmen Sorge zu tragen.[1338] Dazu gehören u.a. auch die kontinuierliche Sicherung der Ausstattung mit personellen und finanziellen Mitteln, eine ausreichende pädagogische und therapeutische Betreuung sowie Formen der Unterbringung, die soziales Lernen in Gemeinschaft, aber zugleich auch den Schutz der Inhaftierten vor wechselseitiger Gewalt ermöglichen.[1339] Die aktuellen Situationen in den bayerischen Jugendstrafvollzugsanstalten in diesem Bereich finden sich in den nachfolgenden Ausführungen zu den vollzuglichen Rahmenbedingungen.

Zweitens wurden die Anstaltsleitungen allgemein zum BayStVollzG befragt. Diese Ergebnisse sind in einem eigenen Punkt dieser Arbeit dargestellt (Punkt C.VI.2). Der dritte Teil schließlich enthielt Fragen zu den einzelnen Normierungen im BayStVollzG, welche den Jugendstrafvollzug betreffen. Um einen umfassenden Einblick zur Umsetzung dieser Regelun-

1337 Die Fragebogen und die dazugehörigen Antworten der Anstaltsleiter finden sich im Anhang.
1338 BVerfG, NJW 2006, 2096.
1339 BVerfG, NJW 2006, 2096.

gen in der vollzuglichen Praxis zu bekommen, erhielten die Anstaltsleiter hier zum Teil unterschiedliche Fragen. Die Resultate des dritten Abschnitts des Fragebogens wurden in die Ausführungen über die Neuregelungen des Jugendstrafvollzugs im BayStVollzG unter Punkt C.V.2 eingearbeitet.

1. Gefangenenzahlen und Altersstruktur

Im Jahr 2009 verbüßten durchschnittlich 632 männliche und 33 weibliche Jugendstrafgefangene eine Jugendstrafe in einer bayerischen Jugendstrafvollzugsanstalt. Die Anzahl der zu Jugendstrafe ohne Bewährung verurteilten Jugendlichen und Heranwachsenden ist im Vergleich der letzten fünf Jahre (2005-2009) in Bayern insgesamt aber auch in jeder einzelnen Jugendstrafvollzugsanstalt gesunken, nachdem in den vorherigen Jahren seit 2000 ein leichter Anstieg zu verzeichnen war.[1340]

Tabelle 3: Anzahl der Jugendstrafgefangenen in Bayern im Jahresdurchschnitt

	2009	**2008**	**2007**	**2006**	**2005**
Ebrach	290	304	299	309	326
Laufen-Lebenau	170	163	179	198	198
Neuburg-Herrenwörth	172	171	186	192	-
Aichach	33	40	53	46	52
gesamt	665	678	717	745	-

Quelle: Eigene Darstellung.[1341]

Daraus ergibt sich bzgl. der Aufteilung der männlichen jungen Gefangenen auf die bayerischen Jugendstrafvollzugsanstalten folgendes Bild: Beinahe die Hälfte sitzt in der JVA Ebrach ein, der Rest verteilt sich gleichermaßen auf die übrigen Anstalten (siehe Abbildung 2).

1340 Die Gefangenenrate im Jugendstrafvollzug in Bayern nahm in den Jahren 2000-2006 um 5,4 Prozent zu; vgl. auch Dünkel/Geng, ZJJ 2/2007, 143 ff.

1341 Die Zahlen sind den Fragebogen entnommen.

Die Altersstruktur der im Jugendstrafvollzug Inhaftierten weist den Jugendstrafvollzug im Wesentlichen als einen Heranwachsendenvollzug aus. Die Anzahl der jugendlichen Insassen ist bei Weitem in der Minderheit.[1342] Das Durchschnittsalter im Jahr 2009 lag bayernweit zwischen 18 und 21 Jahren (JVA Ebrach: 20-21 Jahre, JVA Laufen-Lebenau: 18-19 Jahre, JVA Neuburg-Herrenwörth: 19-20 Jahre, JVA Aichach: 18-21 Jahre).[1343] In der JVA Neuburg-Herrenwörth machten die 14-18-Jährigen 15,7 Prozent aus.[1344] Die Altersgruppe der 16-18-Jährigen in der JVA Ebrach betrug lediglich 2,2 Prozent.[1345]

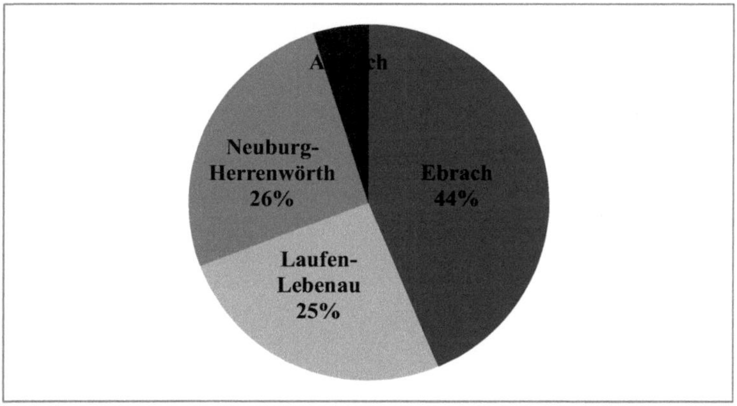

Abbildung 1: Prozentuale Verteilung der Jugendstrafgefangenen auf die bayerischen Anstalten

Quelle: Eigene Darstellung.

2. Belegungssituation

Die Belegungssituation in den bayerischen Jugendstrafanstalten hat sich in den letzten Jahren immer mehr entspannt, was das vollzugliche Arbeiten dementsprechend vereinfachte. Aus der nachfolgenden Tabelle ist zu entnehmen, dass es 2009 im bayerischen Jugendstrafvollzug kaum noch zu Überbelegungen kam. Lediglich die Anstalt Neuburg-Herrenwörth wies 2009

1342 Vgl. auch die Tabellen zur Altersstatistik der letzten Jahre in Fragebogen JVA Ebrach, Fragebogen JVA Neuburg-Herrenwörth im Anhang.

1343 Vgl. Fragebogen JVA Ebrach, JVA Laufen-Lebenau,; JVA Neuburg-Herrenwörth, JVA Aichach im Anhang.

1344 Vgl. Tabelle zur Altersstatistik Fragebogen JVA Neuburg-Herrenwörth im Anhang.

1345 Vgl. Tabelle zur Altersstatistik Fragebogen JVA Laufen-Lebenau im Anhang.

eine Auslastung von 92 Prozent auf. Noch im Jahr 2006 waren alle bayerischen Jugendanstalten als tatsächlich oder strukturell überbelegt anzusehen (JVA Ebrach: 92,4 Prozent, JVA Laufen-Lebenau: 97,5 Prozent, JVA Neuburg-Herrenwörth: 94,4 Prozent, JVA Aichach Jugendabteilung: 92,3 Prozent).[1346] Denn schon ab einer Belegungsrate von 90 Prozent gelten Vollzugsanstalten als voll belegt.[1347] Überbelegung begünstigt nicht nur Gewalteskalationen unter den Gefangenen (vgl. den „Foltermord" in der JVA Siegburg vom 11.11.2006), sondern beeinträchtigt auch einen differenzierten und angebotsorientierten Behandlungsvollzug.[1348]

Tabelle 4: Belegungsfähigkeit und tatsächliche Belegung im Jugendstrafvollzug in Bayern 2009

Jugendstrafvollzugsanstalten Bayern	Belegungsfähigkeit	Tatsächliche Belegung	Belegungsquote in Prozent
Ebrach	338	290	85,8
Laufen-Lebenau	215	170	79,1
Neuburg-Herrenwörth	187	172	92,0
Aichach	63	33	52,4

Quelle: Eigene Darstellung.[1349]

Der offene Vollzug tritt in Bayern noch immer in den Hintergrund. Im Januar 2010 besaßen lediglich die JVA Neuburg-Herrenwörth und die Jugendabteilung der JVA Aichach Plätze für eine offene Vollzugsgestaltung. Die insgesamt 20 Plätze der JVA Neuburg-Herrenwörth sind jedoch durchschnittlich nur mit etwa sieben bis neun Gefangenen belegt, was auf die relativ kurze Verweildauer von ca. neun Monaten zurückzuführen ist.[1350] Diese aktuelle Situation wird sich allerdings bis Ende 2010 ändern, da die Anstalten aufgrund der Neuregelung des Art. 137 Abs. 2 S. 2 BayStVollzG aufgefordert sind, Plätze für eine Nachbetreuungseinrichtung im offenen Vollzug zu schaffen (Art. 210 Abs. 1 Satz 2 BayStVollzG). Die JVA Ebrach

1346 Dünkel/Geng, ZJJ 2/2007, 144.

1347 Dünkel/Geng, ZJJ 2/2007, 144.

1348 Dünkel/Geng, ZJJ 2/2007, 145; Zum Begriff des Behandlungsvollzugs Schriever, ZfStrVo 5/2006, 262 ff.

1349 Die Zahlen sind den Fragebogen entnommen.

1350 Fragebogen JVA Neuburg-Herrenwörth im Anhang; vgl. auch Punkt 7.

beispielsweise nutzt diese Umbaumaßnahmen um zugleich weitere Plätze im offenen Vollzug zu errichten.

3. Personalsituation

Die kontinuierliche Ausstattung mit personellen Mitteln sowie eine ausreichende pädagogische und therapeutische Betreuung sieht das BVerfG als erfolgsnotwendige Vollzugsbedingung an.[1351] Dementsprechend verbessert hat sich die Personalsituation in den bayerischen Jugendstrafvollzugsanstalten im Jahr 2009 im Vergleich zum Jahr 2006. Die nachfolgende Tabelle zeigt die aktuellen Zahlen, die sich in den letzten Jahren teilweise stark verbesserten (Stand 31.3.2006: JVA Ebrach: Personalstellen insgesamt: 187,5, Psychologen/innen: 3, Sozialarbeiter/-pädagogen/innen: 6,7; JVA Laufen-Lebenau: Personalstellen insgesamt: 120,5, Psychologen/innen: 2,5, Sozialarbeiter/-pädagogen/innen: 5; JVA Neuburg-Herrenwörth: Personalstellen insgesamt: 119 Psychologen/innen: 2; Sozialarbeiter/-pädagogen/innen: 5, Jugendabteilung JVA Aichach: Personalstellen insgesamt: 192, Psychologen/innen: 1, Sozialarbeiter/-pädagogen/innen: 1).[1352]

Tabelle 5: Personalstellen und Behandlungspersonal 2009

Jugendstrafvollzugsanstalten Bayern	Gefangene insgesamt	Personalstellen insgesamt	Psychologen/-innen	Sozialarbeiter/-pädagogen/-innen
Ebrach	290	190	4	14
Laufen-Lebenau	170	132	3,5	6
Neuburg-Herrenwörth	172	139	7	10
Aichach	33	193[1353]	1	1

Quelle: Eigene Darstellung.[1354]

1351 BVerfG, NJW 2006, 2096.

1352 Dünkel/Geng, ZJJ 2/2007, 146.

1353 Dies betrifft die Personalstellen des Fach- und Verwaltungsdienstes in geteilter Zuständigkeit für die Jugend- und Erwachsenenabteilung insgesamt. Für den Jugendvollzug stehen zwölf Bedienstete des allgemeinen Vollzugs- und Werkdienstes, eine Psychologin und eine Sozialpädagogin zur Verfügung.

1354 Die Zahlen sind den Fragebogen entnommen.

Betrachtet man nun die Gefangenenzahlen im Verhältnis zu den jeweiligen Personalstellen, so ergibt sich notwendigerweise auch hier ein deutlich erfreulicheres Bild als noch im Jahr 2006.

Tabelle 6: Gefangene im Jugendstrafvollzug pro Personalstelle insgesamt und pro Mitarbeiter des Behandlungspersonals (Psychologen, Sozialarbeiter bzw. Sozialpädagogen)

Jugendstrafvollzugsanstalten Bayern	**Gefangene pro Personalstelle**	**Gefangene pro Psychologen/-innen**	**Gefangene pro Sozialarbeiter/-pädagogen/-innen**
Ebrach	1,5	72,5	20,7
Laufen-Lebenau	1,3	48,6	28,3
Neuburg-Herrenwörth	1,2	24,6	17,2
Aichach	0,2	33	33

Quelle: Eigene Darstellung.

Konnte man 2006 etwa in der JVA Ebrach mit 106 Gefangenen pro Psychologenstelle kaum auf eine einzelfallbezogene psychologische Betreuung schließen,[1355] haben sich die Zahlen 2009 erheblich verbessert, obwohl man auch bei durchschnittlich 72,5 Gefangenen pro Psychologen von einem nur eingeschränkten Behandlungsvollzug sprechen kann.[1356] Deutlich günstiger stellt sich die Situation in der JVA Neuburg-Herrenwörth mit 24,6 Gefangenen pro Psychologenstelle dar.

Positivere Zahlen weist die Personalsituation bzgl. der Sozialarbeiter und Sozialpädagogen auf. Hier haben sich die Werte im Vergleich zu 2006 teilweise halbiert (Stand 31.3.2006 Gefangene pro Sozialarbeiter/-pädagogen: JVA Ebrach: 47,8, JVA Laufen-Lebenau: 38,4, JVA Neuburg-Herrenwörth: 36,4, JVA Aichach Jugendabteilung: 52,0).[1357] So kann man in den Anstalten nun von einer zufriedenstellenden Ausstattung sprechen, welche dem Erziehungs- und Behandlungsvollzug gerecht wird, da die Fallzahlen bzgl. Sozialarbeiter noch unter den Werten von 1:25-30 bzw. knapp darüber liegen.[1358]

1355 Dünkel/Geng, ZJJ 2/2007, 146.

1356 Vgl. auch die Zahlen im Jahr 2001: Aichach (1:41) und Ebrach (1: 111), Dünkel/Lang, 35.

1357 Dünkel/Geng, ZJJ 2/2007, 147.

1358 Dünkel/Geng, ZJJ 2/2007, 147.

4. Ausländeranteil

Aus der Befragung geht weiterhin hervor, dass der Ausländeranteil in den bayerischen Jugendanstalten in den letzten Jahren stetig gestiegen ist und sich nun durchschnittlich bei ca. 25 Prozent eingependelt hat (Ausländeranteil 2009: JVA Ebrach 25,3 Prozent, JVA Laufen-Lebenau: 24,6 Prozent, JVA Neuburg-Herrenwörth: 22,6 Prozent, JVA Aichach: 22,5 Prozent).[1359] Dieser hohe Ausländeranteil erfordert aufgrund der oftmals fehlenden oder mangelnden Sprachkenntnisse und wegen der kulturellen Eigenarten einen vermehrten Behandlungs- und Betreuungsbedarf. Zudem führt dies nicht selten zu subkulturellen Bandenbildungen[1360] und Gewalteskalationen gegenüber den Mithäftlingen, was erschwerte Umstände für die Anstalten – v.a. auch im Hinblick auf die Einhaltung der verfassungsrechtlichen Vorgaben – bedeutet.

5. Deliktsstruktur

Die Deliktsstruktur gestaltet sich je nach Anstalt unterschiedlich. Dennoch ist auffällig, dass Straftaten gegen die körperliche Unversehrtheit durchgehend die Delikte darstellen, weshalb die meisten Strafgefangenen in Jugendanstalten einsitzen (im Jahr 2009: JVA Ebrach: 35,6 Prozent, JVA Laufen-Lebenau: 32,0 Prozent, für die JVA Neuburg-Herrenwörth sowie der Jugendabteilung der JVA Aichach lagen keine detaillierten Ergebnisse vor).[1361] Einzig die Delikte Diebstahl und Unterschlagung sind in der JVA Laufen-Lebenau mit 35 Prozent im Jahr 2009 noch davor anzusiedeln. Demgegenüber betrug der Anteil der Diebstahls- und Unterschlagungsdelikte in der JVA Ebrach nur 16,4 Prozent. Dies lässt sich wohl mit den unterschiedlichen Altersstufen erklären. In der JVA Laufen-Lebenau sitzen im Vergleich zur JVA Ebrach eher die jüngeren Gefangenen ein.[1362] In der Jugendabteilung der JVA Aichach ist zudem eine hohe Anzahl von Verstößen gegen das Betäubungsmittelgesetz festzustellen.[1363]

1359 Vgl. Fragebogen JVA Ebrach, JVA Laufen-Lebenau, JVA Neuburg-Herrenwörth, JVA Aichach im Anhang.

1360 Walter, NK 1/1998, 5 ff.

1361 Vgl. Fragebogen JVA Ebrach, JVA Laufen-Lebenau, JVA Neuburg-Herrenwörth, JVA Aichach im Anhang.

1362 Vgl. Zuständigkeitsverteilung im Anhang.

1363 Fragebogen JVA Aichach im Anhang.

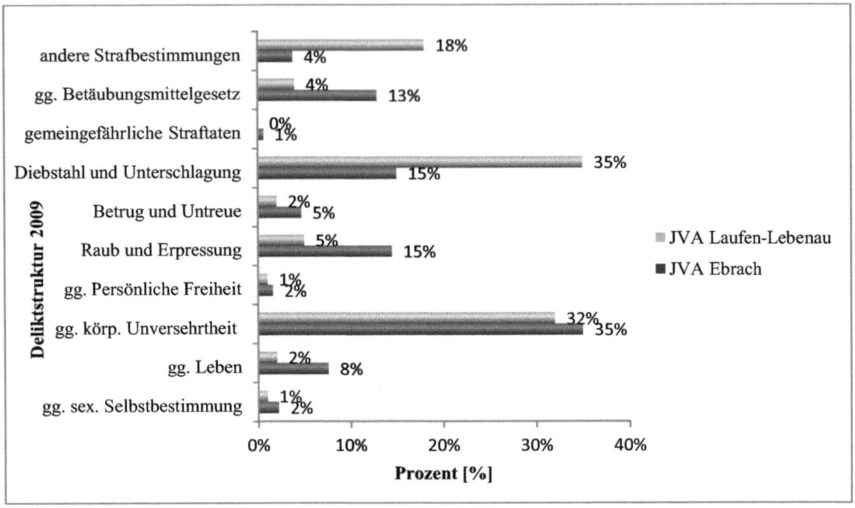

Abbildung 2: Deliktsstrukturen der JVA Ebrach und der JVA Laufen-Lebenau im Vergleich
Quelle: Eigene Darstellung.[1364]

6. Verweildauer

Die Dauer der Haftzeit bestimmt sich in der überwiegenden Anzahl der Fälle nicht nach der Dauer der verurteilten Jugendstrafe. Die meisten jungen Gefangenen werden gemäß § 88 JGG vorzeitig auf Bewährung entlassen. Im Jahr 2008 kamen in der JVA Ebrach 74 Prozent und in der JVA Laufen-Lebenau 68,4 Prozent vorzeitig nach § 88 JGG frei.[1365] In der JVA Neuburg-Herrenwörth betragen die vorzeitigen Entlassungen insgesamt fast 90 Prozent.[1366] Daher ist die Verweildauer im Vollzug entscheidend für die Dauer und Intensität von Ausbildung und therapeutischen Maßnahmen. Aufgrund der relativ kurzen Verweildauer im bayerischen Jugendstrafvollzug von sieben bis zehn Monaten im Jahr 2008 (JVA Ebrach: zehn Monate, JVA Laufen-Lebenau: sieben Monate, JVA Neuburg-Herrenwörth: neun Monate),[1367] ist es besonders im Jugendstrafvollzug von Bedeutung, dass die Anstalten den Jugendlichen und Heranwachsenden ermöglichen, Teilqualifikationen zu erwerben und therapeutische Maßnahmen

1364 Die Zahlen sind den Fragebogen JVA Ebrach und JVA Laufen-Lebenau entnommen.

1365 Vgl. Fragebogen JVA Ebrach und JVA Laufen-Lebenau im Anhang, vgl. auch Entlassungsgründe in der JVA Laufen-Lebenau im Anhang.

1366 Vgl. Fragebogen JVA Neuburg-Herrenwörth im Anhang.

1367 Vgl. Fragebogen JVA Neuburg-Herrenwörth im Anhang.

anzubieten, die auf die kurze Aufenthaltsdauer abgestimmt werden. Große Relevanz kommt demzufolge den in allen bayerischen Jugendstrafvollzugsanstalten angebotenen sechsmonatigen Grundlehrgängen zu.

7. Zusammenfassung

Die vollzuglichen Rahmenbedingungen innerhalb der bayerischen Jugendstrafvollzugsanstalten bzw. der Jugendabteilung haben sich in den letzten Jahren stetig verbessert. Von den Befürchtungen einer Rechtszersplitterung, die angesichts der Föderalismusreform Ende Juni 2006 aufgekommen sind, mit der Folge einer wenig erfreulichen Fortentwicklung der Behandlungsforschung im Jugendstrafvollzug, war und ist im bayerischen Jugendstrafvollzug glücklicherweise wenig zu spüren. So sind die Gefangenenzahlen seit 2005 in den einzelnen Anstalten und somit auch insgesamt gesunken, was sich wiederum positiv auf das vollzugliche Arbeiten und die Belegungssituation ausgewirkte. Im Jahr 2009 befanden sich insgesamt 665 Gefangene (632 männliche und 33 weibliche) im Jugendstrafvollzug. Seit 2006 war keine Überbelegung im Jugendvollzug mehr zu registrieren, ganz im Gegenteil zum Erwachsenenvollzug, dessen tatsächliche Belegung in den letzten Jahren deutlich zugenommen hat. Mittlerweile ist die Gefangenenrate jedoch auch im Erwachsenenvollzug gesunken und seit 2009 trat wieder eine moderate Entspannung ein (Ende März 2009: 12.387 Gefangene).[1368]

Spätestens Ende des Jahres 2010 sollten auch alle bayerischen Jugendstrafvollzugsanstalten Plätze für den offenen Vollzug erhalten haben, um der Neuregelung der Nachbetreuung in Art. 137 Abs. 2 S. 2 BayStVollzG gerecht zu werden. Die Auslastung mit „Noch-Gefangenen“ wird sich jedoch aufgrund der relativ kurzen Verweildauer von durchschnittlich neun Monaten im Jugendvollzug schwierig gestalten, was daran liegt, dass die Eignungsprüfung für den offenen Vollzug in Bayern sehr viel Zeit in Anspruch nimmt.

Der Trend, dass sich der Jugendvollzug immer mehr zum Heranwachsendenvollzug gestaltet, setzte sich auch im Jahr 2009 fort. Das Durchschnittsalter in allen bayerischen Jugendstrafvollzugsanstalten lag zwischen 18 und 21 Jahren.

Gestiegen ist jedoch der prozentuale Anteil der ausländischen Jugendstrafgefangenen, welcher durchschnittlich bei 20-25 Prozent liegt. Wesentlicher Grund für diese Entwicklung wird

1368 http://www.justizvollzug-bayern.de, letzter Aufruf: 18.5.2010.

in der Öffnung der Grenzen zu den östlichen Nachbarstaaten gesehen. Zugleich ist ein Anstieg von Roheits- und Gewaltdelikten zu verzeichnen.

Trotz dieser Problemgruppen, die erhebliche Schwierigkeiten bei der erzieherischen Behandlungsarbeit bereiten, gab und gibt es für die bayerischen Anstalten keinen Grund, vom erzieherischen Anspruch des Jugendstrafvollzugs und den verfassungsrechtlichen Anforderungen abzurücken. Die personelle Ausstattung verbesserte sich in den letzten Jahren zum Teil erheblich, so dass nun von einer zufriedenstellenden Personalsituation angesichts der finanziellen Haushaltslage gesprochen werden kann.

II. Kurzdarstellung des Vollzugs in den bayerischen Jugendstrafvollzugsanstalten

In Bayern wird die Jugendstrafe in den drei Jugendstrafanstalten Ebrach, Laufen-Lebenau und Neuburg-Herrenwörth vollzogen. Für weibliche Verurteilte steht eine Jugendabteilung der Justizvollzugsanstalt Aichach zur Verfügung.

Die ersten Eindrücke von der baulichen Gestaltung der Anstalten könnten unterschiedlicher kaum sein. Sie reichen von einem beeindruckenden alten Kloster mit hohen Räumlichkeiten aus dem 12. Jahrhundert (JVA Ebrach) bis hin zu einer der modernsten Anstalten Europas, welche gerade einmal 25 Jahre alt ist (JVA Neuburg-Herrenwörth).

Im Folgenden findet sich eine Kurzdarstellung der vier Anstalten, zum einen um aufzuzeigen, wie sich die jeweilige Anstalt historisch entwickelte, zum anderen um die Zuständigkeitsverteilung in Bayern darzustellen. Schließlich wird auf die Einrichtung der Anstalten eingegangen, um ein umfassendes Bild der Jugendstrafanstalten bzw. -abteilung zu erhalten, ehe im darauffolgenden Punkt die vollzuglichen Rahmenbedingungen der bayerischen Jugendstrafvollzugsanstalten vergleichend analysiert werden.

1. Die Justizvollzugsanstalt Ebrach[1369]

a) Historische und bauliche Entwicklung der Anstalt

Die ländlich gelegene Jugendstrafvollzugsanstalt Ebrach in Nordbayern (Oberfranken) beeindruckt bereits durch ihr äußeres Erscheinungsbild. Sie ist die Anstalt mit dem ältesten Gebäu-

1369 http://www.justizvollzug-bayern.de/JV/Anstalten/JVA_Ebrach, letzter Aufruf: 18.5.2010.

de, das für den Vollzug der Jugendstrafe in Bayern genutzt wird. Der Hauptbau des ehemaligen, im Jahre 1127 gegründeten und 1803 säkularisierten Zisterzienserklosters – der einst reichsten Abtei Frankens, mit Klosterkirche, Treppenhaus und Kaisersaal – ist ein Kulturdenkmal europäischen Ranges, das seit 1851 vollzuglichen Zwecken dient. Zunächst genutzt als Zwangsarbeiteranstalt, anschließend als Zuchthaus, Vorbestraftenanstalt sowie Erstbestraftenanstalt, wird in dem Gebäude seit dem 1.4.1958 Jugendstrafe vollzogen. 1895 wurde der erste Zellenbau mit 68 Einzelzellen und 38 Schlafsälen mit 382 Betten errichtet. Den äußeren Rahmen für die Gestaltung des Strafvollzugs an Jugendlichen und Heranwachsenden bildet ein bedeutendes Baudenkmal. Daraus ergibt sich wiederum die Zielsetzung, die Erfordernisse eines modernen Jugendstrafvollzugs mit vorhandenen Strukturen und Elementen eines denkmalschützerisch wertvollen Gebäudes zu verbinden. In den vergangenen Jahren und Jahrzehnten gab es umfangreiche Baumaßnahmen. Folgende größere wichtige Neu- oder Umbaumaßnahmen sowie sonstige bedeutende Vorhaben zur Verbesserung der äußeren Haftbedingungen wurden vorgenommen:

- 1964 und 1972 Fertigstellung von weiteren Zellenbauten (234 Einzelhafträume),
- 1981/82 drei große Werkhallen für Metallbetriebe und Ausbau eines weiteren Arbeitsbetriebsgebäudes,
- 1985 zwei Werkhallen für Unternehmerbetriebe,
- bis 1989 Ausbau von zwei der drei Trakte des Conventbaus für Wohngruppen,
- im Februar 1996 Inbetriebnahme des dritten Traktes, im Übrigen Restaurierung der alten Klosteranlage,
- seit 1.12.2009 sozialtherapeutische Einrichtung für zehn Gefangene sowie
- bis Ende 2010 Fertigstellung einer Nachbetreuungseinrichtung für fünf bis zehn Gefangene und Errichtung von Räumlichkeiten für den offenen Vollzug für „Noch-Gefangene".

Durch diese aufwändigen Bau- und Sanierungsarbeiten wurden die Haftbedingungen der JVA Ebrach stetig verbessert. Anstelle der bedrückenden Säle sind im Conventbau überschaubare Wohngruppen mit Aufenthaltsräumen entstanden, in denen ausgewählte Gefangene unter Anleitung eines Sozialpädagogen ein Zusammenleben einüben können. Für Gefangene, die sich weniger für das Zusammenleben in einer Wohngruppe eignen, stehen ausreichend Einzelhafträume in den drei Zellenbauten zur Verfügung.[1370]

b) Zuständigkeit

Die JVA Ebrach ist zuständig für männliche Verurteilte ab 17 Jahren, die vorbelastet sind (d.h. an denen bereits Jugendstrafe vollzogen wurde) oder die eine längere Jugendstrafe (über drei Jahre) verbüßen sowie für männliche Verurteilte aus dem Oberlandesgerichtsbezirk Bamberg, den Amtsgerichtsbezirken Erlangen und Neustadt/Aisch sowie für über 21 Jahre alte Verurteilte.[1371]

c) Einrichtung

aa) Äußere Haftbedingungen

Die JVA Ebrach verfügt derzeit über insgesamt 338 Haftplätze, von denen 235 als Einzelhafträume und 103 zur gemeinschaftlichen Unterbringung genutzt werden können. Des Weiteren ist sie mit einer Krankenabteilung (vier Plätze) sowie einer Zugangsabteilung mit elf Haftplätzen ausgestattet und enthält 25 in Wohngruppen gegliederte Gemeinschaftshafträume für 93 Gefangene. Seit Dezember 2009 verfügt die Anstalt außerdem über eine Sozialtherapeutische Anstalt mit zehn Haftplätzen, konzipiert für Gewaltstraftäter. Plätze für den offenen Vollzug existieren derzeit noch keine. Bis Ende 2010 ist allerdings aufgrund der Vorschrift des Art. 137 Abs. 2 Satz 2 BayStVollzG eine Nachbetreuungseinrichtung für fünf bis zehn Gefangene zu errichten, was zugleich genutzt wird, um weitere Räumlichkeiten für den offenen Vollzug für „Noch-Gefangene" zu schaffen.

Tabelle 7: Belegungsfähigkeit JVA Ebrach (Stand Januar 2010)

Haftplätze insgesamt	**Einzelunterbringung**	**Gemeinschaftliche Unterbringung**	**Plätze im offenen Vollzug**	**Zugangsabteilung**
338	235	103	-	11

Quelle: Eigene Darstellung.

1370 Vgl. auch Schöfer-Sigl/Wenzel, 2004, 405 ff.

1371 Vgl. hierzu auch Übersicht der Zuständigkeiten im Anhang.

bb) Arbeitsmöglichkeiten

Den Gefangenen der JVA Ebrach stehen zahlreiche Arbeitsmöglichkeiten zur Verfügung. Sie enthält 15 Eigenbetriebe (u.a. Bäckerei, Bauabteilung, Elektroabteilung, Gärtnerei, Heizungsbau, Gas- und Wasserinstallation, Kfz-Werkstätte, Landwirtschaft, Malerei, Schlosserei, Schreinerei, acht Unternehmerbetriebe (u.a. Elektromontage, Spielwaren) und zwei arbeitstherapeutische Betriebe mit 16 Plätzen.

cc) Berufsausbildung

Im handwerklichen Bereich werden 59 Lehrplätze in 14 verschiedenen Handwerksberufen und 38 Plätze in sechsmonatigen Grundlehrgängen in Bautechnik, Gebäudereinigung, Holztechnik, Metalltechnik, Farbtechnik und Raumgestaltung angeboten.[1372]

dd) Schulausbildung

Neben der beruflichen Ausbildung wird im Jugendvollzug der JVA Ebrach auch sehr viel Wert auf die schulische Bildung gelegt. Von der Schulabteilung der JVA (der größten in Bayern) werden u.a. folgende Maßnahmen angeboten:

- Jährlich zwei Kurse zur Erlangung des erfolgreichen Hauptschulabschlusses
- Ein Kurs zur Erlangung des qualifizierenden Hauptschulabschlusses
- Berufsschulunterricht für Auszubildende
- Elementarkurs für Analphabeten und Gefangene mit Lernschwäche
- Vorbereitungskurs für die Hauptschule oder die Grundlehrgänge
- Deutschunterricht für Aussiedler und Ausländer[1373]

2. Die Justizvollzugsanstalt Laufen-Lebenau[1374]

a) Historische und bauliche Entwicklung der Anstalt

Die JVA Laufen-Lebenau liegt drei Kilometer nördlich der Stadt Laufen in einer großen Waldlichtung an der Salzach, dem Grenzfluss zu Österreich auf dem Gelände des Bayerischen Amtes für forstliche Saat und Pflanzenzucht.

1372 Ausführliche Darstellungen der beruflichen Ausbildung in der JVA Ebrach bezogen auf das Jahr 2008 finden sich im Anhang unter Fragebogen JVA Ebrach.

1373 Ausführliche Darstellungen der schulischen Bildungsmaßnahmen in der JVA Ebrach bezogen auf das Jahr 2008 finden sich im Anhang unter Fragebogen JVA Ebrach.

1374 http://www.justizvollzug-bayern.de/JV/Anstalten/JVA_Laufen, letzter Aufruf: 18.5.2010.

Ihre Ursprünge gehen zurück auf die Königlich Bayerische Strafanstalt für Männer, die im Jahr 1862 in der ehemaligen Sommerresidenz der Fürstbischöfe von Salzburg in Laufen eingerichtet wurde. Ab 1906 wurde von dort aus im heutigen Anstaltsbereich eine Forstbaumschule betrieben. Als Jugendstrafanstalt besteht die Einrichtung seit 1946.

In den vergangenen Jahren wurden auch hier umfangreiche Umbau-, Erweiterungs- und Modernisierungsmaßnahmen vorgenommen, so dass sich die Anstalt heute als eine moderne Jugendstrafvollzugsanstalt, in der mit großem pädagogischem Engagement junge Gefangene auf ein besseres Leben in sozialer Verantwortung vorbereitet werden, präsentiert.

Die Justizvollzugsanstalt Laufen-Lebenau ist formal eine Anstalt des geschlossenen Vollzugs. In ihr wird jedoch de facto ein Konzept des halboffenen Vollzugs praktiziert. Die äußeren Sicherheitsvorkehrungen sind im Vergleich zu anderen Anstalten des geschlossenen Vollzugs erheblich reduziert. Eine Anstaltsumwehrung fehlt völlig. Stattdessen vertraut die Anstalt auf eine intensive Betreuung der Gefangenen und im Falle einer Entweichung auf ihr bewährtes Alarm- und Fahndungskonzept.

b) Zuständigkeit

Die JVA Laufen-Lebenau ist zuständig für männliche Verurteilte im Alter von 14 bis 16 Jahren aus ganz Bayern, unabhängig von der Straftat/-haft sowie für männliche Jugendliche im Alter von 17 und 18 Jahren aus ganz Bayern, an denen erstmals Jugendstrafe vollzogen wird und die bis zu einer dreijährigen Strafhaft verurteilt worden sind. Ausgenommen sind die nach den §§ 176-178, 249-255 StGB Verurteilte, welche in die JVA Neuburg-Herrenwörth einzuweisen sind. Weiterhin ist die Anstalt zuständig für männliche Verurteilte im Alter von 19-21 Jahren, an denen erstmals Jugendstrafe vollzogen wird und denen eine Strafhaft von bis zu drei Jahren auferlegt wurde, welche aus den Landgerichtsbezirken, Deggendorf, Landshut, München I, München II, Passau und Traunstein stammen. Ausgenommen sind auch hier die nach den §§ 176-178, 249-255 StGB Verurteilte, welche in die JVA Neuburg-Herrenwörth einzuweisen sind.

Außerdem findet der Vollzug der Untersuchungshaft an 14-15-jährigen Jugendlichen aus ganz Bayern, unabhängig von der Deliktsart, statt.[1375]

1375 Vgl. hierzu auch Übersicht der Zuständigkeiten im Anhang.

c) Einrichtung

aa) Äußere Haftbedingungen

Die Anstalt verfügt derzeit über 215 Hafträume in denen Gefangene während der Ruhezeit, entweder auf Dauer oder nur vorübergehend, untergebracht werden können. Zur dauerhaften Unterbringung eignen sich die 174 regulären Hafträume auf den jeweiligen Stationen. 172 dieser Hafträume sind Einzelhafträume. Zwei sind Gemeinschaftshafträume mit jeweils bis zu vier Haftplätzen, die jedoch regulär nur mit einem Gefangenen und nur ausnahmsweise und dann auch nur vorübergehend mit mehr Gefangenen belegt werden sollen. Für eine bloß vorübergehende Unterbringung vorgesehen sind die 24 Sonderhafträume mit besonderer Zweckbestimmung (Zugang, Arrest, Beobachtung, Krankheit etc.) mit insgesamt 24 Haftplätzen. Bei Bedarf können von diesen Sonderhafträumen vier Hafträume in der Zugangsabteilung und zwei kameraüberwachte Beobachtungshafträume in der Station II zeitweise mit jeweils zwei Gefangenen belegt werden.

Ebenfalls für eine bloß vorübergehende Unterbringung geeignet sind auch die 17 Kellerhafträume in den Untergeschossen der Unterkunftsgebäude. Sie können aufgrund ihrer besonderen Lage (Entfernung von den Stationsbüros, Belichtung) und der baulichen Ausgestaltung der Schließgänge mit ihrem Kellercharakter nicht für eine dauerhafte Unterbringung genutzt werden. Von diesen 17 Kellerhafträumen sind 14 Hafträume mit nur einem Gefangenen belegbar. Zwei dieser Hafträume sind optional mit zwei Gefangenen belegbar und bei einem Haftraum handelt es sich um einen Gemeinschaftshaftraum mit einer Belegungsfähigkeit bis zu sechs Gefangenen.

Der Wohngruppenbereich besteht aus vier Wohngruppen, in denen jeweils 12 Gefangene in Einzelhafträumen untergebracht sind. Jeder Gefangene besitzt einen gesonderten Schlüssel für seinen Haftraum. In jeder Wohngruppe sind die Toiletten und Waschräume Gemeinschaftseinrichtungen. Daneben gibt es dort diverse Freizeiträume. In Zeiten der Überbelegung kann im Keller zusätzlich ein Sechs-Mann-Haftraum belegt werden.

bb) Arbeitsmöglichkeiten

Ein Teil der Gefangenen, der an den schulischen und beruflichen Aus- und Fortbildungsmaßnahmen nicht teilnehmen kann, wegen

• mangelnder Eignung,

• mangelndem Durchhaltevermögen,
• zeitlichen Problemen,

ist zur Arbeit verpflichtet (auch die Untersuchungsgefangenen).

Für die Einteilung kommen insgesamt ca. 56 Arbeitsplätze, in drei Arbeitsbetrieben, in Frage. In diesen werden einfache Montage- und Verpackungsarbeiten ausgeführt sowie hauswirtschaftliche Arbeiten in den Versorgungsbetrieben Küche, Wäscherei und Kammer auf den einzelnen Stationen.

cc) Berufsausbildung

Bei der kurzen Verweildauer der Gefangenen von im Durchschnitt ca. neun Monaten kommt den Grundlehrgängen, mit denen die Gefangenen bereits nach wenigen Monaten einen zertifizierten Abschluss erreichen können, besondere Bedeutung zu. In der JVA Laufen-Lebenau existieren die Grundlehrgänge Agrarwirtschaft, Bautechnik, Farbtechnik, Gebäudereinigung, Holztechnik, Konstruktionsmechanik, Landschaftspflege, Metallberufe sowie die Schweißlehrgänge, die Kurse für Gabelstapler-Fahrer und die Motorsägekurse mit insgesamt ca. 55 Ausbildungsplätzen. Den Teilnehmern an den Grundlehrgängen Agrarwirtschaft, Bautechnik, Holztechnik und Konstruktionsmechanik wird mit dem erfolgreichen Abschluss dieser Lehrgänge die Erfüllung der Berufsschulpflicht bescheinigt. Weiterhin stehen 27 Ausbildungsplätze in acht Ausbildungsberufen zur Verfügung.[1376]

dd) Schulausbildung

Die Kurse zur Erlangung von Hauptschulabschlüssen gehören seit 1991 zum festen Bestandteil des schulischen Angebotes der Justizvollzugsanstalt Laufen-Lebenau. In dieser Zeit wurde in 35 Kursen insgesamt 270 Schülern zum erfolgreichen und in 12 Kursen 63 Schülern zum qualifizierenden Hauptschulabschluss verholfen. In den beiden Pflichtschulgruppen (PSG), die 1995 bzw. 2000 eingerichtet wurden, werden Gefangene beschult, die noch vollzeitschulpflichtig sind, die also noch nicht neun Jahre lang eine Schule besucht haben (Art. 37 BayEUG). Hauptziel dieser Schulgruppen ist es, den Gefangenen die Möglichkeit zu geben, ihre Schulpflicht zu erfüllen und sie zu befähigen, nach ihrer Entlassung möglichst problemlos in ihren früheren Schultyp (Hauptschule oder Sonderpädagogisches Förderzentrum) einzu-

1376 Ausführliche Darstellungen der beruflichen Ausbildung in der JVA Laufen-Lebenau finden sich im Anhang unter Fragebogen JVA Laufen-Lebenau.

treten bzw. sie darauf vorzubereiten, nach Beendigung der Vollzeitschulpflicht eine ordentliche Ausbildung zu beginnen.[1377]

3. Die Justizvollzugsanstalt Neuburg-Herrenwörth[1378]

a) Historische und bauliche Entwicklung der Anstalt

Die moderne Justizvollzugsanstalt Neuburg-Herrenwörth wurde in den Jahren 1985-1990 erbaut und im März 1990 erstmals mit Jugendstrafgefangenen aus der Justizvollzugsanstalt Niederschönenfeld belegt.

Der Neubau der Justizvollzugsanstalt Neuburg-Herrenwörth ist nach den Bedürfnissen des modernen Strafvollzugs geplant worden, um den gesetzlichen Erziehungsauftrag zu erfüllen.

Die bauliche Anlage umfasst ein Zentralgebäude mit Aufnahmebereich, Zugangsabteilung, Freigängerhaus, Verwaltung, Mehrzwecksaal, Gesundheitsfürsorge, Schule und Kirche, vier Unterkunftsbereiche, ein Werkstättengebäude, das 1997 um eine Arbeitshalle für die Bauabteilung erweitert wurde, sowie eine Turnhalle mit großzügigem Sportplatz.

Die Gebäude sind zum Teil mit einem Obergeschoss erstellt und nur zu einem geringen Teil unterkellert. Die gesamte Anlage wird mit einer 5,5 m hohen Mauer aus Stahlbeton und einer Fahrzeugschleuse gesichert.

b) Zuständigkeit

Die JVA Neuburg-Herrenwörth ist zuständig für männliche Gefangene im Alter von 17 und 18 Jahren, an denen erstmals Jugendstrafe vollzogen wird und die Verurteilung nach den §§ 176-178, 246-255 StGB erfolgte und die zu verbüßende Jugendstrafe drei Jahre nicht übersteigt.

Des Weiteren ist die JVA Neuburg-Herrenwörth zuständig für männliche Gefangene im Alter von 19 und 20 Jahren, an denen erstmals Jugendstrafe vollzogen wird und die Verurteilung nach den §§ 176-178, 249-255 StGB erfolgte und drei Jahre nicht übersteigt (ohne Begrenzung auf Landgerichtsbezirke) oder eine Verurteilung drei Jahre nicht übersteigt und die aus

---

1377 Ausführliche Darstellungen der schulischen Bildungsmaßnahmen in der JVA Laufen-Lebenau finden sich im Anhang unter Fragebogen JVA Laufen-Lebenau.

1378 http://www.justizvollzug-bayern.de/JV/Anstalten/JVA_Neuburg_Herrenwörth, letzter Aufruf: 18.5.2010.

den Oberlandesgerichtsbezirken Nürnberg und München stammen, ausgenommen sind die Landgerichtsbezirke Deggendorf, Landshut, Passau, Traunstein, München I und München II bzw. die Amtsgerichtsbezirke Erlangen und Neustadt/Aisch.

In der JVA Neuburg-Herrenwörth findet außerdem der Vollzug der Untersuchungshaft an 16- und 17-jährigen Jugendlichen sowie Heranwachsenden aus dem Landgerichtsbezirk Ingolstadt, der Vollzug sonstiger Haft (Abschiebe-, Auslieferungs- und Zivilhaft) an 16- und 17-jährigen Jugendlichen sowie Heranwachsenden aus dem Landgerichtsbezirk Ingolstadt statt.[1379]

c) Einrichtung

aa) Äußere Haftbedingungen

Die JVA Neuburg-Herrenwörth besitzt derzeit insgesamt 187 Haftplätze, davon 148 Einzelhafträume und 39 Gemeinschaftshafträume, einschließlich 20 Einzelhaftplätze im offenen Vollzug für Freigänger und weitere 20 Plätze in der Zugangsabteilung.

Der Wohngruppenvollzug findet in vier Unterkunftsbereichen statt, wobei zwei davon Sozialtherapeutische Abteilungen mit maximal 16 Gefangenen sind (je eine Abteilung für Gewalttäter und eine für Sexualstraftäter).

Tabelle 8: Belegungsfähigkeit JVA Neuburg-Herrenwörth (Stand Januar 2010)

Haftplätze insgesamt	**Einzelunterbringung**	**Gemeinschaftliche Unterbringung**	**Plätze im offenen Vollzug**	**Zugangsabteilung**
187	148	39	20	22

Quelle: Eigene Darstellung.

bb) Arbeitsmöglichkeiten

Arbeitsmöglichkeiten in der JVA Neuburg-Herrenwörth finden sich in folgenden Bereichen:

1379 Vgl. hierzu auch Übersicht der Zuständigkeiten im Anhang.

Schlosserei, Schreinerei, Malerei, Baubetrieb, Elektrobetrieb, Spenglerei, Arbeitstherapie (arbeitstherapeutisch orientierte Beschäftigung), sowie in den drei große Werkstätten für Unternehmerbetriebe (z.B. Montagearbeiten).

cc) Berufsausbildung

In der JVA Neuburg-Herrenwörth werden folgende Ausbildungsmöglichkeiten angeboten:

- Metallbauer,
- Schreiner,
- Maler und Lackierer,
- Maurer,
- Spengler,
- Metzger,
- Anlagenmechaniker für Sanitär-, Heizung- und Klimatechnik,
- Zentralheizungs- und Lüftungsbauer,
- Feinblechner,
- Elektroinstallateur.

Zudem werden Kurzausbildungsmaßnahmen in den Grundlehrgängen „Holz", „Gebäudereiniger", „Metall", „Bau" und „Ökologie und Landschaftsgestaltung" angeboten. Durchgeführt und gerne angenommen werden auch Lehrgänge zur Berechtigung zum Führen von Gabelstaplern, die Ausbildung zur Logistikfachkraft, Ausbildungslehrgänge für Baugeräteführer sowie das Ausbildungsangebot „Kaufmännische Qualifizierung".[1380]

dd) Schulausbildung

Die Anstalt bietet folgende schulische Bildungsmaßnahmen an:

- Einfacher und qualifizierter Hauptschulabschluss, evtl. mittlerer Bildungsabschluss,
- Förderkurs für Lernschwache,
- EDV-Kurse (auch CAD-Kurse),

1380 Ausführliche Darstellungen der beruflichen Ausbildung in der JVA Neuburg-Herrenwörth bezogen auf das Jahr 2009 finden sich im Anhang unter Fragebogen JVA Neuburg-Herrenwörth.

- Erwerb des VHS-Computerpasses in Zusammenarbeit mit der VHS Neuburg und der DEKRA,
- Berufsschulunterricht,
- Sprachkurse „Deutsch für Ausländer und Aussiedler",
- Sprachkurs „Englisch für Fortgeschrittene",
- Englischkurs zur Vorbereitung auf die besondere Leistungsfeststellung für den qualifizierenden Hauptschulabschluss[1381]

4. Die Jugendabteilung der Justizvollzugsanstalt Aichach[1382]

a) Historische und bauliche Entwicklung der Anstalt

Die Justizvollzugsanstalt Aichach wurde in den Jahren 1904-1908 erbaut und im Januar 1909 erstmals mit weiblichen Gefangenen aus den Strafanstalten Wasserburg, Würzburg und Kaiserslautern sowie der Gefangenenanstalt Sulzbach/Oberpfalz belegt.

Die im panoptischen System angeordneten, unterkellerten vier Zellenflügel waren von Anfang an als Gefängnisbau bestimmt und wurden als Bau I bezeichnet. Der seitlich angegliederte Bau II diente seinerzeit als Unterbringung von Gefangenen mit Zuchthausstrafen und wurde ab 1968 für einige Jahre als Jugendabteilung genutzt. Seit 1975 befindet sich im Bau II die Männerabteilung.[1383]

Folgende größere Neu- und Umbaumaßnahmen sowie sonstige Vorhaben dienten der laufenden Verbesserung der äußeren Haftbedingungen:

- Bau eines Sportplatzes mit Außenanlagen (1986-88),
- Errichtung eines Besucherraumes mit Trennscheibe (1993),
- Bau eines Allwettersportplatzes im Jugendhof (1993-94),
- Bau einer Warnanlage an der Anstaltsmauer (1994),

1381 Ausführliche Darstellungen der schulischen Bildungsmaßnahmen in der JVA Neuburg-Herrenwörth bezogen auf das Jahr 2009 finden sich im Anhang unter Fragebogen JVA Neuburg-Herrenwörth.

1382 http://www.justizvollzug-bayern.de/JV/Anstalten/JVA_Aichach, letzter Aufruf: 18.5.2010.

1383 Linscheid, Augsburg-Journal 2009.

- Einrichtung eines Behindertenhaftraums (1995),
- Bau eines Sicherheitszaunes mit Videoüberwachung (1996-98),
- Renovierung des Therapiesaales (1997),
- Neubau der Mutter-Kind-Abteilung (1997-1999),
- Neubau eines Gebäudes für die Kindertagesstätte und für Zwecke des offenen Vollzugs.

b) Zuständigkeit

Die Jugendabteilung der JVA Aichach ist ausnahmslos für den Vollzug der Jugendstrafe an allen weiblichen Verurteilten aus sämtlichen Landgerichtsbezirken Bayerns zuständig.

Daneben ist die JVA Aichach für den Vollzug der Untersuchungshaft an allen weiblichen jugendlichen Gefangenen aus dem Landgerichtsbezirk Augsburg zuständig.[1384]

c) Einrichtung

aa) Äußere Haftbedingungen

Die Jugendabteilung der JVA Aichach besitzt gegenwärtig insgesamt 63 Haftplätze. Hiervon sind 35 Einzelhaftplätze sowie 28 Plätze für eine gemeinschaftliche Unterbringung vorgesehen.

1384 Vgl. hierzu auch Übersicht der Zuständigkeiten im Anhang.
Der Vollständigkeit halber sei auch die übrige Zuständigkeit der Anstalt erwähnt: Sie ist daneben für den gesamten Erst- und Regelvollzug von Freiheitsstrafen für Verurteilte aus dem Landgerichtsbezirk Augsburg zuständig. Für Verurteilte aus den übrigen bayerischen Landgerichtsbezirken ist die JVA Aichach für den Erst- und Regelvollzug von Freiheitsstrafen über einen Monat, teils über drei Monate und für alle über sechs Monate zu Freiheitsstrafe verurteilten weiblichen Gefangenen zuständig. Außerdem für alle Schwangeren Untersuchungsgefangenen, die ständig ärztlicher Versorgung bedürfen, da nur hier eine Krankenabteilung für Frauen eingerichtet ist. Außerdem ist die Anstalt für den Vollzug der Untersuchungshaft an allen weiblichen erwachsenen Gefangenen aus dem Landgerichtsbezirk Augsburg sowie für den Vollzug der Freiheitsstrafe an männlichen erwachsenen Gefangenen aus den Amtsgerichtsbezirken Aichach, Augsburg, Nördlingen, Ingolstadt, Neuburg/Donau und Pfaffenhofen mit einer Strafdauer bis zu zwei Jahre, aus den Amtsgerichtsbezirken Dachau und Fürstenfeldbruck für den Erstvollzug mit einer Strafdauer bis zu 18 Monaten und aus dem Amtsgerichtsbezirk Aichach, Augsburg, Kaufbeuren, Kempten und Lindau für den Regelvollzug bis zu einem Jahr zuständig.

Die Wohngruppen sind mit sechs Haftplätzen (drei Doppelhafträume) ausgestattet und finden im offenen Vollzug statt.

Tabelle 9: Belegungsfähigkeit Jugendabteilung JVA Aichach (Stand Januar 2010)

Haftplätze insgesamt	**Einzelunter-bringung**	**Gemeinschaftliche Unterbringung**	**Plätze im offenen Voll-zug**	**Zugangsabtei-lung**
63	35	28	6	-

Quelle: Eigene Darstellung.

bb) Arbeitsmöglichkeiten

In der Jugendabteilung der JVA Aichach besteht die Möglichkeit, einfache Anlerntätigkeiten in den zwei Jugendarbeitsbetrieben zu verrichten. Des Weiteren wird eine Arbeitstherapie und die Mitarbeit in den Erwachsenenbetrieben der Frauen (sog. „Schnupperlehre“) angeboten.

cc) Berufsausbildung

Folgende Ausbildungsberufe stehen zur Wahl: Ausbildung zur Bäckerin, Köchin, Friseurin, Modenäherin, Modeschneiderin und Floristin.[1385] Im Wege des Freigangs sind zudem andere Lehrberufe möglich. Die in der Praxis zu verbüßende Jugendstrafdauer ist hierfür allerdings häufig zu kurz.

dd) Schulausbildung

In der Jugendabteilung der JVA Aichach wird ein Kurs zum Erwerb des qualifizierten Hauptschulabschluss angeboten, welcher mit fünf bis zehn Plätzen pro Jahr belegt ist.

1385 Linscheid, Augsburg-Journal 2009.

E. Schlussbetrachtung

I. Einflussnehmende Ereignisse im Jahr 2006

Auslöser für das Entstehen dieser Arbeit waren zwei Ereignisse aus dem Jahr 2006, die den Jugendstrafvollzug nach einem jahrzehntelangen Stillstand innerhalb kürzester Zeit tangierten: Im Fokus des Geschehens standen die Entscheidung des BVerfG vom 31.5.2006, welche die damaligen Regelungen des Jugendstrafvollzugs für verfassungswidrig erklärte sowie die am 1.9.2006 folgende Übertragung der Gesetzgebungskompetenz für den Strafvollzug vom Bund auf die Länder.

Mit Inkrafttreten des BayStVollzG am 1.1.2008 haben die derzeit[1386] 665 Jugendlichen und Heranwachsenden in den bayerischen Jugendstrafvollzugsanstalten Grundlage nach jahrelangem Bemühen schließlich eine gesetzliche erhalten. Endlich wurden alle Rechte und Pflichten der Insassen aber auch der Bediensteten umfassend festgeschrieben sowie Eingriffe in Grundrechte detailliert geregelt, so dass dem Vorbehalt des Gesetzes und dem Bestimmtheitsgrundsatz viel besser als zuvor Rechnung getragen wird. Zudem wurde mit dem Inkrafttreten der Jugendstrafvollzugsgesetze in allen Bundesländern die Verpflichtung erfüllt, jugendgemäße Rechtsvorschriften für die Freiheitsentziehung von Jugendlichen zu schaffen, welche der Bund durch Ratifizierung internationaler Abkommen, insbesondere der UN-Kinderrechtskonventionen (Art. 40 Abs. 3) eingegangen ist. Rückblickend ist es deshalb kaum vorstellbar und unbegreiflich, dass für den Vollzug der Jugendstrafe als härteste freiheitsentziehende Reaktionsmöglichkeit innerhalb des Jugendstrafrechts seit Verabschiedung des besonderen Gewaltverhältnisses[1387] – trotz Bemühungen aus der Wissenschaft und Praxis – nur unzureichende gesetzliche Regelungen bestanden.

Die sog. Föderalismusreform und die damit einhergehende Verlagerung der Gesetzgebungskompetenz für den Jugendstrafvollzug auf die Länder sorgten schließlich dafür, dass ein bundeseinheitliches Gesetz für den Vollzug der Jugendstrafe nicht zustande kam. Entgegen den Befürchtungen der Wissenschaft ist ein „föderaler Wildwuchs“ jedoch nicht eingetreten. Aber auch eine Innovation durch länderspezifische Gesetzgebung ist überwiegend ausgeblieben. Die unterschiedlichen Ausgestaltungen der Landesgesetze, soweit sie in dieser Arbeit über-

1386 Stand 2009, vgl. Punkt D.I.1.
1387 BVerfGE 33, 1.

blickt werden konnten, halten sich vielmehr in Grenzen und finden sich eher im Detail. Dies liegt zum einen daran, dass der GJVollz-E 2006 als Vorlage für einige Jugendstrafvollzugsgesetze der Länder diente, zum anderen, dass das BVerfG in seiner Entscheidung zur Verfassungswidrigkeit des Jugendstrafvollzugs dem zukünftigen Gesetzgeber konkrete Vorgaben gegeben hat, an denen sich auch die Länder zu orientieren hatten. Selbst dort, wo sich unterschiedliche Orientierungen andeuteten, wie beispielsweise bei der Bedeutung, die dem offenen Vollzug und den Vollzugslockerungen beigemessen wurde, sind abweichende Regelungen, die über die schon unter der Geltung des bundeseinheitlichen StVollzG entwickelten unterschiedlichen Praxis hinausgehen, nicht erkennbar.[1388] Unabhängig davon, wird sich erst anhand der zukünftigen Vollzugspraxis herausstellen, wo tatsächlich Unterschiede zwischen den Ländern liegen werden, da sich Differenzen vielmehr in der Praxis entwickeln, als aus dem Gesetz heraus.[1389] Doch auch bereits jetzt ist seitens der vollzuglichen Praxis nichts Negatives zu vermelden.[1390] Die bayerischen Leiter der Jugendanstalten haben im Gegenteil sogar durchweg positive Erfahrungen mit der neuen Kompetenzverteilung gemacht.[1391]

II. Die Regelungen zum Jugendstrafvollzug im BayStVollzG

Die weit gespannte Breite des Jugendstrafvollzugs verpflichtete allerdings zu einer exemplarischen Betrachtungsweise. Eine komplette Erfassung des Jugendstrafvollzugs konnte im Rahmen der vorliegenden Arbeit nicht bewältigt werden. Dennoch wurde in den vorangegangenen Ausführungen versucht, einen umfassenden Einblick in die Regelungen zum bayerischen Jugendstrafvollzug und deren Umsetzung in der Praxis zu erlangen.

1. Umsetzung der verfassungsrechtlichen Vorgaben

Insgesamt trifft die bayerische Umsetzung zufriedenstellende Aussagen zu Art und Weise des Vollzugs der Jugendstrafe. Das BayStVollzG begegnet somit den verfassungsrechtlichen Bedenken, die seit langem gegen den Vollzug der Jugendstrafe aufgrund seiner lückenhaften Rechtsgrundlage geltend gemacht wurden und wird damit den Vorgaben des BVerfG vom 31.5.2006 durchaus gerecht. Insbesondere das Vollzugsziel einer sozialen Integration (Art.

1388 Dünkel/Pörksen, NK 2/2007, 55 ff.

1389 Vgl. Feest/Lesting, ZfStrVo 2005, 76.

1390 Fragebogen JVA Ebrach im Anhang.

1391 Fragebogen JVA Neuburg-Herrenwörth im Anhang.

121 S. 2), die Erweiterung der Besuchsmöglichkeiten (Art.144 Abs. 2), der Wohngruppenvollzug (Art. 140), die kriminologische Forschung (Art. 189) sowie die Vorschriften zum Bereich Schule/Ausbildung/Arbeit (Art. 145, 146, 147), zur Unterbringung während der Ruhezeit (Art. 139 Abs. 1 i.V.m. Art. 20), zur sozialtherapeutischen Anstalt (Art. 132) und zur Entlassungsnachbetreuung (Art. 137 Abs. 2) sind entsprechend der „Leitlinien"[1392] des BVerfG in das BayStVollzG aufgenommen worden.[1393] Auch eine Neufassung und Vereinfachung des geforderten gerichtlichen Rechtsschutzes ist nun in § 92 JGG n.F. enthalten. Das BVerfG gab den Gesetzgebern in seinen Vorgaben allerdings einen weiten Spielraum zur Umsetzung, so dass es letztendlich an den Ländern und deren Finanzhaushalten lag, diese optimal umzusetzen.

2. Orientierung am StVollzG und an den VVJug

Der Bayerische Gesetzgeber griff dabei hin und wieder auf die altbekannten und oft auch sehr allgemein gehaltenen Regelungen des StVollzG für den Erwachsenenvollzug und die VVJug zurück, indem er deren Vorschriften teilweise wortgleich ins BayStVollzG übernahm, so dass sich – bis auf eine Ausweitung der sozialtherapeutischen Abteilungen und der Errichtung von offenen Vollzugsformen für die Nachbetreuung – wenige echte Neuerungen in der vollzuglichen Praxis ergaben. Der vom BVerfG geforderte Bereich der kriminologischen Forschung beispielsweise wurde komplett aus den alten Regelungen übernommen. Daher ist kaum zu erwarten, dass sich aufgrund der angespannten Haushaltslage auf diesem Gebiet große Veränderungen ergeben werden, was den verfassungsrechtlichen Anforderungen des BVerfG so nicht immer gerecht werden kann.

3. Ermessens-, Sollvorschriften und unbestimmte Rechtsbegriffe

Im BayStVollzG sind zudem vorwiegend Ermessens- und Sollvorschriften[1394] sowie unbestimmte Rechtsbegriffe zu finden, die es einfacher machen, auf die jeweilige Situation in den Anstalten, aber auch auf finanzielle Lage zu reagieren. Beispielhaft angeführt werden sollen an dieser Stelle Art. 20, der besagt, dass die Gefangenen während der Ruhezeit allein in ihren Hafträumen untergebracht werden *sollen*, obwohl die Einzelunterbringung ein dringendes

---

1392 BVerfG, NJW 2006, 2096 f.

1393 Vgl. auch schon Punkt C.V.3.b.

1394 Jünschke, ZJJ 4/2006, 327.

Anliegen des BVerfG war, um die Insassen vor wechselseitiger Gewalt zu schützen sowie Art. 140 Abs. 1, wonach *geeignete* Gefangene in Wohngruppen untergebracht werden *können*, was jedoch auch aufgrund der eindeutigen Vorgaben des BVerfG erheblich zu reduzieren sein wird. In Art. 140 Abs. 3 heißt es dann: *„Nicht* für die Unterbringung in der Wohngruppe *geeignet* sind in der Regel junge Gefangene, die auf Grund ihres Verhaltens *nicht gruppenfähig* sind ...". Derartige „nichtssagende" Aussagen hätten besser vermieden werden sollen. Stattdessen wären präzisere Vorschriften wünschenswert gewesen.

Weiterhin enthält das Bayerische Gesetz keine konkreten gesetzlichen Vorgaben hinsichtlich der Anstaltsgröße (Haftplätze), Wohngruppengröße und altersmäßiger Zusammensetzung der Wohngruppe, Umfang und Qualität des von den Anstalten vorzuhaltenden Schul- und Ausbildungsangebots sowie Qualifikationsanforderungen an Vollzugsbedienstete. Grund hierfür sind wahrscheinlich weniger wissenschaftlich fundierte Erkenntnisse, als die damit verbundenen Kosten, die ausschließlich von den Ländern zu tragen wären.[1395] Bedacht werden muss jedoch auch immer, dass ein theoretisch perfekt durchdachtes Gesetz, dass alle Rechte und Pflichten unbedingt festlegt, in der Praxis nicht immer durchsetzbar ist, so dass ein Gesetz wie das BayStVollzG der Vollzugspraxis genügend Freiraum in der Umsetzung der Vorschriften lässt, was bedeutet, dass die Anstalten situationsbedingt handeln können. Dennoch muss auch klar sein, dass sich Ausgaben in diesem Bereich durchaus lohnen, da eine *„soziale Integration noch immer die beste Prävention ist"*.[1396] Misslungene Resozialisierung bedeutet neue Opfer, weitere materielle Schäden ggf. neue, auch kostenträchtige Inhaftierung und vielfältige Folgeprobleme bei Angehörigen. Je besser junge Straftäter auf ihr Leben nach dem Vollzug vorbereitet werden, desto geringer ist die Wahrscheinlichkeit des Rückfalls. Daher wird ein sinnvoller Jugendstrafvollzug nur durch Erhöhung des Etats oder bessere Verteilung der vorhandenen Mittel möglich sein.

4. Einheitliches Bayerisches Strafvollzugsgesetz

Die Zusammenfassung der Normen des Jugendstrafvollzugs mit denen des Erwachsenenvollzugs in einem einheitlichen Gesetz bietet im Ergebnis – entgegen zahlreicher Meinungen in der Literatur – mehr Vor- als Nachteile.[1397] Der Erziehungsgedanke ging dadurch keineswegs

1395 Brandt, ZJJ 3/2006, 249.

1396 So Tondorf in der Veranstaltung am 17.10. der DVJJ-Regionalgruppe Rheinland, zusammengefasst von Jünschke, ZJJ 4/2006, 327.

1397 Vgl. ausführlich bereits unter Punkt C.V.3.b).

verloren, was sich an der gesetzlichen Ausgestaltung des Teils über den Jugendstrafvollzug zeigt. Darin wird immer wieder der Erziehungsauftrag und die besondere Situation Jugendlicher und Heranwachsender betont, vgl. nur Art. 123 Abs. 2, Art. 124, Art. 126, Art. 127 Abs. 3, Art. 129, Art. 130, Art. 137, Art. 138 Abs. 4, Art. 140 Abs. 1.

III. Zusammenfassung

Zusammenfassend ist anzumerken, dass der Bayerische Gesetzgeber in der gebotenen Kürze der Zeit unter Heranziehung der Meinung der Praxis die Vorgaben des BVerfG zufriedenstellend umgesetzt hat. Das BayStVollzG enthält keinerlei Lücken und auch für den praktischen Vollzugsalltag als gelungene gesetzliche Grundlage angesehen werden kann. Das BaySt-VollzG nimmt bzgl. des Jugendstrafvollzugs an einigen Stellen eine Vorreiterrolle ein (etwa im Bereich der Besuchsregelungen und des Schriftverkehrs), an anderen wiederum bleibt es hinter den übrigen Landesgesetzen (beispielsweise bei der Regelung zur Unterbringung während der Ruhezeit). Vieles jedoch, das im Vorfeld von der Wissenschaft kritisiert wurde, stellte sich im Nachhinein im Rahmen der Praxisbefragung als weit weniger gravierend dar. Die Eindrücke, die von der vollzuglichen Praxis gewonnen werden konnten, waren durchweg positiv, was v.a. den Bereich Schule/Ausbildung/Arbeit anbelangt. Hier enthalten die bayerischen Jugendstrafvollzugsanstalten ein breitgefächertes Angebot, das deshalb auch auf die individuellen Neigungen der Insassen Rücksicht nehmen kann. Innerhalb der Anstaltsmauern wird den meisten erstmals bewusst gemacht, dass dies ihre letzte Chance ist, welche die überwiegende Anzahl der Jugendlichen und Heranwachsenden aufgrund des motivierenden Personals auch wahrnehmen. Die Anstalten vermittelten zumindest den Eindruck, dass sie keinen der jungen Gefangenen verloren geben, sondern vielmehr um jeden einzelnen bemüht sind, ihn wieder auf ein straffreies Leben in Freiheit vorzubereiten.

Auch die Rahmenbedingungen der bayerischen vollzuglichen Praxis stellen sich durchweg erfreulicher dar als noch vor einigen Jahren. Die Gefangenenzahlen sind insgesamt geschrumpft, was sich positiv auf die Belegungsituation auswirkt und das vollzugliche Arbeiten erheblicher erleichtert. Zumindest in den bayerischen Jugendstrafvollzugsanstalten kommt es kaum mehr zu Überbelegungen und auch der offene Vollzug wird immer mehr ausgeweitet. Bzgl. der Personalstellen konnte ebenfalls eine Erhöhung festgestellt werden, so dass die bayerische Vollzugspraxis auch in dieser Hinsicht den Forderungen des BVerfG nach einer ausreichenden Bereitstellung von personellen Ressourcen gerecht wird.[1398]

1398 BVerfG, NJW 2006, 2096.

Literatur

Ackermann, Leonie: Die Altersgrenzen der Strafbarkeit in Deutschland, Österreich und der Schweiz, Frankfurt am Main 2008.

Alex, Michael: Strafvollzugsrecht: „Der Wettbewerb der Schäbigkeit" schreitet unaufhaltsam voran, in: StV 2006, S. 726 ff.

Arloth, Frank/Lückemann, Clemens: Strafvollzugsgesetz, Kommentar, 1. Auflage, München 2004.

Arloth, Frank: Stand der Gesetzgebung für den Jugendstrafvollzug und verfassungsrechtliche Rahmenbedingungen, in: FS 2/2007, S. 56.

Arloth, Frank: Neue Gesetze im Strafvollzug, in: GA 2008, S. 129 ff.

Arloth, Frank: Strafvollzugsgesetz, Bund, Bayern, Hamburg, Niedersachsen, Kommentar, 2. Auflage, München 2008a.

Ayass, Walter: Arbeitsentwurf 1991 eines Jugendstrafvollzugsgesetzes - Weiteres Kapitel eines Trauerspiels, in: BewHi 1992, S. 212 ff.

Bals, Nadine: Jugendstrafvollzug: Neue Gesetze - was nun? Tagungsbericht zur 4. Praktikertagung Jugendstrafvollzug vom 29. bis 31. Oktober 2008 in Leipzig, in: ZJJ 1/2009, S. 62 f.

Bartsch, Tillmann: Der Vollzug der Sicherungsverwahrung in Deutschland - Handhabung, Auswirkungen jüngster Gesetzesverschärfungen und Umsetzung der Vorgaben des Bundesverfassungsgerichts, in: BewHi 2007, S. 399 ff.

Baumann, Jürgen: Gesetzliche Regelungen des Vollzuges der Untersuchungshaft, in: JZ 1990, S. 107.

Bayerisches Staatsministerium der Justiz (2006): Gesetz über den Vollzug der Freiheitsstrafe, der Jugendstrafe und der Sicherungsverwahrung, Bayerisches Strafvollzugsgesetz - BayStVollzG. Diskussionsentwurf, Stand 3. August 2006, München Bayerisches Staatsministerium der Justiz (als pdf-Datei im Internet unter: http://www.justiz.bayern.de/imeria/md/content/stmj_internet/ministerium/ministerium/gesetzgebung/gesetzgebungsentwurf_baystvollzg.pdf, zitiert: Entwurf-BayStVollzG).

Begemann, Helmut: Zur Legitimationskrise der Jugendstrafe, Überlegungen zur Umgestaltung des Jugendstrafrechts, in: ZRP 1991, S. 44 ff.

Berckhauer, Friedhelm/Steinhilper, Gernot: Strafrechtlich verantwortlich erst ab 16? Zur Forderung, die Strafmündigkeit von 14 auf 16 Jahre heraufzusetzen, in: ZRP 1981, S. 265 ff.

Berckhauer, Friedhelm/Burkhard, Hasenpusch: Rückfälligkeit entlassener Strafgefangener - Zusammenhänge zwischen Rückfall und Bildungsmaßnahmen im Vollzug, in: MSchrKrim 1982, S. 318 ff.

Bereswill, Mechthild/Döll, Marion/Koesling, Almut/Neuber, Anke: „Ich weiß gar nicht, warum die das mit mir machen" - Sozialtherapeutische Behandlungsmaßnahmen aus der Sicht inhaftierter junger Männer, in: ZJJ 1/2007, S. 48 ff.

Bereswill, Mechthild/Höynck, Theresia (Hrsg.): Jugendstrafvollzug in Deutschland. Grundlagen, Konzepte, Handlungsfelder, Mönchengladbach 2002.

Bindel-Kögel, Gabriele/Heßler, Manfred: Kinder- und Jugenddelinquenz im Spannungsfeld formeller und informeller Reaktionen insbesondere der Jugendhilfe, in: ZfJ 2003, S. 334 ff.

Böhm, Alexander: Aus der neueren Rechtssprechung zum Jugendstrafrecht, in: NStZ 1987, S. 422 ff.

Böhm, Alexander: Strafvollzug, 3. Auflage, Neuwied u.a. 2003.

Boers, Klaus/Schaerff, Marcus: Abschied vom Primat der Resozialisierung im Jugendstrafvollzug?, in: ZJJ 4/2008, S. 316 ff.

Brandt, Markus: Gesetzliche Regelung für den Jugendstrafvollzug, in: ZJJ 3/2006, S. 244 ff.

Brettel, Hauke: Der Vollzug der Sicherungsverwahrung nach § 7 Abs. 2 JGG, in: ZJJ 4/2009, S. 331 ff.

Brunner, Rudolf/Dölling, Dieter: Jugendgerichtsgesetz, 11. Auflage, Berlin u.a. 2002.

Bruns, Werner: Theorie und Praxis des Wohngruppenvollzugs - eine empirische Studie zur Situation junger Gefangener in der Jugendanstalt Hameln, Hannover 1986.

Bulczak, Gerhard: Jugendstrafvollzugsgesetz, Bonn 1988.

Bundesministerium der Justiz (Hrsg.): Begründung zum Entwurf eines Gesetzes zur Regelung des Jugendstrafvollzuges, Stand 28.2.2004, abrufbar unter: http://www.dvjj.de/data/pdf/97f9ae5d2b26074bdc3865496db9d11d.pdf, letzter Aufruf: 20.5.2010.

Butz, Katharina: Die Verhängung von Jugendstrafe vor dem Hintergrund der Verfassungswidrigkeit des Jugendstrafvollzuges, Aachen 2004.

Callies, Rolf-Peter/Müller-Dietz, Heinz: Strafvollzugsgesetz, 11. Auflage, München 2008.

Callies, Rolf-Peter, u.a.: Gesetzgebungskompetenz für den Strafvollzug muss beim Bund bleiben - Dezember 2004, in: MSchrKrim 2005, S. 146 f.

Caspari, Stefan: Unterschiedliches Strafvollzugsrecht belastet Justiz, in: DRiZ 2006, S. 142.

Cornel, Heinz: Geschichte des Strafvollzugs, Weinheim u.a. 1984.

Cornel, Heinz: Resozialisierung - Begriff, Inhalt und Verwendung, in: Bereswill, Mechthild/Greve, Werner (Hrsg.): Forschungsthema Strafvollzug, Baden-Baden 2001, S. 13 ff.

Cornel, Heinz: Gesetzgebungskompetenz für den Strafvollzug - Föderalismuskommission wünscht Übertragung auf die Länder, in: NK 1/2005, S. 2 ff.

Diederich, Jürgen: Didaktisches Denken, München 1988.

Diemer, Herbert/Schoreit, Armin/Sonnen, Bernd-Rüdiger: Jugendgerichtsgesetz, 4. Auflage, Heidelberg 2002.

Diemer, Herbert/Schoreit, Armin/Sonnen, Bernd-Rüdiger: Jugendgerichtsgesetz, 5. Auflage, Heidelberg 2008.

Döbert, Marcus/Hubertus, Peter: Ihr Kreuz ist die Schrift, in: Analphabetismus und Alphabetisierung in Deutschland, hrsg. von Bundesverband Alphabetisierung, Münster u.a. 2000, S. 70 ff.

Dölling, Dieter: Die Rechtsfolgen des Jugendgerichtsgesetzes, in: Das Jugendstrafrecht an der Wende zum 21. Jahrhundert. Symposium zum 80. Geburtstag von Dr. Rudolf Brunner am 17. Juni 2000 in Heidelberg, Berlin 2001, S. 181 ff.

Döring, Nicola: Sexualität im Gefängnis: Forschungsstand und Perspektiven, in: Zeitschrift für Sexualforschung 2006, S. 315 ff.

Dörlemann, Markus: Möglichkeiten einer Reduktion der Untersuchungshaft im Jugendstrafverfahren, in: Bereswill, Mechthild/Höynck, Theresia (Hrsg.): Forschungsthema Strafvollzug, Baden-Baden 2001, S. 87 ff.

Dörner, Christine : Erziehung durch Strafe, Weinheim u.a. 1991.

Dolde, Gabriele/Grübl, Günter: Verfestigte „kriminelle Karriere“ nach Jugendstrafvollzug? Rückfalluntersuchungen an ehemaligen Jugendstrafgefangenen in Baden-Württemberg, in: ZfStrVo 1988, S. 33 ff.

Dolde, Gabriele/Grübl, Günter: Jugendstrafvollzug in Baden-Württemberg - Untersuchungen zur Biographie, zum Vollzugsverlauf und zur Rückfälligkeit von ehemaligen Jugendstrafgefangenen, in: Kerner, Hans-Jürgen/Dolde, Gabriele/Mey, Hans-Georg (Hrsg.): Jugendstrafvollzug und Bewährung: Analysen zum Vollzugsverlauf und zur Rückfallentwicklung, Bonn 1996, S. 219 ff.

Dünkel, Frieder: Zur Entwicklung von Mindestgrundsätzen der Vereinten Nationen zum Schutz inhaftierter Jugendlicher, in: ZStW 100 (1988), S. 361 ff.

Dünkel, Frieder: Freiheitsentzug für junge Rechtsverbrecher, Situation und Reform von Jugendstrafe, Jugendstrafvollzug, Jugendarrest und Untersuchungshaft in der Bundesrepublik Deutschland und im internationalen Vergleich, Bonn 1990.

Dünkel, Frieder: Empirische Forschung im Strafvollzug, Freiburg 1996.

Dünkel, Frieder: Jugendstrafvollzug zwischen Erziehung und Strafe - Entwicklung und Perspektiven im internationalen Vergleich, in: FestS für Alexander Böhm zum 70. Geburtstag, S. 99 ff., Berlin 1999.

Dünkel, Frieder: Die Öffnung des Vollzugs und Vollzugslockerungen als Sicherheitsrisiko, in: Strafverteidigervereinigungen (Hrsg.): Internationalisierung des Strafrechts. Fortschritt oder Verlust der Rechtsstaatlichkeit? 27. Strafverteidigertag, Dresden 14. - 16. März 2003, Berlin: Schriftenreihe der Strafverteidigervereinigungen, S. 89 ff.

Dünkel, Frieder: Heranwachsende im Jugendstrafrecht in Deutschland und im europäischen Vergleich, in: DVJJ-J 2003, S. 19 ff.

Dünkel, Frieder: Strafvollzug ist Ländersache!? Was trotz bundeseinheitlicher Gesetzgebungskompetenz des Bundes möglich ist, in: NK 1/2005, S. 5 ff.

Dünkel, Frieder: Die Reform des Jugendstrafvollzugs in Deutschland, in: FestS für Prof. Dr. Hans-Dieter Schwind zum 70. Geburtstag, Heidelberg 2006.

Dünkel, Frieder: Jugendstrafvollzug und Verfassungsrecht, in: NK 3/2006, S. 112 ff.

Dünkel, Frieder: Rechtsstaatliche Befunde zur Situation und den Besonderheiten des Jugendstrafvollzugs in Deutschland, Gutachten für das Bundesverfassungsgericht, 2006, abrufbar unter: www.uni-greifswald.de/-ls3/.

Dünkel, Frieder: Rechtsschutz im Jugendstrafvollzug - Anmerkungen zum Zweiten Gesetz zur Änderung des Jugendgerichtsgesetzes vom 13.12.2007, in: NK 1/2008, 2 ff.

Dünkel, Frieder/Baechtold, Andrea/van Zyl Smit, Dirk: Europäische Mindeststandards und Empfehlungen als Orientierungspunkte für die Gesetzgebung und Praxis, in: Goerdeler, Jochen/Walkenhorst, Philipp (Hrsg.): Jugendstrafvollzug in Deutschland. Neue Gesetze, neue Strukturen, neue Praxis? Mönchengladbach 2007, S. 114 ff.

Dünkel, Frieder/Geng, Bernd: Aktuelle rechtstatsächliche Befunde zum Jugendstrafvollzug in Deutschland, in: ZJJ 2/2007, S. 143 ff.

Dünkel, Frieder/Lang, Sabine: Jugendstrafvollzug in den neuen und alten Bundesländern - Vergleich einiger statistischer Strukturdaten und aktuelle Entwicklung in den neuen Bundesländern, in: Bereswill, Mechthild/Höynck, Theresia: Jugendstrafvollzug in Deutschland - Grundlage, Konzepte, Handlungsfelder, Mönchengladbach 2002, S. 20 ff.

Dünkel, Frieder/Meyer, Klaus: Jugendstrafe und Jugendstrafvollzug, Freiburg 1985.

Dünkel, Frieder/Morgenstern, Christine/Zolondek, Juliane: Europäische Strafvollzugsgrundsätze verabschiedet!, in: NK 3/2006, S. 86 ff.

Dünkel, Frieder/Pörksen, Anke: Stand der Gesetzgebung zum Jugendstrafvollzug und erste Einschätzungen, NK 2/2007, S. 55 ff.

Dünkel, Frieder/Schüler-Springorum, Horst: Strafvollzug als Ländersache? Der „Wettbewerb der Schäbigkeit" ist schon im Gange!, in: ZfStrVo 2006, S. 145 ff.

DVJJ: Eckpunktepapier: Anforderungen an ein zukünftiges Jugendstrafvollzugsgesetz BR-Drucksache 279/03, BT-Drucksachen 15/1114, 15/1406, in: ZJJ 2/2004, S. 209 ff.

DVJJ: Für ein bundeseinheitliches Jugendstrafvollzug - Schreiben Fach- und Berufsverbände an die Bundesregierung v. 13.12.2005, abrufbar unter: http://www.dvjj.de/druckversion.php?artikel =652.

DVJJ: Mindeststandards für den Jugendstrafvollzug, in: NK 1/2007, S. 5 ff.

DVJJ: Mindeststandards für den Jugendstrafvollzug, in: ZJJ 1/2007, S. 94 ff.

DVJJ: Fachverbände fordern Mindeststandards für den Jugendstrafvollzug, in: FS 2/2007, S. 51 ff.

Edinger, Thomas: Was lange währt ..., in: DRiZ 2007, S. 130 ff.

Egg, Rudolf: Sozialtherapeutische Anstalten und Abteilungen im Justizvollzug. Mindestanforderungen an Organisation und Ausstattung. Indikationen zur Verlegung, in: FS 3/2007, S. 100 ff.

Eisenberg, Ulrich: Jugendgerichtsgesetz, Kommentar, 10. Auflage, München 2004.

Eisenberg, Ulrich: Jugendgerichtsgesetz, Kommentar, 12. Auflage, München 2007.

Eisenberg, Ulrich: Neue Gesetze -Kontinuitäten und Diskontinuitäten, in: ZJJ 2/2007a, S. 152 ff.

Eisenberg, Ulrich: Jugendstrafvollzugsgesetze der Bundesländer - eine Übersicht, NStZ 2008, S. 249 ff.

Eisenberg, Ulrich: Jugendgerichtsgesetz, Kommentar, 13. Auflage, München 2009.

Eisenberg, Ulrich/Singelnstein, Tobias: Zum Referentenentwurf eines Jugendstrafvollzuggesetzes vom 19. Januar 2007, in: ZKJ 2007, S. 184 ff.

Elbing, Wolfgang/Gehl, Günter/Nickolai, Werner/Reindl, Richard: Jugendstrafvollzug zwischen Erziehen und Strafe, Saarbrücken 1993.

Enzmann, Dirk : Alltag im Gefängnis: Belastungen, Befürchtungen und Erwartungen aus der Sicht jugendlicher und heranwachsender Inhaftierter, in:

Bereswill, Mechthild/Höynck, Theresia: Jugendstrafvollzug in Deutschland 2002, S. 263 ff.

Enzmann, Dirk/Raddatz, Stefan: Substanzabhängigkeit jugendlicher und heranwachsender Inhaftierter, in: Dahle, Klaus-Peter/Volbert, Renate (Hrsg.): Entwicklungspsychologische Aspekte der Rechtspsychologie, Göttingen 2005, S. 150 ff.

European Prison Rules: Recommendation No. R (87) 3 adopted by the Committee of Ministers of the Council of Europe on 12 February 1987 and Explanatory Memorandum, Strasbourg 1987.

Feest, Johannes/Lesting, Wolfgang/Selling, Peter: Totale Institution und Rechtsschutz, Opladen 1997.

Feest, Johannes: Internationale Standards für den Jugendstrafvollzug, in: Wege aus der Gesetzlosigkeit, hrsg. v. Pollähne, Helmut/Baumann, Kai/Feest, Johannes, Mönchengladbach 2004, S. 69 ff.

Feest, Johannes: Europäische Maßstäbe für den Justizvollzug - Zur Neufassung der Europäischen Gefängnisregeln (European Prison Rules), in: ZfStrVo 5/2006, S. 259 ff.

Feest, Johannes: Kommentar zum Strafvollzug (AK-StVollzG), 5. Auflage, Neuwied u.a. 2006 (zitiert: AK-Feest).

Feest, Johannes/Lesting, Wolfgang: Der Angriff auf die Lockerungen, in: ZfStrVo 2005, S. 76 ff.

Flaig, Annika : Die nachträgliche Sicherungsverwahrung, Frankfurt am Main 2009.

Fleck, Johannes: Gesetzliche Konzeption der Anstaltsstruktur im künftigen Jugendstrafvollzugsgesetz, Marburg 1977.

Fleck, Johannes: Vorstellungen zur Gestaltung des zukünftigen Jugendstrafvollzuges am Beginn des neuen Jahrhunderts, in: ZfStrVo 2000, S. 271 ff.

Forum Strafvollzug: Kontrovers - Forum Strafvollzug befragt die Justizministerinnen Beate Merk, Bayern, und Gisela von der Aue, Berlin, zu den Konsequenzen der Föderalismusreform, in: FS 1/2007, S. 19 ff.

Frank, Hans: Nationalsozialistisches Handbuch für Recht und Gesetzgebung, München 1935.

Frommel, Monika: Peinliche Machtspiele, in: NK 1/2005, S. 7.

Gehb, Jürgen/Drange, Günter: Überbelegungen zur Neuordnung der strafrechtlichen Behandlung junger Volljähriger, in: ZJJ 3/2004, S. 259 ff.

Geisler, Claudius: Reformbedarf im Jugendstrafrecht?, in: NStZ 2002, S. 449 ff.

Gerken, Jutta/Schuhmann, Karl F. (Hrsg.): Ein trojanisches Pferd im Rechtsstaat, Pfaffenweiler 1988.

Gerstein, Hartmut: UN-Kinderrechte und Jugendkriminalrecht, in: DVJJ-J 1996, S. 13 ff.

Gesetz über den Vollzug der Jugendstrafe in Baden-Württemberg (JstVollzG) v. 3.7.2007, GBl. v. 12.7.2007, S. 198 ff.

Gesetz über den Vollzug der Freiheitsstrafe, der Jugendstrafe und der Sicherungsverwahrung (Bayerisches Strafvollzugsgesetz - BayStVollzG) v. 10.12.2007, GVBl. Bayern 2007, S. 866 ff.

Gesetz über den Vollzug der Jugendstrafe in Berlin (Berliner Jugendstrafvollzugsgesetz - JstVollzG Bln) v. 15.12.2007, GVBl. Berlin v. 22.12.2007, S. 653 ff.

Gesetz über den Vollzug der Jugendstrafe im Land Brandenburg (Brandenburgisches Jugendstrafvollzugsgesetz - BbgJStVollzG) v. 18.12.2007, GVBl. I 2007, S. 348 ff.

Gesetz über den Vollzug der Jugendstrafe im Land Bremen (BremJStVollzG) v. 21.3.2007, BremGBl. 2007, S. 233 ff.

Gesetz über den Vollzug der Freiheitsstrafe, der Jugendstrafe und der Sicherungsverwahrung (Hamburgisches Strafvollzugsgesetz - HmbStVollzG) v. 28.12.2007, S. 471 ff.

Gesetz über den Vollzug der Jugendstrafe (Jugendstrafvollzugsgesetz Mecklenburg-Vorpommern - JstVollzG M-V) v. 14.12.2007, GVOBl. M-V 2007, S. 427 ff.

Gesetz zur Neuregelung des Justizvollzuges in Niedersachsen (Niedersächsisches Justizvollzugsgesetz - NJVollzG) v. 14.12.2007, Nds. GVBl. 2007, S. 720 ff.

Gesetz zur Regelung des Jugendstrafvollzuges in Nordrhein-Westfalen (Jugendstrafvollzugsgesetz Nordrhein-Westfalen -JstVollzG NRW) v. 20.11.2007, GVBl. 2007, S. 539 ff.

Gesetz über den Vollzug der Jugendstrafe (Saarländisches Jugendstrafvollzugsgesetz -SJStVollzG) v. 30.10.2007, ABl. Saarland 2007, S. 2370 ff.

Gesetz über den Vollzug der Jugendstrafe in Sachsen-Anhalt (Jugendstrafvollzugsgesetz Sachsen-Anhalt - JstVollzG LSA) v. 7.12.2007, GVBl. LSA 2007, S. 367 ff.

Gesetz über den Vollzug der Jugendstrafe in Schleswig-Holstein (Jugendstrafvollzugsgesetz -JstVollzG) v. 19.12.2007, GVOBl. 2007, S. 563 ff.

Goerdeler, Jochen: Die Union und das Jugendstrafrecht, in ZJJ 2/2003, S. 183 ff.

Goerdeler, Jochen: Die Sicherungsverwahrung wird ausgeweitet, in: ZJJ 2/2004, S. 191 ff.

Goerdeler, Jochen/Pollähne, Helmut: Das Bundesverfassungsgericht als Wegweiser für die Landesgesetzgeber, in: ZJJ 3/2006, 250 ff.

Goerdeler, Jochen/Pollähne, Helmut: Das Urteil des Bundesverfassungsgerichts als Prüfungsmaßstab, in: Goerdeler, Jochen/Walkenhorst, Philipp (Hrsg.): Jugendstrafvollzug in Deutschland, Mönchengladbach 2007, S. 55 ff.

Goerdeler, Jochen/Walkenhorst, Philipp (Hrsg.): Jugendstrafvollzug in Deutschland - Neue Gesetze, neue Strukturen, neue Praxis? Mönchengladbach 2007.

Graebsch, Christine: Sicherungsverwahrung im Jugendstrafrecht, in: Zeitschrift für Jugendkriminalrecht und Jugendhilfe, 2008, S. 284 ff.

Grosch, Olaf: Lockerungen im Jugendstrafvollzug, Freiburg 1995.

Grunau, Theodor/Tiesler, Eberhard: Strafvollzugsgesetz, 2. Auflage, Köln u.a. 1982.

Hassemer, Winfried: Jugend im Strafrecht, Eröffnungsvortrag zum 26. Deutschen Jugendgerichtstag, in: ZJJ 4/2004, S. 344 ff.

Herz, Ruth: Eine Jugend in Deutschland?, in: Festschrift für Horst Schüler-Springorum zum 65. Geburtstag, S. 291 ff., Köln u.a. 1993.

Hessisches Jugendstrafvollzugsgesetz (HessJStVollzG) v. 19.11.2007, GVBl. II. S. 758 ff.

Hintz, Stefanie: Untersuchungshaft und Erziehung, Herbolzheim 2004.

Hinz, Werner: Strafmündigkeit ab vollendetem 12. Lebensjahr?, in: ZRP 2000, S. 107 ff.

Höynck, Theresia/Neubacher, Frank/Schüler-Springorum, Horst: Internationale Menschenrechtsstandards und das Jugendkriminalrecht, Dokumente der Vereinten Nationen und des Europarates, hrsg. vom Bundesministerium der Justiz, Berlin 2001.

Höynck, Theresia u.a.: Jugendstrafvollzugsgesetz der Länder, in: ZJJ 2/2008, S. 159 ff.

Hoffmann, Karlmanna: Arbeitsbuch Erziehung, Hamburg 1980.

Hoffmeyer, Carsten: Grundrechte im Strafvollzug, Karlsruhe 1979.

Hosser, Daniela: Jugendstrafe im Spannungsfeld zwischen Integration und Desintegration - Soziale Beziehungen und Haftfolgen im Jugendstrafvollzug, in: Cornel, Heinz u.a.: Handbuch der Resozialisierung, Baden-Baden 2001, 2. Auflage, S. 319 ff.

Hosser, Daniela u.a.: Und was kommt danach? Entlassungsvorbereitung und Nachentlassungssituation junger Strafentlassener in Goerdeler, Jochen/Walkenhorst, Philipp (Hrsg.): Jugendstrafvollzug in Deutschland, Mönchengladbach 2007, S. 396 ff.

Jesse, Christiane: Gewalt im Jugendstrafvollzug - Gegenstrategien der Jugendstrafanstalt Hameln, in: FS 1/2007, S. 23 ff.

Jünschke, Klaus: Jugendstrafvollzug und wachsende soziale Ungleichheit, in: ZJJ 4/2006, S. 326 ff.

Kamann, Ulrich: Handbuch für die Strafvollstreckung und den Strafvollzug, 2. Auflage, Münster 2009.

Kamann, Ulrich: Vollstreckung und Vollzug der Jugendstrafe, Münster 2009a.

Kaiser, Günter: Ist der Erziehungsgedanke im Jugendstrafrecht wirklich veraltet?, in: Busch, Max/Müller-Dietz, Heinz/Wetzstein, Hans (Hrsg.): Zwischen Erziehung und Strafe. Zur Praxis der Jugendstrafrechtspflege und ihrer wissenschaftlichen Begründung. Festschrift für Karl Härringer zum 80. Geburtstag, Pfaffenweiler 1995, S. 9 ff.

Kaiser, Günther/ Kerner, Hans-Jürgen /Schöch, Heinz: Strafvollzug, 4. Auflage, Heidelberg, 1992.

Kinzig, Jörg: Die Einführung der nachträglichen Sicherungsverwahrung für Jugendliche, in: Zeitschrift für Jugendkriminalrecht und Jugendhilfe, 2008, S. 245 ff.

Köhne, Michael: Das Ende des „gesetzlosen" Jugendstrafvollzugs, in: ZRP 2007, S. 109 ff.

Krause, Thomas: Geschichte des Strafvollzugs, Darmstadt 1999.

Kreideweiß, Thomas: Die Reform des Jugendstrafvollzuges. Ein analytischer Vergleich bisheriger Gesetzesentwürfe sowie die Konzipierung eines eigenen Alternativentwurfes, Frankfurt am Main 1993.

Kretschmer, Joachim: Ergänzungen und Alternativen zum strafvollzugsrechtlichen Rechtsschutzsystem, in: ZfStrVo 2005, S. 217 ff.

Kretschmer, Joachim: Die Mehrfachbelegung von Hafträumen im Strafvollzug in ihrer tatsächlichen und rechtlichen Problematik, in: NStZ 2005, S. 251 ff.

Kreuzer, Arthur: 30 Jahre Strafvollzugsgesetz - Wie steht es um den Strafvollzug?, in: ZfStrVo 2006, S. 136 ff.

Landesjugendstrafvollzugsgesetz Rheinland-Pfalz (LJStVollzG) v. 14.11.2007, GVBl. 2007, S. 252 ff.

Laubenthal, Klaus: Die Zuweisung zu Wohngruppen und Behandlungsgruppen, Würzburg 1983.

Laubenthal, Klaus: Der Wohngruppenvollzug - Entwicklung, Zielsetzung, Perspektiven, in: ZfStrVo 1984, S. 67 ff.

Laubenthal, Klaus: Ist das deutsche Jugendstrafrecht noch zeitgemäß?, in: JZ 2002, 807 ff.

Laubenthal, Klaus: Strafvollzug, 5. Auflage, Berlin u.a. 2008.

Laubenthal, Klaus: Strafvollzug, 6. Auflage, Berlin u.a. 2011.

Laubenthal, Klaus/Baier, Helmut: Jugendstrafrecht, Berlin u.a. 2006.

Laubenthal, Klaus/Baier, Helmut/Nestler, Nina: Jugendstrafrecht, 2. Auflage, Berlin u.a. 2010.

Lehmann, Christian: Warum gibt es bis heute kein Jugendstrafvollzugsgesetz?, in: Bereswill, Mechthild/Höynck, Theresia (Hrsg.): Jugendstrafvollzug in Deutschland - Grundlagen, Konzepte, Handlungsfelder, Mönchengladbach 2002, S. 79 ff.

Linscheid, Klaus: Der Frauenknast, in: Augsburg-Journal 2009, S. 21 ff.

Lohmann, Hans Christian: Arbeit und Arbeitsentlohnung des Strafgefangenen, Frankfurt am Main, 2002.

Lübbe-Wolf, Gertrude in: Focus NR. 11 vom 12.3.2007, S. 56 ff.

Lübbe-Wolf, Gertrude/Geisler, Claudius: Neuere Rechtsprechung des BVerfG zum Vollzug von Straf- und Untersuchungshaft, in: NStZ 2004, S. 478 ff.

Lückemann, Clemens: Anhörung des Rechtsausschusses des Deutschen Bundestages zur Föderalismusreform - Justiz (Strafvollzug) am 17. Mai 2006, abrufbar unter: www.bundestag.de/ausschuesse/a06/.../Clemens_Lückemann.pdf.

Lütkes, Anne: Zuständigkeit der Länder für den Strafvollzug? Ehemalige Justizminister fordern Überdenken der Föderalismusreform, in: NK 1/2006, S. 2.

Maelicke, Bernd: Ambulante Alternativen zum Jugendarrest und Jugendstrafe, Weinheim 1998.

Maelicke, Bernd: Neuer Aufbruch - nicht nur im Jugendstrafvollzug!, in: ZJJ 2/2004, S. 182 ff.

Maelicke, Bernd: Perspektiven für den deutschen Strafvollzug, in: NK 4/2005, S. 126 ff.

Maelicke, Bernd: Konsequenzen der Föderalismusreform für den Deutschen Strafvollzug, Auszug aus einem Vortrag auf dem 14. Bundeskongress der Psychologinnen und Psychologen im Strafvollzug am 19. September 2006, Rostock, in: NK 3/2006, S. 89.

Mangoldt, Hermann von/Klein Friedrich/Starck, Christian (Hrsg.): Das Bonner Grundgesetz, Band 1, Artikel 1 bis 19, 5. Auflage, München 2005.

Matt, Eduard: Integrationsplanung und Übergangsmanagement: Konzepte einer tragfähigen Wiedereingliederung für (Ex-) Strafgefangene, in: FS 1/2007, S. 26 ff.

Maunz, Theodor (Hrsg.): Grundgesetz, München 2000.

Maurer, Hartmut: Allgemeines Verfassungsrecht, 14. Auflage, München 2002.

Meier, Bernd-Dieter/Rössner, Dieter/Schöch, Heinz: Jugendstrafrecht, München 2003.

Mertin, Herbert: Verfassungswidrigkeit des Jugendstrafvollzugs?, in: ZRP 2002, S. 18 ff.

Momsen, Carsten: Der rechtliche Rahmen für die Verschiebung der Altersgrenzen im Jugendstrafrecht, in: ZJJ 2/2005, S. 179 ff.

Morris, Norval: The future of imprisonment, Chicago 1974.

Müller-Dietz, Heinz: Strafvollzugsrecht als Ländersache?, in: ZfStrVo 2005, S. 38 ff.

Müller-Dietz, Heinz: Europäische Perspektiven des Strafvollzugs, in: Kriminalpolitik und ihre wissenschaftlichen Grundlagen, Festschrift für Prof. Dr. Hans-Dieter Schwind zum 70. Geburtstag, Heidelberg 2006, S. 621 ff.

Münchhalffen, Gaby/Gatzweiler, Norbert: Das Recht der Untersuchungshaft, 3. Auflage, München 2009.

Nestler, Nina/Wolf, Christian: Sicherungsverwahrung gem. § 7 Abs. 2 JGG und der Präventionsgedanke im Strafrecht - kritische Betrachtung eines legislativen Kunstgriffs, in: NK 4/2008, S. 153 ff.

Nickolai, Werner: Entlassenenhilfe im Verbund von Sozialarbeit im Vollzug und freier Hilfen, in: BewHi 1992, S. 288 ff.

Nitsch, Alexandra: Die Unterbringung von Gefangenen nach dem StVollzG, 1. Auflage, Münster 2006

Nothacker, Gerhard: „Erziehungsauftrag“ und Gesetzesauslegung im Jugendgerichtsgesetz, Berlin 1985.

Ohlemacher, Thomas u.a.: Antiaggressivitätstraining und Legalbewährung. Versuch einer Evaluation, in: Forschungsthema Strafvollzug, hrsg. von Bereswill, Mechthild/Grewe, Werner, Baden-Baden 2001, S. 345 ff.

Ostendorf, Herbert: Warten auf gesetzliche Regelung, in: NK 1/2001, S. 8.

Ostendorf, Heribert: Jugendgerichtsgesetz, Kommentar, 6. Auflage, Köln u.a. 2003.

Ostendorf, Heribert: Gegen die Abschaffung des Jugendstrafrechts oder seiner Essentialia , in: NStZ 2006, S. 320 ff.

Ostendorf, Heribert: Gesetzliche Grundlage für den Jugendstrafvollzug - verfassungsrechtlich geboten!, in: NJW 2006, S. 2073 ff.

Ostendorf, Heribert: Konsequenzen aus dem Urteil des Bundesverfassungsgerichts vom 31.5.2006 für die gesetzliche Ausgestaltung des Jugendstrafvollzuges, in: NK 3/2006, S. 91 ff.

Ostendorf, Heribert: Gegen die Abschaffung des Jugendstrafrechts oder seiner Essentialia , in: NStZ 2006, S. 320 ff.

Ostendorf, Heribert: Das Ziel des Jugendstrafvollzugs nach zukünftigem Recht, in: Goerdeler, Jochen/Walkenhorst Philipp (Hrsg.): Jugendstrafvollzug in Deutschland. Neue Gesetze, neue Strukturen, neue Praxis? Mönchengladbach 2007, S. 100 ff.

Ostendorf, Heribert/Bochmann, Christian: Nachträgliche Sicherungsverwahrung bei jungen Menschen auf dem internationalen und verfassungsrechtlichen Prüfstand, in: ZRP 2007, S. 146 ff.

Ostendorf, Heribert: Jugendstrafrecht, 4. Auflage, Baden-Baden 2007a.

Ostendorf, Heribert: Jugendstrafvollzugsgesetz: Neue Gesetze - neue Perspektiven?, in: ZRP 2008, S. 14 ff.

Ostendorf, Heribert: Altersgrenzen des JGG, in: ZJJ 4/2009, S. 348 ff.

Ostendorf, Heribert: Jugendgerichtsgesetz, Kommentar, 8. Auflage, Köln u.a. 2009.

Ostendorf, Heribert: Jugendstrafvollzugsrecht, Baden-Baden 2009a.

Ostendorf, Heribert: Neuregelungen des Untersuchungshaftvollzugsrechts, in: ZJJ 4/2009b, S. 341 ff.

Paul, Andreas: Reform der Altersstufen im Jugendstrafrecht, in: ZRP 2003, S. 204 ff.

Pendon, Manuel: Flexibles, bedarfsgerechtes Berufsbildungsangebot im Jugendvollzug - dargestellt am Beispiel der JVA Schifferstadt, in: ZfStrVo 1996, S. 87 ff.

Plottnitz, Rupert, von: Unzweckmäßige Strafgesetzgebung, in NK 3/1998, S. 4 ff.

Pollähne, Helmut: Schleichwege durch die Gesetzlosigkeit, in: Pollähne, Helmut/Bammann, Kai/Feest, Johannes (Hrsg.): Wege aus der Gesetzlosigkeit. Rechtslage und Regelungsbedürftigkeit des Jugendstrafvollzugs, Mönchengladbach 2004, S. 45 ff.

Pollähne, Helmut: Anmerkungen zum Beschluss des OLG Hamm vom 01.07.2004, in: ZJJ 1/2005, S. 79 ff.

Pollähne, Helmut: Internationale Standards gegen föderalen Wildwuchs?, in: StV 2007, S. 552 ff.

Prantl, Heribert: Das Hexeneinmaleins des Strafvollzugs, in: FS 1/2007, S. 22.

Preusker, Harald: Das Bundesverfassungsgericht als Motor der Strafvollzugsreform, in: ZfStrVo 2005, S. 195 ff.

Radbruch, Gustav: Der Mensch im Recht. Ausgewählte Vorträge und Aufsätze über Grundfragen des Rechts, Göttingen 1957.

Rasch, Wilfried: Forensische Sozialtherapie, Karlsruhe u.a. 1977.

Rehn, Gerhard: Was wird nach der Föderalismusreform aus der Gesetzgebung zum Strafvollzug?, in: NK 4/2006, S. 122 f.

Rieger, Walter: Gedanken zum Schlußbericht der Jugendstrafvollzugskommission aus der Sicht des Jugendstrafvollzuges, in: Zentralblatt für Jugendrecht (68) 1981, S. 241 ff.

Riekenbrauk, Klaus: Straffällige Heranwachsende und Volljährigenhilfe nach § 41 SGB VIII, in: ZJJ 2/2007, S. 159 ff.

Röthel, Julia Carolin: Vorzeitige Entlassung aus dem Strafvollzug, Frankfurt am Main 2007.

Rohwedder, Jens: Thesen zur Didaktik der beruflichen Bildung männlicher Gefangener in Justizvollzugsanstalten, in: ZfStrVo 2003, S. 158 ff.

Rupp, Hans Heinrich: Die „Verwaltungsvorschrift" im grundgesetzlichen Normensystem. Zum Wandel einer verfassungsrechtlichen Institution, in: JuS 1975, S. 611 ff.

Sächsisches Gesetz über den Vollzug der Jugendstrafe (Sächsisches Jugendstrafvollzugsgesetz - SächsJStVollzG) v. 12.12.2007, Sächs. GVBl. 2007, S. 557 ff.

Sampson, Robert J./Laub, John H.: Crime in the making, Cambridge u.a. 1995.

Schaffstein, Friedrich/Beulke, Werner: Jugendstrafrecht, 14. Auflage, Stuttgart 2002.

Schmidt-Bleibtreu, Bruno: GG-Kommentar, 11. Auflage, Köln u.a. 2008.

Scholz, Christian: Das Urteil des BVerfGs zum Jugendstrafvollzug. Ein Hoffnungsschimmer für die Gesetzgebungskultur in Deutschland, in: ZJJ 4/2006, S. 304 f.

Schneider, Hendrik: Telefonieren ohne Grenzen, in: ZfStrVo 2001, S. 276 ff.

Schneider, Hendrik: Repressive Kriminalpolitik im Gewande der „neuen Verwaltungssteuer", in: ZfStrVo 2004, S. 139 ff.

Schneider, Ragnar: Bayerisches Strafvollzugsgesetz, in: FS 2/2007, S. 57 ff.

Schöfer-Sigl, Renate/Wenzel, Hans: Die Justizvollzugsanstalt Ebrach - moderner Strafvollzug in einem Baudenkmal, in: Wiemer, Werner (Hrsg.): Festschrift Ebrach - 200 Jahre nach der Säkularisation 1803, Münsterschwarzach Abtei 2004, S. 405 ff.

Schriever, Wolfgang: Behandlungsvollzug - Abschied von einem überkommenden Begriff, in: ZfStrVo 2006, S. 262 ff.

Schüler-Springorum, Horst: Strafvollzug und Föderalismusreform, in: Recht gestalten - dem Recht dienen, FestS für Reinhard Böttcher, Berlin 2007, S. 403 ff.

Schulte-Altedorneburg, Manfred: ... und noch mehr Kontrolle? Strafhaft und Behandlung in Wohngruppen, Hagen 1989, S. 172 ff.

Schulz, Felix: Die Entwicklung der Delinquenz von Kindern, Jugendlichen und Heranwachsenden in Deutschland. Eine vergleichende Analyse von Kriminalstatistiken und Dunkelfelduntersuchungen zwischen 1950 und 2000, Münster 2007.

Schwind, Hans-Dieter/Böhm, Alexander/Jehle, Martin (Hrsg.): Strafvollzugsgesetz, 4. Auflage, Berlin 2005

Schwirzer, Stephan: Jugendstrafvollzug für das 21. Jahrhundert?, Frankfurt am Main 2008.

Seebode, Manfred: Wer regelt den Justizvollzug?, in: FS 1/2009, S. 7 ff.

Sonnen, Bernd-Rüdeger: Jugendstrafvollzug in Deutschland - Rechtliche Rahmenbedingungen und kriminalpolitische Entwicklungen, in: Bereswill, Mechthild/Höynck, Theresia (Hrsg.): Jugendstrafvollzug in Deutschland - Grundlagen, Konzepte, Handlungsfelder, Mönchengladbach 2002, S.57 ff.

Sonnen, Bernd-Rüdeger: Jugendstrafe und Jugendstrafvollzug: Verfassungswidrig?, in: NK 4/2002a, S. 154 ff.

Sonnen, Bernd-Rüdeger: Stellungnahme zum Referentenentwurf eines Gesetzes zur Regelung des Jugendstrafvollzuges (GJVollzG), in: ZJJ 2/2004, S. 314 ff.

Sonnen, Bernd-Rüdeger: Neue Wege des Umgangs mit Jugendkriminalität, in: Schöch/Jehle: Angewandte Kriminologie zwischen Freiheit und Sicherheit, Mönchengladbach 2004, S. 561 ff.

Sonnen, Bernd-Rüdeger: Eckpunktpapier: Anforderungen an ein zukünftiges Jugendstrafvollzugsgesetz, in: ZJJ 2/2004, S. 209 ff.

Sonnen, Bernd-Rüdeger: Jugendkriminalpolitik zwischen Glauben und Wissen, in: StV 2005, S. 94 ff.

Sonnen, Bernd-Rüdeger: Aktuelle Entwürfe zur Regelung des Jugendstrafvollzugs auf dem Prüfstand, in: ZJJ 4/2006, S. 236 ff.

Sonnen, Bernd-Rüdeger: Rechtsstaatliche Befunde zur Situation und den Besonderheiten des Jugendstrafvollzugs in Deutschland, Gutachten für das Bundesverfassungsgericht, 2006a, abrufbar unter: www.uni-greifswald.de/-ls3/.

Sonnen, Bernd-Rüdeger: Fördern, Fordern, Fallen lassen, in: NK 2/2007, S. 51 ff.

Sonnen, Bernd-Rüdeger: Gesetzliche Regelungen zum Jugendstrafvollzug auf dem Prüfstand, in: Goerdeler, Jochen/Walkenhorst, Philipp (Hrsg.): Jugendstrafvollzug in Deutschland. Neue Gesetze, neue Strukturen, neue Praxis? Mönchengladbach 2007, S. 77 ff.

Sonnen, Bernd-Rüdeger: Halbherzig - Die Entwürfe landesrechtlicher Regelungen für den Jugendstrafvollzug, in: FS 2/2007, S. 81 ff.

Spitczok von Brisinski, Ute/Alsleben, Rainer/Zahn, Wilfried: Sozialtherapie für Sexualstraftäter im Jugendvollzug, in: ZfStrVo 2005, S. 131 ff.

Streng, Franz: Jugendstrafrecht, Heidelberg 2003.

Thüringer Gesetz über den Vollzug der Jugendstrafe (Thüringer Jugendstrafvollzugsgesetz -Thür-JstVollzG) v. 20.12.2007, GVBl. Thüringen v. 28.12.2007, S. 221 ff.

Tierel, Stefan: Vergleichende Studien zur Normierung des Jugendstrafvollzugs, Berlin 2008.

Tippelt, Rudolf: Handbuch zur Erwachsenenbildung, Wiesbaden 2009.

Tondorf, Günter: Musterentwurf zu einem Jugendstrafvollzugsgesetz der Länder, Stand November 2006, abrufbar unter: http://www.dvjj.de /data/pdf/b04c897dfb1b6f9e6df08c5a61a491d5.pdf, letzter Aufruf: 18.5.2010.

Tondorf, Günter, Tondorf, Babette: Plädoyer für einen modernen Jugendstrafvollzug, in: ZJJ 4/2006, S. 241 ff.

Ullenbruch, Thomas: Anmerkungen zu OLG Celle, NStZ 1999, S. 216 ff., in: NStZ 1999, S. 429 ff.

Ullenbruch, Thomas: Das „Gesetz zur Einführung der nachträglichen Sicherungsverwahrung bei Verurteilung nach Jugendstrafrecht“ - ein Unding?, in: NJW 2008, S. 2609 ff.

Wagner, Christean/Rechenbach, Dagmar: Konnexitätsprinzip ins Grundgesetz!, in: ZRP 2003, S. 308

Walkenhorst, Philipp: Sicherheit, Ordnung und Disziplin im Jugendstrafvollzug - Einige pädagogische Überlegungen, in: DVJJ-J 1999, S. 253 ff.

Walkenhorst, Philipp: Leben in der „schwierigen Freiheit“: Skizzen zum eigentlichen Fluchtpunkt pädagogischer Arbeit im Jugendstrafvollzug, in: ZJJ 3/2004, S. 250 ff.

Walkenhorst, Philipp: Über Siegburg, in: FS 2/2007, 81 f.

Walter, Joachim : Formelle Disziplinierung im Jugendstrafvollzug, in: MSchrKrim 1993, S. 273 ff.

Walter, Joachim: Die Situation junger Aussiedler, in: NK 1/1998, S. 5 ff.

Walter, Joachim: Formelle Disziplinierung im Jugendstrafvollzug, Frankfurt am Main u.a.1998.

Walter, Joachim: Erwartungen der Praxis an ein künftiges Jugendvollzugsgesetz, in: ZJJ 4/2003, S. 397 ff.

Walter, Joachim: Der neue Entwurf eines Gesetzes zur Regelung des Jugendstrafvollzuges aus praktischer Sicht, in: ZJJ 4/2004, S. 397 ff.

Walter, Joachim: „Apokryphe“ Disziplinarmaßnahmen im Strafvollzug, NK 4/2005, S. 130 ff.

Walter, Joachim: Jugendstrafvollzugsgesetz: Ein Schritt nach vorn oder zurück in die Kleinstaaterei?, in: NK 1/2005, S. 17 ff.

Walter, Joachim: Bedingungen bestmöglicher Förderung im Jugendstrafvollzug (Teil 1), in: ZJJ 3/2006, S. 236 ff.

Walter, Joachim: Optimale Förderung oder was sollte Jugendstrafvollzug leisten?, in NK: 3/2006, S. 93 ff.

Walter, Joachim/Waschek, Uli: Die Peergroup in ihr Recht setzen. Das Just Community-Projekt in der Justizvollzugsanstalt Adelsheim, in: Bereswill, Mechthild/Höynck, Theresia: Jugendstrafvollzug in Deutschland, Mönchengladbach 2002, S. 188.

Walter, Michael: Beiträge zur Erziehung im Jugendkriminalrecht, Köln u.a. 1989.

Walter, Michael: Strafvollzug, 2. Auflage, Stuttgart 1999.
in: ZJJ 1/2007, S. 72 ff.

Walter, Michael/Neubacher, Frank: Ist der Jugendstrafvollzug verfassungswidrig?, in: ZfJ 2003, S. 1 ff.

Walter, Michael/Trautmann, Sebastian/Pieplow, Lukas: Stellungnahme der Deutschen Vereinigung für Jugendgerichte und Jugendgerichtshilfen e.V. Nordrhein, der Neuen Richtervereinigung und des Strafrechtsausschusses des Kölner Anwaltsvereins e.V. zur Ermordung eines heranwachsenden Gefangenen in der Justizvollzugsanstalt Siegburg, in: NK 4/2006, S. 123 ff.

Weber, Martin: Die Anwendung der Jugendstrafe - rechtliche Grundlagen und gerichtliche Praxis, Frankfurt am Main u.a. 1990.

Weider, Hans-Joachim: Das Gesetz zur Änderung des Untersuchungshaftrechts, in: StV 2010, S. 102 ff.

Winkelmann, Kerstin/Brune, Ulrike: Der gemeinsame Gesetzesentwurf der länderübergreifenden Arbeitsgruppe zum Jugendstrafvollzugsgesetz, in: FS 2/2007, S. 61 f.

Winzer, Stephanie/Hupka, Jan: Das neue niedersächsische Justizvollzugsgesetz, in: DRiZ 2008, S. 146 ff.

Wirth, Wolfgang: Arbeitsmarktorientierte Entlassungsvorbereitung im Strafvollzug: Ein Modellprojekt zeigt Wirkung, in: BewHi 2003, S. 307 ff.

Wiswede, Günter: Soziologie abweichenden Verhaltens, 2. Auflage, Stuttgart 1979.

Wölfl, Bernd: Verfassungswidrigkeit der Gesetzlosigkeit, in: Pollähne, Helmut/Bammann, Kai/Feest, Johannes (Hrsg.): Wege aus der Gesetzlosigkeit. Rechtslage und Regelungsbedürftigkeit des Jugendstrafvollzugs, Mönchengladbach 2004, S. 77 ff.

Zieschang, Frank: Strafrecht und Kriminalität in Europa, Baden-Baden 2003.

Zirker, Otto: Der Gefangene. Neuland in der Erziehung in der Strafanstalt, Werther 1924

Anhangsverzeichnis

Anhang 1: Jugendstrafrechtliche Sanktionen

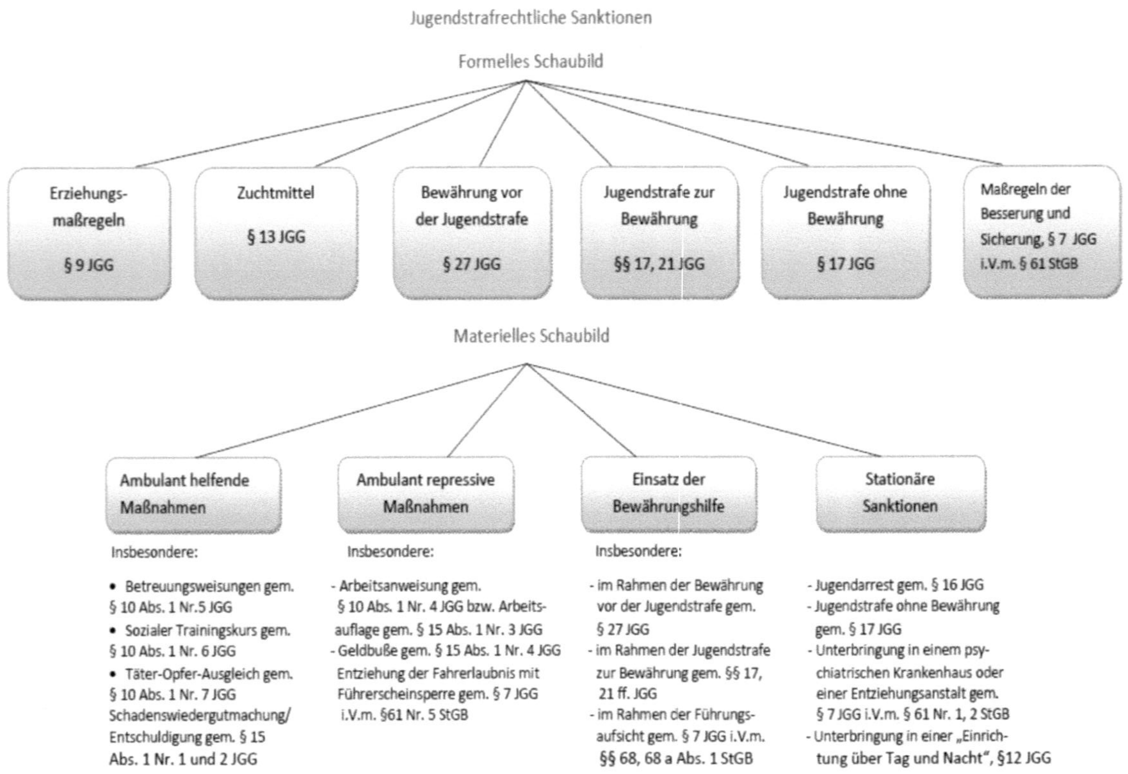

Jugendstrafrechtliche Sanktionen; Quelle: Ostendorf, JGG § 5, S. 77.

Anhang 2: Entwurf eines Vollzugsplans JVA Ebrach

Entwurf

Vollzugsplan für *Name, Vorname*

1. Arbeitseinsatz

2. Bildungsmaßnahmen

2.1 Schulische Bildungsmaßnahmen

2.2 Berufliche Bildungsmaßnahmen

3. Vollzugsöffnende Maßnahmen

3.1 Offener Vollzug

3.2 Vollzugslockerungen und Urlaub

4. Weitere Behandlungsmaßnahmen

4.1 Therapeutische Behandlungsmaßnahmen

4.2 Sozialpädagogische Behandlungsmaßnahmen

4.3 Soziale Behandlungsmaßnahmen

4.4 Vollzugliche Behandlungsmaßnahmen

5. Entlassungsvorbereitung

5.1 Dokumente

5.2 Sozialer Empfangsraum

5.3 Rückallvermeidende Angebote, Maßnahmen für die Zeit nach der Entlassung

Anhang 3: Anordnungsbefugnisse gemäß Art. 155 BayStVollzG der JVA Neuburg Herrenwörth

Verfügung

Einschränkung der gemeinschaftlichen Unterbringung während der Freizeit aus erzieherischen Gründen gemäß Art. 155 BayStVollzG („Türsperren");

hier: Anordnungsbefugnis

In Ergänzung des Geschäftsverteilungsplans wird verfügt:

Erziehungsmaßnahmen („Türsperren") können in begründeten Einzelfällen im Höchstmaß von folgenden Bediensteten verhängt werden:

Ref. IIA:

Anstaltsarzt	3 Tage
Krankenpfleger	1 Tag

Ref. IIK und IIE:

Anstaltsgeistliche	3 Tage

Ref. IIL:

Anstaltslehrer	3 Tage

Ref. IIP:

Anstaltspsychologen	3 Tage

Ref. IIS:

Pädagogischer Leiter	5 Tage
Sozialtherapeutische Abteilung	

Fachdienste	5 Tage
Hausdienstleiter	3 Tage
Bedienstete des allgemeinen Vollzugsdienstes	1 Tag

Ref. X:

Leiter des allgemeinen Vollzugsdienstes	4 Tage
Hausdienstleiter	3 Tage
Bedienstete des allgemeinen Vollzugsdienstes	1 Tag

Ref. XI:

Werkdienstleiter	4 Tage
Bedienstete des mittleren Werkdienstes	1 Tag

Diese Verfügung ersetzt die Verfügung vom 28.01.2008.

Neuburg, den 18.11.2008

Der Leiter der Justizvollzugsanstalt Neuburg-Herrenwörth

Ltd. Regierungsdirektor

Verteiler: alle Referate

Anhang 4: Einweisungsbestimmungen für die zu Jugendstrafe Verurteilten – im Alter von 14, 15 und 16 Jahren -

Oberlandesgerichtsbezirk	Männliche Verurteilte	Weibliche Verurteilte
München	Laufen-Lebenau	Aichach
Nürnberg	Laufen-Lebenau	Aichach
Bamberg	Laufen-Lebenau	Aichach

Anhang 5: Einweisungsbestimmungen für die zu Jugendstrafe Verurteilten – im Alter von 17 und 18 Jahren –

Oberlandesgerichtsbezirk	Männliche Verurteilte			Weibliche Verurteilte
	an denen erstmals Jugendstrafe vollzogen wird		an denen bereits Jugendstrafe vollzogen wurde	
	bis zu 3 Jahren	über 3 Jahre		
München	Laufen-Lebenau	Ebrach	Ebrach	Aichach
Nürnberg	Laufen-Lebenau	Ebrach	Ebrach	Aichach
Bamberg	Laufen-Lebenau	Ebrach	Ebrach	Aichach

Nach den §§ 176 bis 178, 249 bis 255 StGB Verurteilte sind in die Justizvollzugsanstalt Neuburg-Herrenwörth einzuweisen.

Anhang 6: Einweisungsbestimmungen für die zu Jugendstrafe Verurteilten – im Alter ab 19 Jahren – Oberlandesgerichtsbezirk München

<table>
<tr><th rowspan="4">Landgerichtsbezirk</th><th colspan="4">männliche Verurteilte</th><th rowspan="4">weibliche Verurteilte</th></tr>
<tr><th colspan="3">im Alter von 19 und 20 Jahren</th><th rowspan="3">ab 21 Jahre</th></tr>
<tr><th colspan="2">an denen erstmals Jugendstrafe vollzogen wird</th><th rowspan="2">an denen bereits Jungenstrafe vollzogen wurde</th></tr>
<tr><th>bis zu 3 Jahren</th><th>über 3 Jahre</th></tr>
<tr><td>Augsburg</td><td>Neuburg-Herrenwörth</td><td rowspan="10">Ebrach</td><td rowspan="10">Ebrach</td><td rowspan="10">Ebrach</td><td rowspan="10">Aichach</td></tr>
<tr><td>Deggendorf</td><td>Laufen-Lebenau</td></tr>
<tr><td>Ingolstadt</td><td>Neuburg-Herrenwörth</td></tr>
<tr><td>Kempten</td><td>Neuburg-Herrenwörth</td></tr>
<tr><td>Landshut</td><td>Laufen-Lebenau</td></tr>
<tr><td>Memmingen</td><td>Neuburg-Herrenwörth</td></tr>
<tr><td>München I</td><td>Laufen-Lebenau</td></tr>
<tr><td>München II</td><td>Laufen-Lebenau</td></tr>
<tr><td>Passau</td><td>Laufen-Lebenau</td></tr>
<tr><td>Traunstein</td><td>Laufen-Lebenau</td></tr>
</table>

Nach den §§ 176 bis 178, 249 bis 255 StGB Verurteilte sind in die Justizvollzugsanstalt Neuburg-Herrenwörth einzuweisen.

Anhang 7: Einweisungsbestimmungen für die zu Jugendstrafe Verurteilten – im Alter ab 19 Jahren – Oberlandesgerichtsbezirk Nürnberg

<table>
<tr><th rowspan="2">Landgerichtsbezirk</th><th colspan="4">männliche Verurteilte</th><th rowspan="5">weibliche Verurteilte</th></tr>
<tr><th colspan="3">im Alter von 19 und 20 Jahren</th><th rowspan="4">ab 21 Jahre</th></tr>
<tr><th rowspan="3">Amtsgerichtsbezirk</th><th colspan="2">an denen erstmals Jugendstrafe vollzogen wird</th><th rowspan="3">an denen bereits Jungenstrafe vollzogen wurde</th></tr>
<tr><th>bis zu 3 Jahren</th><th>über 3 Jahre</th></tr>
<tr></tr>
<tr><td>Amberg</td><td>Neuburg-Herrenwörth</td><td rowspan="13">Ebrach</td><td rowspan="13">Ebrach</td><td rowspan="13">Ebrach</td><td rowspan="13">Aichach</td></tr>
<tr><td>Ansbach</td><td>Neuburg-Herrenwörth</td></tr>
<tr><td>Nürnberg/Fürth</td><td></td></tr>
<tr><td>Erlangen</td><td>Ebrach</td></tr>
<tr><td>Fürth</td><td>Neuburg-Herrenwörth</td></tr>
<tr><td>Hersbruck</td><td>Neuburg-Herrenwörth</td></tr>
<tr><td>Neumarkt/Opf.</td><td>Neuburg-Herrenwörth</td></tr>
<tr><td>Neustadt/Aisch</td><td>Ebrach</td></tr>
<tr><td>Nürnberg</td><td>Neuburg-Herrenwörth</td></tr>
<tr><td>Schwabach</td><td>Neuburg-Herrenwörth</td></tr>
<tr><td>Regensburg</td><td>Neuburg-Herrenwörth</td></tr>
<tr><td>Weiden/Opf.</td><td>Neuburg-Herrenwörth</td></tr>
</table>

Anhang 8: Einweisungsbestimmungen für die zu Jugendstrafe Verurteilten – im Alter ab 19 Jahren – Oberlandesgerichtsbezirk Bamberg

Oberlandgerichtsbezirk	männliche Verurteilte				weibliche Verurteilte
	im Alter von 19 und 20 Jahren			ab 21 Jahre	
	an denen erstmals Jugendstrafe vollzogen wird		an denen bereits Jungenstrafe vollzogen wurde		
	bis zu 3 Jahren	über 3 Jahre			
Bamberg	Ebrach	Ebrach	Ebrach	Ebrach	Aichach

Anhang 9: Fragebogen JVA Ebrach

Fragebogen: Jugendstrafvollzug in der Praxis (JVA Ebrach)

I. Vollzugliche Rahmenbedingungen

1. Gefangenenzahlen der letzten 10 Jahre insgesamt und differenziert nach Alter und Nationalität

Jeweils Jahresdurchschnitt (für 2010 Stichtag 13.1.); nur geschlossener Vollzug:

Tabelle 10: Gefangenenzahlen und Altersstatistik JVA Ebrach 2000-2010

Jahr	*Gefangenenzahlen insgesamt*	*16 bis unter 18 Jahren*	*18 bis unter 21 Jahren*	*21 Jahre und älter*	*Durchschnittsalter*
2010	293	3,4 %	46,8 %	49,8 %	20 Jahre 9 Monate
2009	290	2,2 %	42,9 %	54,9 %	20 Jahre 11 Monate
2008	304	2,9 %	46,5 %	50,6 %	20 Jahre 11 Monate
2007	299	1,3 %	44,6 %	54,1 %	20 Jahre 12 Monate
2006	309	2,1 %	45,6 %	52,3 %	20 Jahre 11 Monate
2005	326	4,2 %	54,2 %	41,6 %	20 Jahre 7 Monate
2004	317	2,7 %	42,1 %	55,2 %	19 Jahre 12 Monate
2003	323	2,6 %	47,6 %	49,8 %	-
2002	319	3,0 %	44,0 %	53,0 %	-
2001	319	3,0 %	42,6 %	54,4 %	-
2000	321	2,0 %	43,6 %	54,4 %	-

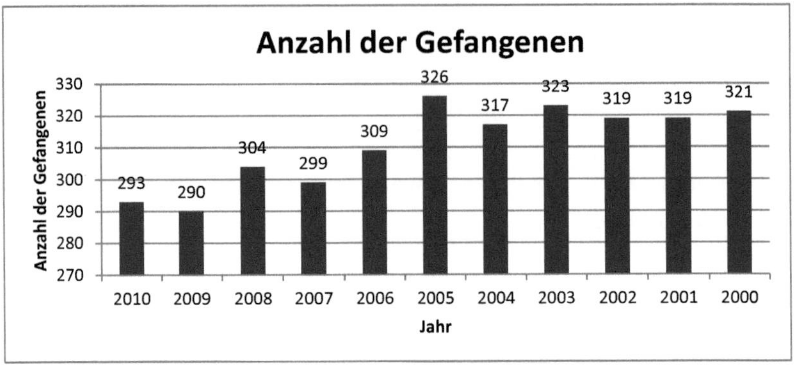

Abbildung 3: Anzahl der Gefangenen JVA Ebrach 2000-2010

Nationalität (jeweils Jahresdurchschnitt, außer für das Jahr 2010 am 13.1.)

Ausländeranteil ca. 20 %, in den letzten Jahren gestiegen auf ca. 25 %

Tabelle 11: Ausländische Gefangene JVA Ebrach 2001-2010

Jahr	***Deutsche***	***Rußlanddeutsche***	***Alle Deutschen***	***Ausländer inkl. Staatenlose***
2010	-	-	*75,8 %*	*24,2 %*
2009	-	-	*74,7 %*	*25,3 %*
2008	*69,7 %*	*9,8 %*	*79,5 %*	*20,5 %*
2007	*66,8 %*	*12,1 %*	*78,9 %*	*21,1 %*
2006	*70,2 %*	*12,3 %*	*82,5 %*	*17,5 %*
2005	*67,6 %*	*13,5 %*	*81,1 %*	*18,9 %*
2004	*65,3 %*	*16,4 %*	*81,7 %*	*18,3 %*
2003	*63,7 %*	*15,7 %*	*79,4 %*	*20,6 %*
2002	*63,3 %*	*18,5 %*	*81,8 %*	*18,2 %*
2001	*61,7 %*	*15,0 %*	*76,7 %*	*23,3 %*

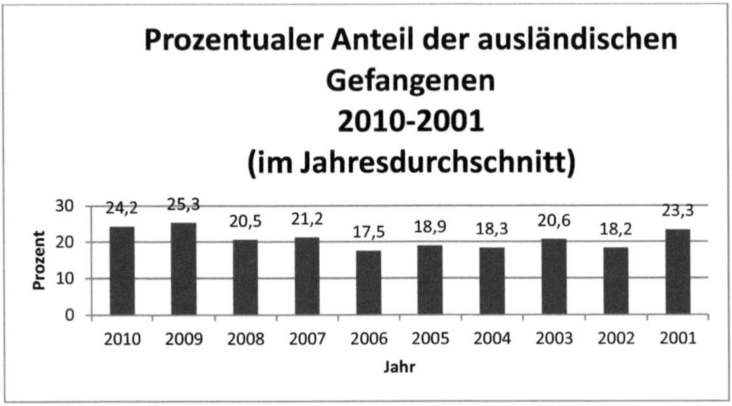

Abbildung 4: Anteil der ausländischen Gefangenen JVA Ebrach 2001-2010

2. Deliktsstruktur

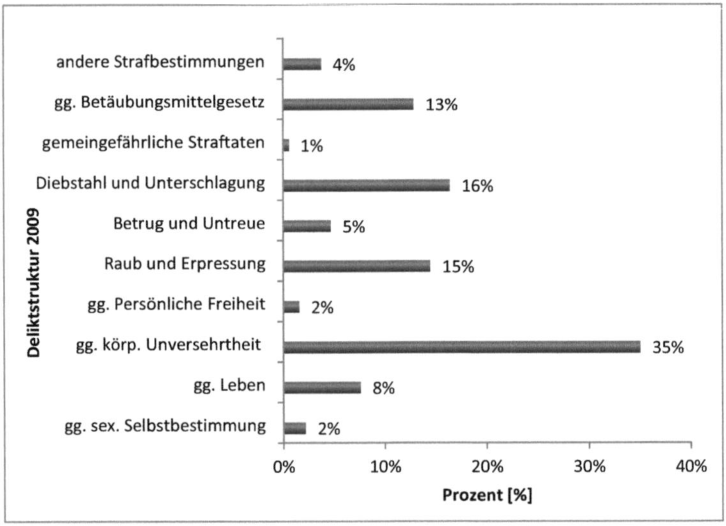

Abbildung 5: Deliktsstruktur 2009 JVA Ebrach

Größte Anzahl der Delikte im Bereich der Straftaten gegen die körperliche Unversehrtheit, gefolgt von Diebstahl und Unterschlagung, Raub und Erpressung und Straftagen gegen das Betäubungsmittelgesetz;

Entwicklung: Straftaten gegen die körperliche Unversehrtheit stark gestiegen in den letzten Jahren. Zuvor etwa gleich hoch mit Diebstahl und Unterschlagung.

3. Dauer der Haftzeit im Vergleich zur Strafhöhe

Keine Daten über vorzeitige Entlassung, lediglich über Entlassung auf Bewährung nach § 88 JGG (jeweils Jahresdurchschnitt):

Tabelle 12: Entlassungen gem. § 88 JGG JVA Ebrach 2004-2008

Jahr	*Endstrafe*	*Bewährung nach § 88 JGG*
2008	*57*	*163*
2007	*59*	*173*
2006	*48*	*191*
2005	*63*	*222*
2004	*50*	*212*

4. Durchschnittliche Verweildauer:

Tabelle 13: Durchschnittliche Verweildauer JVA Ebrach

Zeitraum	***Durchschnittliche Verweildauer***
13.1.09-13.1.10	*10 Monate 7 Tage*
1.7.08-1.7.09	*9 Monate 29 Tage*
1.7.07-1.7.08	*11 Monate 1 Tag*
1.7.06-1.7.07	*9 Monate 15 Tage*

5. Belegungssituation

2010:

Haftplätze insgesamt : 338

Tatsächlich Belegung: 293 = 87 Prozent

6. Psycho-soziale Situation der Gefangenen

a) Bildungsstand der Gefangenen bei Haftantritt; Schulabschlüsse innerhalb der Anstalt

Bildungsstand der Gefangenen bei Haftantritt (jeweils Jahresdurchschnitt):

Tabelle 14: Bildungsstand der Gefangenen bei Haftantritt JVA Ebrach 2003-2008

Jahr	*Förderschule*	*Hauptschule ohne Abschluss*	*Hauptschule mit einfachem Abschluss*	*Hauptschule mit qualifiziertem Abschluss*	*Realschule ohne Abschluss*	*Realschule mit Abschluss*	*Gymnasium mit Abitur*
2008	*17,0 %*	*28,0 %*	*38,3 %*	*11,9 %*	*0, 6 %*	*3,9 %*	*0,3 %*
2007	*17,0 %*	*31,7 %*	*33,9 %*	*11,7 %*	*0,0 %*	*4,7 %*	*1,0 %*
2006	*14,0 %*	*35,4%*	*33,8 %*	*11,0 %*	*0,3 %*	*4,6 %*	*0,9 %*
2005	*22,7 %*	*29,4 %*	*33,6 %*	*10,1 %*	*0,3 %*	*3,4 %*	*0,5 %*
2004	*19,6 %*	*35,0 %*	*32,0 %*	*8,9 %*	*1,8 %*	*1,8 %*	*0,9 %*
2003	*14,3 %*	*35,6 %*	*35,6 %*	*11,7 %*	*1,4 %*	*1,4 %*	*0,0 %*

*Schulische Bildungsmaßnahmen **(2008)**:*

- *Lehrgang zum Erwerb des Qualifizierenden Hauptschulabschluss:*

  Zahl der Schüler: 13

  Prüfungsergebnisse: 9 Teilnehmer erreichten das Kursziel (4 x sehr gut, 3 x gut 2 x befriedigend), 3 erreichten nur den erfolgreichen Hauptschulabschluss, 1 wurde vor-

zeitig entlassen und nahm die Möglichkeit, für die Prüfung nach Ebrach zu reisen, nicht wahr.

Zusätzlich: 3 Teilnehmer erhielten gesondertes Zeugnis über Nachweis von Englischkenntnissen für den mittleren Schulabschluss.

- *Lehrgang zum Erwerb des Erfolgreichen (einfachen) Hauptschulabschluss:*

  Zahl der Schüler: 10

  Dauer: 21.1.2009-25.6.2009

  Prüfungsergebnisse: 1 x sehr gut, 3 x gut, 4 x befriedigend, 1 x ausreichend, ein Teilnehmer wurde vorzeitig entlassen.

  Schülerklientel: 50 Prozent waren ehemalige Sonderschüler.

- *Beschulung von psychisch auffälligen Gefangenen:*

  Seit April 2008 findet lebenskundlicher Unterricht für psychisch auffällige Gefangene statt. Hierbei werden aktuell im Jahr auftretende und von Medien unterstützte Themen wie Naturkatastrophen, der Jahrestag der Atomkatastrophe von Tschernobyl oder Olympia im Altertum und in der Neuzeit, sowie Wünsche der Gefangenen nach Themen, die sie – sei es geschichtlich, sozial oder medienbedingt – beschäftigen, aufgegriffen und behandelt.

- *Unterricht im arbeitstherapeutischen Betrieb:*

  Hier werden den Gefangenen Kenntnisse in Mathematik, Deutsch, Sozial- und Erdkunde vermittelt. Außerdem versucht er, sog. „soft skills" zu vermitteln.

- *Vorbereitungskurse:*

  Insgesamt fanden 4 Kurse mit 40 Teilnehmern statt. Er dient der Vermittlung und Auffrischung schulischer Grundkenntnisse in den Bereichen Deutsch, Mathematik und GSE und bereitet die Gefangenen darauf vor, den jeweiligen Aufnahmetest für weiterführende schulische bzw. berufliche Maßnahmen zu bestehen. Im Berichtsjahr 2008 absolvierten über 50 % der teilnehmenden Gefangenen erfolgreich den Vorberei-

tungskurs, d.h. mehr als die Hälfte bestand einen Grundlehrgangstest oder den Aufnahmetest für den Hauptschul- bzw. qualifizierenden Hauptschulkurs.

- *Aufnahmeprüfung für den Erwerb der Mittleren Reife in der JVA St. Georgen-Bayreuth:*

  Die Aufnahmeprüfung für den Lehrgang zum nachträglichen Erwerb des Realschul-Abschlusses wurde mit 11 Bewerbern durchgeführt. 2 geeignete Gefangene wurden Anfang September 2008 in die JVA Bayreuth überstellt.

b) Berufserfahrung bei Haftantritt; Ausbildungsabschluss innerhalb der Anstalt

Berufserfahrung bei Haftantritt (jeweils Jahresdurchschnitt):

Tabelle 15: *Berufserfahrung bei Haftantritt JVA Ebrach 2003-2008*

Jahr	***Abgeschlossene Ausbildung***	***Sonstige Berufe***	***ohne Ausbildung***
2008	*4,5 %*	*17,0 %*	*79,5%*
2007	*7,0 %*	*22,5 %*	*70,5 %*
2006	*7,0 %*	*22,3 %*	*70,7 %*
2005	*10,1 %*	*19,5 %*	*70,4 %*
2004	*7,4 %*	*24,6 %*	*68,0 %*
2003	*8,6 %*	*26,2 %*	*65,2 %*

Berufliche Aus- und Weiterbildung ***(2008)****:*

- Anerkannte Ausbildungsberufe:

  62 Ausbildungsplätze in 14 anerkannten Ausbildungsberufen. 61 Gefangene befanden sich in einer sog. Regelausbildung:

  Die angebotenen Ausbildungsplätze waren wie folgt belegt:

Tabelle 16: *Ausbildungsberufe 2008 JVA Ebrach*

Beruf	*Zahl der Auszubildenden*
Bäcker	*4*
Elektroniker – Fachrichtung: Energie- und Gebäudetechnik	*5*
Gärtner	*2*
Koch	*4*
Kraftfahrzeug-Mechatroniker	*2*
Kraftfahrzeug-Servicemechaniker	*6*
Landwirt	*1*
Maler und Lackierer	*2*
Bauten- und Objektbeschichter	*6*
Maurer	*3*
Metallbauer	*8*
Metzger	*3*
Schreiner	*13*
System-Informatiker	*1*
Verkäufer	*1*
Gesamt	***61***

- *Grundlehrgänge:*

  Folgende Grundlehrgänge konnten im Berichtsjahr 2008 durchgeführt werden:

Tabelle 17: Grundlehrgänge JVA Ebrach 2008

Ausbildungsmaßnahme	**Dauer**	**Zahl der Ausgebildeten**	**Zahl der abgelegten Prüfungen und Art des erreichten Abschlusses**	**Prüfungsergebnis**
2 Grundlehrgänge ***„Bautechnik"***	*Je 6 Monate*	*12*	*6 x Zeugnis*	*1 x sehr gut* *4 x gut* *1 x befriedigend*
2 Grundlehrgänge ***„Farbtechnik und Raumgestaltung"***	*Je 6 Monate*	*12*	*6 x Zeugnis*	*4 x gut* *1 x befriedigend* *1 x ausreichend*
2 Grundlehrgänge ***„Holztechnik"***	*Je 6 Monate*	*16*	*14 x Zeugnis*	*4 x gut* *7 x befriedigend* *3 x ausreichend*
2 Grundlehrgänge ***„Metalltechnik"***	*Je 6 Monate*	*16*	*13 x Zeugnis*	*6 x gut* *6 x befriedigend* *1 x ausreichend*
Grundlehrgang ***„Gebäudereiniger"***	*6 Monate fortlaufend*	*13*	*7 x Zeugnis*	*1 x sehr gut* *3 x gut* *3 x befriedigend*

Erstmals seit Bestehen dieser Grundlehrgänge fand am 13.02.2008 eine Überprüfung vom Prüfdienst / Arbeitsmarktdienstleistungen der Bundesagentur für Arbeit (Stützpunkt Nürnberg) statt.

Im Rahmen der Prüfung wurden in der JVA Ebrach sowie gleichzeitig beim Bildungsträger (Kolping-Bildungswerk Bamberg) folgende Bereiche eingesehen bzw. kontrolliert:

- *Förderpläne*
- *Teilnehmergewinnung -auswahl/ -information*
- *Maßnahmeverlauf/ -konzeption/ -betreuung*
- *Lehrpläne*
- *Dozentenunterlagen (Qualifikationsnachweise)*
- *Vertretungsregelunge /Vielzeitregelung*
- *Erfolgsbeobachtungen*
- *Besichtung der Räumlichkeiten der JVA Ebrach (Werkstätten, Unterrichtsräume, Sozialräume etc.).*

Es gab keine Beanstandungen, sodass diese Bildungsmaßnahmen weiterhin in der angebotenen und geförderten Form fortgeführt werden können.

Im Prüfungsbericht wurde u. a. aufgeführt:

- *Die Förder- und Qualifizierungspläne könnten nicht individueller sein. Es ist klar nachvollziehbar, was mit den Jugendlichen passiert und welches Ziel diese verfolgen soll.*
- *Die Werkstätten sind gut ausgestattet und in einem gepflegten Zustand.*
- *Die Räumlichkeiten sind hell und freundlich.*
- *Die angebotenen Grundlehrgänge sind somit ein wichtiger Baustein für eine erfolgreiche Integration nach der Haftentlassung.*

- *Schweißerlehrgänge:*

  Auch im Berichtsjahr 2008 wurden die „DVS Schweißerlehrgänge" mit jeweils vier bis sechs Gefangenen durchgeführt. Zudem wurden geprüfte Schweißer aus vorangegangenen Kursen jeweils in den laufenden Lehrgängen integriert, welche Eingeübtes und Erlerntes vertiefen und anwenden konnten und gleichzeitig dringende anstaltsinterne Aufträge erledigten.

- *Kurs zum Gabelstaplerfahrer:*

  Das Interesse an kurzzeitigen Lehrgängen ist enorm groß. 158 Gefangene haben sich beworben. An den 14 angebotenen Gabelstaplerkursen vom 26.05. bis zum 24.10.2008 haben 81 Gefangene daran teilgenommen. 77 Gefangene legten die Gabelstaplerprüfung ab. Von diesen Teilnehmern bestanden 75 Gefangene die Prüfung und erhielten Fahrausweise, unterzeichnet von der Bayerischen Landesunfallkasse, ausgestellt.

7. Rückfälligkeit

Spezielle Rückfallquoten nicht vorhanden.

Tabelle 18: Erstmalig und wiederholt im Strafvollzug JVA Ebrach

Stichtag	***Erstmals im Strafvollzug***	***Wiederholt im Strafvollzug***
13.1.10	*202*	*91*
1.7.09	*214*	*103*
1.7.08	*195*	*114*
1.7.07	*194*	*122*

8. Personalsituation

Stellen insgesamt: 190
Anstaltsleiterin, Vertreter, Weiterer Vertreter,
Verwaltungsdienst: 20 Beschäftigte,
Besondere Fachdienste: 21 Mitarbeiter (1 Anstaltsärztin, 2 Geistliche, 4 Diplompsychologen, 5 Pädagogen, 9 Diplom-Sozialpädagogen),
Allgemeiner Vollzugsdienst: 114 Bedienstete,
Werkdienst: 28 Bedienstete;

Krankenpflegedienst: 4 Beamten der Krankenpflegedienstes und 1 Krankenpfleger aus allgemeinen Vollzugsdienst,

ca. 70 ehrenamtliche Mitarbeiter

Mitarbeiter erhalten 20-monatige Ausbildung und Zusatzausbildung für den Jugendstrafvollzug nach Art. 158 BayStVollzG.

9. Behandlungsangebote

Es besteht ein breitgefächertes Behandlungsangebot durch Psychologen, Sozialpädagogen und Seelsorger, welches vor allem auf Förderung und Vermittlung sozialer Fähigkeiten und Fertigkeiten abzielt, wodurch das Zurechtfinden in der sozialen Umgebung künftig erleichtert werden soll. Auch die Entwicklung der Persönlichkeit ist ein angestrebtes Ziel. Zudem geht es um die Hilfe und Unterstützung bei persönlichen Krisen innerhalb und zum Teil auch außerhalb des Vollzugs.

In betreuerischer Hinsicht wird dem Erhalt bzw. der Herstellung des Kontaktes zur Außenwelt, der Entlassungsvorbereitung und der Regelung persönlicher Angelegenheiten besonderes Gewicht beigemessen.

Das Behandlungsangebot umfasst:

Arbeitstherapie, Entlassungstraining, Konflikttraining, Einzel- und Gruppengespräche durch Fachdienste der Anstalt (insbesondere 4 Psychologen und 9 Sozialpädagogen), Drogenberatung von Caritas, soziales Kompetenztraining, sozialtherapeutische Einrichtung seit dem 1.12.2009 für 10 Gefangene Gewalttäter.

10. Organisation

Die bayerischen Jugendstrafvollzugsanstalten stehen im ständigen Kontakt untereinander.

Tageshaftkosten 2008: 72,20 €
2007: 68,40 €

II. Allgemeine Fragen zum BayStVollzG

1. War die gesetzliche Regelung des Jugendstrafvollzugs notwendig?

Anstaltsleitung: Ich bin der Meinung, dass es sehr wohl eine gesetzliche Grundlage für den Jugendstrafvollzug gab. Ich sehe diese im StVollzG, welches durch die Vorschriften der VVJug ausgefüllt wurde. Außerdem sind die Grundzüge bereits im § 91 JGG a.F. geregelt gewesen, den man nur hätte erweitern müssen.

2. **Sehen Sie die Föderalismusreform in Bezug auf die Kompetenzübertragung für den Strafvollzug auf die Länder positiv oder negativ?**

Anstaltsleitung: Ich kann nichts Positives oder Negatives vermelden. Der Jugendstrafvollzug funktioniert wie zuvor. Darüberhinaus kommt es selten zu Verlegungen der Gefangenen innerhalb zweier Bundesländer.

3. **Was halten Sie von der Umsetzung des bayerischen Gesetzgebers, die Regelungen des Jugendstrafvollzugs mit den Regelungen des Erwachsenenvollzugs in einem einheitlichen Gesetz zusammenzufassen?**

Anstaltsleitung: Die bayerische Lösung halte ich für sehr praktisch. So muss nichts doppelt aufgeführt werden, was ich für einfacher halte. Auch die Ziele des Jugendstrafvollzugs werden durch das einheitliche Gesetz nicht tangiert.

4. **Hat sich seit Inkrafttreten des BayStVollzG etwas in der Praxis des Jugendstrafvollzugs geändert?**

Anstaltsleitung: Es hat sich nicht viel geändert. Das jetzige Verbot, Nahrungs- und Genussmittel zu empfangen, ist sehr erfreulich, weil das die Kontrollen sehr erleichtert.

Zudem finden sich die Gebote und Verbote nun in einem Gesetz, was positiv für die Anstalt und auch die Gefangenen ist. Die Kontrollen der Besuche und die Möglichkeit der Trennscheibe finde ich gelungen. Bedauerlicherweise ist Art. 89 BayStVollzG, um den es bereits in der Vergangenheit immer wieder Rechtsstreitigkeiten gab, leider vom StVollzG wörtlich übernommen worden. Daneben betrugen die Besuchszeiten in der JVA Ebrach schon immer vier Stunden monatlich.

5. **Was hätte Ihrer Meinung nach noch im BayStVollzG bzgl. des Jugendstrafvollzugs geregelt werden müssen? Finden Sie die bayerische Umsetzung gelungen?**

Anstaltsleitung: Es beinhaltet keine großen Lücken. Art. 89 BayStVollzG hätte verändert werden können, weil es da in der Vergangenheit immer wieder Streitigkeiten gab. Die Anstalten konnten allerdings nicht so viele Anregungen geben, wie dies zu den VVJug möglich war, wahrscheinlich aufgrund des Zeitdrucks, ein Gesetz zu schaffen.

III. Spezielle Fragen zum BayStVollzG

Grundlagen

1. **Vollzugsziel: In Art. 121 BayStVollzG ist unter der Überschrift „Aufgaben des Jugendstrafvollzugs" zunächst der Schutz der Allgemeinheit und erst im Anschluss die Erziehungsaufgabe geschrieben. Hat diese Reihenfolge Auswirkungen auf die Lockerungspraxis, da der bayerische Gesetzgeber in Art. 121 BaySt-VollzG mit dem Voranstellen der Sicherungsaufgabe diese besonders betont? Was ist für die Vollzugspraxis nun vorherrschendes Vollzugsziel?**

   Anstaltsleitung: Die Voranstellung des Satzes 1 in Art. 121 BayStVollzG über den Schutz der Allgemeinheit gegenüber dem Erziehungsauftrag in Satz 2 der Vorschrift hat keine verschärfende Änderung der Praxis bei Vollzugslockerungen zur Folge. Vielmehr genoss das Ziel des Schutzes der Allgemeinheit bei der Entscheidung über Vollzugslockerungen und Hafturlauben auch im Jugendstrafvollzug aufgrund der Rechtsanwendung zu den Nr. 6 ff. VVJug schon immer Priorität.

   Im Ergebnis unterstreicht die Entwicklung von der früheren Rechtslage bis hin zur jetzigen daher, dass der Schutz der Allgemeinheit auch im Jugendstrafvollzug das vorrangige Vollzugsziel jedenfalls dann sein muss, wenn eine Vollzugsentscheidung zumindest auch die Allgemeinheit tangiert, was bei der Lockerungsgewährung aber stets der Fall ist.

2. **Mitwirkungspflicht: Haben Sie Bedenken an der nun in Art. 123 Abs. 2 BaySt-VollzG normierten allgemeinen Mitwirkungspflicht der jungen Gefangenen, die eine Abweichung zum Erwachsenenvollzug in Art. 6 BayStVollzG und zu § 4 StVollzG darstellt? Hat die Nichterfüllung im Vollzug eine Ahndung mit Disziplinarmaßnahmen zur Folge?**

Anstaltsleitung: Bedenken gegen die im Falle der Jugendstrafgefangenen normierte Mitwirkungspflicht nach Art. 123 Abs. 2 BayStVollzG bestehen nicht. Disziplinarbewehrt dürfte Art. 123 Abs. 2 BayStVollzG für sich allein ohnehin aufgrund seiner Unbestimmtheit allerdings nicht sein. Aus der Nichtbefolgung einer ganz bestimmten Maßnahme aus Art. 123 Abs. 3 BayStVollzG können sich jedoch disziplinarische Folgen ergeben.

Vollzugsplanung, Art. 130, 9 BayStVollzG

1. **Haben die Gefangenen bei Erstellung des Vollzugsplans ein aktives Mitwirkungsrecht? Wie häufig findet eine Überprüfung des Vollzugsplans statt?**

   Anstaltsleitung: Die Gefangenen haben ein aktives Mitwirkungsrecht. Vollzugsplan siehe Anhang (einheitlicher Vollzugsplan von der Vollzugsschule erarbeitet; Mindestvorgaben sind in den VV zu Art. 9 BayStVollzG enthalten).

   Bei Gefangenen, die nicht in die Kategorie möglicher Kandidaten für eine Sozialtherapie fallen (Art. 130 Abs. 3 BayStVollzG), müsste der Vollzugsplan erst nach einem Jahr überprüft werden (Verweisung auf Art. 9 Abs. 2 in Art. 130 Abs. 1 BayStVollzG). Aber in der Praxis wird auch bei anderen Problemfällen die Frist ganz individuell nach dem Einzelfall ausgerichtet und ist daher oft wesentlich kürzer.

2. **Besitzt die Anstalt Plätze für den offenen Vollzug?**

   Anstaltsleitung: Die Anstalt besitzt derzeit keine Plätze für den offenen Vollzug. Ab 2011 müssen aber aufgrund des Art. 137 Abs. 2 Satz 2 BayStVollzG Plätze für den offenen Vollzug geschaffen werden, für ehemalige Gefangene, die nach ihrer Entlassung eine begonnene Ausbildung zu Ende bringen wollen. Dies wird zugleich genutzt, um weitere Plätze für den „echten“ offenen Vollzug zu schaffen.

3. **Welche internen und welche externen Lockerungen werden gewährt? Häufigkeit? Missbrauchszahlen bei der Gewährung von Lockerungen?**

   Anstaltsleitung:

- *„Interne Lockerungen“:*

- *Zeiten des täglichen Haftraumaufschlusses (1 ½ -2 Stunden Aufschluss pro Tag)*
- *Täglicher Aufenthalt im Freien (Hofgang: mind. 1 Stunde pro Tag, an arbeitsfreien Tagen sogar 2 Stunden täglich, jedoch witterungsabghängig)*

- *Externe Lockerungen:*

  Diese sind die im Gesetz bezeichneten Vollzugslockerungen; für den Jugendstrafvollzug gilt speziell Art. 134 BayStVollzG, also nicht etwa Art. 13 über Art. 122 BaySt-VollzG. Die Aufzählung der einzelnen Arten von Lockerungen ergibt sich über den Abs. 1 des Art. 134 aber dann doch aus Art. 13 Abs. 1, ist also dem Erwachsenenvollzug und dem § 11 Abs. 1 StVollzG bzw. der Nr. 6 Abs. 1 VVJug gleich.

- *Anzahl der Gefangenen, die zum Stichtag (jeweils 1.7. bzw. für das Jahr 2010 Stichtag 13.1.) mindestens eine Abwesenheit hatten*

Tabelle 19: Anzahl der Gefangenen mit mindestens einer Abwesenheit, JVA Ebrach 2006-2010

Jahr	***Beurlaubungen***	***Außenbeschäftigung***	***Freigang***	***Ausgang***
2010	*35*	*54*	*0*	*47*
2009	*31*	*60*	*0*	*56*
2008	*30*	*60*	*0*	*49*
2007	*29*	*65*	*0*	*48*
2006	*19*	*47*	*0*	*45*

- *Anzahl der Abwesenheiten (Lockerungen und Urlaub)*

Tabelle 20: Anzahl der Abwesenheiten (Lockerungen und Urlaub), JVA Ebrach

Zeitraum	Beurlaubungen	Außenbeschäftigung	Freigang	Ausgang	Sonstige Abwesenheiten
13.1.09-13.1.10	*362*	*10081*	*0*	*310*	*864*
1.7.08-1.7.09	*279*	*9527*	*0*	*343*	*761*
1.7.07-1.7.08	*275*	*10534*	*0*	*407*	*925*
1.7.06-1.7.07	*249*	*10139*	*0*	*400*	*1134*
1.7.05-1.7.06	*41*	*2711*	*0*	*104*	*461*

Missbrauchszahlen Ebrach:

Von den im Jahr 2009 gewährten 290 Beurlaubungen sind nur 2 Gefangene nicht zurückgekehrt; von den 322 gewährten Ausgängen sind keine Missbrauchsfälle zu verkennzeichnen gewesen.

4. Enthält die Anstalt eine eigene sozialtherapeutische Einrichtung oder Abteilung? Auswahlkriterien der Gefangenen, da das Gesetz nur den unbestimmten Begriff der „Angezeigtheit" verwendet?

Anstaltsleitung: Seit dem 1.12.2009 verfügt die JVA Ebrach eine sozialtherapeutische Einrichtung für 10, konzipiert für gewalttätige Gefangene.

Die „Angezeigtheit" richtet sich zum einen nach den Deliktsarten, die der Gefangene laut Urteil verwirklichte, im Vergleich zu den in Art. 132 genannten Delikten, bei denen Sozialtherapie grundsätzlich zu erwägen ist. Ob der Gefangene im Einzelfall tatsächlich für eine Sozialtherapie vorgeschlagen werden soll, wird von der Vollzugsplankonferenz der Abteilung beurteilt, in der er untergebracht ist. In der jeweiligen

Vollzugsplankonferenz sitzt auch der bzw. die für ihn zuständige Psychologe bzw. -in und äußere sich aufgrund fachlicher Einschätzung des Falles, ob der Gefangene mit seiner persönlichen Problematik eine Sozialtherapie benötigt bzw. ob die individuelle Problematik mit einer Sozialtherapie auch bearbeitet werden kann.

5. **Ab wann beginnt man mit der Entlassungsvorbereitung, da der bayerische Gesetzgeber in Art. 136 Abs. 1 BayStVollzG keine bestimmte Frist vorschreibt? Nehmen alle Gefangenen daran teil oder gibt es Probleme in der praktischen Umsetzung?**

Anstaltsleitung: Die JVA Ebrach orientiert sich bei der Entlassungsvorbereitung an der in Art. 136 Abs. 5 BayStVollzG vorgegebenen Frist von vier Monaten. Die Notwendigkeit der Entlassungsvorbereitung beurteilt sich jedoch in jedem Einzelfall unterschiedlich.

Es nehmen grundsätzlich alle Gefangenen an der Entlassungsvorbereitung teil, die allerdings je nach Gefangenensituation unterschiedlich ausgestaltet sind, je nachdem was die Gefangenen nach der Entlassung benötigen. Oftmals nur Ausführungen oder Verlegung in eine therapeutische Anstalt.

6. **Wie wichtig halten Sie eine Entlassungsnachbetreuung? In Art. 137 Satz 2 BayStVollzG, der ab 2011 gilt, kann eine interne Nachbetreuung im offenen Vollzug stattfinden. Wie geschieht die Umsetzung der JVA Ebrach, da diese keine offene Vollzugsform vorsieht?**

Anstaltsleitung: Wie wichtig es sein wird, aber auch wie bedenklich es werden kann, entlassene Gefangene über das Strafende hinaus länger am Vollzugsort unterzubringen, wird sich noch zeigen müssen. Nach meinem Empfinden sollte dies wirklich nur in absoluten Ausnahmefällen geschehen.

In Ebrach wird eine Nachbetreuungseinrichtung nach Art. 137 Abs. 2 Satz 2 bis 5 BayStVollzG geschaffen, die bis Ende 2010 fertig gestellt werden muss (Art. 210 Abs. 1 Satz 2 BayStVollzG). Es handelt sich um ein Gebäude, das früher als Dienstwohngebäude diente und mit erheblichem Kostenaufwand derzeit saniert und umgebaut wird. Für die Nachzubetreuenden sollen fünf bis zehn Plätze geschaffen werden. Die übrigen Räumlichkeiten werden zum offenen Vollzug für Noch-Gefangene ausgebaut, die derzeit als Außenbeschäftigte und auch sonst Lockerungsgeeignete in zwei Gängen des Hauptbaus in Gemeinschaftshafträumen untergebracht sind. Insgesamt hat das fertige Gebäude dann 36 Haftplätze.

Unterbringung

1. **Kommt es vor, dass Hafträume mehrfach belegt sind? Wenn ja, ist dies so, weil die Gefangenen eine gemeinsame Unterbringung wünschen oder aufgrund der Fürsorgepflicht? Ausgestaltung des Haftraums?**

   Anstaltsleitung: In der JVA Ebrach gibt es 103 Plätze in Gemeinschaftshafträumen, die mit durchschnittlich 4 Gefangenen (in Notsituationen 5-6 Gefangenen)belegt sind. Die Unterbringung basiert überwiegend auf freiwilliger Basis, aber auch aufgrund der Fürsorgepflicht bei depressiven und zum Suizid geneigten Gefangenen. Große Probleme gibt es bei besonders aggressiven Gefangenen, die man aufgrund des Schutzes der anderen Gefangenen vor Übergriffen meist in Einzelzellen unterbringt.

2. **Wie groß sind die Wohngruppen?**

   Anstaltsleitung: In der JVA Ebrach existieren echte Wohngruppen mit Leiter für Gruppengespräche. Eine Gruppe umfasst ca. 15 Gefangene.

Schule

1. **Klassenstärke? Wie lange dauert Vorbereitung auf den Hauptschulabschluss? Durch wen wird Hauptschulabschluss abgenommen?**

   Anstaltsleitung: In der JVA Ebrach gibt es zwei Kurse. Der Kurs zum sog. Erfolgreichen Hauptschulabschluss dauert rund fünf bis sechs Monate und wird pro Jahr zweimal durchgeführt. Der Kurs zum sog. Qualifizierenden Hauptschulabschluss dauert meistens durchschnittlich neun Monate (von Ende September/Anfang Oktober bis Ende Juni oder Juli des Folgejahres).

   Bei den Kursen wird mit einer am Ort ansässigen Hauptschule zusammengearbeitet, die die Prüfungen abnehmen und die Zeugnisse ausstellen. Pro Kurs nehmen durchschnittlich 12 Schüler.

2. **Findet im Falle der höheren Schulbildung eine Zusammenarbeit mit externen Schulträgern statt?**

Anstaltsleitung: Höhere Schulbildung ist nur per Fernkurse möglich. Bisherige Erfahrungen bestehen mit dem Studienkreis Darmstatt und mit der Fernuniversität Hagen. Anders als in den früheren Jahrzehnten ging leider die Tendenz der Durchführung dieser Kurse immer stärker in Richtung Computer – Internet – E-Mail. Die Kurse sind daher eher für in Freiheit befindliche Personen gedacht und nicht speziell auf Gefangene zugeschnitten, für die, wenn sie langstrafige Gefangene sind, solche Fernkurse aber die einzige Möglichkeit darstellten, um den gewünschten Abschluss während der Inhaftierung zu erreichen. Dies ist mit den Möglichkeiten einer Strafanstalt kaum vereinbar, da die Anstalten den Gefangenen aus übergeordneten Sicherheitsgründen keine PCs und schon gar keine Internetnutzung auf die Hafträume genehmigen dürfen. Das bedeutet, dass die Kursveranstalter alles auf dem Postwege senden und sich zusenden lassen müssen und dass man sich ständig mit dem Ausdrucken oder Ablichten von Materialien behelfen muss.

Innerhalb des bayerischen Strafvollzuges können jedoch auch ein Realschulabschluss erworben werden, und zwar in der JVA St.Georgen-Bayreuth. Diese ist zwar keine Jugendstrafanstalt, jedoch können hiesige Interessenten mit dortiger Einwilligung für die Kursdauer dorthin überstellt werden.

3. **Hat jeder Gefangene die Möglichkeit, an einer allgemeinbildenden Maßnahme teilzunehmen?**

Anstaltsleitung: In der JVA Ebrach werden folgende allgemeinbildende Maßnahmen angeboten:

- *Elementarkurse*
- *Vorbereitungskurs*
- *Arbeitstherapie*
- *„Activity Workshop"*
- *Grundlehrgänge*
- *Schweißerkurse*
- *Gabelstaplerkurse*

- *Gefängnisbücherei*

4. **Was geschieht, wenn sich die Gefangenen weigern, an einer allgemeinbildenden Maßnahme teilzunehmen? Ahndung mit Disziplinarmaßnahmen?**

Anstaltsleitung: Im Falle einer Weigerung können wie bei sonstiger Arbeitsverweigerung Disziplinarmaßnahmen verhängt werden.

Ausbildung

Ist die Anstalt darauf ausgerichtet, Teilqualifikationen zu erwerben, da die Ausbildungszeit oft länger als die eigentliche Haftdauer ist?

Anstaltsleitung: Einer der Grundlehrgänge mit seinen sechs Monaten kann – je nach guter bis sehr guter Abschlussnote – auf eine vollwertige Lehre mit bis zu einem Jahr angerechnet werden und verkürzt damit die Lehrzeit. Auch ist je nach Ausbildungsverlauf bei der Lehre mit Genehmigung der zuständigen Handwerkskammer eine noch weitere Verkürzung der Lehrzeit möglich. Außerdem kann ein Gefangener mit dem Schweißerlehrgang einen Schweißerpass und damit praktische Qualifikationen erwerben, auch wenn er deswegen noch kein ausgelernter Schlosser ist. Im Falle einer nur kurzen Strafe kann es zudem häufig ermöglicht werden, dass nach Beginn einer Berufsausbildung wenigstens die Zwischenprüfung in der Anstalt absolviert wird und der Gefangene dann die Lehre an einer noch zu suchenden Lehrstelle draußen beendet.

Außenkontakte

Besuche:

1. **Dauer der Besuchszeiten vor und nach Inkrafttreten des BayStVollzG? Gibt es davon abgesehen weiterführende Regelungen in der Hausordnung? Sonderbesuchszeiten für (Mütter/)Väter von Kindern? Werden Langzeitbesuche gewährt? Werden Besuche auch an Wochenenden gestattet? Damit zusammenhängender personeller und sachlicher Mehraufwand?**

Anstaltsleitung: Es hat keine Veränderungen in der Dauer der Besuchszeit gegeben. Vor und nach Inkrafttreten des BayStVollzG werden vier Stunden pro Monat gewährt werden. Besuche an Wochenenden gehören in Ebrach wie an den Wochentagen zur

Regel. Lediglich in der Verteilung der Zeiten gibt es jetzt Unterschiede. An Tagen von Montag bis Donnerstag können Langzeitbesuche drei Stunden am Stück ausmachen, da am Vormittag keine Besuchszeit bestehen und am Nachmittag nur höchstens drei Stunden bis zum Ende der allgemeinen Besuchszeit untergebracht werden können.

Die derzeit gültige Regelung lautet wie folgt:

Mo-Do von 13:15 bis 16:15 Uhr (Dauer 1, 2, 3 Stunden); Sa/So/Feiertag: 9:30 Uhr bis 16: 15 Uhr (2 oder 4 Stunden); Fr kein Besuchstag.

Gefangene, die in einem Monat Ausgang erhalten, haben keinen Anspruch auf Besuch.

Zusätzliche Sonderbesuche sind auch möglich, jedoch wird mit Genehmigungen zurückhaltend verfahren, da vier Stunden gesetzlich bereits sehr weit reichend sind; allein wegen des Vorhandenseins von Vätern, Müttern oder eigenen Kindern gibt es normalerweise keine Sondersuche, da diese Fälle als Regelfälle familiärer Verhältnisse anzusehen sind.

Da die JVA Ebrach schon früher längere Besuchszeiten als von Nr. 19 VVJug vorsah, ist am 01.01.2008 kein erheblicher personeller oder finanzieller Mehraufwand durch die neue Gesetzeslage aufgetreten.

2. **Wie werden die Besuchsmöglichkeiten angenommen? Besteht nach der Inhaftierung überhaupt Kontakt zur Herkunftsfamilie?**

Anstaltsleitung: Die Besuchszeiten werden weit überwiegend angenommen. Besuche von der Familie bestehen zwar nicht in allen Fällen, was aber andere Gründe hat (finanzielle Verhältnisse und langen Anfahrtswege). Manchmal gibt es auch unüberbrückbare familiäre Zerwürfnisse, insbesondere dann, wenn sich die Taten gegen die Ehegatten, Eltern, Kinder oder andere Angehörige gerichtet hatten.

3. **Werden die Personensorgeberechtigten in die Vollzugsarbeit eingebunden, etwa durch Elternabende und/oder –sprechstunden? Wie wird versucht, eine belastende Eltern-Kind-Beziehung zu stabilisieren?**

Anstaltsleitung: Die Personensorgeberechtigten werden eingebunden, soweit dies im Gesetz vorgesehen ist (Art. 130 Abs. 2, 136 Abs. 1 Satz 3, 144 Abs. 2 Satz 3 BaySt-

VollzG). Jedoch sind die hiesigen Gefangenen fast alle schon volljährig, sodass Eltern nur mitreden können, wenn der betroffene Gefangene dies auch will, auch wegen des Datenschutzes. Auch bezüglich der noch Minderjährigen werden aber keine Elternabende veranstaltet. Man kann eine JVA nicht mit einer öffentlichen Schule gleichsetzen. Elternabende wären auch datenschutzrechtlich ein Problem, da in Anwesenheit der Eltern des einen Gefangenen nicht mit den Eltern eines anderen über dessen Belange gesprochen werden darf. Spezielle Elternsprechstunden in Form von Einzelgesprächen abzuhalten, wäre daher zwar besser als ein Elternabend, aber im Ergebnis auch nicht sinnvoll, denn es würden laufend Ereignisse vorkommen, die sich außerhalb der Elternsprechstunden zutragen würden.

Wenn ungünstige Faktoren z. B. für eine Eltern-Kind-Beziehung vorliegen, werde dies allerdings selbstredend in die Vollzugsplanung aufgenommen.

Telekommunikation:

Gibt es abweichend von Art. 35 BayStVollzG in der Hausordnung eine Regelung zur Telekommunikation oder besteht eine großzügige Handhabung aufgrund des Förderungsgedankens?

Anstaltsleitung: Dem Gefangenen werden grundsätzlich keine Telefonate genehmigt, wenn das Anliegen auch per Brief erledigt werden kann.

Pakete:

Was darf alles empfangen werden? Auch Nahrungs- und Genussmittel (nun durch das BayStVollzG nicht gestattet)?

Anstaltsleitung: Der Empfang von Nahrungs- und Genussmitteln ist nun nicht mehr zulässig

Erzieherische Maßnahmen

Bedarf es erzieherische Maßnahmen als Maßnahmen unterhalb der Disziplinarmaßnahmen? Besteht dadurch nicht die Gefahr der Umgehung des formellen Anordnungsverfahrens der Disziplinarmaßnahmen?

Anstaltsleitung: Eine Umgehungsgefahr besteht letztlich kaum. Den erzieherischen Maßnahmen liegen kleinere, aber für die Bediensteten ärgerliche Vorfälle des Alltags zugrunde, meist Verstöße gegen die Ordnung im Haftraum und die Nicht-Befolgung entsprechender Anordnungen der Bediensteten. Stellt sich nachträglich heraus, dass ein Disziplinarverfahren angebrachter gewesen wäre, weil die bloße Erziehungsmaßnahme schon von vorne herein nicht ausreichend gewesen wäre, hindert die bereits getroffene Erziehungsmaßnahme nicht, dass der Sachverhalt trotzdem nochmals in einem Disziplinarverfahren aufgegriffen wird, was dann aber in der Rechtsfolge durch Milderung oder Anrechnung berücksichtigt werden muss.

Disziplinarmaßnahmen

1. **Bestehen aus Ihrer Sicht Bedenken gegen die Formulierung im BayStVollzG, Disziplinarmaßnahmen bei jedem rechtswidrigen und schuldhaften Verstoß zuzulassen?**

   Anstaltsleitung: Nach meiner Gesetzesauslegung werden Disziplinarmaßnahmen keineswegs bei jedem rechtswidrigen und schuldhaften Verstoß zugelassen. Es besteht eine gesetzliche Differenzierung in Art. 155, 156 BayStVollzG zwischen Erziehungsmaßnahmen und Disziplinarmaßnahmen nicht nur nach den Rechtsfolgen, sondern auch schon in den Voraussetzungen, wonach Disziplinarmaßnahmen nur unter der zusätzlichen Voraussetzung verhängt werden dürfen, dass „Maßnahmen nach Art. 155 nicht ausreichen". Und selbst wenn diese Zusatzvoraussetzung vorliegt, besteht trotzdem keine Rechtspflicht, auf jeden tatbestandsmäßigen und schuldhaften Verstoß immer mit Disziplinarmaßnahmen zu reagieren; vielmehr liegt auch dann ein Ermessensspielraum vor.

2. **Wie sehen Sie die Disziplinarmaßnahmen des Entzugs der zugewiesenen Arbeit oder Beschäftigung und der Beschränkung des Verkehrs mit Personen außerhalb der Anstalt auf dringende Fälle? Halten Sie die Disziplinarmaßnahme des Arrestes notwendig und sinnvoll?**

   - *Entzug der zugewiesenen Arbeit oder Beschäftigung unter Wegfall der im Gesetz geregelten Bezüge (Art. 156 Abs. 3 Nr. 5 BayStVollzG)*

Anstaltsleitung: Diese Maßnahme, die auf den ersten Blick befremden mag, hat sich in der Praxis bewährt. Sie führt dazu, dass der Gefangene, der meist nur bestimmte Arbeiten in einem bestimmten Betrieb nicht verrichten wollte, nun auch andere Arbeiten in anderen Betrieben während des Laufes der Disziplinarmaßnahme nicht zugewiesen erhält, selbst wenn er insofern arbeitswillig und ein Platz vorhanden wäre. Weiterhin ist mit der Verhängung die Feststellung getroffen, dass er mindestens für die Dauer der disziplinarischen Arbeitsentziehung nun in schuldhafter Hinsicht ohne Arbeit, damit auch schuldhaft ohne das Arbeitsentgelt nach Art. 46 Abs. 1 BayStVollzG und damit schuldhaft ohne das Hausgeld ist, das nach Art. 50 BayStVollzG aus dem Arbeitsentgelt gebildet werden würde. Diese schuldhafte Einkommenslosigkeit würde zwar auch allein durch die Arbeitsverweigerung als solche eintreten, dauert aber infolge der verhängten Laufzeit der Disziplinarmaßnahme (bis zu vier Wochen) an, selbst wenn es sich der Betreffende kurz nach der Verweigerung wieder anders überlegen sollte und sich eine anderweitige Beschäftigungsmöglichkeit für ihn kurzfristig auftun sollte. Zudem wirken sich die Feststellung der Schuldhaftigkeit und die Dauer des Arbeitsentzuges negativ auf die Verfügbarkeit anderer Gelder und auf andere Geld-Ansprüche aus. Denn im Sinne des Art. 24 Abs. 3 BayStVollzG (i.V.m. Art. 121 BayStVollzG) ist der Betreffende nun mit eigenem Verschulden ohne Hausgeld, kann also ersatzweise auch von seinem Eigengeld (Art. 150 i.V.m. Art. 52 BayStVollzG) keine Einkäufe beim Kaufmann tätigen und erfüllt nicht die Taschengeldvoraussetzungen des Art. 54 BayStVollzG (i.V.m. Art. 149 Abs. 3 BayStVollzG)

- *Beschränkung des Verkehrs mit Personen außerhalb der Anstalt auf dringende Fälle (Art. 156 Abs. 3 Nr. 6 BayStVollzG)*

  Anstaltsleitung: In der JVA Ebrach wird diese Maßnahme fast überhaupt nicht verhängt, außer es geht um einen Vorfall, der sich gerade während des Besuchs ereignete.

- *Arrest (Art. 156 Abs. 3 Nr. 7 BayStVollzG)*

  Anstaltsleitung: Diese Disziplinarmaßnahme ist angesichts der Arten, Schwere und Häufigkeit von Disziplinarwidrigkeiten sogar dringend notwendig und ausgesprochen sinnvoll. Insbesondere gilt dies zur angemessenen Ahndung von gewaltsamen

Übergriffen unter den Gefangenen (Subkultur, Unterdrückung Schwächerer durch Stärkere, Erpressung und Raub bzgl. Einkaufsware), aber auch von Gefangenen auf Bedienstete.

Rechtsschutz

Gibt es nach Änderung der Rechtsschutzmöglichkeiten in § 92 JGG Unterschiede in deren Wahrnehmung?

Anstaltsleitung: Ich erwartet eine Zunahme der Anträge auf gerichtliche Entscheidung nach gewisser Zeit, da der vorherige Rechtsweg mit der Zuständigkeit des OLG recht entlegen geregelt gewesen war und nur sehr selten Anträge nach §§ 23 ff. EGGVG vorgekommen sind. Seit September 2004 bis zum 1.1.2008 hat nur ein Gefangener einen Antrag nach §§ 23 ff. EGGVG an das OLG Bamberg gestellt. Im Jahre 2008 hat kein Gefangener einen Antrag an das nun zuständige LG Bamberg gestellt. Insgesamt drei Anträge sind im Jahr 2009 gestellt worden: Der erste Antrag ist im Januar 2009 vom betreffenden Gefangenen über seinen Anwalt gestellt worden. Die beiden weiteren Anträge vom Juli 2009 hat ein anderer Gefangener ohne anwaltliche Vertretung gestellt.

Anhang 10: Fragebogen JVA Laufen-Lebenau

Fragebogen: Jugendstrafvollzug in der Praxis (JVA Laufen-Lebenau)

I. Vollzugliche Rahmenbedingungen

1. **Gefangenenzahlen der letzten 5 Jahre insgesamt und differenziert nach Alter und Nationalität**

Gefangenenzahlen insgesamt (Durchschnittsbelegung):

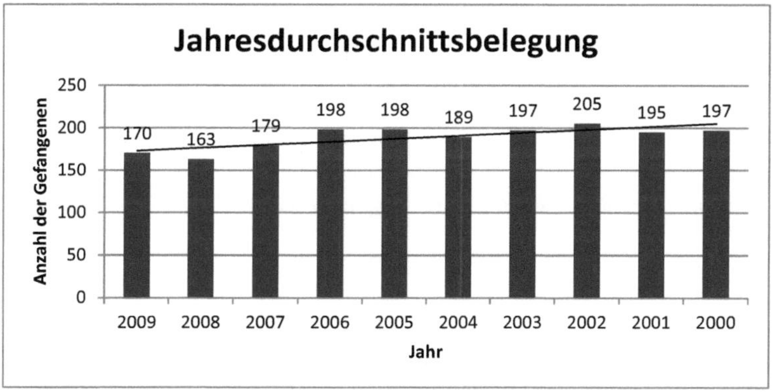

Abbildung 6: Jahresdurchschnittsbelegung JVA Laufen-Lebenau 2000-2009

Ausländeranteil:

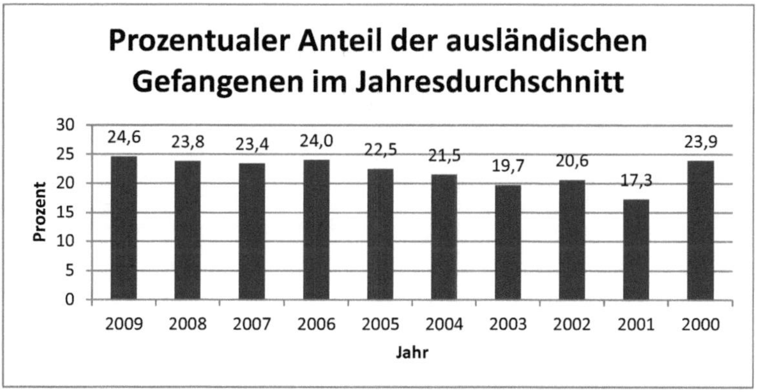

Abbildung 7: Ausländische Gefangene in der JVA Laufen-Lebenau 2000-2009

2. Durchschnittliche Verweildauer

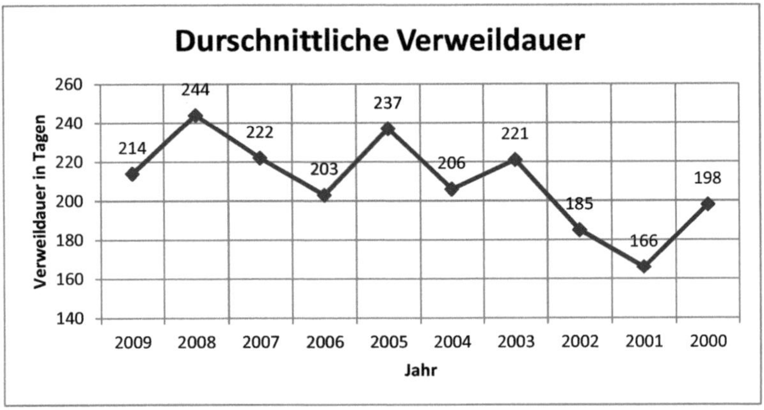

Abbildung 8: Verweildauer in der JVA Laufen-Lebenau 2000-2009

Durchschnittsalter:

Das Durchschnittsalter liegt zwischen 18 und 19 Jahren.

3. Deliktsstruktur

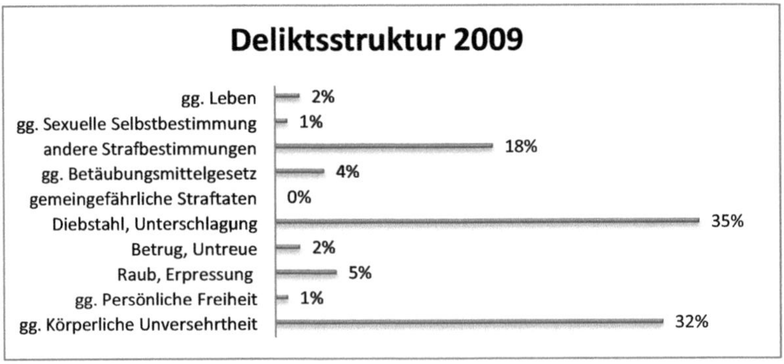

Abbildung 9: Deliktsstruktur JVA Laufen-Lebenau 2009

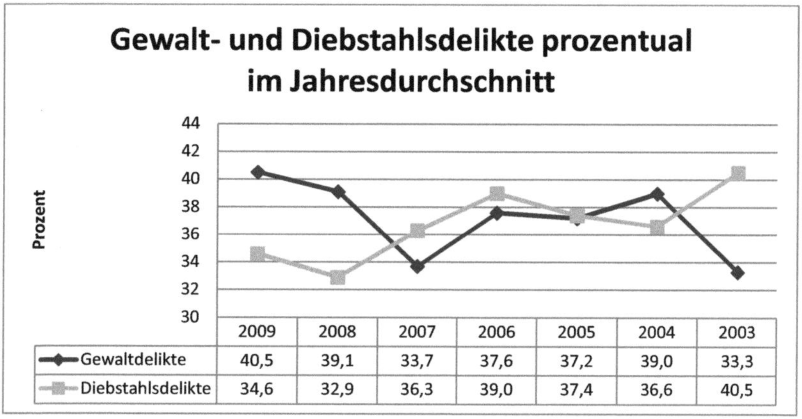

	2009	2008	2007	2006	2005	2004	2003
Gewaltdelikte	40,5	39,1	33,7	37,6	37,2	39,0	33,3
Diebstahlsdelikte	34,6	32,9	36,3	39,0	37,4	36,6	40,5

Abbildung 10: Gewalt- und Diebstahlsdelikte JVA Laufen-Lebenau 2003-2009

4. Belegungssituation

In den vergangenen Jahren gab es eine relativ niedrige Durchschnittsbelegung. Dementsprechend erleichtert ist das vollzugliche Arbeiten gewesen.

5. Psycho- Soziale Situation der Gefangenen

a) Schulische und berufliche Bildungsmaßnahmen

Schulische Bildungsmaßnahmen:

- *Erfolgreicher Hauptschulabschluss*

  Die Kurse zur Erlangung von Hauptschulabschlüssen gehören seit 1991 zum festen Bestandteil des schulischen Angebotes der Justizvollzugsanstalt Laufen-Lebenau. In dieser Zeit wurde in 35 Kursen insgesamt 270 Schülern zum erfolgreichen und in 12 Kursen 63 Schülern zum qualifizierenden Hauptschulabschluss verholfen.

- Unterricht für schulpflichtige Gefangene

  In den beiden Pflichtschulgruppen (PSG), die 1995 bzw. 2000 eingerichtet wurden, werden Gefangene beschult, die noch vollzeitschulpflichtig sind, d.h., welche noch nicht neun Jahre lang eine Schule besucht haben (Art. 37 BayEUG). Hauptziel dieser Schulgruppen ist es, den Gefangenen die Möglichkeit zu geben, ihre Schulpflicht zu erfüllen und sie zu befähigen, nach ihrer Entlassung möglichst problemlos in ihren früheren Schultyp (Hauptschule oder Sonderpädagogisches Förderzentrum) einzutreten bzw. sie darauf vorzubereiten, nach Beendigung der Vollzeitschulpflicht eine ordentliche Ausbildung zu beginnen.

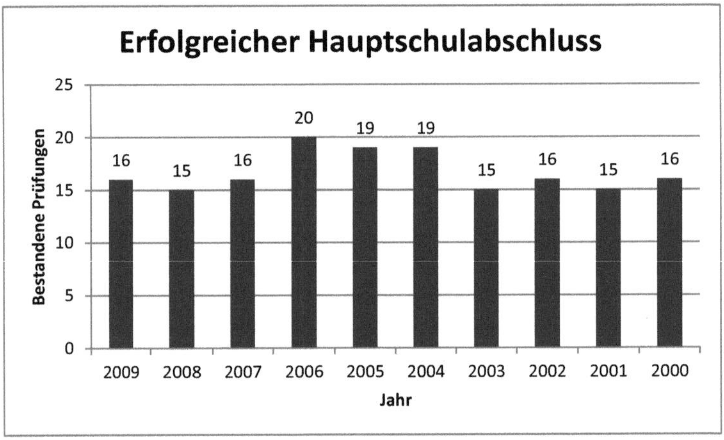

Abbildung 11: Erfolgreiche Hauptschulabschlüsse in der JVA Laufen-Lebenau 2000-2009

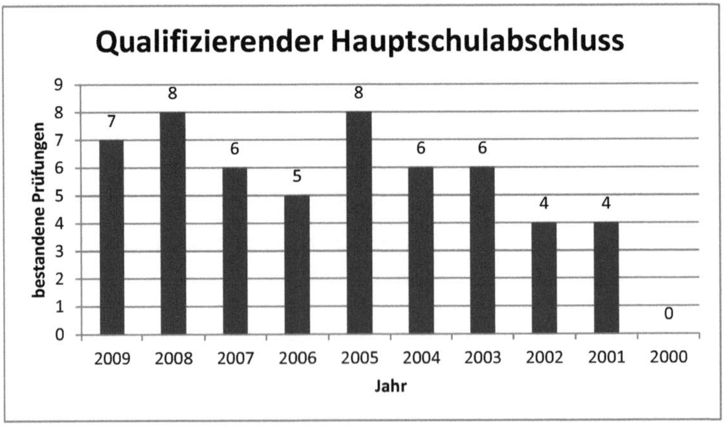

Abbildung 12: Qualifizierende Hauptschulabschlüsse in der JVA Laufen-Lebenau 2000-2009

Ausbildungsmöglichkeiten:

- *Elektroniker*
- *Gas- und Wasserinstallateur*
- *Kraftfahrzeugmechatroniker Landwirt*
- *Maler und Lackierer*
- *Maurer*
- *Metallbauer (Fachrichtung Konstruktionstechnik)*
- *Schreiner*

40 Gefangene befanden sich 2009 in einer regulären Ausbildung. Zwei Gefangene nahmen mit Erfolg an der Gesellenprüfung im Maler- und Lackierer-Handwerk bzw. im Maurerhandwerk teil. Sechs Gefangene nahmen mit Erfolg an der Zwischenprüfung im Kfz-Mechatroniker-, Maurer- und Metallbauer-Handwerk teil. Ein Schreinerauszubildender nahm an der Abschlussprüfung des Berufsgrundschuljahres Holztechnik mit Erfolg teil. Letzterer führte seine Ausbildung in der Anstaltsschreinerei weiter. Acht Gefangene nahmen an überbetrieblichen Ausbildungsmaßnahmen für Auszubildende (Maurer, Maler u. Lackierer u. Kfz-Mechatroniker) im Rahmen ihrer Lehrausbildung teil. (Siehe Tabelle 1, Ausbildungsberufe in der JVA LL)

Ausbildung in den Grundlehrgängen:

Bei der kurzen Verweildauer der Gefangenen von im Durchschnitt ca. neun Monaten kommt den Grundlehrgängen, mit denen die Gefangenen bereits nach wenigen Monaten einen zertifizierten Abschluss erreichen können, besondere Bedeutung zu. Es existieren die Grundlehrgänge Agrarwirtschaft, Bautechnik, Farbtechnik, Gebäudereinigung, Holztechnik, Konstruktionsmechanik, Landschaftspflege, Metallberufe sowie die Schweißlehrgänge, die Kurse für Gabelstapler-Fahrer und die Motorsägekurse mit insgesamt ca. 55 Ausbildungsplätzen. Den Teilnehmern an den Grundlehrgängen Agrarwirtschaft, Bautechnik, Holztechnik und Konstruktionsmechanik wird mit dem erfolgreichen Abschluss dieser Lehrgänge die Erfüllung der Berufsschulpflicht bescheinigt.

Ausbildungs-berufe	Aus-bil-dungs plätze	Anzahl der Auszubildenden									
		2000	2001	2002	2003	2004	2005	2006	2007	2008	2009
Elektriker	3	2	2	4	3	6	4	3	3	2	4
Gas- und Wasserinstal-	3	1	0	0	0	0	0	0	0	0	2
Kraftfahr-zeug-	5	5	4	5	6	6	5	10	8	7	5
Landwirt	2	0	0	0	0	0	0	0	0	0	0
Maler und Lackierer	3	5	6	6	6	3	6	7	9	6	8
Maurer	3	0	1	3	3	1	3	6	8	8	9
Metallbauer	5	13	11	10	13	11	13	17	19	14	9
Schreiner	3	5	7	5	6	5	10	6	6	8	3
Gesamt	**27**	**31**	**31**	**33**	**37**	**32**	**41**	**49**	**53**	**45**	**40**
Gesellenprüfungen			1	6	3	0	2	1	2	1	2
Zwischenprüfungen			8	4	2	3	4	3	6	2	6
Abschlussprüfung BGJ Holztechnik			2	2	5	3	4	2	2	7	1
Überbetriebliche Maß-nahmen			2	4	4	3	3	0	1	3	8

Abbildung 13: Ausbildungsberufe in der JVA Laufen-Lebenau 2000-2009

b) Arbeitsmöglichkeiten

Ein Teil der Gefangenen kann nicht an den beschriebenen schulischen und beruflichen Aus- und Fortbildungsmaßnahmen teilnehmen wegen

- *mangelnde Eignung,*
- *mangelndem Durchhaltevermögen,*
- *zeitlichen Problemen.*

Sie sind zur Arbeit verpflichtet. Auch die Untersuchungsgefangenen. Die Hinführung zu einer geregelten Arbeit hat erzieherische Funktion. Für die Einteilung kommen insgesamt ca. 56 Arbeitsplätze, in drei Arbeitsbetrieben, in Frage. In diesen werden einfache Montage- und Verpackungsarbeiten ausgeführt sowie hauswirtschaftliche Arbeiten in den Versorgungsbetrieben Küche, Wäscherei und Kammer auf den einzelnen Stationen.

II. Allgemeine Fragen zum BayStVollzG

1. Sehen Sie die Kompetenzübertragung für den Strafvollzug auf die Länder im Rahmen der sog. „Föderalismusreform" positiv oder negativ?

Anstaltsleitung: Ich ziehe trotz der positiven Erfahrungen mit dem Bayerischen Strafvollzugsgesetz eine bundeseinheitliche Regelung aus grundsätzlichen Erwägungen vor.

2. Was halten Sie von der Umsetzung des Bayerischen Gesetzgebers, die Regelungen des Jugendstrafvollzugs mit den Regelungen des Erwachsenenvollzugs in einem einheitlichen Gesetz zusammenzufassen?

Anstaltsleitung: Auch diesbezüglich hätte ich aus grundsätzlichen Erwägungen ein eigenständiges Jugendstrafvollzugsgesetz vorgezogen. Die Materie sollte sich aus Gründen der besseren Verständlichkeit, gerade auch für die jugendlichen Adressaten des Gesetzes, nicht als Annex zum Strafvollzugsgesetz präsentieren. Dadurch würde auch unterstrichen, dass sich der Erziehungsvollzug der Jugendstrafanstalten in vieler Hinsicht erheblich vom Erwachsenenvollzug unterscheidet. Für die Arbeit in der Praxis hat die Einheitlichkeit aber keine negativen Auswirkungen.

3. Hat sich seit Inkrafttreten des BayStVollzG etwas in der Praxis des Jugendstrafvollzugs geändert?

Anstaltsleitung: Die Gefangenen haben nun mehr Aufenthalt im Freien. Zudem erhält die Anstalt in den kommenden Jahren eine kleine Abteilung des offenen Vollzugs mit fünf Haftplätzen für die Unterbringung von Gefangenen auf freiwilliger Grundlage gem. Art. 137 BayStVollzG und ein neues Haftraumgebäude mit 36 Haftplätzen für die Unterbringung von zwei Wohngruppen a zehn Haftplätzen sowie eine Sozialtherapeutische Abtei-

lung mit 16 Haftplätzen für die sozialtherapeutische Behandlung gem. Art. 132 BaySt-VollzG.

4. Was hätte Ihrer Meinung nach noch im BayStVollzG bzgl. des Jugendstrafvollzugs geregelt werden müssen? Finden Sie die bayerische Umsetzung gelungen?

Anstaltsleitung: Ich sehe keinen Behandlungsbedarf und halte die Umsetzung für gelungen.

III. Spezielle Fragen zum BayStVollzG

Grundlagen

In Art. 121 BayStVollzG ist unter der Überschrift „Aufgaben des Jugendstrafvollzugs" zunächst der Schutz der Allgemeinheit und erst im Anschluss daran die Erziehungsaufgabe normiert. Hat diese Reihenfolge Auswirkungen auf die Lockerungspraxis, da der bayerische Gesetzgeber in Art. 121 BayStVollzG mit dem Voranstellen der Sicherungsaufgabe diese besonders betont? Was ist für die Vollzugspraxis nun vorherrschendes Vollzugsziel?

Anstaltsleitung: Der Streit über die Konkurrenz der beiden Aufgaben des Vollzugs ist akademisch. Beide Aufgaben sind tragende und selbstständige Elemente des Vollzugs. Oberstes Ziel ist die Vermeidung weiterer Straftaten, die durch eine erfolgreiche Resozialisierung und Erziehung der Gefangen am besten erreicht werden kann. Auswirkung auf die Lockerungspraxis hat die Neuformulierung nicht.

Vollzugsgestaltung

1. **Ab wann beginnen Sie mit der Entlassungsvorbereitung, da der Bayerische Gesetzgeber in Art. 136 Abs. 1 BayStVollzG keine bestimmte Frist vorschreibt? Was beinhaltet eine Entlassungsvorbereitung? Nehmen alle Gefangenen daran teil?**

   Anstaltsleitung: Angesichts der kurzen Durchschnittsverweildauer wird bei vielen Gefangenen schon kurz nach Haftbeginn mit der Entlassungsvorbereitung begonnen. Im Jahr 2009 sind insgesamt 317 Gefangene entlassen worden. 45 oder rund 16,5 %

mehr als im Vorjahr. Der Schnitt der vergangenen 10 Jahre liegt bei 352,4 Entlassungen. Mit 48,9 % der Fälle erfolgten die meisten Entlassungen gem. § 88 JGG vorzeitig zur Bewährung.

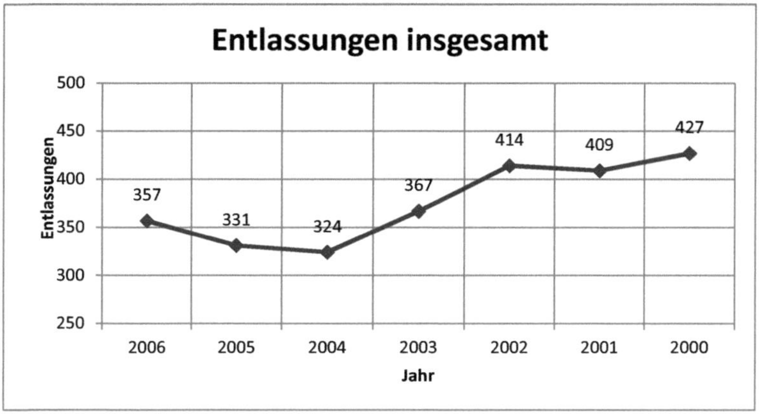

Abbildung 14: Entlassungen insgesamt JVA Laufen-Lebenau 2000-2009

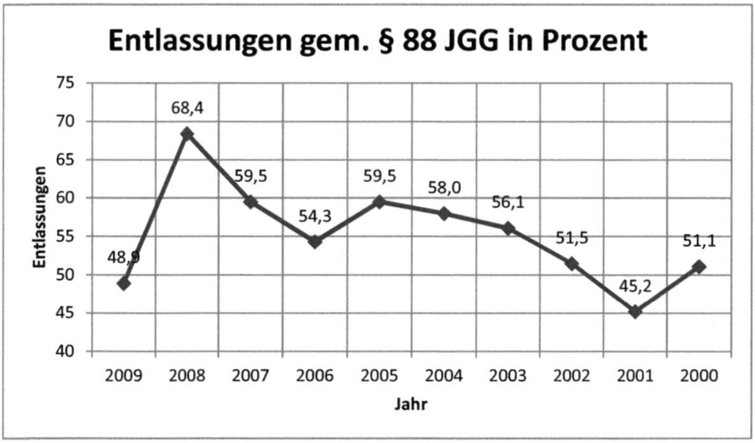

Abbildung 15: Entlassungen gem. § 88 JGG JVA Laufen-Lebenau 2000-2009

Im Berichtsjahr 2009 wurden von den insgesamt 317 entlassenen Gefangenen 185

- *zu den Eltern, Verwandten, Bekannten oder in die eigene Wohnung,*
- *in eine Jugendhilfemaßnahme (z.B. in eine Wohngruppe oder in ein betreutes*

Wohnen),

- *in eine stationäre Drogen- oder Alkoholtherapie bzw.*
- *gem. § 456a StPO bzw. in ein Asylbewerberheim.*
- *gem. § 64 zum Zweck der Unterbringungen entlassen.*

Tabelle 21: Unterbringung nach Entlassung aus der JVA Laufen-Lebenau

Jahr	*Eltern etc.*	*Jugendhilfe-maßnahmen*	*Therapie*	*Abschiebung*	*Asylbewer-berheim*	*Summe*
2000	*189*	*23*	*14*	*15*	*3*	*244*
2001	*164*	*22*	*15*	*2*	*0*	*203*
2002	*244*	*17*	*15*	*17*	*3*	*196*
2003	*225*	*16*	*21*	*24*	*1*	*287*
2004	*208*	*13*	*13*	*10*	*1*	*245*
2005	*197*	*10*	*11*	*7*	*4*	*119*
2006	*203*	*19*	*18*	*2*	*5*	*247*
2007	*163*	*19*	*13*	*3*	*1*	*199*
2008	*172*	*4*	*15*	*0*	*0*	*191*
2009	*146*	*9*	*20*	*0*	*10*	*185*

Bei der Entlassungsvorbereitung arbeitet die Anstalt mit der Bewährungshilfe, den Jugendämtern und anderen Trägern sozialer Hilfe zusammen. An der guten Zusammenarbeit mit der Bewährungshilfe, zu der schon während der Haft Kontakt geknüpft wird und zu den Mitarbeitern von sozialtherapeutischen Einrichtungen hat sich im Vergleich zu den vorherigen Jahren nichts Wesentliches verändert. Dagegen ließ wie bereits in den Vorjahren, die Zusammenarbeit mit den Jugendämtern zu wünschen übrig. Für ältere Gefangene ab dem 18. Lebensjahr hat es auch im Berichtsjahr 2009 mehr Bedarf an Unterbringungen in einer Jugendhilfemaßnahme gegeben. Manchmal ist dies jedoch auch an der mangelnden Motivation der Gefangenen gescheitert.

2. **Wie wichtig halten Sie eine Entlassungsnachbetreuung? Wie würde eine praktische Umsetzung aussehen?**

   Anstaltsleitung: Die Anstalt hat bisher noch keine Erfahrungen mit dem Instrument der Entlassungsnachbetreuung gemacht.

3. **Kommt es vor, dass Hafträume mehrfach belegt sind? Wenn ja, ist dies so, weil die Gefangenen eine gemeinsame Unterbringung wünschen oder aufgrund der Fürsorgepflicht? Ausgestaltung des Haftraums?**

   Anstaltsleitung: Die Auflösung der problematischen Gemeinschaftshafträume bis auf einen vollzuglich notwendigen Rest ist in den letzten Jahren ein stetes Anliegen der Anstalt gewesen. Das Vorhaben wurde seit 2001 Schritt für Schritt vorangetrieben – seit 2007 in verstärktem Umfang. Die entsprechenden Umbauten dieser letzten Umbauphase wurden im Jahr 2008 abgeschlossen. Die Gefangenen werden während der Ruhezeit grundsätzlich einzeln untergebracht werden. Die Unterbringung von zwei oder mehr Gefangenen in einem Haftraum während der Ruhezeit, insbesondere in Gemeinschaftshafträumen oder in den Einzelhafträumen, die optional mit zwei Gefangenen belegt werden können (gemeinschaftliche Unterbringung) ist nur ausnahmsweise zulässig, wenn

   - *ein Gefangener hilfsbedürftig ist oder*
   - *eine Gefahr für Leben oder Gesundheit eines Gefangenen besteht oder*
   - *vorübergehend bei Überbelegung.*

   Bei gemeinschaftlicher Unterbringung sind – soweit möglich – alle bedeutsamen Faktoren, insbesondere die Persönlichkeit und die Straftaten der betroffenen Gefangenen, ihr Lebensalter, ihr Vorleben sowie ihr bisheriges Verhalten im Vollzug zu berücksichtigen. Es muss darauf geachtet werden, dass die gemeinschaftliche Unterbringung nicht zu Unzuträglichkeiten und zu einer unangemessenen Zumutung für die Beteiligten führt. Stellen sich Unzuträglichkeiten erst im Laufe der Zeit heraus, sind unverzüglich geeignete Gegenmaßnahmen zu ergreifen. Die gemeinschaftliche Unterbringung ist grundsätzlich nur möglich, wenn alle beteiligten Gefangenen ausdrücklich zustim-

men. 14- und 15-jährige Gefangene und Sexualstraftäter dürfen grundsätzlich nicht gemeinschaftlich untergebracht werden.

4. Nach welchen Auswahlkriterien bzgl. der Gefangenen wird eine Wohngruppe gebildet? Größe? Ausgestaltung der Wohngruppe?

Anstaltsleitung: Der Wohngruppenbereich besteht aus vier Wohngruppen, in denen jeweils 12 Gefangene in Einzelhafträumen untergebracht sind. Jeder Gefangene hat einen gesonderten Schlüssel für seinen Haftraum. In jeder Wohngruppe sind die Toiletten und Waschräume Gemeinschaftseinrichtungen. Daneben gibt es dort diverse Freizeiträume. In Zeiten der Überbelegung kann im Keller zusätzlich ein 6-Mann-Haftraum belegt werden. Je zwei Wohngruppen werden von einer Sozialpädagogin bzw. einem Psychologen geleitet. Daneben sind im Wohngruppenbereich mehrere erfahrene Mitarbeiter des allgemeinen Vollzugsdienstes tätig, wobei der Personalschlüssel etwas günstiger ist als in den anderen Stationen. Die Gefangenen müssen sich mit einer Begründung schriftlich per Antragsschein um die Aufnahme bewerben. In der wöchentlichen Teambesprechung entscheidet das WG-Team über Aufnahme oder Ablehnung des Antrages und legt im Falle einer geplanten Aufnahme eine geeignete Gruppe unter Berücksichtigung verschiedener Gesichtspunkte (Ausgewogenheit der Gruppe, Persönlichkeit des Aufzunehmenden etc.) fest. Die Reststrafzeit der Bewerber sollte mindestens noch drei Monate, jedoch nicht länger als 18 Monate bis zur voraussichtlichen Entlassung betragen, die Führung auf der Station und in der Arbeit sollte mindestens „ausreichend" sein. Bei einer Wiederaufnahme von Gefangenen, die bereits in der Wohngruppe waren, ist die Bereitschaft zur Mitarbeit und die Führung besonders zu berücksichtigen. Eine Aufnahme von problematischen Gefangenen (erhöhte Gewaltbereitschaft, schwieriges Verhalten, psychische Auffälligkeit etc.) sollte die Mehrheit des gesamten Teams mittragen.

Außenkontakte

Besuche:

1. **Dauer der Besuchszeiten vor und nach Inkrafttreten des BayStVollzG?**

   Anstaltsleitung: Die Dauer der Besuchszeiten betrage jeweils vier Stunden monatlich.

   Besuchszeiten:
   Freitag: 9-15 Uhr
   Samstag: 10-16:30 Uhr
   Sonntag: 10-16:30 Uhr
   Feiertage: 10-16:30 Uhr

2. **Wie werden die Besuchsmöglichkeiten angenommen? Besteht nach der Inhaftierung überhaupt Kontakt zur Herkunftsfamilie?**

   Anstaltsleitung: Es besteht die Möglichkeit des Kontakts zur Herkunftsfamilie. Die Besuchsmöglichkeiten werden in der Regel gut angenommen, abhängig von einzelnen Faktoren, wie z.B. die Entfernung vom Wohnort.

3. **Werden die Personensorgeberechtigten in die Vollzugsarbeit eingebunden, etwa durch Elternsprechstunden? Wie wird versucht, eine belastende Eltern-Kind-Beziehung zu stabilisieren (Stichwort: Förderung der Außenkontakte, Art. 26 Satz 2 BayStVollzG)?**

   Anstaltsleitung: Es gibt keine institutionalisierten Elternsprechstunden. Es besteht jedoch die Möglichkeit der Erziehungsberechtigten des Kontaktes zu den Erziehungsgruppenleitern und anderen Mitarbeitern der Anstalt. Im Übrigen gilt Art. 126 Abs. 2 BayStVollzG.

Telekommunikation:

Gibt es abweichend von Art. 35 BayStVollzG in der Hausordnung eine Regelung zur Telekommunikation oder besteht eine großzügige Handhabung aufgrund des Förderungsgedankens?

Anstaltsleitung: Es gibt keine abweichende Regelung.

Erzieherische Maßnahmen:

Bedarf es erzieherische Maßnahmen als Institution unterhalb der Disziplinarmaßnahmen? Besteht dadurch aus Ihrer Sicht die Gefahr der Umgehung des formellen Anordnungsverfahrens der Disziplinarmaßnahmen?

Anstaltsleitung: Es bedarf der erzieherischen Maßnahmen nach Art. 155 BayStVollzG. Eine Umgehungsgefahr besteht nicht.

Disziplinarmaßnahmen:

Bestehen aus Ihrer Sicht Bedenken gegen die Generalklausel des BayStVollzG, Disziplinarmaßnahmen bei einem schuldhaften Pflichtverstoß zuzulassen?

Anstaltsleitung: Es bestehen keine Bedenken seitens der Anstaltsleitung.

Rechtsschutz:

Gibt es nach Änderung der Rechtsschutzmöglichkeiten in § 92 JGG Unterschiede in deren Wahrnehmung?

Anstaltsleitung: Die Gefangenen legen nach wie vor so gut wie keine Rechtsmittel gegen Maßnahmen der Anstalt ein.

Tabelle 22: Entlassungsgründe JVA Laufen-Lebenau 2000-2009

Entlassungsgründe	00	01	02	03	04	05	06	07	08	09
Strafende und Haftende, anschließende Unterbringung nach §§ 63, 64 StGB, 120/3 StPO	19	24	26	21	38	18	21	10	14	14
Entlassung zur Bewährung, §§88, 89 JGG	218	185	213	206	178	197	194	182	186	155
Ausweisung, Abschiebung, Zurückschiebung, und Beschluss von Abschiebungshaft aufgehoben	60	79	31	24	15	8	2	9	4	9
Aufhebung bzw. Außervollzugssetzung des Haftbefehls, Umwandlung in Unterbringung	21	32	30	21	21	11	17	13	10	18
Zurückstellung der Strafvollstreckung nach § 35 BtmG	9	14	13	17	9	10	15	13	10	12
Entweichung	1	1	0	0	0	0	0	0	0	0
Nichtrückkehr vom Urlaub oder Ausgang	0	0	0	0	0	2	2	0	1	0
Suizid	0	0	0	2	1	0	0	0	1	0
Verlegung und Verlegung nach vorheriger Überstellung und zum Zweck der Unterbringung	98	73	100	76	62	85	106	76	42	96
Aussetzung im Wege der Gnade	0	0	1	0	0	0	0	0	0	0
Strafaussetzung gem. § 21 JGG								1	0	1
Aussetzung gem. § 57 JGG								1	4	3
Rückschiebung nach § 57 AufenthaltsG								1	0	9
Gesamt	**426**	**408**	**414**	**367**	**324**	**331**	**357**	**306**	**272**	**317**

Fragebogen: Jugendstrafvollzug in der Praxis (JVA Neuburg-Herrenwörth)

I. Vollzugliche Rahmenbedingungen

1. **Gefangenenzahlen der letzten 5 Jahre insgesamt und differenziert nach Alter und Nationalität; Gefangene im offenen und im geschlossenen Vollzug**

Gefangenenzahlen insgesamt:

27.1.2010: ***187***
2009: ***172*** *(Durchschnittsbelegung)*
2008: ***171*** *(Durchschnittsbelegung)*
2007: ***186*** *(Durchschnittsbelegung)*
2006: ***192*** *(Durchschnittsbelegung)*

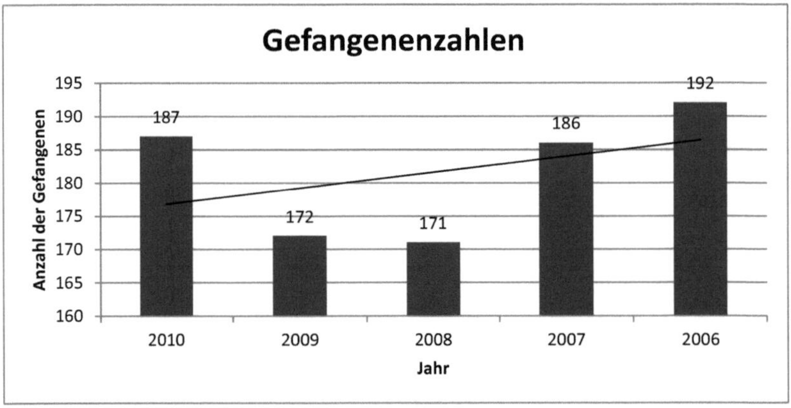

Abbildung 16: Gefangenenzahlen JVA Neuburg-Herrenwörth 2006-2010

Altersstatistik der Zugänge am Tage ihres Eintritts:

Tabelle 23: Altersstatistik der Zugänge JVA Neuburg-Herrenwörth 2007-2009

Jahr	Anzahl der Gefangenen	14 Jahre	15 Jahre	16 Jahre	17 Jahre	18 Jahre	19 Jahre	20 Jahre	21 Jahre und älter
2009	357	0,3%	0,6%	2,2%	12,6%	14,6%	30,3%	28,9%	10,6 %
2008	308	0,0%	0,6%	1,3%	10,1%	14,9%	33,8%	31,5%	7,8%
2007	313	0,0%	0,3%	2,9%	10,9%	15,7%	34,8%	29,4%	6,1%

Durchschnittsalter: 19 Jahre und 8 Monate (Januar 2010)

Nationalität 2009: 22,6 Prozent Ausländeranteil

20 Plätze im offenen Vollzug (Freigänger); jedoch nur 7-9 Plätze belegt, aufgrund der relativ kurzen Strafzeiten (durchschnittliche Aufenthaltsdauer: 9 Monate).

2. Deliktsstruktur

Bzgl. der Deliktsstruktur gab es in den letzten Jahren keine großen Veränderungen.

3. Vorzeitige Entlassungen

Etwa 90 Prozent werden vorzeitig entlassen.

4. Durchschnittliche Verweildauer

Die durchschnittliche Verweildauer in der JVA NH beträgt 9 Monate.

5. Belegungssituation

*Belegungsfähigkeit (2010): **187** Haftplätze*
*Tatsächliche Belegung (27.1.2010): **187** = 100 %*
*Tatsächliche Belegung (31.12.2008): **156** Jugendstrafgefangene, davon 13 Untersuchungshaftgefangene (Durchschnittsbelegung 2008: **171** Jugendstrafgefangene)*

6. Psycho-soziale Situation der Gefangenen

a) Bildungsstand der Gefangenen bei Haftantritt und bei Entlassung; Schulabschlüsse innerhalb der Anstalt

Schul- und Berufsausbildung männlicher Gefangener bei Haftantritt:

Ausgewertete Gefangene: 594 (bayernweit 2009)

- *Ohne abgeschlossene Schulausbildung: 54,04%*
- *Ohne abgeschlossene Berufsausbildung: 79,29%*
- *Ohne Beschäftigung oder nur mit Gelegenheitsarbeit beschäftigt: 69,02%*

Schulausbildung JVA NH 2009:

- *Hauptschulkurs zum nachträglichen Erwerb des Qualifizierenden Hauptschulabschlusses: Zahl der Schüler 10*

  1 Teilnehmer wurde in die JVA Ebrach verlegt
  Prüfungsergebnisse: 6 x Qualifizierender HS-Abschluss (Bester Prüfling des Landkreises mit Notendurchschnitt 1, 1)
  3 x Erfolgreicher HS-Abschluss

- *Hauptschulkurs zum nachträglichen Erwerb des Erfolgreichen Hauptschulabschlusses (Kurs 1): Zahl der Schüler 10*

  Prüfungsergebnisse 10 x „Erfolgreicher Hauptschulabschluss
  4 x gut, 4 x befriedigend, 2 x ausreichend

- *Hauptschulkurs zum nachträglichen Erwerb des Erfolgreichen Hauptschulabschlusses (Kurs 2): Zahl der Schüler 10*

  Prüfung im Januar 2010

- *BtH-Kurs: Basistraining Hauptschule*

An insgesamt drei BtH-Kursen nahmen 24 Gefangene teil. 19 von ihnen schlossen die Kurse erfolgreich ab und erhielten die angestrebten Zertifikate des Deutschen Erwachsenenbildungswerkes

- *Mittlere Reife in der JVA Bayreuth (Zentrale für Bayern)*

  Für den Realschulkurs in der JVA Bayreuth nahmen 2 Gefangene teil und erhielten den Mittleren Schulabschluss

- *Besuch der Fachoberschule Neuburg im Wege des Freigangs*

  1 Gefangener besuchte im Wege des Freigangs die Fachoberschule Neuburg

Ausbildungs- und Fördermaßnahmen schulischer Art JVA NH 2009:

- *Kaufmännische Qualifizierung: Anzahl der Lehrgänge 2*
  Zahl der Teilnehmer 17
  Erfolgreicher Abschluss mit Zertifikat 12
  Abschluss mit Teilnahmebestätigung 4
  Ablösung aus medizinischen Gründen 1
- *Computerpass: Anzahl der Lehrgänge 4*
  Zahl der Teilnehmer 41
  Erfolgreicher Abschluss mit Zertifikat 21
  Abschluss mit Teilnahmebestätigung 13
  Ablösung aus disziplinarischen Gründen 7
- *Zwei Grundlagenkurse Datenverarbeitung für Berufsschüler :*

  Umfang 32 UStd.
  Teilnehmer 18
  Abschluss mit VHS-Zertifikat 12
  Abschluss mit VHS-Teilnahmebestätigung 3
  Ausgeschiedene Teilnehmer 3

  An diesen Kursen nahmen ausschließlich Lehrlinge teil; sie wurden im Rahmen der Blockbeschulung als Ergänzung zum allgemeinbildenden Berufsschulunterricht durchgeführt.

- *Ein Grundlagenkurs Datenverarbeitung für Hauptschüler*

  Umfang 40 UStd.
  Teilnehmer 10
  Abschluss mit VHS-Zertifikat 9
  Abschluss mit Teilnahmebestätigung 1

- *Ein Grundlagenkurs Datenverarbeitung für Qualischüler*

  Umfang 40 UStd.
  Teilnehmer 10
  Abschluss mit VHS-Zertifikat 9
  Verlegung in die JVA Ebrach 1

  Die beiden letzten Kurse dienten als Ergänzung zu den prüfungsrelevanten Fächern im Hauptschul- und Qualikurs, somit zur Angleichung an die Lerninhalte der Hauptschule „draußen".

- *Englischkurs für die „besondere Leistungsfeststellung"*

  Anzahl der Teilnehmer 4
  Prüfungsteilnehmer 4
  Prüfungsergebnisse 2 x sehr gut, 1 x gut, 1 x befriedigend
  Kursdauer 5 Monate

- *Deutschkurse für Ausländer*

  Dauer 20 UStd.
  Anzahl der Teilnehmer 4

  Ein weiterer geplanter Kurs kam mangels Teilnehmer nicht zustande. Grundsätzlich ist festzustellen, dass die Nachfrage nach derartigen Kursangeboten sehr gering ist und die Teilnehmer gezielt gesucht und angesprochen werden müssen

Insgesamt wurden im Jahre 2009 390 Beteiligungen von Gefangenen an insgesamt 57 verschiedenen Bildungsmaßnahmen der Schulabteilung registriert.

b) Berufserfahrung bei Haftantritt und bei Entlassung; Ausbildungsabschluss innerhalb der Anstalt

Berufserfahrung bei Haftantritt siehe vorheriger Punkt.

Berufliche Ausbildung innerhalb der Anstalt NH 2009:

Tabelle 24: Ausbildungsberufe innerhalb der JVA Neuburg-Herrenwörth 2009

Ausbildungsberufe	*Ausgebildete Gefangene*	*Abgelegte Gesellenprüfung*	*Abgelegte Zwischenprüfung*
Metallbauer	*12*	*1 (Ergebnis: befriedigend)*	*3*
Schreiner	*6*	*2(Ergebnis: einmal gut, einmal Praxis bestanden)*	*1*
Elektroinstallateur	*8*	*0*	*0*
Metzger	*5*	*0*	*0*
Maler und Lackierer	*12*	*1 (Ergebnis: gut)*	*1*
Spengler	*2*	*0*	*0*
Anlagenmechaniker Sanitär-Heizungs- und Klimatechnik	*3*	*0*	*0*
Maurer	*8*	*5 (Ergebnis: zweimal gut, dreimal befriedigend)*	*0*
Kfz-Lackierer im Wege des Freigangs	*1*		

Grundlehrgänge innerhalb der Anstalt NH 2009:

Tabelle 25: Grundlehrgänge innerhalb der JVA Neuburg-Herrenwörth 2009

Grund-lehr-gänge	***Anzahl der Lehr-gänge***	***Gesamt-zahl der Teilneh-mer***	***Erfolgrei-che Absol-venten***	***Zahl der Ab-bre-cher***	***Im der-zeit lau-fenden Lehr-gang***	***Vorhandene Ausbildungs-plätze***
Gebäu-dereini ger	*3*	*18*	*8*	*6*	*4*	*4*
Holz	*3*	*12*	*6*	*2*	*4*	*4*
Metall	*3*	*15*	*8*	*2*	*5*	*4*
Bau	*3*	*9*	*3*	*3*	*3*	*3*
Ökolo-gie und Land-schafts gestal-tung	*3*	*12*	*5*	*3*	*4*	*4*
Gabels-tablerle hrgäng e	*10*	*67*	*65*	-	-	-

Lehrgänge, die in Zusammenarbeit mit der DEKRA-Akademie Nürnberg durchgeführt werden:

Tabelle 26: Lehrgänge in Zusammenarbeit mit der DEKRA-Akademie Nürnberg in der JVA Neuburg-Herrenwörth 2009

DE-KRA-Lehr-gänge	Anzahl der Lehr-gänge	Zahl der Teilnehmer	Teilnehmer mit Zertifi-kat	Teilnehmer mit Teil-nahmebestätigung	Zahl der Abbre-cher
Logis-tikfach kraft	2	20	16	3	1
Bau-gerä-teführ er	1	10	20	-	-

Zusammenfassung:

Zahl der Lehrlinge: 57

Prozentual: 11, 7

Abgelegte Gesellenprüfungen: 9

Abgelegte Zwischenprüfungen: 5

Zahl der Grundlehrgangsteilnehmer: 66

Prozentual: 13,4

Erfolgreiche Abschlüsse: 30

Zahl der DEKRA-Lehrgangsteilnehmer: 30

Prozentual: 6,1

Erfolgreiche Abschlüsse: 24

c) Personalsituation

- *Anstaltsleitung: 2 Bedienstete*
- *Verwaltungsdienst: 14 Bedienstete*

- *Fachdienst (Arzt, Seelsorger, Lehrer, 7 Psychologen, 10 Sozialpädagogen): 22 Bedienstete*
- *Allgemeiner Vollzugsdienst: 83 Bedienstete*
- *Mittlerer Werkdienst: 15 Bedienstete*
- *Krankenpflege: 3 Bedienstete*

d) Behandlungsangebote

Sozialpädagogische Angebote und therapeutische Maßnahmen:

Ziel der sozialpädagogischen Arbeit ist die Verwirklichung eines normorientierten und wertschätzenden Klimas in den Unterkunftsbereichen, das den Jugendlichen und Heranwachsenden einerseits Orientierung anbietet, andererseits aber auch Grenzen setzt. Das Aufgabengebiet lässt sich wie folgt beschreiben:

- *Betreuungsbereich: Förderung der Alltagskompetenzen, Wohngruppenaussprachen, Elternarbeit, Initiierung von Informations- und Aufklärungsveranstaltungen usw.*

- *Behandlungsbereich: Hier finden konzeptorientiere sozialpädagogische Trainingsmaßnahmen (wie Anti-Gewalttraining, das soziale Kompetenztraining usw.) oder Interaktions-, Selbsterfahrungs- und Gesprächsgruppen statt, die delikt- bzw. persönlichkeitsspezifisch ausgerichtet sind.*

  In den beiden sozialtherapeutischen Abteilungen für Gewaltstraftäter und Sexualstraftäter werden die jugendlichen Straftäter ganz gezielt und intensiv auf die einschlägigen Straftaten hin betreut, behandelt und therapiert.

Darüberhinaus verfügt die Anstalt über zwei externe Suchtberaterinnen (teilen sich eine Ganztagsstelle) von der Prop e.V. Aichach, die die stationäre und ambulante Therapievermittlung von alkohol- und drogengefährdeten bzw. -süchtigen Heranwachsenden alleinverantwortlich erledigen.

II. Allgemeine Fragen zum BayStVollzG

1. **Sehen Sie die Föderalismusreform in Bezug auf die Kompetenzübertragung für den Strafvollzug auf die Länder positiv oder negativ?**

   Anstaltsleitung: Ich begrüße die Kompetenzübertragung für den Strafvollzug auf die Länder. So erhalten die Länder mehr Freiheiten in der Vollzugsgestaltung. Die Befürchtungen, es könne zu einer Kleinstaaterei kommen, haben sich in der Praxis nicht bewahrheitet.

2. **Was halten Sie von der Umsetzung des Bayerischen Gesetzgebers, die Regelungen des Jugendstrafvollzugs mit den Regelungen des Erwachsenenvollzugs in einem einheitlichen Gesetz zusammenzufassen?**

   Anstaltsleitung: Ich halte sehr viel von der Umsetzung des Bayerischen Gesetzgebers, ein einheitliches bayerisches Strafvollzugsgesetz zu schaffen. Es erleichtert die Vollzugsarbeit, ist einfacher und vermeidet eine doppelte Aufführung einiger Regelungsbereiche, was nun durch Verweisungen vermieden werden kann. Trotzdem geht der Teil zum Jugendstrafvollzug mehr in Richtung Erziehung und Behandlung, so dass die Ziele des Jugendstrafvollzugs nicht beeinträchtigt werden.

3. **Hat sich seit Inkrafttreten des BayStVollzG etwas in der Praxis des Jugendstrafvollzugs geändert?**

   Anstaltsleitung: Es hat sich eigtl. nichts in der Praxis geändert. Die Mindestdauer der Besuchszeiten betrug schon vor Inkrafttreten des BayStVollzG sechs Stunden pro Monat und lag damit weit über der damaligen gesetzlichen Mindestbesuchszeit von einer Stunde im Monat.

4. **Was hätte Ihrer Meinung nach noch im BayStVollzG bzgl. des Jugendstrafvollzugs geregelt werden müssen? Finden Sie die bayerische Umsetzung gelungen?**

   Anstaltsleitung: Da vieles aus dem StVollzG und den VVJug übernommen wurde, ist alles Notwendige im BayStVollzG bzgl. des Jugendstrafvollzugs geregelt worden. Mir ist auch nichts aufgefallen, das noch hätte geregelt werden müssen. Die Anstaltsleiter durften zudem Anregungen für das neue Gesetz geben, so dass das Gesetz keine großen Lücken enthält. Gelungen finde ich, dass der offene Vollzug nun nicht mehr der gesetzliche Regelvollzug ist, was nun auch der Praxis entspricht. Diese Neuerung ist aber einige der wenigen Änderungen, die nicht aus den herkömmlichen Vorschriften des StVollzG und der VVJug übernommen wurde.

III. Spezielle Fragen zum BayStVollzG

Vollzugsgestaltung

1. **Ab wann beginnen Sie mit der Entlassungsvorbereitung, da der Bayerische Gesetzgeber in Art. 136 Abs. 1 BayStVollzG keine bestimmte Frist vorschreibt? Nehmen alle Gefangenen daran teil oder gibt es Probleme in der praktischen Umsetzung?**

   Anstaltsleitung: In der Regel werden ca. 90 % der jungen Gefangenen vorzeitig entlassen. Etwa ab Verbüßung der Halbstrafe denkt man über eine vorzeitige Entlassung nach. In der JVA NH findet ca. vier Monate vor dem beabsichtigten Entlassungstermin eine Entlassungsvorbereitung statt. Alle Gefangenen, die vorzeitig auf Bewährung entlassen werden, nehmen an irgendeiner Entlassungsvorbereitung teil. Es gibt keine Entlassung ohne Entlassungsadresse.

2. **Kommt es vor, dass Hafträume mehrfach belegt sind? Ausgestaltung des Haftraums?**

   Anstaltsleitung: Derzeit befinden sich 39 Gefangene in gemeinschaftlicher Unterbringung. Für die gemeinschaftliche Unterbringung stehen 13 Hafträume zur Verfügung, so dass sich jeweils drei Gefangene einen Haftraum teilen (Durchschnittliche Belegung eines Gemeinschatshaftraums mit drei bis vier Gefangenen). Die Größe eines Einzelhaftraums beträgt 9 qm. Ein Fernseher steht den Gefangenen noch nicht zur Verfügung.

3. **Nach welchen Kriterien wird die Größe einer Wohngruppe bestimmt? Wie setzt sich eine Wohngruppe zusammen? Ausgestaltung der Wohngruppe?**

   Anstaltsleitung: In der JVA NH gibt es vier Wohngruppen, zwei davon sind sozialtherapeutische Einrichtungen (je eine für Gewaltstraftäter und eine für Sexualstraftäter). Eine Wohngruppe besteht aus maximal 16 Gefangenen, die von zwei Psychologen, zwei Sozialpädagogen und sechs (statt der vorgegebenen acht) Beamten betreut werden.

Schule

1. **Klassenstärke?**

   Anstaltsleitung: Die Anzahl der Teilnehmer an den Hauptschulkursen beträgt durchschnittlich zehn Gefangene. Die Klassenstärke der Berufsschulklassen ist in der Regel niedriger.

2. **Ist die Anstalt darauf ausgerichtet, Teilqualifikationen zu erwerben, da die Ausbildungszeit oft länger als die eigentliche Haftdauer ist?**

   Anstaltsleitung: In der Regel werden die Gefangenen erst nach einer abgelegten Zwischenprüfung entlassen.

Außenkontakte

Besuche:

1. **Dauer der Besuchszeiten vor und nach Inkrafttreten des BayStVollzG?**

   Anstaltsleitung: Die Mindestbesuchsdauer beträgt maximal sechs Stunden pro Monat und lag damit bereits vor Inkrafttreten des BayStVollzG weit über der in Nr. 19 VVJug vorgeschriebenen Mindestbesuchsdauer von einer Stunde pro Monat.

   Besuchszeiten:

   Montag, Dienstag, Mittwoch: 8-11 Uhr und 13-15 Uhr (maximal 2 h),
   Wochenende: Samstag 8-11 Uhr und 12:30-15:30 Uhr (höchstens 1 h),
   an Sonn-und Feiertagen findet kein Besuch statt.

2. **Wie werden die Besuchsmöglichkeiten angenommen? Besteht nach der Inhaftierung überhaupt Kontakt zur Herkunftsfamilie?**

   Anstaltsleitung: Besonders im Jugendstrafvollzug ist zu beobachten, dass das soziale Umfeld nach der Inhaftierung wegbricht.

3. **Werden die Personensorgeberechtigten in die Vollzugsarbeit eingebunden, etwa durch Elternabende und/oder –sprechstunden? Wie wird versucht, eine belastende Eltern-Kind-Beziehung zu stabilisieren?**

Anstaltsleitung: Feste Termine für Elternabende gibt es nicht, da dies schon aus Datenschutzgründen nicht machbar ist. Auch Elternsprechstunden sind die Ausnahme. Es besteht jedoch die Möglichkeit, dass Eltern zu einem Gespräch geladen werden, in dem sozialpädagogisch versucht wird, eine belastende Eltern-Kind-Beziehung aufzuarbeiten. Eigens hierfür eingerichtete Sprechzimmer stehen zur Verfügung.

Telekommunikation:

Gibt es abweichend von Art. 35 BayStVollzG in der Hausordnung eine Regelung zur Telekommunikation oder besteht eine großzügige Handhabung aufgrund des Förderungsgedankens? (Art. 35 BayStVollzG ist nur als Kann-Vorschrift ausgestattet).

Anstaltsleitung: Grundsätzlich werden Telefonate nicht gestattet. Dies ist auch kaum praktikabel, da ein erheblicher personeller Mehraufwand erforderlich wäre.

Erzieherische Maßnahmen:

Bedarf es erzieherische Maßnahmen als Maßnahmen unterhalb der Disziplinarmaßnahmen? Besteht dadurch nicht die Gefahr der Umgehung des formellen Anordnungsverfahrens der Disziplinarmaßnahmen?

Anstaltsleitung: Die Gefahr der Umgehung des formellen Anordnungsverfahrens sehe ich nicht. Die Beamten wissen ganz genau, wann der Gefangene die Schwelle erreicht hat, welche die Verhängung einer Disziplinarmaßnahme erfordert. Dieses System hat sich problemlos eingependelt.

Hauptsächlich wird der Ausschluss von gemeinsamer Freizeit als erzieherische Maßnahme verhängt.

(Siehe zum Höchstmaß der Anordnungsbefugnis Anlage „Verfügung“).

Disziplinarmaßnahmen:

Bestehen aus Ihrer Sicht Bedenken gegen die Formulierung im BayStVollzG, Disziplinarmaßnahmen bei jedem rechtswidrigen und schuldhaften Verstoß zuzulassen?

Anstaltsleitung: Die Ausführungen zum vorherigen Punkt gelten hier entsprechend.

Rechtsschutz:

Gibt es nach Änderung der Rechtsschutzmöglichkeiten in § 92 JGG Unterschiede in deren Wahrnehmung?

Anstaltsleitung: Seit der Änderung der Rechtsschutzmöglichkeiten des Antrags auf gerichtliche Entscheidung gab es lediglich einen Antrag, der gestellt wurde. Allgemein ist es auf diesem Gebiet sehr ruhig, da man den Gefangenen bereits bei Verhängung verständlich macht, warum sie die Maßnahme auferlegt bekommen. Die Gefangenen sind daraufhin einsichtig und es bleibt daher die Wahrnehmung der Rechtsschutzmöglichkeiten aus.

Anhang 12: Fragebogen Jugendabteilung der JVA Aichach

Fragebogen: Jugendstrafvollzug in der Praxis (Jugendabteilung der JVA Aichach)

I. Vollzugliche Rahmenbedingungen

1. Gefangenenzahlen der letzten 5 Jahre insgesamt und differenziert nach Alter und Nationalität; Gefangene im offenen und im geschlossenen Vollzug; durchschnittliche Verweildauer.

Durchschnittliche Gefangenenzahlen: 2005: 52; 2006: 46; 2007: 53; 2008: 40; 2009: 33; 2010: (gegenwärtig) 25.

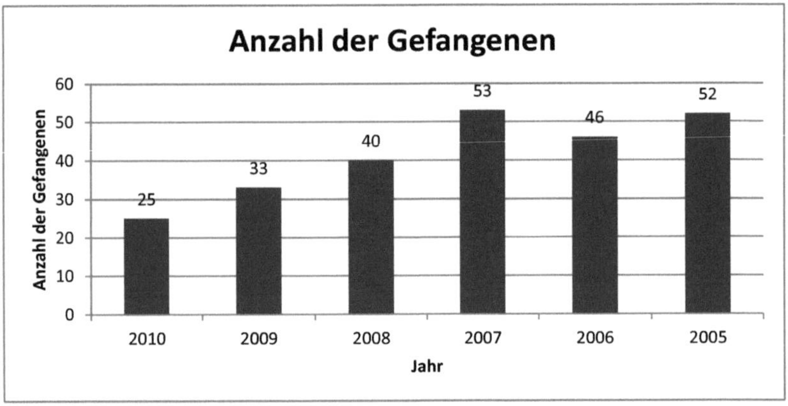

Abbildung 17: Anzahl der Gefangenen Jugendabteilung JVA Aichach 2005-2010

Das Durchschnittsalter im Bereich der Jugend ist nicht gesondert statistisch erfasst. Den Schwerpunkt bildet die erwachsenen Jugendstrafgefangenen im Alter von 18-21 Jahren.

Der Ausländeranteil liegt in der Regel bei 20-25 Prozent.

Schwerpunkt der Unterbringung bildet der geschlossene Vollzug. Im offenen Vollzug (Wohngruppen) befinden sich zwischen zwei und fünf Gefangene.

Eine statistische Erfassung der Jugendstrafgefangenen bzgl. der Verweildauer existiert nicht.

2. Deliktsstruktur

Hohe Anzahl im Bereich des Verstoßes gegen das Betäubungsmittelgesetz. In den zurückliegenden Jahren bemerkbare Zunahme von Roheits- und Gewaltdelikten.

3. Belegungssituation

Seit ca. einem Jahr deutliche Entlastung. Gegenwärtig: 25 Jugendstrafgefangene bei 63 Haftplätzen = 40 Prozent

II. Allgemeine Fragen zum BayStVollzG

1. **Sehen Sie die Kompetenzübertragung für den Strafvollzug auf die Länder im Rahmen der sog. „Föderalismusreform" positiv oder negativ?**

   Anstaltsleitung: Ich sehe die Kompetenzübertragung positiv. Bewährtes aus dem Strafvollzugsgesetz und der bayerischen Praxis ist in das BayStVollzG eingeflossen.

2. **Was halten Sie von der Umsetzung des Bayerischen Gesetzgebers, die Regelungen des Jugendstrafvollzugs mit den Regelungen des Erwachsenenvollzugs in einem einheitlichen Gesetz zusammenzufassen?**

   Anstaltsleitung: Auch dies halte ich für positiv. So besteht die Möglichkeit einer Bezugnahme/Verweisung in Fällen von identischer Regelungsart.

3. **Hat sich seit Inkrafttreten des BayStVollzG etwas in der Praxis des Jugendstrafvollzugs geändert?**

   Anstaltsleitung: Geändert hat sich die Höhe der Besuchszeit von zwei auf vier Stunden monatlich. Der Schwerpunkt der Änderungen liegt in der Stärkung der Bereiche Aus- und Fortbildung. Zudem ist nun auch eine Sozialtherapie im Jugendbereich der Frauen möglich.

4. **Was hätte Ihrer Meinung nach noch im BayStVollzG bzgl. des Jugendstrafvollzugs geregelt werden müssen? Finden Sie die bayerische Umsetzung gelungen?**

Anstaltsleitung: In der Praxisbefragung konnten entsprechende Vorschläge eingebracht werden, somit bestehen also keine Regelungslücken. Die Umsetzung scheint gelungen.

III. Spezielle Fragen zum BayStVollzG

Grundlagen

Vollzugsziel

In Art. 121 BayStVollzG ist unter der Überschrift „Aufgaben des Jugendstrafvollzugs" zunächst der Schutz der Allgemeinheit und erst im Anschluss daran die Erziehungsaufgabe normiert. Hat diese Reihenfolge Auswirkungen auf die Lockerungspraxis, da der bayerische Gesetzgeber in Art. 121 BayStVollzG mit dem Voranstellen der Sicherungsaufgabe diese besonders betont? Was ist für die Vollzugspraxis nun vorherrschendes Vollzugsziel?

Anstaltsleitung: In der Praxis bestehen keine Änderungen.

Vollzugsgestaltung

1. **Ab wann beginnen Sie mit der Entlassungsvorbereitung, da der Bayerische Gesetzgeber in Art. 136 Abs. 1 BayStVollzG keine bestimmte Frist vorschreibt? Was beinhaltet eine Entlassungsvorbereitung?**

   Anstaltsleitung: Ca. drei Monate vor dem mutmaßlichen Entlassungstermin beginnt man in der JVA Aichach mit der Entlassungsvorbereitung. Im Rahmen der Entlassungsvorbereitung werden Sonderausgänge oder Ausführungen zu Therapiestellen, Arbeitgebern oder betreuten Wohnformen gewährt.

2. **Wie wichtig halten Sie eine Entlassungsnachbetreuung? Wie würde eine praktische Umsetzung aussehen?**

   Anstaltsleitung: Dies halte ich für wichtig. Deshalb wird regelmäßig bei vorzeitiger Entlassung an die Bewährungshilfe angebunden. Rechtzeitig vor der Entlassung wird zudem eine Kontaktaufnahme zu Jugendhilfeeinrichtungen arrangiert und der Versuch des Verweises an Ansprechpartner nach der Entlassung unternommen.

Unterbringung

1. **Kommt es vor, dass Hafträume mehrfach belegt sind? Wenn ja, ist dies so, weil die Gefangenen eine gemeinsame Unterbringung wünschen oder aufgrund der Fürsorgepflicht?**

   Anstaltsleitung: Beide Varianten sind möglich. Eine gemeinsame Unterbringung auf Wunsch ist jedoch so weit wie möglich zu vermeiden, wegen Abhängigkeitsverhältnissen sowie aufgrund des Konfliktpotenzials bei nachlassenden Sich-Verstehen.

2. **Nach welchen Auswahlkriterien bzgl. der Gefangenen wird eine Wohngruppe gebildet?**

   Größe? Ausgestaltung der Wohngruppe?

   Anstaltsleitung: Das Auswahlkriterium ist (baldige) Lockerungseignung sowie Einschätzung der Persönlichkeit als hinreichend selbstständig und gruppenfähig.

   Die Anzahl beträgt drei bis fünf Gefangene.

   Ausgestaltet sind die Wohngruppen mit drei Doppelhafträumen mit Küche, Dusche, Aufenthaltsraum (Wohnzimmer). Hinsichtlich hauswirtschaftlicher Tätigkeiten besteht Selbstorganisation (Kochen, Putzen).

Außenkontakte

Besuche

1. **Dauer der Besuchszeiten vor und nach Inkrafttreten des BayStVollzG?**

   Anstaltsleitung: Die Besuchszeiten wurden von zwei auf vier Stunden monatlich erhöht. Weiterhin besteht die Möglichkeit von zusätzlichen Sonderbesuchen im Einzelfall.

2. **Wie werden die Besuchsmöglichkeiten angenommen? Besteht nach der Inhaftierung überhaupt Kontakt zur Herkunftsfamilie?**

   Anstaltsleitung: Diese werden teils ausgeschöpft, teils besteht aber auch kein Kontakt zur Herkunftsfamilie.

3. **Werden die Personensorgeberechtigten in die Vollzugsarbeit eingebunden, etwa durch Elternsprechstunden? Wie wird versucht, eine belastende Eltern-Kind-Beziehung zu stabilisieren?**

Anstaltsleitung: Im Einzelfall findet eine gemeinsame Besuchsabhaltung unter Vermittlung der hiesigen Fachdienste statt.

Telekommunikation:

Gibt es abweichend von Art. 35 BayStVollzG in der Hausordnung eine Regelung zur Telekommunikation oder besteht eine großzügige Handhabung aufgrund des Förderungsgedankens?

Anstaltsleitung: Nein. Vorrangig besteht die Möglichkeit des Schriftwechsels.

Erzieherische Maßnahmen:

Besteht dadurch aus Ihrer Sicht die Gefahr der Umgehung des formellen Anordnungsverfahrens der Disziplinarmaßnahmen?

Anstaltsleitung: Nein. Erzieherische Maßnahmen bedarf es für geringfügigere Verfehlungen, die dann sofort mit Bezug auf das Fehlverhalten ahnbar sind.

Disziplinarmaßnahmen:

Bestehen aus Ihrer Sicht Bedenken gegen die Generalklausel des BayStVollzG, Disziplinarmaßnahmen bei einem schuldhaften Pflichtverstoß zuzulassen?

Anstaltsleitung: Nein.

Rechtsschutz:

Gibt es nach Änderung der Rechtsschutzmöglichkeiten in § 92 JGG Unterschiede in deren Wahrnehmung?

Anstaltsleitung: Nein.

Allgemeines:

Unterschiede Frauen-/Männerstrafvollzug (Anteil der weiblichen Mitarbeiter, Sonderbehandlung von Schwangeren, usw.) ?

Anstaltsleitung: Im Bereich des Allgemeinen Vollzugsdienstes sind ausschließlich Frauen tätig. Im Rahmen der Sonderbehandlung sind zu erwähnen: Einhaltung von Mutterschutzfristen, Vorhalten einer Mutter-Kind-Abteilung auch für zu Jugendstrafe verurteilte Mütter (gegenwärtig drei Jugendstrafgefangene bei zehn Haftplätzen).

Würzburger Schriften zur Kriminalwissenschaft

Herausgegeben von Klaus Laubenthal

Band 1 Hans-Jochen Schrepfer: Die Anwesenheit des Verteidigers bei der polizeilichen Beschuldigtenvernehmung. 2001.

Band 2 Nadine Hohlfeld: Moderne Kriminalbiologie. Die Entwicklung der Kriminalbiologie vom Determinismus des 19. zu den bio-sozialen Theorien des 20. Jahrhunderts. Eine kritische Darstellung moderner kriminalbiologischer Forschung und ihrer kriminalpolitischen Forderungen. 2002.

Band 3 Robert Frank: Die Bekämpfung der Geldwäsche in den USA. High-Tech-Gewinnaufspürung, drakonische Strafen und radikale Gewinneinziehung – Ist der Amerikanische Ansatz ein Vorbild für Deutschland? 2002.

Band 4 Johannes Hofmann: Menschenhandel. Beziehungen zur Organisierten Kriminalität und Versuche der strafrechtlichen Bekämpfung. 2002.

Band 5 Hans Christian Lohmann: Arbeit und Arbeitsentlohnung des Strafgefangenen. 2002.

Band 6 Stefanie Mühlfeld: Mediation im Strafrecht. Unter besonderer Berücksichtigung von Gewalt in Schule und Strafvollzug. 2002.

Band 7 Eric Uftring: Die Auswirkungen von Entscheidungen des Bundesverfassungsgerichtes und des Europäischen Gerichtshofes im intertemporalen Steuerstrafanwendungsrecht. Dargestellt am Beispiel der Vermögensteuer, der Zinsbesteuerung und der Getränkesteuer. 2002.

Band 8 Sebastian Fickert: Die Behandlung von Zufallserkenntnissen im Ermittlungsverfahren. Unter Berücksichtigung der allgemeinen Grundsätze über Verwertungsverbote. 2002.

Band 9 Stefan Laun: Alternative Sanktionen zum Freiheitsentzug und die Reform des Sanktionensystems. 2002.

Band 10 Anette Kaufmann: Möglichkeiten der sanktionsrechtlichen Erfassung von (Sonder-)Pflichtverletzungen im Unternehmen. Unter besonderer Berücksichtigung des Zusammenspiels von § 14 StGB, (§ 9 OWiG), § 130 OWiG und § 30 OWiG. 2003.

Band 11 Martina Seeliger: Entwicklung der Kinderdelinquenz und Folgerungen im Hinblick auf eine Änderung der Strafmündigkeitsgrenze. 2003.

Band 12 Silke Elli Jäger: Behandlung von Sexualstraftätern im Strafvollzug. 2003.

Band 13 Silke Marion Hirsch: Die Kommunikationsmöglichkeiten des Strafgefangenen mit seiner Familie. 2003.

Band 14 Volker Stiebig: Vollstreckungsverzicht und Grundfreiheiten. Ein Beitrag zur Entwicklung des Europäischen Strafrechts. 2003.

Band 15 Urte Nevermann-Jaskolla: Das Kind als Opferzeuge im Strafverfahren. 2004.

Band 16 Frank Och: Der strafrechtliche Schutz gegen ungerechtfertigte Vermögensverschiebungen in England und Wales im Vergleich mit dem deutschen Strafrecht. 2004.

Band 17 Michael Arlt: Der strafrechtliche Anlegerschutz vor Kursmanipulation. 2004.

Band 18 Anja Rieder-Kaiser: Vollzugliche Ausländerproblematik und Internationalisierung der Strafverbüßung. 2004.

Band 19 Katrin Malkmus: Prostitution in Recht und Gesellschaft. 2005.

Band 20 Susanne Werner-Eschenbach: Jugendstrafrecht. Ein Experimentierfeld für neue Rechtsinstitute. 2005.

Band 21 Stefanie Röhrs: Vergewaltigung von Frauen in Südafrika. Primäre, Sekundäre und Tertiäre Viktimisierung. 2005.

Band 22 Andrea Lindner: 100 Jahre Frauenkriminalität. Die quantitative und qualitative Entwicklung der weiblichen Delinquenz von 1902 bis 2002. 2006.

Band 23 Michael Steiner: Der Strafgefangene im System der gesetzlichen Sozialversicherung. 2006.

Band 24 Simone Kleespies: Kriminalität von Spätaussiedlern. Erscheinungsformen, Ursachen, Prävention. 2006.

Band 25 Caroline Vöhringer: Tötung auf Verlangen. Die Abgrenzung des § 216 StGB zur straflosen Beihilfe zum Suizid sowie das Verhältnis von privilegierenden zu qualifizierenden Tötungsumständen. 2008.

Band 26 Jörg Weddig: Mittelbare Täterschaft und Versuchsbeginn bei der Giftfalle. Eine Auseinandersetzung mit dem „Passauer Aphothekerfall" (BGHSt 43, 177 ff.). 2008.

Band 27 Isabel Albert: Innerfamiliäre Gewalt gegen Kinder. Eine kriminologische und rechtliche Betrachtung der Erscheinungsformen, Ursachen und Möglichkeiten der Bekämpfung. 2008.

Band 28 Nina Nestler: Churning. Strafbarkeit der Spesenschinderei nach deutschem Recht. 2009.

Band 29 Leonie Ackermann: Die Altersgrenzen der Strafbarkeit in Deutschland, Österreich und der Schweiz. 2009.

Band 30 Annika Flaig: Die nachträgliche Sicherungsverwahrung. 2009.

Band 31 Simona Markert: Der bayerische Jugendstrafvollzug in Theorie und Praxis. Betrachtet vor dem Hintergrund der Entscheidung des Bundesverfassungsgerichts vom 31.5.2006. 2012.

www.peterlang.de

Jochen Werner

Jugendstrafvollzug in Deutschland

Eine rechtstatsächliche Betrachtung zum Jugendstrafvollzug an besonders jungen Gefangenen, Ausländern und Aussiedlern sowie weiblichen Inhaftierten

Frankfurt am Main, Berlin, Bern, Bruxelles, New York, Oxford, Wien, 2012.
XXVIII, 340 S., 35 Tab., 27 Graf.
Europäische Hochschulschriften. Reihe 2: Rechtswissenschaft. Bd. 5324
ISBN 978-3-631-63694-7 · br. € 62,80*

Diese Arbeit befasst sich mit dem Jugendstrafvollzug in Deutschland aus rechtstatsächlicher Sicht. Ziel des Forschungsvorhabens war es, mit der Durchführung einer differenzierten empirischen Bestandsaufnahme umfassende Strukturdaten zum Jugendstrafvollzug zu ermitteln. Die Untersuchung beruht auf einer bundesweit angelegten Befragung von 44 Justizvollzugsanstalten, die im Jahr 2005 mit dem Vollzug von Jugendstrafe betraut waren. Basierend auf diesen Daten werden organisatorische Aspekte des Jugendstrafvollzuges ebenso beleuchtet wie die konkrete Vollzugsgestaltung. Dabei ist der besondere Fokus auf drei ausgewählte Gefangenengruppen gerichtet, die als „Sondergruppen" des Vollzuges betrachtet werden können: Neben besonders jungen männlichen Insassen stehen männliche Ausländer und Aussiedler sowie junge Frauen im Mittelpunkt der Untersuchung.

Aus dem Inhalt: Rechtsgrundlagen des Jugendstrafvollzuges und statistischer Gesamtüberblick · Zuständige Justizvollzugsanstalten · Haftplatzangebot und Belegungssituation · Offener und geschlossener Vollzug · Einzel- und Gemeinschaftsunterbringung · Wohngruppenvollzug · Aus- und Fortbildung · Forderungen und Empfehlungen zur Verbesserung der Haftsituation

*inklusive der in Deutschland gültigen Mehrwertsteuer. Preisänderungen vorbehalten